박윤식 목사 유고집

하나님의 구속사적 경륜으로 본

# 은혜 언약의 표징 제사와 율법책

Rev. Abraham Park's Posthumous Collection

# Signs of the Covenant of Grace:

# Offerings and the Book of the Law

## in Light of God's Administration in the History of Redemption

Huisun
Seoul, Korea

# 저자 서문

PREFACE

박윤식 목사

역사는 더할 수 없이 깊은 밤을 만나고 있습니다. 사람이라면 영과 육이 질식해버릴 수밖에 없는 지경이 되었습니다. 그러나 이 극한 어둠의 의미, 그것은 찬란한 새벽이 동터 오고 있다는 것입니다. 하나님께서 말세를 살아가는 성도에게 영원부터 영원까지 밤이 없는 그곳에 만국의 영광과 존귀를 가지고(계 21:25-26) 들어갈 때가 되었다고, 큰 소리로 예수 그리스도 안에 있는 영원한 새 아침을 예고하고 계시다는 것입니다.

예수 그리스도 십자가 구속의 사랑으로 의롭게 된 성도는 항상 우주의 끝에까지 귀를 기울입니다. 그래서 하나님의 구속사의 끝도 내다봅니다. "제사로 나와 언약한 자들을 내 앞에 모으라"(시 50:5) 하시는 하나님의 음성, 말세 성도를 향해 부르시는 그 음성이 오늘 온 우주를 진동시키고 있습니다.

저는 그동안 「구속사 시리즈」 완간이라는 거룩한 소망을 가슴에 품고, 침식을 제외한 거의 모든 시간을 집필하는 일에 온 정성을 다하여 매진해 왔습니다. 그러나 「구속사 시리즈」의 완간은 하나님의 강권적인 은혜가 아니면 도저히 이룰 수 없는 대역사입니다. 빌립보서 1:6에 "너희 속에 착한 일을 시작하신 이가 그리스도 예수의 날까지 이루실 줄을 우리가 확신하노라"라고 하신 말씀 그대로, 오직 하나님께서 이루어주시기를 간망(懇望)할 뿐입니다.

저는 지난 반세기 이상 구속사적 입장에서 구약 성경의 제사 규례, 언약궤 옆에 보관된 율법책, 절기에 관한 규례에 관해 성도들에게 설교하면서, 그 속에 깊이 함축되어 있는 예수 그리스도의 모습을 발견하고(눅 24:27, 44, 요 2:21, 5:39, 45-47, 히 8:5, 9:9) 깊은 은혜와 감격 속에 빠지곤 하였습니다.

놀라운 사실은, 구약 성경의 제사 규례와 제사장, 성소, 제물, 이 모든 표징이 이 땅에 오신 예수 그리스도께서 십자가에서 자기를 드려 '단번에' 택한 백성의 모든 죄를 없애주시고, '단번에' 거룩함을 얻게 하시는 한 영원한 제사를 드리는 모든 역사(히 7:27, 9:12, 26, 28, 10:10)를 너무도 자세히 정확무오하고 완벽하게 보여주고 있다는 것입니다. 그러나 하나님의 구속 경륜을 완전하게 이 책에 담아내어 설명하는 것은 불가능한 일입니다. 다만 하나님을 사랑하는 모든 독자가 제사 규례와 절기에 관한 규례를 구속사적 관점에서 볼 수 있도록, 하나님께서 예수 그리스도 안에 있는 하나님의 모든 충만하신 것으로 독자 모두에게 충만케 하여 주시기를 간절히 기도할 뿐입니다.

하나님의 임재의 상징인 언약궤는 출애굽 이후 시내 광야에서부터 이스라엘과 늘 함께하였습니다. 그래서 언약궤가 사라진다는 것은 생각조차 못 해 본 충격적인 일입니다. 그런데 주전 586년에 남 유다가 바벨론에게 멸망당하면서 언약궤가 역사 속에서 사라져 버렸습니다. 그러나 저는 언약궤가 사라진 이후 이스라엘의 신앙을 바로잡아 주는 중요한 역할을 했던 것이 바로 '율법책'이었음을 발견하게 되었습니다. 온몸이 땀과 흙으로 범벅이 되어 땅을 파 들어가던 사람이 마침내 보물 상자를 발견하고 뚜껑을 여는 순간 그 찬란한 빛에 압도되어 한동안 꼼짝 못 하듯이, 저는 율법책을 통해 구속 경륜을 이끌어가신 하나님의 놀라운 섭리를 발견하고 한동안 꼼짝할 수가 없었습니다. 하나님께서는 이스라엘 백성이 가나안에 입성하기 직전에 "이 율법책을 가져다가 너희 하나님 여호와의 언약궤 곁에 두어 너희에게 증거가 되게 하라"(신 31:26)라고 명령하셨습니다. 그 후 율법책은 지성소의 언약궤 곁에 놓이게 되었으며, 언약궤가 사라진 이후에도 보존되어 이스라엘 백성이 오직 말씀 중심의 신앙생활을 할 수 있도록 인도하는 신앙과 생활의 절대 표준이 되었던 것입니다. 그 후 이 율법책은 선지서와 성문서, 신약 성경이 추가되어 오늘날 우리가 보는 성경으로 완성이 되었습니다.

신·구약 성경 66권은 일점일획도 오류가 없는 살아계신 하나님의 절대 권위의 말씀입니다. 권위(權威)는 '복종할 것을 기대하면서 어떤 행동을 요구하거나, 신념을 결정할 수 있는 능력이나 권리'를 뜻합니다. '성경은 하나님의 최고 권위의 책이다'라는 사실을 모르는 이가 없으나, 그 말씀이 어떻게 해서 오늘날 우리가 지니고 있는 성경책으로 엮어져 왔는지 정확히 아는 사람은 많지 않습니다. 부디 본서를 통해서 성경 말씀을 보수(保守)하기 위하여 피눈물로 섭리하신 하나님의 구속사와 거기에 쓰임받은 사람들의 고뇌와 헌신을 뼈저리게 체험하는 가운데, 우리의 남은 생애도 오직 하나님의 말씀을 보수하는 데 전심전력하는 생애가 되기를 소망합니다.

저는 또한 '성회로 삼을 여호와의 절기들'(창 1:14, 레 23:1-44)이 만세와 만대로부터 옴으로 감추었던 비밀(골 1:26)이신 예수 그리스도를 통해 성취되었음을 발견하게 되었습니다. 하나님께서는 성경을 통해 다가올 미래에 대한 정확한 시간표를 제시해 주셨습니다(엡 1:9). 예수님은 성경대로 때가 차매 이 땅에 오셨습니다(막 1:15, 갈 4:4). 사람은 아무도 알지 못했지만, '강보에 싸여 구유에 누인 예수님'이 친히 표적이 되심으로(눅 2:12) '주전'(Before Christ)과 '주후'(Anno Domini)가 갈라졌습니다. 남아있는 하나님의 구속 경륜 역시, "그가 모든 사람을 위하여 자기를 속전으로 주셨으니 '기약이 이르면'(καιροῖς ἰδίοις, '카이로이스 이디오이스') 증거할 것이라"(딤전 2:6)라는 말씀과 같이, 하나님 자신의 때이자 성도가 믿을 수 있는 가장 좋은 시간에 감추어진 모든 것을 밝히 드러내실 것입니다.

하나님의 구속사는 천국 복음이 온 세상에 전파되면 그 대단원의 막을 내리게 될 것입니다(마 24:14). 그러므로 복음 운동은 구속사를 마감하는 운동으로, 마치 알곡과 가라지를 나누는 추수꾼의 작업과도 같은 것입니다(마 3:12, 9:35-38, 13:30, 47-50, 20:1-6). 하나님께서는 선교사 파송, 문서 선교, 출판 사역, 세미나, 부흥회, 설교를 통한 말씀 선포 등, 각양의 복음 운동을 전개하고 계십니다.

갈수록 죄악이 관영하고 어둠의 물결이 거세게 밀려오는 이때에, 이 책이 성경을 사랑하는 많은 독자에게 성경의 기이한 세계를 열어주는 통로가 되어(시 119:18), 천국 복음 운동의 강력한 도구로 쓰임 받기를 간절히 소망합니다.

마지막으로, 이 책의 출판을 위해 알게 모르게 많은 수고를 아끼지 않은 분들과 뜨거운 기도로 동참해 주신 평강제일교회와 국내외 모든 교회 성도들에게 진심으로 감사를 드립니다. 특별히 자주 바뀌는 맞춤법에 서툰 저의 글을 일일이 교정하고, 그 어떤 책에도 뒤떨어지지 않는 현대적인 감각과 기술로 편집하여 마침내 인쇄 및 출판하기까지, 보이지 않게 뒤에서 수고한 동역자들에게 진심으로 감사의 말씀 드립니다.

주님의 초림이 성경대로 이루어졌다면, 주님의 재림도 오직 성경대로 이루어질 것입니다. 전 세계에 세워진 주님의 몸 된 교회마다 오직 성경만을 사랑하고 오직 성경대로 사는 가운데, 장차 성경대로 오시는 주님의 영광스러운 재림을 다 맞이하시기를 간절히 소망합니다.

2012년 12월 25일*
천국 가는 나그네 길에서
예수 그리스도 안에 있는 작은 지체 **박 윤 식**

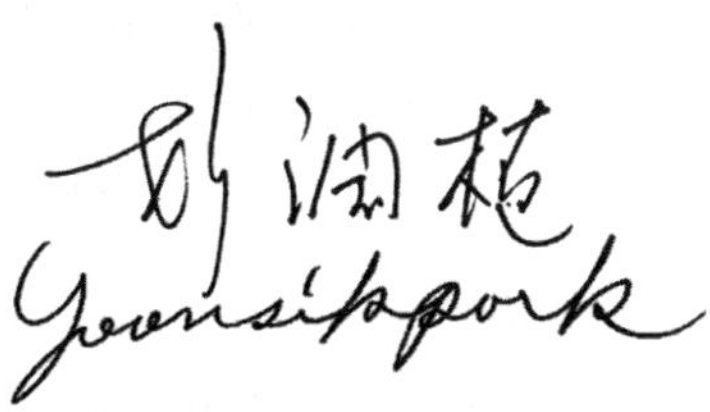

* 본서는 이미 2012년 12월에 저자가 원고를 마무리해 놓고 미처 출간하지 못했던 것으로, 2014년 12월 17일 저자가 천국에 입성한 후에 남겨진 엄청난 분량의 유작(遺作)들 중의 하나입니다.

# 차례

※ 본서는 성경구절 인용 시 주로 개역한글 성경을 사용하였습니다.

제 1 장

# 은혜 언약의 표징

Signs of the Covenant of Grace

# 은혜 언약의 표징

## SIGNS OF THE COVENANT OF GRACE

사랑이 한이 없으신 하나님께서는 타락한 인간들을 구원하시기 위하여 그들과 언약을 세우셨습니다. 그 언약들은 하나님의 일방적인 은혜에 근거한 언약이기에 '은혜 언약'으로 불렸습니다. '은혜 언약'은 구속사의 각 시대를 따라 다양한 모습으로 인간들에게 주어졌습니다. 여자의 후손 약속(창 3:15), 노아와의 언약(창 9장), 아브라함과의 언약(창 15, 17장), 시내산 언약(출 19, 24장), 다윗과의 언약(삼하 7장), 예레미야를 통한 새 언약(렘 31:31-34), 에스겔과 맺은 영원한 언약(겔 16:60-63) 등입니다.

보이지 않는 영이신 하나님께서는 인간들에게 하신 은혜 언약을 확증하시기 위해서 눈에 보이도록 여러 모양으로 나타내셨습니다(롬 1:20, 딤전 1:17). 이를 가리켜 '표징'(혹은 '표적, 이적, 표시, 기사'로도 번역)이라고 합니다. 표징은 전능하신 하나님께서 은혜 언약을 성취하시기 위해 우주 만물의 운행과 질서, 시간과 공간을 다스리시며 작정과 예정을 이루심을 분명하게 보여주고 있습니다.

본 장에서는 구속사에 나타난 표징의 일반적인 의미와 용례를 살펴보고, 시대별로 체결된 하나님의 언약 속에 있는 각 표징과 그 의미를 살펴보겠습니다.

# I
# 구속사에 나타난 표징들
## SIGNS IN THE HISTORY OF REDEMPTION

표징은 히브리어로 '오트'(אוֹת)이며, 구약 성경에 79회 쓰였습니다. 그 뜻은 첫째, 어떤 것을 확실하게 보여주는 표시(表示, sign), 둘째, 목표로 삼는 표식(表式, token), 셋째, 겉으로 나타난 흔적(痕迹, mark), 넷째, 사람들의 주목 대상(對象, object)을 가리킵니다.

또한 표징은 헬라어로 '세메이온'(σημεῖον)이며, 신약 성경에 77회 쓰였습니다. 이것은 '인식할 수 있는 의미를 전달하는 어떤 행위나 물체, 표식'을 의미하는데(마 26:48, 눅 2:12), 초자연적인 능력에 의해 외부로 나타나기도 합니다(마 24:24, 행 5:12, 고전 1:22, 히 2:4). 예를 들어, 방언은 '믿지 아니하는 자들을 위하는 표적'이며(고전 14:22), 이적은 '예수님께서 메시아이심을 드러내는 수단'입니다(마 12:38, 요 2:11, 6:30, 12:37, 20:30). 이러한 표징은 참과 거짓을 구분하는 기준이 되기도 합니다. 사도 바울은 그의 모든 편지에서 서신의 진위를 구분할 수 있는 표징으로 서명(signature)을 하여, 그의 이름을 도용한 위조 편지가 교회 안에 들어오는 것을 암시적으로 경계하게 했습니다(살후 3:17).

성경에서 이러한 표징의 용례들을 살펴보면 다음 몇 가지로 정리됩니다.

## 1. 분명한 메시지를 전하고자 의도된 가시적인 물체

Visible objects designed to deliver a clear message

창세기 1장에서 넷째 날에 두 광명인 해와 달의 창조로 인하여 발생하는 '징조'(창 1:14), 가인이 누구를 만나든지 죽임을 면케 되는 '표'(창 4:15), 이스라엘 12지파를 구분하는 각각의 '기호'(민 2:2) 등은 어떤 분명한 메시지를 전달하는 역할을 하였습니다. 시편 74:4에 "주의 대적이 주의 회중에서 훤화하며 자기 기를 세워 표적을 삼았으니"라고 말씀하고 있습니다. 여기에서 '(자기) 기'라는 단어와 '표적'이라는 단어는 둘 다 히브리어 '오트'(אוֹת)를 사용하고 있습니다. 이것은 표징이 마치 깃발처럼 사람들에게 어떤 분명한 메시지를 전달함을 알려줍니다.

## 2. 약속의 보증이나 기념물

Pledge of promise or memorials

인간을 다시는 물로 심판하지 않겠다는 하나님의 약속인 '무지개'(창 9:8-17), 여리고 기생 라합 집의 창에 매달린 구원의 진실한 표인 '붉은 줄'(수 2:12-13, 18-21, 6:22-25), 요단강 가운데서 가져온 '열두 돌'(수 4:4-9) 등은 약속의 보증이나 기념물의 역할을 하였습니다.

하나님께서는 나약하고 무능한 모세의 손에 '하나님의 지팡이'(출 4:20)를 들려주시어, '하나님께서 그와 함께하신다'는 확증과 '하나님의 기사와 이적을 일으킬 것'이라는 약속의 보증물이 되게 하셨습니다(출 4:1-9). 하나님의 백성은 이러한 표징들을 통해서 하나님께서 약속하신 것이 반드시 이루어진다는 확신을 갖게 되었으며, 그것들을 기념물로 삼아 후대에 전할 수 있었습니다.

## 3. 예언의 확실함을 보여주는 징조들

Signs that manifest the certainty of prophecies

표징은 하나님의 예언이 확실하게 성취됨을 보여주는 징조로 사용되기도 하였습니다. 예를 들어, 하나님의 사람의 예언대로 제사장 엘리의 두 아들(홉니, 비느하스)이 한 날에 죽는 일(삼상 2:34, 4:17), 사무엘 선지자의 예언대로 사울에게 여호와의 신이 크게 임하여 예언하는 행동(삼상 10:6-12), 장차 처녀가 잉태하여 아들을 낳을 임마누엘의 징조(사 7:10-14), 이사야 선지자가 3년간 벗은 몸과 벗은 발로 행하여 애굽과 구스에 대하여 예표가 되게 한 여러 가지 상징적 행동들(사 20:2-3), 이스라엘의 멸망을 알려주는 에스겔 선지자의 강력한 행동 예언들(겔 4:1-3, 12:1-20, 24:24, 27) 등이 이러한 역할을 하였습니다.

하나님께서는 이러한 표징들을 통하여 선포하신 예언들이 반드시 성취된다는 것을 확실하게 보여주셨습니다.

## 4. 하나님의 역사

The work of God

표징(אוֹת, '오트')이 복수형으로 '이적'(מוֹפֵת, '모페트')과 함께 사용될 때, 그 사건들은 하나님의 역사 또는 하나님께서 자기 백성 중에 임재하시는 증거가 되었습니다. 특히 출애굽 할 때 10대 재앙으로

애굽을 징치하셨던 하나님의 기적적인 역사는 구약 성경 전반에 걸쳐 비길 데 없는 표징과 기사로 자주 언급되었습니다(신 4:34, 6:22). 출애굽기 7:3에서 "내가 바로의 마음을 강퍅케 하고 나의 표징('오트')과 나의 이적('모페트')을 애굽 땅에 많이 행하리라마는"이라고 말씀하고 있으며, 신명기 7:19에서 "네 하나님 여호와께서 너를 인도하여 내실 때에 네가 목도한 큰 시험과 이적('오트')과 기사('모페트')와 강한 손과 편 팔을 기억하라 그와 같이 네 하나님 여호와께서 네가 두려워하는 모든 민족에게 행하실 것이요"라고 말씀하고 있습니다. 또한 예레미야 32:21에서도 "주께서 징조('오트')와 기사('모페트')와 강한 손과 드신 팔과 큰 두려움으로 주의 백성 이스라엘을 애굽 땅에서 인도하여 내시고"라고 말씀하고 있습니다.

성경에 기록된 여러 표징들은 구속사에 나타난 하나님의 역사를 보다 선명하고 확실하게 밝혀줍니다.

# Ⅱ 은혜 언약과 함께 주어진 표징들

SIGNS GIVEN WITH THE COVENANT OF GRACE

하나님께서 택한 백성과 은혜 언약을 체결하실 때, 그 언약의 영원불변성을 강조하기 위하여 표징들을 사용하셨습니다. 하나님께서는 눈으로 인식되는 실제적인 표징을 주심으로 하나님의 은혜 언약이 만세와 만대에 지속되며 나아가 반드시 성취된다는 아주 강력한 메시지를 전달하셨습니다.

이제 하나님의 구속사에서 은혜 언약이 체결될 때마다 보여주신 대표적인 표징들을 살펴보겠습니다.

## 1. 여자의 후손 약속의 '가죽옷'

Garments of skin in the promise of the seed of the woman

아담과 하와의 타락 후에 하나님께서는 뱀의 머리를 상하게 할 여자의 후손을 약속하셨습니다(창 3:15). 이 여자의 후손은 타락한 인류를 구원하기 위하여 장차 오실 예수 그리스도에 대한 확실한 약속입니다(사 7:14, 마 1:23, 갈 4:4). 이 약속은 언약에 대한 최초의 계시라고 볼 수 있습니다. 우리의 유일한 구주이신 예수님께서는 처녀 마리아의 몸에서 성령으로 잉태되어 도성인신(道成人身, Incarnation)하심으로 이 약속을 성취하셨습니다.

하나님께서는 여자의 후손을 약속하신 후에 가죽옷(창 3:21)을 손수 지어 아담과 하와에게 입혀 주셨습니다. 이것은 여자의 후손을 통해서 이루어질 속죄의 방도(요 1:29, 고전 5:7)를 보여줄 뿐만 아니라, 나아가 여자의 후손에 대한 약속을 확증시켜 준 표징이었습니다.

## 2. 노아 언약의 '방주'와 '무지개'

Ark and rainbow in the Noahic covenant

노아 시대의 언약은 홍수 전과 홍수 후 언약으로 나뉩니다. 홍수 전에 하나님께서는 홍수 심판을 예고하시면서 노아에게 방주의 식양을 지시하신 후(창 6:14-16), '천지 만물의 보존 언약'을 맺으셨습니다(창 6:18-20). 홍수 심판 속에서 경건한 노아와 그의 가족과 방주에 들어간 생물들을 보존하심으로, 그들을 통해 새로운 창조 질서를 세우고자 계획하신 것입니다(창 8:17, 9:1, 7, 19). 이때 '방주'는 언약을 믿고 방주에 들어간 언약의 대상자만 구원하시고, 언약을 믿지 않고 방주 밖에 있는 자는 완전히 멸망시키신다는 분명한 언약의 표징이었습니다.

홍수 후에 하나님께서는 노아와 그와 함께한 아들들, 그리고 장차 올 그 후손과 방주 안에 함께한 모든 생물과 언약을 맺으셨습니다(창 9:8-17). 그 언약의 증거로 '구름 속의 무지개', 곧 일곱 빛깔의 아름다운 무지개를 보이셨습니다(창 9:12-13). 언약의 무지개는 다시는 홍수로 사람들을 멸하지 않으시겠다는 하나님의 사랑과 은혜의 표징이자, 그 언약을 변치 않고 반드시 지키시겠다는 약속의 표징이었습니다(창 9:14-17). 홍수 이후 오늘날까지 무지개가 나타나는 것은 하나님께서 세우신 언약은 영원히 변함이 없다는 실질적인 확증입니다. “천지는 없어지겠으나 내 말은 없어지지 아니하리라”(마 24:35)라는 말씀대로 영원한 언약의 표징이 되는 것입니다.

## 3. 횃불 언약의 ‘연기 나는 풀무’와 ‘타는 횃불’

Smoking oven and flaming torch in the covenant of the torch

하나님께서는 일찍이 아브라함과 일곱 번에 걸쳐서 언약을 체결하셨습니다(창 12:1-3, 7, 13:14-18, 15:1-21, 17:1-14, 18:10, 22:15-18). 일곱 번에 걸쳐 맺은 언약의 중심이 되는 언약은 횃불 언약입니다. 이 언약은 아브라함 자손에 대한 약속(창 15:1-6)과 가나안 땅에 대한 약속(창 15:7-21)으로 이루어져 있습니다. 하나님께서는 이 언약의 확증을 연기 나는 풀무와 타는 횃불이라는 표징을 통해 나타내셨습니다. 창세기 15:17에서 “해가 져서 어둘 때에 연기 나는 풀무가 보이며 타는 횃불이 쪼갠 고기 사이로 지나더라”라고 말씀하고 있습니다. 연기 나는 풀무는 앞으로 이스라엘이 애굽에서 당하게 될 혹독한 고난을 암시합니다. 성경에서는 애굽을 ‘쇠 풀무’(신 4:20, 렘 11:4)나 ‘철 풀무’(왕상 8:51)로 표현하고 있습니다. 또한 타는 횃불은 쉬지 않고 일하시는 하나님의 임재와 현현, 그리고 지속적으로 영원히 언약을 성취하시는 하나님의 역사를 나타냅니다(신 4:12, 15, 사 10:17, 62:1).

## 4. 아브라함 언약의 '할례'

Circumcision in the Abrahamic covenant

창세기 17장을 볼 때, 하나님께서는 아브라함 99세 때 그와 다시 언약을 체결하셨습니다. 그리고 그와 그 자손이 언약 백성임을 증거하는 외적인 표로 할례를 명령하셨습니다(창 17:9-14, 출 4:24-26). 할례란 한자로 '나눌 할(割), 예도 례(禮)'로, '이스라엘 백성 중 남자를 대상으로, 난 지 8일 만에 생식기 끝부분 주위에 덮여있는 포피를 베어 제거하는 예식'입니다. 차돌(출 4:25) 혹은 부싯돌(수 5:2-3)로 날카로운 칼(sharp knife)을 만들어 사용하였습니다. 창세기 17:11에서 "너희는 양피를 베어라 이것이 나와 너희 사이의 언약의 표징이니라", 13절에서 "내 언약이 너희 살에 있어 영원한 언약이 되려니와"라고 말씀하고 있습니다. 이처럼 할례는 그 자체가 언약일 뿐만 아니라(창 17:10), 신체 일부에 언약의 표를 둠으로써 여호와의 언약을 영원히 기억하게 하는 표징인 것입니다.

사망의 피를 빼고 난 후에는 언약의 피가 흐르는 언약의 자손으로 신분이 변화되었습니다(창 17:13, 참고-레 17:11, 롬 5:12). 그러나 할례를 받지 않으면 언약 백성에서 끊어지게 됩니다(창 17:14). 할례의 대상자는 아브라함과 그 자녀들뿐만 아니라 종들과 종들의 자녀들까지 포함합니다. 이는 이방인들까지도 언약의 대상자이자 표징을 가지는 대상임을 보여주며, 만약 아브라함의 자손이라도 언약의 표징이 없다면 언약 백성의 자격을 상실할 수 있음을 의미합니다.

유대인들은 할례를 '육체의 자랑'으로 여기거나(갈 6:13), '구원의 조건'으로 삼았습니다. 사도행전 15:1에서 "어떤 사람들이 유대로부터 내려와서 형제들을 가르치되 너희가 모세의 법대로 할례를 받지 아니하면 능히 구원을 얻지 못하리라 하니"라고 말씀하고 있습니다. 그러나 육체의 할례보다 더 중요한 것은 마음의 할례(신 10:16, 30:6, 렘 4:4)와 귀의 할례(렘 6:10, 행 7:51)입니다. 예레미야 선지자는 이스라엘이 마음의 할례를 받지 못한 것은 이방인이 육체의 할례를 받지 못한 것과 같은 것이라고 파격적인 선언을 하였습니다(렘 9:25-26). 진정한 할례는 육체의 할례가 아니라 마음의 할례입니다(롬 2:25-29). 그리스도 예수 안에서는 할례나 무할례가 효력이 없으되 사랑으로써 역사하는 믿음뿐입니다(갈 5:6).

구약의 할례는 오늘날 성도의 '세례'와 같은 의미를 가집니다. 세례는 그리스도의 죽으심과 부활에 동참하는 것에 대한 상징적 의미를 지닙니다. 골로새서 2:11-12에서 "또 그 안에서 너희가 손으로 하지 아니한 할례를 받았으니 곧 육적 몸을 벗는 것이요 그리스도의 할례니라 [12] 너희가 세례로 그리스도와 함께 장사한 바 되고 또 죽은 자들 가운데서 그를 일으키신 하나님의 역사를 믿음으로 말미암아 그 안에서 함께 일으키심을 받았느니라"라고 말씀하고 있습니다.

오늘날 '육적 몸' 곧 옛 사람을 벗어버리고 십자가의 피로 정결하게 씻어 거듭난 자들은 모두 손으로 하지 아니한 그리스도의 할례를 받은 자들입니다(골 2:11-15).

## 5. 시내산·모압 언약의 '돌판'과 '성막'과 '제사법'

The stone tablets, tabernacle, and law of offering in the Sinaitic and Moabite covenants

시내산 언약에서는 모세가 제물의 피를 취하여 단과 백성과 율법책에 뿌리면서 "너희와 세우신 언약의 피"라고 선언하였습니다(출 24:6-8, 히 9:19-22). 그리고 하나님께서 친수로 쓰신 '언약의 두 돌판'(출 24:12, 31:18, 32:15-16, 신 4:13, 5:22, 9:9-11)을 언약의 표징으로 받았습니다. 그리고 하나님께서는 이스라엘 백성에게 눈에 보이는 임마누엘의 강력한 표징으로 성막과 제사법을 계시하여 주셨습니다.

하나님께서는 "내가 그들 중에 거할 성소를 그들을 시켜 나를 위하여 짓되"(출 25:8)라고 말씀하셨으며, "거기서 내가 너와 만나고 속죄소 위 곧 증거궤 위에 있는 두 그룹 사이에서 내가 이스라엘 자손을 위하여 네게 명할 모든 일을 네게 이르리라"(출 25:22)라고 말씀하셨습니다. 성막이 완성되는 날, 하나님의 임재를 상징하는 영광의 구름이 그 위에 머물렀습니다(출 40:34-35).

또한 하나님께서는 성막에서 드려지는 5대 제사(번제, 소제, 화목제, 속죄제, 속건제)를 계시해 주셔서(레 1:1-7:38), 이스라엘 백성과 끊임없이 교제하면서 그들의 모든 부정과 죄악을 제거하여 성결케 하셨습니다. 하나님께서는 구체적으로 이스라엘 백성이 거룩한 제사장 나라로 사는 방법(레 1-16장)과 그들이 거룩한 백성으로 사는 방법을 가르쳐 주셨습니다(레 17-27장).

## 6. 다윗 언약의 '네 몸에서 날 자식'

"Your descendant after you, who will come forth from you" in the Davidic covenant

다윗 언약은 다윗이 언약궤를 찾아온 후 성전을 지으려는 소원을 가졌을 때 나단 선지자를 통해서 주신 것입니다(삼하 7:1-3, 12-16, 대상 17:10-14). 하나님께서는 '다윗의 몸에서 날 자식'이 성전을 건축할 것이며, 그의 왕위를 영원히 견고케 하시겠다고 약속하셨습니다(삼하 7:12-13).

시편 89:28-29에서 "저를 위하여 나의 인자함을 영구히 지키고 저로 더불어 한 나의 언약을 굳게 세우며 29 또 그 후손을 영구케 하여 그 위를 하늘의 날과 같게 하리로다"라고 말씀하고 있으며, 시편 132:12에서 "네 자손이 내 언약과 저희에게 교훈하는 내 증거를 지킬진대 저희 후손도 영원히 네 위에 앉으리라 하셨도다"라고 말씀하고 있습니다. 하나님께서는 다윗과 언약하실 때 '맹세'(시 89:3-4, 35, 49)와 '성실'(시 132:11)로 체결하셨습니다. 이때 주신 표징은 바로 '네 몸에서 날 자식'입니다(삼하 7:12). 여기서 자식에 대한 말씀은 일차적으로 솔로몬에 대한 약속이며, 궁극적으로 다윗의 후손으로 오실 메시아에 대한 약속이었습니다. 다윗은 자신의 몸에서 날 한 후손이라는 표징을 통해 언약에 대한 확신을 갖게 되었을 것입니다. 이스라엘 백성 역시 솔로몬 이후에 더욱 다윗의 후손으로 오실 메시아에 대한 약속을 간절히 소망하게 되었습니다(마 9:27, 12:23, 15:22, 20:30-31, 21:9, 22:42, 막 10:47-48, 12:35, 눅 18:38-39, 20:41).

## 7. 새 언약의 중보이신 예수 그리스도의 '떡'과 '포도주'

The bread and wine of Jesus Christ, the mediator of the new covenant

주전 586년에 예루살렘이 바벨론에게 완전히 함락되기 직전에, 하나님께서는 예레미야 선지자를 통하여 새 언약을 약속하셨습니다. 새 언약의 내용은 하나님의 말씀을 백성의 마음에 기록하심으로써 하나님과 백성 사이의 언약 관계가 성립되고, 작은 자로부터 큰 자까지 다 하나님을 알게 될 것이라는 내용이었습니다(렘 31:31, 33-34). 이 새 언약은 예수 그리스도께서 이 땅에 오심으로 성취되었습니다(눅 2:12, 요 7:31, 히 8:6-13, 9:15, 롬 8:2-4). 새 언약의 중보이신 예수 그리스도께서는(히 12:24) 성만찬 때 자신의 살과 피를 상징하는 떡과 포도주라는 외적 표징을 통해서 새 언약의 성취를 보여 주셨습니다.

예수님께서는 떡을 가져 사례하시고 제자들에게 떼어주시면서 "이것은 너희를 위하여 주는 내 몸이라 너희가 이를 행하여 나를 기념하라"라고 말씀하셨습니다(눅 22:19, 참고-마 26:26, 고전 11:24). 또 포도주 잔을 가지사 사례하시고 제자들에게 주시면서 "이 잔은 내 피로 세우는 새 언약이니 곧 너희를 위하여 붓는 것이라"라고 말씀하셨습니다(눅 22:20, 참고-마 26:27-28, 고전 11:25).

새 언약의 표징인 '성찬'은 하나님의 백성된 성도들이 계속적으로 기념해야 할 명령입니다. 고린도전서 11:26에서 "너희가 이 떡을 먹으며 이 잔을 마실 때마다 주의 죽으심을 오실 때까지 전하는 것이니라"라고 말씀하고 있습니다. 그러므로 성도는 재림 때까지 '성찬'을 통하여 예수 그리스도의 죽으심과 부활과 재림을 계속 선포해야 합니다.

이 외에도 해와 달(창 1:14), 안식일(창 2:2-3, 출 31:13), 애굽을 징치하신 10대 재앙(출 4:21-23, 6:6-9, 7:3, 17, 10:1-2), 아론의 싹 난 지팡이(민 17:1-10), 라합의 붉은 줄(수 2:17-21, 6:22-25), 기드온의 양털에 내린 이슬(삿 6:36-40), 엘리의 아들들의 죽음(삼상 2:34), 사울의 예언(삼상 10:6-13), 아들을 낳는 처녀(עַלְמָה, '알마'-사 7:10-14), 여러 상징적인 행동(사 20:3, 겔 4:1-3), 회복의 역사를 나타내는 잣나무와 화석류(사 55:13), 복음을 기록한 서신(살후 3:17) 등이 표징으로 주어졌습니다.

이렇듯 하나님께서 인간에게 언약을 주시면서 표징을 함께 주신 것은 그 언약이 가지는 영원한 효력과 생명력을 입증하기 위함이었습니다. 그러므로 인간은 하나님의 언약을 자기 생명이 다하도록 끝까지 지키고 또 자손들에게 철저하게 전수해야 하는 것입니다.

디모데전서 1:17에서는 하나님을 "만세의 왕 곧 썩지 아니하고 보이지 아니하고 홀로 하나이신 하나님"으로 고백하고 있습니다. 하나님께서는 보이지 않는 영이시며 말씀이십니다(요 1:1, 4:24). 하나님은 눈앞에 확실하게 보이는 뚜렷한 '표징'을 주심으로, 하나님의 언약 전부가 거짓이 조금도 없는 진실 그 자체이며, 그 약속한 내용이 하나도 빠짐없이 반드시 이루어질 것을 나타내셨습니다.

따라서 이러한 표징들은 오늘날 하나님의 백성에게 하나님의 언약을 현재에 항상 기억하도록 해주며, 언약 성취의 날을 고대하며 변함없는 소망을 품고 살게 하는 원동력이 됩니다. 그것이 종국에는 시편 기자의 고백대로 원수를 부끄럽게 할 '은총의 표징'(시 86:17)이요, 최후 승리의 표적이 되는 것입니다.

본서에서는 하나님과 은혜 언약 관계 안에서 자기 백성에게 하나님을 섬기는 법으로 가르쳐 주신 구체적인 표징인 '구약의 제사 규례'와, 그 규례를 집례하는 '제사장의 위임식과 취임식', 그리고 하나님께서 자기 백성과 함께하심을 보이시는 임마누엘의 표징인 언약궤 옆에 보관된 '율법책'을 집중적으로 연구할 것입니다.

제 2 장

# 제사장이 담당해야 할 언약적 직무

Covenantal Duties of the Priest

# 제사장이 담당해야 할 언약적 직무

## COVENANTAL DUTIES OF THE PRIEST

아담의 범죄 이후, 하나님께서는 제사를 통해 하나님께로 나아갈 수 있는 길을 열어주셔서 은혜 언약의 표징을 보이셨습니다.

제사장이 공식적인 직분으로 세워지기 전에는, 족장을 대표로 하여 제사를 통해 하나님 앞에 나아갔습니다. 범죄한 아담에게 '여자의 후손'에 대한 약속을 주신 이후, 가인은 땅의 소산으로, 아벨은 양의 첫 새끼와 기름으로 제사를 드렸으며(창 4:1-5), 노아는 홍수가 끝나고 하나님께 정결한 짐승으로 번제를 드렸습니다(창 8:20). 아브라함과 이삭, 야곱도 가는 곳마다 하나님께 제사를 드렸습니다(창 12:7, 13:4, 22:13, 26:25, 35:7). 경건한 자손들은 족장을 통해 제사를 드림으로써 언약에 참여할 수 있었습니다.

'제사장'이라는 뜻의 히브리어 '코헨'(כֹּהֵן)은 창세기 14:18의 '지극히 높으신 하나님의 제사장'인 멜기세덱과 관련해서 처음으로 등장합니다. 하나님께서는 애굽으로 이주했던 야곱의 가족을 약 200만 명이 넘는 민족으로 성장시키시고, 그들을 출애굽 시키셔서 시내산 언약을 통하여 언약 백성이 되게 하셨습니다. 그리고 언약 백성으로서 하나님께 온전한 제사를 드리고 하나님의 율법과 규례를 온전히 행하게 하기 위해서 공식적으로 제사장을 세우시고, 제사를 돕는 직분자로서 레위인을 부르셨습니다.

# I
# 레위 지파의 제사장 언약
## Covenant of Priesthood for the Levites

시내산 언약을 체결한 후 이스라엘 민족은 그들의 불신과 불순종 때문에 언약 파기의 위기를 만나기도 했으나(출 32장), 하나님의 긍휼과 사랑 가운데 하나님께서 언약을 세우신 나라, 하나님의 선민으로 쓰임받을 수 있었습니다(출 19:5-6, 24:1-11, 34:27). 이스라엘은 하나님의 언약 백성으로서의 합당한 삶을 위한 십계명과 율례를 받았고(출 20:1-23:33), 하나님께서 이스라엘과 만날 장소인 성막에 대한 계시도 받았습니다(출 25-31장). 모세는 하나님께서 말씀하신 대로 빠짐없이 성막을 완성하고 출애굽 제2년 1월 1일에 봉헌하였습니다(출 40:2, 17).

이후 하나님께서는 이스라엘의 열두 지파 중 레위 지파 중에서 제사장과 레위인을 세워 하나님을 섬기는 일에 전무(專務)하도록 하셨습니다(민 3:5-10). 레위인은 "이스라엘 자손 중에서 아론에게 온전히 돌리운 자"(민 3:9下)였습니다. 따라서 다른 지파 사람이나 이방인이 하나님의 성소나 제단에 가까이 나아갈 때는 죽임을 당하였습니다(민 3:10下).

하나님께서는 이스라엘 자손 중 아론과 그 아들들을 제사장으로 세우실 때 언약을 체결하셨습니다(참고-출 28:1). 언약을 직접 체결한 기록은 없으나, 성경 여러 곳에서 제사장을 세우심과 관련하여 종종 '언약'으로 표현하고 있습니다. 그 용례를 살펴보면, '레위인 제사장에게 세운 언약'(렘 33:21), '제사장의 직분과 레위 사람에 대한 언약'(느 13:29), '레위와 세운 나의 언약은 생명과 평강의 언약'(말 2:4-5), '레위의 언약'(말 2:8)이라고 말씀하고 있습니다. 또한 출애굽기 29:9에서는 제사장의 직분을 맡기신 것을 '영원한 규례'라고 말씀하였습니다(참고-민 25:13).

제사장 언약은 크게 두 가지로 나눌 수 있습니다.

**첫째, '아론과 그 아들들'과 체결하신 언약입니다.**

하나님께서는 모세에게 "네 형 아론과 그 아들들 곧 나답과 아비후와 엘르아살과 이다말을 그와 함께 네게로 나아오게 하여 나를 섬기는 제사장 직분을 행하게 하되"라고 명령하셨습니다(출 28:1).

**둘째, 아론의 후손 비느하스와 체결하신 평화의 언약입니다.**

이 언약은 이스라엘 백성이 가나안 입성을 앞두고(주전 1407년) 모압 평지에 41번째로 진을 쳤을 때 체결되었습니다(민 25:11-12).

## 1. 아론과 그 아들들과 체결하신 언약

Covenant ratified with Aaron and his sons

### (1) 레위 지파가 받은 저주

레위는 야곱이 아내 레아를 통해 르우벤, 시므온 다음에 낳은 셋째 아들로, 레아가 남편 야곱과 하나가 되고 싶은 간절한 소원으로 '연합'이라는 뜻을 담아 지은 이름입니다(창 29:34). '연합'이라는 단어는 훗날, 하나님과 단절되었던 죄인이 예수 그리스도의 피로 가까워져 하나 되는 구원의 진리를 밝히는 데 사용되기도 하였습니다(롬 3:23-25, 엡 2:13-18).

후에 레위 지파는 제사장 지파로 선택을 받았지만, 본래 그럴 만한 자격이 없는 지파였습니다. 야곱의 셋째 아들 레위는 여동생 디나가 히위 족속 하몰의 아들 세겜에게 강간당한 것에 대한 복수로, 형 시므온과 함께 히위 족속을 속여 할례를 받게 한 후 그들을 모두 잔인하게 죽였습니다(창 34:1-29). 하나님의 거룩한 예식인 할례를 복수를 위한 살인 도구로 사용한 것입니다. 그래서 야곱은 죽기 전에 열두 아들을 불러서 축복할 때, 레위에게는 저주를 선포하였습니다.

**창세기 49:5-7** "시므온과 레위는 형제요 그들의 칼은 잔해하는 기계로다 [6]내 혼아 그들의 모의에 상관하지 말지어다 내 영광아 그들의 집회에 참예하지 말지어다 그들이 그 분노대로 사람을 죽이고 그 혈기대로 소의 발목 힘줄을 끊었음이로다 [7]그 노염이 혹독하니 저주를 받을 것이요 분기가 맹렬하니 저주를 받을 것이라 내가 그들을 야곱 중에서 나누며 이스라엘 중에서 흩으리로다"

그 후 레위는 게르손, 고핫(그핫), 므라리 세 자손을 통해 가계를 이어갔으며(창 46:11, 출 6:16上), 아버지 야곱과 함께 애굽으로 이주하여 그곳에서 137세에 죽었습니다(창 46:8-11, 출 6:16下).

### (2) 레위 지파의 회복

레위가 야곱의 저주를 받은 지 약 400여 년 만에 레위 자손이 전화위복(轉禍爲福)이 되는 기회가 있었습니다(신 33:8-11).

모세가 40일 동안 시내산에 올라가 있는 사이에 이스라엘 백성이 기다리지 못하고 금송아지를 만들어 숭배하였습니다. 산에서 내려온 모세가 우상숭배자들을 징벌하기 위해, "누구든지 여호와의 편에 있는 자는 내게로 나아오라"라고 하였을 때, 레위 자손이 모여 모세에게 나아왔습니다(출 32:26).

출애굽기 32:27에서 모세는 '각각 허리에 칼을 차고 이 문에서 저 문까지 왕래하며 형제와 친구와 그 이웃을 도륙'하라고 명령하였습니다. 여기 '도륙'은 한자로 '죽일 도(屠), 죽일 륙(戮)'으로, '사람을 무참하게 마구 죽이는 것'이라는 뜻입니다. 히브리어로는 '하라그'(חָרַג)로, 가인이 아벨을 잔인하게 돌로 쳐 죽일 때 처음 사용되었습니다(창 4:8). 레위 자손이 모세의 말대로 행하여 이날에 삼천 명 가량이 죽인 바 되었습니다(출 32:28).

이 일에 대해 모세는 "오늘날 여호와께 헌신하게 되었느니라 그가 오늘날 너희에게 복을 내리시리라"라고 선포하였습니다(출 32:29下). '헌신'은 한자로 '드릴 헌(獻), 몸 신(身)'으로, '자기의 이해를 돌보지 않고 전력을 다하여 자신을 바침'이라는 뜻입니다. 레위 자손은 모세의 명령을 조금도 부족함 없이 온전하게 이행함으로써 자신들을 거룩하게 구별하였습니다. 여기 '헌신하게 되었느니라'는 히브리어 '밀우 예드켐'(מִלְאוּ יֶדְכֶם)으로, '손을 채우다'라는 뜻입니다. '밀우'의 원형 '말레'(מָלֵא)는 '풍성하다, 가득 채우다, 흘러 넘치다'라는 뜻이며, '예드켐'의 원형 '야드'(יָד)는 '손'이라는 뜻입니다. 특히 '손을 채우다'는 제사장들이 백성을 위해서 하나님께 제사를 손으로 바칠 수 있는 자격, 곧 그들의 직무와 특권을 의미합니다. 출애굽기 28:41에서는 '위임'으로 번역하고 있습니다. 또한 '손을 채우다'는 제사장들이 손으로 하나님 앞에 제사를 드리고 나면, 하나님께서 그 손에 필요한 것들을 풍성하게 채워주신다는 의미로도 쓰입니다.

레위 지파가 헌신한 결과로, 모세는 죽기 직전에 열두 지파를 축복하면서 레위 지파를 축복하였습니다. 신명기 33:8-11에서 "레위에 대하여는 일렀으되 주의 둠밈과 우림이 주의 경건한 자에게 있도다 주께서 그를 맛사에서 시험하시고 므리바 물가에서 그와 다투셨도다 [9] 그는 그 부모에게 대하여 이르기를 내가 그들을 보지 못하였다 하며 그 형제들을 인정치 아니하며 그 자녀를 알지 아니한 것은 주의 말씀을 준행하고 주의 언약을 지킴을 인함이로다 [10] 주의 법도를 야곱에게, 주의 율법을 이스라엘에게 가르치며 주 앞에 분향하고 온전한 번제를 주의 단 위에 드리리로다 [11] 여호와여 그 재산을 풍족케 하시고 그 손의 일을 받으소서 그를 대적하여 일어나는 자와 미워하는 자의 허리를 꺾으사 다시 일어나지 못하게 하옵소서"라고 말씀하고 있습니다.

이후 레위 지파는 이스라엘 전역의 48개 성읍에 흩어져 백성에게 율례와 법도를 가르치며, '우림과 둠밈'을 소유하고 제사 직무를 전담하는 거룩한 제사장 지파가 되었습니다(민 35:2-8, 신 33:8). 하나님께서는 레위인들에게 오직 거룩한 일에 전념하라는 의미에서 별도의 기업을 주지 않으시고 오직 십일조만을 기업으로 주셨는데, 이는 대대에 영원한 율례로 선포되었습니다(민 18:20-24).

이처럼 '그 자손들이 흩어져 살 것'이라는 야곱의 저주(창 49:7)는 레위 자손이 하나님 앞에서 헌신한 일로 말미암아 오히려 전화위복이 되어 제사장 지파로서 이스라엘 전역에 흩어져 살게 되었습니다.

## (3) 제사장 언약의 체결

하나님께서는 레위 지파 가운데 아론과 그 아들들을 제사장으로 세우시면서 언약을 체결하셨습니다(출 28:1, 참고-느 13:29, 렘 33:21, 말 2:4-5, 8). 이 제사장 직분은 영원한 규례로 세우신 것입니다(출 29:9).

출애굽기 28:1에서 "너는 이스라엘 자손 중 네 형 아론과 그 아들들 곧 나답과 아비후와 엘르아살과 이다말을 그와 함께 네게로 나아오게 하여 나를 섬기는 제사장 직분을 행하게 하되"라고 말씀하고 있습니다. 여기에서 우리는 두 가지 중요한 언약의 내용을 찾아볼 수 있습니다.

### 첫째, 제사장 언약은 전적으로 하나님으로부터 나온 것입니다.

하나님께서는 아론과 그 아들들을 나아오게 하셨습니다. 출애굽기 28:1의 '나아오게 하여'는 히브리어 '카라브'(קָרַב)가 히필(사역)형으로 쓰여, '하나님께서 나아오도록 시키셨다'라는 뜻입니다. 아론의 자손들이 제사장 직분을 행하게 된 것은 전적으로 하나님의 주권적인 부르심 때문인 것입니다(히 5:4).

### 둘째, 제사장 언약은 전적으로 하나님을 위한 것입니다.

제사장은 하나님과 사람 사이의 중보 역할을 하였습니다. 중보는 양편을 위하여 일을 하는 자입니다. 그러나 제사장 언약의 내용을 볼 때, 제사장은 본질적으로 하나님을 위한 존재입니다. 출애굽기 28:1의 '나를 섬기는'은 히브리어로 한 단어인 '리'(לִי)입니다. 이는 '~을 위하여'라는 뜻의 전치사 '레'(לְ)에 1인칭 단수 대명사 어미가 붙어서 '나를 위한'이라는 뜻입니다. 따라서 직역하자면, '나를 섬기는 제사장'은 곧 '나를 위한 제사장'이라는 뜻입니다. 하나님께서는 하나님 자신을 위해 제사장 직분을 세우셨으며, 이러한 제사장 언약은 영원한 언약이 되었습니다(출 40:15).

## (4) 제사장직의 수행

### ① 아론의 제사장직 수행

하나님께서는 모세를 통해 아론과 그 아들들로 하나님을 섬기는 제사장 직분을 행하라고 말씀하셨습니다. 그리고 말씀하신 대로, 제사장직은 아론이 제일 먼저 수행하였습니다(출 28:1-3).

그런데 38년의 광야 노정이 끝나갈 무렵, 이스라엘 백성은 아론의 대제사장직에 도전하였습니다. 그 사건은 레위 지파 고핫 자손 중 고라 일당의 주도하에 이루어졌습니다. 저들은 하나님께서 위임하신 신적 권위를 무시하고(민 16:3, 10-11, 13), 하나님의 총회를 분열시켰으며(민 16:2), 육신의 혈통으로 영적 직분을 취하려 하였고(민 16:1-3, 10-11), 젖과 꿀이 흐르는 약속의 땅에 대해 완전히 불신하였습니다(민 16:12-14). 이에 하나님께서는 땅이 갈라지게 하셨고, 갈라진 땅은 고라 일당과 그 가족과 고라에게 속한 모든 사람과 물건을 삼켜버렸습니다. 그리고 이 일에 가담한 족장 250명은 여호와의 불에 소멸되었습니다(민 16:31-35).

그러나 이스라엘 백성은 이 일을 다 목도하고도 "너희가 여호와의 백성을 죽였도다"라고 하면서 오히려 모세와 아론을 원망하였습니다(민 16:41). 회중이 모여 모세와 아론을 칠 때에 구름이 회막을 덮었고, 여호와의 영광이 나타났습니다(민 16:42). 이스라엘의 패역으로 하나님의 분노가 얼마나 극심하셨던지, "내가 순식간에 그들을 멸하려 하노라"(민 16:45)라고 말씀하셨고, 곧바로 염병이 시작되었습니다(민 16:46).

사태의 심각성과 심판의 급박함을 인식한 아론이 모세의 명에 따라 향로에 단의 불을 담아 회중에게로 달려가서 백성을 속죄하고, 죽은 자와 산 자 사이에 섰을 때 염병이 그쳤습니다(민 16:46-48). 이때 14,700명이나 되는 사람들이 여호와의 무서운 심판에 의해 염병으로 죽었습니다(민 16:49).

고라 일당과 250명 족장의 반역 사건(민 16:1-3), 그리고 이어지는 일반 백성의 원망 사건(민 16:41-46)은 모세와 아론을 질투하였기 때문에 일어난 것입니다. 시편 106:16-18에서 "저희가 진에서 모세와 여호와의 성도 아론을 질투하매 [17] 땅이 갈라져 다단을 삼키며 아비람의 당을 덮었으며 [18] 불이 그 당 중에 붙음이여 화염이 악인을 살랐도다"라고 말씀하고 있습니다. 여기 '질투하매'는 매우 강한 질투를 뜻하는 히브리어 '카나'(קָנָא)가 쓰였습니다(창 37:11, 출 20:5, 34:14, 신 4:24, 5:9, 6:15, 수 24:19, 습 1:18). 그들의 질투는 아론을 제사장 삼으신 여호와를 거스르고(민 16:11), 여호와를 멸시하는 행위(민 16:30)였습니다.

하나님께서는 그들이 원망을 그치고 더 이상 죽지 않게 하시기 위하여(민 17:10), 이스라엘 열두 지파 족장들에게 지팡이 하나씩을 취하고 거기에 각 족장의 이름을 써서 증거궤 앞에 가져올 것을 명령하셨습니다(민 17:1-7).

그런데 열두 지팡이 가운데 유독 레위 지파 아론의 지팡이에서만 하룻밤 사이에 움이 돋고, 순이 나고, 꽃이 피고, 살구 열매가 열렸습니다(민 17:8). 이미 말라 죽어버린 마른 지팡이에 새 생명의 역사가 일어난 것입니다. 이것은 아론과 그의 후손들에게 제사장의 직분을 부여하신 것이 앞으로 계속될 영원한 언약임을 분명하게 재

확인시켜 주신 것입니다.

② 아론의 아들들의 제사장직 수행

아론의 아들들 가운데 나답과 아비후는 제사장직을 수행하던 중에 여호와께서 명하시지 않은 다른 불로 분향하다가 여호와의 불에 죽었습니다. 불이 여호와 앞에서 나와 그들을 삼키매 그들이 여호와 앞에서 죽은 것입니다(레 10:1-2).

그 후 셋째 아들 엘르아살과 넷째 아들 이다말이 제사장 직분을 행하였습니다. 역대상 24:2에서 "나답과 아비후가 그 아비보다 먼저 죽고 아들이 없으므로 엘르아살과 이다말이 제사장의 직분을 행하였더라"라고 말씀하고 있습니다.

## 2. 비느하스와 체결하신 평화의 언약

Covenant of peace ratified with Phinehas

### (1) 언약 체결의 배경

제사장과 관련한 언약 가운데 두 번째 언약은 비느하스와 맺으신 평화의 언약입니다. 이 언약 체결의 배경은 다음과 같습니다.

이스라엘 백성은 가나안 입성 직전에 모압 평지의 싯딤에서 모압 여자들과 음행하기를 시작하였는데, 급기야 여자들의 유혹에 넘어가 이방 신 바알브올에게 절하였습니다(민 25:1-3). 이에 하나님께서 진노하사 "백성의 두령들을 잡아 태양을 향하여 여호와 앞에 목매어 달라"라고 명령하셨습니다(민 25:4). 여기 '백성의 두령들'은 '천부장, 백부장, 오십부장, 십부장들'(출 18:21, 25)을 가리키는데, 히브리어 원문에는 '콜'(כֹּל, 뜻-모든)이 들어 있어 '그 백성의 모든 두령들'

이라는 뜻입니다. 하나님께서는 모세에게 분명히 '모든 두령을 처형하라'라고 말씀하셨는데, 모세는 이 말씀에 온전히 순종하지 않고 하나님의 명령을 변질시켜 오히려 사사(재판관, 두령)들에게 "각기 관할하는 자 중에 바알브올에게 부속한 사람들을 죽이라"라고 명령한 것입니다(민 25:5). 모세가 하나님의 본래 명령에 온전히 순종하지 않았기 때문에 염병이 그치지 않고 계속되자, 온 회중은 회막 앞에서 울부짖었습니다(민 25:6). 모세가 백성의 두령 모두를 목매어 달기만 했다면 여호와의 진노가 곧바로 떠났을 텐데, 모세의 불순종으로 백성 24,000명이 순식간에 염병으로 죽임을 당하고 말았던 것입니다(민 25:9, 참고-고전 10:8).

이때 시므온 지파의 족장 시므리(민 25:14)가 모세와 온 회중의 목전에서 미디안 여자 고스비*를 데려와 음행하기 위해 자기 장막으로 들어갔습니다(민 25:6). 이를 본 비느하스는 회중 가운데서 일어나 손에 창을 들고(민 25:7), 그 남자를 따라 장막에 들어가 창으로 남자와 여자의 배를 꿰뚫어서 죽였습니다(민 25:8). 마치 레위 지파가 범죄한 형제, 친구, 이웃을 도륙하여 헌신하였던 것같이(출 32:27-29), 비느하스가 '하나님의 질투심으로 질투하여'(민 25:11) 두 사람을 죽임으로 이스라엘 백성을 속죄한 것입니다(민 25:13). 단 한 사람 비느하스의 의롭고 용기 있는 행동으로 이스라엘을 향한 하나님의 진노가 멈추게 되었습니다. 민수기 25:8에서 "두 사람을 죽이니 염병이 이스라엘 자손에게서 그쳤더라"라고 말씀하고 있습니다.

---

* '시므리'(זִמְרִי)의 뜻은 '주께서 지켜주심'이며, 시므온 지파의 족장 중 하나였다(민 25:14). '고스비'(כָּזְבִּי)의 뜻은 '간교한 자'이며, 미디안 종족 두령 수르의 딸로(민 25:15), 고스비의 아비 수르는 미디안의 다섯 왕 중의 하나이자(민 31:8), 다섯 귀족 중의 하나였다(수 13:21, '술').

이에 하나님께서는 비느하스의 의로운 행동을 보시고 그와 '평화의 언약'을 체결하셨습니다(민 25:12-13).

### (2) 평화의 언약의 내용

하나님께서는 비느하스와 그의 후손에게 영원한 제사장 직분을 약속하셨습니다. 민수기 25:13에서 "그와 그 후손에게 영원한 제사장 직분의 언약이라 그가 그 하나님을 위하여 질투하여 이스라엘 자손을 속죄하였음이니라"라고 말씀하고 있습니다. 이후 이스라엘의 역사를 볼 때, 이 말씀대로 비느하스와 그 후손에게 영원한 제사장 직분이 주어졌습니다. 비느하스는 엘르아살의 아들이었습니다(출 6:25, 민 25:7, 11, 31:6, 대상 6:4). 그러므로 비느하스와 그 후손에게 영원한 제사장 직분이 주어진 것은, 아론의 아들인 엘르아살 가문을 통하여 제사장직이 계속된다는 것을 의미합니다.

이제 이어서 이 말씀의 성취 과정을 자세히 살펴보겠습니다.

### (3) 제사장직의 수행

아론의 두 아들 나답과 아비후가 죽은 후에, 제사장 직분은 남은 두 아들 엘르아살과 이다말을 통하여 이어졌습니다(대상 24:2).

#### ① 엘르아살 계열의 제사장직 수행

역대상 6:4-14에는 엘르아살 가문의 족보가 기록되어 있습니다.

**역대상 6:4-5** "엘르아살은 비느하스를 낳았고 비느하스는 아비수아를 낳았고 5 아비수아는 북기를 낳았고 북기는 웃시를 낳았고"

여기 비느하스는 민수기 25장에서 평화의 언약을 받은 자입니다. 그런데 요세푸스의 유대고대사 5권 11장에서는 웃시 후에 엘르아살 계열에서 대제사장직을 담당하지 않고, 이다말 계열인 엘리 가문에서 담당한 것으로 기록하고 있습니다.

### ② 이다말 계열 엘리 가문의 제사장직 수행

백성의 타락과 우상숭배의 만연으로 여호와께 드리는 제사가 제대로 수행되지 못했던 혼란한 사사 시대에, 이다말의 후손 엘리 집안(엘리와 그 아들 홉니와 비느하스)은 공식적인 대제사장 가문으로 그 임무를 수행하고 있었습니다(삼상 1:3). 사울왕 때에도 '아히야'가 대제사장직을 맡고 있었는데, 아히야는 실로에서 여호와의 제사장이 된 엘리의 증손이요, 비느하스의 손자요, 이가봇의 형제인 아히둡의 아들입니다(삼상 14:3).

사무엘상 4장에 기록된 블레셋과의 아벡 전투에서 엘리의 두 아들 홉니와 비느하스가 한날한시에 죽고(삼상 4:11, 17), 엘리 역시 98세의 나이로 의자에서 자빠져 문 곁에서 목이 부러져 죽었습니다(삼상 4:15, 18). 또 비느하스의 아내는 아들 이가봇을 해산하다가 죽었습니다(삼상 4:19-21). 사무엘상 14:3에는 이가봇 외에 '아히둡'이라는 아들이 더 있었음을 밝히고 있습니다.

이후 엘리 제사장의 후손들은 놉으로 거주지를 옮겨 살았으며(삼상 21:1, 22:11-19), 엘리의 뒤를 이어 아히둡이 대제사장직을 수행하였습니다(삼상 14:3). 물론 동시대에 사무엘도 제사장직을 수행하고 있었습니다(삼상 3:19-21, 참고-삼상 2:35). 사울왕은 제사장 아히둡의 아들 아히멜렉이 다윗에게 진설병과 골리앗의 칼을 제공했다는 이유로(삼상 22:9-11) 놉 땅의 제사장들을 죽이라고 명령하였습니다(삼상 22:17). 이때 왕의 신하들이 여호와의 제사장들 죽이기를 싫어하자, 에돔 사람 도엑을 보내 놉의 제사장 85명을 학살하였습니다(삼상 22:17-18). 이때 아히멜렉의 아들 아비아달만 간신히 도망하여 살아남았습니다(삼상 22:20-23).

### ③ 두 제사장 가문의 제사장직 수행

다윗이 통치할 때에는 대제사장이 둘이 있었는데, 이다말 후손의 대제사장 '아비아달'과 엘르아살 후손의 대제사장 '사독'입니다(삼하 15:35, 20:25).

두 제사장 가문 가운데 사독은 압살롬의 반역으로 다윗이 도망할 때 언약궤를 메고 따르면서 하나님께서 다윗과 함께하시기를 소원하였고, 다윗도 사독을 가리켜 '선견자'라 칭하였습니다(삼하 15:24-29). 사독은 다윗왕 말년에 일어난 아도니야의 반역에 동참하지 않고, 오로지 다윗을 따랐습니다(왕상 1:8).

사독의 이러한 초지일관의 충성심과 달리, 이다말 계열의 아비아달은 군대장관 요압과 함께 아도니야를 도와 그를 왕이 되게 하려는 반역에 동참하였고(왕상 1:7), 그 결과로, 솔로몬은 아비아달을 대제사장직에서 파면하였습니다(왕상 2:26-27).

이로써 엘리 가문의 제사장 계열은 완전히 끝났고, 이후로는 민수기 25:13 말씀대로, 아론의 셋째 아들 엘르아살의 자손인 사독 가문만이 유일하게 대제사장직을 수행함으로써 그 정통성을 확립하였습니다(왕상 2:35, 대상 6:1-8). 이는 사무엘상 2:35에서 "내가 나를 위하여 충실한 제사장을 일으키리니 그 사람은 내 마음, 내 뜻대로 행할 것이라 내가 그를 위하여 견고한 집을 세우리니 그가 나의 기름 부음을 받은 자 앞에서 영구히 행하리라"라고 하신 말씀과, 사무엘상 3:13-14에서 "내가 그 집을 영영토록 심판하겠다… 엘리 집의 죄악은 제물이나 예물로나 영영히 속함을 얻지 못하리라"라고 하신 말씀의 성취입니다. 솔로몬왕이 아비아달을 제사장직에서 파면한 것에 대하여, 열왕기상 2:27에서는 "여호와께서 실로에서 엘리의 집에 대하여 하신 말씀을 응하게 함이더라"라고 말씀하고 있습니다.

결국, 엘리 가문의 몰락은 단순히 부패한 한 개인과 가정의 몰락이 아니라, 당시 이스라엘의 대제사장직을 수행하던 이다말 계열 가문의 몰락이라는 점에서 그 의미가 실로 큽니다. 이것은 민수기 25:10-13에 기록된 대로, 엘르아살 계열이 영원히 대제사장직을 계승할 것이라는 언약의 성취를 보여주는 것입니다.

이다말과 그의 후손은 사사 시대에 이르기까지는 특별히 대제사장직을 계승하지 못할 결격사유가 없었습니다. 그러나 후에 엘리 가문의 타락과, 결정적으로 다윗 시대에 아도니야의 반란에 가담한 아비아달의 죄로 인해 솔로몬 시대에 와서 대제사장직을 상실한 것입니다. 그리하여 아비아달 후에는 오직 엘르아살 계열의 사독의 후손이 독점적으로 대제사장직을 수행하게 되었습니다.

# Ⅱ 레위기와 제사장의 언약적 직무

## LEVITICUS AND THE COVENANTAL DUTIES OF THE PRIEST

레위기를 시작하는 히브리 원문의 첫 구절 '바이크라'(וַיִּקְרָא)는 '바브'(ו)와 '카라'(קָרָא)의 미완료형이 와우계속법으로 연결되어 '그리고 그가 부르셨다'는 뜻입니다. 이는 출애굽기의 마지막 문장과 레위기의 첫 문장이 별개의 문장이 아니라 계속되는 내용임을 나타냅니다. 장소 또한 '회막'에서 말씀하셨으므로, 출애굽기 40장에서 성막을 봉헌한 후에 이어진 계시임을 알 수 있습니다. 성막이 봉헌된 날짜는 출애굽 제2년 1월 1일이며(출 40:2, 17), 번제단에 기름을 바른 후에 열두 지파 족장들이 각각 하루씩 번갈아 12일 동안 단의 봉헌 예물을 드렸습니다(민 7장).

이스라엘 민족은 시내 광야에서 출발하기 직전인 출애굽 제2년 2월 1일에 제1차 군인 계수를 마치고(민 1:1-46), 그해 2월 20일에 시내 광야를 출발하여 바란 광야로 향하였습니다(민 10:11-12). 따라서 레위기에 기록된 거룩한 제사 의식과 제사장 위임식, 취임식, 정결법들은 모두 출애굽 제2년 1월 중에 주어진 것으로 추정할 수 있습니다. 제사장은 이 모든 규례를 철저하게 숙지하여, 시내산 언약을 통해 언약 백성으로 거듭난 이스라엘 백성의 중보자로서 제사를 드리고, 그 법도와 율법을 가르쳐야 했습니다. 이러한 제사장의 이중 직무에 대해서 신명기 33:10에서는 "①주의 법도를 야곱에게, 주의 율법을 이스라엘에게 가르치며 ②주 앞에 분향하고 온전한 번제를 주의 단 위에 드리리로다"라고 말씀하고 있습니다.

## 1. 하나님의 말씀을 해석해주고 가르치는 직무
Duty of interpreting and teaching God's Word

신명기 33:10 상반절에서 "주의 법도를 야곱에게, 주의 율법을 이스라엘에게 가르치며"라고 말씀하고 있습니다. 여기 '법도'는 히브리어 '미쉬파트'(מִשְׁפָּט)로 '재판, 판단, 형법'을 의미하는데, 각 법령에 따라 공의롭게 판단하는 것을 가리킵니다. 또한 '율법'은 히브리어 '토라'(תּוֹרָה)로, 어원의 의미를 볼 때 손을 뻗어 길을 가리키는 행위에서 유래하여 '사람이 바르게 살아가야 할 모든 길'을 의미합니다(욥 22:22, 시 78:1, 사 1:10). 제사장은 언약 백성이 하나님의 말씀대로 살아가도록 가르쳐야 합니다.

### (1) 레위기와 '영원한 규례'

레위기에서는 언약 백성으로 살아가기 위한 실질적인 지침을 '규례'를 통해서 말씀하고 있습니다. '규례'는 히브리어 '호크'(חֹק)로, '돌에 새기다, 칼집을 내다, 그리다, 명시하다'라는 뜻의 동사 '하카크'(חָקַק)에서 유래하여 '확실히 자리 잡은 것, 확고한 것'이라는 뜻을 가지고 있습니다. 돌에 정으로 새긴 글자가 지워지지 않듯이, 이 단어는 반드시 지켜야 할 구속력을 가진 칙령을 의미합니다.

하나님께서 레위기를 통해 주신 규례는 한시적으로 그 당시에만 지키는 규례가 아니라 대대로 지킬 영원한 규례입니다. 그래서 레위기에서는 '호크'나 그 여성형 명사 '훅카'(חֻקָּה)와 '영원'이라는 의미의 '올람'(עוֹלָם)이 함께 사용된 '영원한 규례'라는 표현이 총 17번이나 등장합니다('호크 올람' - 레 6:18, 22, 7:34, 10:15, 24:9, 총 5회. '훅카트 올람' - 레 3:17, 7:36, 10:9, 16:29, 31, 34, 17:7, 23:14, 21, 31, 41, 24:3, 총 12회). '영원한 규례'라는 표현은 제사법과 제사장, 절기에 대한 말씀에 사용되었습니다.

| | |
|---|---|
| **제사법** | **레위기 3:17** "너희는 기름과 피를 먹지 말라 이는 너희 모든 처소에서 대대로 **영원한 규례**니라"<br>**레위기 17:7** "그들은 전에 음란히 섬기던 숫염소에게 다시 제사하지 말 것이니라 이는 그들이 대대로 지킬 **영원한 규례**니라" |
| **제사장** | **레위기 6:18** "무릇 아론 자손의 남자는 이를 먹을지니 이는 여호와의 화제 중에서 그들의 대대로 **영원한 소득**이 됨이라 이를 만지는 자마다 거룩하리라"<br>**레위기 6:22** "이 소제는 아론의 자손 중 기름 부음을 받고 그를 이어 제사장 된 자가 드릴 것이요 **영원한 규례**로 여호와께 온전히 불사를 것이니"<br>**레위기 7:34** "내가 이스라엘 자손의 화목제 중에서 그 흔든 가슴과 든 뒷다리를 취하여 제사장 아론과 그 자손에게 주었나니 이는 이스라엘 자손에게 받을 **영원한 소득**이니라"<br>**레위기 7:36** "곧 그들에게 기름 부은 날에 여호와께서 명하사 이스라엘 자손 중에서 그들에게 돌리게 하신 것이라 대대로 **영원히 받을 소득**이니라"<br>**레위기 10:9** "너나 네 자손들이 회막에 들어갈 때에는 포도주나 독주를 마시지 말아서 너희 사망을 면하라 이는 너희 대대로 **영영한 규례**라" |

| | |
|---|---|
| **제사장** | **레위기 10:15** "그 든 뒷다리와 흔든 가슴을 화제의 기름과 함께 가져다가 여호와 앞에 흔들어 요제를 삼을지니 이는 여호와의 명령대로 너와 네 자손의 **영원한 응식**이니라"<br>**레위기 24:3** "아론은 회막 안 증거궤 장 밖에서 저녁부터 아침까지 여호와 앞에 항상 등잔불을 정리할지니 너희 대대로 지킬 **영원한 규례**라" |
| **절기** | **레위기 16:29** "너희는 **영원히 이 규례**를 지킬지니라 칠월 곧 그달 십일에 너희는 스스로 괴롭게 하고 아무 일도 하지 말되 본토인이든지 너희 중에 우거하는 객이든지 그리하라"<br>**레위기 16:31** "이는 너희에게 큰 안식일인즉 너희는 스스로 괴롭게 할지니 **영원히 지킬 규례**라"<br>**레위기 16:34** "이는 너희의 **영원히 지킬 규례**라 이스라엘 자손의 모든 죄를 위하여 일 년 일 차 속죄할 것이니라 아론이 여호와께서 모세에게 명하신 대로 행하니라"<br>**레위기 23:14** "너희는 너희 하나님께 예물을 가져오는 그날까지 떡이든지 볶은 곡식이든지 생이삭이든지 먹지 말지니 이는 너희가 그 거하는 각처에서 대대로 지킬 **영원한 규례**니라"<br>**레위기 23:21** "이날에 너희는 너희 중에 성회를 공포하고 아무 노동도 하지 말지니 이는 너희가 그 거하는 각처에서 대대로 지킬 **영원한 규례**니라"<br>**레위기 23:31** "너희는 아무 일이든지 하지 말라 이는 너희가 그 거하는 각처에서 대대로 지킬 **영원한 규례**니라"<br>**레위기 23:41** "너희는 매년에 칠 일 동안 여호와께 이 절기를 지킬지니 너희 대대로의 **영원한 규례**라 너희는 칠월에 이를 지킬지니라"<br>**레위기 24:9** "이 떡은 아론과 그 자손에게 돌리고 그들은 그것을 거룩한 곳에서 먹을지니 이는 여호와의 화제 중 그에게 돌리는 것으로서 지극히 거룩함이니라 이는 **영원한 규례**니라" |

'영원한 규례'는 제사장이 철저하게 숙지하고 그대로 지킬 뿐 아니라 이스라엘 백성에게 가르쳐야 합니다. 표면적으로 지키는 규례는 신약 시대에 와서 종결되었지만, 그 규례에 담고 있는 하나님의 뜻은 예수 그리스도 안에서 성취되어 오늘날까지 변함없이 지속되고 있는 영원한 말씀입니다(살전 4:3, 딤후 1:9, 히 10:10). 레위기가 기록되기 전에도 하나님께서는 피조 세계를 다스리는 아담을 제사장 삼아 제사를 받으셨고, 하나님께서 예정하신 절기는 창조 시에 이미 이루어졌습니다(창 1:14). 예수 그리스도께서는 멜기세덱의 반차를 따르는 영원한 대제사장으로서 자신을 제물 삼아 참된 제사를 드리셨고(히 7:27, 9:28, 10:10-14), 십자가는 미리 정하신 하나님의 시간표대로 정확하게 성취되었습니다(갈 4:4). 그리고 예수님은 구속사 완성의 날까지 그를 믿는 성도들의 유일한 중보자가 되셔서 성도로 하여금 온전한 예배를 드릴 수 있게 하시고, 아버지만 아시는 마지막 때의 자격자가 되게 하셨습니다(마 24:36, 막 13:32).

이 땅에서 지키는 규례의 방식은 때에 따라 달라졌지만, 제사법, 제사장, 절기에 대한 하나님의 뜻은 한순간도 바뀌지 않았습니다. 따라서 레위기의 영원한 규례를 자세히 상고할 때, 그것에 담긴 하나님의 뜻을 발견하고 이미 성취된 구속 역사의 터 위에서 남아있는 완성의 때까지 성도의 행할 바를 깨닫게 될 것입니다.

### (2) 거룩과 정결, 속됨과 부정의 구별

레위기 11-15장에 기록된 '정결법'은 거룩하신 하나님과 언약을 체결한 이스라엘이 거룩하게 되기 위한 규례와, 일상생활 속에서도 거룩하게 살아가게 하기 위한 실질적인 지침을 담고 있습니다(레 19:2, 참고-출 19:6). 레위기 11:44-45에서 "나는 여호와 너희 하나님이라 내가 거룩하니 너희도 몸을 구별하여 거룩하게 하고 땅에 기는 바 기어다니는 것으로 인하여 스스로 더럽히지 말라 45 나는 너희의 하나님이 되려고 너희를 애굽 땅에서 인도하여 낸 여호와라 내가 거룩하니 너희도 거룩할지어다"라고 말씀하고 있습니다. 거룩하신 하나님께서는 자기 백성의 거룩을 위해서 자신의 죄를 속하는 제사와 제사를 집례하고 일상생활의 정결을 가르치는 제사장과 모든 날 중에서 거룩하게 구별하신 절기를 주셨습니다.

특히 제사장에게는 ①거룩한 것과 ②속된 것을 분별하고, ③부정한 것과 ④정한 것을 분별하는 사명을 주셨습니다(레 10:10-11). 그리고 이 사명은 보이는 성전이 파괴된 후에도 에스겔 성전의 이상에서도 변함없이 제사장의 사명으로 주어진 것을 확인할 수 있습니다. 에스겔 44:23에서 "내 백성에게 ①거룩한 것과 ②속된 것의 구별을 가르치며 ③부정한 것과 ④정한 것을 분별하게 할 것이며"라고 말씀하고 있습니다(참고-겔 22:26, 42:20). '거룩'과 '속됨', '부정'과 '정함(정결함)'의 의미는 다음과 같습니다.

**'거룩'**은 히브리어 '카도쉬'(קָדוֹשׁ)이고 헬라어로는 '하기오스' (ἅγιος)로, 기본적으로 '구별된 것'을 의미합니다. '거룩'은 하나님의 속성으로서(출 3:5, 레 11:44-45, 삼상 2:2, 잠 30:3, 사 5:16, 43:3, 14-15, 54:5, 겔 39:7, 호 11:9, 요 17:11, 행 4:30, 벧전 1:16, 계 4:8), 피조 세계에 대해서 사용될 때에는 세상과 구별되어 하나님께 소속되어 있는 것을 의미합니다(창 2:3, 출 13:2, 19:6, 20:8-11, 28:3, 30:29, 민 7:1, 왕상 9:3, 겔 48:20-21, 고전 7:14, 히 2:11, 12:10).

**'속됨'**은 히브리어 '홀'(חֹל)로, '일상적인 것'을 의미합니다. 헬라어로는 '코이노스'(κοινός)로, '공동의, 보통의, 일반적인'을 가리킵니다(막 7:2, 행 10:28, 롬 14:14, 히 10:29). 거룩과 반대되는 것은 모두 속된 것입니다. 속된 것은 다시 정한 것과 부정한 것으로 나누어 집니다.

**'정한 것'**(정결한 것)은 히브리어 '타호르'(טָהוֹר)이고, 헬라어로는 '카다로스'(καθαρός)로, '순수한 것, 깨끗한 것'을 가리킵니다. '정한 것'은 기본적으로 본연의 순결한 상태, 정상적인 본연의 상태를 의미합니다. 용례는 불순물이 없는 금을 가리킬 때(출 25:11, 28:14, 22, 36, 37:6, 11-24, 대하 3:4), 하나님의 말씀의 순결함을 표현할 때(시 12:6, 합 1:13, 시 19:9) 사용되었으며, 언약과 관련해서는 부정한 상태와 구별되는 의식적으로 깨끗한 상태를 의미합니다(레 12:4-5, 13:7, 35, 14:2, 23, 32, 15:13, 민 19:9, 18-19, 신 12:15, 22, 14:11, 20, 대상 23:28, 대하 30:19, 느 12:45, 사 66:20, 겔 44:26).

**'부정한 것'**은 히브리어 '타메'(טָמֵא)이고, 헬라어로는 '아카다르토스'(ἀκάθαρτος)입니다. 정결과 반대되는 것은 모두 부정한 것입니다. 부정한 것은 비정상적인 상태이자 의식적으로 더럽혀진 상태이며, 죄로 말미암아 악이나 죽음에 밀접한 상태를 가리킵니다. 정결한 상태에서 하나님께 바쳐지는 것은 거룩하게 구별되는 것이지만(출 19:5-6, 30:30, 레 8:30, 19:24, 민 7:1), 부정함과 접촉하는 것은 정한 것을 불결하게 만드는 것입니다(레 7:20-21, 11:24-25, 31-43, 22:3, 민 5:2-3).

부정한 것은 깨끗하게 씻음으로써 정결하게 됩니다. 그러나 정결한 것도 여전히 속된 것으로서 거룩한 것과는 분명하게 구별되며, 정결한 것이 성결하게 하나님께 드려질 때 거룩하게 됩니다. 반면에, 거룩한 것이 불결해질 때 속된 것이 됩니다. 아무리 정결한 것이라고 해도 더럽혀질 때 부정한 것이 되고 맙니다.[1]

| 거룩함<br>holy<br>קָדוֹשׁ<br>ἅγιος | ←성결시키다<br>קָדַשׁ<br>sanctify<br><br>더럽히다→<br>חָלַל<br>profane | **속됨** / common / חֹל / κοινός | | |
|---|---|---|---|---|
| | | **정결함**<br>clean<br>טָהוֹר<br>καθαρός | ←정결하게 하다<br>טָהֵר / cleanse<br><br>불결하게 하다→<br>טָמֵא / pollute | **부정함**<br>unclean<br>טָמֵא<br>ἀκάθαρτος |

위의 네 가지 상태는 고정된 것이 아니라, 접촉이나 제사, 정결 예식을 통해 변하게 됩니다(레 7:21, 11:24, 26-27, 31, 39, 왕상 1:50-51, 잠 6:29 등). 하나님께서는 부정함에서 정결함으로, 그리고 거룩함으로 나아가는 과정을 가르치시기 위해서 다양한 규례를 주셨습니다. '거룩의 구별'에 따라 성전의 장소를 구분하고, 이스라엘의 진 배치를 구별하였으며, 제사 시에 사용되는 제물을 구별하셨습니다.

| | 부정 | 정결함 | 성별됨 | 거룩 | 지극히 거룩 |
|---|---|---|---|---|---|
| **장소** | 진 바깥 | 성전의 바깥뜰 | 성전 안뜰 | 성소 | 지성소 |
| **사람** | 부정한 사람 (이방인, 문둥병자 등) | 이스라엘 | 레위인 | 제사장 | 대제사장 |
| **제물** | 부정한 짐승 | 정결한 짐승 | 희생제물 | 피와 기름 | 대속죄일의 피 |
| **성구** | 레 10:4-5, 13:46, 민 5:2-4, 12:14-15, 히 13:11, 13 | 대하 23:5, 참고-행 21:27-29 | 민 1:51, 3:6-8, 8:19 | 출 26:31-33, 36-37, 29:30, 히 9:2, 6 | 레 16:2-34, 히 9:3-5, 7 |

이러한 구조는 레위기의 제사 규례와 정결 규례의 핵심이 택하신 백성의 거룩에 있음을 보여줍니다. 레위기의 규례는 거룩하신 하나님과 동행하기 위해서 언약 백성을 거룩케 하시는 모형으로서(레 11:44-45), 예수 그리스도를 통한 구속 역사와 오늘날 성도가 하나님의 뜻인 거룩을 성취하는 방법을 안내하고 있습니다(살전 4:3).

### (3) 정결과 거룩의 방법

레위기에는 부정한 것을 정결케 하여 거룩에 이르게 하는 방법이 세 가지로 기록되어 있습니다.

#### ① 물로 정결케 합니다.

정결 규례에서 가장 빈번하게 사용되는 것은 물입니다. 부정한 사람이 하나님 앞으로 나아가는 길은 항상 물로 씻음으로 시작됩니다(출 29:4, 30:18-21, 40:12, 레 8:6, 16:4, 24). 언약 백성 중에 부정함을 입은 자는 반드시 옷을 빨고 물로 몸을 씻어야 합니다(레 14:8-9, 15:5-13, 16, 18, 21-22, 27, 16:26, 28, 17:15-16, 22:6, 민 19:7-8, 14-22, 31:22-24). 하나님께 드리는 희생제물의 냄새나는 부위 역시 반드시 물로 씻어서 드려야 했습니다(레 1:9, 13, 8:21, 9:14).

물로 씻는다는 것은 죄와 더러움을 씻어내는 것을 의미합니다(사 1:16, 겔 16:4, 9). 노아 때 죄악된 세상은 물 심판을 통하여 죄로부터 씻김을 받았습니다(창 8:1-5, 히 11:7). 베드로는 노아 때 물 심판을 구원의 표징으로서 세례에 연결하여 설명하였습니다(벧전 3:20-21). 스가랴 13:1에서는 "그날에 죄와 더러움을 씻는 샘이 다윗의 족속과 예루살렘 거민을 위하여 열리리라"라고 말씀하면서, 장차 도래할 죄와 더러움을 영원히 씻어버리는 한 날의 역사를 예언하였습니다.

#### ② 불로 정결케 합니다.

희생제물을 하나님께 드리는 가장 대표적인 방법은 불살라서 드리는 것이었습니다. 이는 하나님 앞에 '향기로운 냄새'라고 말씀하고 있습니다(창 8:21, 출 29:18, 25, 41, 레 2:2, 9, 12, 3:5, 16, 6:15, 21, 8:21, 28). '향기로운 냄새'는 히브리어 '레아흐 니호아흐'(רֵיחַ נִיחוֹחַ)로, 부정한 제사인(제사를 드리는 사람, 이하 '제사인')과 동일시된 제물이 불살라짐으로써 하나님께서 정결케 된 그 제사와 제사인을 열납하신다는 의미를 담고 있습니다.

또한 부정한 물체가 불을 견딜 수 있는 경우에는 불을 지나게 하였습니다. 민수기 31:22-23에서 "금, 은, 동, 철과 상납과 납의 [23] 무릇 불에 견딜만한 물건은 불을 지나게 하라 그리하면 깨끗하려니와 오히려 정결케 하는 물로 그것을 깨끗케 할 것이며 무릇 불에 견디지 못할 모든 것은 물을 지나게 할 것이니라"라고 말씀하고 있습니다. 각종 금속을 불을 지나게 하여 눌어붙은 녹이나 각종 찌끼 등을 제거함으로써 정결케 하는 것입니다. 따라서 '불로 태워 정결케 한다'는 것은 '본래가 아닌 것을 다 제거한다'는 의미입니다. 참고로, 요시야는 통치 12년에 있었던 종교개혁에서 바알과 아세라상을 섬기다가 이미 죽은 제사장들의 뼈까지도 불살라서 유다와 예루살렘을 정결케 하였습니다(대하 34:1-7).

하나님께서는 사람을 지으실 때 하나님의 형상과 모양대로 선하게 지으셨으나(창 1:26-27), 사람이 많은 꾀를 냄으로써 창조 본연의 모습을 잃어버리고 말았습니다(전 7:29). 사람이 하나님 앞으로 가기 위해서는 본래의 것이 아닌 모든 것을 소멸시키고 나아가야 합니다. 하나님의 말씀에 순종하여 본래가 아닌 모든 것을 소멸시키는 규례는, 궁극적으로 모든 죄를 소멸시키시는 하나님의 말씀의 역사에 의지하여 언약 백성이 하나님 앞으로 나아갈 것을 가르치고 있습니다(신 4:24, 사 4:4, 렘 5:14, 23:29, 엡 2:16, 히 12:29).

### ③ 피로 정결케 합니다.

희생제사에서 가장 핵심적으로 다루어지는 것은 피입니다. 희생제사와 그 대상, 제물, 절기에 따라 희생제물의 피는 번제단이나 분향단, 휘장, 언약궤에 바르거나 뿌려졌습니다. 제사장을 세우는 위임식에서도 피를 아론과 그 아들들의 오른 귓부리와 오른손 엄지가락, 오른발 엄지가락에 발랐습니다(레 8:23-24).

레위기 17:11에서 "육체의 생명은 피에 있음이라 내가 이 피를 너희에게 주어 단에 뿌려 너희의 생명을 위하여 속하게 하였나니 생명이 피에 있으므로 피가 죄를 속하느니라"라고 말씀하고 있습니다. 피에 대한 규례는 일찍이 홍수 심판 후 노아에게도 주셨던 명령이며(창 9:2-5), 피를 생명으로 여겨 먹지 않는 것은 하나님께서 의롭게 여기시는 일입니다(레 17:12-14, 신 12:25). 죄의 삯은 사망이므로 죄를 속하기 위해서는 생명이 요구됩니다(롬 6:23). 따라서 제사인과 동일시된 제물의 희생의 피를 뿌림으로, 제사인을 정결케 하고 그 생명을 속하는 것입니다(히 9:13, 22).

또한 피는 그 뿌려진 당사자의 생명을 하나님과 연결하는 역할을 합니다. 다른 은혜 언약들과는 달리, 시내산 언약에서는 언약 체결에 있어서 피를 사용하였습니다. 모세는 시내산 언약을 체결하면서 피를 취하여 반은 양푼에 담고 반은 산 아래 쌓은 단에 뿌리고, 양푼에 담은 피는 '언약의 피'로서 백성에게 뿌렸습니다(출 24:4-8). 피를 뿌리는 것은 생명을 걸고 언약을 체결하는 것으로, 피가 하나님의 임재의 장소인 제단과 언약의 대상인 백성에게 뿌려지면서 하나님과 언약 백성 사이가 생명으로 연결되었음을 의미합니다.[2) ]제사장을 세우는 위임식에서 번제단에 피를 뿌리고(출 29:12, 16, 레 8:10-11, 19), 그 피를 제사장의 옷에 뿌리는 것(출 29:21) 역시 번제단과 제사장을 생명으로 연결하는 것입니다. 이 외에도 각각 희생제사마다 피를 바르거나 뿌리는 장소는 희생제물을 드리는 당사자가 하나님을 만나기 위해 나아가는 처소를 의미합니다.

물과 불과 피로써 우리를 정결하게 하시고 거룩하신 하나님 앞으로 나아가게 하시는 역사는 예수 그리스도의 구속 사역을 통해 완전히 성취되었습니다(말 3:1-3). 세례 요한은 예수님의 오실 길을 예비하면서 자기 죄를 자복하고 회개하는 자에게 죄 사함을 얻게 하는 물 세례를 베풀었으나, 예수님의 세례는 죄 자체를 불살라버리는 불 세례이자 성령 세례였습니다(마 3:11, 막 1:8, 눅 3:16, 행 1:5, 참고-행 10:47, 11:16).

피는 생명 자체로서, 피로 죄를 속하고 피 속에 담긴 말씀이 우리를 살게 합니다. 예수님께서는 십자가 보혈을 흘리심으로써 각 족속과 방언과 나라들 가운데 사람들을 피로 사셨습니다(골 1:20, 계 5:9). 보혈의 대상은 전 우주적이요, 장소와 시대의 한계를 초월하여 구원받기로 작정된 모든 사람에 이릅니다. 그러므로 사단에 대한 주님의 권리 주장은 불가항력적인 것입니다.

**요한일서 5:5-8** "예수께서 하나님의 아들이심을 믿는 자가 아니면 세상을 이기는 자가 누구뇨 [6] 이는 물과 피로 임하신 자니 곧 예수 그리스도시라 물로만 아니요 물과 피로 임하셨고 [7] 증거하는 이는 성령이시니 성령은 진리니라 [8] 증거하는 이가 셋이니 성령과 물과 피라 또한 이 셋이 합하여 하나이니라"

## 2. 주 앞에 온전한 제사를 드리는 직무

Duty of offering whole sacrifices before the Lord

신명기 33:10 하반절에서 "주 앞에 분향하고 온전한 번제를 주의 단 위에 드리리로다"라고 말씀하고 있습니다. 제사 업무는 오직 제사장에게만 맡겨진 고유의 직무입니다(출 29:1, 9, 29, 44, 30:30, 40:13-15, 민 3:3, 10, 18:1, 7, 25:12-13). 제사장은 자신의 죄와 백성의 죄 문제를 해결하기 위해서 하나님 앞에 제사를 드렸고, 하나님께서 그 제사를 열납하시는 것은 곧 언약 관계에 변함이 없다는 은혜의 표징이었습니다.

제사에는 '온전함'이 요구되었습니다. 여기 '온전함'은 히브리어 '타밈'(תָּמִים)으로, '완전한, 정상적인'이라는 의미입니다. 하나님의 말씀은 완전합니다(시 18:30). 하나님을 믿는 언약 백성에게 요구되는 것은 하나님 앞에 행하여 완전하게 되는 것입니다(창 6:9, 17:1, 시 119:1). 하나님께 나아가는 제사장에게도 완전함이 요구되었으며(레 21:6-9, 17-23), 하나님께 드리는 제물에도 완전함이 요구되었습니다(레 22:22-25). 또한 제사 자체에도 행하는 규례에 있어서나 그 규례의 정신에 있어서 완전함이 요구되었습니다.

### (1) 제사를 드리는 목적에 따른 5대 제사

레위기 1-7장에서는 하나님께 드리는 목적에 따른 다섯 가지 종류의 제사(번제, 소제, 화목제, 속죄제, 속건제)의 규례를 상세하게 말씀하고 있습니다. 5대 제사는 하나님께서 명령하신 방법에 따라 드려야 합니다.

① **번제**: 희생제물의 가죽을 제외한 모든 부위를 태워서 하나님께 드리는 제사로, 제사인의 전적인 헌신을 의미합니다.

② **소제**: 곡식을 불에 태워 드리는 제사로, 유일하게 짐승의 희생이 없는 제사입니다. 주로 다른 제사와 함께 드려지며, 하나님께 영광을 돌리고 충성을 바침을 의미합니다.

③ **화목제**: 하나님과 사람 사이의 화평과 교제를 위해 드리는 제사입니다. 세부적인 목적에 따라 감사제(고백제)와 서원제, 낙헌제(자원제)로 나누어지며, 제사인에게도 제물이 돌아갑니다.

④ **속죄제**: 여호와의 명령을 어겼을 때 속죄하기 위한 제사로, 주로 하나님과의 관계를 회복하는 것과 관련됩니다.

⑤ **속건제**: 배상이 필요한 범죄에 대한 제사로, 주로 이웃과의 관계를 회복하는 것과 관련됩니다.

레위기의 제사 제도에서는, 제사장들이 지켜야 할 제사의 규례와 아울러 제사를 드리는 제사인의 자세와 해야 할 일을 구체적으로 가르침으로써, 제사장과 제사인 모두에게 온전한 제사를 드리도록 안내하고 있습니다.

5대 제사를 자세히 들여다보면 제사인(예배자)의 역할과 제사장의 역할이 엄격히 구분되어 있습니다. 제사장은 피를 제단에 뿌리는 특별한 의식을 행하고, 깨끗하게 손질된 고기를 제단 위에서 태워서 그 연기가 위로 올라가도록 했습니다. 전체 제사 과정 가운데 피와 기름을 다루는 일이 매우 중요했으므로 제사장의 비중이 커 보이지만, 제사 과정을 전체적으로 보면 제물을 바치는 제사인이 적극적으로 해야 할 일이 많았습니다. 그러므로 5대 제사를 드리는 제사인의 입장에서 말씀한 부분이, 집례하는 제사장의 입장에서 말씀한 부분보다 더 길게 기록되어 있습니다. 레위기 1-5장까지는 **제물을 바치는 제사인의 입장에서** 5대 제사의 순서나 언제 어떤 제물을 드리는지를 자세하게 기록하였고, 레위기 6-7장은 **제사를 주관하는 제사장의 입장에서** 제물을 태우거나 피를 처리하는 방식, 제사장의 몫에 대해서 말씀하고 있습니다.

| 제사인의 입장(레 1-5장) | 제사장의 입장(레 6-7장) |
|---|---|
| ① 번제(레 1장) | ① 번제(레 6:8-13) |
| ② 소제(레 2장) | ② 소제(레 6:14-23) |
| ③ 화목제(레 3장) | ③ 속죄제(레 6:24-30) |
| ④ 속죄제(레 4:1-5:13) | ④ 속건제(레 7:1-10) |
| ⑤ 속건제(레 5:14-6:7) | ⑤ 화목제(레 7:11-34) |

이와 같이 하나님께서 정해주신 제사를 드리는 방법이나 담당자, 순서 등에 인간적인 방법이 더해지거나 생략되어서도 안 됩니다. 오직 하나님의 방법으로 드려지는 제사로써만 하나님의 마음을 움직이고, 죄 사함을 받을 수 있으며, 하나님이 기뻐하시는 향기가 될 수 있습니다.

### (2) 제사를 드리는 방법

죄인이 하나님께 나아가기 위해서는 반드시 예물이 있어야 합니다(신 16:16). 레위기 9:7 하반절에서 "백성의 예물을 드려서 그들을 위하여 속하되"라고 말씀하고 있습니다. 여기 '예물'은 히브리어 '코르반'(קָרְבָּן)으로, '가까이 오다, 접근하다'라는 뜻의 '카라브'(קָרַב)에서 유래하여 하나님께 특별히 드려진 예물(선물)을 의미합니다. 예물은 죄인이 하나님께 나아오는 방편이며, 하나님과의 화해를 가능하게 합니다. 죄를 지은 인간이 바쳐져야 하지만, 하나님께서는 그를 대신하여 예물을 바치도록 하셨던 것입니다. 그러므로 제사인은 예물을 드릴 때 마치 자신이 바쳐지는 것처럼 모든 정성을 다하여 예물을 준비해야 합니다. 참고로, '코르반'은 5대 제사 중 번제(레 1:2[2회], 3, 10, 14[2회], 6:13)와 소제(2:1[2회], 4, 5, 7, 12, 13[2회]), 화목제(3:1, 2, 6, 7, 8, 12, 14, 7:13, 14, 15, 16, 29, 38), 속죄제(4:23, 28, 32, 5:11)에 사용되었으며, 속건제에는 사용되지 않았습니다.

예물을 제사로 드리는 방식이나 동작에 따라 네 가지 종류(화제, 전제, 거제, 요제)로 나누어집니다.

## 1 화제 / אִשֶּׁה / 火祭 / Offering by fire

'화제'는 히브리어 '잇샤'(אִשֶּׁה)로, '불'을 뜻하는 '에쉬'(אֵשׁ)에서 유래하였습니다. 화제는 향기로운 냄새를 위하여 여호와께 불살라 드리는 제사입니다. 희생제물을 드리는 대부분의 제사는, 그 제물을 번제단 위에 불살라 태워 드리는 화제(火祭)였습니다(출 29:18, 30:20, 레 1:9, 13, 17, 2:2, 9, 16, 3:5, 11, 16, 4:35, 5:12, 7:5, 민 15:3, 28:2-3, 13, 19, 29:6, 13 등).

### ① 제물과 제사

화제로 드리는 제물은 다양합니다. 흠 없는 수소(레 1:3, 3:1), 흠 없는 암소(레 3:1), 흠 없는 숫양(레 1:10, 3:6), 흠 없는 숫염소(레 1:10,

4:23), 흠 없는 암양(레 3:6, 4:32), 흠 없는 암염소(레 4:28), 산비둘기나 집비둘기 새끼(레 1:14, 5:7), 고운 가루와 기름과 유향(레 2:1)입니다.

이러한 제물을 화제로 드리는 제사는 번제(레 1:9, 13, 17)와 소제(레 2:2, 9, 11, 14-16)와 화목제(레 3:3-5, 9-11, 14-16)와 속죄제(레 4:34-35, 5:12)와 속건제(레 7:5)가 있습니다. 그러므로 화제는 5대 제사에 모두 적용되는 가장 보편적인 제사의 방법입니다.*

② 구속사적 의미

제물을 불사름으로 모든 것이 사라지는 화제는 예수 그리스도께서 자신을 완전히 비우시고 향기로운 제물이 되심을 나타냅니다(빌 2:7-8). 에베소서 5:2에서 "그는 우리를 위하여 자신을 버리사 향기로운 제물과 생축으로 하나님께 드리셨느니라"라고 말씀하고 있습니다.

화제는 여호와께 드리는 향기로운 냄새였습니다. 출애굽기 29:18에서 "이는 향기로운 냄새니 여호와께 드리는 화제니라"라고 말씀하고 있습니다(출 29:25, 41). 여기 '향기로운'은 히브리어 '니호아흐'(נִיחֹחַ)로, '달래는, 진정시키는, 부드러운, 평온한'이라는 뜻입니다. 이 표현은 번제(레 1:9, 13, 17, 8:21, 28, 23:18, 민 15:8-10, 28:6, 24, 29:13, 36), 소제(레 2:2, 9, 6:15, 23:13, 18), 화목제(레 3:5, 16, 민 15:8-10), 속죄제(레 4:31)에 사용되었습니다. 반면에, 속건제에는 이 표현이 사용되지 않았습니다. 이는 번제, 소제, 화목제, 속죄제는 절기마다

---

* 참고로, 민수기 15:8-10에는 희생제물을 번제나 화목제로 드리는 경우, 희생제물과 함께 소제를 드리고 포도주 반 힌(1.8L)을 전제로 드림으로써 번제와 화목제의 화제를 삼으라고 말씀하고 있다. 이를 볼 때, 화제 절차 안에 함께 드리는 소제와 포도주의 전제를 포함한 것을 알 수 있다.

정기적으로 드려지는 일반적인 제사인 반면에, 속건제는 정기적인 제사가 없고 죄와 관련된 상황에서 다시 제사를 드릴 수 있는 언약 백성의 신분을 회복하기 위해 드리는 제사이기 때문입니다. 민수기 28:2에서는 "이스라엘 자손에게 명하여 그들에게 이르라 나의 예물, 나의 식물 되는 화제, 나의 향기로운 것은 너희가 그 정한 시기에 삼가 내게 드릴지니라"라고 말씀하고 있습니다. 여기 '식물 되는'은 히브리어 '레헴'(לַחְמִי)이 남성 단수 1인칭 소유격으로 쓰여 '나의 떡'이라는 뜻입니다. 이는 성경을 읽는 독자가 이해할 수 있도록 하나님께서 식물을 드시는 것처럼 의인화한 '신인동형론'(神人同形論, anthropomorphism)적 표현으로, 우리가 매일의 양식이 필요하듯이 하나님을 믿는 언약 백성이 항상 하나님께 예배드림으로 향기로운 냄새가 되어야 함을 의미합니다.

하나님께서는 노아가 드린 번제 예물의 "그 향기를 흠향하시고" 다시는 모든 생물을 전과 같이 멸하지 않겠다고 말씀하셨습니다(창 8:20-21). 이처럼 온전한 믿음과 순종으로 화제를 드릴 때, 그 향기는 하나님의 진노를 누그러뜨리는 역할을 했던 것입니다. 예수 그리스도께서는 인간의 범죄로 인한 하나님의 진노를 누그러뜨리는 온전한 화제가 되셨습니다(롬 3:25).

희생제물이 불에 태워지며 향기로운 냄새를 발하듯이, 성도도 향기로운 냄새로 여호와께 드리는 화제가 되기 위해서는 불에 태워져야 합니다. 성경에서는 하나님의 말씀(렘 5:14, 23:29)과 성령(행 2:1-4)을 불로 표현하기도 합니다. 항상 말씀의 불과 성령의 불로 충만한 사람이 하나님께서 흠향하시는 화제의 향기가 될 수 있습니다.

## 2 전제(관제) / נֶסֶךְ / 奠祭 / Drink offering (libation)

전제는 단독으로 드리지 않으며, 항상 다른 제사에 곁들여 드려졌습니다(출 29:41, 레 23:18, 민 6:15, 17, 15:24, 28:8-9). '전제'는 히브리어 '네세크'(נֶסֶךְ)로, '쏟다, 따르다, 바치다, 기름을 바르다, 설치하다'라는 뜻의 '나사크'(נָסַךְ)에서 유래하였습니다. 이 제사는 포도주(출 29:40-41, 레 23:13, 민 15:5-7, 10, 28:14, 겔 20:28)나 독주(민 28:7)를 하나님의 제단에 '부어드리는' 제사입니다(참고-유대고대사 3.9.4).

전제는 성경에서 창세기 35:14에 처음 기록되었는데, 야곱이 밧단 아람에서 돌아와 벧엘에 돌기둥을 세우고 그 위에 전제물을 부어드렸습니다. 이후 전제는 시내산 언약을 체결하면서 다른 제사와 함께 드리는 제사로 규정되었습니다. 다윗은 세 용사가 자신을 위해 블레셋 사람을 충돌하고 지나가서 고향 베들레헴의 성문 곁 우물 물을 길어서 왔을 때, 그 물을 여호와께 부어드리면서 전제로 드렸습니다(삼하 23:16, 대상 11:18). 한번 부은 액체를 다시 취할 수 없듯이, 전제는 하나님께 모든 것을 전적으로 드린다는 것을 의미합니다.

### ① 제물과 제사

전제로 드리는 제물은 '포도주'와 '독주'였습니다. 레위기 23:13에서 "전제로는 포도주 힌 사분 일을 쓸 것이며", 민수기 28:7에서 "또 그 전제는 어린양 하나에 힌 사분지 일을 드리되 거룩한 곳에서 여호와께 독주의 전제를 부어드릴 것이며"라고 말씀하고 있습니다. 반면에, 피를 전제로 부어드리는 것은 이교의 관습으로 철저히 금지되었습니다(시 16:4).

전제는 희생제물에 따라서 드리는 양이 결정되었습니다. 어린양을 전제로 드릴 때에는 4분의 1힌(약 0.9L)을, 숫양이면 3분의 1힌(약 1.2L)을, 수송아지면 2분의 1힌(1.8L)을 드렸습니다(민 15:5-10).

전제를 드리는 제사에는 번제(출 29:40-42)와 소제(레 23:13)와 화목제(참고-레 23:18-19, 민 6:17)가 있습니다.

### ② 구속사적 의미

사도 바울은 자신의 임박한 죽음을 예견하고, 디모데후서 4:6에서 "관제와 같이 벌써 내가 부음이 되고 나의 떠날 기약이 가까왔도다"라고 고백하였습니다. 여기 '관제'(灌祭: 물댈 관, 제사 제)는 헬라어로 '스펜도'(σπένδω)이며, '전제를 드리다'라는 뜻으로 사용되었습니다. 사도 바울은 생애를 마치는 순교의 순간에, 마치 제사가 끝날 때 전제를 마지막으로 붓듯이 자신의 생명을 전부 다 붓기를 소망했습니다(빌 2:17). 하나뿐인 자신의 생명을 타인에게 빼앗기는 것이 아니라 관제와 같이 하나님 앞에 자원하여 붓기를 소원한 것으로, 그렇게 자신을 순교의 제물로 바칠 것을 예고한 것입니다. 사도 바울은 살아있는 동안에 모든 것을 바쳤습니다. 그는 재산·학식·시간·힘·체력·정신 그리고 마지막으로 생명까지 드렸습니다.

그럼에도 불구하고 자기 자랑은 없었으며, 자신의 모든 수고가 다 하나님께서 주신 은혜라고 고백하였습니다(고전 15:10).

예수님께서는 겟세마네 동산에서 기도하실 때 피를 흘리셨는데, 누가복음 22:44에서 “예수께서 힘쓰고 애써 더욱 간절히 기도하시니 땀이 땅에 떨어지는 핏방울같이 되더라”라고 말씀하고 있습니다. 그뿐만 아니라 십자가 상에서는 엄청난 양의 피를 흘리셨습니다. 그리고 한 군병이 창으로 옆구리를 찌르니 피와 물이 나왔습니다(요 19:34). 예수님께서는 십자가에서 물과 피를 쏟으심으로 자신을 하나님께 전제로 드리신 것입니다(요일 5:6).

민수기 28:7에서 상번제를 드릴 때 ‘독주의 전제’를 드리라고 말씀하고 있습니다. 광야 노정 중에 포도주는 구하기 어려웠기 때문에 매일 드리는 상번제의 전제로는 ‘독주’를 사용하였으며, 포도주는 아껴두었다가 월삭 절기에 드렸습니다(민 28:14). “독주”로 번역된 히브리어 ‘쉐카르’(שֵׁכָר)는 ‘강한 술’, 곧 여러 식물(곡물)을 발효시켜 만든 도수가 높은 술입니다(참고-레 10:9, 민 6:3).

한편 독주는 성경에서 사람을 실족케 하는 온갖 죄악을 나타내기도 합니다. 독주는 사람으로 하여금 떠들게 하는 것이요(잠 20:1), 독주를 따라가는 자들은 화가 있으며(사 5:11), 독주로 인하여 비틀거리며 실수하게 되며(사 28:7), 독주는 그 마시는 자에게 쓰게 됩니다(사 24:9). 그래서 제사장들이 회막에 들어갈 때에는 독주를 금하였고(레 10:9), 나실인에게도 독주를 금하였습니다(민 6:3). 독주를 하나님께 부어드리는 것은 세상에 취해서 사는 모든 죄악의 요소를 다 회개하고 다시는 붙잡지 않겠다는 선언인 것입니다. 우리도 세상적인 것을 다 버리는 ‘독주의 전제’를 드려야 할 것입니다.

## 3 거제 / תְּרוּמָה / 擧祭 / Heave offering (contribution)

'거제'는 히브리어 '테루마'(תְּרוּמָה)이며, '우뚝 솟다, 떠받치다, 높이 들다'라는 뜻을 가진 히브리어 '룸'(רוּם)에서 유래하였습니다. 거제가 명시적으로 사용된 제사는 소제(민 15:19-21)와 화목제(출 29:28, 레 7:11-14, 32-34)입니다.

'테루마'는 하나님과 제사장을 위해 '구별된 몫'이라는 의미입니다. 성막이나 성전 건축을 위해 바친 예물(출 25:2-3, 스 8:25), 이스라엘 자손의 수효에 따른 생명의 속전(출 30:13), 이스라엘 자손의 십일조를 받아 레위인이 드리는 십일조(민 18:25-32), 전투에서 승리한 뒤에 전리품 중 여호와께 드리는 몫(민 31:29), 에스겔 성전의 이상에서 보여주신 여호와께 드리는 거룩한 땅(겔 45:1, 48:12)에 모두 '테루마'가 사용되었습니다.

거제는 제사장이 희생제물의 오른쪽 뒷다리를 꽉 붙잡고 높이 들어 올렸다가 다시 아래로 내려놓는 방식의 제사법입니다. 위로 들어 올리는 것은 여호와께 바친다는 뜻이고, 다시 내려놓는 것은 그 예물이 하나님께로부터 제사장에게 선물로 주어졌다는 뜻입니다.

거제를 드림으로써, 아론과 그 자손들의 분배받은 몫이 하나님께 받은 영원한 소득이 되었습니다(레 7:32-34). '뒷다리'는 거제로 드렸기 때문에 "든 뒷다리"(레 7:34, 10:14-15), "든 넓적다리"(민 6:20)라고 불렸습니다. 또한 거제는 전리품의 성별(聖別)을 위해서 드리기도 하였습니다(민 31:41).

### ① 제물과 제사

거제로 드리는 제물은 화목제 희생제물의 우편 뒷다리(레 7:28-34), 처음 익은 곡식 가루 떡(민 15:17-21), 십일조(민 18:24-29), 타작마당의 곡식, 새 포도주, 기름이었습니다(느 10:39). 이뿐 아니라 전리품으로 얻은 금으로 만든 패물을 거제로 드리기도 하였습니다(민 31:51-52). 거제물은 제사장의 몫으로 주어졌는데, 레위기 7:14에서 "그 전체의 예물 중에서 하나씩 여호와께 거제로 드리고 그것을 화목제의 피를 뿌린 제사장들에게로 돌릴지니라"라고, 32절에서 "또 너희는 그 화목제 희생의 우편 뒷다리를 제사장에게 주어 거제를 삼을지니"라고 말씀하고 있습니다(민 5:9, 18:8, 11, 19, 24, 26-28, 느 12:44, 13:5). 에스겔의 새 성전에서 새롭게 드려지는 제사에서도 "각종 처음 익은 열매와 너희 모든 예물 중에 각종 거제 제물을 다 제사장에게 돌리고"(겔 44:30)라고 말씀하고 있습니다.

### ② 구속사적 의미

예수님께서는 말씀이 육신이 되어 오셨습니다(요 1:14). 예수님께서 가버나움 회당에서 가르치실 때, 자신을 '하늘로서 내려온 자'(요 6:38), '하늘로서 내려온 떡'(요 6:41, 58), '하늘로서 내려온 산 떡'(요 6:51)이라고 말씀하셨습니다. 요한복음 3:13-14에서 "하늘에서 내려온 자 곧 인자 외에는 하늘에 올라간 자가 없느니라 [14] 모세가 광야에서 뱀을 든 것같이 인자도 들려야 하리니"라고 말씀하고 있습니다. 이 말씀대로 하늘에서 내려온 예수님께서는 십자가에 높이 들려 대속의 제물로 죽으시고(요 8:28, 12:32-34), 3일 만에 부활하시고 마침내 승천하셨습니다(행 1:9). 마가복음 16:19에서 "주 예수께서 말씀을 마치신 후에 하늘로 올리우사 하나님 우편에 앉으시니라"라고 말씀하고 있습니다.

하늘로 올리우셔서 하나님 보좌 우편에서 우리를 위하여 기도하고 계시는 예수님께서는(롬 8:34) "호령과 천사장의 소리와 하나님의 나팔로 친히 하늘로 좇아 강림"(살전 4:16)하사 재림하실 것입니다(마 24:30, 막 13:26, 눅 21:27, 행 1:11, 히 9:28, 계 1:7). 이러한 말씀들은 예수님만이 진정한 거제물로 바쳐지신 분이라는 것을 증거합니다.

## 4 요제 / תְּנוּפָה / 搖祭 / Wave offering

'요제'는 히브리어 '테누파'(תְּנוּפָה)로, '앞뒤로 움직이다, 들어 올리다'라는 뜻의 히브리어 '누프'(נוּף)에서 유래하여, 주로 동물의 가슴 부분이나 땅의 첫 수확을 제물로 드릴 때 '흔드는' 제사법을 말합니다(출 29:24-27, 레 7:30, 34, 8:27-29, 9:21, 10:14-15, 14:12, 24, 23:11, 17, 20, 민 6:20, 8:11-13, 18:11, 18).

요제를 드릴 때, 제사장은 제물을 두 손 위에 받들고는 성소를 향해 여호와의 제단 앞에서 양팔을 앞뒤로 수평으로 움직입니다. 즉, 앞으로 내밀었다가 다시 거두어들이는 식으로 흔듭니다. 이것은 제물을 하나님 앞에 바치고, 하나님께서 그것을 다시 제사장에게 선물로 주신다는 뜻이 담겨 있습니다. 그러므로 요제에서 물려 낸 제물의 가슴 부분은 제사장들과 그 자손들의 몫으로 주어졌습니다(레 7:31, 34, 36).

### ① 제물과 제사

요제로 드리는 제물은 화목제물의 가슴(레 7:29-31), 위임식 숫양의 가슴(출 29:26, 레 8:29), 위임식 숫양의 기름 부위와 우편 뒷다리와 무교병 한 개와 기름 섞은 떡 한 개와 전병 한 개(레 8:25-27), 속건제물의 어린 숫양과 기름 한 록(0.31L)(레 14:12), 속건제물의 어린양과 기름 한 록(레 14:24), 곡물의 첫 이삭 한 단(레 23:10-11), 칠칠절에 드리는 두 개의 떡과 두 어린양(레 23:17, 20)입니다. 심지어는 제사장이나 레위인이나 나실인, 즉 사람이 요제로 드려지기도 하였습니다(참고-출 29:24, 레 8:27, 민 6:19-20). 민수기 8:11에서 "아론이 이스라엘 자손을 위하여 레위인을 요제로 여호와 앞에 드릴지니 이는 그들로 여호와를 봉사케 하기 위함이라"라고 말씀하고 있습니다.

요제가 사용된 경우는 소제(출 29:23-24), 화목제(레 7:29-30, 9:18-21, 10:14-15), 속건제(레 14:12, 24), 제사장의 위임식(출 29:26-27, 레 8:27-29), 나실인의 서원 기간 종료 규례(민 6:19-20), 레위인의 정결 예식(민 8:11, 13, 15, 21), 칠칠절 규례(레 23:15-17, 20) 등입니다.

### ② 구속사적 의미

예수님께서는 자신을 가리켜 "인자는 아버지 하나님의 인치신 자"라고 증거하셨습니다(요 6:27下). 이것은 성자 하나님과 성부 하나님의 하나 되심을 나타내는 표현입니다. 그뿐만 아니라 예수님께서는 "나와 아버지는 하나이니라"(요 10:30), "나를 본 자는 아버지를 보았거늘 어찌하여 아버지를 보이라 하느냐"(요 14:9)라고 말씀하셨습니다. 그러한 예수님께서는 마치 요제물처럼 성도들에게 나타내신 바 되셨습니다. 요한복음 1:9에서 '참빛이 세상에 왔다'고 말씀하고 있으며, 18절에서 "본래 하나님을 본 사람이 없으되 아버지 품속에 있는 독생하신 하나님이 나타내셨느니라"라고 말씀하고 있습니다. 요한일서 1:2에서는 "이 생명이 나타내신 바 된지라… 이는 아버지와 함께 계시다가 우리에게 나타내신 바 된 자니라"라고 말씀하고 있습니다.

이렇게 세상에 자신을 나타내신 예수님께서는 모든 인류에게 최고의 선물이셨습니다. 예수님께서는 수가성 여인에게 "네가 만일 하나님의 선물과 또 네게 물 좀 달라 하는 이가 누구인 줄 알았더면 네가 그에게 구하였을 것이요 그가 생수를 네게 주었으리라"라고 말씀하셨습니다(요 4:10).

로마서 5:15-16에서 "그러나 이 은사는 그 범죄와 같지 아니하니 곧 한 사람의 범죄를 인하여 많은 사람이 죽었은즉 더욱 하나님의 은혜와 또는 한 사람 예수 그리스도의 은혜로 말미암은 선물이 많은 사람에게 넘쳤으리라 [16] 또 이 선물은 범죄한 한 사람으로 말미암은 것과 같지 아니하니 심판은 한 사람을 인하여 정죄에 이르렀으나 은사는 많은 범죄를 인하여 의롭다 하심에 이름이니라"라고 말씀하고 있습니다. 예수님이 죄인을 위해 하나님께 드려지시고, 이로써 우리는 예수님을 통해 '구원'과 '영생'의 선물을 받았습니다(롬 6:23下, 엡 2:8).

오늘날 우리도 자신을 먼저 주께 드리고, 또한 예수 그리스도의 몸 된 교회에 바쳐질 때, 하나님께서 우리를 통해 계획하신 뜻을 성취하시는 역사가 있을 줄 믿습니다(고후 8:5-6).

### (3) 제사를 통해 지속되는 언약

하나님께서는 은혜 언약을 통해 범죄한 인간을 구속하시고 언약 백성으로 삼으셨습니다(창 17:7, 출 6:7, 19:5-6, 신 29:13, 왕하 11:17, 대하 23:16, 렘 31:33, 겔 36:28). 하나님께서는 하나님 앞을 떠났던 인류를 다시 하나님 앞으로 이끌어 서게 하시고, 성별된 삶의 축복을 주시기 위해서 제사의 규례를 주셨습니다.

제사는 언약 백성이 거룩하신 하나님 앞으로 나아가는 방법으로, 제사가 지속된다는 것은 언약 관계가 지속된다는 뜻이기도 합니다. 제사를 드리는 장소인 '성막'과 하나님의 임재를 나타내는 '언약궤'는 곧 하나님께서 여전히 언약 백성 가운데 거하신다는 분명한 증거이며, 언약 백성의 순종과 제사장의 중보 가운데 이루어지는 온전한 제사는 언약 관계의 확실한 표징이기 때문입니다.

시편 50:5에서 "이르시되 나의 성도를 내 앞에 모으라 곧 제사로 나와 언약한 자니라 하시도다"라고 말씀하고 있습니다. 여기 '성도'는 히브리어 '하시드'(חָסִיד)로, '은혜, 긍휼, 친절, 자비' 등을 의미하는 '헤세드'(חֶסֶד)에서 유래하여 은혜 언약의 대상이 되는 자들을 가리킵니다. 또한 '제사'는 히브리어 '제바흐'(זֶבַח)로 구체적으로 희생제사를 가리키며, '언약한 자'는 히브리어 '코르테이 베리티'(כֹּרְתֵי בְרִיתִי)로 '자르다'라는 뜻의 '카라트'(כָּרַת)가 사용되어, 짐승을 쪼개어놓고 언약을 체결하듯이 생명을 걸고 언약을 체결한 자임을 의미합니다(창 15:10, 렘 34:18-20). 비록 하나님께서 과거에 열조에게 나타나서 하나님의 생명을 걸고 언약을 체결하셨지만, 하나님의 은혜 언약의 대상이 되는 성도는 희생제사를 통해서 오늘날까지도 여전히 그 언약에 동참하게 되는 것입니다. 신명기 29:14-15에서 "내가 이 언약과 맹세를 너희에게만 세우는 것이 아니라 15 오늘날 우리 하나님 여호와 앞에서 우리와 함께 여기 선 자와 오늘날 우리와 함께 여기 있지 아니한 자에게까지니"라고 말씀하고 있습니다(신 5:3).

구약 시대에는 짐승의 희생으로 피를 흘려 제사를 드림으로 언약 백성의 표징이 드러났지만, 오늘날 성도는 예수 그리스도의 성체가 찢기고 터지는 가운데 흘리신 보배로운 피로 새 언약에 참여하게 되었습니다(히 9:14, 10:19-20, 13:20, 벧전 1:18-19). 그 언약의 표징이 구약 시대에는 정하신 성소에서 복잡한 규례 가운데 나타났지만, 오늘날 성도는 '신령'(πνεῦμα, '프뉴마': 뜻-영)과 '진정'(ἀλήθεια, '알레데이아': 뜻-진리)으로 드리는 예배를 통하여 언약에 참여하게 되었습니다(요 4:24). 따라서 오늘날 왕 같은 제사장으로 부름받은 성도는 자신을 거룩한 산 제물로 드리는 온전한 예배를 드림으로써 하나님 앞으로 나아가야 합니다(롬 12:1, 벧전 2:9).

## 3. 제사장의 응식

Portion due to the priests

하나님께서는 일정한 분깃이 없이 성전에서 일하는 제사장들의 생활을 위하여 '응식'(應食, 응할 응, 밥 식)을 주셨습니다. 신명기 18:3에서 "제사장이 백성에게서 받을 응식"이라고 말씀하고 있습니다. '응식'은 히브리어 '미쉬파트'(מִשְׁפָּט)로, 본래 '규례'라는 뜻이 있으나 여기에서는 '권리, 정당한 몫'이라는 뜻입니다. 하나님께서는 제사장들이 응식 받는 것을 반드시 지켜야 할 율법으로 규정하신 것입니다. 역대하 31:4에서 "제사장들과 레위 사람들의 응식"이라고 말씀하고 있는데, 여기 '응식'은 히브리어 '메나트'(מְנָת)로, '할당, 몫'이라는 뜻입니다.

민수기 18:20에서 "여호와께서 또 아론에게 이르시되 너는 이스라엘 자손의 땅의 기업도 없겠고 그들 중에 아무 분깃도 없을 것이나 나는 이스라엘 자손 중에 네 분깃이요 네 기업이니라"라고 말씀하고 있습니다(신 18:2). 여기 '분깃'은 히브리어 '헬레크'(חֵלֶק)로, '응식'에 해당되는 '메나트'(מְנָת)와 동의어입니다. 하나님께서는 자신이 제사장의 분깃이라는 약속대로 제사장들에게 응식을 주셨던 것입니다.

### (1) 모세의 응식

모세가 아론과 그 아들들을 제사장으로 삼는 '제사장 위임식'의 마지막 순서는 "위임식의 숫양"을 드리는 것입니다(레 8:22). 이때 이 숫양의 우편 뒷다리는 번제물 위에 불살랐습니다(레 8:25-28). 그리고 숫양의 가슴은 여호와 앞에 요제로 드려진 다음에 모세의 응식으로 주어졌습니다. 레위기 8:29에서 "이에 모세가 그 가슴을 취하여 여호와 앞에 흔들어 요제를 삼았으니 이는 위임식 숫양의 모세의 응식이라 여호와께서 모세에게 명하심과 같았더라"라고 말씀하고 있습니다. 모세에게 응식이 주어진 것은 아직 아론과 그 아들들이 제사장이 되기 전이기에 모세가 제사장으로서 제사의 직무를 수행했기 때문입니다. 하나님께서는 모세에게 응식을 주심으로 앞으로 제사장들에게 응식이 주어질 것을 미리 보여주셨던 것입니다. 그러므로 모세의 응식은 장차 주어질 '제사장 응식'의 전조인 것입니다.

### (2) 응식을 주신 이유

**첫째, 생계의 수단으로 주셨습니다.**

제사장들은 전적으로 성전에서 일하는 것 이외에 생계를 유지하기 위해서 할 수 있는 일이 없었습니다. 신명기 18:1에서 "레위 사람

제사장과 레위의 온 지파는 이스라엘 중에 분깃도 없고 기업도 없을지니 그들은 여호와의 화제물과 그 기업을 먹을 것이라"라고 말씀하고 있습니다. 그래서 하나님께서는 응식을 통해 제사장들이 생계에 필요한 모든 것을 제공해 주셨습니다. 실제로 느헤미야 시대에 백성이 십일조를 바치지 않으므로 레위 사람들이 성전 직무를 포기하고 자기 생업을 찾아 떠난 일이 있었습니다. 느헤미야 13:10에서 "내가 또 알아본즉 레위 사람들의 받을 것을 주지 아니하였으므로 그 직무를 행하는 레위 사람들과 노래하는 자들이 각각 그 전리로 도망하였기로"라고 말씀하고 있습니다. 그런데 이때 느헤미야가 백성의 대표인 민장들을 꾸짖었습니다(느 13:11上). 이것은 그들이 솔선수범하여 십일조를 드리지 않고 백성을 이끌지 못하여서, 레위 사람들이 생계를 위해서 어쩔 수 없이 하나님의 전을 떠났기 때문입니다. 그래서 느헤미야는 곧 레위 사람을 모아 다시 처소에 세웠고, 백성이 곡식과 새 포도주와 기름의 십일조를 가져와 곳간에 들였습니다(느 13:11下-12).

우리는 이 사건을 통해 제사장에게 생계의 수단으로 응식을 주신 이유를 어느 정도 짐작할 수 있습니다. 하나님께서 그릿 시냇가에 머물던 엘리야 선지자에게도 까마귀를 보내 먹이셨듯이(왕상 17:2-6), 하나님의 일을 하는 사람들의 생계를 반드시 책임지시는 것입니다.

### 둘째, 일에 대한 대가로 주셨습니다.

하나님께서는 헌신에 대한 상급을 주시는 분이십니다(히 11:6, 참고-히 11:26). 하나님께서는 제사장들을 성별하여 일평생 성막에서 일을 하게 하시고 그 대가로 그들에게 응분의 몫을 제공하신 것입니다. 디모데전서 5:18의 “성경에 일렀으되 곡식을 밟아 떠는 소의 입에 망을 씌우지 말라 하였고 또 일꾼이 그 삯을 받는 것이 마땅하다 하였느니라”라는 말씀과 같은 맥락입니다(참고-신 25:4, 고전 9:9-14).

히스기야왕의 개혁 때에, 제사장이나 레위 사람들에게 나누어주는 일에 부정이 생기지 않도록 하기 위하여 책임자를 세웠습니다. 레위 사람 임나의 아들 고레가 총책임을 담당하였고, 그 밑에 에덴과 미냐민과 예수아와 스마야와 아마랴와 스가냐가 있었습니다(대하 31:14-15上). 이들은 역대하 31:15을 볼 때 ‘반차대로 무론대소’하고 나눠주었습니다. 여기 ‘무론대소’는 히브리어 ‘카가돌 카카탄’(כַּגָּדוֹל כַּקָּטָן)으로, ‘크든 작든’이라는 뜻입니다. 이는 제사장의 나이나 지위에 상관없이 각각 일한 대로 합당한 대가가 지불되었음을 나타냅니다.

## 셋째, 영영히 섬기게 하시려고 주셨습니다.

신명기 18:4-5에서 “또 너의 처음 된 곡식과 포도주와 기름과 너의 처음 깎은 양털을 네가 그에게 줄 것이니 [5] 이는 네 하나님 여호와께서 네 모든 지파 중에서 그를 택하여 내시고 그와 그의 자손으로 영영히 여호와의 이름으로 서서 섬기게 하셨음이니라”라고 말씀하고 있습니다. 하나님께서는, 제사장들이 취하는 응식이 무조건적인 특권이 아니라, 하나님께 봉사하는 대가로 주어지는 것임을 깊이 인식시켜 더욱 자신들의 임무에 충실하도록 하셨습니다. 그들의 임무는 영영히 여호와의 이름으로 서서 섬기는 것이었습니다. 역대하 31:4에서도 “또 예루살렘에 거한 백성을 명하여 제사장들과 레위 사람들의 응식을 주어 저희로 여호와의 율법을 힘쓰게 하라 한지라”라고 말씀하고 있습니다. 이는 히스기야왕의 종교개혁

사항 중 하나로, 히스기야는 제사장들과 레위 사람들의 반차를 정하고 그 직임을 행하게 하되, 제사장들과 레위 사람들에게 응식을 주어서 그 직임을 힘써 행하게 하였던 것입니다(대하 31:2-4).

## (3) 응식의 종류

### ① 지성물 중 불사르지 않은 것

민수기 18:9에서 "지성물 중에 불사르지 않은 것은 네 것이라 그들이 내게 드리는 모든 예물의 모든 소제와 속죄제와 속건제물은 다 지극히 거룩한즉 너와 네 아들들에게 돌리리니"라고 말씀하고 있습니다.

소제의 제물 가운데 단 위에 불사르고 남은 것은 제사장의 몫이 되었습니다. 레위기 2:2-3에서 "아론의 자손 제사장들에게로 가져올 것이요 제사장은 그 고운 기름 가루 한 줌과 그 모든 유향을 취하여 기념물로 단 위에 불사를지니 이는 화제라 여호와께 향기로운 냄새니라 [3]그 소제물의 남은 것은 아론과 그 자손에게 돌릴지니 이는 여호와의 화제 중에 지극히 거룩한 것이니라"라고 말씀하고 있습니다(레 2:9-10, 6:15-18). 또한 화덕에 구운 소제물과 솥이나 번철에서 만든 소제물은 그 드린 제사장에게 돌아갔습니다(레 7:9-10).

속죄제의 제물 가운데 제사장의 속죄제물과 온 회중의 속죄제물은 다 태웠지만(레 4:11-12, 21), 족장의 속죄제물과 평민의 속죄제물은 기름 부분을 태워서 하나님께 드리고 나머지는 제사장의 응식으로 주었습니다(레 6:25-26, 참고-레 4:22-31).

속건제의 제물 역시 여호와께 불살라지지 않은 부분은 제사장에게 응식으로 주어졌습니다(레 7:6-7).

### ② 거제물과 요제물

민수기 18:11에서 "네게 돌릴 것이 이것이니 곧 이스라엘 자손의 드리는 거제물과 모든 요제물이라 내가 그것을 너와 네 자손에게 영영한 응식으로 주었은즉 네 집의 정결한 자마다 먹을 것이니라"라고 말씀하고 있습니다. 19절에서 "이스라엘 자손이 여호와께 거제로 드리는 모든 성물은 내가 영영한 응식으로 너와 네 자녀에게 주노니 이는 여호와 앞에 너와 네 후손에게 변하지 않는 소금 언약이니라"라고 말씀하고 있습니다. 화목제의 경우에는 제물의 흔든 가슴과 든 뒷다리가 제사장의 응식으로 주어졌습니다. 레위기 7:34에서 "내가 이스라엘 자손의 화목제 중에서 그 흔든 가슴과 든 뒷다리를 취하여 제사장 아론과 그 자손에게 주었나니 이는 이스라엘 자손에게 받을 영원한 소득이니라"라고 말씀하고 있습니다(레 10:13-15, 민 18:8, 11, 19).

### ③ 여호와께 드리는 첫 소산

민수기 18:12-13에서 "그들이 여호와께 드리는 첫 소산 곧 제일 좋은 기름과 제일 좋은 포도주와 곡식을 네게 주었은즉 13 그들이 여호와께 드리는 그 땅 처음 익은 모든 열매는 네 것이니 네 집에 정결한 자마다 먹을 것이라"라고 말씀하고 있습니다. 신명기 18:4에서도 "또 너의 처음 된 곡식과 포도주와 기름과 너의 처음 깎은 양털을 네가 그에게 줄 것이니"라고 말씀하고 있습니다. 여기의 "처음 깎은 양털"은 제사장들의 의복을 위해서 주신 것입니다.

### ④ 사람과 가축의 초태생

민수기 18:15에서 "여호와께 드리는 모든 생물의 처음 나는 것은 사람이나 짐승이나 다 네 것이로되"라고 말씀하고 있습니다. 그런데 사람의 처음 난 것이나 부정한 짐승의 처음 난 것은 대속해야 했습니다(민 18:15下). 사람을 대속하기 위해서는 은 다섯 세겔을 내야 했는데(민 18:16), 이것이 제사장의 몫으로 돌아갔습니다. 짐승 가운데 소와 양과 염소의 초태생은 대속할 필요 없이 여호와께 화제로 드려야 했으며, 기름을 제외한 고기가 제사장의 몫이 되었습니다(민 18:17-18).

본래 첫 것은 하나님께 드렸습니다(출 23:19, 34:19, 26, 신 15:19). 그런데 하나님께서 그것들을 취하지 않으시고 오히려 제사장들에게 돌려주셨던 것입니다. 이는 백성이 제물을 바치지만 제사장에게 응식을 주시는 분은 하나님이심을 분명하게 나타냅니다.

### ⑤ 진설병

성소의 떡상 위에는 진설병 12개가 두 줄로 한 줄에 여섯 개씩 매 안식일에 진설되었습니다. 이 진설병은 제사장과 그 자손의 몫이었습니다. 레위기 24:9에서 "이 떡은 아론과 그 자손에게 돌리고 그들은 그것을 거룩한 곳에서 먹을지니 이는 여호와의 화제 중 그에게 돌리는 것으로서 지극히 거룩함이니라 이는 영원한 규례니라"라고 말씀하고 있습니다.

### ⑥ 레위인들의 십일조

하나님께서는 이스라엘 백성에게 십일조를 바치도록 명령하셨습니다. 먼저 "땅의 십분 일 곧 땅의 곡식이나 나무의 과실이나 그 십분 일은 여호와의 것이니 여호와께 성물"이었습니다(레 27:30). 또 짐승의 십일조에 대해서 레위기 27:32에서 "소나 양의 십분 일은 막대기 아래로 통과하는 것의 열째마다 여호와의 거룩한 것이 되리니"라고 말씀하고 있습니다.

이렇게 바쳐진 십일조는 레위 자손에게 기업으로 주어졌습니다. 민수기 18:21에서 "내가 이스라엘의 십일조를 레위 자손에게 기업으로 다 주어서 그들의 하는 일 곧 회막에서 하는 일을 갚나니"라고 말씀하고 있습니다(민 18:24, 26). 그런데 레위 자손은 자신들이 받은 십일조의 십일조를 다시 거제로 하나님께 드려야 했습니다. 이어지는 26절에서 "너는 레위인에게 고하여 그에게 이르라 내가 이스라엘 자손에게 취하여 너희에게 기업으로 준 십일조를 너희가 그들에게서 취할 때에 그 십일조의 십일조를 거제로 여호와께 드릴 것이라"라고 말씀하고 있습니다. 그런데 이 거제물은 제사장의 몫이 되었습니다. 28절에서 "너희는 이스라엘 자손에게서 받는 모든 것의 십일조 중에서 여호와께 거제로 드리고 여호와께 드린 그 거제물은 제사장 아론에게로 돌리되"라고 말씀하고 있습니다.

그러므로 이스라엘 백성이 하나님께 십일조를 잘 드려야 했습니다. 그 십일조가 레위 자손들의 기업이 되었으며, 레위 자손이 받은 십일조의 십일조가 다시 제사장들의 기업이 되었던 것입니다.

### (4) 응식의 구속사적 의미

제사장들은 하나님의 일에 전무하므로 하나님께서 그들의 분깃이 되어주시고, 이스라엘 백성이 드린 제물이 그들의 실제적인 생활 수단이 되었습니다. 고린도전서 9:13에서 "성전의 일을 하는 이들은 성전에서 나는 것을 먹으며 제단을 모시는 이들은 제단과 함께 나누는 것을 너희가 알지 못하느냐"라고 말씀하고 있습니다. 제사장의 응식은 본래 하나님께 드려진 것이었는데 다시 제사장에게 돌려지는 것입니다. 이는 제사장들을 책임지시는 분이 바로 하나님이심을 나타냅니다. 비록 백성이 헌물과 십일조를 드리지만 엄밀한 의미에서 볼 때, 백성이 제사장들을 먹여 살리는 것이 아니라 하나님께서 먹여 살리시는 것입니다.

민수기 18:19 상반절에서 "이스라엘 자손이 여호와께 거제로 드리는 모든 성물은 내가 영영한 응식으로 너와 네 자녀에게 주노니"라고 말씀하고 있습니다. 하나님께서는 '응식'을 "영영한 응식"으로 주셨으며(민 18:8, 11), 이것이 영원히 변치 않음을 나타내시기 위하여 "소금 언약"이라고 부르셨습니다. 소금은 부패와 변질을 방지하는 역할을 합니다. 그러므로 응식을 주신다는 언약은 마치 소금처럼 영원히 변치 않는 언약인 것입니다(레 2:13, 대하 13:5).

그런데 이 "영영한 응식"은 제사장에게만 주어지는 것이 아니라 그의 자녀에게도 주어졌습니다. 민수기 18:19에서 "내가 영영한 응식으로 너와 네 자녀에게 주노니", 8절에서 "너와 네 아들들에게 영영한 응식으로 주노라"라고 말씀하고 있습니다. 더 나아가 이 언약은 제사장의 후손들에게도 계속 유효한 언약이었습니다. 19절 하반절에서 "이는 여호와 앞에 너와 네 후손에게 변하지 않는 소금 언약이니라"라고 말씀하고 있습니다. 이는 하나님의 나라의 완성을 위하여 하나님께서 그의 일에 전무하는 사역자들의 생활을 계속적으로 책임져 주시겠다는 확실한 약속입니다.

마태복음 6:33을 볼 때, 예수님께서도 "너희는 먼저 그의 나라와 그의 의를 구하라 그리하면 이 모든 것을 너희에게 더하시리라"라고 말씀하셨습니다. 하나님께서는 하나님의 나라가 완성될 때까지 먼저 그것을 위하여 일하는 자들에게 필요한 모든 것을 채워주시되 필요한 것 이상으로 채워주십니다(마 6:31-32). 이러한 '영원한 응식의 언약'이 있기에 하나님의 나라는 하나님의 일꾼들을 통해 점점 완성을 향하여 달려갈 수 있는 것입니다.

제 3 장

# 5대 제사 규례

Laws of the Five Offerings

# 5대 제사 규례

## Laws of the Five Offerings

구약 시대의 각종 제사들은 아담 타락 이후 죄로 말미암아 하나님과 단절된 인생들에게 거룩하신 하나님께 나아가는 길을 열어주시려고 하나님께서 친히 명령하신 제도입니다(레 17:11, 히 9:11-13, 22).

레위기 1:1-2은 구약의 5대 제사에 대한 서론입니다.[3] 레위기 1:2에서 "너희 중에 누구든지 여호와께 예물을 드리려거든 생축 중에서 소나 양으로 예물을 드릴지니라"라고 말씀하고 있습니다. 여기 '누구든지'는 히브리어 '아담'(אָדָם)으로, 예물을 드리는 주체가 남자나 여자가 아니고, 하나님의 형상과 모양대로 지음받은 모든 사람임을 보여줍니다(창 1:26-27). 심지어 이스라엘 중에 우거하는 이방인도 하나님 앞에 제사를 드릴 수 있었습니다(레 22:18).

소제, 속죄제, 속건제, 화목제의 규례에서도 '누구든지' 제사를 드릴 수 있다고 말씀하고 있는데(레 2:1, 4:2, 5:15, 7:21), 여기 '누구든지'는 히브리어 '네페쉬'(נֶפֶשׁ)입니다. '네페쉬'는 '영혼, 생명'이라는 뜻인데, 여기에서는 '호흡하는 모든 사람'을 가리킵니다(창 36:6). 창세기 2:7에서 하나님께서 흙으로 '사람'('아담')을 지으시고 생기를 그 코에 불어 넣으시니 '생령'('네페쉬 하야')이 되었다고 말씀하고 있습니다. 하나님의 생기를 받은 사람의 본분은 오직 하나님 앞에 예배드리는 것입니다(시 96:8-9, 참고-전 12:13, 겔 45:17).

5대 제사는 제사인을 위한 규례와 제사장을 위한 규례로 기록되어 있습니다. 제사인의 입장으로 기록된 레위기 1:1-6:7에서는 **번제 - 소제 - 화목제 - 속죄제 - 속건제**의 순서로 제사의 규례를 소개하고 있고, 제사를 집례하는 제사장의 입장으로 기록된 레위기 6:8-7:38에서는 **번제 - 소제 - 속죄제 - 속건제 - 화목제**의 순서로 제사의 규례를 소개하고 있습니다. 제사 규례에 대한 히브리어 원문을 상세히 보면 제사인의 행위에 대해서는 단수 동사를, 제사장의 행위에 대해서는 복수 동사를 사용하여, 누가 각 규례를 수행하는지 세밀하게 구별하고 있습니다.

구약 시대의 번제단에서 희생된 수천 수만의 소, 양, 염소, 비둘기 등의 제물은 인류의 죄를 걸머지고 갈보리 언덕의 십자가에서 희생된, 흠과 티가 없으신 어린양 예수 그리스도(요 1:29, 고전 5:7)와 그의 전적인 헌신과 완전한 대속을 보여주고 있습니다(마 20:28, 막 10:45, 히 9:12). 예수 그리스도께서 친히 십자가에 달리사 자기 몸을 희생제물로 바쳐 십자가 대속을 이루셔서, 그것을 믿는 우리는 능히 하나님 앞에 나아가게 되었습니다(갈 1:4, 히 10:19-22, 벧전 2:24). 히브리서 10:14에서 “저가 한 제물로 거룩하게 된 자들을 영원히 온전케 하셨느니라”라고 말씀하고 있습니다. 예수 그리스도의 전 생애가 향기로운 제물이었으며, 마침내 십자가에서 생축처럼 희생되시어(엡 5:2) 하나님께 온전한 제물로 드려지셨습니다. 예수 그리스도께서 자기 피로 단번에 이룬 속죄가 모든 믿는 자에게 영원한 구원을 주신 것입니다(롬 6:10, 히 7:27, 9:12-14, 26, 28, 10:10-14). 그러므로 제사 규례를 통하여 온전하고 흠 없는 희생제물이 되신 예수 그리스도를 깊이 생각하고(히 3:1), 그의 전적인 희생으로 말미암은 구속 은총에 마음을 다하여 감사해야 합니다.

# I
# 번제
## BURNT OFFERING

| 번제 | עֹלָה / ὁλοκαύτωμα / Burnt Offering<br>레 1:1-17, 6:8-13 |
|---|---|

### 개요

**(1) 어원적 의미**

번제는 히브리어 '올라'(עֹלָה)로 '올라간다'는 뜻이며, 헬라어 '홀로카우토마'(ὁλοκαύτωμα)로 '전부를 불에 태우다'라는 뜻이다. 희생제물 전체가 불로 태워져서 그 향기가 하나님께 올라간다는 의미이다.

**(2) 번제를 드리는 경우**

① 상번제(매일 아침과 저녁, 민 28:3-8, 대상 16:40)
② 특별한 날과 절기: 안식일(민 28:9-10, 대상 23:31, 대하 2:4, 31:3), 월삭(민 28:11-14), 무교절(민 28:16-19), 칠칠절(레 23:16-18, 민 28:26-27), 나팔절(민 29:1-2), 대속죄일(민 29:7-8), 초막절(민 29:12-40)
③ 특수한 상황에 의무적으로 드리는 번제(출 29:15-18, 레 8:18-21, 9장, 12:6-8, 14:19-32, 15:14-30, 22:18-20, 삼상 6:1-16, 삼하 6:17-18, 왕상 9:25 등)

### 예물과 분배

**(1) 제사인이 드리는 예물**: 드리는 자의 형편에 따라 드림

① 흠 없는 수소(레 1:3-9) ② 흠 없는 숫양 및 숫염소(레 1:10-13)
③ 산비둘기 및 집비둘기 새끼(레 1:14-17, 암수 상관없음)

**(2) 예물의 분배**

① 벗긴 가죽은 번제를 드리는 그 제사장의 몫이 되었다(레 1:6, 7:8).
② 가죽을 제외한 제물의 모든 부분은 태워서 하나님께 드렸다(레 1:8-9).

## 드리는 방법

### (1) 예물로 소와 양·염소를 드리는 경우(레 1:3, 10)

① 제사인이 제물의 머리에 안수한다(레 1:4).
② 제사인이 제물을 여호와 앞(번제단 북편)에서 잡는다(레 1:5上, 11上).
③ 제사장이 제물의 피를 회막 문 앞 단 사면에 뿌린다(레 1:5下, 11下).
④ 제사인이 가죽을 벗기고 각을 뜬다(레 1:6, 12).
⑤ 제사장들이 단 위에 불을 두고, 불 위에 나무를 벌여놓고, 나무 위에 제물을 질서 있게 벌여놓는다(레 1:7-8, 12).
⑥ 제사인이 제물의 내장과 정강이를 물로 씻는다(레 1:9上, 13上).
⑦ 제사장이 제물 전부를 불살라 화제로 드린다(레 1:9下, 13下).
⑧ 제사장이 번제물을 단 위 석쇠 위에 아침까지 두고, 불이 꺼지지 않게 한다(레 6:9).
⑨ 제사장이 번제의 재를 진 바깥 정결한 곳에 가져가서 버린다(레 6:10-11).

### (2) 산비둘기나 집비둘기 새끼로 드리는 경우(레 1:14-17)

① 제사장이 제물의 머리를 비틀어 끊고 번제단에 불사른다(레 1:15上).
② 제사장이 제물의 피를 단 곁에 흘린다(레 1:15下).
③ 제사장이 제물의 멱통과 그 더러운 것을 재 버리는 곳에 버린다(레 1:16).
④ 제사장은 제물의 날개 자리에서 그 몸을 찢어 젖히되 아주 찢지는 않아야 하며, 제물은 번제단에 사른다(레 1:17).

## 목적

① 속죄를 받기 위해서이다(레 1:4).
② 순종과 헌신, 감사와 찬송, 서원에 대한 이행을 표현하기 위해서이다(레 22:18).
③ 하나님께 기쁘게 열납되기 위해서이다(레 1:3-4, 22:27).

## 구속사적 의미

① 번제는 예수 그리스도의 온전한 희생을 나타낸다(엡 5:2, 히 7:27). 번제는 제사장의 몫으로 돌아가는 제물의 가죽 외에 모든 부분을 번제단 위에서 완전히 태워서 바치는 제사이기 때문이다(레 1:13).
② 성도는 온전한 희생제물이 되어 자신의 모든 것을 말씀과 성령의 불로 태워서 아름다운 향기로 하나님께 영광을 돌려야 한다(시 51:16-19, 겔 20:41).

※ 번제물에 대한 안수 명령은 소의 경우에만 기록되어 있지만(레 1:4), 다른 제물로 번제를 드릴 때에도 동일하게 안수하였기에 반복되는 표현을 생략했을 것이다.

# 1. 개요

Overview

## (1) 어원적 의미

번제는 히브리어 '올라'(עֹלָה)로, '올라간다'라는 뜻입니다. 이는 희생제물 전체가 불로 태워져서 그 향기가 '하나님께로 올라간다'는 의미입니다. 헬라어로는 '전부를 불에 태우다'라는 뜻을 가진 '홀로카우토마'(ὁλοκαύτωμα)로, 철저한 자기희생을 의미합니다. 참고로, 이 단어에서 '대학살'을 의미하는 '홀로코스트'(Holocaust)가 파생되었습니다. 한자로 '구울 번(燔), 제사 제(祭)'이며 영어로는 'burnt offering'으로, 모두 '태워서 바치는 제사'라는 의미로 번역하였습니다. 제물을 번제단 위에 놓고 불로 태워서 드리는 것을 나타냅니다.

특별히 이렇게 제물 전부를 태워 드리는 번제의 특성을 강조하는 의미에서, '온전한, 전체의, 모든'의 뜻을 가진 히브리어 '칼릴'(כָּלִיל)이 사용되기도 하였습니다. 이러한 경우에 한글 개역성경은 '칼릴'을 '온전한 번제'로 번역하였습니다(신 33:10, 시 51:19).

번제는 5대 제사를 대표하는 제사이자, 이스라엘에서 가장 많이 드린 제사였습니다. 5대 제사 중 가장 먼저 성경에 등장하는 제사이며(창 8:20, 22:2, 출 10:25, 욥 1:5), 출애굽 이후 성막의 제도가 완성된 후에는 매일 아침저녁으로 드리는 제사(상번제)로 정착되었습니다(민 28:3-4). 또한 성결 의식이나 출산, 정결 예식, 각종 절기 등 특별한 의식에도 함께 드렸습니다. 그리고 이방인도 번제를 드릴 수 있었습니다(사 56:6-7).

번제에 대한 규례는 레위기 1:3-17, 6:8-13에 기록되어 있습니다.

## (2) 번제를 드리는 경우

번제는 개인이 자원하여 드리는 번제(레 1:3-17, 6:8-13)와 지정된 때 의무적으로 드리는 번제가 있습니다. 의무로 드리는 번제는 이스라엘 전체를 대표하여 드리는 것이기에, 제사장이 제사인 위치에서 번제를 드렸을 것입니다. 의무로 드리는 번제는 다음과 같습니다.

### ① 매일 드리는 상(常)번제

하나님께서는 매일 아침과 저녁에 모든 이스라엘 백성을 대표하는 번제를 드리도록 하셨는데, 이를 '상번제'라고 합니다(출 29:38-42, 대상 16:40, 대하 31:3, 스 3:5, 느 10:33, 단 8:11-13, 11:31, 12:11). '상번제'는 히브리어 '올라 타미드'(עֹלָה תָּמִיד)로, '늘 드려지는 번제'(출 29:42)라는 뜻입니다. 역대하 31:3에는 '조석 번제', 에스라 3:5, 느헤미야 10:33에는 '항상 드리는 번제'로 기록되어 있습니다. 상번제에는 소제와 전제를 함께 드렸습니다(출 29:38-42, 민 28:3-8, 느 10:33).

상번제로 "일 년 되고 흠 없는 숫양"을 매일 둘씩 드리되 한 마리는 아침에, 한 마리는 저녁에 드렸습니다(출 29:38-42, 민 28:3-8, 겔 46:13-15). 절기를 맞아 번제를 드릴 때에도 상번제는 끊이거나 절기의 번제로 대체하지 못하며, 반드시 별도로 드려져야 했습니다(민 28:10, 15, 23, 31). 이 제사는 언약 백성에게 끊어질 수 없는 제사로(시 50:5), 민수기 28:6에서는 '시내산에서 정한 상번제'라고 하였습니다.

### ② 특별한 날과 절기에 드리는 번제:
### 안식일, 월삭, 무교절, 칠칠절, 나팔절, 대속죄일, 초막절

특별한 날과 절기에 드리는 번제는 매일 드리는 상번제 외에 각 절기의 번제물을 더하여 드렸습니다(민 28:10, 15, 24, 31, 29:6, 11, 16, 39).

**안식일**에는 "일 년 되고 흠 없는 숫양 둘"을 번제로 드렸습니다(민 28:9-10, 대상 23:31, 대하 2:4, 31:3). 이는 매일 드리는 상번제의 번제물과 같은 양으로, 안식일에는 상번제의 번제물과 안식일의 번제물까지 합쳐 다른 날의 두 배 되는 제물을 드렸습니다(민 28:10). 이는 영원한 언약으로 주어진 안식일은 다른 날과 구별되기 때문입니다(출 31:13, 16-17).

**월삭**(민 28:11-14, 매월 초하루), **무교절**(민 28:16-19)에는 '수송아지 둘과 숫양 하나와 일 년 되고 흠 없는 숫양 일곱'으로 번제를 드렸습니다(참고-대상 23:31, 대하 2:4, 31:3). 또한 무교절 기간 중 가나안 땅에 들어가 첫 수확을 기념하는 초실절(레 23:10-12)에는 "일 년 되고 흠 없는 숫양"을 번제로 드렸습니다.

**칠칠절**(민 28:26-27)에는 "수송아지 둘과 숫양 하나와 일 년 되고 흠 없는 숫양 일곱"으로 번제를 드렸습니다. 그런데 레위기 23:18에는 칠칠절의 다른 명칭인 오순절의 번제물을 '일 년 되고 흠 없는 어린양 일곱과 젊은 수소 하나와 숫양 둘'이라고 말씀하고 있습니다. 이는 민수기 28:26-27은 절기의 번제인 반면에, 레위기 23:18의 번제는 오순절에 드리는 '새 소제'에 곁들이는 번제이기 때문입니다(레 23:17-21).

티쉬리(7월) 1일 **나팔절**, 티쉬리 10일 **대속죄일**에는 '수송아지 하나와 숫양 하나와 일 년 되고 흠 없는 숫양 일곱'을 번제로 드렸습니다(민 29:1-2, 7-8). 나팔절의 번제는 월삭에 드리는 번제(민 28:11)와 별도로 드렸습니다(민 29:6). 또한 대속죄일에 대제사장이 지성소에 들어갈 때 번제를 두 번 드렸는데, 한 번은 자신을 위해서 숫양 한 마리(레 16:3), 그리고 또 한 번은 백성을 위하여 숫양 한 마리를 드렸습니다(레 16:5).

가장 큰 감사 절기인 **초막절** 기간 중에는 티쉬리(7월) 15일부터 8일 동안 199마리(수송아지 71마리, 숫양 15마리, 일 년 된 숫양 105마리, 숫염소 8마리)를 제물로 바쳤습니다(민 29:12-40). 초막절 첫날에는 '수송아지 열셋과 숫양 둘과 일 년 된 숫양 열넷을 다 흠 없는 것'으로(민 29:13) 드려야 했고, 그 후 7일 동안 매일 같은 번제를 드리되, 그중 수송아지는 첫째 날 13마리에서 매일 한 마리씩 덜 드리도록 했습니다. 초막절의 여덟째 날은 절기의 절정으로, 거룩한 대회로 모여 수송아지 하나와 숫양 하나, 일 년 되고 흠 없는 숫양 일곱을 드렸으며(민 29:35-36), 초막절을 위한 제물 외에 날마다 드리는 상번제와 안식일의 제물까지 엄격히 구별하여 드려야 했으므로(민 29:38), 모두 합치면 총 217마리의 번제물을 드렸습니다. 초막절에 안식일이 두 번 겹칠 경우는 총 219마리의 번제물을 드렸습니다.

### ③ 기타 특수한 상황에서 드리는 번제

제사장 위임식(출 29:15-18, 레 8:18-21), 제사장 취임식(레 9장), 자녀 출산 후 결례의 날(레 12:6-8), 환자(나병인, 유출병자 등)의 정결 예식(레 14:19-32, 15:13-30), 서원을 완성했을 때(레 22:18-20), 나실인의 규례(민 6:13-16), 법궤가 돌아왔을 때(삼상 6:1-16), 왕이 드리는 제사(삼하 6:17-18, 왕상 9:25) 등에서 번제를 드렸습니다.

# 상번제의 번제물과 절기별 번제물

Continual Burnt Offerings and Burnt Offerings for the Feasts

<table>
<tr><td colspan="2">매일의 상번제</td><td>출 29:38-42,<br>민 28:3-8</td><td>일 년 되고 흠 없는 숫양을<br>아침에 하나, 저녁에 하나</td></tr>
<tr><td>안식일</td><td>매주 일곱째 날</td><td>민 28:9</td><td>일 년 되고 흠 없는 숫양 둘</td></tr>
<tr><td>월삭</td><td>매월 첫째 날</td><td>민 28:11</td><td rowspan="2">수송아지 둘, 숫양 하나,<br>일 년 되고 흠 없는 숫양 일곱</td></tr>
<tr><td>무교절</td><td>니산(1월) 15-21일</td><td>민 28:19</td></tr>
<tr><td>초실절</td><td>7일간의 무교절 기간<br>중 안식일 이튿날</td><td>레 23:10-12</td><td>일 년 되고 흠 없는 숫양</td></tr>
<tr><td>칠칠절</td><td rowspan="2">초실절로부터 7주 뒤<br>다음 날인 50일째</td><td>민 28:27</td><td>수송아지 둘과 숫양 하나와<br>일 년 되고 흠 없는 숫양 일곱</td></tr>
<tr><td>오순절</td><td>레 23:18</td><td>(새 소제에 곁들이는 번제로)<br>일 년 되고 흠 없는 어린양 일곱,<br>젊은 수소 하나, 숫양 둘</td></tr>
<tr><td>나팔절</td><td>티쉬리(7월) 1일</td><td>민 29:2</td><td rowspan="2">수송아지 하나, 숫양 하나,<br>일 년 되고 흠 없는 숫양 일곱</td></tr>
<tr><td>대속죄일</td><td>티쉬리(7월) 10일</td><td>민 29:8</td></tr>
<tr><td>초막절</td><td>티쉬리(7월) 15-22일,<br>8일간</td><td>민 29:12-40</td><td>첫째 날: 수송아지 열셋, 숫양 둘,<br>일 년 된 숫양 열넷<br>둘째 날: 수송아지 열둘, 숫양 둘,<br>일 년 된 숫양 열넷<br>…<br>일곱째 날: 수송아지 일곱, 숫양 둘,<br>일 년 된 숫양 열넷<br>여덟째 날: 수송아지 하나, 숫양 하나,<br>흠 없는 숫양 일곱<br><hr>총합: 수송아지 71마리, 숫양 15마리,<br>일 년 된 숫양 105마리, 숫염소 8마리<br>(상번제, 안식일의 번제는 따로 드림)</td></tr>
</table>

## 2. 번제의 예물
Sacrifices of burnt offering

번제의 예물은 드리는 자의 형편에 따라 세 가지가 있었습니다. 첫째, 흠 없는 수소(레 1:3-9), 둘째, 흠 없는 숫양 및 숫염소(레 1:10-13), 셋째, 산비둘기 및 집비둘기 새끼(레 1:14-17)입니다.

흠 없는 수소

흠 없는 숫양 및 숫염소

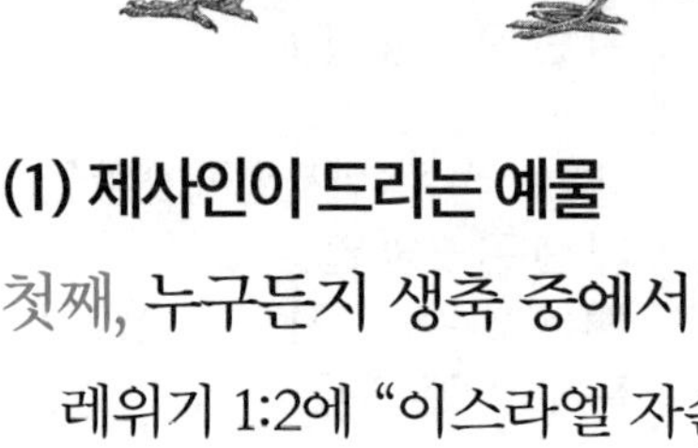

산비둘기 및 집비둘기 새끼

### (1) 제사인이 드리는 예물

첫째, 누구든지 생축 중에서 드립니다.

레위기 1:2에 "이스라엘 자손에게 고하여 이르라 너희 중에 누구든지 여호와께 예물을 드리려거든 생축 중에서 소나 양으로 예물을 드릴지니라"라고 말씀하고 있습니다. 여기 예물로 드리는 '생축'은 히브리어 '베헤마'(בְּהֵמָה)로, 가정에서 사육하는 가축이나 가축화할 수 있는 보편적인 동물을 가리킵니다.[4] 이는 번제를 드릴 때 야생동물을 사냥해서 드리거나, 짐승의 사체를 가지고 와서는 안 된다는 것입니다. '베헤마'는 구체적으로 큰 가축을 가리키는 히브리어 '바카르'(בָּקָר)와 떼를 이루는 작은 가축을 가리키는 히브리어 '촌'(צֹאן)으로 나뉘는데, '바카르'는 주로 소를 가리키며, '촌'은 양과 염소를 가리킵니다. 이스라엘 민족은 목축업에 익숙한 민족으로, 생축은 이스라엘 백성의 대표적인 재산이자 중요한 소유물이었습니다. 희생제물은 제물을 바치는 자와 일치가 되어야 하기에, 반드시 야생동물이 아니라 자기 소유의 생축(참고-야생동물과 생축: 신 14:4-5)을 드려서 값을 치러야만 했던 것입니다(삼하 24:24).

또한 번제의 예물은 각자의 형편에 맞게 소, 양이나 염소, 비둘기를 드릴 수 있었습니다. 각 예물을 선택하는 기준이나 조건은 전혀 없으며, 어떤 예물을 드리든지 번제의 효력은 동일하게 '여호와께 향기로운 냄새'였습니다(레 1:9, 13, 17). 이는 번제를 드리는 자의 자원하는 자세를 강조하며(호 5:6, 미 6:6-8), 아무런 차별 없이 하나님께서 은혜를 베풀어주심을 가르쳐줍니다(참고-고후 8:10-15).

예수님께서는 자신을 온전히 하나님께 드린 가장 귀한 번제 제물이 되셨습니다. 예수님은 모든 권세의 주인이 되시지만 스스로 권세를 버리시고 자신을 향기로운 제물과 생축으로 드리셨습니다(요 10:18, 빌 2:6-8). 에베소서 5:2에서 "그리스도께서 너희를 사랑하신 것같이 너희도 사랑 가운데서 행하라 그는 우리를 위하여 자신을 버리사 향기로운 제물과 생축으로 하나님께 드리셨느니라"라고 말씀하고 있습니다.

### 둘째, 흠 없는 수컷으로 드립니다.

레위기 1:3, 10에서는 번제 예물로 드리는 소, 양과 염소에 대해서 '흠 없는 수컷'을 드리라고 말씀하고 있습니다. 생축의 수컷은 전체 무리의 질을 결정할 수 있기에 일반적으로 암컷보다 더 비싸고 귀하게 취급하였습니다. 또한 '흠 없는'은 히브리어 '타밈'(תָּמִים)으로, '결점이 없는, 온전한'이라는 뜻입니다(참고-창 17:1, 신 18:13). 하나님께서 열납하시는 제물은 흠이 없어야 합니다(출 12:5, 29:1, 레 1:3, 22:18-25, 민 6:14, 19:2). 단, 성별을 가리기 어려운 산비둘기나 집비둘기 새끼는 암수와 상관없이 드릴 수 있었습니다.

제물을 드리는 자는 하나님께 바치기 전에 제물을 세심하게 점검해야 합니다. 레위기 22:22에서 "눈먼 것이나 상한 것이나 지체에 베임을 당한 것이나 종기 있는 것이나 괴혈병 있는 것이나 비루먹은 것을 너희는 여호와께 드리지 말며 단 위에 화제로 여호와께 드리지 말라"라고 말씀하고 있습니다(신 15:21). 헛된 제물, 거짓된 제물, 성회와 아울러 악을 행하며 드리는 제물은 결코 제물이 되지 못하며, 하나님께서 가증하게 여기고 싫어하십니다(사 1:11-17). 아무리 제사 형식을 정확하게 갖추었더라도 눈먼 희생, 병든 것, 저는 것 등 흠 있는 제물을 드리면 도리어 저주를 받습니다(말 1:7-14).

이는 하나님께 드리는 온전한 헌신에는 결코 흠이 있어서는 안 된다는 중요한 구속사적 교훈을 가르쳐줍니다. 예수님께서는 죄를 알지도 못하시고 죄가 전혀 없는 분으로서 진실로 흠 없는 제물이셨습니다(고후 5:21, 히 4:15, 7:26, 벧전 1:18-19, 요일 3:5). 오늘날 그리스도의 피로 대속함을 받은 성도도 자신의 온 영과 혼과 몸을 하나님께 온전한 예물로 드릴 수 있도록 흠 없이 보전하기에 힘써야 할 것입니다(살전 5:23).

### (2) 예물의 분배

번제의 제물로 수송아지나 숫양, 숫염소를 드리는 경우, 제사인은 짐승의 가죽을 벗기고(레 1:6) 그 가죽을 번제를 집례하는 제사장의 몫으로 돌렸습니다. 레위기 7:8에서 "사람의 번제를 드리는 제사장 곧 그 제사장은 그 드린 번제물의 가죽을 자기가 얻을 것이며"라고 말씀하고 있습니다. 여기 '제사장'에는 그 앞에 정관사 '하'(·הַ)가 사용되어 번제를 집례하는 그 제사장임을 강조하고 있습니다.[5)]

가죽을 제외한 제물의 모든 부분은 태워서 하나님께 드려졌습니다. 레위기 1:8-9에서 "아론의 자손 제사장들은 그 뜬 각과 머리와 기름을 단 윗 불 위에 있는 나무에 벌여놓을 것이며 [9] 그 내장과 정갱이를 물로 씻을 것이요 제사장은 그 전부를 단 위에 불살라 번제를 삼을지니 이는 화제라 여호와께 향기로운 냄새니라"라고 말씀하고 있습니다.

## 3. 드리는 방법

Method of offering

### (1) 소, 양·염소로 번제를 드리는 방법

레위기 1장에는 제물에 따라 번제를 드리는 방법을 나누어서 설명하고 있는데, 생활 형편에 따라 예물의 종류를 달리하여 드리는 세 가지의 번제가 기록되어 있습니다. 소의 번제(3-9절), 양이나 염소의 번제(10-13절), 새의 번제(14-17절) 순으로 소개되었으며, 드리는 절차도 소의 번제가 먼저 자세하게 소개되었습니다. 소와 양·염소를 드리는 번제가 일반적인 규례로, 제물은 다르지만 드리는 방법은 거의 동일합니다. 새를 드리는 번제는 가난한 자를 위한 특수 규례로 추가되었습니다.

소와 양·염소를 번제물로 바치고자 하는 제사인은 제물을 가지고 와서 직접 생축에게 안수하고(레 1:4) 잡았으며(레 1:5, 11), 희생의 가죽을 벗기고(레 1:6), 각을 뜨고(레 1:6, 12), 그 내장과 정강이를 물로 씻었습니다(레 1:9, 13).

제사장(들)은 단 위에서 하는 일을 맡았는데, ①그 피를 가져다가 단 사면에 뿌리는 일(레 1:5, 11), ②단 위에 불을 두고 불 위에 나무를 벌여놓는 일(레 1:7-8, 12), ③깨끗하게 정리된 제물을 단 위에 올려놓고 불살라 드리는 일을 맡았습니다(레 1:9, 13, 15, 17).

## 1 제사인이 번제물의 머리에 안수합니다. / 레 1:4

제사인은 제물을 잡기 전에 제물의 머리에 안수해야 합니다. 레위기 1:4에서 "그가 번제물의 머리에 안수할지니 그리하면 열납되어 그를 위하여 속죄가 될 것이라"라고 말씀하고 있습니다. 여기 '안수하다'는 히브리어 '사마크 야도'(סָמַךְ יָדוֹ)로, '의지하다'라는 뜻의 '사마크'가 함께 사용되어, 몸 전체를 그 머리에 의지할 정도로 무게를 실어서 힘껏 누르는 행위입니다(왕하 18:21, 사 36:6, 참고-삿 16:29, 시 88:7). 여기 '안수'(按手)에서 '수'(手)에 쓰인 히브리어 '야드'(יָד, 뜻-손)는 단수로 쓰여서 한 손으로 하는 안수를 가리키며, 제물과 제사인의 연합을 의미합니다. 안수는 제물을 드리는 자와 제물이 연합되어 동일시됨을 의미하며, 제사의 영적 효력이 제사를 드리는 본인에게 적용되도록 보장해주는 행위입니다. 안수의 대상을 '번제물'이라고 한 것은 안수에 대한 언급이 없는 양과 염소, 산비둘기나 집비둘기도 소와 마찬가지로 안수하여 번제로 드렸기 때문입니다.

한 손 안수와 양손 안수

참고로, 대속죄일에는 대제사장이 '두 손으로' 염소의 머리에 안수하였습니다(레 16:21). 개인적인 제사와 용무에 대한 안수는 한 손으로 하였지만, 공동체에 대한 안수는 두 손으로 하였습니다. 대속죄일에 대제사장이 아사셀 염소에게 양손으로 안수하여서 죄인 이스라엘과 같은 존재가 된 아사셀 염소는, 모든 불의를 지고 광야로 내보내졌습니다(레 16:22). 이는 구속사적으로 아무 죄도 없으신 예수님께서(고후 5:21, 히 4:15, 요일 3:5) 우리의 죄를 대신 짊어지고 고난 받으심을 나타냅니다(롬 8:3, 히 9:28, 벧전 2:24).

레위기 1:4에서 안수의 결과에 대해 "그리하면 열납되어 그를 위하여 속죄가 될 것이라"라고 말씀하고 있습니다. 여기 '열납되어'는 '기뻐하다, 호의를 보이다, 받아들이다'라는 의미의 히브리어 '라차'(רָצָה)의 니팔(수동)형이 쓰였습니다. 이 단어는 제사와 관련되어 사용될 때 하나님께서 그 제물이나 제사인을 받으시는 것(사 42:1, 미 6:7)이나, 대가를 지불하여 값을 치를 때 사용됩니다(대하 36:21). 또한 '속죄가 될 것이라'는 히브리어 '레카페르 알라이브'(לְכַפֵּר עָלָיו)로, 이를 직역하면 '그 위에 덮어지게 된다'라는 의미입니다. 하나님께서 죄를 가려주시고 은혜로 그를 덮으신다는 것입니다. 따라서 제사인이 하나님께 드리는 제물에 안수할 때 믿음으로 하나님 앞에 자신을 드리는 것으로 인정을 받아 하나님의 기뻐하심을 입고, 하나님께서 제사인의 죄를 가려주시고 덮어주신다는 것입니다(약 5:20, 벧전 4:8).

번제를 드릴 때 제사인과 제물이 연합하듯이, 우리는 예수님과 연합하여 그의 죽으심과 부활에 동참함으로 의인이 되고 영생을 선물로 받게 됩니다(롬 6:5-8). 이 연합의 역사는 '믿음'과 '세례'를 통해 이루어집니다(롬 3:22, 25, 6:3-5, 갈 2:20, 엡 3:17).

**이해도움 4** 유구한 역사 속에서 세계 최초로 성경적 체계화 정리

# 안수에 관하여

Laying on of hands

안수는 어떤 대상에게 손을 얹는 행위를 가리킵니다. 안수를 받는 대상이 안수를 하는 자의 손 안에 있음을 고백하는 것입니다. 안수는 주로 상대방을 축복하기 위해서나 영적 권위를 계승하기 위해서, 희생제물을 제사로 드리기 위해서, 병 고침을 위해서 시행되었습니다. 또한 하나님을 모독하는 자의 파멸을 선포하는 저주의 안수도 있었습니다(레 24:14, 신 13:9, 17:7).

'안수하다'는 '의지하다, 기대다, 얹다'라는 뜻의 히브리어 '사마크'(סָמַךְ)와 '손'이라는 뜻의 히브리어 '야드'(יָד)가 함께 사용됩니다. 특별히 '야드'는 '손'이라는 뜻 외에도 '위엄, 권능'으로 해석되기도 합니다(민 33:3, 겔 1:3). 한글 개역성경에는 명확히 번역되어 있지 않지만, 히브리어 원문에는 '야드'가 단수로 쓰이는 경우도 있고 쌍수로 쓰이는 경우도 있습니다. 단어의 형태가 단수형인 경우에는 한 손으로 하는 안수를 가리키며, 개인적인 제사와 용무에 대해 사용됩니다. 반면에, 쌍수형인 경우에는 양손을 모두 올리는 안수로, 공동체의 제사와 용무에 대해 사용됩니다.

성경에서 사용된 안수의 용례를 보다 자세히 살펴보겠습니다.

## 1. 축복의 안수(영적 축복의 상속)

Laying on of hands to bless (inheriting spiritual blessings)

야곱은 요셉의 아들들을 축복하기 위해서 안수하였습니다(창 48:13-14). 특별히 장자의 축복을 위해서는 오른손으로 안수하였습니다(창 48:17-20).

안수를 통해 선포되는 축복은 단순히 육신적인 복으로 끝나는 것이 아니라, 힘과 능력을 공급하여 사명을 완수하게 합니다. 하나님께서는 엘리야가 이세벨에게 쫓겨 기진하여 로뎀나무 아래 누워 있을 때, 천사를 통해 두 차례 어루만지며 하나님의 산에 이를 수 있는 힘을 공급하셨으며(왕상 19:5, 7-8), 다니엘에게 말일에 있을 일을 깨닫게 하시기 위해 임재하셔서 어안이 벙벙한 상태의 다니엘을 어루만지며 힘을 공급하셨습니다(단 10:15-19). 밧모섬에 유배되어 있는 사도 요한에게도, 일곱 금촛대 사이에 나타나신 예수님께서 오른손으로 안수하시며 계시의 말씀을 선포하셨습니다(계 1:12-19).

## 2. 대중(大衆) 안수

Laying on of hands to the public

대중 안수는 공동체를 대상으로 하는 안수로, 양손으로 행해졌습니다. 아론은 대제사장 취임식을 마치고 모세와 함께 회막 안에 들어갔다가 나온 뒤에, 이스라엘 백성을 향하여 양손을 들고 축복하였습니다(레 9:22). 솔로몬은 성전을 봉헌하면서 이스라엘 회중을 대하여 마주서서 하늘을 향하여 손을 펴고 축복을 구하였으며(대하 6:12-13), 예수님께서도 승천하실 때 두 손을 들어 축복하셨습니다(눅 24:50-51).

## 3. 위임 안수(위탁 안수)

Laying on of hands to ordain (commissioning)

모세는 이스라엘을 가나안 땅으로 인도하는 일을 위임하기 위해서 여호수아에게 안수하였습니다. 그런데 같은 사건을 기록하고 있는 민수기 27:18에서는 안수에 대해서 단수형을 사용하고 있고, 민수기 27:23, 신명기

34:9에서는 쌍수형을 사용하고 있습니다.

**민수기 27:18** "여호와께서 모세에게 이르시되 눈의 아들 여호수아는 신에 감동된 자니 너는 데려다가 그에게 **안수**하고(단수)"

**민수기 27:22-23** "모세가 여호와께서 자기에게 명하신 대로 하여 여호수아를 데려다가 제사장 엘르아살과 온 회중 앞에 세우고 23 그에게 **안수**하여(쌍수) 위탁하되 여호와께서 자기에게 명하신 대로 하였더라"

**신명기 34:9** "모세가 눈의 아들 여호수아에게 **안수**하였으므로(쌍수) 그에게 지혜의 신이 충만하니 이스라엘 자손이 여호와께서 모세에게 명하신 대로 여호수아의 말을 순종하였더라"

민수기 27:18은 하나님께서 모세 개인에게 주신 명령을 모세가 순종한 것을 기록한 것이기에 모세와 여호수아 개인의 관계로서 단수형을 사용하였습니다. 반면에, 민수기 27:23 상반절, 신명기 34:9은 이스라엘 백성의 새로운 영도자인 여호수아와 이스라엘 공동체의 관계이므로 쌍수형을 사용한 것입니다.

이 외에도 이스라엘 자손 가운데 하나님께 봉사하기 위한 레위인을 세울 때도, 레위인들을 여호와 앞에 나오게 하여 이스라엘 자손이 그들에게 안수하게 함으로써(쌍수형) 위임하였습니다(민 8:10). 위임 안수는 영적 권위를 계승하는 준엄한 예식이었습니다.

## 4. 동일시의 안수

Laying on of hands to equate

5대 제사 중 제물에 안수하는 제사는 번제(레 1:4), 화목제(레 3:1-2, 8, 13), 속죄제(레 4:3-4, 15, 24, 29, 33)입니다. 또한 제사장의 위임식(출 29:10, 15, 19,

레 8:14, 18, 22), 대속죄일 규례(레 16:21)에도 희생제물에 안수하였습니다.

제사인이 희생제물에 안수함으로 제사인과 희생제물이 동일시됩니다. 죄의 대가로 제사인은 죽을 수밖에 없지만, 동일시된 희생제물에게 제사인의 죄가 다 전가* 되는 것입니다. 따라서 희생제물의 죽음은 단순히 제사인의 죄가 옮겨 가서 죽는 것으로 그치는 것이 아닙니다. 희생제물의 죽음은 곧 제사인의 죽음이 되기에 제사인의 모든 죄가 대속되는 것입니다. 안수하여 바치는 희생제물이 하나님께 열납되는 것은 희생제물의 죽음을 통해 죄악된 옛 사람을 완전히 끊어내는 역사를 의미합니다.

## 5. 저주의 안수

Laying on of hands to curse

성경에서 안수는 대부분 긍정적인 의미로 사용되었지만, 간혹 저주의 안수도 기록되어 있습니다.

여호와의 이름을 저주하며 훼방한 자를 진 밖에 끌어내어 그 말을 들은 모든 자로 그 머리에 안수하게 하고 온 회중이 돌로 쳐서 죽였습니다(레 24:10-14). 그 말을 들은 모든 자가 먼저 다 저주하며 훼방한 자의 머리에 안수하게 한 것은 망령된 말을 들음으로써 혹시라도 얼이 미칠 수도 있기 때문입니다(참고-시 36:1, 106:32). 하나님 앞에 가증한 악을 행한 자나 미혹한 자를 죽일 때에는, 안수를 통하여 증인이 먼저 손을 대고 뭇 백성이 손을 대어야 했습니다(신 13:9, 17:7).

---

* 전가(轉嫁): 잘못이나 책임을 다른 사람에게 넘겨 씌움

# 6. 신약 시대의 안수
Laying on of hands in the New Testament period

## (1) 예수님의 안수

구약 시대 대속죄일에 대제사장의 안수를 받고 이스라엘의 죄를 걸머지고 진 밖으로 나가는 아사셀 염소(레 16:21)는 예수님께서 세례 받으신 사건을 예표합니다. 세례 요한의 세례는 죄를 고백하고 사함을 받게 하는 회개의 세례였습니다(마 3:6, 막 1:4-5, 눅 3:3). 예수님께서는 세례를 받아야 하는 분이 아니시지만, 인류의 죄를 걸머지시기 위해 기꺼이 세례 요한에게 나아가 세례를 받으셨습니다(마 3:13-17, 막 1:9-11, 눅 3:21-22, 요 1:29-34). 예수님께서는 세상 죄를 지고 가는 하나님의 어린양으로서 세례를 받으심으로 죄인과 기꺼이 하나가 되신 것입니다(사 53:6, 12).

예수님께서는 병자를 고치실 때 자주 안수하셨습니다. 베드로의 장모를 고치실 때나 회당장 야이로의 딸을 살리실 때에도 그 손을 잡아 일으키셨으며(마 8:14-15, 막 1:30-31, 5:41-42, 눅 8:54-56), 고향 사람들이 믿지 않는 가운데 소수의 병인들을 안수하여 고치셨습니다(막 6:2-5). 벳새다에서 소경에게 두 번 안수하여 고치셨으며(막 8:22-26), 예루살렘 인근의 회당에서는 18년 동안 귀신 들려 앓으며 꼬부라져 있던 여자를 안식일에 안수하여 고치셨습니다(눅 13:10-13). 어린 아이들에게도 안수하시며 '천국이 이런 자의 것이니라'라고 말씀하셨습니다(마 19:13-15, 막 10:16).

또한 예수님께서 영광스러운 모습으로 변화하셨을 때, 빛난 구름이 제자들을 덮고 "이는 내 사랑하는 아들이요 내 기뻐하는 자니 너희는 저의 말을 들으라"라는 소리가 있었습니다(마 17:5). 예수님께서는 그 음성을 듣고 엎드려 심히 두려워하는 제자들에게 손을 대시며, '두려워 말라'라고 하셨습니다(마 17:6-7). 예수님께서 부활하신 후 40일간 이 땅에 거하시다가 승천하실 때에도, 손을 들어 지상에 남은 제자들에게 축복하셨습니다(눅

24:50-53).

예수님의 안수는 예수님과 하나로 연합하는 자에게 있을 회복과 구원을 보여주는 표징이었습니다(참고-마 13:13-16).

### (2) 사도들의 안수

사도들은 복음을 증거하며 믿음으로 영접하는 자에게 안수하여 성령을 받게 하였습니다(행 8:14-17, 19:1-7). 그러나 믿음이 아니라 호기심과 욕심으로 성령을 받고자 하는 자에게는 안수하지 않았습니다(행 8:18-21). 또한 사도들은 안수를 통해 표적과 기사를 행하며 병자를 일으키고 은혜의 말씀을 증거하였습니다(행 14:3, 28:8). 다메섹 도상에서 홀연히 하늘로 비추는 빛 가운데 예수님을 만나고 눈이 멀게 된 사도 바울은(행 9:3-9), 아나니아에게 안수를 받고 눈에서 비늘 같은 것이 벗어져 보게 되고 세례를 받았습니다(행 9:12, 17-18).

사도들은 복음 증거에 전념하기 위해서 교회의 일을 돌보는 일곱 집사를 선출하면서 그들에게 안수하였으며(행 6:1-6), 사도 바울과 바나바를 파송할 때에도 안수하여 보냈습니다(행 13:2-3). 또한 사도 바울이 디모데를 사역자로 세울 때에도 장로의 회를 통해 안수함으로 하나님의 은사를 전하였습니다(딤전 4:14, 딤후 1:6).

디모데전서 5:22 상반절에 "아무에게나 경솔히 안수하지 말고"라고 말씀하고 있습니다. 이는 안수가 단순한 의식적 행위가 아니라, 하나님과의 영적인 접촉을 손을 통해 드러내는 표징이자 실질적인 은혜의 방편이기 때문입니다(살전 1:5, 약 5:14-15, 참고-욥 37:7). 하나님께서는 말씀만으로 역사하실 수도 있지만(참고-마 8:8), 신앙 공동체 앞에서 안수를 받게 하심으로써 하나님의 은사와 부르심을 확증하셨습니다.

## 7. 안수의 영적 의미

Spiritual meaning of the laying on of hands

안수는 공개적인 행위이면서, 동시에 영적으로 안수하는 자와 안수를 받는 자가 일체가 되는 것입니다. 안수를 받는 자는 안수하는 자의 수중에 들어가는 것입니다. 그 가운데 안수하는 자의 것이 곧 안수받는 자의 것으로 역사하기에, 안수는 겉으로는 알 수 없는 영적 비밀이 됩니다. 따라서 안수는 아무에게나 해서도 안 되며, 아무에게나 받아서도 안 됩니다. 이러한 점에서 서로 돕는 배필이자 한 몸을 이루는 부부 관계도 영적으로 안수 관계에 있다고 할 수 있습니다(창 2:18, 24, 엡 5:22-25, 골 3:18-19, 벧전 3:1, 7). 이에 고린도전서 7:4에서 "아내가 자기 몸을 주장하지 못하고 오직 그 남편이 하며 남편도 이와 같이 자기 몸을 주장하지 못하고 오직 그 아내가 하나니"라고 말씀하고 있습니다.

언약 백성은 하나님의 손에 안수를 받은 백성입니다. 신명기 33:3에서 "여호와께서 백성을 사랑하시나니 모든 성도가 그 수중에 있으며 주의 발 아래에 앉아서 주의 말씀을 받는도다"라고 말씀하고 있으며, 시편 139:5에서는 "주께서 나의 전후를 두르시며 내게 안수하셨나이다"라고 말씀하고 있습니다(시 145:16).

못 자국이 있는 주님의 사랑의 손에 이끌림을 받는 생활이야말로 날마다 안수받는 생활입니다. 말씀과 성령으로 하나님의 권능을 받을 때 모든 생활에 승리의 축복이 임하게 됩니다.

## 2 제사인이 제물(수송아지, 숫양, 숫염소)을 잡습니다.
레 1:5, 10-11

레위기 1:5에서 "그는 여호와 앞에서 그 수송아지를 잡을 것이요 아론의 자손 제사장들은 그 피를 가져다가 회막 문 앞 단 사면에 뿌릴 것이며"라고 말씀하고 있습니다(레 1:10-11). 수송아지나 숫양, 숫염소를 잡는 장소는 '여호와 앞'(레 1:5, 11)인데, 레위기 1:11에서는 이를 '단(번제단) 북편'이라고 말씀하고 있습니다.

성막의 출입구는 동쪽을 향해 있고(출 27:13-16, 38:13-18), 번제단을 지나 회막 문 앞 남쪽에 물두멍이 있습니다(출 30:18).[6] 따라서 제사를 드리기 위해 성막에 나아갈 때에는 동쪽에서 서쪽으로 가면서, 번제단 남쪽으로 지나게 되는데(참고-겔 47:2), 번제단 남쪽에 단에 오르는 토단(출 20:24-26)이 있기 때문에 제단 북쪽 공간이 짐승을 잡기에 가장 적당한 장소였을 것입니다. 이곳을 '여호와 앞'이라고 표현하는 것은 하나님의 임재 가운데 제물을 잡는 전 과정이 이루어진다는 의미입니다. 참고로, '북쪽'은 하나님의 심판이 시작되는 곳을 가리킬 때에도 사용되었습니다(렘 1:13-14, 4:6, 겔 1:4).

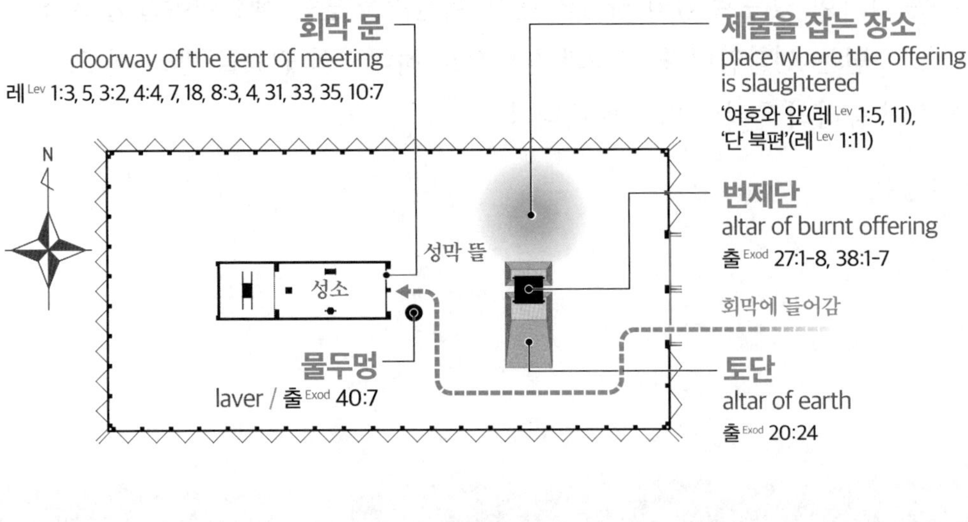

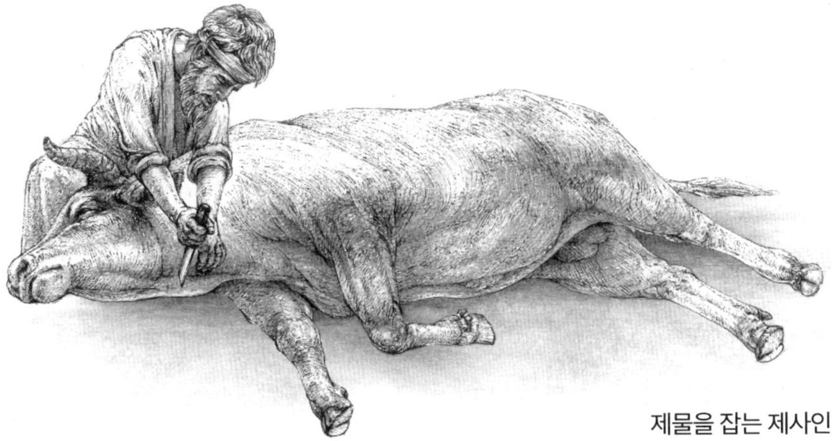

제물을 잡는 제사인

또한 레위기 1:5, 11의 '(제물을) 잡을 것이요'는 히브리어 '샤하트'(שָׁחַט)이며, '도살하다, 목을 베다'라는 의미입니다. 여기 '샤하트'의 주어가 3인칭 단수형임을 볼 때, 제물을 드리는 제사인이 직접 번제물을 잡는 것입니다. 칠십인경에는 히브리어 '샤하트'를 헬라어 '스파조'(σφάζω)로 번역하였는데, 이 단어는 요한계시록에서 '죽임을 당하신' 어린양 예수님에 대해서 사용되었습니다(계 5:6, 9, 12, 13:8).

제사인은 여호와 앞에서 자신을 대신하여 아무 죄 없는 짐승을 직접 죽이면서 큰 양심의 가책을 느꼈을 것입니다. 이는 우리의 죄 때문에 십자가에 달려서 자신을 드리신 예수 그리스도의 희생을 생각하게 합니다(고후 4:14-15, 5:20-21, 딛 2:14).

## 3 제사장이 제물의 피를 회막 문 앞 번제단 사면에 뿌립니다.
레 1:5, 11

제물을 바치는 제사인이 제물을 잡고 나면, 아론의 자손 제사장들은 그 제물의 피를 번제단의 사면에 뿌립니다. 레위기 1:5 하반절에서 "아론의 자손 제사장들은 그 피를 가져다가 회막 문 앞 단 사면에 뿌릴 것이며"라고 말씀하고 있습니다(레 1:11下).

'피'(דָּם, '담')는 각종 제사에서 필수 요소입니다. 레위기 17:11에서는 피에 생명이 있으므로 피가 죄를 속한다고 밝히고 있습니다.

**레위기 17:11** "육체의 생명은 피에 있음이라 내가 이 피를 너희에게 주어 단에 뿌려 너희의 생명을 위하여 속하게 하였나니 생명이 피에 있으므로 피가 죄를 속하느니라"

모든 생물은 피 안에 생명이 있으며, 피는 그 생명과 일체입니다(레 17:14, 참고-창 9:4, 레 7:26-27, 신 12:23). 피 뿌림을 통하여 정결케 하고(레 14장), 성결(거룩)케 하고(출 29:10-37, 히 13:12), 속죄할 수 있습니다(레 16:6, 14-19). 율법의 세부 규례에서는 피의 식용을 절대 금지하고, 피가 오직 하나님께 속하였다고 말씀하고 있습니다(창 9:4, 레 3:17, 7:26, 17:10-14, 19:26, 신 12:16, 23-25, 15:23). 이는 하나님만이 모든 생명의 주인이심을 강조하는 것입니다. 따라서 제물을 죽이는 것은 제사인이 하지만, 제물의 피를 취하여 뿌리는 것은 제사장이 해야 합니다.

제사장은 제물의 피를 취한 뒤에 번제단 사면에 뿌립니다. 레위기 1:5 하반절의 '그 피를 뿌릴 것이며'에서 '뿌리다'는 '많이 뿌리다, 붓다'라는 뜻의 히브리어 '자라크'(זָרַק)로, 번제단 사면에 제물의 피를 끼얹어 뿌리는 것을 의미합니다. 또한 '자라크'는 이사야 28:25에서는 씨앗을 던져 땅에 뿌리는 모습을 표현하는 데 사용되었습니다. 이처럼 번제단 사면에 피를 뿌리는 것은 죄 사함과 새로운 생명이 뿌려짐(수여)을 의미합니다(히 9:12, 14, 22, 13:12).

이스라엘 백성이 드린 희생제물을 태워 없애는 번제단은 예수님께서 자신을 쪼개어 드리신 십자가의 예표입니다. 그리고 번제단에 뿌려진 피는 인류의 모든 죄를 남김없이 속하신 예수 그리스도 십자가 보혈의 예표입니다(요 19:34).

번제단에 피를 뿌림

예수 그리스도의 피 뿌림은 완전한 대속의 선언입니다(히 12:24). 히브리서 9:13-14에서 "염소와 황소의 피와 및 암송아지의 재로 부정한 자에게 뿌려 그 육체를 정결케 하여 거룩케 하거든 [14]하물며 영원하신 성령으로 말미암아 흠 없는 자기를 하나님께 드린 그리스도의 피가 어찌 너희 양심으로 죽은 행실에서 깨끗하게 하고 살아계신 하나님을 섬기게 못하겠느뇨"라고 말씀하고 있습니다. 우리는 예수 그리스도의 피 뿌림으로 새 생명을 얻기 위하여 택하심을 받은 자들입니다(벧전 1:2).

## 4 제사인이 가죽을 벗기고 각을 뜹니다. / 레 1:6, 12上

희생제물의 가죽을 벗기고 각을 뜨는 과정은 5대 제사 중 번제에만 나타납니다. 레위기 1:6에서 "그는 또 그 번제 희생의 가죽을 벗기고 각을 뜰 것이요"라고 말씀하고 있습니다. 여기 '번제 희생'이라는 표현은 소뿐 아니라 양·염소도 포함하는 것인데, 레위기 1:12의 양·염소로 번제물을 드리는 규례에서는 가죽을 벗기는 과정에 대한 기록이 생략되어 있습니다.

'가죽을 벗기다'는 히브리어로 한 단어인 '파샤트'(פָּשַׁט)의 히필

(사역)형이 쓰여, 옷을 벗기듯이 완전히 가죽을 벗겨내는 것을 의미합니다. 제물을 드리는 제사인은 직접 제물의 가죽을 벗기고 각을 떠야 합니다. 그리고 그 가죽은 제사를 집례하는 제사장의 몫으로 돌렸습니다(레 7:8). 짐승의 아름다운 외형을 감싸는 가죽을 벗기고 나면, 볼품없는 살덩어리만 남게 됩니다.

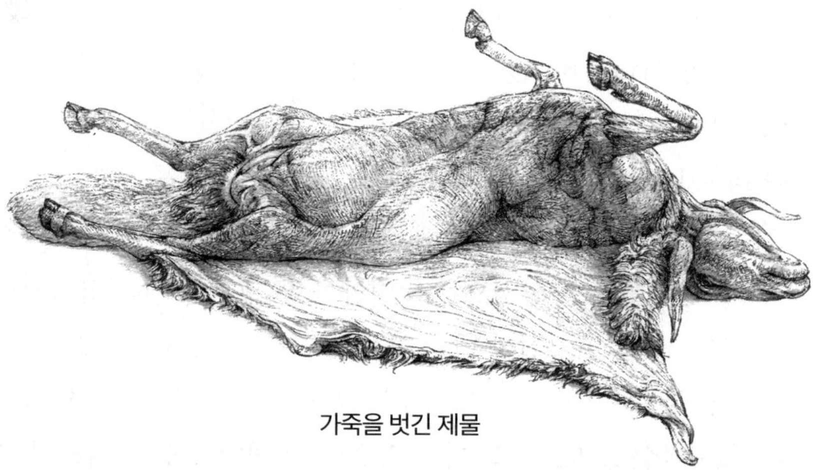

가죽을 벗긴 제물

히브리어 '파샤트'는 짐승의 가죽을 벗기는 것을 묘사할 때도 사용되지만, 대부분 옷을 벗는 것을 의미합니다. 창세기 37:23을 볼 때, 요셉의 형들은 질투 때문에 요셉의 채색옷을 벗기고('파샤트'), 그를 애굽으로 팔았습니다. 이스라엘이 범죄로 말미암아 이방인에게 짓밟힐 때에도 그 옷이 벗겨졌다고 표현했습니다(겔 16:39, 23:26). 칠십인경에는 '벗기다'를 헬라어 '에크뒤오'(ἐκδύω)로 번역하였는데, 이 단어는 마태복음 27:28에서 로마 군병들이 예수님의 옷을 벗기고 조롱할 때에도 사용되었습니다. 예수 그리스도께서는 우리를 위하여 벌거벗겨진 채 상함을 받으시고 온전한 제물이 되셨습니다(마 27:28-30, 참고-사 53:10).

성경에서 최초로 짐승의 가죽을 벗긴 일은 하나님께서 아담과 하와를 위해서 가죽옷을 만드셨을 때입니다(창 3:21). 이 가죽옷은 예수 그리스도의 전적 희생으로 말미암은 속죄 사역을 보여줍니다. 짐승의 가죽을 벗기듯이, 성도는 옛 사람을 완전히 벗어버려야 합니다(엡 4:22). 사도 바울처럼, 예수 그리스도를 알기 전에 가졌던 세상적인 가치관과 욕망을 배설물로 여기고 버려야 합니다(빌 3:8). 심령으로 새롭게 되어 오직 그리스도와 합하여 세례를 받고, 그리스도로 옷 입은 새사람이 되어야 합니다(갈 3:27, 엡 4:23-24).

제물의 가죽을 벗긴 후에는 각을 떠야 합니다. 레위기 1:6의 '각'(脚)은 히브리어 '네타흐'(נֵתַח)로, '고기 조각'을 의미합니다. 각을 뜨는 것은 제물의 머리와 신체 부위들을 마디별로 잘라내는 것으로, 완전히 그 형태를 해체하여(삿 19:29)[7] 제물을 태울 때 골고루 타게 하려는 조치입니다(레 1:12, 참고-겔 24:4, 6). 가죽이 벗겨지고 각이 뜨여진 짐승은 그 형태조차도 남지 않게 됩니다.

우리도 하나님께 드리는 거룩한 산 제물이 되려면 자기를 완전히 잘라내는 헌신이 있어야 합니다. 세상으로 향하는 발의 행동을 잘라내어야 하고, 탐욕으로 향하는 손의 행동을 잘라내야 하며, 육신의 생각으로 가득 찬 것을 잘라내야 하는 것입니다. 우리가 영으로써 몸의 행실을 죽이면 살게 될 것입니다(롬 8:12-13, 갈 5:16, 골 3:5).

희생제물의 각을 뜸

## 5 제사장들이 번제물을 화제로 드리도록 준비합니다.
레 1:7-8, 12下

제사인이 제물의 각을 뜨고 머리와 기름을 벤 것을 제사장에게 가지고 오면, 제사장은 제물을 불사르기 위해 먼저 단 위에 질서 있게 벌여놓습니다. 레위기 1:7-8에서 "제사장 아론의 자손들은 단 위에 불을 두고 불 위에 나무를 벌여놓고 [8] 아론의 자손 제사장들은 그 뜬 각과 머리와 기름을 단 윗 불 위에 있는 나무에 벌여놓을 것이며"라고 말씀하고 있습니다. 레위기 1:12 하반절에서도 동일하게 나오는 '단 윗 불 위에 있는 나무에'라는 표현에는 '위에'라는 뜻을 가진 히브리어 전치사 '알'(עַל)이 세 번 반복하여 사용되었는데, 히브리어 원문대로 직역하면 "단 위에 있는 불 위에 있는 나무 위에"라는 뜻입니다. 여기 불은 성막을 봉헌하고 아론과 그 아들들의 제사장 취임식을 드릴 때 여호와 앞에서 나와 단 위의 제물을 살랐던 불을 가리킵니다(레 9:24). 이 불은 항상 번제단에서 타고 있는 불이며(레 6:8-13), 다른 불로 하나님 앞에 드리는 것은 무서운 죄가 되었습니다(레 10:1).

또한 나무를 놓을 때 사용된 '벌여놓다'는 히브리어 '아라크'(עָרַךְ)로, 그 뜻은 '질서 있게 하다'입니다. 나무를 아무렇게나 놓은 것이 아니라 가지런하게 올려놓은 것입니다. 그 위에 제물의 각 뜬 고기와 머리와 기름을 벌여놓을 때에도 '아라크'가 사용되었는데, 이처럼 단 위에는 불과 나무와 제물이 순차적으로 놓여야 했습니다. 오늘날 하나님께 예배를 드릴 때도 질서가 있어야 합니다(고전 14:33, 40). 정확한 순서가 없이 그때 그때 기분 내키는 대로 드리는 예배는 성경적이지 못한 잘못된 예배입니다.

## 6 제사인이 제물의 내장과 정강이를 물로 씻습니다. / 레 1:9上, 13上

제사를 드리는 사람은 제물의 내장과 정강이를 깨끗하게 씻어야 합니다. 레위기 1:9 상반절과 13절 상반절에서 "그 내장과 정갱이를 물로 씻을 것이요"라고 말씀하고 있습니다.

'어차피 불에 태울 것을 굳이 씻어야 하느냐'라고 생각할 수 있지만, 하나님께서는 '먼저 내장과 정강이를 물로 깨끗하게 씻은 다음에 불에 태우라'라고 명령하셨습니다. 내장 속에는 악취 나는 음식물 찌꺼기가 있으며, 정강이에는 흙이 묻어있기 때문에 물로 씻어야 하는 것입니다.

제물의 내장과 정강이

'내장'은 히브리어 '케레브'(קֶרֶב)로, '내부, 중앙, 한가운데'라는 뜻이며 동물의 내장이나 사람의 중심을 가리킵니다(사 26:9, 렘 9:8). 시편 51:10을 볼 때, "내 안에('케레브') 정직한 영을 새롭게 하소서"라고 하였습니다. 또한 '정강이'는 히브리어 '카라'(כָּרַע)의 쌍수형으로, 구체적으로 뒷다리 부위를 가리킵니다(레 11:21, '뛰는 다리'). 네 발 짐승의 뒷다리는 흙과 배설물로 쉽게 더러워지는 부위이므로, 더러운 것을 완전히 제거해야 했습니다.

제물의 내장과 정강이는 제사를 드리는 사람의 마음과 몸을 상징합니다. 제사인은 제물의 내장 속의 악취 나는 배설물과 정강이의 지저분한 흙을 씻어내면서, 자신의 마음 속의 더러운 모습과 악한 일에 분주하여 몸에 묻은 흙들을 생각하고 회개했을 것입니다. 우리도 깨끗한 제물이 되기 위해서는 우리의 마음과 몸이 깨끗한지를 늘 살펴야 합니다(고후 7:1, 살전 5:23, 요일 3:3).

## 7 제사장이 제물을 불살라 번제를 삼습니다. / 레 1:9下, 13下

제사장은 각을 뜬 고기와 물로 씻은 내장과 정강이 모두를 가져다가 단 위에 불살라서 번제를 삼았습니다. 레위기 1:9 하반절에서 "제사장은 그 전부를 단 위에 불살라 번제를 삼을지니 이는 화제라 여호와께 향기로운 냄새니라"라고 말씀하고 있습니다(레 1:13下).

짐승을 제물로 드리는 제사 중에는 번제만 그 짐승 전체를 불살라서 드렸습니다. 히브리어 원문에서도 특별히 '에트 하콜'(אֶת־הַכֹּל)을 추가하여 '모든 것'을 태우라고 강조하고 있습니다. 참고로, 이전까지의 과정에는 제사장의 행동에 복수형을 사용해서 여러 제사장이 협동하여 절차를 진행한 것으로 기록되어 있지만, 번제물을 태우는 일은 단수형을 사용해서 그 번제의 집례를 담당한 제사장 한 사람의 사역으로 기록되어 있습니다.

"불살라 번제를 삼을지니"(레 1:9, 13, 17)에서 '불사르다'는 히브리어 '카타르'(קָטַר)이며, 단순히 태워서 없애버리는 것이 아니라, 제물을 정성껏 불에 태워서 향이 나게 하는 것을 의미합니다. 그래서 이 단어는 주로 향단에서 향을 피우는 의미로 사용되었습니다(출 30:7-8, 40:27, 삼상 2:28, 왕상 3:3, 9:25, 대상 6:49, 23:13, 대하 2:4, 6, 13:11, 29:11).

번제의 제물을 모두 불살라서 화제로 드리는 것은 "여호와께 향기로운 냄새"(레 1:9, 13, 17)가 됩니다. '향기로운 냄새'는 히브리어로 '레아흐 니호아흐'(רֵיחַ־נִיחוֹחַ)입니다. '레아흐'(רֵיחַ)는 '냄새, 만족시키는 향기'라는 뜻입니다. 하나님께서 명령하신 규례대로 정확하게 드린 제사만이 하나님을 만족시킬 수 있는 것입니다. '니호아흐'(נִיחוֹחַ)는 '진정시킴, 달램, 기쁘게 함'이라는 뜻이며, '휴식하다, 안식하다'라는 뜻을 가진 '누아흐'(נוּחַ)에서 유래하였습니다. 그러므로 향기로운 제물은 오직 하나님의 진노를 진정시키고 하나님만 기쁘시게 하고 만족시키는 제물이며(참고-대하 29:7-8), 그 결과로 참안식이 이루어지는 것입니다(창 8:20-22, 히 4:3-10). 성도의 생애도 세상에서 이름을 날리면서 세상 사람들을 기쁘게 하며 만족시키는 삶이 아니라, 오직 하나님만 기쁘시게 하며 하나님만 만족시키는 제물이 되어야 합니다(겔 20:41, 롬 12:1, 갈 1:10, 골 1:10, 살전 2:4, 히 11:6). 하나님 앞에 드리는 예물(헌금)도 마찬가지입니다. 빌립보서 4:18에서 "이는 받으실 만한 향기로운 제물이요 하나님을 기쁘시게 한 것이라"라고 말씀

번제물을 화제로 드림

하고 있습니다.

화제로 드릴 때 향기로운 제물이 되기 위하여 꼭 필요한 것은 불(fire)입니다. 번제단 위의 불은 하나님께로부터 나온 것입니다. 레위기 9:24에서 "불이 여호와 앞에서 나와 단 위의 번제물과 기름을 사른지라"라고 말씀하고 있습니다. 제사장은 이 불을 항상 피워 꺼지지 않게 해야 합니다(레 6:9, 12-13).

오늘날 우리가 하나님께 산 제물로 드려지기 위해서는, 먼저 우리 속에 하나님께로부터 온 불이 타올라야 합니다. 예수님께서는 우리에게 성령과 불로 세례를 주셔서 새사람으로 만들어 주셨습니다(마 3:11, 고후 5:17, 엡 4:22-24). 예수님께서 오신 목적도 불을 땅에 던지시기 위함이었습니다(눅 12:49). 예수님의 십자가는 그야말로 구원의 불이자 사랑의 불, 희생의 제물을 태우는 불이었습니다. 오순절에 마가 요한의 다락방에 임한 불의 혀 같은 성령은 옛 사람을 태우고 교회를 탄생시켰습니다(행 1:4-5, 2:1-4). 성령의 뜨거운 능력을 충만히 받은 자마다 예루살렘을 넘어 사마리아와 온 열방으로 나아가 복음을 증거하는 불의 운반자가 되었던 것입니다(렘 20:9, 행 1:8).

## 8 제사장이 단 위 석쇠 위에 아침까지 번제물을 두고 불이 꺼지지 않게 합니다. / 레 6:9

레위기 6:9에서 "아론과 그 자손에게 명하여 이르라 번제의 규례는 이러하니라 번제물은 단 윗 석쇠 위에 아침까지 두고 단의 불로 그 위에서 꺼지지 않게 할 것이요"라고 말씀하고 있습니다. 여기 '아침까지'는 히브리어 '콜 하라옐라 아드 하보케르'(כָּל־הַלַּיְלָה עַד־

הַבֹּקֶר)로, 직역하면 '그 온 밤부터 그 아침까지'라는 뜻입니다. 다양한 종류의 제사가 하루 종일 이어지는 것을 고려할 때, 아침까지 두는 번제물은 하루를 마치는 저녁의 상번제의 제물이었을 것입니다(출 29:38-42, 민 28:2-8).

특히 번제단의 불을 꺼뜨리면 안 된다는 말씀은 레위기 6:8-13에서 세 번이나 반복됩니다(레 6:9, 12, 13). 레위기 6:13에서는 "불은 끊이지 않고 단 위에 피워 꺼지지 않게 할지니라"라고 말씀하고 있는데, 여기 '끊이지 않고'는 히브리어 '타미드'(תָּמִיד)로, '연속적으로, 계속, 항상, 변하지 않고'라는 뜻입니다. 참고로, '타미드'는 민수기 4:7에서는 진설병을 매일 드리는 것에 사용되었고, 다니엘 8:11-13, 11:31, 12:11에서는 매일 드리는 상번제의 '번제물'을 가리키는 단어로 사용되었습니다(출 29:42, 민 28:6, 10, 23, 스 3:5, 느 10:34, 참고-겔 46:15). 또한 '피워'는 '불을 붙이다'라는 뜻의 히브리어 '야카드'(יָקַד)의 호팔(수동사역)형이 쓰였는데, 이는 '계속해서 불이 붙게 하라'는 뜻입니다.

따라서 이 말씀은 단순히 불이 꺼지지 않게 하는 것이 아니라, 하나님의 임재를 상징하는 불이 항상 같은 상태를 유지하고 변하지 않아야 할 것을 강조하는 것입니다(참고-출 28:29-30). 한밤중에도 끊이지 않고 타오르는 번제단의 불과 그 위의 제물로 인하여 향기로운 냄새가 계속되었을 것입니다.

번제단의 불이 꺼지지 않고 타오르듯이, 하나님의 영광의 임재는 변치 않고 영원합니다(시 102:26-27, 121:3-4, 사 40:8, 말 3:6, 히 1:10-12, 약 1:17). 살아있고 항상 있는 하나님의 말씀으로 어리석고 연약한 우리가 거듭나게 되는 것입니다(벧전 1:23). 오늘날 우리는 신령한 제사장으로서 하나님의 임재의 불이 우리 안에 변치 않고 타오르도록 해야 할 것입니다(눅 24:32-35, 살전 5:19).

## 9 제사장이 번제의 재를 진 바깥 정결한 곳에 가져가 버립니다.
레 6:10-11

제사장은 제사장의 예복을 입은 채로 단에서 번제물이 타고 남은 재를 처리합니다. 레위기 6:10-11에서 "제사장은 세마포 긴 옷을 입고 세마포 고의로 하체를 가리우고 단 위에서 탄 번제의 재를 가져다가 단 곁에 두고 [11] 그 옷을 벗고 다른 옷을 입고 그 재를 진 바깥 정결한 곳으로 가져 갈 것이요"라고 말씀하고 있습니다.

이 예복은 제사장이 성막 안에서 일할 때 입는 흰 세마포 긴 옷과, 하체를 가리는 세마포 고의입니다(출 28:39-43, 29:8, 레 8:7, 13). 옷은 그 입은 자의 신분이나 자격, 영적·심적 상태를 나타냅니다(창 41:42, 삼하 13:18, 14:2, 에 4:1, 6:11, 욥 7:5, 겔 23:6, 42:14, 욘 3:5, 슥 3:3 등). 따라서 성막 뜰에서 제사장의 사역을 감당할 때에는 반드시 제사장의 예복을 입어야 합니다.

제사장은 번제의 재를 가져다가 단 곁에 둡니다. 레위기 6:10의 '재'는 히브리어 '데셴'(דֶּשֶׁן)인데, 이는 '살지다, 기름지다, 기름을 바르다'라는 뜻의 'ㄷ다셴'(דָּשֵׁן)에서 유래하여 번제물이 타고 남은 기름기 많은 재를 가리킵니다. 또한 '가져다가'는 히브리어 '룸'(רוּם)의 히필(사역)형으로 쓰여 '들어 올리다'라는 뜻이며, 번제단 위 나무 위에서 불에 탄 제물의 재를 부삽 등으로 들어 올리는 것을 가리킵니다(참고-출 27:3, 38:3, 민 4:14). 재를 잠시 두었던 '단 곁'은 구체적으로 '단 동편 재 버리는 곳'을 의미합니다(레 1:16). 아마 이곳에 재를 담는 통(출 27:3, 38:3)을 두었던 것으로 보입니다.

이후 제사장은 제사장의 예복을 벗고 다른 옷으로 갈아입은 뒤에 재를 진 바깥 정결한 곳으로 가져가서 버렸습니다(레 6:11, 참고-레 4:12). 여기 '다른 옷'은 히브리어 '베가딤 아헤림'(בְּגָדִים אֲחֵרִים)으로, 제사장의 예복이 아닌 평상복을 가리킵니다. 성막 밖은 속된 곳이기 때문에 평상복으로 갈아입었던 것입니다. 재 버리는 곳이 성막 바깥의 속된 곳이지만 '정결한 곳'이라고 부르는 이유는 하나님께 구별하여 드린 모든 것이 거룩하기에 그 재까지도 거룩하게 되었기 때문입니다(출 29:37, 30:29).

재를 진 밖에 버림

예수님께서는 성문 밖에서 십자가에 달려 고난을 받으셨지만, 그 거룩한 보혈로 인해 속된 성문 밖이 도리어 구원을 얻는 정결한 곳이 되었습니다. 히브리서 13:11-13에서는 "이는 죄를 위한 짐승의 피는 대제사장이 가지고 성소에 들어가고 그 육체는 영문 밖에서 불사름이니라 12 그러므로 예수도 자기 피로써 백성을 거룩케 하려고 성문 밖에서 고난을 받으셨느니라 13 그런즉 우리는 그 능욕을 지고 영문 밖으로 그에게 나아가자"라고 말씀하고 있습니다. 예수님께서 십자가에 달리신 골고다 언덕은 부정한 장소가 아니라, 사망에 매여 있을 수 없는 예수 그리스도의 생명으로 구속 사역을 성취하신 거룩한 장소가 된 것입니다(행 2:24).

### (2) 산비둘기나 집비둘기 새끼로 드리는 번제(레 1:14-17)

레위기 1:2에서 하나님께 드리는 예물로 생축 중에서 소나 양(염소를 포함)을 드리라고 말씀하고 있습니다. 여기 비둘기에 대한 언급이 없는 것은 산비둘기나 집비둘기 새끼로 드리는 번제가 일반적인 제사가 아니라 특수한 성격을 가지고 있기 때문입니다.

하나님께서는 경제적으로 어려운 자들은 산비둘기(הַתֹּרִים, '하토림')나 집비둘기 새끼(בְּנֵי הַיּוֹנָה, '베네 하요나')를 바치도록 하셨습니다(레 12:8, 14:21-22, 30-31). 여기 '산비둘기'는 가나안 지역에서 여름을 보내는 철새인 멧비둘기를 가리키며, '집비둘기'는 유대인들이 집에서 사육하는 비둘기를 가리킵니다(참고-아 2:12). 참고로, 산비둘기보다 집비둘기의 덩치가 크기 때문에, 집비둘기는 그 새끼를 드리라고 말씀하고 있습니다.

비둘기는 잡거나 기르기 쉬워서 가격이 매우 저렴하였습니다. 따라서 가난한 자들도 번제를 드림으로써 죄 사함을 받을 수 있었습니다. 게다가 비둘기의 경우에는 흠이 없어야 한다거나 수컷이어야 된다거나 하는 제한이 전혀 없는데, 이는 누구나 죄 사함을 받을 수 있도록 배려하신 하나님의 차별 없는 무궁한 사랑을 나타냅니다.

산비둘기나 집비둘기 새끼를 제물로 바칠 때에는 제사인의 역할이 없고, 처음부터 제사장이 제사를 집례하였습니다(레 1:14-17). 제사장의 역할을 복수 동사로 기록한 다른 제사 규례와 달리, 산비둘기

산비둘기

집비둘기 새끼

나 집비둘기 새끼를 바치는 번제 규례는 예외적으로 모두 단수 동사로 기록되어 있습니다. 이는 제물이 매우 작았기 때문에 제사장 한 명이 번제의 전 과정을 집례했기 때문입니다. 제사장이 가장 작은 제물에 대해서도 정성을 다하게 하신 것은 하나님께서 작은 예물도 귀하게 받으신다는 것을 보여줍니다(막 12:41-44, 눅 21:1-4).

## 1 제사장이 제물의 머리를 비틀어 끊고 번제단에 불사릅니다.
레 1:15上

레위기 1:15 상반절에서 "제사장은 그것을 단으로 가져다가 그 머리를 비틀어 끊고 단 위에 불사르고"라고 말씀하고 있습니다. 여기 '제사장'은 히브리어 '하코헨'(הַכֹּהֵן)으로, 정관사 '하'(הַ·)가 추가되어 제사장 한 명이 번제의 전 과정을 집례하는 것을 나타냅니다. 또한 '비틀어 끊고'는 히브리어 '말라크'(מָלַק)로, '머리를 완전히 잘라낸다'라는 뜻입니다. 소나 양·염소에 비해 훨씬 작은 비둘기는 가죽을 벗기거나 각을 뜨는 절차 대신 머리를 비틀어 끊었습니다. 그리고 그 끊은 머리는 번제단에 불살랐습니다. 여기 '불사르고'도 소나 양·염소의 각 뜬 부위를 불사를 때 사용한 히브리어 '카타르'(קָטַר)이며, 자그마한 새의 머리조차도 소나 양·염소를 드리듯 하나님께 정성을 다해 드리는 것을 의미합니다.

## 2 제사장이 제물을 번제단 위에 불사르고 피를 단 곁에 흘립니다. / 레 1:15下

레위기 1:15 하반절의 "단 곁에 흘릴 것이며"에서 '곁'이라는 단어는 히브리어 '키르'(קִיר)로 '벽, 측면'이라는 뜻이며, '키르' 앞에 '위에, ~를 향하여, 옆에'라는 의미의 히브리어 전치사 '알'(עַל)이 함께 쓰였습니다. 그러므로 원문의 의미를 살려서 번역하면, '단의 벽면을 향하여'라고 할 수 있습니다. 또한 '흘리다'는 히브리어 '마차'(מָצָה)로, 기본적으로 '물을 흘려버리다'라는 의미를 가지고 있으며, 여기에서는 '(피를 제거하기 위해) 짜내다(wring out)'라는 의미입니다. 참고로, 사사기 6:38에서는 '마차'를 양털의 물기를 짜내어 없애는 의미로 사용하였습니다.

제사장은 머리가 잘린 새의 몸통을 단의 벽면을 향하여 대고 손으로 눌러서 피를 짜내어, 피가 단의 벽면을 타고 흐르게 하였습니다. 소나 양·염소는 도살할 때 피가 많이 빠져나오지만, 크기가 작은 비둘기는 그렇지 않기 때문에 피를 받아두지 않고 바로 번제단 벽에 대고 짜내어 제거한 것입니다(참고-신 12:16, 15:23).

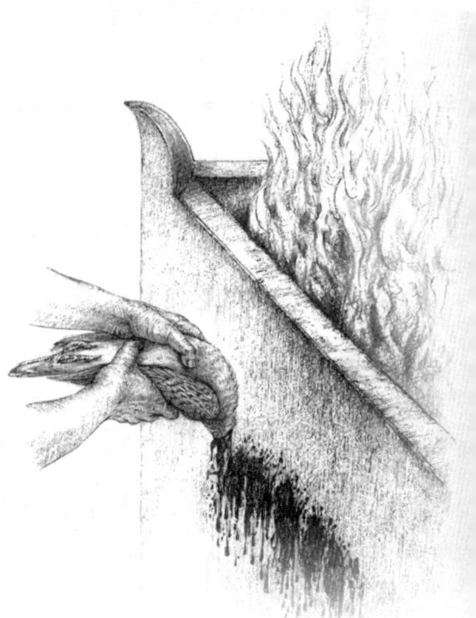

## 3 제사장이 제물의 멱통과 더러운 것을 버립니다. / 레 1:16

레위기 1:16에서 "멱통과 그 더러운 것은 제하여 단 동편 재 버리는 곳에 던지고"라고 말씀하고 있습니다. 여기 '멱통'은 '모이주머니'를 가리키며, '더러운 것'은 그 안에 들어있는 오물을 가리키는 것으로 보입니다. '더러운 것'은 히브리어 '노차'(נוֹצָה)로, '깃털'이라는 뜻도 있으며 영어 성경 NASB와 KJV는 'feathers(깃털들)'로 번역하였습니다. 이것들은 단 곁, 곧 단 동편에 있는 재 버리는 곳에 모았다가 후에 진 밖으로 옮겨 불살랐습니다(레 4:12, 6:10-11).

소나 양·염소로 희생제물을 드릴 때에도 내장과 정강이는 깨끗이 씻어서 더러운 것을 제거하듯, 비둘기를 번제로 바칠 때에도 더러운 것을 반드시 제거해야 했습니다. 오늘날 우리의 신앙생활 속에서도 더러운 것은 하나님께 바칠 수 없기에 과감히 내버려야 합니다. 야고보서 1:21에서 '모든 더러운 것과 넘치는 악을 내어 버리라'라고 말씀하고 있습니다(사 1:16, 렘 4:14, 엡 4:31, 살전 5:22).

## 4 새의 번제를 드릴 때, 제사장은 제물의 날개 자리에서 그 몸을 찢어 젖혀서 번제단에 살라야 합니다. / 레 1:17

레위기 1:17에서 "또 그 날개 자리에서 그 몸을 찢되 아주 찢지 말고 제사장이 그것을 단 윗 불 위의 나무 위에 살라 번제를 삼을지니 이는 화제라 여호와께 향기로운 냄새니라"라고 말씀하고 있습니다. 여기 '아주 찢지 말고'는 히브리어 '로 얍딜'(לֹא יַבְדִּיל)로, 강력한 부정을 나타내는 '로'(לֹא)가 사용되어 '절대로 찢지 말라'는 말씀입니다. 이는 화제로 드릴 제물이 잘 탈 수 있도록 새의 몸통을 날갯죽지부터 찢어서 젖히되, 새의 몸이 완전히 둘로 분리되지 않도록 주의해야 한다는 것입니다. 참고로, 하나님께서 아브라함과 횃불 언약을 맺으실 때에도, 아브라함은 삼 년 된 암소와 삼 년 된 숫양은 중간을 쪼개어 그 쪼갠 것을 마주 대하여 놓았지만, 산비둘기와 집비둘기 새끼는 쪼개지 않았습니다(창 15:9-10).

하나님께서는 소의 번제나(레 1:3-9) 양이나 염소의 번제와 같이(레 1:10-13), 비둘기를 드리는 번제도 "여호와께 향기로운 냄새"로 열납하셨습니다(레 1:17). 하나님께서는 제물의 크기나 종류에 상관없이 중심을 보십니다(삼상 16:7). 제사를 드리는 자가 부자이건 가난한 자이건 상관없이, 그들이 하나님의 말씀대로 정성껏 제사를 드렸다면 하나님께서는 그것을 기쁘게 받으시는 것입니다(막 12:41-44, 눅 21:1-4).

## 4. 번제의 목적

Purpose of the burnt offering

5대 제사 중에는 죄와 상관없이 드리는 화목제가 있는가 하면, 죄 문제 해결을 위해 드리는 속죄제와 속건제도 있습니다. 번제는 하나님 앞에서 범한 죄를 속하기 위하여 드릴 뿐 아니라(레 1:4), 죄와 상관없이 드리기도 하였습니다. 죄와 상관없이 드리는 번제는 순종과 헌신 또는 감사와 찬송, 서원에 대한 이행을 표현하는 제사였습니다(참고-레 12:6-8, 15:28-30).

번제가 속죄의 성격을 가질 때에는 주로 속죄제와 함께 드렸으며, 속죄제를 먼저 드리고 번제를 드렸습니다. 반면에, 번제를 화목제와 함께 드리는 경우에는 반드시 화목제보다 먼저 드렸습니다. 화목제와 함께 드리는 번제는 전적 헌신과 충성을 의미합니다.

### (1) 속죄가 되기 위해

레위기 1:4을 볼 때, 번제물이 하나님께 열납이 될 때 "그를 위하여 속죄가 될 것이라"라고 말씀하고 있습니다. 여기 '그를 위하여 속죄가 될 것이라'는 히브리어 '레카페르 알라이브'(לְכַפֵּר עָלָיו)로, 직역하면 '그 위에 덮어지게 된다'입니다. 또한 '속죄하다'는 히브리어 '카파르'(כָּפַר)로, 기본적으로 '덮다, 가리다, 진정시키다, 화해하다'라는 의미이며, 창세기 6:14에서는 역청으로 방주를 칠할 때 사용되었습니다. 한글 개역성경에서는 '속죄가 될 것이라'라고 수동형으로 번역하였지만, 히브리어 원문상으로는 능동형입니다. 즉, 하나님께서 연약한 인간의 모습을 완전히 덮어버리시고 새 것으로 감싸주신다는 말씀입니다.[8] 따라서 속죄란, 하나님께서 죄를 가려주시고 보이지 않도록 덮어주시는 것을 뜻합니다. 제사인이 하나님께 드리는 제물에 안수할 때 믿음으로 하나님 앞에 자신을 드리는 것으로 인정을 받아 하나님의 기뻐하심을 입고, 제사인의 죄를 가리시고 덮어주시는 것입니다(시 32:1, 약 5:20, 벧전 4:8).

한편, 속죄제와 속건제에서도 '속죄하다'의 의미로 '카파르'가 사용됩니다. 번제의 궁극적인 목적은 속죄를 통하여 하나님께 향기로운 냄새로 열납되는 것에 있습니다(레 1:9, 13, 17). 번제를 통해 죄인의 죄를 가려주시고 하나님 앞에 나아가게 하시는 것입니다(참고-민 25:13, 삼상 3:14, 잠 16:6). 반면에, 속죄제와 속건제는 속죄를 통하여 '사함'을 얻는 것에 초점을 두고 있습니다(레 4:20, 26, 31, 35, 5:10, 13, 16, 18, 6:7, 19:22).

### (2) 일상의 신앙고백을 위해

번제는 모든 제사의 기본으로, 자원하는 심령으로 드리는 제사입니다. 따라서 번제는 이스라엘 민족을 위해서 항상 드려지는 매일의 제사이자, 수시로 드리는 자원제이기도 합니다.

상번제나 절기의 제사는 죄와 상관없이 철저한 순종과 전적 헌신의 의미로 드립니다. 매일 드리는 상번제는 이스라엘 백성이 하나님께 드려진 언약 백성임을 상기시키는 제사였습니다(참고-시 50:5). 하나님께서 '영원한 규례'로 지키도록 하신 절기는 구속사의 크고 기이한 사건들을 연상시켜 기억하게 하시기 위한 하나님의 명령이었습니다(출 12:14, 17, 24, 레 23:41, 대하 2:4). 특히 민수기 28-29장을 볼 때, 절기의 번제는 모두 상번제 제물과 별도로 드리는 것임을 14번이나 반복하여 강조하고 있습니다(민 28:10, 15, 24, 31, 29:6, 11, 16, 19, 22, 25, 28, 31, 34, 38, 참고-속죄제-민 28:10).

상번제와 절기의 번제는 이스라엘 민족의 신앙고백을 대표하여 드리는 공동체 번제이지만, 개인의 신앙고백을 위해 자원하여 번제를 드리기도 하였습니다. 개인의 번제는 성경에 기록된 번제의 일반적인 유형이기도 합니다. 레위기 1:2에서는 "너희 중에 누구든지 여호와께 예물을 드리려거든"이라고 말씀하고 있는데, 이는 이방인이나 여자를 포함하여 누구든지 개인의 번제를 드릴 때는 의무로 드리는 것이 아니라 언제든지 자원하여 드리는 것임을 가르쳐줍니다.

아브라함이 이삭을 바친 번제(창 22:1-14)는 하나님께 대한 전적 신뢰의 결과요, 자기 자신을 드리는 전적 헌신이었습니다. 동방 사람 욥은 자녀들이 혹시나 범죄했을까 하여 아침마다 자원하는 심령으로 자녀들의 명수대로 번제를 드렸습니다(욥 1:5). 또한 욥이 자신을 비난했던 세 친구를 위해서 번제를 드릴 때, 하나님께서는 자신의 원망을 내려놓고 철저하게 순종한 욥을 기쁘게 받으셨습니다(욥 42:8-9). 레위인과 제사장에게 직분을 위임할 때에도 전적 헌신을 다짐하는 번제를 드렸으며(출 29:15-18, 레 8:18-21, 민 8:12), 이 외에도 개인이 드리는 서원제의 번제나, 낙헌제의 번제, 정결 규례의 번제 등이 있었습니다(레 12:6-8, 15:28-30).

하나님께서는 하나님을 경외하며 말씀대로 온전한 예물을 드리는 것을 원하십니다(참고-레 7:18, 22:23-27, 마 5:23-24). 자원하는 심령으로 언제든지 드리는 번제는, 자원하는 심령을 주신 하나님을 향한 정직한 응답입니다(참고-시 51:12, 겔 46:12).

### (3) 하나님께 기쁘게 열납되기 위해

레위기 1:3-4에서 “그 예물이 소의 번제이면 흠 없는 수컷으로 회막 문에서 여호와 앞에 열납하시도록 드릴지니라 4 그가 번제물의 머리에 안수할지니 그리하면 열납되어 그를 위하여 속죄가 될 것이라”라고 말씀하고 있습니다. 여기 ‘열납하시도록’은 히브리어 명사 ‘라촌’(רָצוֹן)으로 ‘호의, 은총, 기뻐함, 받아들임’이라는 뜻이며, 4절의 ‘열납되어’는 히브리어 동사 ‘라차’(רָצָה)로 ‘기뻐하다, 호의를 보이다, 받아들이다’라는 뜻입니다. ‘라촌’은 희생제물과 함께 사용될 때 하나님께서 제물이나 제사인을 받으신다는 의미로 사용되며(레 22:18-19, 사 56:7), 하나님의 사역과 관련하여 ‘은총’(신 33:16, 사 60:10, 시 5:12, 30:5, 7), ‘뜻, 기쁨, 소원’(스 10:11, 시 40:8, 대하 15:15) 등을 의미합니다. 또한 ‘라차’는 하나님의 뜻을 성취하는 택한 자에 대한 하나님의 기쁨을 표현하거나(사 42:1), 상대방에 대한 기쁨(대하 10:7, 잠 3:12, 말 1:8), 대가를 지불하여 값을 치르는 것(대하 36:21) 등을 의미합니다. 따라서 ‘열납’은 자신을 온전히 드리는 제사인을 하나님께서 은혜로 기쁘게 받아주시는 것을 의미합니다(시 85:2).

제사인은 번제물의 열납을 위해서 흠 없는 수컷을 드리되 번제물에 안수하여 드렸습니다. 이 번제물은 가장 좋은 것이자, 안수로 동일시된 자기 자신입니다. 따라서 번제물의 열납은 곧 제사인의 열납입니다. 창세기 4:5에서도 하나님께서 가인의 제물을 열납하지 않으신 것을 곧 ‘가인과 그 제물’을 열납하지 않으셨다고 말씀하고 있습니다(렘 14:12, 호 8:13, 암 5:22).

번제의 희생제물로 어떤 제물을 드리든지, 그 최종적인 목적은

"여호와께 향기로운 냄새"로 열납되는 것입니다(레 1:9, 13, 17). 히브리어 원문에는 '~에게, ~를 위하여'라는 뜻의 전치사 '레'(לְ)가 '여호와' 앞에 붙어서, 향기로운 냄새를 받으시는 대상이 오직 하나님이심을 강조하고 있습니다. 성경에서 처음으로 기록된 번제는 홍수 후에 노아가 드린 번제로, "노아가 여호와를 위하여 단을 쌓고 모든 정결한 짐승 중에서와 모든 정결한 새 중에서 취하여 번제로 단에 드렸더니 21 여호와께서 그 향기를 흠향하시고"(창 8:20-21上)라고 말씀하고 있습니다. 제물의 모든 것을 태우는 향기는 곧 철저한 자기 부인을 의미하기에 하나님께서 귀중히 여기시고 진노를 돌이키시는 방편이 됩니다(겔 20:40-44).

예수님께서는 죄가 없는 분이시지만 자신의 모든 것을 우리를 위해 내어주시고, 자신을 향기로운 제물과 생축으로 드리셨습니다(엡 5:2). 오늘날 성도도 죄악된 옛 모습을 예수 안에서 완전히 내어버리고 하나님께 자신을 드릴 때, 하나님께서 기쁘게 여기시고 받아주실 것입니다(롬 6:13, 딤후 2:15).

## 5. 구속사적 의미

Redemptive-historical significance

번제가 성경에 처음으로 등장한 것은, 노아가 홍수 후 방주에서 나온 다음에 단을 쌓고 제사를 드렸을 때입니다. 창세기 8:20에서 "노아가 여호와를 위하여 단을 쌓고 모든 정결한 짐승 중에서와 모든 정결한 새 중에서 취하여 번제로 단에 드렸더니"라고 말씀하고 있습니다. 하나님께서는 그 향기를 흠향하시고, "내가 다시는 사람으로 인하여 땅을 저주하지 아니하리니"라고 말씀하셨습니다(창

8:21). 번제가 하나님의 진노를 그치게 하는 역할을 하였던 것입니다.

하나님의 진노를 그치게 하고 우리를 구원하신 분은 오직 예수 그리스도뿐이십니다. 로마서 5:9에서 "그러면 이제 우리가 그 피를 인하여 의롭다 하심을 얻었은즉 더욱 그로 말미암아 진노하심에서 구원을 얻을 것이니"라고 말씀하고 있습니다.

번제물로 드리는 생축이 죽임을 당하고 그 내장과 정강이까지 모두 불사름을 당하여 그 연기가 하늘로 올라가는 것을 보면서, 제물을 바치는 사람은 죄에 대하여 죽고 의에 대하여 살아야겠다는 다짐을 하였을 것입니다. 우리도 예수 그리스도의 죽으심과 함께 죄의 몸이 장사되었음을 고백하고, 예수 그리스도의 부활하심을 본받아 의에 대하여 살겠다고 다짐해야 합니다(롬 8:9-10). 로마서 6:5-7에서 "만일 우리가 그의 죽으심을 본받아 연합한 자가 되었으면 또한 그의 부활을 본받아 연합한 자가 되리라 [6]우리가 알거니와 우리 옛 사람이 예수와 함께 십자가에 못 박힌 것은 죄의 몸이 멸하여 다시는 우리가 죄에게 종노릇하지 아니하려 함이니 [7]이는 죽은 자가 죄에서 벗어나 의롭다 하심을 얻었음이니라"라고 말씀하고 있습니다.

번제는 예수 그리스도의 온전한 희생을 나타냅니다. 왜냐하면, 번제는 제사장의 몫으로 돌아가는 제물의 가죽 외에 모든 부분을 번제단 위에서 완전히 태워서 바치는 제사이기 때문입니다. 레위기 1:13에서 "제사장은 그 전부를 가져다가 단 위에 불살라 번제를 삼을지니 이는 화제라 여호와께 향기로운 냄새니라"라고 말씀하고 있습니다. 여기 '전부'는 히브리어 '콜'(כֹּל)로, '모든 것, 전체'라는 뜻입니다. 모든 것을 태우는 번제는 우리를 구원하시기 위해 모든 것을 바치신 예수님의 온전한 희생을 나타냅니다. 참으로 감사한 것은 예수님께서 온전한 희생제물이 되실 때 싫어하는 심령, 억지로 하는 마음이 아니라, 온전히 자원하는 마음으로 기쁘게 순종하셨다는 것입니다. 이와 같이 예수 그리스도께서는 십자가 제단 위에 흠 없는 제물로 자신을 온전히 바치심으로 하나님 앞에 향기로운 제물이 되셨습니다. 에베소서 5:2에서 "그리스도께서 너희를 사랑하신 것같이 너희도 사랑 가운데서 행하라 그는 우리를 위하여 자신을 버리사 향기로운 제물과 생축으로 하나님께 드리셨느니라"라고 말씀하고 있습니다.

그러므로 예수 그리스도를 믿는 성도는 그분의 향기를 드러내는 깨끗한 제물, 흠 없는 제물이 되기를 힘써야 합니다(롬 12:1, 고후 2:14-15, 벧전 2:5). 성도는 온전한 희생제물로서 자신의 모든 것을 말씀과 성령의 불로 태워서 아름다운 향기로 하나님께 영광을 돌려야 합니다. 제사장의 직무 가운데 하나는 "온전한 번제"를 주의 단 위에 드리는 것입니다(신 33:10). 하나님께서는 "온전한 번제"를 기뻐하십니다(삼상 7:9). 시편 51:16-19에서 "주는 제사를 즐겨 아니하시나니 그렇지 않으면 내가 드렸을 것이라 주는 번제를 기뻐 아니하시나이다 [17] 하나님의 구하시는 제사는 상한 심령이라 하나님이여 상하고 통회하는 마음을 주께서 멸시치 아니하시리이다 [18] 주의 은택으로 시온에 선을 행하시고 예루살렘성을 쌓으소서 [19] 그때에 주께서 의로운 제사와 번제와 온전한 번제를 기뻐하시리니 저희가 수소로 주의 단에 드리리이다"라고 말씀하고 있습니다.

에스겔이 보았던 새 성전의 이상은 언약 백성이 마지막에 들어갈 천국의 모형을 보여줍니다. 새 성전에서는 저녁의 상번제가 없어지고 매일 아침마다 일 년 되고 흠 없는 어린양 하나씩을 드리라고 말씀하고 있습니다(겔 46:13-15)*. 이는 성도가 마침내 도착하게 될 영원한 새 예루살렘에는 밤이 없기 때문입니다(계 21:25, 22:5). 하나님의 생명책에 기록된 성도마다 빠짐없이 빛 가운데 자신을 온전하게 드리는 영원한 번제에 참여하게 될 것입니다.

이를 위해서 성도는 육신의 정욕과 안목의 정욕과 이생의 자랑을 태워야 합니다(요일 2:16-17). 사도행전 19:18-19을 보면, 에베소에서 많은 사람이 회개하고 돌아올 때, 마술을 행하던 많은 사람이 마술책을 모아 가지고 와서 다 불살라버린 일이 있었습니다. 그 책들의 값이 자그마치 은 오만이나 되었습니다. 그들은 가장 소중히 여겼던 마술책들을 과감히 불태워버린 것입니다. 우리도 하나님의 말씀보다 귀하게 여겼던 것을 태워야 합니다. 육신의 생각과 사람의 생각을 태워야 합니다(마 16:23, 롬 8:6-7, 고전 3:3). 유혹의 욕심을 따라 썩어져 가는 구습을 좇는 옛 사람의 속성을 태워야 합니다(엡 4:22-24). 육과 영의 온갖 더러운 것을 태워야 합니다(고후 7:1). 육체의 일 곧 음행과 더러운 것과 호색과 우상숭배와 술수와 원수를 맺는 것과 분쟁과 시기와 분 냄과 당 짓는 것과 분리함과 이단과 투기와 술 취함과 방탕함을 태워야 합니다(갈 5:19-21). 화인 맞은 양심과 외식함으로 거짓말하는 것을 태워야 합니다(딤전 4:2). 그리하여 우리의 삶 속에서 역겨운 악취가 다 사라지고, 날마다 예수 그리스도의 생명의 향기만이 넘쳐나야 합니다(고후 2:14-16). 이러한 성도는 날마다 주님을 깊이 만나는 체험을 하게 될 것입니다(출 29:42-46).

---

* 아침의 상번제만을 언급하는 다른 구절인 열왕기하 16:15의 '아침 번제와 저녁 소제'라는 표현은, '아침에는 번제를 드리고 저녁에는 소제를 드렸다'는 뜻이 아니라 아침과 저녁에 상번제 및 상번제와 함께 드리는 소제가 드려졌음을 나타낸 것입니다.

## 성경에 기록된 주요 번제들
Major Burnt Offerings Recorded in the Bible

### 1 노아의 번제 / 창 8:20-22

성경에 기록된 최초의 번제로, 노아는 비가 그치고 땅이 마른 후 방주에서 나와서 모든 정결한 짐승 중에서와 모든 정결한 새 중에서 취하여 번제로 단에 드렸습니다(창 8:20).

하나님께서는 번제의 향기를 흠향하시고 다시는 사람으로 인하여 땅을 저주하지 않겠다고 말씀하셨습니다(창 8:21-22).

### 2 아브라함의 번제 / 창 22:1-14

하나님께서는 아브라함을 시험하시기 위해 그의 마지막 애착이었던 독자 이삭을 데리고 '모리아 땅 하나님께서 지시하시는 한 산'에 가서, 이삭을 번제로 드리라고 명령하셨습니다(창 22:1-2). 아브라함은 아침에 일찍이 일어나 하나님을 절대 신뢰하는 믿음으로 그 말씀에 온전히 순종하였고(창 22:3-10), 하나님께서는 아브라함의 신앙을 인정하시고 이삭 대신 번제로 바칠 숫양을 준비해 주셨습니다(창 22:11-13). 아브라함은 그 땅 이름을 '여호와 이레'로 고백하였습니다(창 22:14).

하나님께서 번제로 바칠 이삭 대신 준비하신 숫양은 인류를 위한 대속 제물로 드려지실 어린양 예수 그리스도를 예표합니다(마 20:28, 요 1:29).

### 3 욥의 번제 / 욥 1:5, 42:7-10

욥은 자녀들의 범죄를 우려하여 자녀들의 생일잔치 날이 지나면 그들을 성결케 하기 위해 번제를 드렸습니다(욥 1:1-5).

욥이 고난 중에 있을 때 세 친구와의 변론을 마친 후, 하나님은 세 친구의 말이 욥의 말같이 정당하지 못하다고 말씀하시며, '수송아지 일곱과 숫양 일곱을 취하여 욥에게 가서 너희를 위하여 번제를 드리라'라고 명령하셨습니다(욥 42:7-8). 세 친구가 여호와의 명하신 대로 하므로 여호와께서 욥을 기쁘게 받으셨고, 욥이 친구들을 위하여 기도할 때 욥을 곤경에서 돌이키사 갑절의 축복을 주셨습니다(욥 42:9-10).

### 4 모세의 장인 이드로(르우엘)의 번제 / 출 18:1-12

성경에 처음으로 기록된 이방인의 번제로, 모세가 르비딤에 찾아온 장인 이드로(르우엘-출 2:18, 민 10:29)에게 하나님께서 '바로와 애굽 사람에게 행하신 모든 일과 그들을 구원하신 일'을 다 고하자, 이드로는 '여호와'를 하나님으로 고백하며(출 18:1-11) 번제물과 희생을 하나님께 가져왔고, 아론과 이스라엘 모든 장로와 함께 하나님 앞에서 떡을 먹었습니다(출 18:12). 이후 이드로는 모세가 이스라엘의 조직 체계를 구성할 수 있도록 큰 도움을 주었습니다(출 18:13-26).

### 5 입다의 경솔한 서원으로 인한 번제 / 삿 11:30-40

사사 입다는 암몬과의 전투를 앞두고 '나를 영접하는 그를 번제로 드리겠다'라고 경솔하게 서원했습니다(삿 11:30-31). 입다가 승리하고 돌아올 때, 입다의 무남독녀가 나와서 영접하였습니다(삿 11:32-35). 입다의 딸은 아버지의 서원을 지키기 위해 순종하여, 두 달 동안 동무들과 함께 산에 올라 처녀로 죽음을 애곡하고 돌아와 번제로 드려졌습니다(삿 11:36-40).

### 6 블레셋에게 빼앗긴 언약궤가 귀환할 때의 번제 / 삼상 6:10-15

주전 1102년에 아벡 전투에서 블레셋에게 빼앗긴 언약궤가 일곱 달 만에 벧세메스로 돌아왔을 때(삼상 6:10-13), 벧세메스 사람들은 기뻐하며 언약궤를 실었던 수레의 나무를 패고 수레를 끌었던 암소를 번제로 여호와께 드렸습니다(삼상 6:13-14). 레위인이 언약궤를 내려다가 큰 돌 위에 두었고, 그날에 벧세메스 사람들이 번제와 다른 제사를 드렸습니다(삼상 6:15).

그러나 벧세메스 사람들이 여호와의 궤 속을 들여다보므로 그 백성 가운데 (오만) 칠십 인을 죽이셨으며(삼상 6:19), 두려움에 빠진 벧세메스 사람들은 언약궤를 기럇여아림으로 보냈습니다(삼상 6:21).

## 7 사무엘이 미스바에서 드린 번제 / 삼상 7:3-10

사무엘은 계속되는 블레셋의 압제에서 벗어나기 위해, 이스라엘 백성이 이방 신을 제거하고 오직 여호와만 섬기도록 명령하였습니다(삼상 7:3-4). 사무엘은 온 이스라엘을 미스바로 모이게 해서 그들을 위해 기도하였고, 백성이 물을 길어 여호와 앞에 붓고, 그날에 금식하며 자신의 죄를 고백하였습니다(삼상 7:5-6).

블레셋 사람들이 미스바에 이스라엘 백성이 모였다는 소식을 듣고 공격해오자, 사무엘은 젖 먹는 어린양을 취하여 온전한 번제를 여호와께 드리며 하나님께 부르짖었습니다(삼상 7:7-9). 이에 하나님께서 블레셋 사람에게 큰 우레를 발하여 그들을 어지럽게 하시므로 블레셋이 패하였고, 이스라엘은 그들의 압제에서 벗어나게 되었습니다(삼상 7:10-14).

## 8 아라우나의 타작마당에서 드린 다윗의 번제 / 삼하 24:24-25, 대상 21:24-27

다윗이 인구조사로 하나님 앞에 죄를 범하여 백성 칠만 명이 온역으로 죽었을 때, 하나님께서는 갓 선지자를 통해 다윗에게 '여부스 사람 아라우나(오르난)의 타작마당에서 여호와를 위하여 단을 쌓으라'라고 명하셨습니다(삼하 24:1-18, 대상 21:1-18).

다윗은 아라우나에게 금 육백 세겔과 번제드릴 예물의 값으로 은 오십 세겔을 주어 땅과 소를 샀고, 그곳에 단을 쌓아 번제와 화목제를 드렸습니다. 이에 하나님께서 번제단 위에 불을 내려 응답하시므로 재앙이 그치게 되었습니다(삼하 24:19-25, 대상 21:19-30). 아라우나의 타작마당은 아브라함이 이삭을 바친 모리아의 한 산으로(창 22:1-4), 이후 그 자리에 솔로몬 성전이 세워졌습니다(대하 3:1).

## 9 솔로몬왕의 일천 번제 / 왕상 3:2-15, 대하 1:1-8

솔로몬은 왕이 된 후 기브온 산당에서 여호와 앞, 곧 회막 앞에 있는 놋단 위에 일천 번제를 드렸습니다(왕상 3:4, 대하 1:1-6). '일천 번제'는 솔로몬이 최고의 정성으로 모든 것을 드리는 번제였음을 의미합니다. 이에 하나님께서는 솔로몬의 꿈에 나타나셨고, 솔로몬은 "지혜로운 마음을 종에게 주사 주의 백성을 재판하여 선악을 분별하게 하옵소서"라고 구하였습니다. 하나님께서는 지혜롭고 총명한 마음과 함께 솔로몬이 구하지 않은 부와 영광도 주셨습니다(왕상 3:5-15, 대하 1:7-13).

## 10 엘리야 선지자의 번제 / 왕상 18:16-40

엘리야가 북 이스라엘 아합왕에게 전한 하나님의 말씀대로, 이스라엘에 비가 내리지 않은 지 3년 6개월이 되었습니다. 하나님께서는 엘리야에게 아합을 찾아가 비가 내릴 것을 고하게 하셨고, 엘리야는 바알 선지자 450명과 아세라 선지자 400명을 갈멜산으로 모으게 하였습니다(왕상 17:1, 18:1, 16-19). 그리고 여호와와 바알 중 각각의 제단에 불로써 응답하는 신이 참신임을 인정하기로 하였습니다(왕상 18:21-24).

바알과 아세라 선지자들이 제물을 준비하고 그들의 신을 불렀지만, 아무 응답이 없었습니다(왕상 18:25-29). 반면에, 엘리야가 열두 돌을 취하여 단을 쌓고 번제물을 드리고 물을 번제물과 나무 위에 세 번 붓고 기도할 때, '여호와의 불'이 내려서 번제물과 나무와 돌과 흙을 태우고 도랑의 물을 핥았습니다(왕상 18:30-38). 이에 여호와와 바알 사이에서 머뭇머뭇 하던 백성이 여호와가 하나님이심을 고백하였고, 거짓 선지자들은 엘리야에게 죽임을 당하였습니다(왕상 18:39-40). 그 후 하나님의 말씀대로 이스라엘에 큰 비가 내렸습니다(왕상 18:41-46).

## 11 여호야다의 개혁과 요아스왕 때 번제의 회복 / 왕하 11:4-21, 대하 23:1-21

아달랴의 통치 6년 동안 온 나라가 우상숭배로 들끓고 흉악한 범죄가 난무할 때, 제사장 여호야다의 개혁으로 아달랴가 죽임을 당하고 다윗의 자손 요아스가 왕이 되었습니다(왕하 11:4-16, 대하 23:1-15).

그 후 여호야다는 자기와 백성과 왕 사이에 언약을 세워서 모든 우상을 철폐하였으며(왕하 11:17-20, 대하 23:16-21), 요아스왕은 성전의 퇴락한 것을 수리하게 하므로 하나님의 성전은 이전 모양대로 견고하게 중수되었습니다(대하 24:1-13). 요아스왕 곁에 여호야다가 살아있는 동안에는 성전에서 항상 번제가 끊어지지 않았습니다(대하 24:14).

## 12 요시야 즉위 18년, 유월절에 드린 번제 / 왕하 23:21-23, 대하 35:1-19

요시야는 즉위한 뒤에 북 이스라엘까지 전 민족적인 종교개혁을 단행했습니다(대하 34:1-7). 요시야 즉위 18년에 성전을 수리하다가 제사장 힐기야가 여호와의 율법책을 발견하였고, 이 책의 말씀을 들은 요시야왕은 자기 옷을 찢고 통곡하였습니다(대하 34:8-21).

하나님의 말씀에 입각하여 유월절을 지키기 위해, 요시야는 번제를 위한 어린양과 어린 염소 삼만과 수소 삼천을 제물로 주었고, 방백들도 양 이천 육백과 수소 삼백을, 레위 사람의 두목들도 양 오천과 수소 오백을 레위 사람들에게 유월절 제물로 주었습니다(왕하 23:21-23, 대하 35:1-17).

이와 같이 당일에 여호와를 섬길 일이 다 준비되어 유월절을 지키며 번제를 여호와의 단에 드렸는데, 이는 사무엘 선지자 이후 처음으로 대대적으로 지킨 유월절이었습니다(대하 35:18-19).

## 13 남 유다 멸망 전 잘못된 번제의 모습

남 유다 말기의 타락상은 잘못된 번제의 모습을 통해서 보여집니다. 당시 유다 백성이 드리는 번제는 그저 마당만 밟을 뿐 마음 중심으로 드려지는 제사가 아니었기에, 하나님께서는 그들의 제물이 '헛된 제물'이며, '내게 무거운 짐'이라고 하셨으며(사 1:11-17, 참고-삼상 15:22, 시 51:16-17), 선지자를 핍박하고 죽이고 악을 행하여 피가 가득한 손으로 드리는 제사를 받지 않겠다고 말씀하셨습니다(사 1:15). 하나님은 많은 제물과 형식적인 제사보다 오직 공의를 행하며 인자를 사랑하며 겸손히 하나님과 함께 행하는 것을 기뻐하십니다(미 6:6-8).

## 14 에스겔이 목격한 이상 속 새 성전의 번제 / 겔 43:18-27, 46:4, 13-15

하나님께서는 에스겔 성전의 번제단을 만드는 날에 번제단을 봉헌하기 위한 규례를 함께 알려주셨습니다(겔 43:18). 봉헌식 첫째 날에는 사독 계열이 제사장을 위한 속죄제로 어린 수송아지를 드리며(겔 43:19-21), 칠일까지 흠 없는 숫염소 하나로 속죄제를 드립니다(겔 43:22, 25-26). 또한 칠일 동안 흠 없는 수송아지 하나와 흠 없는 숫양 하나를 번제로 드렸습니다(겔 43:23-24). 여기 수송아지는 봉헌식의 번제물이요, 숫양은 상번제로 드리는 제물입니다. 번제단 봉헌을 마친 후에도 흠 없는 숫양으로 드리는 상번제는 매일 아침마다 드립니다(겔 46:13).

## 15 스룹바벨 성전의 번제 / 스 3:2-6, 8:35, 느 10:33

주전 537년에 바벨론에서 제1차로 돌아온 귀환자들은 7월 1일에 일제히 예루살렘에 모여서 성전 지대 건축에 앞서 상번제를 재개하였습니다(스 3:2-6). 또한 주전 458년에 제2차로 돌아온 귀환자들은 예루살렘에 도착한 후, 이스라엘 전체를 위한 수송아지 열둘, 숫양 아흔여섯, 어린양 일흔일곱으로 번제를 드렸으며, 숫염소 열둘로 속죄제를 드렸습니다(스 8:35).

# II
# 소제
## GRAIN OFFERING

| 소제 | מִנְחָה / θυσία / Grain Offering<br>레 2:1-16, 6:14-23 |
|---|---|

### 개요

**(1) 어원적 의미**

소제는 히브리어 '민하'(מִנְחָה)로, '선물, 공물, 경외, 감사, 충성, 존경의 표시'라는 뜻이며, 헬라어로는 '뒤시아'(θυσία)이다.

**(2) 소제를 드리는 경우**

소제는 단독으로 드리지 않으며, 번제나 화목제, 특히 상번제와 항상 함께 드렸다. 소제가 성경에서 처음 나온 것은 가인과 아벨이 제사를 드릴 때이다(창 4:3-5). 여기서는 희생제사와 곡식 제사 모두를 포함하여 '민하'라고 부르고 있다. 후에 시내산 언약 이후부터 소제는 곡식 제사만을 가리키는 의미로 제한되었을 것이다. 소제의 규례는 제사인이 드리는 소제(레 2:1-16)와 제사장이 드리는 소제(레 6:19-23)로 구분된다.

### 예물과 분배

**(1) 제사인이 드리는 예물:** 희생 짐승이 아니라 곡식을 드림

① 고운 가루 ② 기름 ③ 유향

※ 소금을 반드시 넣어야 하며(레 2:13), 누룩과 꿀은 넣을 수 없다(레 2:11)

**(2) 예물의 분배**

① 고운 기름 가루 한 줌을 하나님께 '기념물'로 불살라 드렸다(레 2:2, 6:15).

② 기념물로 바치고 남은 소제물은 아론과 그 자손들의 몫으로 회막 뜰에서 먹었다(레 2:3, 10, 6:16-18).

## 드리는 방법

**(1) 고운 가루로 드리는 소제(레 2:1-3)**

① 제사인이 고운 가루로 예물을 삼아 그 위에 기름을 붓고 그 위에 유향을 놓고 제사장들에게 가져온다(레 2:1-2上).

② 제사장이 고운 기름 가루 한 줌과 유향을 취하여 기념물로 단 위에서 불사른다(레 2:2下, 6:14-15).

③ 기념물로 드린 소제물 이외에 남은 것은 아론과 그 자손들의 몫으로 돌린다(레 2:3, 10, 6:16-18).

**(2) 요리를 해서 드리는 소제(레 2:4-10)**

① 화덕에 구운 것으로 드리는 소제(레 2:4)

② 번철에 부친 것으로 드리는 소제(레 2:5-6)

③ 솥에 삶은 것으로 드리는 소제(레 2:7)

**(3) 첫 이삭으로 드리는 소제(레 2:12-16)**

첫 이삭을 불에 볶고 빻은 뒤에 기름을 붓고 유향을 더하여 화제로 드린다(레 2:14-16).

**(4) 제사장이 드리는 소제(레 6:19-23)**

매일 아침저녁으로 드리는 상번제와 항상 함께 드린다.

## 목적

① 하나님께 충성과 감사를 표현하기 위함이다.

② 하나님께 성결을 다짐하기 위함이다.

## 구속사적 의미

① 곡물이 맷돌에 갈리고 빻아져서 나오는 고운 가루를 소제물로 드리듯이, 예수님께서는 자신의 몸을 산산이 부수어 십자가에 죽기까지 순종하심으로 우리에게 구원을 선물로 주셨다(시 22:14-17, 요 12:24).

② 성도는 겉껍질을 벗겨내고 부드러운 성품으로 하나님 앞에 소제물로 드려지는 삶을 살아야 한다(빌 1:11, 계 14:4).

③ 심판을 이기고 알곡으로서 곡간에 들어가는 성도가 되어야 한다(마 3:12, 눅 3:17).

# 1. 개요

Overview

## (1) 어원적 의미

소제는 한자로 '흴 소(素), 제사 제(祭)'이고 영어로 'grain offering'인데, 그 뜻은 '곡물의 고운 가루를 드리는 제사'입니다. 다른 제사처럼 짐승을 잡아 피를 흘리는 의식이 없기 때문에 '피 없는 제사'로 불립니다. '소제'는 히브리어 '민하'(מִנְחָה)이며, '선물, 경외, 감사, 충성'이라는 뜻입니다. 성경에서 '민하'는 섬김의 표현(삿 6:18, 삼상 10:27), 감사의 표현(시 96:8), 존경의 표현(창 43:11, 15, 25), 그리고 충성을 약속하는 표현(삼하 8:2, 6, 대하 17:11) 등으로 사용되었습니다. 참고로, 칠십인경에서는 '민하'를 헬라어 '도론'(δῶρον)으로 번역하였는데, '예물, 선물, 공물'이라는 뜻입니다(마 2:11, 5:23, 엡 2:8).

성경에서 처음으로 '민하'가 사용된 것은 창세기 4:3-5에 나오는 가인과 아벨의 제사입니다. 여기서 '민하'는 '선물, 공물'이라는 의미로, 희생제사와 곡식 제사 모두를 의미하였습니다. 가인은 땅의 소산으로 제물을 드렸고 아벨은 양의 첫 새끼를 드렸는데, 4절에서 아벨의 제물을 '민하'로, 5절에서 가인의 제물 역시 '민하'를 사용하고 있습니다. 아마도 시내 광야에서 율법이 주어질 때부터 '민하'의 의미는 곡식 제사, 곧 '피 없는 제사'로 제한되었을 것입니다.[9] 소제는 우리의 모든 소유가 하나님으로부터 온 것임을 믿고 하나님의 주권을 인정하며 감사하는 제사요, 바치는 자의 충성심과 순종을 약속하는 표시로 드리는 제사입니다.[10]

소제에 대한 규례는 레위기 2장과 6:14-23에 기록되어 있습니다.

### (2) 소제를 드리는 경우

소제는 대부분의 경우에 번제와 화목제에 동반되는 제사입니다(레 7:11-12, 9:3-4, 15-17, 민 15:3-10, 28-29장). 상번제를 매일 아침저녁으로 드릴 때에도 소제를 함께 드렸습니다(민 28:3-5, 8).

그러나 예외적으로 소제를 단독으로 드리는 경우도 있습니다. 수확의 첫 열매를 드리는 소제는 단독으로 드렸습니다(레 2:14-16, 민 15:18-21, 신 26:1-11). 또한 일반 백성이 죄를 지어서 속죄제를 드려야 하는데 암양이나 암염소를 드릴 힘도 없고, 산비둘기나 집비둘기 새끼 둘을 드릴 힘도 없는 경우에는 고운 가루 에바 십분의 일의 소제물로 속죄제를 드릴 수 있었습니다(레 5:11-13). 이 외에도 의심의 소제도 단독으로 드렸습니다(민 5:11-15).

## 2. 소제의 예물

Sacrifices of grain offering

소제는 곡식을 하나님께 드리는 제사로, 첫 이삭을 볶아 찧어서 드리는 경우를 제외하고는 반드시 고운 가루로 드리되, 그 위에 기름을 붓고 또 그 위에 유향을 놓아서 드려야 합니다(레 2:1).

소제물에 반드시 들어가야 할 것은 소금이고(레 2:13), 들어가지 말아야 할 것은 누룩과 꿀입니다(레 2:11).

### (1) 제사인이 드리는 예물

① 고운 가루

고운 가루는 히브리어 '솔레트'(סֹלֶת)로, 밀알의 겉을 벗겨 곱게 빻은 밀가루를 의미하는데, 이것은 낱알과 껍질 전체를 갈아서 만

든 일반적인 '가루'(민 5:15) 또는 '밀가루'(삼하 17:28)를 의미하는 '케마흐'(קֶמַח)와는 구별됩니다. 열왕기상 4:22에서는 '솔레트'를 '가는 밀가루'로, '케마흐'를 '굵은 밀가루'로 번역하였습니다. '솔레트'는 고대 근동에서 가치가 높았으므로 일종의 '사치품'으로 인식되었고(겔 16:13), 특별한 손님을 대접할 때 사용되었습니다(창 18:6).

'고운 가루'를 만들기 위해서는 밀 이삭을 햇볕에 바싹 말린 후 타작마당에서 쭉정이를 날려보내야 합니다. 그리고 겉껍질이 날아간 낟알들을 손바닥으로 문지르고 주먹으로 쳐서 속껍질이 벗겨지기 쉽게 한 뒤에, 굵은 맷돌에 갈아서 속껍질도 제거합니다. 이를 굵은 체로 친 후에 다시 세밀한 맷돌에 갈아서 가루를 만들고, 고운 체로 걸러내서 고운 가루를 만듭니다. 보리의 경우에는 햇볕에 말리는 대신 철판에 올려놓고 볶은 뒤에, 맷돌에 갈아서 고운 가루를 만들었습니다.

고운 가루는 성막이 처음 건립되었을 때 이스라엘 열두 지파의 족장들이 바쳤던 예물 중 하나였고(민 7:13, 19, 25, 31, 37, 43, 49, 55, 61, 67, 73, 79), 나실인의 예물로 드려졌으며(민 6:13-15), 제사장 위임식 때도 사용되었고(출 29:1-2), 레위인의 정결 예식에도 사용되었습니다(민 8:6-8). 이렇듯 고운 가루로 드리는 제사는 제사장들과 레위인들이 맡은 사명이 얼마나 고귀한가를 나타내며, 자신들의 삶이 하나님 앞에 온전히 바쳐졌음을 고백하는 것과 같았습니다(민 3:12-13, 45, 8:14-17, 벧전 2:5). 참고로, 농사를 지을 수 없었던 광야에서는 만나를 맷돌로 갈아서 소제로 드렸을 것으로 추정됩니다(민 11:8, 참고-수 5:10-12).

예수님께서는 한 알의 밀알로 십자가에서 완전히 벗겨지고 깨어지고 부서지셨습니다(요 12:24). 우리도 영적으로 옛 사람이 완전히 깨어지고 부서져서 가루가 되어야 비로소 하나님께 예물로 바쳐질 수 있습니다. 시편 51:17에서 "하나님의 구하시는 제사는 상한 심령이라 하나님이여 상하고 통회하는 마음을 주께서 멸시치 아니하시리이다"라고 말씀하고 있습니다. 여기 '상한'은 히브리어 '샤바르'(שָׁבַר)로 '산산이 부서지다'라는 뜻이며, '통회하는'은 히브리어 '다카'(דָּכָה)로 '으깨다, 박살내다'라는 뜻입니다. 회개는 말로만 하는 것이 아니라 중심에서 진정으로 우러나와야 하는 것입니다(욥 42:6, 고후 7:9-10).

### ② 기름

'기름'은 히브리어로 '쉐멘'(שֶׁמֶן)이며, 대부분 감람유를 의미합니다. 감람유는 고대 사람들에게 매우 중요한 소산물로, 자연스럽게 번성과 부유함의 상징이 되었습니다. 모세는 열두 지파 가운데 아셀(뜻-축복) 지파에게 "그 발이 기름에 잠길지로다"라고 축복하였습니다(신 33:24下). 시편 45:7과 이사야 61:3에서 '즐거움(희락)의 기름'은 하나님의 은총을 입은 자들이 누리는 특별한 축복의 상태를 의미합니다.

또한 기름은 영적으로 성령을

표현하는 데 사용되기도 하였습니다(행 10:38, 요일 2:20, 27). 소제를 드릴 때 고운 가루 위에 기름을 붓듯이(레 2:1), 하나님께 드리는 온전한 헌신에는 반드시 성령의 역사가 함께합니다(행 5:32). 사람의 힘으로 드리는 헌신은 언젠가는 지치고 피곤하여 실패하게 되며, 하나님의 뜻이 아니라 인간의 욕심을 이루게 됩니다(참고-벧전 4:11). 갈라디아서 5:16에서 "내가 이르노니 너희는 성령을 좇아 행하라 그리하면 육체의 욕심을 이루지 아니하리라"라고 말씀하고 있습니다.

고운 가루를 직접 드리는 경우나 화덕에 구워서 드리는 경우와 솥에 삶아서 드리는 경우 모두 반드시 기름이 섞여야만 했습니다(레 2:1-2, 4-7). 이는 겉사람을 벗겨내고 자신을 깨고 부수어 하나님께 드리되, 의무감이나 형식적으로 드리는 것이 아니라 성령의 임재와 기쁨 가운데 드려야 함을 가르쳐줍니다.

고운 가루로 예물을 드리는 속죄제와 의심의 소제에는 기름 사용이 금지되었습니다(레 5:11, 민 5:15). 아마도 이 제사들이 죄와 관계되어 있기 때문에, 즐거움을 나타내기도 하는 기름(사 61:3)의 사용이 제한되었을 것입니다.

### ③ 유향

유향(레 2:1-2)은 히브리어 '레보나'(לְבֹנָה)로, '하얀색을 띤 나무 진액'을 뜻합니다. 유향은 남 아라비아에 위치한 '시바'(렘 6:20)가 원산지인 유향나무(Boswellia carterii)에서 채취된 수지입니다. 나무 표면에 상처를 내면

수지(樹脂)가 나오며, 나무에 매달려 떨어지는 모습이 유두(乳頭)와 같아서 유향이라는 이름이 붙여졌습니다. 유향은 하나님께 드리는 진설병에도 올렸으며(레 24:7), 신부를 아름답게 단장하는 향품이자(아 3:6, 4:6, 14), 동방박사들이 아기 예수께 바친 예물 중 하나였습니다(마 2:11, 참고-사 60:6).

소제의 예물로 고운 가루를 드릴 때나 첫 이삭의 소제를 드릴 때에는 소제물 위에 유향을 더해야 했습니다(레 2:1-2, 14-15). 유향은 다른 소제물과 달리, 제사인이 가지고 온 일부가 아니라 전체를 드렸습니다(레 2:2, 16, 6:15). 다만 고운 가루로 예물을 드리는 속죄제와 의심의 소제에서는 유향을 드릴 수 없었습니다(레 5:11, 민 5:15).

'유향'은 헬라어로 '리바노스'(λίβανος, 마 2:11, 계 18:13)인데, '리바노스'에서 유래한 '리바노토스'(λιβανωτός, 계 8:3, 5)는 유향을 태우는 '향로'를 가리킵니다. 요한계시록 8:3, 5을 볼 때, 다른 천사가 들고 있는 '금향로'에는 많은 향과 성도의 기도가 함께 있었는데 이는 향의 연기가 성도의 기도들과 함께 하나님 앞으로 올라간 것입니다. 그 향연과 성도의 기도가 천사의 손으로부터 하나님 앞으로 올라가는 장면은 흡사 소제가 드려지는 것 같습니다(참고-눅 1:10, 시 141:2). 우리도 하나님께 온전히 헌신하는 자가 되기 위해서는 기도의 향연이 항상 끊어지지 않아야 합니다(살전 5:17).

### (2) 예물의 분배

하나님께서는 지성물 중에 불사르지 않은 것은 아론 자손의 몫으로 주셨습니다(레 2:3, 10, 14:13, 24:9, 민 18:9-10). 이때 지성물은 아론의 모든 아들이 균등하게 나눠야 했습니다. 레위기 7:9-10에서 "무릇 화덕에 구운 소제물과 솥에나 번철에 만든 소제물은 그 드린 제사장에게로 돌아갈 것이니 [10] 무릇 소제물은 기름 섞은 것이나 마른 것이나 아론의 모든 자손이 평균히 분배할 것이니라"라고 말씀하고 있습니다. 아론의 자손 중에 지체에 흠이 있는 자는 성막에서 제사장의 직무를 행할 수 없었지만, 지성물은 분배받아 먹을 수 있었습니다(레 21:16-23).

지성물은 성전 내부에 제한된 장소에서만 먹을 수 있었습니다(레 6:16). 특히, 에스겔 42:13에서는 지성물을 먹어야 할 장소를 "좌우 골방 뜰 앞 곧 북편 남편에 있는 방들"이라고 말씀하고 있으며, 그곳을 "거룩한 방"이라고 하였습니다. 이 지성물은 부정하게 된 제사장들은 물론, 그 가족까지도 먹을 수 없었습니다(레 22:3-10, 겔 44:13). 제1차 바벨론 포로 귀환 당시에 자신의 보계를 밝히지 못한 제사장 가문의 사람들은 우림과 둠밈을 가진 제사장이 일어나기까지 지성물을 분배받지 못하게 하였습니다(스 2:62-63, 느 7:64-65).

거룩하게 구별된 제사장이 거룩하게 구별된 장소에서 거룩하게 구별된 음식을 먹듯이, 왕 같은 제사장인 성도는 모든 행실에 거룩한 자가 되어야 합니다(벧전 2:9). 베드로전서 1:15에서 "오직 너희를 부르신 거룩한 자처럼 너희도 모든 행실에 거룩한 자가 되라"라고 말씀하고 있습니다.

### (3) 예물에 대한 주의 사항

소제를 드릴 때 반드시 지켜야 할 세 가지 명령이 있습니다.

#### ① 누룩의 사용 금지

제사인의 입장에서 기록된 레위기 2:11에서 "소제물에는 모두 누룩을 넣지 말지니"라고 말씀하고 있으며, 제사장을 위해 기록된 레위기 6:17에서도 "그것에 누룩을 넣어 굽지 말라"라고 말씀하고 있습니다. 특히 히브리어 원문으로 볼 때, 강력하고 계속적인 금지를 나타내는 히브리어 '로'(לֹא)가 사용되어, '절대로 누룩을 넣지 말라'라고 지속적이고 강력한 금지의 명령으로 말씀하고 있습니다(참고-레 10:12). 여기 '누룩'은 가루 낸 곡식이나 빵 반죽의 일부를 떼어내어 발효시킨 덩어리를 가리킵니다. 누룩을 반죽에 넣고 빵을 구우면 가스가 차오르며 빵을 부풀게 만듭니다(참고-마 13:33). 이에 성경에서 누룩은 부패를 상징하며 외형을 부풀리는 것을 의미합니다.

그러나 예외적으로 칠칠절에 처음 익은 곡식으로 새 소제를 드릴 때에는 고운 가루 에바 십분의 이에 누룩을 넣어 만든 떡 두 개로 예물을 드렸으며(레 23:15-17, 20), 화목제의 감사 희생에서도 누룩 넣어 구운 유교병을 드렸습니다(레 7:13). 그러나 누룩을 넣은 유교병은 태워서 하나님께 드릴 수 없었고, 요제나 거제로 드려져서 제사장에게로 돌려야 했습니다(레 2:12, 7:13-14, 23:20, 민 15:20-21).[11]

예수님께서는 종교 지도자들의 거짓 교훈과 외식을 누룩으로 비유하셨습니다(마 16:6, 12, 눅 12:1). 누룩은 순식간에 퍼지는 성질이 있으므로 우리는 늘 거짓 교훈과 외식을 조심해야 합니다(갈 5:9). 나아가 우리 자신이 순전하고 진실한, 누룩 없는 자가 되어야 합니다(고전 5:7-8).

### ② 꿀의 사용 금지

레위기 2:11 하반절에서 "누룩이나 꿀을 여호와께 화제로 드려 사르지 못할지니라"라고 말씀하고 있습니다. 꿀에 대해서도 히브리어 '로'(לֹא)가 사용되어, '절대로 꿀을 넣지 말라'라고 지속적이고 강력한 금지의 명령으로 말씀하고 있습니다.

꿀은 히브리어 '데바쉬'(דְּבַשׁ)로, 벌을 통해 얻는 꿀(삿 14:8-9)과 대추야자 등 식물에서 흘러나오는 당분 등을 총칭합니다. 고대 사회에서 꿀은 음식의 가장 중요한 감미료로서 소중하게 여겨졌습니다(참고-출 16:31, 잠 24:13, 겔 27:17). 이에 꿀은 하나님 말씀의 달고 오묘함을 의미하기도 하지만(시 19:10, 119:103), 세상적인 쾌락과 유혹을 의미하기도 합니다(잠 5:3).

하나님께 소제로 드려지기 위해서는 세상적인 쾌락과 유혹을 이긴 자가 되어야 합니다(잠 5:3, 요일 2:15-17). 그러한 자가 일락을 이김으로 믿음이 살아있는 자, 온전히 열매를 맺는 자가 됩니다(눅 8:14, 롬 8:5, 딤전 5:6). 레위기 2:12에서는 "처음 익은 것으로는 그것을 여호와께 드릴지나 향기로운 냄새를 위하여는 단에 올리지 말지며"라고 말씀하고 있습니다. 첫 것을 드리는 소제물로서 누룩과 꿀을 가지고 올 수 있지만(레 23:17, 대하 31:5), 이를 태워서 하나님께 향기로운 냄새로 드릴 수는 없었고 제사장의 몫으로 돌려야 했습니다.

### ③ 소금을 모든 소제물에 더함

레위기 2:13에서 "네 모든 소제물에 소금을 치라 네 하나님의 언약의 소금을 네 소제에 빼지 못할지니 네 모든 예물에 소금을 드릴지니라"라고 말씀하고 있습니다.

고대 사회에서 소금은 가장 대표적인 방부제로, 부패와 불결을 방지하고, 썩지 않고 상하지 않고 변하지 않는 성질을 가지고 있습니다(참고-왕하 2:20-21, 겔 16:4). 또한 소금은 고대 사회에서 불이나 시간 및 그 어떤 도구로도 파괴할 수 없는 물질로 여겨졌습니다. 따라서 소제물에 치는 소금은 하나님과 사람 사이의 언약의 불변성과 영원성을 나타내는 것입니다(참고-출 30:35). 레위기 2:13에서 "언약의 소금"이라고 말씀하고 있으며, 민수기 18:19에서도 "이는 여호와 앞에 너와 네 후손에게 변하지 않는 소금 언약이니라"라고 말씀하고 있습니다(대하 13:5). 이는 모든 제사를 반드시 하나님과의 언약 관계 안에서 드려야 함을 강조하고 있습니다(시 50:5, 참고-막 9:50).

소금이 없는 소제물은 믿음 없이 형식만을 갖춘 언약 관계 밖의 예배를 의미합니다(참고-욥 6:6). 모든 소제물에 소금이 없어서는 안 되는 것처럼, 성도는 하나님의 임재를 경험하며 언약 안에서 예배를 드려야 합니다.

## 3. 드리는 방법

Method of offering

레위기 2장에서는 소제를 드리는 방법에 대해 제물을 드리는 형태에 따라 세 가지로 나누어 설명하고 있습니다. 각 방법은 고운 가루로 드리는 형태와, 요리를 해서 드리는 형태와, 첫 이삭으로 드리는 형태입니다. 어떠한 형태로 소제를 드리든 소금은 반드시 들어가야 하며(레 2:13), 누룩과 꿀은 넣어서는 안 됩니다(레 2:11).

레위기 6장에서는 제사장이 드리는 소제에 대한 규례를 설명하고 있습니다(레 6:19-23).

### (1) 고운 가루로 드리는 소제(레 2:1-3)

| 1 | **제사인이 고운 가루로 예물을 삼아 그 위에 기름을 붓고 그 위에 유향을 놓고 제사장들에게 가지고 옵니다.** / 레 2:1-2上 |
|---|---|

레위기 2:1-2 상반절에서 "누구든지 소제의 예물을 여호와께 드

리려거든 고운 가루로 예물을 삼아 그 위에 기름을 붓고 또 그 위에 유향을 놓아 2 아론의 자손 제사장들에게로 가져올 것이요"라고 말씀하고 있습니다. 유향을 소제물 위에 놓은 것은 소제를 불로 태울 때 향이 위로 피어오르게 하기 위한 것입니다.

## 2 제사장이 고운 기름 가루 한 줌과 유향을 취하여 단 위에서 불살라야 합니다. / 레 2:2下, 6:14-15

레위기 2:2 하반절에서 "제사장은 그 고운 기름 가루 한 줌과 그 모든 유향을 취하여 기념물로 단 위에 불사를지니 이는 화제라 여호와께 향기로운 냄새니라"라고 말씀하고 있습니다. 여기 '한 줌'은 히브리어 '멜로 쿠므초'(מְלֹא קֻמְצוֹ)인데, 이를 직역하면 '그의 주먹 가득히'라는 뜻입니다. 이는 아까워하는 마음 없이 자신의 손에 쥘 수 있는 만큼 풍성하게 하나님께 드리는 자세를 의미합니다. 유대 전승에 따르면, 제사장이 오른손을 소제물에 넣을 때 엄지와 새끼손가락을 펴고 나머지 세 손가락으로 소제물을 집어 들어 올렸다고 합니다.

제사장의 입장에서 기록된 레위기 6:15에서도 "그 소제의 고운 기름 가루 한 움큼('쿠므초')과 소제물 위의 유향을 다 취하여 기념물로 단 위에 불살라 여호와 앞에 향기로운 냄새가 되게 하고"라고 말씀하고 있습니다. 여기 '기념물'은 히브리어 '아즈카라'(אַזְכָּרָה)로, '기억하다'라는 뜻의 '자카르'(זָכַר)에서 파생되었으며, '기억하게 하는 것'을 의미합니다. '아즈카라'는 소제가 발휘하는 영적 가치를 가르쳐 주는 매우 중요한 단어입니다. 이는 하나님의 마음을 움직여 미쁘신 하나님께서 과거에 약속하신 언약을 기억하시게 함을 의미합니다. 이 기념물이 화제로 올라갈 때 여호와께 향기로운 냄새가 되는 것입니다. 칠십인경에서는 '기념물'을 '므네모쉬논'(μνημόσυνον)으로 번역했는데, 이달리야의 군대 백부장 고넬료의 "기도와 구제가 하나님 앞에 상달하여 기억하신 바가 되었으니"(행 10:4)라는 말씀에서 '기억하신 바'에 동일한 단어가 쓰였습니다.

소제물을 단 위에 불사름

하나님께서는 기념물로 바치는 소제물을 단 위에 불사르라고 명령하셨습니다. 여기서 '불사르다'는 히브리어 '카타르'(קָטַר)로, '연기로 올라가게 하다, 향을 피우다'라는 뜻이며, 분향을 나타내는 단어로 많이 사용됩니다(출 30:7-8, 40:26-27, 민 5:26, 16:40, 대하 13:11, 참고-아 3:6).

## 3 기념물로 드려진 소제물 이외에 남은 것은 아론과 그 자손들의 몫이 되었습니다. / 레 2:3, 10, 6:16-18

제사장이 기념물로 바치는 소제물을 불사른 후 나머지 부분은 아론과 그 자손들의 몫이 되었는데 이를 '지극히 거룩한 것'이라고 합니다(레 2:3, 10). '지극히 거룩한 것'은 히브리어로 '코데쉬 카다쉼'(קֹדֶשׁ קָדָשִׁים)으로, '거룩함'이라는 뜻의 '코데쉬'(קֹדֶשׁ)가 반복하여 사용된 최상급의 표현입니다. 이를 '지성물'이라고도 합니다(출 30:29, 레 21:22, 민 4:4, 19). 지성물은 하나님의 소유로 구별된 성물이나 제물, 재산 같은 것으로(레 27:28), 지성물에 접촉하는 것은 다 거룩하여집니다(출 30:29, 레 6:18下).

소제로 드리고 남은 지성물은 아론과 그 아들들이 누룩을 넣지 않고 거룩한 곳 회막 뜰에서 먹었습니다(레 6:16-17). 레위기 6:18에서는 "무릇 아론 자손의 남자는 이를 먹을지니 이는 여호와의 화제 중에서 그들의 대대로 영원한 소득이 됨이라 이를 만지는 자마다 거룩하리라"라고 말씀하고 있습니다. 여기 '무릇 아론 자손의 남자'는 히브리어 '콜 자카르 비브네 아하론'(כָּל־זָכָר בִּבְנֵי אַהֲרֹן)으로, 직역하면 '아론의 자손 중의 모든 남자'라는 뜻이며, 구체적으로 모든 제사장을 가리킵니다. 지성물은 모든 제사장에게 주어지는 제사장의 몫으로 '대대로 영원한 소득'이며, 이것을 만지는 자마다 거룩해집니다. 여기 '소득'은 히브리어 '호크'(חֹק)로, 본래 '규례, 율례'라는 의미이며, 한글 개역성경이 의역한 것입니다. 지성물은 회막 밖으로 나가지 못하고 회막 안에서 다 먹어야 한다는 점에서 '호크'는 '소득'보다는 '규례'로 번역해야 합니다.

만지는 자마다 거룩함을 얻는 지성물은 예수 그리스도의 십자가에 닿는 자마다 거룩하게 변화되는 것을 예표합니다(고전 1:30, 참고-요일 1:1).

### (2) 요리를 해서 드리는 소제(레 2:4-10)

요리를 해서 소제의 예물을 드리는 방법은 화덕에 구운 것의 소제와 번철에 부친 것의 소제, 솥에 삶은 것의 소제가 있습니다. 요리로 소제를 드릴 때에도 반드시 고운 가루를 사용하였습니다.

### ① 화덕에 구운 것으로 드리는 소제(레 2:4)

레위기 2:4에서 "네가 화덕에 구운 것으로 소제의 예물을 드리려거든 고운 가루에 기름을 섞어 만든 무교병이나 기름을 바른 무교전병을 드릴 것이요"라고 말씀하고 있습니다. 여기 '화덕'은 히브리어 '탄누르'(תַּנּוּר)이며, 땅을 파서 진흙으로 쌓아 올려 만든 화덕을 가리킵니다. 고대 근동의 사람들은 밀이나 보리로 반죽을 만들어 숯불을 피운 화덕 벽면에 붙여서 빵을 구웠습니다.

고대 근동의 화덕

무교병은 누룩이 없는 빵이요 무교전병은 누룩이 없는 얇은 과자입니다. '무교병'은 히브리어 '할로트 맛초트'(חַלּוֹת מַצֹּת)입니다. 일반적으로 무교병의 히브리어는 '맛초트'(מַצּוֹת)인데, 레위기 2:4에는 '할로트'(חַלּוֹת)라는 단어가 추가되어 있습니다. '할로트'는 '할랄'(חָלַל)에서 파생되었는데, '찌르다, 죽이다'라는 뜻입니다. 이사야 53:5에서 메시아가 당하실 고난에 대해 "그가 찔림은 우리의 허물을 인함이요 그가 상함은 우리의 죄악을 인함이라 그가 징계를 받음으로 우리가 평화를 누리고 그가 채찍에 맞음으로 우리가 나음을 입었도다"라고 말씀하고 있습니다. 여기 '찔림'이 히브리어로 '할랄'(חָלַל)입니다. 이처럼 '할로트'는 찔러서 구멍이 난 둥글납작한 빵입니다.

'무교전병'은 히브리어 '라키크 맛초트'(רָקִיק מַצּוֹת)로, 여기서 '라키크'는 '매우 납작한 과자'를 의미합니다. 말하자면 두드려서 납작하게 만든 빵입니다. 이는 로마 군병들이 예수님을 납작 엎드러뜨린 후 그 허리를 땅같이 밟고 지나간 일을 연상시킵니다. 일찍이 이사야 선지자는 메시아가 당할 수욕에 대하여 "그 잔을 너를 곤고케 하던 자들의 손에 두리라 그들은 일찍이 네게 이르기를 엎드리라 우리가 넘어가리라 하던 자들이라 너를 넘어가려는 그들의 앞에 네가 네 허리를 펴서 땅 같게, 거리 같게 하였느니라 하시니라"(사 51:23)라고 예언하였습니다.

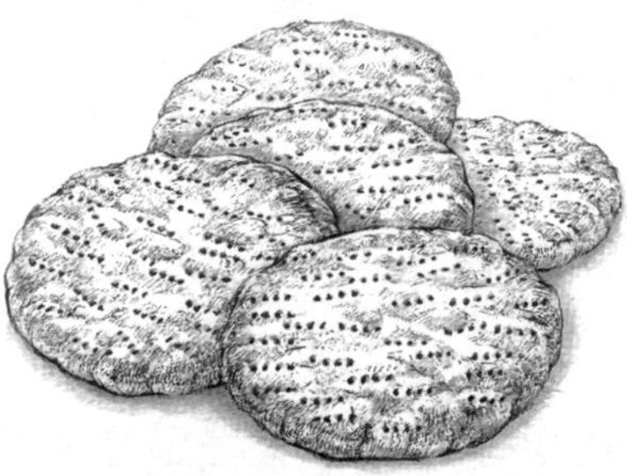

무교병 / חַלּוֹת מַצֹּת
'할로트 맛초트'

무교전병 / רָקִיק מַצּוֹת
'라키크 맛초트'

이처럼 화덕에 구운 두 가지 소제물은 다 그 어원과 그 만들어진 과정을 통해 그리스도의 고난을 우리에게 상기시켜 줍니다. 예수님은 우리의 죄악을 대신 지시고 찔리시며, 납작하게 되도록 짓밟힘을 당하신 생명의 떡이십니다(요 6:48).

### ② 번철에 부친 것으로 드리는 소제(레 2:5-6)

레위기 2:5-6에서 "번철에 부친 것으로 소제의 예물을 드리려거든 고운 가루에 누룩을 넣지 말고 기름을 섞어 6 조각으로 나누고 그 위에 기름을 부을지니 이는 소제니라" 라고 말씀하고 있습니다. 번철은 볼록 튀어나온 면을 가진 넓적한 판입니다 (대상 23:29, 겔 4:3, 표준새번역·공동번역: 빵 굽는 판). 고운 가루를 번철에 부칠 때는 누룩을 넣지 말아야 하는데, 한글 개역성경의 '고운 가루에 누룩을 넣지 말고'는 히브리어 '맛차 티흐예'(מַצָּה תִהְיֶה)로, '무교병으로 하다'라는 뜻입니다. 또한 누룩 대신 기름을 섞으라고 말씀하고 있는데, 여기 '섞어'는 '섞다, 혼합하다, 혼돈하다'라는 뜻의 히브리어 '발랄'(בָּלַל)의 분사형이 사용되었습니다. 가루 알갱이들이 기름과 혼합되어 하나가 되도록 하라는 뜻으로(출 29:2, 40), 반죽을 만드는 것을 가리킵니다.

번철에 부치는 모습

또한 번철에 부친 것은 조각으로 나누어야 합니다. 레위기 2:6 상반절에서 "조각으로 나누고"라고 말씀하고 있습니다. 여기 '조각'은 히브리어 '파트'(פַּת)의 복수형으로 '여러 조각'이라는 뜻이며, '나누고'는 히브리어 '파타트'(פָּתַת)로 '박살내다, 부수다'라는 뜻입니다. 그러므로 '조각으로 나누고'를 히브리어 원문대로 번역하면 "여러 작은 조각으로 잘게 부순다"라는 뜻입니다. 그리고 6절 하반절을 볼 때, 그 위에 다시 기름을 부었습니다. 번철에 부친 것을 여러 조각으로 나눈 것은 하나님께 드리는 기념물 외에 제사장의 몫을 나눌 때 골고루 나누어주기 위한 것으로 보입니다(레 7:9-10). 이는 성만찬 때 예수님께서 제자들에게 떡을 떼어서 주시는 모습을 연상하게 합니다(마 26:26, 막 14:22, 눅 22:19).

참고로, 제사장이 드리는 소제도 번철에 구운 것을 동일한 방법으로 드렸습니다(레 6:19-23).

### ③ 솥에 삶은 것으로 드리는 소제(레 2:7)

레위기 2:7에서 "네가 솥에 삶은 것으로 소제를 드리려거든 고운 가루와 기름을 섞어 만들지니라"라고 말씀하고 있습니다. 여기 '솥'은 히브리어 '마르헤쉐트'(מַרְחֶשֶׁת)로 '속이 깊고 뚜껑이 있는 용기'를 가리킵니다. 히브리어 원문에는 '삶은 것'이라는 표현이 없으며, 이 소제물은 속이 깊은 용기에 넣고 구워서 바삭바삭하게 만든 것을 가리킵니다.

솥으로 요리하는 모습

레위기 2:8-10에서는 소제물을 요리해서 드리는 과정에 대하여 정리하고 있습니다. 먼저 8절 상반절을 볼 때, 제사인은 화덕이나 번철, 솥을 이용해서 요리한 소제물을 여호와께로 가지고 와서 제사장에게 주었습니다. '여호와께로 가져다가'라는 말씀은 제사인이 소제물을 제사장에게 주지만, 실제로 소제물을 받으시는 분은 하나님이심을 나타냅니다. 그리고 8下-9절을 볼 때, 제사장은 제사인이 드린 제물 중 기념할 것(אַזְכָּרָה, '아즈카라')을 취하여 단 위에 불살라 하나님께 드렸습니다. 마지막으로 10절을 볼 때, 기념물을 제외하고 남은 것은 지성물로 아론과 그 자손 제사장들에게 돌렸습니다.

레위기 7:9에 부가적으로 기록된 규례에 의하면, "무릇 화덕에 구운 소제물과 솥에나 번철에 만든 소제물은 그 드린 제사장에게로 돌아갈 것이니"라고 말씀하고 있습니다. 그리고 아론의 모든 자손은 기름 섞은 것이나 마른 것이나 소제물의 남은 것을 고르게 분배받았습니다(레 7:10). 레위기 2:10에서도 "소제물의 남은 것은 아론과 그 자손에게 돌릴지니 이는 여호와의 화제 중에 지극히 거룩한 것이니라"라고 말씀하고 있습니다.

화덕에 굽고 번철에 부치고 솥에서 요리할 때, 공통적으로 사용되는 것은 불입니다. 소제물을 조리하는 과정은 예수 그리스도께서 하나님의 백성을 살리시는 생명의 떡으로서(요 6:35, 48-58) 겪으신 고난을 보여주는 듯합니다.

하나님께서 소제물을 열납하셨기에 소제물의 남은 부분도 지극히 거룩하게 됩니다. 그리고 이 지성물을 먹거나 만지는 제사장마다 하나님의 거룩에 참여하게 됩니다.

### (3) 첫 이삭을 드리는 소제(레 2:12-16)

레위기 2:14-15에서 "너는 첫 이삭의 소제를 여호와께 드리거든 첫 이삭을 볶아 찧은 것으로 너의 소제를 삼되 15 그 위에 기름을 붓고 그 위에 유향을 더할지니 이는 소제니라"라고 말씀하고 있습니다. 14절에는 '첫 이삭'이라는 단어가 두 번 나오는데, 처음 나오는 '첫 이삭'은 '새끼를 낳다'라는 뜻의 히브리어 '바카르'(בָּכַר)에서 유래한 '빅쿠르'(בִּכּוּר)로, '첫 열매, 처음 익은 것'을 의미합니다. 다음으로 나오는 '첫 이삭'은 히브리어 '아비브'(אָבִיב)로, '곡식(주로 보리)의 이삭, 아직 단단해지기 전의 부드럽고 푸른 이삭'을 의미합니다. 즉, 소제물로 드리는 첫 이삭은 이제 수확을 앞둔 부드러운 보리 이삭 중 처음 것을 가리킵니다. 이 이삭을 불에 볶고 빻은 뒤에, 기름을 붓고 유향을 더하여 소제물로 드리는 것입니다. 레위기 2:16에서 "제사장은 찧은 곡식 얼마와 기름의 얼마와 모든 유향을 기념물로 불사를지니 이는 여호와께 드리는 화제니라"라고 말씀하고 있습니다. 제사장은 제사인이 가지고 온 첫 이삭의 소제물 일부와 모든 유향을 취하여 기념물로 불살라 여호와께 화제로 드렸습니다.

모든 생축의 첫 새끼가 하나님의 것이듯(출 13:1-2, 참고-출 22:29), 첫 이삭 역시 하나님의 것입니다. 그러므로 첫 이삭으로 소제를 드리는 것은 모든 것이 하나님의 소유임을 고백하는 것이며, 하나님이 최우선이라는 '하나님 제일주의 신앙'을 나타내는 것입니다(신 26:1-11, 참고-사 44:6, 48:12). 하나님 제일주의 신앙을 가질 때 반드시 복을 받습니다. 잠언 3:9-10에서 "네 재물과 네 소산물의 처음 익은 열매로 여호와를 공경하라 [10]그리하면 네 창고가 가득히 차고 네 즙틀에 새 포도즙이 넘치리라"라고 말씀하고 있습니다.

참고로, 레위기 2:11-12에서 "무릇 너희가 여호와께 드리는 소제물에는 모두 누룩을 넣지 말지니 너희가 누룩이나 꿀을 여호와께 화제로 드려 사르지 못할지니라 [12]처음 익은 것으로는 그것을 여호와께 드릴지나 향기로운 냄새를 위하여는 단에 올리지 말지며"라고 말씀하고 있습니다. 이는 누룩과 꿀은 소제물로 태워서 드릴 수 없는 것이지만 누룩과 꿀의 첫 열매는 하나님께 드릴 수 있다는 것입니다. 하지만 누룩과 꿀의 첫 열매는 화제로 태워서 드리지는 않았고, 아론의 자손 제사장들에게 분배하였습니다.

### (4) 제사장이 드리는 소제에 대한 규례(레 6:19-23)

레위기 6:14-18에서는 제사인이 드리는 소제에 대한 규례가 나와 있으며, 레위기 6:19-23에는 제사장이 드리는 소제에 대한 규례가 나와있습니다. 제사인의 소제는 레위기 2장의 소제의 내용과 동일하며 자원하는 제사입니다. 반면, 제사장의 소제는 항상 상번제와 함께 드리는 소제이기 때문에 제사인의 소제와 구별하여 추가로 기록된 것입니다.

레위기 6:20에서는 "아론과 그 자손이 기름 부음을 받는 날에 여호와께 드릴 예물은 이러하니라 고운 가루 에바 십분 일을 항상 드리는 소제물로 삼아 그 절반은 아침에, 절반은 저녁에 드리되"라고 말씀하고 있습니다. 여기 '기름 부음을 받는 날'은 제사장 위임식을 드리는 날을 가리키는 것이 아닙니다. 왜냐하면, 20절 하반절에 이 소제물을 '항상 드리는 소제물'이라고 하였으며, 실제로 아론과 아들들을 제사장으로 위임할 당시 드렸던 소제의 제물(무교병 한 개와 기름 섞은 떡 한 개와 전병 한 개)과는 양에 차이가 있기 때문입니다(레 8:26-28). 따라서 여기 '기름 부음을 받는 날에'에서 '~에'에 해당하는 히브리어 전치사 '베'(בְּ)는 '~로부터'로 해석하여 '아론과 그 자손이 기름 부음을 받은 날로부터'라는 뜻으로 보아야 합니다. 위임받은 제사장은 매일 아침과 저녁에 상번제와 함께 소제를 드리되, 기름 사분의 일 힌을 섞은 고운 가루 에바 십분의 일에 독주의 전제를 더하여 하나님께 향기로운 냄새로 드렸습니다(레 6:20-21, 민 28:5, 7).

레위기 6:22에서 "이 소제는 아론의 자손 중 기름 부음을 받고 그를 이어 제사장 된 자가 드릴 것이요 영원한 규례로 여호와께 온전히 불사를 것이니"라고 말씀하고 있습니다. 여기 '드릴 것이요'는 '일하다, 이루다, 만들다'라는 뜻의 히브리어 '아사'(עָשָׂה)의 3인칭 남성 단수 간접명령형(Jussive)으로, 아론의 자손 대제사장 개인에게 소제물을 준비할 것을 명령하는 것입니다. 이는 반드시 지켜야 할 '영원한 규례'(חֹק עוֹלָם, '호크 올람')로 강조되었습니다.

평민의 소제물은 화제로 드린 가루 한 움큼 외에는 모두 제사장들의 몫이 되었습니다(레 6:15-16). 그러나 제사장의 소제물은 제사장들이 전혀 먹을 수 없었으며, 모두 번제단 위에 불살라서 하나님께 온전히 드려져야 했습니다(레 6:22-23). 이는 제사장들의 삶은 온전히 하나님께 드려지는 삶이 되어야 함을 나타냅니다. 레위기 6:22의 “이 소제는 아론의 자손 중 기름 부음을 받고 그를 이어 제사장 된 자가 드릴 것이요”에 나오는 ‘제사장’은 히브리어 정관사 ‘하’(·הַ)가 포함된 ‘하코헨’(הַכֹּהֵן, 뜻-그 제사장)으로, ‘대제사장’을 가리킵니다. 그러므로 특별히 대제사장의 삶은 온전히 하나님께 드려야 합니다. 대제사장으로 오신 예수님께서는(히 2:17, 3:1, 4:14-15, 5:5, 10, 6:20, 7:26, 8:1, 9:11) 자신의 전 생애를 온전히 바치셨습니다.

## 4. 소제의 목적

Purpose of the grain offering

소제는 번제나 화목제와 함께 드렸습니다. 번제를 통해 죄를 사함받은 제사인은 소제를 통해 하나님 앞에 자원하는 심령으로 곡식의 가루나 요리물, 첫 열매, 기름과 유향을 불태워 드리면서 하나님께 감사하며 성결한 생애를 다짐하였습니다.

### (1) 하나님 앞에 감사를 표하기 위함입니다.

‘소제’로 번역된 히브리어 ‘민하’(מִנְחָה)는 ‘선물을 주다’라는 뜻의 ‘마나흐’(מָנַח)에서 유래하여 기본적으로 ‘선물, 공물’의 의미를 가집니다. 고대 사회에서 지배를 받는 나라는 지배하는 나라의 왕에게 정기적으로 공물을 바쳐 서로의 주종 관계를 확인하고 충성을 표현하였는데(삿 3:15, 시 72:10, 사 39:1, 참고-삼상 10:27), 이 '공물'이 '민하' 입니다. 따라서 소제는 하나님의 보배로운 언약 백성이 된 이스라엘이 하나님께 충성과 감사를 표현하기 위해서 바치는 제사입니다.

하나님께서 주신 것에서 첫 것을 취하여 드리는 소제 또한 하나님께서 주신 것에 대한 감사의 의미를 담고 있으며(신 26:10-11), 고운 가루나 다양한 방식으로 요리하는 등 제사인의 마음에서 우러나오는 다양한 형태로 감사를 표현할 수 있었습니다.

### (2) 성결을 다짐하기 위함입니다.

소제를 드릴 때에는 반드시 소금과 유향을 함께 드렸습니다(레 2:1, 13). 소금은 하나님의 언약을 상징하는 것이며, 유향은 하나님 앞에 순결한 모습을 나타냅니다(레 24:7, 참고-아 3:6, 4:6, 14).

그런데 아내가 다른 사람과 동침한 것에 대한 의심이 생겼을 때 제사장에게 가서 드리는 '의심의 소제'에는 기름과 유향이 금지되었습니다(민 5:12-15). 민수기 5:15에서 "그 아내를 데리고 제사장에게로 가서 그를 위하여 보리 가루 에바 십분지 일을 예물로 드리되 그것에 기름도 붓지 말고 유향도 두지 말라 이는 의심의 소제요 생각하게 하는 소제니 곧 죄악을 생각하게 하는 것이니라"라고 말씀하고 있습니다. 이는 의심의 소제가 죄에 대한 의심으로 말미암았기 때문에 기쁨을 상징하는 기름과 순결을 상징하는 유향을 금지했던 것입니다.

소제는 다른 제사에 동반된다는 점에서 그 중요성을 간과하기 쉽습니다. 그러나 성경은 5대 제사 전체를 가리킬 때에도 '소제'라는 표현을 사용하였습니다. 구체적으로, 매일 드리는 제사나(왕상

18:29, 스 9:5-6, 단 9:21), 제사 전체(삼상 2:17, 29, 말 3:4)를 가리킬 때 '소제'를 뜻하는 히브리어 '민하'로 표현하였습니다.

**사무엘상 26:19** "청컨대 내 주 왕은 이제 종의 말을 들으소서 만일 왕을 격동시켜 나를 해하려 하는 이가 여호와시면 여호와께서는 **제물**('민하')을 받으시기를 원하나이다마는 만일 인자들이면 그들이 여호와 앞에 저주를 받으리니 이는 그들이 이르기를 너는 가서 다른 신들을 섬기라 하고 오늘날 나를 쫓아내어 여호와의 기업에 붙지 못하게 함이니이다"

**이사야 19:21** "여호와께서 자기를 애굽에 알게 하시리니 그날에 애굽인이 여호와를 알고 제물과 **예물**('민하')을 그에게 드리고 경배할 것이요 여호와께 서원하고 그대로 행하리라"

칠십인경은 '소제'를 전반적인 제사 전체를 가리키는 헬라어 '뒤시아'(θυσία)로 번역하였습니다(참고-마 9:13, 12:7, 막 12:33, 눅 2:24, 13:1, 엡 5:2, 롬 12:1, 히 5:1). 이는 소제가 단순히 다른 제사에 곁들여지는 제사가 아니라, 전체를 대표할 만큼 중요한 제사임을 의미합니다.

**빌립보서 4:18** "내게는 모든 것이 있고 또 풍부한지라 에바브로디도 편에 너희의 준 것을 받으므로 내가 풍족하니 이는 받으실만한 향기로운 **제물**('뒤시아')이요 하나님을 기쁘시게 한 것이라"

**히브리서 13:16** "오직 선을 행함과 서로 나눠주기를 잊지 말라 이 같은 **제사**('뒤시아')는 하나님이 기뻐하시느니라"

## 5. 구속사적 의미
Redemptive-historical significance

성경에 제사에 관하여 처음으로 기록된 가인과 아벨의 제사에서 가인의 '제물'과 아벨의 '제물'에 '소제'라는 뜻의 히브리어 '민하'(מִנְחָה)를 사용하고 있습니다(창 4:3-5). 아담의 범죄로 말미암아 사망의 종이 된 인간(롬 6:23, 벧후 2:19)에게는 희생이 필요하였습니다. 희생이 없었던 가인의 제사는 열납되지 않았지만(창 4:7), 믿음으로 가장 귀한 것을 희생하여 드렸던 아벨의 제사는 열납되었습니다(히 11:4). 만약 그때 가인이 자신의 죄를 깨닫고 아벨을 중보자로 내세워 다시 제사를 드렸다면 하나님께서 열납하셨을 것입니다. 이는 5대 제사 규례에서 소제가 왜 대부분 다른 희생제사와 함께 드려지는지를 설명해줍니다.

소제의 가장 큰 특징은 희생제물 없이 곡식을 고운 가루로 갈아서 드린다는 점입니다. 5대 제사의 다른 제사는 제물의 희생을 통해 생명을 드리지만, 소제는 곡식의 열매를 드립니다. 희생제물을 잡아서 온전히 화제로 드리는 번제가 예수님의 온전한 희생을 보여준다면, 소제는 예수 그리스도께서 이 땅에서 온전히 헌신하신 생애를 보여줍니다(참고-고전 15:20, 23).

무거운 맷돌에 갈려서 터지고 부서져서 가루가 되는 소제물처럼, 예수님께서는 자기 몸을 찢어 죽기까지 순종하셨습니다(시 22:14-17). 가장 믿고 의지해야 할 가족조차도 예수님을 미쳤다며 붙잡으려 하였고(막 3:21), 예수님께서 십자가를 향해 나아가시는 순간에 사랑하는 제자들은 다 주를 버리고 도망하였습니다(마 26:56, 막 14:50). 요한복음 12:24을 볼 때 예수님께서는 자신이 한 알의 밀로 죽으실 것을 선언하면서 "내가 진실로 진실로 너희에게 이르노니 한 알의 밀이 땅에 떨어져 죽지 아니하면 한 알 그대로 있고 죽으면 많은 열매를 맺느니라"라고 말씀하셨습니다. 밀알이 맷돌에 들어가 깨어지고 부서져 고운 가루가 되었듯이, '생명의 떡'이 되시는 예수님께서는 십자가에서 성체(聖體)가 깨어지고 모든 뼈가 어그러지는 지경에서 물과 피를 다 쏟으심으로 우리에게 구원을 선물로 주신 것입니다(요 6:35, 58).

고운 가루를 만들기 위해서는 일반 밀가루보다 훨씬 많은 수고와 정성이 필요합니다. 하나님께서 사람을 지으실 때도 '고운 흙'으로 지으셨습니다. 여섯째 날에 각종 들짐승과 공중의 각종 새를 만드실 때 사용된 '흙으로'(창 2:19)는 히브리어 '민 하아다마'(מִן־הָאֲדָמָה)이지만, 사람의 창조에 사용된 '흙으로'(창 2:7)는 '아파르 민 하아다마'(עָפָר מִן הָאֲדָמָה)로, '고운 먼지'를 가리키는 '아파르'(עָפָר)가 추가되어 있습니다. 고운 흙으로 가장 존귀하게 지음받은 사람(창 1:27, 시 16:3, 139:13-14, 사 43:4, 49:5) 역시 하나님 앞에 고운 가루로 드려져야 합니다(참고-대상 29:14).

소제에 사용되는 고운 가루는 성도에게 무엇을 교훈합니까?

### (1) 겉 사람을 벗어버리고 속 사람이 새로워져야 합니다.

고운 가루를 만들기 위해서는 가장 먼저 알곡의 겉껍질을 벗겨내고 알맹이만을 남겨야 합니다. 알맹이에는 생명이 있지만, 겨는 생명이 없습니다. 이는 겉 사람을 벗어버리고 속 사람이 새로워지는 것을 의미합니다(고후 4:16).

예레미야 23:28에서 "나 여호와가 말하노라 몽사를 얻은 선지자는 몽사를 말할 것이요 내 말을 받은 자는 성실함으로 내 말을 말할 것이라 겨와 밀을 어찌 비교하겠느냐"라고 말씀하고 있습니다. 여기서 꿈을 얻은 선지자를 겉껍질(겨)로, 하나님의 말씀을 받은 선지자를 알곡(밀)으로 말씀하고 있습니다. 겉껍질은 바람에 날아가 버리는 것이요, 환난 가운데 불타고 마는 것입니다(마 3:12, 눅 3:17, 참고-고전 3:12-15). 시편 1:4에서 "악인은 그렇지 않음이여 오직 바람에 나는 겨와 같도다"라고 말씀하고 있습니다(시 35:5). 우리는 바람에 날려가듯이 순간 사라져 버리는 무가치한 존재가 되어서는 안 됩니다. 욥기 21:18에서 "폭풍에 불려가는 겨", 호세아 13:3에서 "광풍에 날리우는 쭉정이", 이사야 17:13에서 "산에 겨가 바람 앞에 흩어짐 같겠고"라고 말씀하고 있습니다. 세상의 것으로 자신을 아무리 치장한다고 해도 하나님의 말씀의 역사 앞에서는 다 겨같이 사라지고 맙니다(단 2:34-35).

겉껍질을 벗겨내기 위해서는 이삭을 말리거나 굽고, 타작하며, 맷돌로 여러 차례 가는 수고가 필요합니다. 우리도 외식하는 겉 사람을 완전히 제하기 위해서는 철저하게 자신을 부수어 회개하는 수고가 있어야 합니다. 사도 바울의 "내가 이제 너희를 위하여 받는 괴로움을 기뻐하고 그리스도의 남은 고난을 그의 몸 된 교회를 위하여 내 육체에 채우노라"(골 1:24)라는 고백이 곧 나의 고백이 되어야 합니다.

### (2) 성품이 곱고 부드러워져야 합니다.

고운 가루가 부드럽듯이 신앙인의 성품은 곱고 부드러워야 합니다. 사도 바울은 '그리스도 예수의 마음을 품으라'라고 명령하였습니다(빌 2:5-8). 예수님께서는 "나는 마음이 온유하고 겸손하니 나의 멍에를 메고 내게 배우라 그러면 너희 마음이 쉼을 얻으리니"라고 말씀하셨습니다(마 11:29).

야고보서 3:17에서 "오직 위로부터 난 지혜는 첫째 성결하고 다음에 화평하고 관용하고 양순하며"라고 말씀하고 있습니다. 여기 '양순하며'는 헬라어 '유페이데스'(εὐπειθεής)로, '순복하는, 고분고분한, 다루기 쉬운'이라는 뜻입니다. 고운 가루는 다루기가 쉬워 손으로 잡는 대로 잡힙니다. 오늘 우리도 하나님께서 다루시기 쉬운 사람이 되어야 합니다(참고-렘 18:4). 나아가 성도 사이에도 곱고 부드러워서 하나님의 영광을 나타내는 성도가 되어야 할 것입니다.

겉껍질이 들어가지 않은 부드러운 고운 가루에 기름과 유향, 소금이 더해질 때 새로운 형태로 빚어지게 됩니다. 이처럼 통회 자복하고 은혜에 대해 감사하는 자를 하나님께서 성령의 역사와 언약의 말씀으로 새롭게 빚어주십니다(눅 4:18, 고전 12:3, 참고-계 5:8, 8:3-4).

### (3) 심판을 이기고 곡간에 저장되어야 합니다.

쭉정이는 껍질만 있고 속이 비어있는 곡식입니다. 쭉정이는 꺼지지 않는 불에 태워지지만, 알곡은 곡간에 저장이 됩니다. 쭉정이 같은 자는 심판을 받지만, 알곡 같은 자는 심판을 받지 않습니다. 마태복음 3:12에서 "손에 키를 들고 자기의 타작마당을 정하게 하사 알곡은 모아 곡간에 들이고 쭉정이는 꺼지지 않는 불에 태우시리라"라고 말씀하고 있습니다(눅 3:17).

느부갓네살의 꿈에 나타났던 금신상이 아무리 거대하다 할지라도 뜨인 돌에 의해 부서져 여름 타작마당의 겨같이 되어 바람에 불려 간 곳이 없었지만, 우상을 친 돌은 태산을 이루어 온 세계에 가득하였습니다(단 2:34-35). 우리는 심판을 받는 겨와 같은 인생이 되어서는 안 될 것입니다. 오직 예수 그리스도를 믿고 삶의 열매를 맺는 가운데, 심판을 이기고 천국 곡간에 들어가는 성도가 되어야 합니다(약 2:13).

'소제'의 히브리어 '민하'(מִנְחָה)는 넓은 의미로, 제물의 종류와 상관없이 높으신 분에게 드리는 '공물, 예물'(tribute)을 나타냅니다(창 4:4-5, 삿 3:15, 17-18, 삼하 8:2, 6, 왕하 17:3-4, 대상 18:2, 6, 대하 17:5, 11, 26:8, 시 72:10, 호 10:6). 고대 사회에서 '민하'는 백성이 그 통치자를 인정하는 고백의 의미를 가집니다. 따라서 만왕의 왕이시요, 만주의 주이신 예수 그리스도의 통치를 받는 성도는 믿음으로 각종 '민하'를 드려야 합니다(딤전 6:15, 계 17:14, 19:16).

예수님을 영접하기 위하여 동방박사들은 가지고 온 황금과 유향과 몰약을 예물로 드렸습니다(마 2:11). 여기 '예물'은 '소제'를 가리키는 히브리어 '민하'(מִנְחָה)에 대응하는 헬라어 '도론'(δῶρον)입니다. 오늘날 우리는 하나님께 자신을 예물로 드리되(롬 6:22, 7:4, 빌 1:11, 골 1:6, 계 14:4) 누룩이 없는 순전함과 진실함의 떡으로 빚어서 드려야 합니다(고전 5:7-8).

# 성경에 기록된 주요 소제들
Major Grain Offerings Recorded in the Bible

## 1 상번제와 함께 드린 소제 / 출 29:38-41

대제사장을 통한 상번제는 제사장 위임식을 마친 다음 날, 제사장 취임식과 함께 시작되었습니다(레 9:16-17). 상번제로 매일 아침과 저녁에 일 년 된 흠 없는 숫양을 한 마리씩 드릴 때, 항상 고운 밀가루와 기름으로 소제를 함께 드렸습니다(출 29:38-41).

상번제와 함께 드리는 소제나 상번제 전체를 가리켜 '항상 드리는 소제'(느 10:33), '아침 소제'(왕하 3:20), '저녁 소제'(민 28:8, 왕상 18:29, 36), '아침 번제와 저녁 소제'(왕하 16:15)라고 합니다. 에스겔이 본 이상 속 새 성전에서는 아침의 상번제만 드리는데, 이때도 번제와 함께 소제를 드렸습니다(겔 46:14).

## 2 의심의 소제 / 민 5:11-31

남편이 아내의 순결에 대한 의심이 생기는 경우, '생각하게 하는 소제 곧 의심의 소제'로 보릿가루 에바 십분의 일을 기름도 붓지 않고 유향도 두지 않고 드렸습니다(민 5:11-15).

의심의 소제를 드리는 절차는 다음과 같습니다(민 5:16-30).

① 여인으로 가까이 오게 하여 여호와 앞에 세운다.
② 토기에 거룩한 물을 담고, 성막 바닥의 티끌을 취하여 물에 넣는다.
③ 그 여인으로 머리를 풀게 하고 '생각하게 하는 소제물, 곧 의심의 소제물'을 그 손에 둔다. 소제의 제물로, 보릿가루 에바 십분의 일을 예물로 드리되, 그것에 기름도 붓지 말고 유향도 두지 말아야 한다.
④ 제사장은 저주가 되게 할 쓴 물을 자기 손에 둔다.
⑤ 여인으로 저주의 일을 맹세하게 한다.

⑥ 제사장이 저주의 말을 두루마리에 써서 그 글자를 쓴 물에 빨아 넣는다.
⑦ 제사장이 여인의 두 손에 둔 의심의 소제물을 취해 여호와 앞에 흔들고, 단으로 가지고 가서 그중에서 기념으로 한 움큼을 취하여 단 위에 소화한 후, 제사장이 여인으로 그 저주가 되게 하는 쓴 물을 마시게 한다.
⑧ 저주의 쓴 물의 결과를 기다린다. 무죄하면 아무리 쓴 물을 마셨어도 아무 해를 받지 않고 다시 잉태하게 되고, 죄가 있으면 배가 붓고 넓적다리*가 떨어지면서 백성 중에서 저줏거리가 된다.

의심받던 아내의 순결이 인정되더라도 그 남편은 무죄합니다(민 5:31). 이는 남편이 자신의 의심을 모두 하나님께로 의탁했기 때문이며, 가정의 순결과 화목을 위한 소제였기 때문입니다.

## 3 마노아의 소제 / 삿 13:2-23

단 지파의 마노아의 아내가 잉태하지 못했었는데, 그 여인에게 여호와의 사자가 나타나 아들을 낳을 것을 말씀하였습니다(삿 13:2-5). 마노아가 아내가 만났던 여호와의 사자를 만나게 해달라고 재차 기도하는 가운데, 하나님께서 그 기도에 응답하사 여호와의 사자가 다시 마노아의 집을 찾아갔습니다.

마노아가 '이 아이를 어떻게 길러야 하는지' 묻자, 여호와의 사자는 '포도나무의 소산을 먹지 말며 포도주와 독주를 마시지 말며 무릇 부정한 것을 먹지 말라'라고 하였습니다(삿 13:12-14). 이어서 마노아가 여호와의 사자의 이름을 묻자, '기묘'라고 대답하였고(참고-사 9:6), 마노아는 번제를 위한 염소 새끼 하나와 소제물을 취하여 반석 위에서 여호와께 드렸습니다(삿 13:17-19上). 여기 소제물은 아들을 나실인으로 드리게 될 것에 대해 감사하는 마음으로 드린 것입니다(레 6:15). 그러자 여호와의 사자가 이적을 행하여 불꽃이 단에서부터 하늘로 올라갔으며, 동시에 여호와의 사자가 단 불꽃 가운데로 좇아 올라갔습니다(삿 13:20).

마노아의 아내는 아이를 낳아 이름을 삼손이라 하였습니다(삿 13:24-25).

* 배가 붓고 넓적다리가 떨어진다는 것은 유산과 성적 기능 상실, 불임의 저주를 의미한다.

## 4 아하스왕의 다른 단에서 드린 상번제의 소제 / 왕하 16:10-18

남 유다 제12대 왕 아하스는 앗수르 왕 디글랏 빌레셀을 만나러 다메섹에 갔다가, 거기서 본 이방 신의 단을 제사장 우리야에게 그대로 만들도록 하여 그 단에서 자기의 번제와 소제를 드렸습니다(왕하 16:10-13).

아하스는 성소의 놋단을 마음대로 제단 북편으로 옮겼고, '아침 번제와 저녁 소제와 왕의 번제와 소제, 모든 국민의 번제와 소제와 전제'를 다 새로 만든 단에서 드리도록 하였습니다(왕하 16:14-16). 그러나 이 제사는 하나님께서 정하신 단에서 드리지 않았기에 잘못된 제사입니다.

## 5 예루살렘 함락 후 소제를 드리고자 했던 팔십 인의 순교 / 렘 41:5-10

주전 586년 4월 9일에 예루살렘이 함락된 후, 느부사라단은 예루살렘의 성전과 건물을 불태우고 성벽을 파괴하였습니다(왕하 25:8-10, 렘 52:12-14). 대다수의 백성이 포로로 잡혀가고, 빈천한 자들만 예루살렘에 남아서 포도원을 관리하는 자와 농부가 되었습니다(렘 25:8-14, 52:15-16).

이에 북 이스라엘 지역인 세겜, 실로, 사마리아에서 80명의 순례자들이 소제물과 유향을 가지고 예루살렘으로 찾아왔습니다. 이들은 수염을 깎고 옷을 찢고 몸을 상하게 하였는데, 이는 하나님의 이름을 두신 예루살렘과 성전이 파괴된 것에 대한 극도의 슬픔을 표현한 것이었습니다(신 12:5-6). 성전이 파괴되어 단에 화제로 드리거나 번제단이나 분향단에 피를 뿌리는 희생제사를 드릴 수 없었기에, 이들은 희생제물 대신 소제물과 유향으로 제사를 드리려 했습니다.

그러나 예루살렘 총독 그달리야(그달랴)를 살해한 이스마엘은, 거짓으로 울면서 순례자들을 맞이한 후 80명 중 70명의 순례자를 살해하여 웅덩이에 던졌습니다(렘 41:5-9). 예루살렘 회생의 소망을 끊어버렸던 이 사건은 남 유다 멸망 당시의 참혹한 타락상을 보여줍니다.

## 6 소제의 끊어짐과 회복

언약 백성이 하나님의 말씀에 불순종함으로 징계를 받아 땅에 소산이 끊어지는 것은, 곧 소제가 끊어지는 것과 연결됩니다(신 28:38-42).

남 유다 요아스왕과 아마샤왕 때 활동한 요엘 선지자는 당시의 타락상에 대해서 '소제와 전제가 끊어지고, 여호와께 수종 드는 제사장이 슬퍼한다'라고 하였습니다(욜 1:9, 13). 또한 동시대에 북 이스라엘에서 활동하던 아모스 선지자 역시 '번제나 소제를 드려도 하나님께서 받지 아니하실 것이며 화목제도 돌아보지 아니하신다'라고 선포하였습니다(암 5:22). 남 유다가 멸망한 후, 다니엘 선지자는 그의 사역 말기에 매일 드리는 제사가 폐하여질 것을 예언하였습니다(단 8:11-13, 11:31, 12:11).

그러나 선지자들은 소제가 회복되는 소망의 날이 있음을 선포하였습니다. 요엘 선지자는 이스라엘이 금식하며 울며 애통하여 회개한다면, 하나님께서 마음과 뜻을 돌이키시고 복을 끼치사 소제와 전제를 다시 드리게 하실 것이라고 선포하였습니다(욜 2:12-14). 예레미야 선지자는 '다윗에게 의로운 가지가 나는 그날에 하나님 앞에서 번제와 소제와 다른 제사를 항상 드릴 레위 사람 제사장이 끊어지지 않게 될 것'을 예언하였고(렘 33:14-18), 에스겔 선지자는 새 성전의 이상을 통하여 소제가 드려지는 모습을 목격하였습니다(겔 45:17, 24, 46:5, 7, 11, 14, 46:20).

# III
# 화목제
## PEACE OFFERING

| 화목제 | שְׁלָמִים / θυσία σωτηρίου / Peace Offering<br>레 3:1-17, 7:11-36 |
|---|---|

### 개요

**(1) 어원적 의미**

화목제는 히브리어 '쉘라밈'(שְׁלָמִים)으로, '평화롭다, 온전하다, 회복하다'를 뜻하는 '샬람'(שָׁלַם)에서 유래하였다. 헬라어로는 '뒤시아 소테리우'(θυσία σωτηρίου)로, '구속, 구원, 화목제'라는 뜻이다. 화목제는 죄로 말미암아 단절되었던 관계를 회복하는 제사임을 의미한다.

**(2) 화목제를 드리는 경우**

① **개인적인 화목제**: 감사제(고백제, 레 7:11-15, 22:29-30), 서원제(레 7:16-18, 22:18-25), 낙헌제(자원제, 레 7:16-18, 22:18-25)

② **공적인 화목제**: 국가적인 경축 행사(삼하 6:17), 칠칠절과 오순절(레 23:19), 제사장의 취임식(레 9:4, 18-22) 등

### 예물과 분배

**(1) 제사인이 드리는 예물**: **제사인의 형편에 따라 드림**

소(레 3:1)와 양(레 3:6)과 염소(레 3:12)를 암수의 구별 없이 흠 없는 것을 드리되, 산비둘기나 집비둘기 새끼는 제물로 드릴 수 없다.

**(2) 예물의 분배**

① **하나님께 드리는 예물**: 내장에 덮인 기름, 내장에 붙은 모든 기름, 두 콩팥과 그 위의 기름(허리 근방에 있는 것), 간에 덮인 꺼풀(레 3:3-5, 9-11, 14-16)

② **제사장의 몫**: 요제로 드려진 제물의 가슴과 거제로 드려진 제물의 우편 뒷다리(레 7:11-14, 30-34)
③ **제사인의 몫**: 화목제는 유일하게 제사인에게도 제물의 일부가 분배됨. 하나님께 드리는 예물과 제사장의 몫을 제외한 나머지 제물(레 7:15-18)

## 드리는 방법

### (1) 제사인의 입장에서 화목제를 드리는 방법

① 제사인이 제물의 머리에 안수하고 회막 문에서 잡는다(레 3:1-2上).
② 제사장이 제물의 피를 번제단 사면에 뿌린다(레 3:2下).
③ 제사인이 잡은 제물의 기름과 가슴을 여호와께 가져간다(레 3:3-4).
④ 제사장이 제물의 기름을 화제로 하나님께 드린다(레 3:3-5, 9-11, 14-16). 제물이 어린양인 경우, '미려골에서 벤 바 기름진 꼬리'를 추가로 드린다(레 3:7, 9).
⑤ 제사장의 몫과 제사인의 몫을 분배한다(레 7:11-21, 31-34). 제물의 가슴과 우편 뒷다리는 제사장의 몫으로(레 7:31-34) 돌리고, 남은 부위는 제사인의 몫으로 돌리며 정해진 기한 내에 먹어야 한다(레 7:15-18).

### (2) 제사장의 입장에서 화목제에 추가된 규례

① **감사제(고백제)**: 희생 짐승과 함께 소제물과 유교병을 드리되 거제로 드려야 한다(레 7:12-14). 희생의 고기는 드리는 그날에 먹으며 이튿날 아침까지 남겨두지 말아야 한다(레 7:15).
② **서원제**: 감사로 서원제물과 서원물을 드려야 한다. 희생의 고기는 제사를 드린 다음 날까지 먹고, 제삼일까지 남은 것은 불살라야 한다(레 7:16-17, 19:5-8).
③ **낙헌제(자원제)**: 우양의 지체가 더하거나 덜한 것을 드릴 수 있다(레 22:23). 희생의 고기는 제사를 드린 다음 날까지 먹고, 제삼일까지 남은 것은 불살라야 한다(레 7:16-17, 19:5-8).

### (3) 화목제를 드릴 때 주의할 점

① 희생의 고기가 부정한 물건에 접촉되었으면 먹지 말고 불살라야 하며, 깨끗한 자만 그 고기를 먹어야 한다(레 7:19-21).
② 희생제물의 기름과 피를 먹지 말아야 한다(레 7:22-27).

**목적**

① 하나님과 제사인의 화목(출 20:24, 24:4-11, 참고-욥 22:21, 고후 5:20)
② 제사인과 제사장의 화목(레 7:31-34, 참고-느 10:32-39, 13:10-14)
③ 이웃과의 화목(레 7:15-18, 신 12:6-7)

**구속사적 의미**

① 화목제는 예수 그리스도께서 보배로운 피를 흘리시고 자신을 희생하심으로(벧전 1:18-19), 하나님과 사람 사이의 관계가 회복되고(엡 2:13-18) 마침내 사람과 만물의 관계가 회복될 것을 예표한다(롬 8:19-21).
② 성도는 화목하게 하는 말씀을 받아서 화목케 하는 직책을 감당해야 하고(고후 5:18-19), 이를 위해 먼저 희생하는 삶을 살아야 한다.

## 1. 개요

Overview

### (1) 어원적 의미

화목제는 한자로 '화목할 화(和), 화목할 목(睦), 제사 제(祭)'이고 영어로는 'peace offering'이며, 그 뜻은 '화목하고 평화롭게 하는 제사'입니다. 번제가 하나님 앞에 희생하는 것을 의미한다면, 화목제는 하나님과의 깊은 교제를 의미합니다.

히브리어로 볼 때 화목제 이외의 나머지 네 가지 제사는 단수로 되어 있으나, 화목제는 단수형 '쉘렘'(שֶׁלֶם)이 아니라 복수형 '쉘라밈'(שְׁלָמִים)으로 표현되어 있습니다. 이 단어는 '평화롭다, 온전하다, 회복하다'라는 뜻의 히브리어 '샬람'(שָׁלַם)에서 유래된 것으로, 화목제가 죄로 말미암아 단절되었던 관계를 회복시키는 제사임을 나타냅니다. 화목제가 복수형으로 기록된 이유는 화목제에 '감사제(고백제)', '낙헌제(자원제)', '서원제'의 세 가지 유형의 제사가 있었기 때문으로 보입니다. 칠십인경에서는 '쉘라밈'을 '구원의 제사'라는 뜻의 헬라어 '뒤시아 소테리우'(θυσία σωτηρίου)로 번역하였습니다. 여기 '소테리우'의 원형인 헬라어 '소테리아'(σωτηρία)는 '안전하게 돌아옴'이라는 뜻에서 유래하여 '구원'이라는 의미를 가지고 있으며, '사람이나 기억을 보존하다', '평안, 복지, 부요, 평화'라는 의미도 있습니다.

화목제는 유일하게 제사인에게도 제물의 일부가 주어지는 제사로, 제사인은 이웃과 함께 제물을 나누어 먹을 수 있었습니다(참고-신 12:6-7).

화목제에 대한 규례는 레위기 3장과 7:11-36, 22:18-25, 29-30에서 찾아볼 수 있습니다.

### (2) 화목제를 드리는 경우

개인적인 화목제는 제사인이 감사제(고백제)나 낙헌제(자원제), 서원제의 형태로 언제든지 자원하여 드릴 수 있었습니다. 또한 공적인 화목제는 국가적인 경축 행사나(삼하 6:17), 칠칠절과 오순절(레 23:19), 제사장의 취임식(레 9:4, 18-22) 등에 드렸습니다.

## 2. 화목제의 예물

Sacrifices of peace offering

화목제에 사용되는 제물은 제사인의 형편에 따라 소(레 3:1)와 양(레 3:6)과 염소(레 3:12) 세 가지 중에 한 가지를 드릴 수 있었습니다.

### (1) 제사인이 드리는 예물

**첫째, 수컷이나 암컷이나 흠 없는 것으로 드립니다.**

레위기 3:1에서 “사람이 만일 화목제의 희생을 예물로 드리되 소로 드리려거든 수컷이나 암컷이나 흠 없는 것으로 여호와 앞에 드릴지니”라고 말씀하고 있습니다. 번제는 흠 없는 짐승의 수컷만 드릴 수 있었지만, 화목제는 암수를 구별하지 않고 드릴 수 있었습니다. 심지어 화목제 가운데 낙헌예물(자원제 - נְדָבָה, ‘네다바’)을 드릴 때는 소나 양의 지체가 더하거나 덜한 것도 바칠 수 있었습니다(레 22:23). 이는 하나님과의 화해에는 어떤 제한도 없다는 것을 알려줍니다.

화목제 중 감사제(고백제)를 드릴 때에는 기름 섞은 무교병과 기름 바른 무교전병, 고운 가루에 기름 섞어 구운 과자를 감사 희생과 함께 드렸으며, 심지어 누룩이 들어간 유교병도 거제로 드릴 수 있었습니다(레 7:12-13).

이렇게 감사제 제물의 범위가 넓은 것은 하나님께 드리는 감사는 어떤 상황에서든 끊이지 않고 드려야 함을 나타냅니다(살전 5:18). 감사의 예물은 각자의 형편과 처지에 따라 얼마든지 다양하게 드릴 수 있는 것입니다.

**둘째, 산비둘기나 집비둘기 새끼는 제물로 드릴 수 없습니다.**

화목제의 제물은 암수 구별 없이 드릴 수 있었지만, 가난한 자들의 번제물인 산비둘기와 집비둘기 새끼는 제물로 드릴 수 없었습니다. 화목제의 제물은 하나님께 드리는 기름진 부위와 제사장의 몫을 제외하고 나머지를 제사인이 분배받아 여러 사람과 함께 나누어야 하는데, 소나 양, 염소와 달리 산비둘기와 집비둘기 새끼는 너무 작아서 여러 사람과 함께 나눌 수 없기 때문입니다. 이러한 제물에 대한 명령은 화목제의 목적이 하나님과의 화목만이 아니라 이웃과의 화목도 이루어야 함을 가르쳐줍니다.

### (2) 예물의 분배

레위기 7:30에서 "여호와의 화제는 그 사람이 자기 손으로 가져올지니 곧 그 제물의 기름과 가슴을 가져올 것이요"라고 말씀하고 있습니다. 화목제로 드리는 화제의 예물은 다른 사람이 대신하여 바칠 수 없으며, 제사를 드리는 제사인이 직접 자기 손으로 제물의 기름과 가슴과 우편 뒷다리를 가져와야 합니다(레 7:30, 32). 이 중 제물의 기름은 하나님께 드리는 예물이었고, 제물의 가슴과 우편 뒷다리는 제사장의 몫이었습니다(레 7:31下-34). 그리고 나머지는 제사인의 몫으로 분배하였습니다.

#### ① 하나님께 드리는 예물

레위기 3:3-5에서 "그는 또 그 화목제의 희생 중에서 여호와께 화제를 드릴지니 곧 내장에 덮인 기름과 내장에 붙은 모든 기름과 4 두 콩팥과 그 위의 기름 곧 허리 근방에 있는 것과 간에 덮인 꺼풀을 콩팥과 함께 취할 것이요 5 아론의 자손은 그것을 단 윗 불 위에 있는 나무 위 번제물 위에 사를지니 이는 화제라 여호와께 향기로운 냄새니라"라고 말씀하고 있습니다.

화목제의 희생 중에서 화제로 하나님께 드리는 부분은 **①내장에 덮인 기름, ②내장에 붙은 모든 기름, ③두 콩팥과 그 위의 기름**(허리 근방에 있는 것), **④간에 덮인 꺼풀**입니다. 참고로, '내장'은 '내부, 중앙, 한가운데'라는 뜻의 히브리어 '케레브'(קֶרֶב)로, 인간이나 동물의 신체 내부를 통칭하기도 하며, 마음의 처소로도 여겨집니다(창

18:12, 시 64:6, 94:19). 번제와 달리 화목제에서는 내장과 콩팥, 간을 중심으로 한 기름들을 화제로 드렸는데, 이를 가리켜 '화목제의 기름'이라고도 합니다(왕상 8:64, 대하 7:7).

양의 경우에는 '미려골(척추와 연결된 꼬리뼈)에서 벤바 기름진 꼬리'를 추가로 드렸습니다(레 3:9). 이스라엘의 양 품종은 꼬리에 지방이 쌓여 무게가 7kg 가량 나가는 굵고 긴 꼬리를 가지고 있습니다.* 당시 이스라엘 사람들에게 양의 기름진 꼬리는 양의 힘과 능력이 모여 있는 부위로 여겨졌습니다.

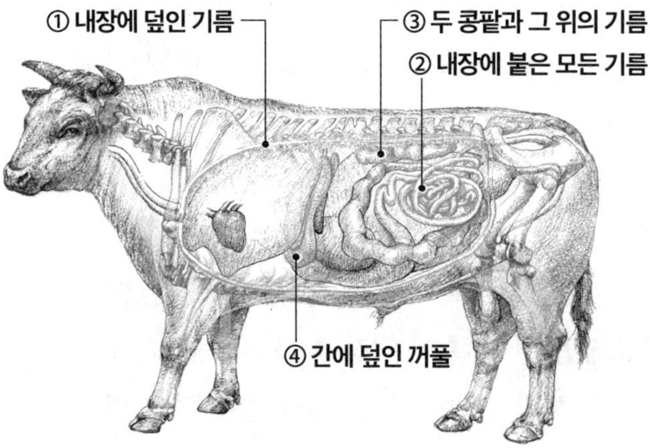

화목제의 기름 부위

양의 기름진 꼬리

② 제사장의 몫

제사인이 화목제물로 가지고 온 것 중에서 기름은 단 위에 불사르고, ①요제로 드려진 제물의 가슴과 ②거제로 드려진 제물의 우편 뒷다리는 제사장과 그 가족들의 몫으로 분배하였습니다(레 7:30-34).** 그 분배된 가슴과 뒷다리는 제사장과 그 자녀의 몫으로 주어진 '영원한 응식'으로, 함께 정결한 곳에서 먹어야 했습니다(레 10:14-15). 참고로, 감사제로 화목제물을 드릴 때 함께 드리는 소제의 남은 곡식도 제사장의 몫이 되었습니다(레 7:12-14).

### 첫째, 요제로 드려진 제물의 가슴은 제사장의 몫으로 돌립니다.

화목제 희생의 가슴과 뒷다리와 기름은 먼저 요제(搖祭)로 하나님께 드린 다음에, 기름은 화제로 하나님께 드리고 가슴은 제사장의 몫이 되었습니다(레 10:14-15). 레위기 7:30-31에서는 "여호와의 화제는 그 사람이 자기 손으로 가져올지니 곧 그 제물의 기름과 가슴을 가져올 것이요 제사장은 그 가슴을 여호와 앞에 흔들어 요제를 삼고 31 그 기름은 단 위에 불사를 것이며 가슴은 아론과 그 자손들에게 돌릴 것이며"라고 말씀하고 있습니다. 가슴을 가리키는 히브리어 '하제'(חָזֶה)는 희생제물의 심장이 위치한 부분이자 생명이 담긴 곳으로 여겨졌습니다.

요제는 제물을 앞으로 뒤로 흔드는 방식의 제사법으로, 앞으로 내미는 것은 하나님께 드린다는 의미이고 뒤로 거두는 것은 하나님께서 다시 선물로 주신다는 의미입니다. 요제를 마친 뒤에 희생제물의 가슴 부위는 화목제를 집례하는 제사장뿐 아니라 아론과 그 자손들에게 공동으로 주어졌습니다(레 7:31).

---

* 고대 그리스의 역사가 헤로도토스에 따르면, '가나안 지역의 양은 꼬리가 엄청나게 굵어, 목자들이 작은 수레를 만들어 달아놓았다'라고 전해진다.

** 참고로, 신명기 18:3에서는 제사장이 받을 응식으로 '드리는 제물의 앞 넓적다리와 두 볼과 위'라고 말씀하고 있다. 여기 '앞 넓적다리'는 히브리어 '제로아'(זְרוֹעַ)로 희생 짐승의 어깨 부위를 가리키며(민 6:19), '두 볼'은 턱뼈를 가리키는 '레히'(לְחִי)의 쌍수형이 사용되었고(삿 15:15), '위'는 '케바'(קֵבָה)로, 배윗부분을 가리킨다(민 25:8). 이는 아마도 희생제물의 가슴 부위를 상세하게 표현한 것으로 보인다.

### 둘째, 거제로 드려진 제물의 우편 뒷다리는 제사장의 몫으로 돌립니다.

오른편 뒷다리는 거제(擧祭)로 하나님께 드려진 다음에 제사장 몫이 되었습니다(레 7:32-33). 뒷다리는 히브리어 '쇼크'(שׁוֹק)로, 사람에게 쓰일 때는 넓적다리와 정강이를 가리키며, 동물에게 쓰일 때는 항상 희생제물에 대해 단수로 사용되어 뒷다리의 굵은 윗부분을 가리킵니다. 이 부위는 짐승의 다리 중 가장 강한 힘을 내는 부위로 특별한 대접을 할 때 사용되었습니다(삼상 9:24).

거제는 제물을 위로 올렸다가 내려놓는 방식의 제사법으로, 위로 올리는 것은 하늘에 계신 하나님께 바친다는 의미이며 다시 내려놓는 것은 그 예물이 하나님께로부터 제사장에게 선물로 주어졌다는 뜻입니다. 거제를 마친 뒤에 희생제물의 우편 뒷다리는 제사를 집례하는 제사장에게 주어졌습니다. 레위기 7:33에서 "아론의 자손 중 화목제 희생의 피와 기름을 드리는 자가 그 우편 뒷다리를 자기의 소득으로 삼을 것이라"라고 말씀하고 있습니다.

#### ③ 제사인의 몫

번제의 경우, 제물의 가죽은 제사장이 취하고 나머지는 전부 불살라 태워졌습니다(레 1:13, 7:8). 그러나 화목제의 제물은 여러 사람이 나누어 먹을 수 있었습니다. 제물의 기름은 단 위에 불살라 하나님께 바쳐졌고, 제물의 가슴과 우편 뒷다리는 제사장과 그 가족들에게 주어졌으며(레 7:31-34, 10:14-15), 나머지 제물은 제사인이 이웃과 나누어 먹을 수 있었습니다(신 12:6-7).

감사제(고백제)로 드리는 화목제물의 고기는 당일에 먹어야 하고 다음 날에는 다 태워야 합니다(레 7:15). 또한 낙헌제(자원제)나 서원제로 드리는 화목제물의 고기는 드린 다음 날까지 먹을 수 있었고, 셋째 날에는 반드시 태워야 합니다(레 7:16-17). 화목제물 중 제사인의 몫을 주신 것은 하나님께서 화목제를 받으신 것을 기뻐하면서 이웃과 함께 식사의 교제를 나누도록 하신 것입니다.

### (3) 예물에 대한 주의 사항

#### ① 화목제 희생의 고기가 부정한 것에 접촉하는 것을 금지

제사장은 물론 제사인의 몫의 화목제 희생의 고기는 반드시 깨끗해야 하며, 깨끗한 자만 그 고기를 먹을 수 있습니다(레 7:19-21). 만약 화목제 희생의 고기가 부정한 물건에 접촉했으면 먹지 말고 불살라야 합니다(레 7:19-21, 20:7).

레위기 7:19에서 '부정한 물건'은 율법에 부정한 것으로 규정된 것으로, 부정한 짐승이나 사람(유출병자, 문둥병자 등)뿐만 아니라 이것과 접촉된 그릇이나 의복도 부정한 것으로 간주되었습니다(레 11-15장). 따라서 부정한 것에 접촉된 고기는 반드시 불살라야 하며, 부정한 사람은 화목제 희생의 고기를 먹을 수 없었습니다(레 7:19). 부정한 사람이 여호와께 속한 화목제 희생의 고기를 먹으면 자기 백성 중에서 끊쳐집니다. 레위기 7:21에서는 "만일 누구든지 부정한 것 곧 사람의 부정이나 부정한 짐승이나 부정하고 가증한 아무 물건이든지 만지고 여호와께 속한 화목제 희생의 고기를 먹으면 그 사람도 자기 백성 중에서 끊쳐지리라"라고 말씀하고 있습니다.

그러므로 화목제 희생의 고기를 먹으려는 자는 자신을 살피고 먹어야 합니다. 이러한 사상은 신약 시대 성찬에 참여하는 자에게 "사람이 자기를 살피고 그 후에야 이 떡을 먹고 이 잔을 마실찌니"라고 하신 말씀과 일맥상통합니다(고전 11:28). 이는 하나님의 거룩하심을 본받아 그의 백성도 자신을 깨끗이 하여 거룩한 백성이 되기를 힘써야 함을 나타냅니다(레 7:20, 11:44-45, 19:2, 벧전 1:16).

### ② 기름과 피의 식용 금지

화목제의 희생제물로 드려지는 소나 양이나 염소의 기름과 피를 먹지 말아야 합니다(레 7:23-27).

레위기 3:16下-17에서 "모든 기름은 여호와의 것이니라 [17] 너희는 기름과 피를 먹지 말라 이는 너희 모든 처소에서 대대로 영원한 규례니라"라고 말씀하고 있습니다. 여기 '기름'과 '피'라는 단어 앞에 각각 '모든'을 뜻하는 히브리어 '콜'(כֹּל)이 사용되었으며, '먹지 말라'는 말씀에는 절대적인 부정을 의미하는 '로'(לֹא)가 사용되었습니다. 즉, 어떤 기름이든지, 어떤 피든지 먹어서는 안 된다는 것을 강조한 것입니다. 이를 '영원한 규례'(חֻקַּת עוֹלָם, '훅카트 올람')로 말씀하여, 기름과 피를 먹는 것을 영속적으로 강력하게 금지하고 있습니다. 본래 화목제는 성막에서 행해지는 예식임에도 불구하고, 기름과 피의 식용을 금지하는 영역을 '너희의 모든 처소'라고 말씀하고 있습니다.  레위기 7:26에서도 "너희의 모든 사는 곳에서 무슨 피든지 새나 짐승의 피를 먹지 말라"라고 말씀하고 있습니다. 이 말씀은 이 규례를 적용하는 범위가 이스라엘 백성의 전 삶의 영역에까지 확대되고 있음을 보여줍니다. 오늘날 하나님의 주권 사상은 교회뿐 아니라 성도의 모든 삶의 영역에도 확대되어야 합니다.

'기름'은 히브리어 '헬레브'(חֵלֶב)로, '최상의, 가장 훌륭한'이라는 의미도 있습니다. 민수기 18:12에서는 '제일 좋은'이라고 말씀하고 있으며, 29, 30, 32절에서는 '아름다운 것'(best)이라고 말씀하고 있습니다. 하나님께서 아벨과 그 제물을 열납하신 이유는 아벨이 믿음으로 가인보다 더 나은 제사를 드렸기 때문인데(히 11:4), 구체적으로 양의 첫 새끼와 제일 좋은 기름을 바쳤기 때문입니다(창 4:4). 창세기 45:18에 나오는 '기름진 것'도 히브리어 '헬레브'로, 가장 좋은 농산물을 의미합니다(시 81:16). 사무엘하 1:22에서는 힘의 근원에 대해서 '용사의 기름'이라고 표현하고 있습니다.

기름이 가장 좋은 것, 능력의 근원을 상징하기에 레위기 3:16 하반절에서는 "모든 기름은 여호와의 것이니라"라고 말씀하고 있습니다. 또한 레위기 7:23-25에서는 짐승이 어떤 이유로 죽었든지 그 기름을 등불을 켜거나 가죽을 관리하는 등의 일에는 사용할 수 있지만, 먹는 자는 언약 백성에서 끊어지게 될 것이라고 경고하고 있습니다. 그러므로 '기름을 먹지 말라'는 것은 최상의 것은 사람이 갖지 말고 하나님께 드리라는 말씀입니다. 이는 하나님 우선주의, 하나님 중심주의 사상을 나타냅니다.

'피'는 '생명'이나 '대속'과 관련되어 있습니다(레 17:11, 14). 피 속에 생명이 있으므로 피를 흘리면 생명을 잃게 되지만(창 9:4-6), 피 흘림이 없이는 죄 사함을 받을 수 없습니다(히 9:22). 그러므로 피를 먹지 말라는 것은 생명이나 대속은 사람에게 속한 것이 아니라 하나님께 속한 것임을 나타냅니다. 피는 먹지 말고 모두 땅에 쏟아버림으로써 소유권을 완전히 포기하고 하나님께 드려야 했습니다(신 12:16, 15:23).

기름은 생명을 유지해 주는 힘의 근원이요, 피는 생명의 근원이기 때문에, 모든 생명의 주관자이신 하나님의 주권을 인정하여 하나님의 몫인 기름과 피는 먹지 말아야 하는 것입니다. 예수님께서는 이 세상에서 가장 존귀한 분이시고, 모든 힘과 생명의 근원이 되는 분이십니다. 그러므로 이 명령은 오직 예수 그리스도 안에서 영원히 성취될 규례인 것입니다.

## 3. 드리는 방법
Method of offering

화목제를 드리는 방법은 번제와 유사합니다. 화목제의 '감사제(고백제)', '낙헌제(자원제)', '서원제'의 세 가지 유형에 따라 제물의 종류나 제사인에게 분배하는 규례가 조금씩 차이가 있기는 하지만, 기본적으로 제물을 화제로 드리는 방식은 동일합니다. 레위기 3장에서는 제사인의 입장에서 화목제를 드리는 방법에 대해 말씀하고 있고, 레위기 7:11-21에서는 제사장의 입장에서 화목제의 각 유형에 따른 규례들을 추가로 설명하고 있습니다.

### (1) 화목제를 드리는 방법

**1 제사인이 제물의 머리에 안수하고 회막 문에서 잡습니다.**
레 3:1-2上

제사인은 자신이 가지고 온 제물의 머리에 안수하고 회막 문에서 잡습니다. 레위기 3:2 상반절에서 "그 예물의 머리에 안수하고 회막 문에서 잡을 것이요"라고 말씀하고 있습니다. 여기에 사용된 '안수하고'는 히브리어 '사마크'(סָמַךְ)의 3인칭 단수형과 '야드'(יָד)의 3인칭 단수형으로, 제물의 머리에 한 손을 얹어서 사람의 몸을 의지할 정도로 강하게 누르는 것을 의미합니다. 성도 역시 우리의 화목제물이 되시는 예수님께 모든 것을 온전히 기대고 의지함으로써 의롭다 함을 받게 됩니다.

한 손으로 제물에 안수

제물을 잡는 장소는 번제의 경우와 같이 '회막 문' 곧 '여호와 앞'이며 회막의 뜰 단 북편을 가리킵니다(레 1:3, 11, 8:3-4, 31, 33, 35, 10:7). 또한 '(제물을) 잡을 것이요'에 사용된 히브리어 동사도 번제와 동일한 '샤하트'(שָׁחַט)의 3인칭 단수형이 사용되어 제사인이 제물을 잡는 것을 가리킵니다.

한편 레위기 3:8에서는 제물을 잡는 장소를 '회막 앞에서'로 말씀하고 있습니다. '회막 앞' 역시 회막의 뜰 단 북편을 가리킵니다. 회막(אֹהֶל מוֹעֵד, '오헬 모에드')은 하나님께서 임재하시는 장소이므로, '회막 앞에서'는 '하나님 앞에서'라는 의미도 가지고 있습니다. 이는 제물을 준비하여 잡는 과정까지도 하나님께서 임재하시고 지켜보신다는 사실을 강조하는 표현입니다.

## 2 제사장이 제물의 피를 번제단 사면에 뿌립니다.
레 3:2下, 8下, 13下

제사인이 희생제물을 잡으면, 제사장은 그 희생제물의 피를 받아서 번제단 사면에 뿌립니다. 레위기 3:2 하반절에서 "아론의 자손 제사장들은 그 피를 제단 사면에 뿌릴 것이며"라고 말씀하고 있습니다. 여기 '제단'은 번제단을 가리키며, '뿌릴 것이며'에서 '뿌리다'에 쓰인 히브리어 '자라크'(זָרַק)는 '많이 뿌리다, 붓다'라는 의미로, 번제의 제물의 피를 번제단 사면에 끼얹어 뿌리는 것과 동일한 표현입니다(레 1:5).

## 3 제사인이 잡은 화목제의 기름과 가슴을 여호와께 가지고 갑니다. / 레 3:3-4, 9-10, 14-15

제사인의 입장에서 기록된 레위기 3:3-4에서 "그는 또 그 화목제의 희생 중에서 여호와께 화제를 드릴지니 곧 내장에 덮인 기름과 내장에 붙은 모든 기름과 [4] 두 콩팥과 그 위의 기름 곧 허리 근방에 있는 것과 간에 덮인 꺼풀을 콩팥과 함께 취할 것이요"라고 말씀하고 있습니다. 제사인은 회막 문에서 제물을 잡고, 내장에 덮인 기름과 내장에 붙은 모든 기름과 두 콩팥과 그 위의 기름, 간에 덮인 꺼풀을 취해야 합니다. 이를 통칭하여 '화목제의 기름'(화목제 희생의 기름, 화목제 어린양의 기름)이라고 합니다(레 4:26, 31, 35, 6:12, 7:33, 왕상 8:64, 대하 7:7, 29:35).

제사장의 입장에서 기록된 레위기 7:29-30에서도 "화목제의 희생을 여호와께 드리려는 자는 그 화목제 희생 중에서 그 예물을 취하여 여호와께 가져오되 [30] 여호와의 화제는 그 사람이 자기 손으로 가져올지니 곧 그 제물의 기름과 가슴을 가져올 것이요"라고 말씀하고 있습니다. 29절에서 '화목제의 희생을 여호와께 드리려는 자'를 히브리어 접미어의 반복을 살려서 직역하면 '그의 화목제 희생을 여호와께 드리려는 그 자'로 곧 제사인을 가리킵니다. 또한 '그(직역: 그의) 화목제 희생 중에서'도 제사인을 강조하고 있으며, 30절에서도 '그 사람이 자기 손(직역: 그의 손)으로 가져올지니'라고 하여 제사인이 자기 제물을 자기 손으로 가져와야 한다고 강조하고 있습니다.

화목제로 드리는 화제의 예물은 다른 사람이 대신하여 바칠 수 없으며, 제사를 드리는 제사인이 직접 자기 손으로 제물을 잡고 그 기름과 가슴과 우편 뒷다리를 가져와야 합니다(레 7:32). 이는 화목제의 예물은 반드시 자원하는 심령으로 드려야 함을 강조하는 것입니다(고후 8:3-5, 벧전 5:2).

## 4 제사장이 화목제 희생의 기름을 화제로 하나님께 드립니다.
레 3:5, 11, 16

### 첫째, 화목제 희생의 기름을 화제로 드립니다.

번제의 경우는 제물 전체를 화제로 드렸습니다. 그러나 화목제의 경우에는 제사인이 화목제 희생의 기름(내장에 덮인 기름, 내장에 붙은 모든 기름, 두 콩팥과 그 위의 기름, 간에 덮인 꺼풀, 간에 돌출된 부분과 콩팥)을 취하여 제사장에게 주고, 제사장이 이를 화제로 드렸습니다(레 3:3-5, 9-11, 14-16).

레위기 3:9-10의 '기름'은 히브리어 '헬레브'(חֵלֶב)로, '가장 좋은, 가장 훌륭한'이라는 뜻입니다(창 4:4, 45:18, 민 18:12, 시 63:5, 사 43:24). 또한 내장(קֶרֶב, '케레브'), 콩팥(כִּלְיָה, '킬야'), 간(כָּבֵד, '카베드')은 모두 사람의 감정이나 생각이 머물러 있는 곳으로 여겼습니다. 내장은 시편 64:6에서 '속'으로(시 103:1, 잠 23:16), 콩팥은 예레미야 12:2에서 '마음'으로 번역되었으며(시 73:21, 욥 19:27, 참고-'행실'-렘 17:10, '심장'-시 7:9, '뜻'-시 26:2), 예레미야애가 2:11에서 간은 '극한 마음의 슬픔'을 나타낼 때 사용되었습니다. 따라서 화목제를 드릴 때, 내장과 콩팥과 간의 기름을 화제로 불살라서 하나님께 드리는 것은 모든 마음과 생각, 감정을 온전하게 드리는 것을 의미합니다(대상 28:9, 29:17, 시 111:1, 119:2, 145).

화목제의 제물이 어린양인 경우, '미려골에서 벤바 기름진 꼬리'를 추가로 드렸습니다(레 3:9-11). 미려골에 붙어 있는 기름진 부위는 양의 고기 가운데 가장 맛있고 귀한 부분 중의 하나로 꼽힙니다. 이것은 우리가 가장 귀한 것을 아끼지 말고 반드시 하나님께 드려야 함을 강조한 것입니다. 우리가 눈에 보이는 제물을 드리는 것도 중요하지만, 그보다 더 중요한 것은 먼저 우리의 마음을 하나님께 드리는 것입니다(대상 29:14).

레위기 3:5 상반절에서 "아론의 자손은 그것을 단 윗 불 위에 있는 나무 위 번제물 위에 사를지니"라고 말씀하고 있습니다(레 3:16). 여기 '번제물 위'라는 표현은 상번제의 제물을 가리키는 것으로, 아침에 드린 상번제의 어린양을 가리킵니다(민 28:3-8). 레위기 6:12에서도 "단 위에 불은 항상 피워 꺼지지 않게 할지니 제사장은 아침마다 나무를 그 위에 태우고 번제물을 그 위에 벌여놓고 화목제의 기름을 그 위에 사를지며"라고 말씀하고 있습니다.

화목제물을 상번제의 제물 위에 올리는 것은 먼저 자신을 온전히 하나님께 드리는 가운데 화목이 성취됨을 보여줍니다. 예수님께서는 십자가에서 완전히 자신을 드리심으로써 하나님과 언약 백성 사이를 화목케 하셨습니다(엡 2:14-16, 골 1:20-22, 요일 2:2, 4:10).

### 둘째, 화목제의 기름은 '여호와께 드리는 식물'입니다.

레위기 3:9-11을 볼 때, 제사장이 단 위에 불사르는 화목제의 기름(내장에 덮인 기름, 내장에 붙은 모든 기름, 두 콩팥과 그 위의 기름 곧 허리 근방에 있는 것, 간 위에 덮인 꺼풀)에 대해서 "이는 화제로 여호와께 드리는 식물이니라"라고 말씀하고 있습니다(레 3:16). 여기 '여호와께 드리는 식물'이라는 표현은 화목제를 받으시는 분이 바로 여호와 하나님이심을 가리키는 것입니다. 레위기 21장에서 제사장의 규례를 설명하면서 제사장을 '하나님의 식물'을 드리는 자로 표현하고 있습니다(레 21:6, 8, 17, 21, 22:25). 이 역시 모든 제물을 받으시는 분은 오직 하나님이시며(말 2:12, 3:3), 모든 제물의 소유주가 하나님이심을 나타냅니다. 그래서 민수기 28:2에서는 "나의 예물, 나의 식물 되는 화제, 나의 향기로운 것"이라고 말씀하고 있습니다.

### 셋째, 화목제의 기름은 '여호와께 향기로운 냄새'가 됩니다.

화목제의 기름을 온전히 화제로 드릴 때 '여호와께 향기로운 냄새'가 됩니다(레 3:5, 16). 번제와 소제에서도 살펴보았듯 '향기로운 냄새'는 하나님을 만족시키는 제물로서, 그 결과로 죄를 간과하시고 참안식이 이루어진다는 의미입니다(롬 3:25-26). 시편 51:16-17에서 "주는 제사를 즐겨 아니하시나니 그렇지 않으면 내가 드렸을 것이라 주는 번제를 기뻐 아니하시나이다 [17]하나님의 구하시는 제사는 상한 심령이라 하나님이여 상하고 통회하는 마음을 주께서 멸시치 아니하시리이다"라고 말씀하고 있습니다. 여기 '주는 번제를 기뻐하지 아니하시나이다'는 히브리어 특유의 표현으로, '주님은 올바른 번제를 원하시나이다'라는 뜻입니다(삼상 15:22). 하나님께서는 자신을 온전히 드리는 올바른 번제 위에, 화목제의 기름으로 대표되는 자신의 마음과 감정을 드릴 때 그 예배를 기쁘게 받으시고 화목을 허락해 주십니다.

## 5 제사장의 몫과 제사인의 몫을 분배합니다. / 레 7:11-21, 30-36

하나님께 화목제를 드려서 하나님과의 화목이 선언된 후, 화목제 희생의 우편 뒷다리와 가슴 부위를 제사장의 몫으로, 나머지 부위를 제사인의 몫으로 분배하였습니다. 화목제는 제사인에게 제물의 일부가 주어지는 유일한 제사입니다.

### 첫째, 희생제물의 가슴과 우편 뒷다리는 제사장의 몫으로 주었습니다.

레위기 7:32에서 "또 너희는 그 화목제 희생의 우편 뒷다리를 제사장에게 주어 거제를 삼을지니"라고 말씀하고 있습니다. 여기 '거제'(擧祭)는 히브리어 '테루마'(תְּרוּמָה)이며, '올리다'라는 뜻을 가진 '룸'(רוּם)에서 유래하였습니다. '거제'는 제사장이 예물을 위로 들었다 내려놓는 방식의 제사법으로, 이는 하나님께 제물을 드리고, 그 제물을 하나님으로부터 제사장이 다시 받는다는 의미입니다(출 29:27-28, 레 7:13-14, 31-32). 따라서 제사장의 몫은 제사인에게 수고의 대가로 받는 것이 아니라, 하나님께서 제사인의 화목제물을 통하여 제사장들의 헌신의 대가로 주시는 것입니다.

구체적으로 희생제물의 우편 뒷다리는 화목제를 집례하는 제사장의 몫이 되었고(레 7:32-33), 희생제물의 가슴은 아론과 그 자손(모든 제사장)의 몫이 되었습니다(레 7:31, 34). 하나님께서는 이스라엘 백성에게 제물의 가슴과 우편 뒷다리를 제사장에게 주게 하심으로써(레 7:31-34), 이스라엘 백성에게 하나님의 성전에서 일하는 자들을 공궤하는 책임 의식을 부여하셨습니다. 희생제물의 가슴과 우편 뒷다리는 하나님께 드리는 기름 부위를 제외하고 가장 좋은 것으로, 하나님께서는 하나님의 일을 하는 자에게 최고로 좋은 것을 주셨으며(마 7:9-11, 눅 11:11-13), 이를 '영원한 소득'(레 7:34), '대대로 영원한 소득'(레 7:36)이 되게 하셨습니다. 여기 '영원한 소득'은 히브리어 '훅카트 올람'(חֻקַּת־עוֹלָם, '훅카트'는 '호크'의 여성형)으로 '영원한 규례'라는 뜻이며, 제사장의 몫을 나누는 것이 단순히 생계를 위한 방편이 아니라 하나님과 언약 관계를 지속하기 위한 뜻이 담겨 있음을 의미합니다.

이스라엘 자손과 제사장은 '흔든 가슴'과 '든 뒷다리'를 제사장 아론과 그 자손에게 주시는 주체가 하나님이시라는 사실을 명심해야 합니다. 레위기 7:34 상반절에서 "내가 이스라엘 자손의 화목제 중에서 그 흔든 가슴과 든 뒷다리를 취하여 제사장 아론과 그 자손에게 주었나니"라고 말씀하고 있습니다. 그러므로 이스라엘 백성은 자신들이 주는 것이라고 자랑해서는 안 되며, 제사장들도 자신들이 무엇인가를 해서 얻는 것이라고 생각해서는 안 됩니다. 이는 오늘날 성도와 사역자에게도 의미하는 바가 큽니다. 하나님께서 '영원한 소득'을 주신 것은 사역자의 교훈이 끊어지지 않는 가운데 하나님과 성도의 화목이 끊어지지 않도록 하신 주권적인 사랑과 은혜의 역사입니다(참고-고전 9:12-14).

**둘째, 희생제물의 남은 부위는 제사인의 몫으로, 그것을 나누어 먹어야 합니다.**

제물을 먹는 시기를 볼 때, 화목제 중 감사제로 드리는 제물의 고기는 드리는 그날 당일에 먹어야 하며(레 7:15), 서원제나 자원제로 드리는 경우에는 그 이튿날까지 먹을 수 있으며, 셋째 날에는 반드시 불살라야 했습니다(레 7:16-17). 만일 하나님께서 정하신 기한이 지나서 먹을 경우, 드린 예물이 도리어 가증한 것이 되어 제사가 열납되지 않으며(레 7:18, 참고-사 65:4-6, 겔 4:14), 부정하게 된 고기를 먹는 자는 죄를 당하게 됩니다.

제사인의 몫은 누구나 나누어 먹을 수 있지만, 오직 몸이 부정한 자는 먹을 수 없었습니다. 레위기 7:19下-21에서는 "그 고기는 깨끗한 자만 먹을 것이니 [20] 만일 몸이 부정한 자가 여호와께 속한 화목제 희생의 고기를 먹으면 그 사람은 자기 백성 중에서 끊쳐질 것이요 [21] 만일 누구든지 부정한 것 곧 사람의 부정이나 부정한 짐승이나 부정하고 가증한 아무 물건이든지 만지고 여호와께 속한 화목제 희생의 고기를 먹으면 그 사람도 자기 백성 중에서 끊쳐지리라"라

고 말씀하고 있습니다. 화목제 희생은 '여호와께 속한' 것이기에 언약 백성만이 그 공효를 누릴 수 있었던 것입니다. 화목제 희생을 먹기 전에 먼저 자기 몸을 살펴 자신을 깨끗케 한 자만이 언약 백성으로서 식사 교제에 참여할 수 있습니다(참고-고전 11:28).

오늘날도 하나님과 화목하며 축복을 이웃과 나눌 수 있는 폭넓은 신앙이 필요합니다. 하나님의 언약 안에서 깨끗케 된 주의 백성을 초대하여 기쁨을 나눌 때, 화목케 하는 직책(고후 5:18)을 온전히 감당하는 것입니다.

### (2) 화목제의 세 가지 유형

레위기 3장이 화목제를 드리는 제사인의 입장에서 예물과 드리는 방법에 대해 말씀하고 있다면, 레위기 7:11-36에서는 화목제를 집례하는 제사장의 입장에서 화목제의 세 가지 유형을 구체적으로 말씀하고 있습니다.

<table>
<tr><th colspan="4">화목제 / שְׁלָמִים / 쉘라밈</th></tr>
<tr><td>명칭</td><td>감사제(고백제)<br>תּוֹדָה / 토다<br>레 7:11-15</td><td>서원제<br>נֶדֶר / 네데르<br>레 7:16-18, 22:18-25</td><td>낙헌제(자원제)<br>נְדָבָה / 네다바<br>레 7:16-18, 22:18-25</td></tr>
<tr><td>목적</td><td>은혜에 대한 감사</td><td>서원의 이행</td><td>기쁨으로 자원</td></tr>
<tr><td>제물</td><td colspan="2">흠 없는 희생 짐승의 암수</td><td>희생 짐승의 암수</td></tr>
<tr><td>제사인의 몫</td><td>당일에 먹고 이튿날 아침까지 남겨두지 않아야 함(레 7:15)</td><td colspan="2">이틀간 먹고 남으면 삼 일째에 불사름<br>(레 7:16-17)</td></tr>
<tr><td>특징</td><td>소제물 및 유교병과 함께 드림(레 7:12-13)</td><td>서원물을 함께 드림</td><td>약간 흠 있는 짐승을 허용함<br>(레 22:23)</td></tr>
</table>

### ① 감사제(고백제)로 드리는 화목제(레 7:11-15)

감사제(고백제)는 죄를 깨닫고 고백할 때 하나님의 구원을 경험하며 감사로 드리는 제사입니다. 레위기 7:12 상반절에서 "만일 그것을 감사함으로 드리거든"이라고 말씀하고 있습니다. 여기 '감사'는 히브리어 '토다'(תּוֹדָה)로, '감사' 외에도 '찬송, 고백'이라는 뜻이 있습니다. '토다'의 어원인 '야다'(יָדָה) 역시 '던지다' 외에 '자백하다, 찬미하다'라는 뜻이 있습니다. 이는 진정한 감사는 입술로 고백하고 찬송해야 함을 나타냅니다.

감사제는 하나님께서 원수나 질병, 환난 가운데에서 구원해주심을 감사하며 드렸습니다(시 56:12-13, 116:16-17). 감사제를 '고백제'라고도 하는 것은 제사인이 당한 곤경이 자신의 죄로 말미암았음을 깨닫고 고백할 때 하나님의 구원을 경험하였기 때문입니다(삿 20:26, 21:4, 삼하 24:25).

감사제를 드릴 때는 감사의 찬미와 노래를 함께 불렀습니다(시 107:22, 116:17, 욘 2:9). 특히 시편의 감사 찬양 중 100편과 107편은 감사제(고백제)를 드리면서 부르는 것으로 알려져 있습니다. 시편 100편은 감사제를 드리기 위해 성전으로 들어가는 감격을 노래하고 있으며(시 100:4), 시편 107편은 ①광야 사막 길에서의 구원(3-9절), ②감옥에서의 구원(10-16절), ③질병의 고통으로부터의 구원(17-22절), ④바다의 광풍 가운데서의 구원(23-32절)이라는 네 가지 구원에 대한 감사와 함께, 모든 환경을 선으로 바꾸시는 하나님의 인자하심(33-43절)을 노래하고 있습니다. 위의 두 시편을 포함하여, 감사 찬양을 담고 있는 시편에서는 '여호와께 감사하라 그는 선하시며 그 인자하심이 영원함이로다'라는 고백이 자주 사용됩니다(시 100:5, 106:1, 107:1, 118:1-4, 29, 136:1-26, 참고-렘 33:10-11). 이는 감사제의 대상이 인자하신 하나님이심을 강조하며(출 33:19), 우리가 하나님께 감사로 영광 돌려야 할 제목이 무엇인지를 가르쳐줍니다.

### 첫째, 기름 섞은 무교병과 기름 바른 무교전병과 고운 가루에 기름 섞어 구운 과자를 그 감사 희생제물과 함께 드립니다(레 7:12).

감사제(고백제)의 가장 큰 특징은 흠 없는 소나 양, 염소와 같은 희생 짐승과 소제물을 함께 드린다는 점입니다. 소제물 중 하나님께 바치는 몫에 대해서 "기름 섞은 무교병과 기름 바른 무교전병과 고운 가루에 기름 섞어 구운 과자를 그 감사 희생과 함께 드리고"(레 7:12下)라고 말씀하고 있습니다. 여기 '기름 섞은 무교병과 기름 바른 무교전병, 고운 가루에 기름 섞어 구운 과자'는 모두 누룩이 들어가지 않은 것입니다. 하나님께 바치는 제물에 누룩이 금지된 이유는 누룩이 반죽을 발효시켜 변질하게 만들기 때문입니다. 따라서 누룩을 넣지 않은 전병으로 드리라는 명령은 하나님께 순전한 예물을 드리라는 요구입니다(고전 5:7-8).

### 둘째, 화목제의 감사 희생에 유교병이 추가되었습니다(레 7:13).

화목제를 감사의 목적으로 드릴 때에는, 특이하게 누룩을 넣지 않은 떡(빵)뿐 아니라 유교병도 같이 드려졌습니다. 레위기 7:13에서 "또 유교병을 화목제의 감사 희생과 함께 그 예물에 드리되"라고 말씀하고 있습니다. 유교병은 태워서 드리지 않고, 거제로 드린 후 제사장의 몫으로 돌렸습니다(레 7:14, 참고-레 2:11).

유교병은 평상시 먹는 음식으로, 제물에 유교병이 추가된 것은 일상생활 속에서 일어나는 작은 일들에도 하나님께 감사해야 함을 나타냅니다. 또한 제사인이 누리는 감사에는 언약 관계 안에서 복을 받을 수 있도록 하나님께 자신을 드린 제사장들의 수고가 있었음을 기억하게 하기 위한 것이었습니다.

### 셋째, **전체의 예물 중에서 하나씩 거제로 드려야 합니다**(레 7:14).

레위기 7:14에서 "그 전체의 예물 중에서 하나씩 여호와께 거제로 드리고 그것을 화목제의 피를 뿌린 제사장들에게로 돌릴지니라"라고 말씀하고 있습니다. 여기 '전체의 예물'은 화목제에 드려지는 '기름 섞은 무교병'과 '기름 바른 무교전병, 고운 가루에 기름 섞어 구운 과자, 유교병'을 가리킵니다. 이 네 가지 예물을 위로 들었다가 내려놓아 각각 거제로 드려야 합니다. 거제로 드린 것은 화목제를 담당한 제사장들의 몫으로 돌렸습니다.

### 넷째, **감사제로 드리는 화목제 희생의 고기는 드리는 그날에 먹으며 이튿날 아침까지 남겨두지 말아야 합니다**(레 7:15).

소나 양, 염소의 희생 고기에서 제사장의 몫을 제한다고 해도 개인이 화목제 희생을 하루 만에 다 먹는 것은 불가능합니다. 따라서 제사인은 최대한 많은 사람을 초청하여 화목제 희생을 나누어야 합니다. 이는 감사란 최대한 많은 사람과 나누어야 하는 것이며, 감사하는 사람은 하나님 앞에서 아까워하거나 내일 일을 염려할 필요가 없음을 가르쳐줍니다(잠 3:27, 21:26, 마 6:34).

하나님께서는 광야에서 만나를 주실 때도 일용할 것을 날마다 거두게 하시고(출 16:4), 아침까지 남겨두지 말라고 명령하셨습니다(출 16:19). 그러나 하나님의 말씀에 불순종하고 아침까지 남겨 둔 만나에는 벌레가 생기고 냄새가 났습니다(출 16:20). 그러므로 우리는 내일 일을 염려하지 말고 오직 하나님께서 명령하신 대로 순종하기만 하면 반드시 하나님께서 책임져 주십니다(마 6:31-33).

### ② 서원제로 드리는 화목제(레 7:16-18, 22:18-25)

서원제는 하나님 앞에 엄숙하게 맹세하면서 드리는 제사입니다(창 28:20-22, 삼상 1:11). '서원'의 히브리어는 '네데르'(נֶדֶר)로, '맹세'라는 뜻입니다. 서원제는 서원이 이루어졌을 때 감사하는 마음으로 드렸습니다.

형 에서의 장자권과 축복을 빼앗은 야곱은 에서를 피해 집에서 도망 나와 한 곳에서 잠이 들었는데, 꿈 속에서 하나님의 임재를 체험하고, 그곳에서 돌로 기둥을 세우고 '벧엘'이라 이름하였습니다(창 28:10-19). 그리고 '만일 하나님이 나를 안전하게 집으로 돌아가게 하시면 여호와께서 나의 하나님이 되실 것'이라고 벧엘에서 서원하였습니다(창 28:20-22). 그리고 야곱은 벧엘로 다시 돌아왔을 때 그곳에 단을 쌓고 '엘벧엘'(뜻-벧엘의 하나님)이라고 고백하였습니다(창 35:7). 또한 무자하던 한나는 하나님께서 '아들을 주신다면 나실인으로 바치겠노라'라고 서원하였고(삼상 1:11), 사무엘이 태어나고 젖을 뗀 후 세 마리의 수소와 가루 한 에바와 포도주 한 가죽 부대로 서원제를 드렸습니다(삼상 1:24).

#### 첫째, 서원은 반드시 갚아야 합니다.

서원을 하거나 하지 않는 것이 죄가 되지는 않지만, 서원을 하면 하나님 앞에 맹세한 것이기에 반드시 이행해야 합니다(민 30:2, 전 5:4-5, 나 1:15). 신명기 23:21-23에서는 "네 하나님 여호와께 서원하거든 갚기를 더디 하지 말라 네 하나님 여호와께서 반드시 그것을 네게 요구하시리니 더디면 네게 죄라 [22] 네가 서원치 아니하였으면 무죄하니라마는 [23] 네 입에서 낸 것은 그대로 실행하기를 주의하라 무릇 자원한 예물은 네 하나님 여호와께 네가 서원하여 입으로 언약한 대로 행할지니라"라고 말씀하고 있습니다. 시편 15:1-4에서는 주의 장막에 유하며 주의 성산에 거할 자는 서원한 것을 해로울지라도 변치 않고 행해야 한다고 말씀하고 있습니다.

사사 입다는 '암몬 자손과의 전투에서 이기게 하시면' 누구든지 자신의 집에서 나와 영접하는 자를 번제로 드리겠다고 경솔하게 서원하였습니다(삿 11:29-31, [참고-]잠 20:25, 전 5:4). 그런데 입다가 전쟁에서 승리하고 돌아올 때, 그의 딸이 제일 먼저 그를 영접하였습니다. 입다의 딸은 하나님께서 암몬에게 원수를 갚으셨기에, 두 달 간 애곡하고 그 서원대로 순종하여 남자를 알지 못하고 죽었습니다(삿 11:34-40). 입다의 서원은 분명 경솔한 것이었지만, 입다의 딸이 그 서원에 순종함으로 암몬으로부터 얻은 구원이 유지될 수 있었습니다. 이는 이스라엘 백성이 율법의 말씀대로 행하겠노라고 경솔히 서원하였지만(출 19:7-8, 신 27:11-26), 예수 그리스도께서 율법의 요구대로 순종하여 십자가에서 죽으심으로써 그를 믿는 자마다 생명을 누리게 된 것을 예표합니다(롬 8:2, 고후 4:10).

### 둘째, 감사로 서원제물과 서원물을 드려야 합니다.

서원제물은 하나님께 의무적으로 드리는 것이 아니라, 감사와 기쁨으로 하나님께서 자기 이름을 두시려고 택하신 성전으로 나아와서 드려야 합니다(신 12:11, 시 61:8). 시편 50:14에서 "감사로 하나님께 제사를 드리며 지극히 높으신 자에게 네 서원을 갚으며"라고 말씀하고 있습니다. 그렇기에 서원제의 제물은 마땅히 흠이 없어야 합니다. 레위기 22:21-22에서 "무릇 서원한 것을 갚으려든지 자의로 예물을 드리려든지 하여 소나 양으로 화목제 희생을 여호와께 드리는 자는 열납되도록 아무 흠이 없는 온전한 것으로 할지니 22 눈 먼 것이나 상한 것이나 지체에 베임을 당한 것이나 종기 있는 것이나 괴혈병 있는 것이나 비루먹은 것을 너희는 여호와께 드리지 말며 단 위에 화제로 여호와께 드리지 말라"라고 말씀하고 있습니다(레 22:18-20, 말 1:8, 13-14).

서원제물 외에도 자신(민 6:2-나실인의 서원), 다른 사람(레 27:2-8), 생축(레 27:9-13), 집과 밭(레 27:14-25)을 서원물로 드릴 수 있습니다. 그러나 하나님의 것으로 구별된 십일조나 첫 것 등 이미 하나님께 바쳐진 것(레 27:26-33, 민 3:44-51), 하나님께 가증한 것(신 23:18)은 서원물로 드릴 수 없었습니다.

### 셋째, 서원제로 드리는 화목제 희생의 고기는 제사를 드린 다음 날까지 먹고, 제삼일에는 불살라야 합니다.

감사제(고백제)와 달리, 서원제나 낙헌제(자원제)는 희생의 고기를 제사를 드린 다음 날까지 먹을 수 있으며 제삼일까지 남은 것은 불살랐습니다(레 7:16-17). 레위기 7:17의 '불사를지니'는 하나님께 드리기 위해 화제로 드리는 것을 의미하는 히브리어 '카타르'(קָטַר)와 달리, '사라프'(שָׂרַף)가 사용되어 '(없애기 위해서) 소각하다'라는 의미입니다(레 4:12). 이는 하나님께 드린다는 의미가 아니라, 남은 것이 없도록 제거하는 것입니다. 만일 그 화목제 희생의 고기가 제삼일까지 남았을 때, 불사르지 않고 조금이라도 먹으면 그 제사는 열납되지 않게 되고 그것을 먹는 자는 죄를 당합니다(레 7:18). 여기 '그 제사'는 히브리어 '하마크리브 오토'(הַמַּקְרִיב אֹתוֹ)로, '그것을 가져오는 자'

라는 뜻이며, 하나님께서 제사뿐 아니라 제사인도 받지 않으신다는 말씀입니다(참고-창 4:5).

또한 레위기 19:7-8에서 "제삼일에 조금이라도 먹으면 가증한 것이 되어 열납되지 못하고 [8] 그것을 먹는 자는 여호와의 성물 더럽힘을 인하여 죄를 당하리니 그가 그 백성 중에서 끊쳐지리라"라고 말씀하고 있습니다. 여기 '가증한 것'은 히브리어 '픽굴'(פִּגּוּל)로, '악취가 나는 것, 고약한 냄새가 나는 것'을 가리킵니다. 하나님의 말씀을 어기는 것은 하나님 앞에 악취가 나는 것입니다. 또한 제삼일에 그 가증한 고기를 먹으면 여호와께 거룩한 것을 가증하게 만드는 죄가 됩니다. 하나님께서 말씀하신 기한에 순종하지 않았기에 다 가증하게 되는 것입니다.

서원제나 자원제의 예물, 거제물 중 제사인의 몫은 반드시 자기 처소가 아니라 하나님께서 택하신 성전에서 먹되, 자녀와 노비, 성중에 거하는 레위인들과 함께 나누어 먹어야 합니다. 신명기 12:17-18上에서 "너는 곡식과 포도주와 기름의 십일조와 네 우양의 처음 낳은 것과 너의 서원을 갚는 예물과 너의 낙헌 예물과 네 손의 거제물은 너의 각 성에서 먹지 말고 [18] 오직 네 하나님 여호와께서 택하실 곳에서 네 하나님 여호와 앞에서 너는 네 자녀와 노비와 성중에 거하는 레위인과 함께 그것을 먹고"라고 말씀하고 있습니다. 이는 세상의 잔치와 달리, 하나님께 드려진 감사와 기쁨을 하나님의 성전에서 이웃과 함께 나누어야 한다는 의미를 가지고 있습니다.

또한 이어지는 신명기 12:18下-19에서 "또 네 손으로 수고한 모든 일을 인하여 네 하나님 여호와 앞에서 즐거워하되 [19] 너는 삼가서 네 땅에 거하는 동안에 레위인을 저버리지 말지니라"라고 말씀하고 있는데, 이는 서원제와 낙헌제의 의미가 서원을 이루고 하나님의 일에 땀 흘려 수고한 것을 인하여 기뻐하는 것에 있음을 가르쳐줍니다. 또한 제사인이 수고하는 동안 하나님과 언약 백성이 만나는 성전을 지키며 제사를 드릴 수 있도록 헌신한 레위인들을 잊지 않고 기쁨의 자리에 동참시켜야 한다는 것을 강조하고 있습니다(신 25:4, 마 10:10, 고전 9:7-14, 딤전 5:18). 오늘날 성도는 자신을 뽐내기 위해 세상의 잔치를 베푸는 것이 아니라, 하나님의 택하신 곳에서 하나님께서 열납하시고 다시 주신 것으로 하나님의 일에 헌신하는 사역자들과 동역자들 그리고 연약한 사람들과도 함께하며 은혜를 나누어야 할 것입니다.

### ③ 낙헌제(자원제)로 드리는 화목제(레 7:16-18, 22:18-25)

낙헌제(자원제)는 신실하신 하나님의 언약을 확신하면서 자발적으로 드리는 제사로, 히브리어 '네다바'(נְדָבָה)이며, '자발적인'이라는 뜻입니다. 참고로, '네다바'는 호세아 14:4에서 '즐거이', 시편 68:9에서 '흡족한', 신명기 23:24에서는 '마음대로'로 번역되었습니다.

낙헌제는 감사제(고백제)나 서원제와 달리, 율례나 약속 때문이 아니라 온전히 자발적인 헌신에서 나오는 제사입니다. 그러나 예외적으로 칠칠절에는 추수를 마치고 하나님께서 복을 주신 대로 힘을 헤아려 낙헌제를 드릴 것을 명령하고 있습니다(신 16:10, 참고-출 35:29, 시 54:6). 낙헌제에서는 예외적으로 흠이 있는 짐승으로도 희생제물을 드릴 수 있었습니다.

**첫째, 낙헌제(자원제)는 자원하는 마음으로 드리는 제사입니다.**

감사제나 서원제는 하나님의 구원을 체험하거나 서원 제목의 성취를 놓고 화목제를 드렸지만, 낙헌제는 생각지도 못했던 하나님의 은혜에 대한 감사로 드렸습니다.

낙헌제는 성전과 관련된 경우가 많습니다. 이스라엘 백성은 광야에서 성막을 짓기 위해 자원하는 심령으로 하나님 앞에 예물을 가지고 나왔습니다(출 35:21, 36:3). 다윗은 하나님의 궤를 예루살렘으로 가지고 와서 번제와 화목제를 드렸으며(삼하 6:16-19, 대상 16:1-3), 훗날 성전이 지어질 아라우나의 타작마당을 사고 그곳에서 번제와 화목제를 드렸습니다(삼하 24:24-25, 대상 21:25-26). 제1, 2차 바벨론 포로 귀환 시에도 낙헌제가 드려졌습니다(스 1:4, 8:28). 만유보다 크신 하나님께서 이스라엘 가운데 임재하시고 함께하신다는 사실은 상상도 할 수 없는 은혜이기에, 기쁜 마음으로 낙헌제를 드린 것입니다.

다윗은 사울을 피해 십 황무지 수풀로 갔을 때, 십 사람들이 기브아까지 약 40km를 달려가 다윗의 위치를 사울에게 고발한 적이 있었습니다(삼상 23:19-20). 이렇게 절망적인 상황 가운데 다윗은 시편 54편을 지었는데, 강포한 자들의 수색에도 불구하고 하나님께서 자신의 생명을 지켜주심을 확신하며, 기쁨으로 낙헌제를 드리겠다고 찬양하였습니다(시 54:6). 자원하는 제사는 모든 상황을 초월합니다. 마게도냐에 있는 교회들도 극한 가난 가운데 풍성한 연보를 힘에 지나도록 자원하여 드렸습니다(고후 8:1-5). 낙헌제는 받은 은혜에 대한 감사뿐 아니라, 주실 은혜에 대해서도 감사하여 드리는 것입니다.

반면에, 아모스 4:5에서는 "누룩 넣은 것을 불살라 수은제(감사제)로 드리며 낙헌제를 소리내어 광포하려무나 이스라엘 자손들아 이것이 너희의 기뻐하는 바니라 이는 주 여호와의 말씀이니라"라고 당시의 타락상을 말씀하고 있습니다. 아모스 시대에 북 이스라엘 사람들은 감사제를 드릴 때 제사장에게 돌려야 할 유교병을 불살랐고(참고-레 2:11, 7:12-14), 낙헌제를 큰 소리로 알리면서 자원하는 마음이 아니라 남들에게 자기 신앙을 자랑하기 위해서 드렸습니다. 이에 하나님께서 은혜를 거두어 가셨음에도 불구하고 북 이스라엘 사람들은 여전히 하나님께로 돌아오지 않았습니다(암 4:6-11).

고린도후서 9:7에서 "각각 그 마음에 정한 대로 할 것이요 인색함으로나 억지로 하지 말지니 하나님은 즐겨 내는 자를 사랑하시느니라"라고 말씀하고 있습니다. 인색함으로 드리는 예물도 잘못된 것이지만, 억지로 드리는 예물도 잘못된 것입니다. 하나님께서는 기계적인 순종보다 자원하는 마음에서 나오는 참순종을 기뻐하십니다(삼상 15:22). 하나님의 구속사는 오직 자원하는 순종 가운데 완성되어 갑니다(벧전 5:2).

### 둘째, 낙헌제(자원제)의 희생은 우양의 지체가 더하거나 덜한 것도 드릴 수 있습니다.

낙헌제(자원제)를 드리는 방법이나 주요 규례는 서원제와 거의 동일합니다. 화목제 희생은 반드시 흠이 없는 온전한 것이어야 하지만, 자원하여 화목제를 드릴 경우에는 지체가 더하거나 덜한 것을 드리는 것이 허용되었습니다(레 22:23上). 여기 '더하거나'는 히브리어 '사라'(שָׂרַע)의 수동분사형으로 '뻗어나간, 확장된, 펼쳐진'이라는 뜻이며, 사람이나 짐승의 지체가 더 크거나 긴 것을 의미합니다. 또한 '덜한 것'은 히브리어 '칼라트'(קָלַט)의 수동분사형으로 '발육이 부진하게 된'이라는 뜻이며, 발육 장애로 불구가 된 것을 의미합니다.[12] 반면에, 이러한 짐승으로 서원한 것을 갚기 위해 드리면 열납되지 못했습니다(레 22:23下). 낙헌제(자원제)를 포함해 어떠한 경우에도 눈 먼 것이나 상한 것, 지체에 베임을 당한 것, 종기 있는 것, 괴혈병 있는 것, 비루먹은 것, 거세된 것은 하나님께 드릴 수 없었습니다(레 22:22, 24).

우양의 지체가 더하거나 덜한 것을 낙헌제의 희생으로 드릴 수 있었던 것은, 자원하는 심령으로 드리는 제사이기 때문입니다. 시편 110:3에서는 '거룩한 옷을 입고 헌신('네다바', 낙헌제)하러 나오는 주의 백성'을 낙헌제로 말씀하고 있고, 시편 119:108에서는 '여호와여 구하오니 내 입의 낙헌제를 받으시고'라고 하여 자신의 기도를 낙헌제라고 고백하고 있습니다. 이는 하나님께 드리는 낙헌제물이 궁극적으로 성도 자신이요, 성도의 고백임을 가르쳐줍니다. 하나님께서는 성도가 어리석고 약하고 비천하여 멸시 받는다 할지라도, 그들을 기쁘게 받으시고 새롭게 바꾸어 주십니다(고후 5:17).

**고린도전서 1:26-28** "형제들아 너희를 부르심을 보라 육체를 따라 지혜 있는 자가 많지 아니하며 능한 자가 많지 아니하며 문벌 좋은 자가 많지 아니하도다 27 그러나 하나님께서 세상의 미련한 것들을 택하사 지혜 있는 자들을 부끄럽게 하려 하시고 세상의 약한 것들을 택하사 강한 것들을 부끄럽게 하려 하시며 28 하나님께서 세상의 천한 것들과 멸시받는 것들과 없는 것들을 택하사 있는 것들을 폐하려 하시나니"

### 셋째, 낙헌제(자원제)로 드리는 화목제 희생의 고기는 제사를 드린 다음 날까지 먹고, 제삼일에는 불살라야 합니다.

서원제와 같이 낙헌제(자원제) 희생의 고기도 제사를 드린 다음 날까지 먹을 수 있으며, 제삼일까지 남은 것은 불살랐습니다(레

7:16-17). 또한 서원제의 경우와 같이 제사인의 몫을 반드시 자기 처소가 아니라 하나님께서 택하신 성전에서 먹되, 자녀와 노비, 성중에 거하는 레위인들과 함께 나누어 먹어야 합니다(신 12:17-19).

감사제 희생의 고기는 당일에, 서원제와 낙헌제 희생의 고기는 그다음 날까지 먹을 수 있다는 말씀에 구체적인 이유가 제시되어 있지는 않습니다. 아마도 감사제의 경우에는 하나님께 감사하기를 지체하지 말고 즉시 행해야 하며, 많은 사람에게 그 열매를 나누어야 한다는 것을 가르치기 위해서 당일에 먹게 하신 것으로 보입니다. 반면에, 서원제나 낙헌제의 경우엔 희생의 고기를 이웃들과 나누면서 자신의 서원과 자원의 내용을 구체적으로 설명하고 증거하여 믿음을 더욱 굳게 하기 위해서 시간을 더 주신 것으로 보입니다.

## 4. 화목제의 목적

Purpose of the peace offering

화목제는 히브리어 '쉘라밈'(שְׁלָמִים)으로 '평화롭다, 회복하다'라는 뜻의 '샬람'(שָׁלַם)에서 유래하였습니다. '쉘라밈'의 단수형인 '쉘렘'(שֶׁלֶם)은 '샬람'의 피엘(강조)형으로, '완성하다'라는 뜻을 가지고 있습니다. 제사인의 입장에서 기록된 레위기 1-5장에서는 속건제를 마지막으로 소개하고 있지만, 제사장의 입장에서 기록된 6-7장에서는 화목제를 마지막으로 소개하고 있습니다. 이는 화목제를 통해서 궁극적으로 5대 제사를 통한 회복의 상태가 완성되기 때문입니다(엡 2:14-15, 요일 4:10).

## (1) 하나님과의 화목

하나님께서 화목제를 받으시므로 하나님과 제사인의 화평한 관계가 회복됩니다. 하나님께서 구속사를 이루시며 베풀어주신 은혜언약을 통해 언약 백성과의 관계를 세 가지로 말씀하셨는데, 이를 '언약 공식'(covenant formula)이라고 합니다.

언약 공식의 내용은 다음과 같습니다.

① **"나는 너(와 네 자손)의 하나님이 된다"**
(창 17:7-8, 28:21, 출 6:7, 삼하 7:24, 렘 31:33, 겔 36:28, 계 21:3 등)

② **"너는 내 백성이 된다"**
(출 6:7, 19:5-6, 겔 36:28, 벧전 2:9-10, 계 21:3 등)

③ **"내가 너희 가운데 함께 거한다"**(출 29:45, 겔 36:28, 고후 6:16 등)

하나님과 제사인의 화평이란, 하나님에게 있어서 제사인과의 관계, 제사인에게 있어서 하나님과의 관계, 하나님이 함께하시는 언약 백성에게 있어서 이웃과의 관계에 화목이 선포되는 것입니다. 그래서 하나님께서 자기 백성과 언약을 체결하시는 중요한 순간에 하나님과 교제의 식사가 이루어진 것을 볼 수 있습니다. 시내산 언약을 체결할 때, 모세는 이스라엘 자손의 청년들을 보내어 화목제를 드리고 언약의 피를 반은 단에 뿌리고, 나머지 반은 백성에게 뿌렸습니다(출 24:4-8). 그리고 모세와 아론과 나답과 아비후와 이스라엘 장로 칠십 인이 시내산에 올라가 하나님과 언약 체결 기념 식사를 하였습니다(출 24:10-11). 하나님께서는 이스라엘 자손이 요단을 건너 가나안에 들어가는 날에 번제와 화목제를 드릴 것을 명령하셨고(신 27:1-8), 여호수아는 그 말씀에 순종하여 여리고와 아이를 정복한 후 번제와 화목제를 드렸습니다(수 8:30-35). 솔로몬은 하나님께 성전을 봉헌하면서 소 이만 이천과 양 십이만으로 화목제의 희생을 드렸습니다(왕상 8:63, 대하 7:7).

복의 출처는 오직 하나님이며, 복의 대상은 오직 하나님께서 언약하신 하나님의 백성입니다. 따라서 온전한 제사를 통하여 하나님과 먼저 올바른 관계를 회복하고 화목할 때 복이 있습니다(출 20:24, 욥 22:21, 고후 5:20, 참고-레 9:22, 삼하 6:18, 대상 16:2).

### (2) 제사장과의 화목

제사인이 드린 화목제물 중 요제로 드려진 제물의 가슴과 거제로 드려진 제물의 우편 뒷다리는 제사장과 그 가족들의 몫으로 주었습니다(레 7:31-34上). 하나님께서는 이를 "이스라엘 자손에게 받을 '영원한 소득'(חָק־עוֹלָם, '호크 올람')"이라고 말씀하셨습니다(레 7:34下).

제사장의 몫이 주어지기 전에 먼저 요제와 거제를 드린 것은 제사장의 몫을 주시는 분이 하나님이심을 나타냅니다. 하나님께서 제사장의 몫을 '영원한 규례'로 정하신 것은 제사장이 제사인을 위해 일하는 것이 아니라 오직 하나님을 위해서 일해야 함을 가르쳐줍니다. 또한 제사인이 제사장의 몫을 나눔으로써 제사장이 직무를 지키고 하나님께 드리는 제사가 끊어지지 않게 하신 것입니다.

느헤미야 당시에도 성벽 재건을 마치고 첫 것을 드리는 규례와 십일조 규례를 회복하여, 제사장들과 레위인들이 떠나지 않도록 하였습니다(느 10:32-39上). 이를 느헤미야 10:39 하반절에서 "그리하여 우리가 우리 하나님의 전을 버리지 아니하리라"라고 말씀하고 있습니다. 그러나 느헤미야가 바사로 돌아갔다가 아닥사스다 통치 제32년에 다시 예루살렘에 돌아왔을 때(느 13:6-7), 귀환자들이 레위인들의 받을 것을 주지 않아서 생계가 어려워진 레위인들이 성전을 떠나버린 것을 알게 됩니다. 이에 느헤미야는 모든 민장을 '하나님의 전이 어찌하여 버린 바 되었느냐'라며 꾸짖고 다시 레위인을 불러모으고, 그들의 응식을 곳간에 들이므로 성전 제사를 회복하였습니다(느 13:10-14).

사도 바울은 "곡식 떠는 소의 입에 망을 씌우지 말라"(신 25:4)라는 율법을 하나님의 뜻에 따라 사역하는 자들의 수고에 대해 삯을 주어야 한다고 해석하였습니다(고전 9:9-14, 딤전 5:18). 화목제 희생제물 중 제사장의 몫을 '영원한 규례'로 주신 것은 제사인과 제사장의 화목이 이루어지는 가운데 성전에서 드리는 제사가 유지되고, 하나님과 이스라엘 사이의 언약 관계가 보존되게 하시기 위한 것이었습니다.

### (3) 이웃과의 화목

화목제의 가장 큰 특징은 제사인에게 제물의 일부가 주어지는 유일한 제사라는 점입니다. 감사제 희생의 고기는 당일에, 서원제와 낙헌제 희생의 고기는 그다음 날까지 먹을 수 있으며 제삼일에는 남은 것을 태워야 합니다. 만일 제삼일에 조금이라도 먹으면, 그 제사는 열납되지 않고 도리어 가증한 것이 됩니다(레 7:15-18). 화목제물로 드리는 짐승인 소는 성체를 기준하여 그 무게가 평균 600kg에 달하며, 양과 염소는 60~100kg 정도 됩니다. 따라서 제사인이 당일이나 이튿날까지 그 희생의 고기를 다 먹는 것은 불가능한 일이었습니다. 하나님께서 화목제물을 반드시 기한 내에 먹도록 하신 것은, 화목제를 드리고 남은 제사인의 몫을 많은 이웃과 나누어 먹음으로써 서로 간에 우애와 친교를 도모하고, 나아가 하나님께서 주신 축복에 감사하며 즐거움을 같이 나누게 하신 것입니다(신 12:7, 참고-마 5:22-24). 단, 부정한 것에 접촉한 화목제 고기는 반드시 불살라야 하며, 부정한 자는 화목제의 식사 자리에 참석할 수 없습니다(레 7:19-21). 이는 성도의 교제는 인간적인 친교 활동이 아니라 하나님의 언약 안에서 이루어지는 관계임을 가르쳐줍니다.

이스라엘의 범죄로 말미암아 남 유다의 멸망과 함께 솔로몬 성전이 불타고 말았지만, 하나님께서는 에스겔 선지자를 통해 새 성전의 이상을 보여주셨습니다. 에스겔 선지자가 새 성전의 모습 가운데 세 번째로 본 것은 박석 깔린 땅과 30개의 방들이었습니다(겔 40:17). 여기 '박석'은 히브리어 '리츠파'(רִצְפָּה)로, 다양한 종류의 돌로 형형색색으로 포장하여 아름답게 장식한 바닥을 가리킵니다(대하 7:3, 에 1:6). 박석 깔린 땅은 바깥뜰을 두르고 있으며 그 위에는 30개의 방이 주랑현관과 함께 배치되어 있습니다(겔 40:17). 이 방들은 제사에 사용되는 물건들을 보관하거나, 일반 백성이 화목제를 드린 후 식사의 교제를 나누는 장소였습니다. 새 성전에서 화목제물을 먹는 곳을 성전 바깥뜰에 배치한 것은 이웃과의 화목을 이루는 것도 제사의 필수 요소임을 가르쳐줍니다. 또한 친교의 식사를 위한 장소를 가장 아름답게 장식한 것은 제사를 드리고 나서 이웃과의 화목을 완성하는 것이 얼마나 중요한지를 보여줍니다.

성도는 이웃과 더불어 화평하며, 이웃을 기쁘게 하되 선을 이루고 덕을 세워야 합니다(롬 12:18, 15:2). 예수님께서도 십계명의 대강령을 '하나님 사랑, 이웃 사랑'으로 요약하셨습니다(마 22:37-40, 막 12:29-31, 참고-눅 10:27-28). 하나님과 화목을 이루는 성도는 반드시 이웃 간에도 화목을 이루어야 합니다. 이웃과의 화목은 단순한 교제가 아니라, 이웃 사랑을 실현하는 제사의 열매이기 때문입니다(히 13:16).

## 5. 구속사적 의미
Redemptive-historical significance

화목제는 5대 제사 가운데 유일하게 하나님께 바친 예물의 일부를 제사인이 분배받아 이웃과 함께 나눌 수 있는 제사입니다. 화목제의 식사는 인간적인 교제의 장이 아니라 하나님과 제사장, 그리고 이웃까지 아우르는 언약 식사로, 하나님과 언약 백성 사이의 관계가 완전히 회복된 모습을 보여줍니다.

화목제는, 흠도 없고 점도 없는 예수 그리스도께서 보배로운 피를 흘리시고 자신을 희생하시므로(벧전 1:18-19) 하나님과 사람 사이의 관계가 회복되고(엡 2:13-18), 마침내 만물과의 관계가 회복될 것을 예표합니다(롬 8:19-21). 화목제에서 희생제물을 먼저 화제로 드린 다음에 제사장의 몫과 제사인의 몫을 분배하는 것은, 반드시 먼저 죄를 대속하는 희생이 있어야만 모든 관계의 회복이 있고 화목이 선언된다는 사실을 가르쳐줍니다.

레위기 3:2 상반절에서 "그 예물의 머리에 안수하고 회막 문에서 잡을 것이요"라고 말씀하고 있습니다. 여기 '잡을 것이요'는 히브리어 '샤하트'(שָׁחַט)입니다. 칠십인경에서는 이 단어를 헬라어 '스파조'(σφάζω)로 번역하였는데, 이 단어는 신약 성경에서 죽임을 당하신 어린양을 나타낼 때에도 사용되었습니다(계 5:6, 9, 12, 13:8). 이는 예수님께서 어린양으로 번제물뿐만 아니라 화목제물도 되셨음을 나타냅니다(레 1:10-11, 3:6-8).

예수님께서는 십자가 피로 우리와 화평을 이루시고 만물과 화목케 되기를 기뻐하셨습니다(골 1:19-20). 죄로 말미암아 하나님과 사람 사이에 막힌 담을 허시고 하나 되게 하사 새 사람으로 만들어 하나님과 화목하게 하셨습니다(엡 2:14-16). 그리고 예수로 말미암아 한 성령 안에서 아버지께 나아갈 수 있도록 길을 열어주셨습니다(엡 2:18).

예수님께서 화목제물이 되심으로 우리에게 베풀어주신 것은, 구체적으로 무엇입니까?

### (1) 하나님의 의가 되게 하셨습니다.

고린도후서 5:18 상반절에서 "저가 그리스도로 말미암아 우리를 자기와 화목하게 하시고"라고 말씀하고 있습니다. 이것을 21절에서는 "하나님이 죄를 알지도 못하신 자로 우리를 대신하여 죄를 삼으신 것은 우리로 하여금 저의 안에서 하나님의 의가 되게 하려 하심이니라"라고 다시 설명하고 있습니다. 예수님께서 화목제물이 되심으로 우리에게는 하나님의 의가 주어지게 되었습니다. 또한 18절에 "화목하게 하시고"는 헬라어 '카탈랏소'(καταλλάσσω)로, '교환하다, 바꾸다, 화해하게 하다'라는 뜻입니다. 즉, 하나님의 의(義)는 그냥 주어지는 것이 아니라, 예수님의 대속으로 맞바꾸어 주어진 것입니다(참고-행 20:28, 고전 6:19-20).

이어서 고린도후서 5:18下-19에서 "또 우리에게 화목하게 하는 직책을 주셨으니 [19] 이는 하나님께서 그리스도 안에 계시사 세상을 자기와 화목하게 하시며 저희의 죄를 저희에게 돌리지 아니하시고 화목하게 하는 말씀을 우리에게 부탁하셨느니라"라고 말씀하고 있습니다. 그리스도로 말미암아 화목하게 된 성도에게도 화목하게 하는 직책을 주심으로, 이웃과 화목을 이루게 하신 것입니다(사 32:17).

### (2) 하나님의 복을 받게 하셨습니다.

화목제는 히브리어 '쉘라밈'(שְׁלָמִים)으로, '평화롭다, 온전하다,

회복하다'라는 뜻의 '샬람'(שָׁלַם)에서 유래하였습니다. '샬람'의 명사형인 '샬롬'(שָׁלוֹם)은 기본적으로 '평화, 번영, 안전' 등의 뜻을 가지고 있으며, '전쟁이 없는 상태'(왕상 4:25)이자 '축복'(삼하 15:27), '의의 결과'(사 32:17)라는 의미로 사용되었습니다. 이를 볼 때 화목제의 명칭은 제사를 드린 결과가 하나님과의 관계 회복의 선언에서만 그치는 것이 아니라, 구체적인 평안과 축복으로 나타난다는 것을 의미합니다. 또한 화목제 가장 큰 특징인 공동 식사는 '샬롬'에 구체적으로 참여하는 행위입니다.

화목제가 성경에 처음으로 등장하는 곳은 출애굽기 20:24입니다. 하나님께서는 십계명을 주신 다음에 "내게 토단을 쌓고 그 위에 너의 양과 소로 너의 번제와 화목제를 드리라"라고 명령하셨습니다. 그리고 이어서 "내가 무릇 내 이름을 기념하게 하는 곳에서 네게 강림하여 복을 주리라"라고 말씀하셨습니다. 여기 '기념하게'는 히브리어 '자카르'(זָכַר)의 히필(사역)형 동사로, '기억하게 하다'(삼하 18:18, 시 45:17, 사 43:26), '이름을 부르다'(출 23:13, 수 23:7, 사 49:1), '자랑하다'(대상 16:4, 시 20:7, 사 12:4) 등의 의미가 있습니다. 또한 '강림하여'는 히브리어 '보'(בּוֹא)로 '오다, 가다'라는 뜻이며, '복을 주리라'는 히브리어 '바라크'(בָּרַךְ)의 피엘(강조)형으로 '반드시 복 준다'라는 뜻입니다. 즉, 하나님과의 화목을 선언받은 자가 예배드리는 그 자리에 하나님께서 찾아오셔서 반드시 큰 복을 주시겠다는 말씀입니다(계 3:20). 이 복은 예수 그리스도께서 십자가 상에서 온전히 자신을 번제물로 드리시고 화목을 선언해 주심으로 성취되었고, 십자가 앞으로 나아가는 자마다 그 복을 받아 누리게 되었습니다(롬 5:9-11, 히 10:14, 계 1:5-6).

### (3) 주의 만찬을 기념하게 하셨습니다.

모세는 시내산에서 십계명과 세부 율법의 말씀을 받은 후, 밤새도록 언약서를 기록하고 이른 아침에 일어나 단을 쌓았습니다(출 24:4). 그리고 하나님께서 명령하신 번제와 화목제를 드렸습니다(출 24:5). 모세는 언약서를 낭독한 후 희생제물의 피를 취하여 단과 이스라엘 백성에게 뿌렸는데(출 24:6-8), 이는 희생제물의 피가 뿌려진 단과 이스라엘 백성의 생명이 하나로 결속된 것을 의미합니다. 이스라엘 백성은 단에 드린 번제와 화목제의 희생제물을 통해 자신을 하나님께 드려 언약 백성으로 거듭났고, 그 결과 하나님과 화목하게 된 것입니다. 이때 단에 뿌려진 희생제물의 피는 희생제물의 열납이 곧 생명이 결속된 이스라엘의 열납이 되게 하였습니다.

이어서 모세와 아론과 나답과 아비후, 이스라엘 장로 칠십 인이 시내산에 올라가 언약 체결 기념 식사를 함으로써(출 24:9-11) 하나님과 제사장, 그리고 이스라엘 백성의 대표자들 간에 화목의 관계가 이루어졌습니다.

신약에서 화목제와 가장 가까운 제도는 예수님이 십자가를 지시기 전 제자들에게 베풀어주신 '주의 만찬'입니다. 예수 그리스도의 십자가 죽음이 번제와 연결된다면, 제자들과 함께 그의 살과 피를 나눈 최후의 만찬은 화목제와 연결됩니다. 화목제에서는 제물의 고기를 먹었지만, 성만찬에서는 떡과 포도주를 먹고 마십니다(마 26:26-29, 막 14:22-25, 눅 22:14-20). 성만찬의 떡과 포도주는 영원한 생명을 주시는 예수님의 살과 피를 나타냅니다(요 6:51-58, 고전 10:16-17).

주의 만찬과 화목제의 유사점은 각 식사에 참여하는 자가 정결해야 한다는 것입니다. 구약에서 예배자들이 제물을 먹기 위해 정결해야 했던 것처럼, 신약에서도 주의 만찬에 참여하는 자는 자기를 살펴보아야 합니다(레 7:20-21, 고전 11:27). 예수를 넘겨줄 기회를 찾던 가룟 유다는 성만찬 자리에서 예수님께 떡 조각을 받은 후 곧 그곳을 떠났습니다(눅 22:1-6, 요 13:26-30). 사단의 종이 되어버린 가룟 유다는 끝까지 주의 만찬 자리에 남아있을 수 없었던 것입니다. 그리고 가룟 유다가 떠나고 없는 자리에서 예수님께서는 비로소 '서로 사랑하라'는 새 계명을 선포하셨습니다(요 13:34-35).

성만찬을 통해서 성도는 하나님께서 그동안 베풀어주신 은혜에 감사하며, 새로운 헌신을 다짐하게 됩니다. 나아가 장차 천국에서 예수 그리스도와 더불어 영원히 누리게 될 화목을 바라보게 됩니다(계 7:9-17, 22:1-7).

**요한계시록 3:20** "볼지어다 내가 문밖에 서서 두드리노니 누구든지 내 음성을 듣고 문을 열면 내가 그에게로 들어가 그로 더불어 먹고 그는 나로 더불어 먹으리라"

### (4) 화목의 직책과 말씀을 주셨습니다.

하나님께서는 그리스도로 말미암아 우리를 자기와 화목하게 하시고, 우리에게 화목하게 하는 직책을 주셨습니다(고후 5:18). 또한 하나님께서 그리스도 안에 계셔서 세상을 자기와 화목하게 하시며, 저희의 죄를 저희에게 돌리지 않으시고 화목하게 하는 말씀을 우리에게 부탁하셨습니다(고후 5:19, 골 1:20).

예수 그리스도의 화목은 십자가 대속이라는 희생을 통해서 이루어졌습니다. 에베소서 2:16에서 "십자가로 이 둘을 한 몸으로 하나님과 화목하게 하려 하심이라", 골로새서 1:20에서 "그의 십자가의 피로 화평을 이루사", 골로새서 1:22에서 "그의 육체의 죽음으로 말미암아 화목케 하사"라고 말씀하고 있습니다. 그러므로 우리도 화목케 하는 직책을 감당하기 위해서는 반드시 희생을 감수해야 합니다. 레위기 3장에서는 '화목제의 희생'이라는 표현으로(레 3:1, 3, 6, 9) '화목'과 '희생'을 같이 사용하여, 화목을 위해 반드시 희생이 따르게 됨을 강조하고 있습니다.

희생은 '다른 사람이나 어떤 일을 위해 자신의 목숨이나 재물이나 이익이나 기득권 등의 소중한 것을 과감히 버리는 것'을 의미합니다. 내 것을 버리지 않으면 결코 다른 사람과 화목할 수 없습니다. 우리도 "예물을 제단에 드리다가 거기서 네 형제에게 원망 들을 만한 일이 있는 줄 생각나거든 예물을 제단 앞에 두고 먼저 가서 형제와 화목하고 그 후에 와서 예물을 드리라"(마 5:23-24)라는 주님의 말씀을 깊이 새기며, 먼저 희생하며 다른 사람과 화목하는 '화목의 직책'을 감당하는 성도가 되시기를 소망합니다.

이해도움 5

# 로마서 3:25, 요한일서 2:2, 4:10의 '화목 제물(화목제)' 번역 문제

Translation Issues of the Term "Propitiation" in Romans 3:25, 1 John 2:2, 4:10

한글 개역성경의 로마서 3:25, 요한일서 2:2에는 '화목 제물', 요한일서 4:10에는 '화목제'라는 단어가 등장합니다. 이 단어들은 번역에 논란이 있으며, 성경의 번역판에 따라 이 단어들을 '속죄제물', '속죄제', '속죄소'로 번역되기도 합니다.

**로마서 3:25** "이 예수를 하나님이 그의 피로 인하여 믿음으로 말미암는 **화목 제물**로 세우셨으니 이는 하나님께서 길이 참으시는 중에 전에 지은 죄를 간과하심으로 자기의 의로우심을 나타내려 하심이니"

**요한일서 2:2** "저는 우리 죄를 위한 **화목 제물**이니 우리만 위할 뿐 아니요 온 세상의 죄를 위하심이라"

**요한일서 4:10** "사랑은 여기 있으니 우리가 하나님을 사랑한 것이 아니요 오직 하나님이 우리를 사랑하사 우리 죄를 위하여 **화목제**로 그 아들을 보내셨음이니라"

로마서 3:25에서 '화목 제물'은 헬라어 '힐라스테리온'(ἱλαστήριον)으로, '달램, 화해'라는 기본 의미를 가지고 있으며, '달래다, 화해시키다'라는 뜻의 '힐라스코마이'(ἱλάσκομαι)에서 유래하였습니다.[13] 영어 성경 NASB, ESV는 단어 원형의 의미를 살려서 '화해, 달램'이라는 의미의 'propitiation'으로 번역하였으며, 한글 개역성경은 여기에 '제물'을 첨가해서 '화목 제물(화목하게 하는 제물)'이라고 번역하였습니다.

반면에, 바른성경이나 표준새번역, NIV, NRSV 성경 등은 '속죄제물(sacrifice of atonement)'로 번역하였으며, NET는 'mercy seat'(속죄소)으로 번역하였습니다.

'힐라스테리온'은 칠십인경에서 '속죄소'(출 25:17-22, 31:7, 35:12, 37:5, 7-8, 레 16:2, 13-15, 민 7:89), '번제단'(겔 43:15, 17, 암 9:1)의 역어로 사용되었으며, 신약 성경 히브리서 9:5에서는 '속죄소'를 의미합니다. 또한 '힐라스테리온'의 동사형인 '힐라스코마이'는 칠십인경에서 '속죄가 되다, 사함을 얻다'라는 뜻의 '살라흐'(סָלַח)의 역어로 사용되었고 속죄제, 속건제와 관련하여 사용되었으며(출 32:14, 왕하 5:18, 애 3:42), 신약 성경에서는 '불쌍히 여기다'(눅 18:13), '구속하다'(히 2:17)로 번역되었습니다. 이러한 용례를 종합해 볼 때, 두 단어는 단순한 달램, 화해가 아니라 속죄의 결과가 가져 오는 넓은 의미의 화해와 화목을 가리킵니다.

또한 요한일서 2:2의 '화목 제물'과 요한일서 4:10의 '화목제'는 헬라어 '힐라스모스'(ἱλασμός)로, 이 단어도 동사 '힐라스코마이'에서 유래하였습니다. '힐라스모스'는 칠십인경에서 주로 속죄 개념을 설명할 때(레 25:9, 민 5:8)와 '사유(용서)'(시 130:4, 단 9:9), '속죄제'(겔 44:27)의 역어로 사용되었습니다. 영어 성경 NASB, ESV는 '힐라스모스'를 '화해, 달램'이라는 의미의 'propitiation'으로, 한글 개역성경은 제물의 의미를 첨가해서 '화목 제물'이라고 번역하였습니다. 반면에, 바른성경, NIV, NRSV는 '속죄제물'(atoning sacrifice)로 번역하였습니다. '힐라스모스'도 속죄라는 뜻이 있지만, 궁극적으로는 속죄로 말미암은 화해의 상태를 의미합니다.

종합해 볼 때, '힐라스코마이'에서 유래한 단어들은 '속죄로 말미암아 찾아오는 화해'라는 포괄적인 의미를 가지고 있습니다. 칠십인경의 번역자들이나 사도들이 '속죄제'와 직접 대응하는 헬라어 '하마르트티아'(ἁμαρτία, 뜻-죄, 잘못, 속죄제)를 쓰지 않고 '힐라스코마이'에서 유래한 단어들을 사용한 것은, 속죄만이 아니라 더 넓은 의미를 포함하였기 때문입니다.

로마서 3:24의 "그리스도 예수 안에 있는 구속으로 말미암아"와, 25절의 "그의 피로 인하여… 전에 지은 죄를 간과하심으로…"라는 말씀은 속죄뿐 아니라 그 결과로서 화목의 의미를 포함하고 있습니다. 요한일서 2:2의 "저는 우리 죄를 위한 화목 제물('힐라스코마이')이니"에서는 속죄의 의미를 포함하고 있지만, 요한일서 2:1-5의 단락은 예수로 말미암은 화목을 설명하고 있습니다. 요한일서 4:10의 '화목제'('힐라스코마이') 역시 단어 자체는 속죄의 의미를 가지고 있지만, 요한일서 4:9-12까지의 단락은 예수로 말미암은 연합을 의미하고 있습니다.

이는 신약 성경을 기록하면서 사도들이 5대 제사를 각각의 제사로 분리하여 율법적으로 구분한 것이 아니라, 예수 그리스도 안에서 완성된 제사로 이해하고 광의의 개념으로 적용하였음을 보여줍니다. 구약의 5대 제사는 예수 그리스도의 십자가 제사에서 하나로 완성되었으며, 그를 믿는 성도는 죄 사함을 받아 하나님과 화목한 관계를 회복하게 된 것입니다(롬 5:1, 골 1:20, 딤후 2:22).

| 참고문헌 |

Charles Dodd, "ἱλασκεσθαι, Its Cognates, Derivatives, and Synonyms in The Septuagint," *Journal of Theological Studies* 32, no. 128 (1931): 352–360.

Roger Nicole, "C.H. Dodd and the Doctrine of Propitiation," *Westminster Theological Journal* 17 (1955): 117–157.

David Hill, *Greek Words and Hebrew Meanings: Studies in the Semantics of Soteriological Terms* (Cambridge: Cambridge University Press, 1967), 23–48.

Gottfried Fitzer, Der Ort der Versöhnung nach Paulus, *Theologische Zeitschrift* 22 (1966): 161–183.

Thomas Manson, "Icthpion," *The Journal of Theological Studies* 46, no. 181–182 (1945): 1–10.

Leon Morris, "The Meaning of 'Iithpion in Romans iii. 25," *New Testament Studies* 2 (1955): 33–43.

# 성경에 기록된 주요 화목제들
Major Peace Offerings Recorded in the Bible

## 1 야곱의 서원제 / 창 28:20-22, 35:1-7

형 에서의 장자권과 축복을 빼앗은 야곱이 삼촌 라반의 집으로 도망갈 때, 야곱은 벧엘(루스)에서 한 돌을 베개하고 잠이 들었습니다(창 28:10-11). 야곱은 꿈에 하늘이 열리고 땅에서 하늘에 닿은 사닥다리를 통해 하나님의 사자가 오르락내리락하는 장면을 보았습니다(창 28:12). 그리고 아브라함과 이삭의 하나님께서 야곱이 어디로 가든지 그를 지키시며, 그를 이끌어 이 땅으로 돌아오게 하실 것을 약속하셨습니다(창 28:13-15). 잠에서 깬 야곱은 '하나님께서 함께 하시고 나로 평안히 아비 집으로 돌아오게 하시면, 내가 기둥으로 세운 이 돌이 하나님의 전이 되고 하나님께서 내게 주신 모든 것에서 십분 일을 반드시 하나님께 드리겠다'라고 서원하였습니다(창 28:20-22).

그러나 야곱은 밧단아람에서 가나안 땅으로 돌아온 지 10년이 다 되도록 서원을 망각하고 세겜에 머물러 있었습니다. 그런데 야곱은 세겜에서 딸 디나의 수욕 사건으로 자식들이 할례를 악용하여 피비린내 나는 복수극을 자행하는 비극을 맞이하게 되었습니다(창 33:18-34:31). 이에 하나님께서는 야곱에게 '다시 벧엘로 올라가서 단을 쌓으라'고 명령하셨고(창 35:1), 야곱은 철저히 회개하고 서원을 갚기 위해 벧엘로 올라가 단을 쌓고 그곳 이름을 '엘벧엘'(벧엘의 하나님)이라 불렀습니다(창 35:2-7).

## 2 모든 이스라엘이 베냐민 지파와 전쟁 중에 드린 화목제 / 삿 20:26-28

사사 시대 베냐민 지파 기브아 사람들이 레위 사람의 첩을 욕보이고 죽인 사건(삿 19:14-30)으로 인해, 모든 이스라엘 지파와 베냐민 지파와의 전쟁이 발발하였습니다. 이스라엘 자손은 하나님께 묻지 않고 베냐민 지파를 공격하기로 결정하였습니다(삿 20:1-13). 이들은 벧엘로 올라가서 어떤 지파가 선봉에 설 것인지만 하나님께 물었고(삿 20:18), 하나님께서는 이스라엘 지파 중 지도자격인 유다 지파라고 말씀하셨습니다. 그러나 이스라엘은 전투에서 대패하여 22,000명이 엎드려졌습니다(삿 20:19-21). 그럼에도 불구하고 이스라엘은 하나님께 회개하거나 묻지 않고 스스로 용기를 내어 항오를 갖추었습니다. 그리고 이스라엘은 여호와의 앞에서 '나의 형제 베냐민 자손과 싸우리이까'라고 물었습니다. 그런데 하나님의 응답을 받았지만, 다시 대패하고 말았습니다(삿 20:22-25).

그제서야 이스라엘 모든 지파는 하나님께 제대로 묻지 않고 형제를 죽이고자 했던 자신의 죄를 뉘우치며 금식하고 번제와 화목제를 드린 후 여호와께 물었습니다(삿 20:26-28). 이 번제는 철저한 자기 비움의 표현이며, 화목제는 그로 인해 하나님과의 관계가 회복되기를 소망하는 제사였습니다. 제사를 드린 후, 이스라엘은 베냐민 지파와의 전쟁에서 대승을 거두었습니다(삿 20:35-48).

## 3 한나의 서원제 / 삼상 1:9-11, 20-25

잉태하지 못하던 엘가나의 아내 한나는 하나님께 서원하며, '아들을 주시면 그를 여호와께 드리고 삭도를 그 머리에 대지 않겠노라'라고 기도하였습니다(삼상 1:10-11). 그리고 하나님께서 그를 생각해주셔서 아들 사무엘을 낳았습니다(삼상 1:19-20).

사무엘이 젖을 뗀 후, 한나는 수소 셋과 가루 한 에바와 포도주 한 가죽부대를 가지고 실로에 있는 여호와의 집으로 올라가서 서원제를 드렸고, "그를 여호와께 드리되 그의 평생을 여호와께 드리나이다"라고 고백하였습니다(삼상 1:24-28). 한나의 아들 사무엘은 대제사장 엘리가 죽은 후 이스라엘의 지도자이자 제사장이며, 선지자로서 사명을 감당하였습니다.

## 4 엘리의 두 아들 홉니와 비느하스의 잘못된 화목제 / 삼상 2:13-17

대제사장 엘리의 두 아들 홉니와 비느하스는 여호와를 알지 못하는 불량자였습니다(삼상 2:12). 그들은 화목제에서 제사장의 몫이 '흔든 가슴과 든 뒷다리'(레 7:28-36)임에도 불구하고, 제사를 드리고 고기를 삶을 때 갈고리로 찔러서 걸려 나오는 고기를 다 취하였습니다(삼상 2:13-14). 또한 제물의 기름을 태워 향기로운 제물로 하나님께서 흠향(레 3:9-11, 14-16, 4:35, 7:23-25)하신 후에 제사장의 몫을 취할 수 있는데, 이들은 기름을 태우기 전에 제물을 취할 뿐 아니라 심지어 이를 반대하는 사람에게서 억지로 빼앗았습니다(삼상 2:15-16).

결국, 홉니와 비느하스는 여호와의 제사 규례를 멸시한 죄로 블레셋과의 전투에서 패하여 한날한시에 처참하게 죽었고, 그 소식을 들은 엘리까지도 자기 의자에서 자빠져 목이 부러져 죽었습니다(삼상 4:11, 18, 참고-삼상 2:31-34).

## 5 다윗이 인구 조사 후 드린 화목제 / 삼하 24:25, 대상 21:26-27

다윗은 그 말년에 자신의 힘을 과시하고자 하는 교만으로 인구조사를 강행하였습니다(삼하 24:2-4上, 대상 21:2-4上). 이 일로 나라에 3일 동안 온역이 임하여 백성 가운데 7만이 죽었습니다(삼하 24:15, 대상 21:14). 이는 압살롬과 세바의 반역에 동참함으로 다윗을 세우신 하나님의 주권에 도전했던 이스라엘에 대한 심판이었습니다(삼하 24:1).

다윗은 인구조사로 인해 재앙을 받은 후에, 갓 선지자를 통해 받은 하나님의 말씀대로 순종하여 아라우나(오르난)의 타작마당에서 단을 쌓았습니다. 다윗은 은 50세겔로 타작마당과 소를 사고 번제와 화목제를 드렸고, 하나님께서는 이스라엘에 내리신 재앙을 그치게 하셨습니다(삼하 24:18-25, 대상 21:18-28). 이 타작마당은 아브라함이 이삭을 바쳤던 모리아 산이자 훗날 솔로몬 성전의 터가 되었으며(대하 3:1), 십자가에서 화목의 제물이 되신 참성전 예수 그리스도를 예표합니다(엡 2:16, 히 9:11-12).

## 6 솔로몬 성전 낙성식의 화목제 / 왕상 8:1-64, 대하 5:2-7:10

솔로몬은 성전 건축을 마친 후, 7월 절기에 모든 백성을 소집하고 언약궤를 메어 올렸습니다(왕상 8:1-11, 대하 5:2-14). 솔로몬이 언약궤를 성전에 안치한 후에 성전 봉헌에 대해 기도를 마치자, 하늘로부터 불이 내려와 그 번제물과 제물들을 사르고 여호와의 영광이 가득하였습니다(왕상 8:22-64, 대하 6:12-7:7).

7일간의 성전 낙성식(7월 8-14일)과 7일간의 초막절(7월 15-21일)과 폐회축제(7월 22일)를 겸하여 총 15일 동안 대규모의 제사를 드렸고, 백성은 7월 23일에 각각 자기 집으로 돌아갔습니다(왕상 8:65-66, 대하 7:8-10).

이때 솔로몬이 화목제로 드린 제물은 소 2만 2천, 양 12만이었습니다(왕상 8:63, 대하 7:5). 솔로몬과 백성의 지극한 감사(헌당제사)를 받으신 하나님께서는 그 응답으로 이스라엘 백성과 세운 언약을 지키며, 하나님의 눈과 귀와 마음과 이름이 항상 성전에 있을 것이라고 약속하셨습니다(왕상 9:1-3, 대하 7:11-18).

## 7 히스기야 때 유월절을 2월에 지키며 드린 화목제 / 대하 29:35-36, 30:22-24

히스기야는 단독 통치를 시작하면서, 부친 아하스 때 닫혔던 성전 문(대하 28:24)들을 모두 열고 레위 사람을 성결하게 하고, 성전 안의 모든 더러운 것들을 없앴습니다(왕하 18:4). 정월 1일에 성전을 성결케 하기 시작하여 그 달 8일에 여호와의 낭실에 이르고 다시 8일간 전 안을 성결케 하였으며, 꺼졌던 성전 등불을 밝히고 그쳤던 성소의 분향을 다시 시작하였습니다(대하 29:1-19).

정월 17일, 히스기야는 깨끗해진 성전에서 수송아지 일곱과 숫양 일곱과 어린양 일곱과 숫염소 일곱을 끌어다가 나라와 성소와 유다를 위하여 속죄제를 드렸고(대하 29:20-24), 그 후 레위인과 제사장들의 장엄한 찬양 가운데 번제를 드렸습니다(대하 29:25-30). 히스기야는 "너희가 이제 몸을 깨끗케 하여 여호와께 드렸으니 마땅히 나아와 제물과 감사제물을 여호와의 전으로 가져오라"라고 명령하였고, 회중이 제물과 감사제물과 자원하는 번제물을 가져왔습니다(대하 29:31). 회중이 가져온 번제물을 제외하고, 구별하여 드린 소가 육백이요 양이 삼천이었으며(대하 29:33), 제사장이 부족하여 레위인들까지 제사 준비를 도왔습니다(대하 29:34). 이후 여호와의 전에서 섬기는 일이 순서대로 갖추어지고 회복되었습니다(대하 29:35).

또한 히스기야는 준비 사항을 고려하여 방백과 예루살렘 온 회중과 의논한 뒤에, 유월절을 한 달 미루어 2월에 지키기로 하였습니다(대하 30:1-4, 참고-민 9:6-13). 히스기야는 온 이스라엘과 유다에 사람을 보내고 에브라임과 므낫세에 편지를 보내어 그동안 지키지 않았던 유월절을 함께 지키고 여호와께 귀순하라 권유했습니다(대하 30:5-8). 이에 온 회가 칠 일 동안 유월절 절기를 지키고 다시 칠일을 즐거이 지키는 가운데 화목제를 드리고 무리가 함께 먹으며 하나님께 감사했습니다(대하 30:13-23).

## 8 가장 사악했던 므낫세왕의 회개 후의 화목제 / 왕하 21:1-18, 대하 33:1-20

하나님께서 극악한 왕 므낫세에게 심판을 예언하신 대로, 앗수르의 군대 장관들로 남 유다를 치게 하시고, 므낫세를 쇠사슬로 결박하여 바벨론으로 끌고 가게 하셨습니다(대하 33:10-11).

포로로 끌려가던 므낫세는 비로소 자신의 지금까지의 죄를 깨닫고 회개하였고, 하나님은 그 기도에 응답하셔서 므낫세를 다시 예루살렘으로 돌아오게 하시고 왕위를 회복시키셨습니다(대하 33:12-13). 이에 므낫세는 회개 후 이방 신들과 성전의 우상을 제거했고, 예루살렘에 쌓은 모든 단을 성 밖에 던졌습니다. 그리고 하나님의 전의 단을 중수하고 화목제와 감사제를 드리며 백성으로 하여금 하나님만 섬기고 제사를 드리게 하였습니다(대하 33:15-17).

## 9 화목제의 회복

하나님께서는 시위대 뜰에 갇힌 예레미야에게 앞으로 있을 예루살렘의 멸망과 바벨론에 포로로 끌려가게 될 것을 말씀하시면서, 그 후에 예루살렘을 치료하여 고쳐 낫게 하실 것을 말씀하셨습니다(렘 33:1-9). 그리고 하나님께서는 황폐한 이스라엘이 회복될 때, 여호와의 집에 감사제를 드리는 자들의 소리가 다시 들릴 것이라 말씀하셨습니다(렘 33:10-11).

예루살렘이 멸망한 후, 바벨론에 있던 에스겔 선지자에게도 새 성전의 이상을 통해, 왕을 위하여 제사장이 번제와 감사제를 드리고, 왕은 하나님께 경배할 것을 말씀하셨습니다(겔 46:2, 12).

이러한 예언들은 화목제가 모든 회복의 마지막 열매임을 보여주며, 화목제의 완성자가 되시는 예수 그리스도를 바라보게 합니다.

# Ⅳ 속죄제

## SIN OFFERING

| 속죄제 | חַטָּאָה / ἁμαρτία / Sin Offering<br>레 4:1-5:13, 6:24-30 |
|---|---|

### 개요

**(1) 어원적 의미**

히브리어 '핫타아'(חַטָּאָה) 또는 '핫타트'(חַטָּאת)로, '죄, 속죄제'라는 뜻이다. '과녁을 맞추지 못하다'라는 뜻의 어근에서 파생되어, 하나님과의 언약 관계가 깨진 상태를 의미한다. 헬라어는 '하마르티아'(ἁμαρτία)로, '죄'를 의미한다. 속죄제는 죄를 속하기 위해 하나님께 드리는 희생제사이며, 정결 예식의 기능도 가진다.

**(2) 속죄제를 드리는 경우**

① 그릇 지은 죄(레 4:1-5:13, 민 15:22-29)
② 제사장 위임식(출 29:1-36上, 레 8:1-17) ③ 레위인 위임식(민 8:5-22)
④ 공적인 종교 예식: 제사장 취임식(레 9:1-11), 제단 정결식(출 29:36下-37), 족장들의 단 봉헌 예물(민 7:11-88), 대속죄일(레 16장), 절기들(레 23:19, 민 28:15, 22, 30, 29:5, 11, 16, 19, 22, 25, 28, 31, 34, 38)
⑤ 나실인 정결식, 성별식(민 6:9-11, 13-16) ⑥ 출산(레 12:6-8)
⑦ 문둥병(레 14:19-20, 30-31) ⑧ 유출병과 불결한 여인(레 15:13-15, 29-30)
⑨ 새 성전에서 드려지는 속죄제(겔 40:39, 43:19-26, 44:27, 29, 45:17-25, 46:20)
⑩ 기타(왕하 12:16, 대하 29:21-24, 스 6:17, 8:35, 느 10:33)

### 예물과 분배

**(1) 제사인이 드리는 예물**: 드리는 자의 신분에 따라 드림

① 제사장: 흠 없는 수송아지(레 4:3-12)
② 회중: 수송아지(레 4:13-21)
③ 족장: 흠 없는 숫염소(레 4:22-26)

④ 평민: 흠 없는 암염소 혹은 흠 없는 어린 암양(레 4:27-35)
⑤ 극빈자: 산비둘기 둘, 집비둘기 새끼 둘, 고운 가루 1/10에바(2.34L) 중 선택(레 5:7-13)

### (2) 예물의 분배

① 제사장, 회중의 속죄제: 분배되는 제물이 없다(레 6:30).
② 족장, 평민의 속죄제: 피와 기름을 제외한 부위를 제사장의 몫으로 돌린다(레 6:24-29, 7:6-7, 10:16-17).

## 드리는 방법

### (1) 신분별 제사를 드리는 방법(레 4:1-5:13)

① 제사장: 흠 없는 수송아지의 모든 기름을 불살라 드리고, 가죽을 포함한 전체를 진 바깥 정결한 곳에서 불에 태운다(레 4:3-12).
② 회중: 수송아지를 제사장과 같은 방법으로 드린다(레 4:13-21). 이는 제사장과 회중의 죄의 비중이나 영향력을 동일하게 취급한 것이다.
③ 족장: 흠 없는 숫염소의 모든 기름을 불살라 드리고, 제사장들에게 고기를 분배한다(레 4:22-26).
④ 평민: 흠 없는 암염소나 어린 암양을 족장과 같은 방법으로 드리되(레 4:27-35), 극빈자의 경우 산비둘기 둘이나 집비둘기 새끼 둘(레 5:7-10), 혹은 고운 가루 1/10에바(2.34L)로 드릴 수 있다(레 5:11-12).

### (2) 속죄제를 드려야 할 범죄의 유형

거짓 증언을 한 경우(레 5:1), 부정한 것에 접촉함으로 몸이 부정해진 경우(레 5:2-3), 함부로 맹세한 경우(레 5:4)에 속죄제를 드려야 한다.

## 목적

① 죄 문제의 해결, 곧 속죄를 위해서 드린다(레 4:20, 26, 31, 35).
② 의무적으로 드리는 속죄제는 정결함을 위해서 드린다(레 16:18-19, 히 9:22).

## 구속사적 의미

① 아담의 타락으로 죄가 인류에게 전가되어 전적 부패·무능의 상태에 놓이게 되었으나(롬 3:9-12), 예수 그리스도께서 십자가에서 속죄의 제물이 되어 우리의 모든 죄를 사해주실 것을 나타낸다(롬 5:12-19, 8:1-2, 엡 1:7).
② 속죄제의 결과인 '정결'은 예수 그리스도의 대속을 통한 '정결'을 나타낸다. 예수 그리스도의 십자가의 피는 우리 죄를 사할 뿐만 아니라 우리를 깨끗하게 한다(히 9:14, 10:10, 벧전 1:18-19, 요일 1:7, 계 7:14).

## 1. 개요

Overview

### (1) 어원적 의미

속죄제는 한자로 '바칠 속(贖), 허물 죄(罪), 제사 제(祭)'이고 영어로는 'sin offering'으로, 그 뜻은 '죄를 속하기 위하여 하나님께 드리는 희생제사'입니다(출 29:14, 레 5:6-10).

속죄제는 히브리어 '핫타아'(חַטָּאָה) 또는 그 여성형인 '핫타트'(חַטָּאת)로, '하타'(חָטָא)라는 동사에서 유래하였습니다. '하타'는 '과녁을 맞추지 못하다, 목표 도달에 실패하다, 올바른 관계를 유지하지 못하다'라는 뜻을 가지고 있습니다(삿 20:16, 잠 19:2). 여기에서 올바른 관계란 바로 '언약 관계'를 말하는 것으로, 하나님께서 언약으로 주신 율법과 명령에서 벗어나서 하나님과의 관계가 끊어진 상태를 의미합니다. '하타'는 전체에서 조금이라도 모자라는 상태를 의미하며(욥 5:24), 성경은 그런 상태를 '죄'로 정의하고 있습니다. 하나님께서 원하시는 분량에 100%만 합당하고 99.999%라 할지라도 죄악된 상태인 것입니다.

참고로, 구약 성경에서 '죄'를 지칭하는 다른 주요 히브리어 단어인 '페샤'(פֶּשַׁע)는 주로 어떤 기준이나 관계를 파탄 내는 반역을 의미하며(왕상 12:19, 사 1:2, 호 8:1), 히브리어 '아온'(עָוֹן)은 주로 고의로 기준에서 벗어난 것을(창 44:16, 출 20:5, 렘 2:22) 의미하고, '에벨'(עָוֶל)은 불의나 불공평, 부정직함을 의미합니다(레 19:15, 신 25:16, 욥 5:16, 잠 29:27, 겔 18:8).

한편 '핫타아'와 '핫타트'가 '죄'를 지칭하는 까닭은 인간이 가진 죄의 본성에서 가장 명확한 해답을 얻게 됩니다. 타락한 아담의 후

예는 태어날 때부터 죄의 본성을 지니고 태어나므로(시 51:5) 하나님께서 정해주신 기준에 도달하지 못하고 부족한 상태입니다. 죄는 인간의 어떤 불법 행위가 발생하기 이전에, 이미 타락한 인간 본성에 자리 잡고 있다는 것입니다.

'핫타아'와 '핫타트'는 모두 '죄'라는 뜻과 '속죄제'라는 뜻을 가지고 있습니다. 구약 성경에서 죄의 의미로 '핫타트'는 약 155번, '핫타아'는 약 580번 사용되었으며, 속죄제의 의미로 '핫타트'는 약 135번, '핫타아'는 한 번 사용되었습니다(시 40:6).

5대 제사 중 속죄제만의 특이한 점이 있다면, 드려야 할 제물과 제사의 규례가 신분별로 달라진다는 것입니다. 이는 지위가 높고 영향력이 클수록 죄에 대한 책임이 무겁다는 것을 알려줍니다. 또한 아무리 형편이 어려워도 범죄하면 반드시 속죄제를 드려야 하며, 가난하여 제물을 드리지 못하는 자가 없도록 배려하신 것입니다.

속죄제에 대한 규례는 레위기 4:1-5:13과 6:24-30에 기록되어 있습니다.

### (2) 속죄제를 드리는 경우

속죄제 규례에 대한 설명을 보면, 레위기 4:2에서 "이스라엘 자손에게 고하여 이르라 누구든지 여호와의 금령 중 하나라도 그릇 범하였으되"라고 시작하고 있습니다. 여기 '(모든) 여호와의 금령(禁令)'은 히브리어 '믹콜 미츠오트 예호바[아도나이] 아쉐르 로 테아세나'(מִכֹּל מִצְוֹת יְהוָה אֲשֶׁר לֹא תֵעָשֶׂינָה)로, 의역하면 '절대로 하지 말라는 여호와의 계명'이라는 의미이며, '그릇'은 히브리어 '쉐가가'(שְׁגָגָה)로, '실수로 지은 죄, 모르고 지은 죄'를 의미합니다(레 5:18, 민 15:28,

시 119:67). 이 외에도 부정한 상태에서 정결하게 되기 위해서도 속죄제를 드려야 했습니다(레 8:14, 12:6, 14:19, 15:15, 30, 민 6:14, 7:16, 8:8).

속죄제는 하나님께서 절대로 하지 말라고 하신 명령을 실수로, 또는 무지하여 어겨서 하나님과의 언약 관계가 끊어지는 경우, 그 죄를 사함받고 정결하게 되어 하나님과의 관계를 회복하기 위하여 드리는 제사입니다.

또한 공적 예식에서 드리는 속죄제의 경우, 하나님께서 언약 백성 가운데 거하시도록 하는 제사이자 정결 예식의 의미로 성막 내부에 피를 뿌려 속죄하였습니다(레 9:9, 16:14-15).

## 2. 속죄제의 예물

Sacrifices of sin offering

### (1) 제사인이 드리는 예물

번제와 소제, 화목제를 드리는 사람은 제물의 종류를 형편에 따라 선택할 수 있지만, 속죄제의 경우에는 제사장, 회중(대표자), 족장, 평민 등 자신의 신분이나 경제적인 수준에 따라 어떤 제물을 드릴 것인지 정해져 있습니다.

족장이 범죄한 경우 예물은 흠 없는 숫염소였으며(레 4:22-23), 평민이 범죄한 경우는 흠 없는 암염소 또는 흠 없는 어린양의 암컷이었습니다(레 4:27-28, 32). 극빈자에게는 비둘기나 소제물로 속죄제를 드리는 것이 허용되었습니다(레 5:7-13). 그러나 온 회중이 범죄한 경우에는 이들보다 값어치가 있는 수송아지(레 4:13-14)를, 기름 부음 받은 제사장이 범죄한 경우에는 흠 없는 수송아지(레 4:3)를 바쳤습니다. 이는 제사장과 회중의 범죄를 더 심각한 것으로 여겼기 때문입니다. 이들이 범한 죄의 영향력은 훨씬 크기 때문에, 제물 역시 값어치가 큰 것으로 드리게 했습니다.

| 지위 | 제사장 | 회중(대표자) | 족장 | 평민 | 극빈자 |
|---|---|---|---|---|---|
| 제물 | 흠 없는 **수송아지** | **수송아지** | 흠 없는 **숫염소** | 흠 없는 **암염소** 흠 없는 **어린 암양** 중에서 선택 | **산비둘기** 둘 **집비둘기 새끼** 둘 **고운 가루 1/10에바** 중에서 선택 |
| 피 처리 | **분향단(성소)** | | **번제단(성막 뜰)** | | |
| 분배 | 제사장의 몫 없음 | | 기름을 불살라 드리고, 나머지를 제사장의 몫으로 함 | | 속죄제의 비둘기 남은 것을 제사장에게 돌림 |
| 구절 | 레 4:3-12 | 레 4:13-21 | 레 4:22-26 | 레 4:27-35 | 레 5:7-13 |

## (2) 속죄제물의 분배

### ① 제사장의 속죄제 및 회중의 속죄제의 경우

제사장의 속죄제나 회중의 속죄제의 경우, 속죄제물인 수송아지의 모든 기름을 번제단 위에 불살라 하나님께 드리고, 그 수송아지의 가죽과 그 모든 고기와 그 머리와 다리와 내장과 똥 곧 그 송아지의 전체를 진 바깥 재 버리는 곳인 정결한 곳으로 가져다가 불로 나무 위에 살랐습니다(레 4:8-12, 19-21). 그러므로 제사장과 회중의 속죄제의 경우에는 제사장이나 제사인에게 분배되는 제물이 없었습니다. 제사장의 입장에서 기록된 레위기 6:30에서도 "그러나 피를 가지고 회막에 들어가 성소에서 속하게 한 속죄제 희생의 고기는 먹지 못할지니 불사를지니라"라고 말씀하고 있습니다.

② 족장과 평민의 속죄제의 경우

족장과 평민의 속죄제물 중 피와 기름을 제외한 부위를 제사장들이 회막 뜰 거룩한 곳에서 먹었습니다(레 6:24-29, 7:6-7, 10:16-17). 참고로, 속죄제물의 피는 번제단 사면에 뿌렸으며(레 3:13), 기름은 전부 하나님께 화제로 드려야 했습니다(레 4:26, 31, 35). 이 외 모든 고기는 속죄제를 집례하는 제사장의 몫으로 주어졌으며(레 6:26), 제사장의 남자마다 거룩한 곳에서 나누어 먹었습니다(레 6:29).

속죄제 희생의 고기는 거룩한 것으로, 접촉하는 자마다 거룩하게 되었습니다. 훗날 에스겔 선지자가 이상으로 본 성전 안에는, 제사에서 나온 지성물을 먹는 거룩한 방이 따로 있었습니다(겔 42:13). 제사장이 거룩한 곳에서 거룩한 고기를 먹는 것은 하나님을 대표하여 희생제물을 완전히 소진함으로 하나님께서 그 제사를 열납하심을 나타냅니다(참고-레 10:16-17).

만약 고기의 피가 옷에 묻었을 때는 거룩한 곳에서 빨아야 합니다(레 6:27下). 이는 피가 묻은 옷을 회막 밖으로 가져감으로 그 거룩함이 속된 것들에 의해 훼손되는 것을 막기 위한 조치였습니다. 오늘날도 예수 그리스도 피의 복음을 세상에 접촉하여 타협하여서 그 거룩함이 훼손되는 일이 있어서는 안 될 것입니다(참고-마 7:6).

또한 제사장이 먹는 고기를 삶을 때 "그 고기를 토기에 삶았으면 그 그릇을 깨뜨릴 것이요 유기에 삶았으면 그 그릇을 닦고 물에 씻을 것이며"(레 6:28)라고 말씀하고 있습니다. 그 이유는, 토기는 제물의 기름이나 냄새나 국물이 그 속에 배지만, 유기는 물로 씻으면 제거되기 때문입니다. 이는 거룩한 제물의 극히 일부라도 그릇에 남아 있는 채로 세속적인 일에 사용되는 것을 막기 위한 조치였습니다. 아무리 사소한 일일지라도 거룩한 것이 세속적인 목적으로 사용되어서는 안 됩니다.

## 3. 드리는 방법
Method of offering

### (1) 제사를 드리는 방법

#### ① 기름 부음을 받은 제사장을 위한 속죄제(레 4:1-12)

레위기 4:3에서 "만일 기름 부음을 받은 제사장이 범죄하여 백성으로 죄얼을 입게 하였으면 그 범한 죄를 인하여 흠 없는 수송아지로 속죄제물을 삼아 여호와께 드릴지니"라고 말씀하고 있습니다. 여기 '기름 부음을 받은 제사장'은 히브리어 '하코헨 하마쉬아흐'(הַכֹּהֵן הַמָּשִׁיחַ)로, 정관사 '하'(הַ·)가 붙어서 '그 기름 부음 받은 그 제사장'이라는 뜻이며, 구체적으로 대제사장을 가리킵니다. 이 표현은 속죄제를 설명하는 레위기 4장(3, 5, 16절)과 취임식의 소제를 설명하는 레위기 6:22에만 등장하는 표현입니다.[14)] 일반 제사장들은 기름 부음을 받았지만 기름을 뿌리기만 하였고(레 8:30), 오직 대제사장에게만 머리에 관유를 부었다는 점에서 질적인 차이가 있습니다(레 8:12, 21:10, 참고-시 133:1-2).*

그러므로 레위기 4:1-12은 본래 대제사장을 위한 속죄제의 규례

---

* 레위기 21:10의 "자기 형제 중 관유로 부음을 받고 위임되어 예복을 입은 대제사장은 그 머리를 풀지 말며 그 옷을 찢지 말며"에서 '관유로 부음을 받고'는 히브리어 '우차크 알 로쇼 쉐멘 하미쉬하'(וּצַק עַל־רֹאשׁוֹ שֶׁמֶן הַמִּשְׁחָה)로, '그의 머리 위에 관유가 부어진'이라는 뜻이다. 한글 개역성경은 '머리 위에'를 번역하지 않았지만, 다른 번역 성경들은 모두 관유가 머리에 부어졌음을 명시하여 번역하였다(공동번역, 표준새번역, 바른성경, NASB, NIV, ESV 등).

입니다. 그러나 일반 제사장의 속죄를 위한 규례가 특별히 나와 있지 않은 것을 볼 때, 이 규례는 대제사장뿐만 아니라 일반 제사장도 포함하는 규례입니다.

우리는 여기에서 아무리 존귀한 자리에 있는 대제사장이라 할지라도 타락한 아담의 후예이기에 결코 죄에서 자유로울 수 없다는 사실을 알 수 있습니다. 모든 사람은 다 죄 아래 갇혀 있습니다(롬 3:9). 아무리 세상에서 높은 자라 할지라도 예수 그리스도의 대속이 아니면 죄에서 해방될 수 없습니다.

레위기 4:3의 "죄얼을 입게 하였으면"의 히브리어 '아쉬마트'(אַשְׁמַת)는 히브리어 '아쉬마'(אַשְׁמָה)의 연계형으로, '유죄가 됨, 죄를 범함'이라는 뜻입니다. 이는 대제사장의 죄가 백성에게도 영향을 미치게 됨을 의미합니다. 바른성경에서는 레위기 4:3 상반절을 "만일 기름 부음 받은 제사장이 죄를 지어서 백성에게 죄가 되면"이라고 번역하고 있습니다. 대제사장은 이스라엘 백성 중 유일하게 기름 부음을 받은 자로서 백성의 대표이며 중대한 영적 책임을 걸머진 자입니다. 따라서 대제사장의 범죄는 백성 전체에게 '죄얼'을 입게 하며(참고-롬 5:12), 전체 언약 백성의 범죄가 되어 하나님께서 임재하시는 처소인 지성소까지 부정하게 됩니다.

만약 대제사장이 죄로 말미암아 더럽혀졌다면, 전 백성이 더럽혀질 뿐 아니라 하나님 앞으로 나아가는 길이 끊어지는 중대한 문제가 발생합니다. 그러므로 대제사장은 반드시 자신의 죄를 사함받기 위해 속죄제를 드려야만 했습니다.

대제사장이 범죄하였을 경우의 속죄제 규례는 다음과 같습니다.

## 1 기름 부음 받은 제사장이 흠 없는 수송아지를 회막 문 앞으로 끌어다가 머리에 안수하고 잡습니다. / 레 4:4

레위기 4:4에서는 "곧 그 수송아지를 회막 문 여호와 앞으로 끌어다가 그 수송아지 머리에 안수하고 그것을 여호와 앞에서 잡을 것이요"라고 말씀하고 있습니다. 흠 없는 수송아지를 잡는 장소인 '여호와 앞'은 성소 문 앞으로, 구체적으로 '성막 뜰 북편'을 가리킵니다(레 1:5, 11, 3:7-8, 12-13).

제사장의 입장에서 기록된 레위기 6:25에서도 "아론과 그 아들들에게 고하여 이르라 속죄제의 규례는 이러하니라 속죄제 희생은 지극히 거룩하니 여호와 앞 번제 희생을 잡는 곳에서 그 속죄제 희생을 잡을 것이요"라고 말씀하고 있습니다. 여기 '번제 희생을 잡는 곳' 역시 '회막의 북쪽 뜰'을 가리키는 표현입니다(레 1:11, 참고-레 4:24, 29, 33).

한 손으로 제물에 안수

다음으로, 대제사장은 회막의 북쪽 뜰로 가지고 온 흠 없는 수송아지에게 안수합니다. 여기 '안수하고'는 번제, 화목제의 일반 규례와 같이 체중을 실어서 힘 있게 누른다는 의미의 히브리어 '사마크'(סָמַךְ)와, '손'을 뜻하는 '야드'(יָד)의 3인칭 단수형이 사용되었습니다. 이는 대제사장이 오른손을 제물의 머리에 올려서 힘 있게 누르는 모습을 나타냅니다. 안수를 통해 제물을 드리는 제사장과 수송아지가 동일시되기에, 제사장의 죄를 대신해서 희생제물이 죽임을 당해서 제사장이 속죄를 받게 되는 것입니다.

안수를 마친 후, 대제사장이 직접 흠 없는 수송아지를 잡습니다. 본래 희생제물은 제사인이 잡아야 하는데(레 1:5, 11, 3:2, 8, 13, 4:15, 24, 29, 33), 기름 부음 받은 제사장을 위한 속죄제의 경우에는 대제사장이 속죄를 받는 당사자이기 때문에 대제사장이 직접 제물을 잡아야 했습니다. 아무 죄가 없는 제물의 희생을 보면서 제사장은 진심으로 회개했을 것입니다. 진실한 회개가 없다면 그것은 참제사가 아니라 그저 형식에 불과합니다. 우리가 진심으로 죄를 회개할 때 하나님께서는 외면하지 않으시고 우리의 죄를 용서해 주실 것입니다(요일 1:9).

## 2 기름 부음 받은 제사장이 희생된 흠 없는 수송아지의 피를 세 번에 걸쳐 드립니다. / 레 4:5-7

먼저, 수송아지의 피를 가지고 회막에 들어가서 손가락에 피를 찍어 성소와 지성소를 나누는 휘장 앞에서 7번 뿌렸습니다(레 4:5-6).

레위기 4:6에서 "여호와 앞 곧 성소 장 앞"에 7번 뿌린다고 말씀하고 있습니다. 여기 '장'은 히브리어 '파로케트'(פָּרֹכֶת)로, 지성소와 성소를 나누는 휘장을 가리킵니다. '파로케트' 앞을 '여호와' 앞이라고 표현한 것은 지성소가 하나님의 임재를 의미하는 곳이기 때문입니다.

또한 레위기 4:6의 '뿌릴 것이며'는 히브리어 '나자'(נָזָה)로, '분출하다, 뿌리다'라는 뜻입니다. 번제나 화목제에서 희생제물의 피를 뿌리는 데 사용된 히브리어 '자라크'(זָרַק)는 손 전체로 씨를 뿌리듯이 많은 양을 뿌리는 것을 의미하지만(레 1:5, 3:2, 8, 13), 속죄제에 사용된 히브리어 '나자'는 손가락으로 피를 튕겨서 뿌리는 것을 의미합니다(참고-레 6:27, 왕하 9:33, 사 63:3). 제사장이 속죄제를 드릴 때 성소에서 피를 뿌리거나 대속죄일에 지성소 안에서 피를 뿌리는 것은 성소와 지성소를 속죄하는 의미이며, 레위기 8:11에서는 제단을 거룩하게 하여 하나님의 일에 사용될 수 있도록 봉헌하는 의미로 쓰였습니다.

손가락으로 휘장에 피를 뿌림

예수님이 십자가에서 피를 뿌리신 것은 이스라엘만을 위해서가 아니라, 이방인을 포함하여 전 인류를 위함이었습니다(요 10:15-16, 11:52). 이사야 52:15에서 "후에는 그가 열방을 놀랠 것이며 열왕은 그를 인하여 입을 봉하리니 이는 그들이 아직 전파되지 않은 것을 볼 것이요 아직 듣지 못한 것을 깨달을 것임이라 하시니라"라고 말씀하고 있습니다. 여기 '그'는 '여호와의 종'으로 곧 메시아를 가리키며, '놀랠 것이며'는 속죄제의 피 뿌림에 사용된 히브리어 '나자'(נָזָה)인데, 여기에서는 '마음이나 가슴이 뛰다'라는 의미로 사용되었습니다(sprinkle: NASB, KJV, NIV). 따라서 이 말씀은 앞으로 오실 예수님께서 피를 흘리시고 그 피가 유대인만이 아니라 열방에게까지 뿌려져 다 구원하시므로 열방을 놀라게 하실 것을 예언한 말씀입니다(참고-벧전 1:2). 휘장에 뿌려진 피는 예수님께서 십자가에서 흘리신 보혈로 완전하고 영원한 속죄가 이루어질 것을 예표합니다.

**히브리서 10:19-20** "그러므로 형제들아 우리가 예수의 피를 힘입어 성소에 들어갈 담력을 얻었나니 [20] 그 길은 우리를 위하여 휘장 가운데로 열어놓으신 새롭고 산 길이요 휘장은 곧 저의 육체니라"

그래서 이방인인 우리도 이제 담대히 하나님의 보좌로 나아갈 수 있습니다. 예수님의 십자가의 피는 택한 백성의 모든 죄를 사하는 완전하고 영원한 속죄의 피입니다(히 9:12).

다음으로, 기름 부음 받은 제사장은 수송아지의 피를 성소에 있는 분향단 뿔에 발랐습니다. 레위기 4:7 상반절에서 "제사장은 또 그 피를 여호와 앞 곧 회막 안 향단 뿔에 바르고"라고 말씀하고 있습니다. 여기 '바르다'는 히브리어 '나탄'(נָתַן)으로, 본래 '주다, 두다, 세우다' 등의 뜻이며, 여기서는 어떤 대상에 발라서 칠하는 동작을 의미합니다(출 12:7, 레 8:23-24, 14:18, 참고-사 42:1). 또한 '뿔'을 뜻하는 히브리어 '케렌'(קֶרֶן)이 복수형으로 사용되어서, 분향단 사면의 네 뿔에 피를 발라야 함을 말씀하고 있습니다.

분향단 네 뿔에 피를 바름
(제사장, 온 회중의 속죄제)

제사장과 온 회중의 속죄제는 희생제물의 피를 분향단 뿔에 바르지만(레 4:18), 족장과 평민들의 경우는 피를 번제단 뿔에 발라야 합니다(레 4:25, 30). 피를 바르는 위치가 다른 것은, 제사장과 온 회중(회중 안에 제사장도 포함됨, 248p 참고)은 성소에 들어갈 수 있지만, 족장과 평민들은 성막 뜰까지만 들어갈 수 있기 때문입니다. 제사장과 온 회중의 범죄는 성소를 더럽히며, 백성과 온 회중의 범죄는 성전 뜰을 더럽힌다고 본 것입니다(레 18:24-25, 렘 17:1). 이러한 차이는, 제사장과 온 회중이 범한 죄의 영향력이 족장과 평민들의 경우보다 더 크고 심각하다는 것을 보여줍니다.

번제단 네 뿔에 피를 바름
(족장, 평민의 속죄제)

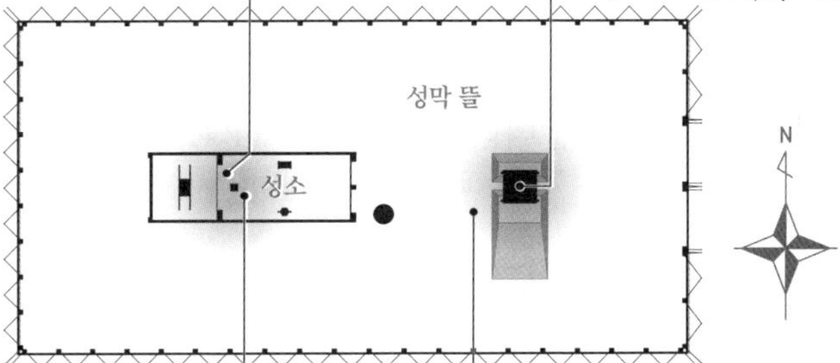


**❶ 제사장, 온 회중의 속죄제**
**휘장 앞에 피를 일곱 번 뿌림**
sprinkle blood seven times on the veil
'뿌리다': '나자'(נָזָה): 튕겨서 뿌리다
레 4:5-6, 17

**❷족장, 평민들의 속죄제**
**번제단 뿔에 피를 바름**
put blood on the horns
of the altar of burnt offering
'바르다': '나탄'(נָתַן): 칠하다 / 레 4:25, 30

**❶ 제사장, 온 회중의 속죄제**
**분향단 네 뿔에 피를 바름**
pour out the rest of the blood at the
base of the altar of burnt offering
'바르다': '나탄'(נָתַן): 칠하다
레 4:7, 18

**속죄제 공통**
**남은 피를 번제단 밑에 쏟음**
put blood on the horns of the
altar of incense
'쏟다': '샤파크'(שָׁפַךְ): 남김 없이 붓다
레 4:7, 18, 25, 30

'뿔'은 히브리어 '케렌'(קֶרֶן)으로, 힘과 권세의 상징입니다(삼상 2:1, 10, 시 89:17, 24, 애 2:3, 겔 29:21, 암 6:13, 눅 1:69). 분향단의 뿔에 피를 바름으로, 죄를 사하시는 권세와 능력이 오직 하나님께 있음을 나타내며(삼하 22:3, 시 18:2), 동시에 분향단 자체를 속죄하는 역할도 하였습니다(참고-레 16:18-19, 겔 43:19-20, 45:18-25). 분향단은 향을 피우는 곳이며, 향은 영적으로 기도를 나타냅니다(계 5:8, 8:3-5). 그러므로 분향단의 뿔에 피를 바르는 것은 구속사적으로 예수 그리스도의 보혈의 공로에 의지하여 기도해야 함을 의미합니다.

번제단 밑에 피를 쏟음

마지막으로, 기름 부음 받은 제사장은 수송아지의 남은 피 전부를 회막 문 앞 번제단 밑에 쏟았습니다. 레위기 4:7 하반절에서 "그 송아지의 피 전부를 회막 문 앞 번제단 밑에 쏟을 것이며"라고 말씀하고 있습니다. 여기 '쏟을 것이며'는 히브리어 '샤파크'(שָׁפַךְ)인데 제사와 관련되어 사용될 때에는 남김없이 완전히 쏟아 버리는 것을 의미합니다(출 29:12, 레 14:41, 신 12:16, 24, 27, 15:23, 삿 6:20, 삼상 7:6 등).

피 속에는 생명이 있기 때문에(레 17:11), 제물의 피를 다른 용도로 사용하는 것은 금지되었습니다. 따라서 속죄제물의 피를 번제단 밑에 쏟는 것은, 속죄제물로 드려진 희생의 피는 하나님의 소유이므로 거룩하며 인간이 취해서는 절대 안 된다는 것을 의미합니다(참고-삼하 23:16-17, 대상 11:18-19).

번제단 밑에 쏟은 피는 앞으로 예수 그리스도의 보혈이 인류의 죄를 대속할 속죄제의 피라는 것을 예표합니다. 칠십인경에서는 레위기 4:7 하반절의 '쏟을 것이며'에 해당하는 히브리어 '샤파크'를 헬라어 '에크케오'(ἐκχέω)로 번역하였습니다. 이 '에크케오'는 마태복음 26:28의 "이것은 죄 사함을 얻게 하려고 많은 사람을 위하여 흘리는바 나의 피 곧 언약의 피니라"에서 '흘리는바'에 사용되었습니다. 그러므로 속죄제물의 쏟은 피는 바로 예수님께서 십자가에서 피 흘리실 것을 예표하는 것입니다. 흠 없는 수송아지의 피가 하나님의 것으로 남김없이 쏟아진 것처럼(창 9:4-5, 레 3:17, 7:26-27, 17:10-14, 참고-삼하 23:17, 대상 11:19), 예수님께서 십자가에서 보배로운 피 속에 영원한 생명을 담아 이 땅에 아낌없이 흘리셔서 우리의 모든 죄가 사함받게 된 것입니다(레 17:11, 벧전 1:18-19).

## 3 기름 부음 받은 제사장이 제물의 기름을 번제단 위에 불사릅니다. / 레 4:8-10

다음으로, 기름 부음 받은 제사장은 내장에 덮인 기름과 내장에 붙은 모든 기름과 두 콩팥과 그 위의 기름, 그리고 간에 덮인 꺼풀을 취하여 번제단 위에 불살랐습니다. 레위기 4:8의 "또 그 속죄제물 된 수송아지의 모든 기름을 취할지니"라는 말씀에서 '취할지니'는 히브리어 '룸'(רוּם)의 히필(사역)형으로, '높이 든다'는 뜻입니다. 이는 가장 귀한 것으로 여기는 기름을 하나님께 따로 구별하여 드린다는 의미입니다. 성도는 항상 가장 귀한 것을 따로 구별하여 먼저 하나님께 드려야 합니다.

제사장의 속죄제에서 기름을 불사르는 곳은 '번제물 위'가 아니라 '번제단 위'입니다. 레위기 4:10에서 "화목제 희생의 소에게서 취함같이 할 것이요 제사장은 그것을 번제단 위에 불사를 것이며"라고 말씀하고 있습니다. 여기 '번제단 위'는 히브리어 '알 미즈바흐 하올라'(עַל מִזְבַּח הָעֹלָה)로, 아직 번제가 드려지지 않아서 제물이 없는 상태를 강조하는 것입니다.[15] 또한 "불사를 것이며"는 '(희생제물을) 불사르다, 연기가 오르게 하다'라는 뜻의 히브리어 '카타르'(קָטַר)인데, 히필(사역)형으로 사용될 때에는 주로 진정한 희생제사를 드리는 것을 가리킵니다.[16] 이러한 표현은 매일 번제를 드려야 할 제사장이 죄를 범한 경우에는 번제를 드리기 전에 먼저 진실한 속죄제를 드려야 함을 가르쳐줍니다. 먼저 죄를 해결한 후에 헌신과 희생을 드려야 하는 것입니다. 속죄가 없는 희생은 의미가 없습니다.

## 4 기름 부음 받은 제사장이 제물의 기름을 제외한 나머지 부분 전체를 진 바깥 재 버리는 곳에서 소각합니다. / 레 4:11-12, 21

레위기 4:11-12에서 "그 수송아지의 가죽과 그 모든 고기와 그 머리와 다리와 내장과 12똥 곧 그 송아지의 전체를 진 바깥 재 버리는 곳인 정결한 곳으로 가져다가 불로 나무 위에 사르되 곧 재 버리는 곳에서 사를지니라"라고 말씀하고 있습니다. 여기 '사르되… 사를지니라'에 모두 히브리어 '사라프'(שָׂרַף)가 사용되었습니다. 이 단어는 일반적인 불태움을 가리키는 단어로, 하나님께 드리기 위한 것이 아니라, 소각을 위한 불사름을 의미합니다. 레위기 6:30에서도 "그러나 피를 가지고 회막에 들어가 성소에서 속하게 한 속죄제 희생의 고기는 먹지 못할지니 불사를지니라"라고 말씀하고 있습니다.

번제에서는 희생제물의 가죽이 제사장의 몫으로 주어졌으며, 화목제에서는 내장과 간, 콩팥 부위의 기름을 제외한 나머지 부분이 제사장과 제물을 드리는 사람의 몫으로 주어졌습니다. 그러나 속죄제 가운데 제사장과 온 회중을 위한 제물은 완전히 다 불살랐습니다(레 4:11-12).

속죄제에서 희생제물을 소각하는지의 여부는 피가 뿌려진 장소와 관련이 있습니다. 제사장과 회중의 속죄제 희생제물의 피는 성소 안 휘장 앞에 뿌렸으며(레 4:6, 17), 분향단 네 뿔에 발랐습니다(레 4:7, 18). 여기 '성소'는 히브리어 '하코다쉬'(הַקֹּדֶשׁ)로, 하나님께서 임재하시는 거룩하고 구별된 곳입니다. 희생제물과 그 피는 일체이기에(레 17:14), 거룩한 곳에 피가 뿌려진 희생제물은 사람이 먹지 못하고 불태워야 하는 것입니다. 반면에, 족장과 평민의 속죄제 희생제물의 피는 성소 밖 번제단의 네 뿔에 발랐는데(레 4:25, 30), 번제단이 위치한 성전 뜰은 제사를 드리고자 하는 자가 하나님 앞에 나아오는 장소이기에 희생제물의 일부를 제사장에게 돌릴 수 있었습니다.

속죄제의 제물을 태우는 곳은 '진 바깥 재 버리는 곳'이었습니다(레 4:12). 광야 시대에 '진 바깥'은 버림받은 자들이 사는 수치의 장소였습니다(레 10:4, 24:14). 그런데 속죄제물이 태워지므로 그곳은 '정결한 곳'이 됩니다(레 4:12). 이는 예수님께서 속죄의 제물로 영문 밖에서 당하실 고난과 죽음을 예표합니다. 히브리서

13:11-12에서 “이는 죄를 위한 짐승의 피는 대제사장이 가지고 성소에 들어가고 그 육체는 영문 밖에서 불사름이니라 [12]그러므로 예수도 자기 피로써 백성을 거룩케 하려고 성문 밖에서 고난을 받으셨느니라”라고 말씀하고 있습니다. 히브리서 기자는 속죄제 규례를 통해 예수님의 십자가 사역을 설명하고 있습니다. 예루살렘성 밖 갈보리 언덕은 예수님의 십자가 사건으로 말미암아 더 이상 수치의 장소가 아니라 정결케 하는 장소가 되었습니다.

온 회중과 족장과 평민을 위한 속죄제의 결론에는 “제사장이 그것으로… 위하여 속죄한즉 그들이 사함을 얻으리라”(레 4:20, 26, 31, 35)라는 표현이 있으나, 기름 부음을 받은 제사장을 위한 속죄제의 결론에는 그 표현이 없습니다. 여기 ‘사함’은 히브리어 ‘살라흐’(סָלַח)로, 항상 하나님께만 사용되어 하나님께서 죄인을 용서하시는 것을 의미합니다. 다른 제사에서는 기름 부음을 받은 제사장이 속죄의 중보 사역을 감당하지만, 그 자신도 죄인이기에 자신을 위한 제사에서는 중보자가 될 수 없는 것입니다. 그러나 우리의 대제사장이 되시는 예수님께서는 죄가 없으신 분이시기에 새 언약의 중보가 되십니다(딤전 2:5, 히 4:15, 8:6, 9:15, 12:24, 벧전 2:22). 이제 성도는 영문 밖 십자가를 향하여 나아가 찬미의 제사, 선을 행하며 서로 나누어주는 제사를 드림으로써 하나님의 기쁨이 되어야 할 것입니다(히 13:13-16).

### ② 온 회중을 위한 속죄제(레 4:13-21)

레위기 4:13에서 “만일 이스라엘 온 회중이 여호와의 금령 중 하나라도 그릇 범하여 허물이 있으나 스스로 깨닫지 못하다가”라고 말씀하고 있습니다. 여기 ‘회중’은 히브리어 ‘에다’(עֵדָה)로, 일반적으로 전 국민을 나타내기도 하고(출 12:3, 6, 17:1), 20세 이상 남자의 무리를 나타내기도 하며(민 1:2), 법을 집행하는 대표자들의 무리를 나타내기도 합니다(민 15:33, 27:2, 35:12). 그러나 뒤에 평민을 위한 속죄제(레 4:27-35)가 따로 나오는 것을 볼 때, 레위기 4:13의 '회중(에다)'은 '이스라엘의 대표자들'로 보는 것이 적절합니다.

레위기 4:15에서 "회중의 장로들이 여호와 앞에서 그 수송아지 머리에 안수하고 그것을 여호와 앞에서 잡을 것이요"라고 말씀하고 있습니다. 여기 '안수하고'는 '힘껏 누른다'는 의미의 히브리어 '사마크'(סָמַךְ)의 복수형과 '손'을 뜻하는 '야드'(יָד)의 3인칭 쌍수명사가 사용되었습니다. 장로들은 이스라엘 백성의 대표자들 가운데 원로들로서(민 11:16) 전체 회중을 대신하여 수송아지에 양손으로 안수하였던 것입니다.

회중의 장로들의 안수

또한 레위기 4:13의 "허물이 있으나 스스로 깨닫지 못하다가"에서 '허물'은 히브리어 '아쉠'(אָשֵׁם)으로, '유죄(죄가 있는 상태), 범죄, 위반'이라는 뜻입니다. 또한 한글 개역성경은 13절의 중간에 있는 히브리어 '베넬람 다바르 메에네 하카할'(וְנֶעְלַם דָּבָר מֵעֵינֵי הַקָּהָל)의 번역을 생략하였는데, 그 뜻은 '그 일이 그 총회의 눈에 감추어져서' 입니다. 죄는 인간을 전적 무지(全的無知) 상태로 만들어 자신이 유죄임을 알지 못하게 한다는 것입니다.

레위기 4:14에서 "그 범한 죄를 깨달으면 회중은 수송아지를 속죄제로 드릴지니"라고 말씀하고 있습니다. 여기 '죄'는 속죄제와 동일한 히브리어 '핫타트'(חַטָּאת)이며, '깨달으면'은 '(체험적으로) 알다'라는 뜻의 히브리어 '야다'(יָדַע)의 니팔(수동 재귀)형입니다. 이는 온 회중이 스스로의 힘으로 범한 죄를 깨닫는 것이 아니라, 죄인 줄도 모르고 있던 것을 하나님께서 알게 하셨다는 것을 의미합니다(참고-롬 7:7). 하나님의 은혜 가운데 죄임을 깨닫게 되면 속죄제를 드려야 합니다. 제사를 드리는 자가 자신의 죄를 깨닫지 못하고 드리는 제사는 헛된 제사이며 속죄와 상관없는 제사가 됩니다.

온 회중을 위한 속죄제는 수송아지를 제물로 드렸으며, 제사장을 위한 속죄제와 동일한 방법으로 진행되었습니다. 이는 제사장의 죄와 온 회중의 죄를 그 비중이나 영향력이 같은 것으로 여겼기 때문입니다. 또한 제물의 피를 성소 안 휘장 앞에 뿌렸고 분향단 뿔에 발랐기에 제물의 기름을 제외한 나머지 부분을 진 밖에서 태워야 하며, 제사장의 몫이 분배되지 않습니다. 이는 이스라엘 회중 안에 제사장도 포함되며, 제사장도 죄에 참여했기 때문입니다.[17)]

### ③ 족장을 위한 속죄제(레 4:22-26)

레위기 4:22-23 상반절에서 "만일 족장이 그 하나님 여호와의 금령 중 하나라도 부지중에 범하여 허물이 있었다가 23 그 범한 죄에 깨우침을 받거든"이라고 말씀하고 있습니다. 여기 '족장'은 '들어 올리다'라는 뜻의 히브리어 '나사'(נָשָׂא)에서 유래한 '나시'(נָשִׂיא)로, 한 지파의 우두머리(민 1:16)나 한 가문의 우두머리(민 3:24)를 가리킵니다.

또한 "그 하나님 여호와의 금령 중 하나라도 부지중에 범하여 허물이 있었다가 그 범한 죄에 깨우침을 받거든" 속죄제를 드려야 했습니다. 이 표현은 온 회중을 위한 속죄제의 규례에서 사용된 표현과 거의 동일합니다(레 4:13-14). 족장들이 부지중에 범한 죄를 깨닫게 하셔서 속죄제를 통하여 허물을 씻게 하신 것은 오직 하나님의 은혜입니다.

기름 부음을 받은 제사장을 위한 속죄제나 온 회중을 위한 속죄제는 거의 동일한 방법으로 진행되었지만, 족장을 위한 속죄제에는 몇 가지 차이가 있습니다.

### 첫째, 족장을 위한 속죄제는 흠 없는 숫염소를 예물로 바쳤습니다(레 4:22-24).

제사인이 숫염소 머리에 안수하는 것과 '여호와 앞 번제 희생을 잡는 곳'에서 제물을 잡는 것은 제사장의 속죄제, 온 회중의 속죄제와 동일합니다. 그러나 족장을 위한 속죄제는 개인을 위한 제사이므로 족장이 한 손으로 희생제물에 안수하였습니다.

### 둘째, 족장을 위한 속죄제는 일반 제사장이 집례하였습니다.

제사인이 제물을 잡은 후, 제사장은 희생제물의 피를 취합니다. 그런데 여기 제사장 앞에는 '기름 부음을 받은'이라는 표현이 없습니다(레 4:25). 반면에, 제사장의 속죄제와 온 회중의 속죄제에는 집례하는 제사장 앞에 '기름 부음을 받은'이 강조되어 있습니다(레 4:3, 5, 16). 이로 볼 때, 제사장의 속죄제와 온 회중의 속죄제는 대제사장이 집례하지만, 족장의 속죄제는 일반 제사장들이 수행함을 알 수 있습니다.

### 셋째, 속죄제의 피를 드리는 절차가 간소화되었습니다.

제사장의 속죄제와 온 회중의 속죄제는 희생제물의 피를 가지고 회막에 들어가 휘장 앞에서 일곱 번 뿌렸으며(레 4:5-6, 16-17), 그 피를 분향단 네 뿔에 발랐습니다(레 4:7上, 18上). 그리고 피 전부를 번제단 밑에 쏟았습니다(레 4:7下, 18下).

반면에, 족장을 위한 속죄제나 평민을 위한 속죄제에서는, 제사인이 희생제물의 머리에 안수하고 잡은 다음에 성소에 들어가는 과정이 생략되고, 희생제물의 피를 번제단 네 뿔에 바른 뒤에 남은 피를 번제단 밑에 다 쏟았습니다(레 4:24-25, 30). 성소에 들어가는 과정이 생략된 것은, 족장과 평민은 성소에 들어갈 수 없는 자들이므로 그 죄가 성소까지 더럽히지는 않았다고 판단했기 때문입니다.

### 넷째, 숫염소의 모든 기름을 단 위에 불사르고 숫염소의 고기를 분배하였습니다.

숫염소의 모든 기름은 화목제 희생의 기름을 화제로 드리듯이 단 위에서 불살랐으며(레 4:26), 남은 고기는 제사장들이 성막 뜰에서 먹을 수 있었습니다(레 6:26, 7:7).

제사장의 속죄제와 온 회중의 속죄제에서는 제사장도 속죄를 받아야 하는 대상이기에, 희생제물 중에서 제사장의 몫을 분배받을 수 없습니다(레 6:30). 그러나 족장과 평민을 위한 속죄제에서는 제사장이 하나님의 편에서 중보사역을 담당하기에 하나님께 바쳐진 제물 중 제사장의 몫을 분배받을 수 있습니다. 레위기 6:25下-26에서 "속죄제 희생은 지극히 거룩하니 여호와 앞 번제 희생을 잡는 곳에서 그 속죄제 희생을 잡을 것이요 [26] 죄를 위하여 제사 드리는 제사장이 그것을 먹되 곧 회막 뜰 거룩한 곳에서 먹을 것이며"라고 말씀하고 있습니다.

이 고기는 지성물로, 그것에 접촉하는 자는 거룩하게 되었으며, 제물의 피가 묻은 옷이나 고기를 요리한 그릇도 거룩하게 구별되었습니다(레 6:27-28). 또한 이 고기는 집례한 제사장이 여러 제사장과 나누어 먹어야 했습니다(레 6:29).

### ④ 평민을 위한 속죄제(레 4:27-35)

레위기 4:27-28上에서 "만일 평민의 하나가 여호와의 금령 중 하나라도 부지중에 범하여 허물이 있었다가 [28] 그 범한 죄에 깨우침을 받거든"이라고 말씀하고 있습니다. 여기 '평민의 하나'는 백성 개개인을 가리키는 표현입니다. '평민의'로 번역된 '메암 하아레츠'(מֵעַם הָאָרֶץ)는 '~로부터'라는 뜻의 전치사 '민'(מִן)과 '백성'이라는 뜻의 '암'(עַם)과 '그 땅'이라는 뜻의 '하아레츠(הָאָרֶץ)'가 합쳐진 말로, 직역하면 '그 땅 사람들 가운데'입니다(참고-레 20:2). 여기의 땅은 '지리적인 개념'이라기보다는 '하나님의 통치적 개념'으로, 비록 이방인이라 할지라도 하나님의 통치를 받는 자는 제사에 참여할 수 있음을 나타냅니다. 민수기 15:29에서도 "이스라엘 자손 중 본토 소생이든지 그들 중에 우거하는 타국인이든지 무릇 그릇 범죄한 자에게 대한 법이 동일하거니와"라고 말씀하고 있습니다. 그러므로 평민은 대제사장 및 제사장과 회중(대표자)과 족장을 뺀 나머지 모든 사람을 가리킵니다. 온 회중을 위한 속죄제는 백성의 지도자 전체를 대상으로 한 속죄제이고, 평민을 위한 속죄제는 백성 개개인을 대상으로 한 속죄제입니다.

평민을 위한 속죄제는 "여호와의 금령 중 하나라도 부지중에 범하여 허물이 있었다가 그 범한 죄에 깨우침을 받거든" 드려야 했습니다. 이는 온 회중을 위한 속죄제와 족장을 위한 속죄제의 규례에 사용된 표현과 거의 동일합니다(레 4:13-14, 22-23).

화목제와 번제는 자원하는 마음으로 드리는 제사이기에 제사인의 형편에 따라 다양한 희생제물을 드릴 수 있지만, 속죄제는 반드시 드려야 하는 제사이기에 제사인의 신분에 따라 정해진 희생제물을 드렸습니다.

번제, 소제, 화목제는 제물별, 유형별로 모든 제사 규례마다 '여호와께 향기로운 냄새니라'라는 표현이 반복되는 반면에, 속죄제는 평민의 속죄제에서만 '여호와께 향기롭게 할지니'라고 말씀하고 있습니다(레 4:31). '여호와께 향기로운 냄새'라는 표현은 화제와 관련되어 사용되는 표현으로, 제물을 열납하시고 제사인에게 긍휼을 베푸시는 것을 의미합니다. 기름 부음 받은 제사장, 온 회중, 족장을 위한 속죄제에는 '여호와께 향기'라는 표현은 없지만, 화제로 드리는 제사로서 '여호와께 향기로운 냄새'로 열납되어야 하는 제사임에 틀림없습니다. 평민의 속죄제에만 '여호와께 향기'라는 표현을 사용한 것은, 5대 제사는 하나님과 언약 백성 사이의 규례로, 대제사장부터 평민까지 전체가 속죄함을 얻을 때 비로소 향기로운 냄새가 완성됨을 의미합니다.

### 첫째, 흠 없는 암염소(레 4:28-31)나 흠 없는 어린 암양(레 4:32-35)으로 속죄제를 드립니다.

평민을 위한 속죄제의 예물은 흠 없는 암염소(레 4:28)와 흠 없는 어린 암양(레 4:32) 두 종류였으며, 개인을 위한 속죄제이므로 제사인이 한 손으로 희생제물에 안수하였습니다. 제사를 드리는 방법은 족장을 위한 속죄제와 동일합니다(레 4:29-31, 33-35).

### 둘째, 산비둘기 둘이나 집비둘기 새끼 둘로 속죄제를 드립니다(레 5:7-10).

평민 가운데 암염소나 어린 암양을 제물로 바칠 수 없는 가난한 자들을 위해 하나님께서는 산비둘기 둘이나 집비둘기 새끼 둘로 희생제물을 드릴 수 있게 하셨습니다(참고-눅 2:24). 우리는 여기에서 백성의 경제적인 문제까지도 세심하게 배려해 주시는 하나님의 깊은 사랑을 엿볼 수 있습니다.

산비둘기 둘이나 집비둘기 새끼 둘을 속죄제로 드리는 경우, 하나는 속죄제물로 드리고 하나는 번제물로 드립니다. 제사장은 속죄제물을 먼저 드리고 번제물을 다음으로 드렸는데(레 5:8, 10), 이는 속죄가 선행되어야만 온전한 헌신으로 자신을 드리는 번제를 드릴 수 있음을 가르쳐줍니다.

속죄제로 드리는 비둘기에 대해서 "그 머리를 목에서 비틀어 끊고 몸은 아주 쪼개지 말며 [9]그 속죄제물의 피를 단 곁에 뿌리고 그 남은 피는 단 밑에 흘릴지니"(레 5:8下-9)라고 말씀하고 있습니다. 암염소나 어린 암양의 경우에는 피를 단 뿔에 발랐지만, 비둘기의 피는 뿔에 바를만큼 충분하지 않기에 단 곁에 뿌렸습니다. 여기 '뿌리고'는 히브리어 '나자'(נָזָה)로 손가락으로 피를 튕겨서 묻히는 것을

의미하며, '단 곁에'는 히브리어로 '알 키르 하미즈베아흐'(עַל־קִיר הַמִּזְבֵּחַ)로, '단의 벽을 향하여'라는 뜻입니다. 또한 단 곁에 피를 뿌리고 남은 피에 대하여 '단 밑에 흘릴지니'에서 '흘릴지니'는 히브리어 '마차'(מָצָה)의 니팔(수동)형으로, 제물을 강하게 눌러 번제단 아래 바닥을 향하여 피를 전부 짜내라는 뜻입니다(참고-레 1:15).

두 번째 비둘기는 규례를 따라 번제로 드렸습니다. 레위기 5:10에서 "그다음 것은 규례대로 번제를 드릴지니 제사장이 그의 범과를 위하여 속한즉 그가 사함을 얻으리라"라고 말씀하고 있습니다. 여기 '사함을 얻으리라'는 '용서하다'라는 뜻의 히브리어 '살라흐'(סָלַח)의 니팔(수동)형이 쓰여서, 하나님으로부터 용서가 주어진다는 의미입니다(신적 수동태, Divine Passive).

평민의 속죄제를 위한 제물로 암염소나 어린 암양을 드리는 경우, 기름을 하나님께 화제로 드리고 남은 것을 제사장의 몫으로 돌렸습니다(레 7:7). 따라서 크기가 작은 비둘기의 경우에는 번제로 드리는 한 마리를 하나님께 화제로 드리고, 나머지 속죄제의 비둘기의 남은 부분을 제사장의 몫으로 돌렸습니다.[18)]

**셋째, 고운 가루 십분의 일 에바로 속죄제를 드립니다**(레 5:11-12).

산비둘기 둘이나 집비둘기 새끼 둘도 바칠 수 없는 극빈자의 경우, 고운 가루 에바 십분의 일(2.34L)로 속죄제를 드릴 수 있었습니다. 레위기 5:11-12에서는 "만일 힘이 산비둘기 둘이나 집비둘기 둘에도 미치지 못하거든 그 범과를 인하여 고운 가루 에바 십분 일을 예물로 가져다가 속죄제물로 드리되 이는 속죄제인즉 그 위에 기름을 붓지 말며 유향을 놓지 말고 [12] 그것을 제사장에게로 가져갈 것이요 제사장은 그것을 기념물로 한 움큼을 취하여 단 위 여호와의 화제물 위에 불사를지니 이는 속죄제라"라고 말씀하고 있습니다.

고운 가루를 드리는 소제의 경우와 달리, 고운 가루로 속죄제를 드릴 때에는 기름을 붓거나 유향을 놓을 수 없었습니다(참고-레 2:1-2). 히브리어 원문을 보면 강한 부정을 의미하는 히브리어 '로'(לֹא)를 두 번 사용하여 기름과 유향을 절대로 사용해서는 안 됨을 강조하고 있습니다. 이는 하나님의 은혜와 기쁨을 상징하는 기름과 유향을 첨가하는 것은 속죄제물의 성격과 맞지 않기 때문입니다.

제사장이 고운 가루를 한 움큼 취하여 화제물 위에 불사름으로 죄 사함을 받게 되며, 남은 고운 가루는 소제물과 같이 제사장의 몫으로 돌렸습니다(레 5:12-13).

속죄제는 범죄를 깨닫게 될 때 반드시 드려야 하는 의무적인 제사입니다. 하나님께서 속죄제에 대해 기름 부음 받은 제사장과 온 회중, 족장, 평민이 각각 드릴 제물을 세밀히 지정하신 것은, 책임이나 영향력이 큰 자가 범죄했을 때 더 큰 제물이 요구됨을 가르치시기 위함입니다(눅 12:48). 또한 평민의 속죄제에서 비둘기나 고운 가루를 드릴 수 있도록 하신 것은 경제적인 어려움으로 인하여 속죄를 얻지 못하는 사람이 없도록 배려하신 것입니다.

**디모데전서 2:4** "하나님은 모든 사람이 구원을 받으며 진리를 아는 데 이르기를 원하시느니라"

이해도움 6

# 피의 처리 방법 및 제사의 결과에 사용된 단어들

Words Used for the Handling of Blood and the Outcome of the Offerings

5대 제사에는 피를 처리하는 방법과 관련된 단어들과 제사의 결과를 나타내는 다양한 동사들이 있습니다. 각각의 단어가 어떤 제사에 대해서 어떻게 사용되었는지를 연구하는 것은, 그 제사와 피에 담긴 하나님의 구속 경륜을 밝히 깨닫는 데 큰 도움을 줍니다.

## (1) 피의 처리와 관련된 단어들

| 피의 처리 | 동작과 의미 | 제사 | 장소 |
|---|---|---|---|
| 뿌리다<br>זָרַק<br>'자라크' | · 손 전체로 씨를 뿌리듯이 많은 양을 뿌림<br>· 씨를 뿌린다는 뜻에서 유래하여 생명의 연결을 의미함(참고-사 28:25) | · 번제(레 1:5, 11)<br>· 화목제(레 3:2, 8, 13, 7:14)<br>· 속건제(레 7:2) | · 번제단 사면 |
| 흘리다<br>מָצָה<br>'마차' | · 눌러서 짜내어 흘림<br>· 하나님의 것인 피를 남기지 않고 전부 제거함 | · 새의 번제(레 1:15)<br>· 새의 속죄제(레 5:7-9) | · 번제단 벽면 |
| 튀기다<br>נָזָה<br>'나자' | · 손가락으로 피를 튕겨서 묻힘(참고-왕하 9:33, 사 63:3) | · 속죄제(레 4:6, 17, 5:9) | · 성소 휘장 앞(레 4:6, 17)<br>· 번제단 벽면(레 5:9) |
| 바르다<br>נָתַן<br>'나탄' | · 피를 대상에 바름(참고-레 8:23-24) | · 속죄제(레 4:7, 18, 25, 30, 34) | · 분향단 뿔(레 4:7, 18)<br>· 번제단 뿔(레 4:25, 30, 34) |
| 쏟다<br>שָׁפַךְ<br>'샤파크' | · 남김없이 완전히 쏟아 버림 | · 속죄제(레 4:7, 18, 25, 30, 34) | · 번제단 밑(레 4:7, 18, 25, 30, 34) |

속죄제를 제외한 다른 제사들은 모두 희생제물의 피를 번제단 사면에 **뿌립니다**('자라크'-레 1:5, 11, 3:2, 8, 13, 7:2, 14). 새의 번제의 경우에는 번제단 벽면에 피를 **짜내어 흘립니다**('마차'-레 1:15). 이는 희생제물의 생명이 번제단에 뿌려지는 것을 의미합니다.

반면에, 속죄제 희생제물의 피는 손가락으로 튀기거나 바르거나 쏟아버린다는 표현이 사용됩니다. 제사장과 회중의 속죄제에서는 성소 휘장에 손가락으로 피를 일곱 번 **튕겼는데**('나자'-레 4:6, 17), 이는 희생제물의 피로 하나님의 임재하시는 지성소 앞까지 나아가는 것을 상징합니다(히 10:19-20). 그 뒤에, 성소 안 분향단 뿔에 피를 **바르는 것은**('나탄'-레 4:7, 18) 속죄제물의 희생으로 더러워진 성소를 정결케 한다는 의미를 가지고 있습니다.

족장과 백성의 속죄제에서는 성소 안에는 들어가지 않고 번제단 뿔에 피를 **발랐는데**('나탄'-레 4:25, 30, 34), 이는 속죄제물의 희생으로 더러워진 성전 뜰을 정결케 한다는 의미입니다. 극빈자가 비둘기로 드리는 속죄제의 경우에는 번제단 뿔 대신 번제단 벽면을 향해 피를 **튕겼습니다**('나자', 레 5:9上).

속죄제 규례의 마지막에는 제물의 피가 다른 곳에 사용되지 않도록 번제단 밑에 다 **쏟아야**('샤파크'-레 4:7, 18, 25, 30, 34, 5:9下) 했습니다.

속죄제의 피를 처리하는 방법은 예수 그리스도의 십자가 속죄의 모형으로, 예수님의 죽으심으로 성도가 정결함을 얻고 하나님 앞으로 나아가는 과정을 압축하고 있습니다(히 12:24, 벧전 1:2, 요일 1:7, 계 7:14). 또한 휘장과 분향단, 번제단을 붉게 물들인 제물의 피는 속죄 사실을 보여주는 확실한 표인 것처럼, 예수님께서 흘리신 피는 우리의 속죄 사실에 대한 가장 강력한 표징입니다(롬 8:34, 히 9:14, 10:19-20).

## (2) 제사의 결과와 관련된 단어들

| 제사의 결과 | 단어의 의미 | 제사 |
|---|---|---|
| 속죄하다 כָּפַר '카파르' | · '덮다, 가리다, 진정시키다, 화해하다'라는 뜻으로, 제사인의 죄를 덮어서 속죄받게 하시는 것을 의미(약 5:20, 벧전 4:8) | · 번제(레 1:4)<br>· 속죄제(레 4:20, 26, 31, 35 5:6, 10, 13, 6:30, 7:7)<br>· 속건제(레 5:18, 6:7, 7:7) |
| 사함을 얻다 סָלַח '살라흐' | · 하나님께서 죄인에게 관용을 베풀어 용서하시는 것을 의미(출 34:9) | · 속죄제(레 4:20, 26, 31, 35, 5:13)<br>· 속건제(레 5:16, 18, 6:7). |
| 열납하다 רָצָה '라차' | · '호의, 은총, 기꺼이 받아들임'이라는 뜻으로, 하나님께서 제물이나 제사인을 받으심을 의미(미 6:7, 사 42:1) | · 번제(레 1:3-4)<br>· 화목제(레 7:18, 19:7, 22:18-30) |
| 향기로운 냄새 רֵיחַ־נִיחוֹחַ '레아흐 니호아흐' | · 제물을 열납하셔서 죄인에 대한 하나님의 진노가 진정되고, 참안식이 이루어짐을 표현(창 8:20-22, 롬 3:25-26) | · 번제(레 1:9, 13, 17, 8:21, 23:18, 참고-창 8:21)<br>· 소제(레 2:2, 9, 12, 6:15, 21, 23:13)<br>· 화목제(레 3:5, 16, 17:6)<br>· 속죄제(레 4:31, 8:28) |

제사의 결과와 관련하여 사용된 히브리어 동사들은 속죄의 의미를 풍성하게 가르쳐줍니다.

**'속죄하다'**로 번역된 '카파르'는 번제와 속죄제, 속건제에서 사용되었습니다. 번제와 속죄제, 속건제에서 흘린 희생제물의 피는 죄인의 상태를 가려주는 의미이지만, 화목제에서 흘린 희생제물의 피는 하나님과 제사인의 사이를 생명으로 연결하여 화목을 이루는 의미입니다. 또한 소제는 나머지 다른 제사에 곁들여지는 제사로, 모든 제사인이 하나님 앞에 나아가기 위해서는 속죄와 화목이 필요함을 가르쳐줍니다.

**'사함을 얻다'**로 번역된 '살라흐'는 속죄제와 속건제에서 사용되었습니다. 속죄제와 속건제는 특별히 제사인이 자신의 범죄 사실을 깨달으면 의무적으로 드립니다. '살라흐'는 사람을 주어로 사용된 적은 한 번도 없고, 모두 하나님께서 사람의 죄를 사하실 때에만 사용되었습니다. 이는 죄를 사할 수 있는 분은 오직 하나님이심을 가르쳐줍니다(시 130:4). 하나님께서 예레미야를 통해 새 언약을 선포하실 때에도 "내가 그들의 죄악을 사하고('살라흐') 다시는 그 죄를 기억지 아니하리라"라고 약속하셨습니다(렘 31:34下).

**'열납하다'**로 번역된 '라차'는 번제와 화목제에서 사용되었습니다. 번제와 화목제는 특별한 명령이 없어도 자원하여 드립니다. '라차'에서 '은총, 호의, 열납'을 의미하는 '라촌'(רָצוֹן)이 파생되었습니다. 이는 제사인이 자원하여 드리는 제사도 오직 하나님의 은총 안에서 주어진 것이기에(고전 15:10, 엡 2:8), 하나님께서 주신 은총에 응답하는 제사를 하나님께서 기쁘게 받아주신다는 의미를 가지고 있습니다(대상 29:14).

마지막으로, **'향기로운 냄새'**는 속건제를 제외한 5대 제사 모두 사용되었습니다. 이는 하나님께 제물을 태워서 드리는 제사마다 하나님께서 기쁘게 받으시고 참안식이 이루어지는 것을 의미합니다. 예수님께서는 자신을 향기로운 제물과 생축으로 하나님께 드리셨으며(엡 5:2), 오늘날 예수님으로 말미암아 예배드리는 성도들도 하나님께 드려지는 향기, 이웃에게 전해지는 향기가 되어야 합니다(고후 2:15, 빌 4:18).

### (2) 속죄제를 드려야 할 범죄의 유형

속죄제는 비고의적인 죄나 감추어진 죄에 대해서 드리는 제사입니다. '비고의적인 죄'란 아담의 범죄로 인한 원죄 때문에 생긴 죄성(罪性, sinful nature)의 결과로 지은 죄이며 자범죄도 포함됩니다.

반면에, 고의로 짓는 죄에 대해서 민수기 15:30에서 "본토 소생이든지 타국인이든지 무릇 짐짓 무엇을 행하면 여호와를 훼방하는 자니 그 백성 중에서 끊쳐질 것이라"라고 말씀하고 있습니다. 여기 '짐짓'은 히브리어 '베야드 라마'(בְּיָד רָמָה)로 '손을 높이 들고'라는 뜻이며, 출애굽기 14:8에서는 '담대히'로 번역하였습니다. 이는 죄를 짓되 당당하게 여기며 두려워하지도 않는 태도를 의미합니다(민 15:32-35, 35:16-21, 신 29:18-21). 따라서 언약 백성에서 끊어지는 고의적인 죄는 하나님의 말씀을 대적하면서 당당하게 범죄하는 것으로, 신약 성경의 성령훼방죄에 해당합니다(마 12:31, 막 3:29, 참고-히 12:17, 계 2:21).

#### ① 거짓 증언을 한 경우

레위기 5:1에서 "누구든지 증인이 되어 맹세시키는 소리를 듣고도 그 본 일이나 아는 일을 진술치 아니하면 죄가 있나니 그 허물이 그에게로 돌아갈 것이요"라고 말씀하고 있습니다. 이것은 재판정에서 자신이 본 일이나 아는 일에 대해서 증언을 거부하는 것도 죄가 된다는 것입니다. 그 이유는 증언을 거부하고 침묵하므로 피해자가 생길 수 있기 때문입니다. 자신의 이익을 위해서 남에게 피해가 감에도 불구하고 침묵하는 것은 성도로서 올바른 태도라고 할 수 없습니다.

예수님께서 겟세마네 동산에서 잡히시고 산헤드린 공회에 서셨을 때, 대제사장들과 온 공회원은 예수님을 죽이기 위하여 많은 거짓 증인을 동원했지만, 예수님 편에서 신실한 증인이 되어 준 사람은 사실상 하나도 없었습니다(마 26:59-60, 65). 훗날 예수를 증거하는 바울을 고소할 때에도 대제사장 아나니아와 장로들은 유명한 변호사 더둘로를 고용하여 온갖 말로 모함하였으나(행 24:1-9), 바울 편에서 변호하는 사람은 하나도 없어서 바울은 스스로를 변호해야만 했습니다(행 24:10-21).

잠언 14:25에서 "진실한 증인은 사람의 생명을 구원하여도 거짓말을 뱉는 사람은 속이느니라"라고 말씀하고 있습니다. 진실한 증인이 할 일은 사실대로 진술하는 것입니다. 예수님을 버리고 도망갔던 제자들은(마 26:56) 오순절 성령 강림 이후 주님의 참된 증인으로 탈바꿈하였습니다(행 1:8). 이들은 공회에서 "예수 이름으로 말하지도 말고 가르치지도 말라"라는 핍박에도 "하나님 앞에서 너희 말 듣는 것이 하나님 말씀 듣는 것보다 옳은가 판단하라 우리는 보고 들은 것을 말하지 아니할 수 없다"라고 담대히 외쳤습니다(행 4:18-20). 우리도 오직 진실한 증인이 되어서 구원의 말씀을 담대히 땅끝까지 전하는 사명자가 되어야 할 것입니다.

### ② 부정한 것에 접촉하여 몸이 부정해진 경우

레위기 5:2에서 "누구든지 부정한 들짐승의 사체나 부정한 가축의 사체나 부정한 곤충의 사체들 무릇 부정한 것을 만졌으면 부지중에라 할지라도 그 몸이 더러워져서 허물이 있을 것이요"라고 말씀하고 있습니다. 여기 '부정'은 히브리어 '타메'(טָמֵא)로, 여기서는 의식적(儀式的)으로 불결한 것을 가리키며, '만졌으면'은 히브리어 '나가'(נָגַע)로, '만지다, 손대다'라는 뜻입니다. 사체에 닿을 때 몸이 더러워지는 것은 그 사체가 죄로 인한 결과물이기 때문입니다(학 2:13-14, 롬 6:23). 또한 '부지중에'는 '알지 못하는 중에, 모르는 가운데'라는 뜻이며, 히브리어 '알람'(עָלַם)으로 '숨기다, 감추다'라는 뜻입니다. 이에 따라 해석하면, '(부정한 것을 만진 일이) 드러나지 않았을지라도' 부정하게 된다는 뜻입니다.

요한계시록 14장에 기록된 시온산에 선 144,000은 "여자로 더불어 더럽히지 아니하고 정절이 있는 자"들입니다(계 14:4). 오늘날 성도는 자기도 모르는 가운데 타락한 세상에 의해 더럽혀질 수 있으므로 늘 자신을 살피는 가운데 세상에 오염되지 않도록 자신을 지켜야 하며(시 1:1, 26:4, 고후 6:14-18), 부정한 것으로부터 자신을 단호하게 분리하고, 경건과 거룩에 힘써야만 합니다.

### ③ 사람의 부정에 접촉한 경우

레위기 5:3에서 "혹시 부지중에 사람의 부정에 다닥쳤는데 그 사람의 부정이 어떠한 부정이든지 그것을 깨달을 때에는 허물이 있을 것이요"라고 말씀하고 있습니다. 여기 '사람의 부정'은 사람이 부정에 처하게 되는 여러 가지 상황을 가리키는 표현입니다. 또한 '다닥쳤는데'는 앞서 '만졌으며'로 번역된 히브리어 '나가'(נָגַע)로, 사람의 부정에 접촉한 것을 의미합니다. 성경은 출산 후 일정 기간(레 12:2-5), 문둥병(레 13-14장), 유출병이나 월경(레 15장, 18:19) 등을 부정한 상태로 말씀하는데, 이러한 상태의 사람과 접촉하는 경우에도 속죄제를 드려야 했습니다.

### ④ 함부로 맹세한 경우

레위기 5:4에서 "혹 누구든지 무심중에 입으로 맹세를 발하여 악을 하리라 하든지 선을 하리라 하면 그 사람의 무심중에 맹세를 발하여 말한 것이 어떠한 일이든지 깨닫지 못하다가 그것을 깨달을 때에는 그중 하나에 허물이 있을 것이니"라고 말씀하고 있습니다.

이 말씀은 경솔한 맹세의 잘못을 지적하고 있습니다. 표준새번역에서는 "또 누구든지 생각 없이 입을 놀려, 악한 일을 하겠다거나, 착한 일을 하겠다고 맹세할 때에, 비록 그것이 생각없이 한 맹세일지라도, 그렇게 말한 사실을 잊고 있다가, 뒤늦게 알고서 자기의 죄를 깨달으면, 그 죄를 속하여야 한다"라고 번역하고 있습니다. 사람은 완전한 존재가 아니기 때문에 누구든지 경솔하게 맹세를 해서는 안 됩니다. 야고보서 5:12에서도 "내 형제들아 무엇보다도 맹세하지 말지니 하늘로나 땅으로나 아무 다른 것으로도 맹세하지 말고 오직 너희의 그렇다 하는 것은 그렇다 하고 아니라 하는 것은 아니라 하여 죄 정함을 면하라"라고 말씀하고 있습니다.

이상의 네 가지 중에서 하나라도 허물이 있을 때에는 죄를 자복하고 그 범과를 인하여 속죄제를 드려야 합니다(레 5:5-6). 여기 '허물'은 히브리어 '아쉠'(אָשֵׁם)으로 '유죄(죄가 있는 상태), 범죄, 위반'이라는 뜻이며, 죄를 자각하든지 자각하지 못하고 있든지 똑같이 허물이 있습니다. 또한 '자복하고'는 '발사하다, 쏘다, 던지다'라는 뜻을 가진 히브리어 '야다'(יָדָה)의 히트파엘(강조재귀)형으로, 자신의 죄를 입 밖으로 내어서 자발적으로 고백한다는 뜻입니다(스 10:1, 느 1:6, 9:2-3, 단 9:4, 20). 자복은 공적인 고백으로서, 범죄 사실을 스스로 고백하고 하나님 앞에 완전히 항복하는 것입니다(시 32:3-5). 자신이 죄가 있는 상태임을 깨닫고 자복할 때 진실한 회개가 될 수 있습니다(잠 28:13, 요일 1:9).

또한 이 네 가지 경우의 속죄제에서는 암컷으로 제물을 바쳤습니다. 레위기 5:6에서 "그 범과를 인하여 여호와께 속건제를 드리되 양 떼의 암컷 어린양이나 염소를 끌어다가 속죄제를 드릴 것이요 제사장은 그의 허물을 위하여 속죄할지니라"라고 말씀하고 있습니다. 일반적으로 가축은 수컷의 가치를 더 귀하게 여기고 값도 비쌌습니다. 수컷은 씨를 가지고 있어서 번식에 필수적이며 전체 무리의 질을 결정지을 수 있기 때문입니다. 따라서 암컷으로 제물을 드리게 하신 것은 죄가 반복된다 할지라도 언제든지 속죄할 수 있도록 배려해 주신 하나님의 은혜를 담고 있습니다.

### (3) 제사장을 위한 속죄제의 보충 규례

레위기 6:24-30은 속죄제 규례에 대한 보충 설명을 제사장의 입장에서 설명하고 있습니다.

**첫째, 속죄제 희생은 번제 희생을 잡는 곳에서 잡아야 합니다.**

레위기 6:25에서 "아론과 그 아들들에게 고하여 이르라 속죄제의 규례는 이러하니라 속죄제 희생은 지극히 거룩하니 여호와 앞 번제 희생을 잡는 곳에서 그 속죄제 희생을 잡을 것이요"라고 말씀하고 있습니다. 여기 '번제 희생을 잡는 곳'은 '회막의 북쪽 뜰'을 가리킵니다(레 1:11, 참고-레 4:24, 29, 33). 또한 '희생을 잡는'은 히브리어 '샤하트'(שָׁחַט)의 니팔(수동) 미완료형이 사용되어, 번제 희생을 잡는 곳에서 계속해서 제물을 잡는 행위가 이루어짐을 나타냅니다.

이는 구약의 제사가 사람의 죄를 근본적으로 해결하지 못하므로, 계속 반복되어야 한다는 것을 보여줍니다. 그러나 예수님의 십자가 희생은 모든 죄를 "단번에" 근본적으로 해결하였습니다(롬 6:10, 히

7:27, 9:12, 26, 28, 10:2, 10).

### 둘째, 속죄제 희생의 고기를 먹을 때는 거룩한 곳에서 먹어야 합니다(레 6:26).

속죄제 중에서 족장과 평민을 위한 희생제물(숫염소, 암염소, 암양)은 기름 부분을 제외한 나머지 부분을 제사장과 그의 아들들이 거룩한 곳(회막 뜰)에서 먹을 수 있었습니다. 이때 이 고기에 접촉하는 자도 거룩하게 됩니다(레 6:27, 29).

훗날 에스겔 선지자는 새 성전의 이상을 통해 북편 뜰과 남편 뜰에 위치한 제사장들이 거하는 3층 구조의 거룩한 방을 보았습니다. 에스겔 42:13에서 "그가 내게 이르되 좌우 골방 뜰 앞 곧 북편 남편에 있는 방들은 거룩한 방이라 여호와를 가까이하는 제사장들이 지성물을 거기서 먹을 것이며 지성물 곧 소제와 속죄제와 속건제의 제물을 거기 둘 것이며 이는 거룩한 곳이라"라고 말씀하고 있습니다. 이곳에서 지성물을 먹기 때문에 이 골방도 '거룩한 방'이라고 말씀하고 있습니다.

### 셋째, 피가 옷에 묻었을 때는 거룩한 곳에서 빨아야 합니다(레 6:27).

여기 '거룩한 곳'은 성막 안이며, 이것은 하나님께 드린 희생제물의 피가 묻은 옷을 성막 밖으로 가져가서 그 거룩함이 훼손되는 것을 막기 위한 조치였습니다(참고-레 6:16). 피는 희생제물의 생명이기에 피 묻은 옷을 성막 밖으로 가져가는 것은 곧 제물을 회막 밖, 속된 곳으로 가지고 가는 것입니다. 따라서 거룩한 것이 속된 것과 뒤섞이지 않도록 반드시 구별하여야 했습니다(레 10:10).

이는 하나님께서 얼마나 철저하게 거룩과 속됨을 구별하시는지 가르쳐줍니다. 오늘날 예수 그리스도의 피의 복음도 속된 세상의 철학이나 가치관, 사상 등과 타협하여 그 거룩함이 훼손되어서는 안 될 것입니다(마 7:6).

**넷째, 고기를 삶은 그릇이 토기이면 그 그릇을 깨뜨리고, 유기이면 그 그릇을 닦고 물로 씻어야 합니다**(레 6:28).

제사장의 몫으로 주어진 고기를 삶은 그릇도 특별하게 취급하되, 그 그릇의 재료에 따라 처리하였습니다. 왜냐하면, 토기는 제물의 기름이나 냄새나 국물이 토기 속에 배지만, 유기는 물로 씻으면 깨끗이 제거되기 때문입니다. 이는 지극히 거룩하여 제사장의 남자만 먹을 수 있는 제물의 일부가 그릇에 남아 있는 채로 세속적인 일에 사용되는 것을 막기 위한 것이었습니다. 아무리 작은 일이라 할지라도 거룩한 것이 세속적인 일에 사용되어서는 안 되는 것입니다.

## 4. 속죄제의 목적

Purpose of the sin offering

구약의 5대 제사 중 번제, 소제, 화목제는 각각 그 제사를 가리키는 고유의 단어가 있습니다. 반면에, 속죄제와 속건제는 그 제사를 통해 사함을 얻어야 할 죄와 동일한 단어를 쓰고 있습니다. 또한 속죄제는 5대 제사 중 가장 복잡하고 상세한 피 처리 규례를 가지고 있습니다. 이는 속죄제의 목적이 죄의 정체를 깨닫고 속죄를 받아 사함을 얻는 데 있다는 사실을 분명하게 보여줍니다.

### (1) 죄 문제의 해결을 위해서 드립니다.

기름 부음 받은 제사장을 위한 속죄제를 제외하고 온 회중, 족장, 평민을 위한 속죄제 규례의 마지막에 "제사장이 그것으로… 위하여 속죄한즉 그들이 사함을 얻으리라"라는 문장이 반복됩니다(레 4:20, 26, 31, 35). 여기 '속죄'는 히브리어 '카파르'(כָּפַר)로 '덮다, 가리다, 진정시키다, 화해하다'라는 뜻이며, 하나님께서 죄를 가리시고 보이지 않도록 덮어주시는 것을 의미합니다. 속죄제물의 기름을 화제로 드릴 때, 그 화제의 연기가 제사인의 죄를 가리고 덮어주어 화해하게 하는 것입니다(참고-레 16:13).

속죄의 결과는 '사함'입니다. '사함'은 히브리어 '살라흐'(סָלַח)로, 하나님께서 죄인에게 관용을 베푸시고 용서하시는 것을 의미합니다. 사함의 조건은 오직 하나님의 인자하심으로 말미암습니다. 민수기 14:19-20에서 "구하옵나니 주의 인자의 광대하심을 따라 이 백성의 죄악을 사하시되('살라흐') 애굽에서부터 지금까지 이 백성을 사하신 것같이 사하옵소서 20 여호와께서 가라사대 내가 네 말대로 사하노라('살라흐')"라고 말씀하고 있습니다. 비록 이스라엘 백성이 가나안 땅을 정탐하고 돌아온 열 정탐꾼의 악평으로 인해 하나님을 원망한 죄로 멸망할 처지에 놓였지만, 오직 하나님의 인자하심으로 백성이 죄 사함을 받은 것입니다(요일 1:9, 참고-사 6:7).

사함의 결과는 하나님께서 다시는 죄를 기억지 아니하시는 것입니다. 예레미야 31:34 하반절에서 "내가 그들의 죄악을 사하고('살라흐') 다시는 그 죄를 기억지 아니하리라 여호와의 말이니라"라고 말씀하고 있습니다. 마치 등 뒤로 던져 버리신 것처럼, 다시는 찾아보지 못하도록 죄를 없이하시는 것입니다(사 38:17). 예레미야 50:20에서도 "나 여호와가 말하노라 그날 그때에는 이스라엘의 죄악을 찾을지라도 없겠고 유다의 죄를 찾을지라도 발견치 못하리니 이는 내가 나의 남긴 자를 사할 것임이니라"라고 말씀하고 있습니다.

### (2) 정결케 하기 위해서 드립니다.

기본적으로 속죄제는 죄 문제의 해결을 위해서 드리지만, 의무적으로 드리는 속죄제는 정결의 성격도 가지고 있습니다. 개인의 속죄제는 자신이 범한 죄를 깨달으면 드렸지만, 의무적으로 드리는 속죄제는 절기나 상황에 따라 드렸습니다. 대표적으로, 레위인의 임직식(민 8:5-22), 아론의 위임식(출 29:10-14, 36-37, 레 8:14-17), 제단의 봉헌과 성별(스 6:16-17, 겔 43:18-27, 참고-출 29:36-37, 레 8:11, 15), 나실인의 서원이 종료될 때(민 6:13-20), 절기의 속죄제(민 28-29장) 등을 볼 수 있습니다.

속죄제의 정결 기능은 피를 처리하는 방법을 통해서 자세하게 나타납니다. 번제나 화목제, 속건제의 경우에는 피를 처리하는 곳이 번제단이며, 그 피를 사면에 뿌리거나 짜내어 흘렸습니다(레 1:5, 11, 15, 3:2, 8, 13, 7:2, 14). 이는 희생제물의 생명인 피가 번제단에 뿌려지므로 제사인의 생명이 함께 뿌려지는 것을 의미합니다(레 17:11).

반면에, 속죄제는 피를 성소 휘장 앞이나 번제단 벽에 손가락으로 튕겨서 묻히고(레 4:6, 17, 5:9), 분향단이나 번제단 뿔에 발라서 칠했습니다(레 4:7, 18, 25, 30, 34). 그리고 남은 피는 전부 번제단 밑에 남김없이 쏟았습니다(레 4:7, 18, 25, 30, 34). 손가락으로 피를 튕겨 뿌리고 단 뿔에 발라서 속죄하는 목적은 부정에서 정결케 하기 위한 것입니다. 레위기 16:18-19에서 "그는 여호와 앞 단으로 나와서 그것을 위하여 속죄할지니 곧 그 수송아지의 피와 염소의 피를 취하여 단(분향단을 의미) 귀퉁이 뿔들에 바르고 19 또 손가락으로 그 피를 그 위에 일곱 번 뿌려 이스라엘 자손의 부정에서 단을 성결케 할 것이요"라고 말씀하고 있습니다. 이 말씀은 이스라엘 자손의 부정이 단을 부정하게 만들지만, 분향단에 발라진 피가 단을 성결케 하고 이스라엘 자손도 정결함을 입는다는 것을 의미합니다(히 9:22). 따라서 속죄제 규례에서는 제사를 드리는 자가 들어가는 곳에 따라 피를 처리하는 곳이 달라집니다. 성소까지 들어갈 수 있는 경우에는 성막 안 휘장이나 분향단 뿔에 피를 뿌리거나 바르며, 성막 뜰에만 들어갈 수 있는 경우에는 번제단 뿔에 피를 발라서 정결하게 합니다. 이렇게 정결해질 때, 하나님께서 이스라엘 가운데 계속 거하시는 것입니다.

에스겔이 보았던 새 성전의 이상에서도 번제단을 봉헌하기 위해 칠 일 동안 속죄제를 드립니다(겔 43:18-27). 번제단 봉헌을 위한 속죄제에 대해서도 반복해서 '제단을 정결케'(20, 22, 26절) 하라고 기록되어 있습니다. 사람의 손으로 지어지지 않은 새 성전의 이상에서 번제단 봉헌에 속죄제가 기록되어 있는 것은 이 속죄제가 정결을 위한 것이기 때문입니다. 또한 에스겔 45:19-20에서도 "제사장이 그 속죄제 희생의 피를 취하여 전 문설주와 제단 아랫층 네 모퉁이와 안뜰 문설주에 바를 것이요 [20] 그달 칠 일에도 모든 그릇 범죄한 자와 부지중 범죄한 자를 위하여 역시 그렇게 하여 전을 속죄할지니라"라고 말씀하고 있습니다. 여기 '전을 속죄할지니라'는 성전을 정결하게 하는 것을 뜻합니다.

에스겔이 보았던 새 성전의 이상은 종말적인 이상(異象)으로서, 죄 문제가 완전히 해결된 성전의 모습이었습니다. 그런데 이 새 성전에서도 속죄제가 드려지는 것은, 속죄제의 궁극적인 목적이 범죄한 자의 속죄만이 아니라 정결을 유지하기 위한 것임을 가르쳐줍니다.

## 5. 구속사적 의미

Redemptive-historical significance

하나님께서는 제사장을 통해 속죄제를 드리므로 죄 문제를 해결하고 정결함을 유지하는 방법을 주셨지만, 죄를 영원히 해결하고 완전히 정결하게 되지는 못했습니다.

**히브리서 10:1-4** "율법은 장차 오는 좋은 일의 그림자요 참형상이 아니므로 해마다 늘 드리는바 같은 제사로는 나아오는 자들을 언제든지 온전케 할 수 없느니라 [2] 그렇지 아니하면 섬기는 자들이 단번에 정결케 되어 다시 죄를 깨닫는 일이 없으리니 어찌 드리는 일을 그치지 아니하였으리요 [3] 그러나 이 제사들은 해마다 죄를 생각하게 하는 것이 있나니 [4] 이는 황소와 염소의 피가 능히 죄를 없이하지 못함이라"

제사장이 속죄하고 그로 인해 백성이 사함과 정결함을 얻었지만 일시적일 뿐, 영원한 죄 사함이 이루어지지는 못했습니다. 따라서 속죄제의 한계성은 앞으로 죄를 완전히 사하고 정결케 하시는 참된 대제사장과 영원한 속죄를 바라보게 합니다. 이런 점에서 속죄제는 죄인들이 가진 죄의 본질과 그것을 해결하시는 예수 그리스도의 대속을 확실하게 보여주는 제사인 것입니다(사 53:5-6, 요 1:29, 롬 4:25, 히 7:26-27, 9:12, 요일 1:7).

### (1) 속죄제의 시작

구약의 5대 제사 중 번제, 소제, 화목제는 모두 레위기 기록 이전에도 드려진 제사입니다. 그러나 속죄제와 속건제는 레위기 4장과 5장에서 처음으로 소개됩니다. 속죄제와 속건제는 '여호와의 금령' 중 하나라도 그릇 범할 때 드려야 합니다(레 4:2, 13, 22, 27, 5:17). 여기 '금령'은 히브리어 '미츠바'(מִצְוָה)의 복수형으로, '토라'(תּוֹרָה)와 함께 십계명과 세부 율법을 가리킬 때 사용됩니다(출 24:12). 따라서 십계명과 세부 율법을 어기는 것이 곧 죄와 허물이요, 속죄제와 속건제를 통하여 사함을 받아 정결하게 되도록 하신 것입니다. 로마서 3:20에서 "그러므로 율법의 행위로 그의 앞에 의롭다 하심을 얻을 육체가 없나니 율법으로는 죄를 깨달음이니라"라고 말씀하고 있습니다. 이러한 점에서 속죄제의 히브리어 '핫타아'(חַטָּאָה)는 '죄'라는 의미도 가지고 있으며, 또한 속건제의 히브리어 '아샴'(אָשָׁם) 역시 '죄(허물)'의 의미도 가지고 있습니다.

레위기에서는 속죄제를 드려야 하는 때에 대해서 '스스로 깨닫지 못하다가 그 범한 죄를 깨달으면'이라고 말씀하고 있습니다(레 4:13-14, 23, 28). 죄는 율법이 있기 전에도 세상에 있었지만, 율법이 없을 때에는 죄를 깨닫지 못하고 죄로 여기지 않았습니다(롬 5:13). 그러나 십계명과 세부 율법의 말씀을 통하여 죄의 정체가 드러나고, 비로소 참된 속죄의 길이 열리게 된 것입니다.

### (2) 죄의 전가

레위기 4:3에서 "만일 기름 부음을 받은 제사장이 범죄하여 백성으로 죄얼을 입게 하였으면"이라고 말씀하고 있습니다. 여기 '죄얼(罪孼, 죄악으로 인한 재앙)을 입게 하였으며'는 히브리어 '아쉬마'(אַשְׁמָה)의 연계형으로, '죄 있음, 유죄가 되는'이라는 뜻입니다. 바른성경에서는 "만일 기름 부음 받은 제사장이 죄를 지어 백성에게 죄가 되면"이라고 번역하였습니다. 대제사장은 백성의 대표이며 하나님과 백성 사이의 중보자이기 때문에, 대제사장의 죄는 백성에게 전가되어 백성을 유죄 상태로 만든다는 것입니다.

마찬가지로, 인류의 시조이자 언약의 대표자인 아담이 죄를 지음으로 인해 창조 본연의 모습을 잃어버리고, 본래의 의(원의(原義): original righteousness)를 상실하고 말았습니다. 그로 말미암아 아담은 죄에 대한 형벌로 사망에 이르게 되었고(롬 6:23), 그 죄가 모든 사람에게 전가되어 사망이라는 죄책(罪責: 죄로 인한 책임)에 놓이게 되었습니다.

**로마서 5:12** "이러므로 한 사람으로 말미암아 죄가 세상에 들어오고 죄로 말미암아 사망이 왔나니"

**고린도전서 15:22** "아담 안에서 모든 사람이 죽은 것같이 그리스도 안에서 모든 사람이 삶을 얻으리라"

에베소서 2:3에서는 우리가 "본질상 진노의 자녀"였다고 말씀하고 있습니다. 여기서 '본질상'은 헬라어 '퓌시스'(φύσις)로, '선천적으로 타고난 본성, 상태', '어떤 존재의 본질적 성품'이라는 뜻입니다. 그러므로 '본질상'이라는 단어는 후천적으로 얻은 것과는 달리, 태어날 때부터 가지고 태어난 어떤 것을 가리키고 있습니다(욥 11:12, 시 51:5, 58:3). 그러므로 죄는 원초적인 것이요, 모든 사람이 그 안에 참여하고 있으며, 이것이 그들을 하나님과 멀리 떨어지게 하고, 하나님 앞에 설 수 없는 죄인으로 만들었습니다(사 59:2, 렘 5:25, 13:23).

아담의 죄가 전 인류에게 전가되었다는 말씀은, 아담이 범한 죄로 인하여 죄의 오염과 부패성(죄책과 무능)이 전 인류에게 전가되었다는 뜻입니다. 아담이 인류를 대표한 자로서 죄를 범하였기 때문에 아담이 지은 죄는 모든 인류의 정죄에 대한 기초(근거)가 되었으며, 모든 사람이 죄를 범한 것으로 취급되는 것입니다.

그러나 '죄'를 가리키는 '핫타아'가 속함과 정결을 얻는 '속죄제'가 되는 것처럼, 아담 안에서 모든 사람이 죽은 것같이, 둘째 아담이신 예수 그리스도 안에서 모든 사람이 생명을 얻게 됩니다(고전 15:22, 벧전 1:18-19). 로마서 5장을 볼 때, 사도 바울은 첫째 아담으로 말미암은 사망과, 둘째 아담이신 예수 그리스도로 말미암은 생명에 대해서 다음과 같이 대조하였습니다.

| | 첫째 아담 | 둘째 아담 예수 그리스도 |
|---|---|---|
| 로마서 5:15 | "한 사람의 범죄를 인하여 많은 사람이 죽었은즉" | "더욱 하나님의 은혜와 또는 한 사람 예수 그리스도의 은혜로 말미암은 선물이 많은 사람에게 넘쳤으리라" |
| 로마서 5:17 | "한 사람의 범죄를 인하여 사망이 그 한 사람으로 말미암아 왕 노릇 하였은즉" | "더욱 은혜와 의의 선물을 넘치게 받는 자들이 한 분 예수 그리스도로 말미암아 생명 안에서 왕 노릇 하리로다" |
| 로마서 5:18 | "그런즉 한 범죄로 많은 사람이 정죄에 이른 것같이" | "의의 한 행동으로 말미암아 많은 사람이 의롭다 하심을 받아 생명에 이르렀느니라" |
| 로마서 5:19 | "한 사람의 순종치 아니함으로 많은 사람이 죄인 된 것같이" | "한 사람의 순종하심으로 많은 사람이 의인이 되리라" |

오직 예수 그리스도를 믿는 믿음으로 첫째 아담으로 말미암은

사망의 자리에서 둘째 아담 예수 그리스도 안에 있는 구속으로 의롭다 하심을 얻게 됩니다(요 5:24, 롬 3:20-24).

### (3) 죄의 본질

제사인을 위한 속죄제 규례를 기록하고 있는 레위기 4-5장에는 '죄'에 해당하는 히브리어 '핫타아'(חַטָּאָה)와 그 파생어가 32번이나 사용됩니다(레 4:3 2번, 8, 14 2번, 20, 21, 23, 24, 25, 26, 28 2번, 29 2번, 32, 33 2번, 34, 35, 5:6 3번, 7, 8, 9 2번, 10, 11 2번, 12, 13). 이처럼 속죄제 규례에서 가장 핵심적인 주제는 '죄'가 무엇인지를 밝히는 것입니다.

죄인들이 가진 죄의 본질은 무엇입니까?

#### ① 전적 부패

레위기 4:2의 "그릇 범하였으되", 22, 27절의 "부지중에 범하여"라는 표현에 나오는 '그릇'과 '부지중'은 히브리어 '쉐가가'(שְׁגָגָה)입니다. '쉐가가'는 '실수, 모르고 지은 죄'를 의미합니다. 그래서 바른성경에서는 레위기 4:2을 "어떤 사람이 실수하여 이스라엘 자손에게 하지 말라고 하신 여호와의 모든 계명 가운데 하나라도 어긴 경우에 관한 것이다"라고 번역하고 있습니다. 그렇다면 사람은 왜 자신도 모르게 죄를 짓게 됩니까? 범죄한 아담의 후손인 인류는 전적으로 부패한 존재이기 때문입니다. 부패한 음식에서 썩은 냄새가 저절로 나듯이, 전적으로 부패한 인간이 자신도 모르게 죄를 짓는 것은 당연한 이치입니다.

전적 부패는 사람 안에 깊이 자리 잡고 있는 보편적이며 전체적인 죄의 성질을 말합니다. 범죄하여 타락한 인간의 전적 부패는 영혼의 모든 부분과 육체의 모든 부분에 전체적으로 스며들고 퍼져서 전인(全人, whole person)의 부패를 가져왔습니다. 따라서 사람의 영혼과 육체의 각 부분을 포함한 사람 전체에 죄의 부패성이 내재되어 있으므로, 그 후손들에게 전가되는 것입니다. 「웨스트민스터 신앙고백서」 6장 3절에서도 "부패된 성질은 통상적인 출생 방법에 의하여 그의 모든 후손에게 전달된다"(corrupted nature conveyed to all their posterity, descending from them by ordinary generation)라고 했습니다.

따라서 전적 부패에는 예외가 없습니다. 시편 14:3 상반절에서 "다 치우쳤으며 함께 더러운 자가 되고"라고 말씀하고 있습니다(시 53:3上). 사도 바울은 이를 인용하여 "유대인이나 헬라인이나 다 죄 아래 있다고 우리가 이미 선언하였느니라"라고 말씀하였습니다(롬 3:9).

### ② 전적 무능

더욱이 전적 부패는 사람이 죄를 자각조차 할 수 없게 합니다. 죄악된 사람의 마음은 그 생각과 모든 계획이 항상 악합니다(창 6:5). 죄에 대하여 예레미야 17:9에서 "만물보다 거짓되고 심히 부패한 것은 마음이라"라고 말씀하고 있으며, 로마서 3:10-12에서 "기록한 바 의인은 없나니 하나도 없으며 [11] 깨닫는 자도 없고 하나님을 찾는 자도 없고 [12] 다 치우쳐 한가지로 무익하게 되고 선을 행하는 자는 없나니 하나도 없도다"라고 말씀하고 있습니다(시 14:1-3, 53:1-3, 참고-시 144:8, 렘 10:14-15, 암 2:4, 롬 1:25).

따라서 죄는 사람으로 선을 행할 수 있는 능력이 전혀 없게 합니다. 다시 말하면, 스스로 죄와 사망의 문제를 해결하고 구원을 이룰 수 있는 능력이 전혀 없다는 것입니다. 고린도전서 2:14에서 "육에 속한 사람은 하나님의 성령의 일을 받지 아니하나니 저희에게는 미련하게 보임이요 또 깨닫지도 못하나니 이런 일은 영적으로라야 분변함이니라"라고 말씀하고 있으며, 로마서 8:7-8에서도 "육신의 생각은 하나님과 원수가 되나니 이는 하나님의 법에 굴복치 아니할 뿐 아니라 할 수도 없음이라 [8]육신에 있는 자들은 하나님을 기쁘시게 할 수 없느니라"라고 말씀하고 있습니다.

속죄제는 제사인이 그 범한 죄를 깨달을 때에 드릴 수 있습니다(레 4:14上, 23上, 28上). 이에 속죄제 규례에서 죄를 '깨닫다'라는 표현은 모두 히브리어 수동형으로 표현되어, 제사인 스스로 죄임을 깨달은 것이 아니라 하나님의 은혜로 죄를 깨닫게 해주셨음을 분명히 밝히고 있습니다. 따라서 스스로 속죄제를 드릴 수 있는 사람이 아무도 없습니다. 율법이라는 기준을 통하여 사람에게 죄를 깨닫게 하시는 것도 하나님의 은혜이며(롬 3:20, 7:7), 율법으로 밝혀진 죄를 완전히 사해 주시는 십자가의 구속도 전적으로 하나님의 은혜입니다(딛 3:5, 엡 2:8-9).

죄의 본질적 상태에서 우리를 해방시켜 주신 분은 바로 영원한 대제사장이 되시는 예수 그리스도이십니다. 속죄제는 예수 그리스도께서 십자가에서 속죄의 제물이 되셔서 우리의 모든 죄를 사해 주실 것을 나타냅니다. 레위기 4:20, 26, 31, 35에서 네 번이나 "속죄한즉 그들이(그가) 사함을 얻으리라"라고 말씀하고 있습니다. 여기 '사함을 얻으리라'는 히브리어 '살라흐'(סָלַח)로, '관용을 베풀다, 사면하다, 용서하다'라는 뜻입니다. 이 단어는 구약 성경에서 오직 하나님께만 사용되고 있으며, 죄를 사해 주실 수 있는 분은 오직 하나님밖에 없음을 의미합니다(렘 33:8, 막 2:7-10, 눅 5:21-24, 참고-시 32:5, 마

9:6, 요일 1:9).[19] 이사야 43:25에서 "나 곧 나는 나를 위하여 네 허물을 도말하는 자니 네 죄를 기억지 아니하리라"라고 말씀하였고, 에베소서 1:7에서 "우리가 그리스도 안에서 그의 은혜의 풍성함을 따라 그의 피로 말미암아 구속 곧 죄 사함을 받았으니"라고 말씀하였습니다(참고-계 1:5). 시편 130:4을 표준새번역에서는 "용서는 주님만이 하실 수 있는 것이므로 우리가 주님만을 경외합니다"라고 번역하였습니다. 궁극적으로 모든 속죄는 예수 그리스도의 십자가 구속 은총으로 성취되었습니다.

더 나아가, 속죄제의 결과인 '정결'은 예수 그리스도의 대속을 통한 '정결'을 나타냅니다. '속죄제'의 히브리어 '핫타아'(חַטָּאָה)는 '하타'(חָטָא)에서 유래하였는데, '하타'는 '과녁을 맞추지 못하다'라는 뜻 외에도 '정결케 하다, 깨끗이 하다'라는 뜻이 있습니다(출 29:36, 레 14:49, 52). 정결(淨潔)은 '아주 깨끗하다'라는 뜻입니다.

예수 그리스도의 십자가의 피는 우리의 죄를 사할 뿐만 아니라 우리를 깨끗하게 해줍니다(참고-히 10:10). 요한일서 1:7 하반절에서 "그 아들 예수의 피가 우리를 모든 죄에서 깨끗하게 하실 것이요"라고 말씀하고 있으며, 히브리서 9:14에서 "하물며 영원하신 성령으로 말미암아 흠 없는 자기를 하나님께 드린 그리스도의 피가 어찌 너희 양심으로 죽은 행실에서 깨끗하게 하고 살아계신 하나님을 섬기게 못하겠느뇨"라고 말씀하고 있습니다. 요한계시록 7:14에서도 능히 셀 수 없는 큰 무리(계 7:9)를 가리켜 "이는 큰 환난에서 나오는 자들인데 어린양의 피에 그 옷을 씻어 희게 하였느니라"라고 말씀하고 있습니다(참고-계 19:14). 예수님의 십자가의 피만이 우리의 죄를 사하고, 나아가 우리를 깨끗하게 하는 능력의 피입니다. 예수 그리스도를 통한 속죄는 영원하고 완전하여, 우리의 모든 죄를 단번에 영원히 해결하십니다(골 2:13-15, 히 7:27, 9:12). 이러한 역사를 구약 시대의 스가랴 선지자도 미리 예언하였습니다. 스가랴 13:1에서 "그날에 죄와 더러움을 씻는 샘이 다윗의 족속과 예루살렘 거민을 위하여 열리리라"라고 말씀하고 있습니다.

우리는 우리의 전적 부패와 전적 무능을 깊이 인식해야 합니다. 우리는 영혼과 육체의 모든 부분이 철저하게 불구가 되어 올바른 판단을 할 수 없으며, 정상적인 선을 행할 수 없습니다. 그래서 사도 바울은 로마서 7:19에서 "내가 원하는바 선은 하지 아니하고 도리어 원치 아니하는바 악은 행하는도다", 24절에서 "오호라 나는 곤고한 사람이로다 이 사망의 몸에서 누가 나를 건져내랴"라고 고백하였습니다. 철저하게 자신의 무능함을 고백하는 사람만이 예수 그리스도 안에서 죄와 사망의 법으로부터 해방을 받고, 생명의 법, 성령의 법을 만날 수 있습니다. 로마서 8:1-2에서 "그러므로 이제 그리스도 예수 안에 있는 자에게는 결코 정죄함이 없나니 [2] 이는 그리스도 예수 안에 있는 생명의 성령의 법이 죄와 사망의 법에서 너를 해방하였음이라"라고 말씀하고 있습니다. 오늘날 우리도 날마다 '나는 아무것도 할 수 없는, 완전히 부패한, 무능한 죄인이구나'라고 고백함으로, 나를 대신하여 속죄의 제물이 되신 예수 그리스도를 통하여 죄 사함과 성결의 복을 받기를 간절히 소망합니다.

# 성경에 기록된 주요 속죄제들
Major Sin Offerings Recorded in the Bible

## 1 제사장 위임식과 취임식에서 드려진 속죄제 / 출 29:10-14, 35-36, 레 8:14-17, 33-34, 9:2, 7-11, 15

하나님께서는 아론과 그 아들들에게 제사장 직분을 수행하도록 부르셔서 7일간의 제사장 위임식을 명령하셨고, 위임식을 마친 후 아론은 취임식을 통해 첫 제사를 드렸습니다.

제사장 위임식 7일 동안 매일 수송아지 한 마리를 속죄제로 드렸으며 단을 깨끗이 하여 기름을 부었고(출 29:35-36, 레 8:33-34, 참고-출 29:10-14, 레 8:14-17), 매일의 상번제를 드렸습니다(출 29:38-43). 또한 하나님께서는 모세를 통해 아론과 그 아들들이 위임식을 마치기까지 회막 문에서 나가지 않아야 사망을 면할 수 있다고 엄하게 말씀하셨습니다(레 8:33-35).

위임식을 마친 다음날, 아론은 대제사장으로서 취임식 제사를 드리며 먼저 아론 자신을 위해 흠 없는 수송아지로 속죄제를 드리고(레 9:2, 7-11), 번제를 드렸습니다(레 9:12-14). 그리고 백성을 위해 먼저 숫염소로 속죄제를 드리고(레 9:15), 번제와 화목제를 드렸습니다(레 9:16-21).

아론의 아들 나답과 아비후가 다른 불로 분향하다가 죽임을 당한 후(레 10:1-2), 아론은 백성을 위한 속죄제 숫염소의 고기를 먹지 않고 불살랐으며, 모세는 그 말을 듣고 좋게 여겼습니다(레 10:16-20).

## 2 대속죄일에 드려지는 속죄제 / 레 16:3, 5, 11-22

나답과 아비후가 죽은 후, 하나님께서는 정결법(레 11-15장)과 함께 대속죄일의 규례를 선포하셨습니다(레 16장). 대속죄일에 아론이 지성소에 들어가기 위해서는 수송아지로 속죄제를 드려야 하며 그 후 숫양으로 번제를 드려야 합니다(레 16:3). 대제사장을 위한 제사를 마친 후, 백성을 위한 제사로 숫염소로 속죄제를 드리며, 그 후 숫양으로 번제를 드려야 합니다

(레 16:5, 24). 이때 백성이 제물로 드린 두 마리 숫염소 중 속죄제를 위해 뽑힌 것 외의 숫염소는 아사셀로 뽑아 이스라엘의 모든 죄를 걸머지워 광야로 내보냈습니다(레 16:21-22).

## 3 월삭의 속죄제 / 민 28:15

월삭은 한 달의 첫 번째 날입니다. 월삭에는 상번제와 전제 외에 숫염소 하나를 속죄제로 여호와께 드렸습니다(민 28:15). 이 속죄제는 지난 한 달간의 죄를 속죄하는 의미로 드리는 것이며, 5대 제사 규례들이 항상 속죄제로 시작되는 것을 볼 때 월삭의 속죄제를 드린 후에 상번제를 드렸을 것입니다.

## 4 남 유다 멸망 전 잘못된 속죄제의 모습 / 렘 17:1, 호 4:8

북 이스라엘을 배경으로 여로보암 2세부터 북 이스라엘의 멸망 이후까지 활동한 호세아 선지자는, 당시 하나님을 아는 지식이 없으므로 범죄하는 이스라엘 백성의 죄를 지적하면서 “저희가 내 백성의 속죄제물을 먹고 그 마음을 저희의 죄악에 두는도다”라고 말씀하였습니다(호 4:8). 온 회중을 위한 속죄제의 경우에는 제물의 기름을 화제로 하나님께 드리고, 나머지를 불살라야 합니다(레 4:19). 또한 족장이나 평민의 속죄제를 드릴 때, 기름 부위는 화제로 불살라 하나님께 드리고 나머지 부위를 제사장의 몫으로 돌려야 합니다(레 6:25-29, 7:6-7, 10:16-17). 그런데 호세아 당시 탐욕이 가득한 제사장들은 백성의 속죄제물 중에 자기가 먹고 싶은 대로 마음대로 취하여 하나님께 범죄한 것입니다.

후에 하나님께서는 예레미야를 통해 남 유다의 죄에 대해서 “금강석 끝 철필로 기록되되 그들의 마음 판과 그들의 단 뿔에 새겨졌거늘”(렘 17:1)이라고 말씀하셨습니다. 여기 ‘단 뿔’은 번제단과 분향단의 뿔을 가리키는 것으로, 속죄제에서 피를 바르는 곳입니다. 단 뿔에 속죄의 피가 아닌 죄가 새겨졌다는 것은 성전에서 도리어 죄를 더했던 당시의 타락상을 보여줍니다.

## 5 스룹바벨 성전에서의 속죄제 / 스 6:16-17, 8:35

바벨론 포로에서 제1차로 귀환하여 다리오 육년 아달(12월) 삼일에 성전 역사를 필하고 난 후(스 6:15), 하나님의 성전 봉헌식을 행할 때, 숫소 일백과 숫양 이백과 어린양 사백을 드리고 또 이스라엘 열두 지파의 수를 따라 숫염소 열두 마리로 이스라엘 백성 전체를 위하여 속죄제를 드렸습니다(스 6:16-17). 참고로, 제2차 귀환자들 역시 예루살렘에 도착한 후 열두 지파의 수를 따라 숫염소 열두 마리로 속죄제를 드렸습니다(스 8:35). 성전 봉헌이나 제사장, 레위인들의 위임 등에는 항상 속죄제가 선행되었음을 알 수 있습니다.

# V
# 속건제
## Guilt Offering

| 속건제 | אָשָׁם / πλημμελείας / Guilt Offering<br>레 5:14-6:7, 7:1-10 |
|---|---|

### 개요

**(1) 어원적 의미**

속건제의 히브리어 '아샴'(אָשָׁם), 헬라어 '플렘멜레이아스'(πλημμελείας)로, '죄'와 '속건제'라는 뜻을 모두 가지고 있으며, 속건제 역시 죄와 관계되어 있음을 나타낸다.

**(2) 속건제를 드리는 경우**

① 하나님께 바쳐진 제물이나 성물*에 죄를 짓거나 여호와의 금령(禁令)을 여겼을 때 드린다(레 5:14-18).
② 남의 물건에 피해를 주거나 손해를 끼치는 경우에 드린다(레 6:1-7).
③ 특별한 경우: 나실인이 더럽혀졌을 때(민 6:1-12), 성적으로 범죄했을 때(레 19:20-22), 나병 환자가 정결하게 되었을 때(레 14:10-18, 21, 24-29)

### 예물과 분배

**(1) 제사인이 드리는 예물**: 지정된 가치에 따라 드림

① 지정된 가치를 따라 흠 없는 숫양을 드린다(레 5:15, 18, 6:6).
② 오분의 일의 벌과금을 더해서 드린다(레 5:16).

**(2) 예물의 분배**

① 속건제 제물의 모든 기름은 하나님께 불살라 드려졌다(레 7:3-5).
② 화제로 드린 기름 부위 외에 나머지 부분은 제사장인 남자들이 거룩한 곳(회막의 뜰)에서만 먹어야 한다(레 7:6-7).

* 성물은 제사에 쓰이는 제물, 십일조(레 27:30-33), 곡식의 첫 소산(민 18:12-13), 생축의 첫 것(민 18:15), 하나님께 특별히 드린 것(민 18:14)을 가리킨다.

## 드리는 방법

### (1) 속건제를 드리는 방법(레 5:14-19, 7:1-5)

① 제사인이 번제 희생을 잡는 곳에서 속건제의 희생을 잡는다(레 7:2上).

② 제사장이 제물의 피를 단 사면에 뿌린다(레 7:2下).

③ 제사장이 모든 기름을 단 위에 불살라 여호와께 화제로 드린다(레 7:3-5).

※ 속건제에는 제사인이 제물에 안수하는 것에 대한 언급이 없다.

### (2) 속건제를 드려야 할 범죄의 유형

① **여호와의 성물에 대하여 범죄한 경우(레 5:14-16)**: 범죄자가 제사장들이 정한 가치에 해당하는 흠 없는 숫양을 제물로 드린다. 범죄자는 성물에 대한 손해배상뿐만 아니라, 그 가치의 오분의 일(20%)에 해당하는 벌과금을 더 내야 했다.

② **여호와의 금령을 범한 경우(레 5:17-19)**: 범죄자가 흠 없는 숫양을 속건제물로 제사장에게로 가져오며, 제사장은 그의 부지중에 그릇 범한 허물을 위하여 속건제를 드린다. 이 경우에 오분의 일의 배상은 없다.

③ **이웃에게 범한 경우(레 6:1-7)**: 범죄자가 부당하게 가지고 있는 물건을 본래 주인에게 돌려보내야 하며 거기에 오분의 일을 추가하여야 한다(레 6:5). 오분의 일은 범죄한 자가 본래 주인에게 용서와 화해를 구하는 표현이자, 본래 주인은 범죄한 자를 더 이상 미워하지 않고 용서한다는 의미이다.

## 목적

속건제는 제사와 함께 피해액의 오분의 일의 배상을 하는 것이 특징인데, 이는 속건제의 목적이 죄로 인한 피해를 보상하고 본래의 상태를 회복하는 데 있음을 가르쳐준다.

## 구속사적 의미

① 속건제는 예수님께서 우리의 죗값을 대신 치르신 구속의 역사를 나타낸다. 예수님께서는 십자가에서 우리의 대속물(마 20:28, 막 10:45, 롬 5:15, 딤전 2:6, 히 2:9-10, 9:28)과 속건제물(사 53:10)이 되셨다.

② 예수님의 피로 값 주고 사신 성도는 그 몸으로 오직 하나님께 영광을 돌려야 한다(롬 6:13, 고전 6:19-20, 7:23).

## 1. 개요
Overview

### (1) 어원적 의미

속건제(贖愆祭)는 한자로 '바칠 속(贖), 허물 건(愆), 제사 제(祭)'이고, 영어로는 'guilt offering'으로, 그 뜻은 '허물을 위한 제사'입니다.

속건제의 히브리어 '아샴'(אָשָׁם)은 '죄'와 '속건제'라는 두 가지 뜻을 모두 가지고 있습니다. '아샴'이 죄와 관련될 때는 '위반, 범죄, 유죄'라는 뜻이며(창 26:10, 42:21, 삼하 14:13, 시 68:21, 잠 14:9, 렘 51:5), '보상, 배상'이라는 의미도 있습니다(민 5:7-8).

속죄제에서 '죄, 속죄제'의 의미로 사용된 '핫타아'(חַטָּאָה)와 차이가 있다면, 배상이 필요하다는 점입니다. 다른 제사와 달리, 속건제는 죄의 대가를 치르기 위해서 피해에 대한 오분의 일을 추가로 배상하여 손해를 회복하게 하였습니다. 속죄제가 주로 대신 관계의 계명(제1-4계명)을 어기는 범죄에 초점을 두고 있다면, 속건제는 대신 관계뿐 아니라 대인 관계의 계명(제5-10계명)을 어기는 범죄로 인한 피해를 회복하고 배상하는 데에 그 초점을 두고 있습니다.

속건제의 규례는 레위기 5:14-6:7과 7:1-7, 14:10-18에서 찾아볼 수 있습니다.

### (2) 드리는 경우

속건제는 하나님의 권위와 이웃의 권리에 대한 죄와 허물을 속하는 제사입니다.

레위기 5:14-18에서는 하나님께 바쳐진 제물이나 성물에 죄를 지었을 때 드려야 하는 속건제 규례를 말씀하고 있습니다. 레위기 5:15에서 "누구든지 여호와의 성물에 대하여 그릇 범과(犯過)하였거든 여호와께 속건제를 드리되"라고 말씀하고 있습니다(레 22:15-16, 참고-삼상 6:3-4).

또한 레위기 6:1-7에서는 대인 관계에서 상대에게 해를 끼쳤을 때 드려야 하는 속건제 규례를 말씀하고 있습니다. 남의 소유에 피해를 주거나 손실을 끼치는 경우에 속건제를 드려야 합니다(레 6:2-3, 6).

## 2. 속건제의 예물
Sacrifices of guilt offering

### (1) 제사인이 드리는 예물

**첫째, 지정한 가치를 따라 흠 없는 숫양을 드립니다.**

다른 제사와 달리, 속건제에는 오직 '흠 없는 숫양'만 사용할 수 있습니다(레 5:15, 18, 6:6). 여호와의 성물에 대한 범죄나 여호와의 금령에 대한 범죄, 이웃에 대한 범죄 모두 흠 없는 숫양을 예물로 드렸습니다. 속죄제물로는 신분에 따라 숫양을 제외한 수송아지, 숫염소, 암염소, 암양, 산비둘기나 집비둘기 새끼를 드릴 수 있지만, 속건제물로는 오직 숫양만 드릴 수 있다는 점에서 속죄제와 속건제가 확연하게 구별됩니다.

속건제에서는 흠이 없는 숫양을 제물로 드리되, 지정한 가치를 따라 드려야 합니다. 제사인은 흠이 없는 숫양을 예물로 드리기 위해서, 양을 세심하게 살펴서 눈 먼 것, 저는 것, 병든 것 등을 제외해야 했습니다(레 22:22-25, 말 1:8). 또한 레위기 5:15, 18, 6:6에서 공통적으로 나오는 '너의 지정한 가치를 따라(가치대로)'의 '너'는 일차적으로 모세를 가리킵니다. 광야에서는 모세가 지정한 가치대로 제물을 드렸으며, 가나안 입성 이후에는 범죄로 인한 손해에 따라서 제사장이 그 배상의 가치를 성소의 세겔로 달아 정해 주었습니다. 제사인은 제사장이 정해준 가치에 맞는 제물을 양 떼 중에서 골라서 속건제물로 드려야 했습니다.

### 둘째, 오분의 일의 벌과금을 더해서 드립니다.

여호와의 성물에 대하여 죄를 범한 경우에는, 성물에 대한 손해 배상뿐만 아니라, 그 가치의 '오분의 일'(20%)에 해당되는 벌과금을 더 내야 했습니다(레 5:16, 22:14-16). 레위기 5:16에서 "성물에 대한 범과를 갚되 그것에 오분 일을 더하여 제사장에게 줄 것이요"라고 말씀하고 있습니다. 여기 '갚되'는 히브리어 '샬람'(שָׁלַם)의 피엘(강조)형으로, '보상하다, 지불하다, 회복하다'라는 뜻입니다. 또한 타인의 소유에 손해를 끼치는 경우에도 그 손해 배상과 함께 그 가치의 오분의 일을 더하여 갚되, '그 죄가 드러나는 날' 당일에 갚아야 했습니다(레 6:5). 벌과금은 성소의 세겔로 계산하였습니다(참고-레 27:25).

오분의 일의 벌과금은 다시 똑같은 죄를 짓지 않도록 막아주는 역할을 하였습니다. 똑같은 죄의 유혹이 있을 때마다 무거운 벌과금은 그 유혹을 물리칠 수 있는 방파제가 되었던 것입니다.

### (2) 예물의 분배

속건제 제물의 모든 기름은 하나님께 불살라 드려졌습니다(레 7:3-5). 화제로 드린 기름 부위 외에 나머지 부분은 제사장의 몫으로 거룩한 곳(회막의 뜰)에서만 먹어야 합니다(레 7:6). 제사장의 입장에서 기록된 레위기 7:6에서 "지극히 거룩하니 이것을 제사장의 남자마다 먹되 거룩한 곳에서 먹을지며"라고 말씀하고 있습니다. 한글 개역성경에는 '제물이 거룩하기 때문에 거룩한 곳에서 먹어야 한다'

는 의미로 번역이 되었지만, 히브리어 원문은 반대로 '거룩한 제사장이 거룩한 곳에서 먹기 때문에, 그 제물이 거룩하다'는 의미입니다. 제물보다 제사를 집행하는 제사장의 거룩을 강조한 것입니다.

레위기 7:7에서 "속건제나 속죄제는 일례니 그 제육은 속하는 제사장에게로 돌아갈 것이요"라고 말씀하고 있습니다. 여기 '일례'는 히브리어 '토라 아하트 라헴'(תּוֹרָה אַחַת לָהֶם)으로, 번역하면 '그들을 위한 하나의 법'이라는 뜻입니다. 속건제나 속죄제(족장과 평민의 속죄제) 모두 제물의 피와 기름을 제외한 부위는 제사장들이 회막 뜰 거룩한 곳에서 먹었습니다(레 6:24-29, 7:6-7, 10:16-17).

민수기 5:5-10에서는 이웃의 소유에 손해를 입혀 속건제를 드려야 하지만, 피해자에게 직접 배상할 수 없는 경우에 대해서 보충하여 설명하고 있습니다. 피해자에게 배상할 수 없으면 일차적으로는 그 친족에게 배상하는데, 여기 '친족'은 히브리어 '이쉬 고엘'(אִישׁ גֹּאֵל)로, 기업을 무를 수 있는 가까운 가족 관계를 의미합니다. 그러나 친족에게도 배상할 수 없는 경우에는 그 배상을 제사장들에게 돌리게 하였습니다(참고-왕하 12:16). 제사장에게라도 반드시 배상을 하도록 하신 것 역시, 범죄에는 반드시 죄책이 있음을 가르치시기 위한 것입니다.

## 3. 드리는 방법

Method of offering

속건제의 규례는 ①여호와의 성물에 대한 범죄의 속건제(레 5:15-16), ②여호와의 금령에 대한 범죄의 속건제(레 5:17-18), ③사람의 소유에 대한 범죄의 속건제(레 6:2-7) 세 가지로 기록되어 있지만, 드리는 방법은 모두 같습니다(레 7:1-6). 특별히 속건제의 규례를 시작하는 레위기 7:1과 마치는 6절에 '지극히 거룩하니'('코데쉬 카다쉼', קֹדֶשׁ קָדָשִׁים)라는 표현이 사용되어 그 중요성을 강조하고 있습니다.

이 외에도 특별한 경우에 드리는 속건제 규례도 있습니다(레 14:10-18, 19:20-22, 민 6:1-21, 참고-스 10:18-19).

### (1) 속건제를 드리는 방법

**1 제사인이 번제 희생을 잡는 곳에서 속건제의 희생을 잡습니다.** / 레 7:2上

속건제의 희생제물로 드리는 흠 없는 숫양(레 5:15, 18)은 '번제 희생을 잡는 곳'에서 잡았습니다. 제사장의 입장에서 기록된 레위기 7:2 상반절에서 "번제 희생을 잡는 곳에서 속건제의 희생을 잡을 것이요"라고 말씀하고 있습니다. 여기 '번제 희생을 잡는 곳'은 '회막의 북쪽 뜰'을 가리킵니다(레 1:11, 참고-레 4:24, 29, 33). 또한 '잡을 것이요'는 번제, 화목제, 속죄제에서도 사용되었던 히브리어 '샤하트'(שָׁחַט, 뜻-목을 베다, 도살하다)가 미완료형으로 사용되어, 범죄가 있을 때마다 반복되어야 하는 규례임을 표현하고 있습니다.

참고로, 다른 희생제사와 달리 속건제에는 안수에 대한 명령이 없습니다. 이는 속건제의 희생제물은 제사인을 대속하는 제물이 아니라 제사인의 죄가를 배상하기 위한 것이기 때문입니다.

**2 제사장이 제물의 피를 단 사면에 뿌립니다.** / 레 7:2下

레위기 7:2 하반절에서 "제사장은 그 피를 단 사면에 뿌릴 것이

피를 번제단 사면에 뿌림

며"라고 말씀하고 있습니다. 여기 '단'은 번제단을 가리키며, '뿌릴 것이며'는 히브리어 '자라크'(זָרַק)로, 손 전체로 씨를 뿌리듯이 많은 양의 피를 뿌리는 것을 의미합니다.

속죄제와 속건제는 제물뿐 아니라 피를 다루는 방식에도 큰 차이가 있습니다. 속죄제에서는 피를 손가락으로 튕겨서 휘장에 일곱 번 뿌리고(레 4:6, 17), 분향단 뿔이나 번제단 뿔에 발랐습니다(레 4:7, 18, 25, 30, 34). 반면에, 속건제에서는 번제, 화목제와 같이 피를 번제단 사면에 끼얹듯이 뿌렸습니다(레 1:5, 3:2, 8, 13). 속죄제에서 피를 처리하는 규례는 제물의 피로 속죄하고 정결함을 얻는 것을 의미하며, 속건제에서 피를 처리하는 규례는 번제, 화목제와 동일하게 제물의 생명을 하나님께 드리는 것을 의미합니다. 따라서 속건제에서 피를 뿌린 것은 자기 범죄를 철저하게 인정하고 제물의 생명을 하나님께 드림을 나타냅니다.

속건제물 되시는 예수 그리스도의 보혈이 뿌려진 성도는 산 제물로서 자신의 생명을 바쳐서 하나님을 섬겨야 합니다(롬 12:1). 그래서 요한계시록 2:10에서는 "네가 죽도록 충성하라"라고 말씀하고 있습니다.

## 3 제사장이 모든 기름을 단 위에 불살라 여호와께 화제로 드립니다. / 레 7:3-5

속건제에서 드리는 기름의 부위는 화목제나 제사장의 속죄제의 경우와 동일합니다(레 3:9-11, 4:8-10). 제사장의 입장으로 기록된 레위기 7:3-5에서 "그 모든 기름을 드리되 곧 그 기름진 꼬리와 내장에 덮인 기름과 [4]두 콩팥과 그 위의 기름 곧 허리 근방에 있는 것과 간에 덮인 꺼풀을 콩팥과 함께 취하고 [5]제사장은 그것을 다 단 위에 불살라 여호와께 화제로 드릴 것이니라 이는 속건제요"라고 말씀하고 있습니다.

기름은 동물이 영양분을 저장하는 가장 좋은 부분이며, 힘의 근원입니다. 모든 기름은 반드시 하나님께 드려져야 했는데, 이는 우리의 모든 힘의 근원이 오직 하나님뿐임을 가르쳐줍니다(레 3:16).

기름 부위 외에 나머지 부분은 제사장의 몫으로, 화제를 마친 후에 제사장의 남자들이 거룩한 곳(회막의 뜰)에서 먹었습니다(레 7:6).

다른 제사와 달리, 속건제에는 '여호와께 향기로운 냄새니라'라는 표현이 없습니다. 이는 아마도 속건제 외에도 오분의 일의 벌과금을 통해 손해를 배상하고 회복해야 하는 단계가 있기 때문일 것입니다.

### (2) 속건제를 드리는 유형

#### ① 여호와의 성물에 대하여 범죄한 경우(레 5:15-16)

레위기 5:15-16에서 "누구든지 여호와의 성물에 대하여 그릇 범과하였거든 여호와께 속건제를 드리되 너의 지정한 가치를 따라 성소의 세겔로 몇 세겔 은에 상당한 흠 없는 숫양을 떼 중에서 끌어다가 속건제로 드려서 [16]성물에 대한 범과를 갚되 그것에 오분 일을 더하여 제사장에게 줄 것이요 제사장은 그 속건제의 숫양으로 그를 위하여 속한즉 그가 사함을 얻으리라"라고 말씀하고 있습니다.

레위기 5:15의 '성물'은 '거룩'이라는 뜻의 히브리어 '코데쉬'(קֹדֶשׁ)가 복수형으로 사용되어서 '하나님께 구별된 예물들'을 가리킵니다. 하나님께 드려진 것은 더 이상 인간의 소유가 아니며, 오직 하나님의 선한 뜻을 위해서만 사용되어야 합니다. 만약 인간적인 욕심이 가득하여 성물을 마음대로 사용한다면 그것은 하나님의 권위를 무시하는 것이요, 하나님보다 물질을 더 사랑하는 것입니다(참고-마 6:24).

레위기 27장에서는 하나님께로 구별되는 성물을 사람(레 27:1-8), 생축(레 27:9-13), 집(레 27:14-15), 밭(27:16-25), 반드시 드려야 할 생축의 첫 새끼(레 27:26-27), 십일조(레 27:30-33)로 소개하고 있습니다(참고-렘 2:3).

성물을 먹는 것은 제사장과 그의 가족들에게만 허락되었습니다(레 22:10-14, 민 18:19). 민수기 18:14의 '특별히 드린 것'은 히브리어 '헤렘'(חֵרֶם)으로, '완전히 바쳐진 것, (하나님께) 영영히 드려진 것'이라는 뜻입니다(레 27:21). 가나안 정복 시기에 아간은 '헤렘'을 탐내어 취하여서 죽임을 당하였습니다(수 6:18, 7:1-26, 참고-삼상 15:21). 하나님께 바친 물건은 사람이 마음대로 취할 수 없습니다(레 27:28-29).

따라서 성물에 대해 그릇 범과하였다는 것은, 하나님께서 구별하신 것을 사람이 침범한 것이라고 할 수 있습니다. 레위기 5:15의 '범과하였거든'은 히브리어 '티메올 마알'(תִמְעֹל מַעַל)로, '충성되지 못하게 행동하다, 반역하다'라는 뜻의 히브리어 '마알'(מָעַל)을 동사와 명사로 반복하여 사용하였으며, 잘못된 목적을 가진 행동으로 피해를 입혔다는 의미입니다.* 제사 규례와 관련해서는, 성물의 거룩함을 훼손하거나 횡령하는 것, 함부로 사용하거나 규례를 어기는 것 등을 가리킵니다.

또한 '그릇'(וְחָטְאָה בִּשְׁגָגָה, '베하테아 비쉬가가')이라는 표현은 '죄를 짓다'라는 뜻의 히브리어 '하타'(חָטָא)와 '실수, 모르고 지은 죄'를 가리키는 명사 '쉐가가'(שְׁגָגָה)가 합쳐져서, '부지중에 지은 죄'를 가리킵니다. 그러므로 '그릇 범과하였거든'은 원어적으로 볼 때 '의도적으로 불법을 저지르는 행위'와 '의도하지 않게 부지중에 지은 죄' 두 가지를 다 포함하는 말입니다. 하나님의 거룩함을 나타내는 성물에 대하여는 의도적으로 죄를 짓든, 의도치 않게 죄를 짓든, 하나님과의 언약을 소홀히 여기는 것이 됩니다.

여호와의 성물에 대해 범죄하여 속건제를 드리게 될 경우에는, 모세와 그 이후의 제사장들이 정한 가치에 해당하는 흠 없는 숫양을 제물로 드리며(레 5:15), 손해에 대한 '오분의 일'(20%)의 벌과금을 더 내야 했습니다(레 5:16, 22:14-16).

### ② 여호와의 금령을 범하였을 경우(레 5:17-19)

레위기 5:17-19에서 "만일 누구든지 여호와의 금령 중 하나를 부

---

* 히브리어 '마알'은 아간이 진멸해야 할 물건을 몰래 숨겨 범죄하였을 때(수 7:1, 22:20, 대상 2:7), 사울왕의 불순종(대상 10:13), 성소에 들어가 분향한 웃시야왕의 범죄(대하 26:16-19), 극악한 왕 아하스의 범죄(대하 28:19, 22, 25, 29:19), 이방 민족과의 잡혼(스 9:2-6, 10:2, 6, 10, 느 13:27) 등에 사용되었다.

지중에 범하여도 허물이라 벌을 당할 것이니 18 그는 너의 지정한 가치대로 떼 중 흠 없는 숫양을 속건제물로 제사장에게로 가져올 것이요 제사장은 그의 부지중에 그릇 범한 허물을 위하여 속한즉 그가 사함을 얻으리라 19 이는 속건제니 그가 실로 여호와 앞에 범과함이니라"라고 말씀하고 있습니다. 여기 '금령'(禁令)은 '하지 말라고 금지된 여호와의 계명(מִצְוָה, '미츠바')'을 가리킵니다. 인간은 연약하고, 무지하여, 실수하거나 넘어지기 쉬우며, 때로는 부지중에 하나님께서 하지 말라고 명령하신 것을 범할 때가 있습니다. 만약 금령을 범했을 때는 제사장이 지정한 가치대로 흠 없는 숫양을 바쳐야 합니다.

또한 레위기 5:17에서 "부지중에 범하여도 허물이라"라고 말씀하고 있습니다. 히브리어 원문을 볼 때, '부지중에'는 '로 야다'(לֹא־יָדַע)로 '알지 못하였다'라는 뜻이고, '허물이라'는 '아샴'(אָשֵׁם)으로 '죄(罪)이다'라는 뜻입니다. 그러므로 이 말씀은 자신이 모르는 사이에 하나님의 명령 가운데 하나라도 어겼을 경우 죄가 된다는 의미입니다.

17절 하반절의 "벌을 당할 것이니"는 히브리어 '나사 아오노'(נָשָׂא עֲוֹנוֹ)로, 직역하면 '자신의 죄책을 짊어지다'라는 뜻입니다. 표준새번역에서는 "그는 자기가 저지른 악행의 결과에 책임을 져야 한다"라고 번역하였으며, 레위기 5:1에서는 같은 히브리어 문장을 "허물이 그에게로 돌아갈 것이요"로, 레위기 17:16에서는 "죄를 당하리라"로 번역하였습니다. 이는 모르고 죄를 지었더라도 죄로 인한 양심의 가책과 죄의 무게가 있으므로, 반드시 그 책임을 져야 한다는 것입니다.

우리는 '하나님의 말씀을 몰랐기 때문에 죄를 지었다'라고 핑계

하는 경우가 있습니다. 그러나 하나님의 말씀인 줄 모르는 것도 죄가 되는 것입니다. 평상시에 하나님의 말씀을 열심히 배우고 깨달았으면 부지중에 범죄하는 일은 없었을 것이기 때문입니다. 그러므로 우리는 항상 하나님의 말씀을 배우고 그 말씀을 마음에 간직하며 살아야 합니다. 시편 37:31에서 "그 마음에는 하나님의 법이 있으니 그 걸음에 실족함이 없으리로다"라고 하였고, 시편 119:11에서도 "내가 주께 범죄치 아니하려 하여 주의 말씀을 내 마음에 두었나이다"라고 말씀하고 있습니다.

레위기 5:19에서는 "이는 속건제니 그가 실로 여호와 앞에 범과함이니라"라고 말씀하고 있는데, 여기 '여호와 앞에'는 히브리어 '라예호바아도나이'(לַיהוָה)로, '여호와께'라는 뜻입니다. 그러므로 하나님의 금령을 부지중에 범하였더라도 바로 '여호와께' 범한 죄가 되기 때문에 책임을 져야 하는 것입니다. 이렇게 여호와의 금령을 부지중에 범한 자가 속건제물을 제사장에게 가져오고, 제사장이 대신하여 속죄하면 죄 사함을 얻게 됩니다. 레위기 5:18의 "사함을 얻으리라"는 히브리어 '살라흐'(סָלַח)의 니팔(수동)형으로, 죄를 용서해주시는 분이 하나님이심을 나타냅니다.

### ③ 이웃에게 범죄하였을 경우(레 6:1-7)

레위기 6:2-3에서 "누구든지 여호와께 신실치 못하여 범죄하되 곧 남의 물건을 맡거나 전당 잡거나 강도질하거나 늑봉(勒捧: 돈이나 물건을 억지로 받아냄)하고도 사실을 부인하거나 [3] 남의 잃은 물건을 얻고도 사실을 부인하여 거짓 맹세하는 등 사람이 이 모든 일 중에 하나라도 행하여 범죄하면"이라고 말씀하고 있습니다. 이 말씀을 히브리어 원문으로 보면, 여호와께 신실치 못해 범죄가 되는 세 가지 경우를 설명하고 있습니다.

### 첫째, 남의 귀중품을 맡거나 전당 잡거나 강도질하고도 그 사실을 부인하는 것입니다(레 6:2).

남의 귀중품을 맡거나 전당 잡은 것, 강도질한 것에 대한 사실을 부인하는 것입니다. 레위기 6:2에서 피해를 입은 '남'은 히브리어 '아미트'(עָמִית)로, '신뢰할 수 있는 친밀한 동료'를 의미하며, 스가랴 13:7에서는 '짝된 자'로 번역하였습니다. 또한 '사실을 부인하거나'는 '속이다, 거짓으로 부인하다'라는 뜻의 히브리어 '카하쉬'(כָּחַשׁ)의 피엘(강조)형으로, 어떤 사람을 거짓으로 속여서 손해를 끼치는 행위를 가리킵니다. 히브리어 원문으로 보면, '카하쉬'는 '① 남의 물건을 맡거나 ② 전당 잡거나 ③ 강도질하거나'의 세 가지 명사 문장을 수식합니다.

#### 남의 물건을 맡고도 그 사실을 부인하는 경우

은행이 없었던 고대 사회에서는 여행과 같은 부득이한 경우에 귀중품(פִּקָּדוֹן, '픽카돈')을 가장 가까운 사람에게 맡겼습니다. 그런데 자기가 그 물건을 맡은 사실을 부인하는 것은 돈 때문에 가장 가까운 사람과의 관계를 깨뜨리는 악한 행동입니다. 십계명의 세부 율법에서는, 만약 이웃이 맡긴 물건을 잃어버리거나 상하게 했으면 재판을 받아야 한다고 말씀하고 있습니다(출 22:7-13).

#### 남의 물건을 전당 잡고도 그 사실을 부인하는 경우

'전당 잡거나'는 히브리어 '테수메트 야드'(תְּשׂוּמֶת יָד)로, 무엇을 빌리는 대신 맡기는 보증이나 담보를 가리킵니다. 남의 물건을 저당 잡은 후에 그것을 되돌려줄 상황이 되었음에도 불구하고 이웃을 속여서 저당 잡은 사실을 부인하거나 저당물을 잃어버린 척하는 것은 이웃에게 범죄하는 것입니다(출 22:26-27, 신 24:6, 17). 만약 저당 잡은 물건이 이웃의 겉옷이라면 해가 지기 전에 반드시 돌려줘서 추운 밤에 최소한의 걸칠 것이 있도록 해야 했습니다(출 22:26-27). 심지어 원수가 잃어버린 것이라 할지라도 반드시 그에게 돌려주어야 할 책임이 있습니다(출 23:4).

### 남의 물건을 강도질하고도 그 사실을 부인하는 경우

'강도질'은 히브리어 '가젤'(גָּזֵל)로, '폭력으로 물건을 약탈하는 것'을 의미합니다(참고-시 62:10, 사 61:8, 겔 22:29). 이 단어는 도둑질을 뜻하는 히브리어 '가나브'(גָּנַב)보다 강한 범죄로, 강제로 빼앗는 것을 가리킵니다. 구체적으로, 강도질하고도 그 사실을 부인하는 것은 폭력으로 약탈하고도, 피해자가 정확히 기억을 못하거나 겁에 질려 고발하지 못할 때, 자신은 강도질과 아무 관계가 없다고 부인하는 행위를 가리킵니다.

## 둘째, 친구의 것을 늑봉하는 것입니다(레 6:2).

레위기 6:2의 '늑봉하다'는 히브리어 '아샤크'(עָשַׁק)로, '폭력을 행사하다, 강탈하다'라는 뜻입니다. 한글 개역성경에는 번역되어 있지 않지만, 히브리어 원문에는 그 대상이 '그의 친구'(אֶת־עֲמִיתוֹ, '에트 아미토')로 나와 있어서 가까운 이웃의 것을 강제로 빼앗는 행동을 가리킵니다(신 24:14, 욥 24:2). 강도질이 알지 못하는 사람의 것을 강탈하는 경우라면, 늑봉은 잘 아는 이웃의 것을 강탈하는 경우입니다.

고용주가 피고용인에게 지불해야 할 임금을 지불하지 않는 것이 여기에 해당합니다. 레위기 19:13에서 "너는 네 이웃을 압제하지 말며 늑탈하지 말며 품꾼의 삯을 아침까지 밤새도록 네게 두지 말며"라고 말씀하고 있습니다(참고-신 24:14-15). 늑봉의 범위는 다른 사람의 재산을 빼앗기 위해 하나님의 말씀을 왜곡하여 이용하는 것까지도 포함합니다(막 12:40, 눅 20:47).

### 셋째, 남의 잃어버린 물건을 얻고도 사실을 부인하는 것입니다 (레 6:3).

레위기 6:3의 '얻고도'는 '획득하다'라는 뜻의 히브리어 '마차'(מָצָא)의 완료형이며, '부인하여'는 '속이다, 거짓으로 부인하다'라는 뜻의 히브리어 '카하쉬'(כָּחַשׁ)의 피엘(강조)형으로, 이미 자기 것처럼 만들어 버리고 발뺌하는 상황을 가리킵니다. 남이 잃어버린 물건을 발견했을 때는 주인에게 돌려주기 위하여 적극적인 노력을 해야 함에도 불구하고, 이러한 노력을 하지 않을 뿐만 아니라 남의 것을 마치 자기 것인 양 가지고 있으면 죄가 되는 것입니다.

레위기 6:3에서 "남의 잃은 물건을 얻고도 사실을 부인하여 거짓 맹세하는 등 사람이 이 모든 일 중에 하나라도 행하여 범죄하면"이라고 말씀하고 있습니다. 한글 개역성경은 '사실을 부인하여'와 '거짓 맹세하는 등'을 이어지는 한 문장으로 해석하였지만, 히브리어 원문에는 별도로 나누어진 문장입니다. 히브리어 원문에는 이 세 가지 이웃에 대한 범죄를 접속사 '베'(וְ)로 연결하여, 남에게 사실을 부인하거나, 친구의 것을 늑봉하거나, 남의 잃어버린 물건을 얻고도 사실을 부인하는 데에서 그치지 않고 거짓 맹세까지 한다는 뜻입니다.

이스라엘 백성은 맹세할 때 하나님의 이름을 걸고 맹세하였는데(창 21:23, 24:3, 신 6:13, 10:20), 만일 거짓으로 바꾸어 맹세하면 그것은 곧 하나님을 거짓 증인으로 만드는 죄가 됩니다(참고-렘 5:2). 이는 십계명의 제3계명인 "너는 너의 하나님 여호와의 이름을 망령되이 일컫지 말라"(출 20:7, 신 5:11)라는 말씀을 정면으로 위배하는 것입니다.

이웃에 대한 죄를 범한 경우에는 반드시 가지고 있는 물건을 원(原)주인에게 돌려보내야 하며, 거기에 오분의 일을 추가하여야 합니다. 레위기 6:4-5에서 "이는 죄를 범하였고 죄가 있는 자니 그 빼앗은 것이나 늑봉한 것이나 맡은 것이나 얻은 유실물이나 5 무릇 그 거짓 맹세한 물건을 돌려보내되 곧 그 본물에 오분 일을 더하여 돌려보낼 것이니 그 죄가 드러나는 날에 그 임자에게 줄 것이요"라고 말씀하고 있습니다. 벌과금으로 추가되는 오분의 일은 범죄한 자가 본래의 주인에게 용서와 화해를 구하는 표현이며, 본래의 주인은 범죄한 자를 더 이상 미워하지 않고 용서한다는 표현이 되었습니다. 또한 범죄한 자는 속건제물을 하나님께 드려야 하는데, 지정된 가치대로 흠 없는 숫양을 제사장에게로 끌고 오면, 제사장이 여호와 앞에서 그를 위하여 속죄함으로써 죄 사함이 이루어졌습니다(레 6:6-7). 레위기 6:7의 '사함을 얻으리라'라는 '용서하다'라는 뜻의 히브리어 '살라흐'(סָלַח)의 니팔(수동) 완료형으로, 속건제를 통해 제사장이 속죄하기만 하면, 하나님으로부터 용서의 은혜가 임한다는 뜻입니다.

레위기 6:2에서는 이웃에 대한 범죄에 대해 "누구든지 여호와께 신실치 못하여"라고 말씀하고 있습니다. 이웃에 대한 범죄는 먼저 하나님께 신실하지 못했기 때문이며, 결과적으로 하나님의 이름을 더럽히는 범죄가 되는 것입니다. 따라서 이웃에 대한 합당한 배상(피해액의 오분의 일을 배상)과 하나님께 대한 속건제라는 두 가지 절차가 다 갖추어져야 온전한 속죄가 이루어집니다.

또한 레위기 6:3의 '행하여'와 4절의 '죄를 범하였고'는 모두 히브리어로 미완료형을 사용하고 있습니다. 이는 반복적으로 죄를 짓는 것으로, 뉘우치는 듯 보이지만 같은 죄를 다시 범하는 모습을 나타냅니다. 이 사실은 죄에 대해서 철저한 참회와 함께 합당한 삶의 열매가 있어야 한다는 사실을 가르쳐줍니다. 행함의 열매와 삶의 변화가 없는 회개는 참된 회개가 아닌 것입니다(마 3:8, 눅 3:8, 19:8).

예수님을 만난 삭개오는 "만일 뉘 것을 토색한 일이 있으면 사배나 갚겠나이다"라고 고백하였습니다(눅 19:8). 여기 '토색'은 헬라어 '쉬코판테오'(συκοφαντέω)로, '부당하게 돈을 강제로 거두다'라는 뜻이며 속건제를 드려야 하는 경우에 해당합니다. 속건제 규례에서는 오분의 일을 더해서 갚았지만, 삭개오는 네 배로 갚겠다고 자청한 것입니다. 이는 삭개오가 형식적으로 율법을 지키고자 한 것이 아니라, 자기 소유의 절반을 가난한 자들에게 내어놓을 정도로 예수님을 만난 기쁨이 가득했음을 보여줍니다. 이 말을 들은 예수님께서는 삭개오에게 "오늘 구원이 이 집에 이르렀으니 이 사람도 아브라함의 자손임이로다"(눅 19:9)라고 칭찬하셨습니다.

잠언 14:31에서 "가난한 사람을 학대하는 자는 그를 지으신 이를 멸시하는 자요 궁핍한 사람을 불쌍히 여기는 자는 주를 존경하는 자니라"라고 말씀하고 있습니다. 이웃을 사랑하지 않는 자는 하나님을 사랑할 수 없습니다. 요한일서 4:20에서 "누구든지 하나님을 사랑하노라 하고 그 형제를 미워하면 이는 거짓말하는 자니 보는 바 그 형제를 사랑치 아니하는 자가 보지 못하는바 하나님을 사랑할 수가 없느니라"라고 말씀하고 있습니다. 마태복음 5:23-24에서는 "그러므로 예물을 제단에 드리다가 거기서 네 형제에게 원망 들을 만한 일이 있는 줄 생각나거든 [24] 예물을 제단 앞에 두고 먼저 가서 형제와 화목하고 그 후에 와서 예물을 드리라"라고 말씀하고 있습니다. 우리는 이웃에 대한 범죄가 궁극적으로 그 이웃을 지으신 하나님께 대한 범죄라는 사실을 깨닫고, 이웃에게 악을 행하지 말고 선을 행하는 자가 되어야 할 것입니다(롬 13:10).

### ④ 특별한 경우에 드리는 속건제

먼저, 나실인이 서원을 하고 몸을 구별하는 날 동안 시체로 인해 더럽혀졌을 경우 속건제를 드림으로 몸을 다시 구별하여 하나님께 드려야 합니다(민 6:1-21). 민수기 6:12에서 "자기 몸을 구별하여 여호와께 드릴 날을 새로 정하고 일 년 된 숫양을 가져다가 속건제로 드릴지니라 자기 몸을 구별한 때에 그 몸을 더럽혔은즉 지나간 날은 무효니라"라고 말씀하고 있습니다.

다음으로, 성적으로 범죄하였을 때 속건제를 드립니다. 어떤 사람이 아직 속량되거나 해방되지 못하고 정혼한 씨종과 행음하면 속건제를 드려야 합니다. 레위기 19:20-22에서 "무릇 아직 속량도 되지 못하고 해방도 되지 못하고 정혼한 씨종과 사람이 행음하면 두 사람이 형벌은 받으려니와 그들이 죽임을 당치 아니할 것은 그 여인은 아직 해방되지 못하였음이라 [21] 그 남자는 그 속건제물 곧 속건제 숫양을 회막 문 여호와께로 끌어올 것이요 [22] 제사장은 그의 범한 죄를 위하여 그 속건제의 숫양으로 여호와 앞에 속죄할 것이요 그리하면 그의 범한 죄의 사함을 받으리라"라고 말씀하고 있습니다.

또한 나병 환자가 병이 나았을 경우, 7일 동안 장막 밖에 거한 후 정결하게 되는 제8일에 속건제를 드립니다(레 14:8-32). 속건제는 범죄에 대한 죄책을 배상하기 위한 것인데, 나병 환자가 속건제를 드리는 이유는 무엇입니까? 이 속건제는 하나님의 형상으로 주신 몸에 대한 속죄이자, 나병으로 인해 부정하여 하나님께 희생제물로 제사 드리지 못한 것에 대한 배상의 의미를 가지고 있습니다. 레위기 14:14에서 "제사장은 그 속건제 희생의 피를 취하여 정결함을 받을 자의 우편 귓부리와 우편 손 엄지가락과 우편 발 엄지가락에 바를 것이요"라고 말씀하고 있습니다. 이는 하나님의 백성으로 다시 회복되는 것을 의미합니다. 훗날 바벨론 포로에서 제2차로 돌아온 후에 에스라가 개혁을 단행할 때, 제사장의 무리 중에 이방 여인을 취한 자들이 그 아내를 보내기로 하고, 그 죄를 인하여 숫양 하나를 속건제로 드리기도 하였습니다(스 10:18-19).

## 4. 속건제의 목적

Purpose of the guilt offering

구약의 5대 제사 중에서 속건제의 가장 두드러진 특징은 제사와 함께 오분의 일의 배상을 해야 한다는 점입니다. 이는 속건제의 목적이 죄로 인한 피해를 보상하고 본래의 것을 회복하는 데 있음을 가르쳐줍니다.

### (1) 손해에 대한 배상

속죄제는 비고의적인 죄에 대한 제사로서, 그 지은 죄를 깨달으면 드려야 했습니다(레 4:14, 5:3-4). 반면에, 속건제에는 죄를 깨달으면 드린다는 표현이 없습니다. 고의적이든, 비고의적이든 하나님께나 이웃에게 해를 끼치는 경우에는 반드시 속건제가 요구되는 것입니다. 하나님께 드려진 제물이나 성물에 죄를 지었을 때에는 그 오분의 일을 더하여 배상해야 하며(레 5:16), 대인 관계에서 해를 끼친 경우에도 동일하게 그 오분의 일을 더하여 배상해야 합니다(레 6:5).

죄로 인해 파괴된 관계는 그 손해를 갚는 것으로 충분하지 않고, 반드시 배상이 필요합니다. 그러나 이 배상은 인간의 법령의 경우와 같은 징벌적인 배상이 아니라, 죄인이 속히 회개하고 허물을 사함받게 하기 위한 것입니다.

출애굽기 22:1-4에서는 소와 양을 도적질하거나 잡아서 파는 경우, 그 소와 양이 죽었으면 소 하나에 다섯으로, 양 하나에 넷으로 갚아야 했으며, 살아있으면 갑절을 갚아야 한다고 말씀하고 있습니다. 피해의 5배, 4배, 2배라는 배상액은 언뜻 보기에는 오분의 일을 더한다는 속건제의 배상액과 충돌하는 것처럼 보입니다.

**출애굽기 22:1, 4** "사람이 소나 양을 도적질하여 잡거나 팔면 그는 소 하나에 소 다섯으로 갚고 양 하나에 양 넷으로 갚을지니라… [4] 도적질한 것이 살아 그 손에 있으면 소나 나귀나 양을 무론하고 갑절을 배상할지니라"

이는 속건제를 드리지 않고 절도에 대한 법적 처벌을 받는 경우에 대한 말씀입니다. 죄인이 자신의 죄를 깨닫고 자복하여 속건제를 드린다면 오분의 일의 벌과금을 더하여 드림으로 사함을 얻었지만, 그 사실을 숨기다가 피해자의 고소를 통해 죄가 드러나는 경우에는 훨씬 무거운 형벌이 부과되는 것입니다. 죄책은 반드시 짊어져야 하는 것이지만, 하나님께서는 죄인이 자신의 죄를 깨달았을 때 선한 양심대로 죄를 자복하고 뉘우치며 속건제를 드림으로 감당할 수 있는 벌과금만을 담당하게 하셨습니다(참고-고전 10:13). 따라서 속건제의 배상은 죄인으로 하여금 죄를 자복하고 스스로 회개하여 사함을 얻기를 종용하는 은혜의 규례입니다.

### (2) 본래 상태로의 회복

배상뿐 아니라, 하나님께 속건제를 드려야만 죄에 대한 사함이 있습니다. 이는 속건제의 목적이 손해에 대한 보상뿐 아니라, 죄인이 사함을 얻어 하나님과의 관계를 회복하기 위한 것임을 보여줍니다.

속건제를 드리는 방법은 화목제와 유사하지만, 제물의 남은 고기는 모두 제사장의 몫으로 주어졌습니다. 속건제를 드리는 방법과 화목제를 드리는 방법의 유사성을 볼 때 속건제에도 회복과 화목의 요소가 있음을 알 수 있습니다.

속건제의 결과로 희생제물을 통해 하나님과 제사인의 관계가 회복되며, 배상을 통해 피해자와 가해자의 관계가 회복됩니다. 따라서 속건제의 배상은 자신의 죄에 대한 책임을 전적으로 인정하고 관계 회복을 이루는 도구가 됩니다.

또한 특별한 상황에서 드리는 속건제들 역시 모두 정상적인 상황으로 회복한다는 의미를 가지고 있습니다. 나실인이 서원을 하고도 더럽혀졌을 때 속건제를 드림으로 자신을 다시 드리게 되며(민 6:12), 성적으로 범죄한 자도 속건제를 드림으로 죄의 사함을 얻습니다(레 19:22). 나병 환자도 속건제를 드림으로 부정한 자리에서 언

# 속건제와 다른 희생제사의 비교

Comparison of Guilt Offering and Other Sacrificial Offerings

<table>
<tr><th></th><th>번제<br>레 1:1-17, 6:8-13</th><th>화목제<br>레 3:1-17, 7:11-36</th><th>속죄제<br>레 4:1-5:13, 6:24-30</th><th>속건제<br>레 5:14-6:7, 7:1-10</th></tr>
<tr><td>희생제물</td><td>드리는 자의 능력에 따라<br><br>①흠 없는 수소<br>②흠 없는 숫양 및 숫염소<br>③극빈자의 경우 비둘기를 드릴 수 있음</td><td>드리는 자의 형편에 따라<br><br>①소 ②양 ③염소<br>암수 구별 없으며, 흠 없는 것을 드리되, 낙헌제(자원제)의 경우 약간 흠 있는 것 허용</td><td>드리는 자의 신분에 따라<br><br>①흠 없는 수송아지<br>②수송아지<br>③흠 없는 숫염소<br>④흠 없는 암염소나<br>⑤흠 없는 어린 암양<br>극빈자의 경우 ⑥비둘기나 ⑦소제물로 드릴 수 있음</td><td>제사장이 지정한 가치에 따라<br><br>흠 없는 숫양만 가능<br><br>오분의 일의 벌과금은 별도임</td></tr>
<tr><td>제물을 잡음</td><td colspan="3">제사인이 제물의 머리에 안수하고 여호와 앞에서 잡음</td><td>안수에 대한 기록 없음</td></tr>
<tr><td>피 처리</td><td colspan="2">제사장이 제물의 피를 번제단 사면에 뿌림</td><td>제사장이 제물의 피를 분향단 네 뿔이나 번제단 네 뿔에 바른 후, 남은 피를 번제단 밑에 다 쏟음</td><td>제사장이 제물의 피를 번제단 사면에 뿌림</td></tr>
<tr><td rowspan="2">하나님께 드림</td><td>제사인이 제물의 가죽을 벗기고 각을 뜨며, 내장과 정강이를 물로 씻음</td><td colspan="3" rowspan="2">제사장이 희생제물의 기름을 화제로 드림<br>(내장에 덮인 기름, 내장에 붙은 모든 기름, 두 콩팥과 그 위의 기름, 간에 덮인 꺼풀)</td></tr>
<tr><td>제사장이 제물 전체를 화제로 드림</td></tr>
<tr><td>예물의 분배</td><td>벗겨진 가죽은 번제를 드리는 제사장의 몫이며, 나머지는 모두 태움</td><td>제물의 가슴과 제물의 우편 뒷다리를 제사장에게, 나머지는 제사인에게 분배</td><td>제사장, 회중의 속죄제: 분배 없음<br><br>족장, 평민의 속죄제: 피와 기름을 제외한 나머지를 제사장에게 돌림</td><td>하나님께 태워서 드린 기름 부위 외에 나머지를 제사장에게 돌림</td></tr>
<tr><td>남은 것 처리</td><td>제사장이 진 밖에 재를 버림</td><td>제사장의 몫은 정결한 곳에서 먹고, 제사인이 남은 부위를 기간 내에 먹음</td><td colspan="2">제사장이 남은 고기를 성막 뜰 안에서 먹음</td></tr>
</table>

약 백성의 자리로 회복됩니다(레 14:14, 17).

예수님께서는 산상수훈 가운데 “예물을 제단에 드리다가 거기서 네 형제에게 원망 들을 만한 일이 있는 줄 생각나거든 [24]예물을 제단 앞에 두고 먼저 가서 형제와 화목하고 그 후에 와서 예물을 드리라”라고 말씀하셨습니다(마 5:23-24). 이는 하나님께서 제정하신 제사 규례가 하나님과의 관계 회복과 함께 이웃과의 관계 회복을 통해 본연의 모습을 회복하는 데 있음을 가르쳐줍니다.

## 5. 구속사적 의미

Redemptive-historical significance

속건제를 드려야 하는 범죄 가운데 많이 등장하는 단어는 히브리어 ‘마알’(מָעַל)입니다. 레위기 5:15의 ‘범과하였거든’과 레위기 6:2의 ‘신실치 못하여’는 히브리어 동사 ‘마알’(מָעַל)이 명사 ‘마알’(מַעַל)을 동족목적어로 취하여, 사람과 하나님 사이 또는 사람과 사람 사이의 관계를 배신하는 불충성스러운 행위를 의미합니다. 이는 에덴동산에서 “선악을 알게 하는 나무의 실과는 먹지 말라 네가 먹는 날에는 정녕 죽으리라”라고 말씀하신(창 2:17) 하나님의 금령을 어긴 아담의 죄를 연상시킵니다(호 6:7). 아담 역시 하나님께서 금지하신 선악과를 따 먹으므로 하나님의 성물에 대하여 범과하였던 것입니다.

속죄제가 범죄자와 성전을 부정한 상태로부터 정결케 하는 제사라면, 속건제는 대가를 반드시 지불하는 배상(賠償)을 함으로 관계가 다시 회복이 되는 제사입니다. 속건제가 우리에게 주는 교훈은

반드시 죄의 값을 치러야만 하나님과의 교제가 회복되고 제사를 드릴 수 있다는 것입니다.[20)]

예를 들어, 성물을 실수로 먹은 자는 먹은 양에 오분의 일을 더해서 갚아야 하며(레 5:16), 남의 물건을 훔친 자도 훔친 물건에 오분의 일을 더해서 돌려주어야 합니다(레 6:5). 또한 다시 본래의 상태로 회복하기 위해서는 하나님께 속건제를 드려야 합니다. 이러한 속건제의 성격은 우리를 대신하여 아담부터 비롯된 죄의 값을 치르신 예수 그리스도의 구속의 역사를 나타냅니다.

'구속'은 대가를 지불하고 소유권을 회복하거나(마 20:28), 노예나 포로가 속박 상태에서 풀려나 자유와 석방을 얻는 것을 의미합니다(롬 3:24). 피할 수 없는 죽음의 자리, 사망의 권세에 붙잡혀 있던 인간을 대신해서 값을 치르고 해방하여 주신 것이 바로 예수 그리스도의 십자가입니다(롬 8:1-2). 예수님께서는 십자가에서 우리의 대속물이 되셨습니다(마 20:28, 막 10:45, 롬 5:15, 딤전 2:6, 히 2:9-10, 9:28). 또한 레위기 5:15, 18에 나오는 속건제물의 '지정한 가치'는 히브리어 '에레크'(עֵרֶךְ)인데, 칠십인경에서는 '에레크'를 헬라어 '티메'(τιμή)로 번역하였습니다. '티메'는 예수님께서 은 30에 팔리실 때 '정가한 자의 가격'에 사용되었습니다. 이는 예수님께서 우리의 속건제물이 되셨음을 의미합니다(마 27:9, 참고-마 26:15).

이사야 53:10에서는 예수님의 십자가에서의 죽으심에 대해서 예언하면서, "여호와께서 그로 상함을 받게 하시기를 원하사 질고를 당케 하셨은즉 그 영혼을 속건제물로 드리기에 이르면 그가 그 씨를 보게 되며 그날은 길 것이요 또 그의 손으로 여호와의 뜻을 성취하리로다"라고 말씀하고 있습니다. 한글 개역성경에는 번역되어 있지 않지만, 히브리어 원문에는 "그 영혼을 속건제물로 드리기에 이르면" 앞에 '만약 …이라면'이라는 조건절을 나타내는 히브리어 '임'(אִם)이 있습니다. 원문의 의미를 살려 번역하면, '만약 그 영혼을 속건제물로 드리게 되면'이라는 뜻입니다. 예수님께서 속건제물이 되셔야만 구원의 씨를 보게 되고 하나님의 뜻을 성취하게 된다는 것입니다(참고-요 17:4). 하나님의 뜻은, 사망의 지배 아래 놓인 사람이 창조 본연의 모습을 회복하여 하나님께서 지으신 본래의 상태를 회복하는 것입니다. 예수님께서 우리의 죄책을 걸머지시고 희생제물이 되심으로써 하나님의 뜻을 성취하셨고, 우리는 죄의 무거운 짐에서 해방되어 자유함을 입었습니다(롬 6:17-23, 8:2, 계 1:5).

예수 그리스도께서 자신을 '속건제물'로 드리신 것은, 죄를 범한 사람이 하나님과 이웃에게 수많은 피해를 끼쳤지만 이를 배상하거나 회복할만한 능력이 없기 때문입니다. 율법에 의하면 자기 목숨으로 상대의 핏값을 대신해야 하지만, 죄악된 사람은 그조차도 할 수 없습니다. 그러므로 하나님께서는 독생자 예수 그리스도를 내어주시고 예수님께서 자신을 속건제물로 드리심으로, 우리의 모든 죄와 허물을 사하실 뿐 아니라 배상을 통한 온전한 회복을 이루신 것입니다.

속건제의 규례에서는 희생제물의 피를 번제단 사면에 뿌립니다. 레위기 7:2에서 "번제 희생을 잡는 곳에서 속건제의 희생을 잡을 것이요 제사장은 그 피를 단 사면에 뿌릴 것이며"라고 말씀하고 있습니다. 여기 '뿌릴 것이며'는 히브리어 '자라크'(זָרַק)로, 손으로 가볍게 뿌리는 것이 아니라 그릇에 담긴 피를 번제단 옆에 끼얹는 것을 가리킵니다. 이는 십자가에서 창에 옆구리를 찔려 피를 흘리신 예수님의 모습을 연상시킵니다. 요한복음 19:34에서 "그중 한 군병이 창으로 옆구리를 찌르니 곧 피와 물이 나오더라"라고 말씀하고 있습니다. 예수님께서 십자가 상에서 흘리신 피로 우리를 대속하시고 사망에서 영생으로 옮겨주셨습니다(롬 6:23). 사도행전 20:28에서 "하나님이 자기 피로 사신 교회"라고 말씀하고 있습니다(엡 1:23, 골 1:18, 24).

그러므로 우리의 몸으로 오직 하나님께 영광을 돌려야 합니다. 우리의 몸도 예수님께서 핏값을 치르시고 사신 것이기 때문입니다. 고린도전서 6:19-20에서 "너희 몸은 너희가 하나님께로부터 받은 바 너희 가운데 계신 성령의 전인 줄을 알지 못하느냐 너희는 너희의 것이 아니라 [20]값으로 산 것이 되었으니 그런즉 너희 몸으로 하나님께 영광을 돌리라"라고 말씀하고 있으며, 고린도전서 7:23에서도 "너희는 값으로 사신 것이니 사람들의 종이 되지 말라"라고 말씀하고 있습니다.

그런데 우리가 세상에서 죄를 지으면서 우리 몸을 "창기의 지체"(고전 6:15), "불의의 병기"(롬 6:13), "강도의 굴혈"(마 21:13, 막 11:17, 눅 19:46)로 사용한다면, 하나님께서 얼마나 가슴 아파하시겠습니까? 우리의 몸은 우리의 소유가 아니라, 전적으로 하나님의 소유입니다(고전 6:19, 참고-출 19:5). 그러므로 우리는 땅에 있는 지체(음란과 부정과 사욕과 악한 정욕과 탐심)를 죽이고(골 3:5), 우리의 몸을 의의 병기로 하나님께 드려야 합니다. 로마서 6:13에서 "또한 너희 지체를 불의의 병기로 죄에게 드리지 말고 오직 너희 자신을 죽은 자 가운데서 다시 산 자같이 하나님께 드리며 너희 지체를 의의 병기로 하나님께 드리라"라고 말씀하고 있습니다. 남은 생애에 우리의 몸을 오직 하나님의 뜻에 따라 하나님을 위해서 사용하는 역사만이 있기를 간절히 소망합니다.

지금까지 우리는 5대 제사에 대하여 살펴보았습니다. 구약의 5대 제사는 하나님께서 제사인의 허물을 사하시고 죄를 가려주심으로 존귀한 언약 백성으로 살아갈 수 있도록 주신 은혜 언약의 표징입니다(시 32:1-2). 이 제사들은 궁극적으로 예수 그리스도의 구속 사역을 보여줍니다. 번제는 모든 제물을 완전히 불태우는 것으로, 예수 그리스도의 온전한 희생을 나타냅니다. 소제는 곡식이 가루가 되듯이 자기 몸을 산산이 부수어 제물로 드리신 예수 그리스도의 온전한 헌신을 나타냅니다. 화목제는 예수 그리스도께서 하나님과 사람 사이의 관계를 회복시키심을 나타냅니다. 속죄제는 우리의 모든 죄를 위한 예수 그리스도의 대속을 나타냅니다. 속건제는 우리의 모든 허물을 위하여 값을 치르신 구속의 역사를 나타냅니다.

두 가지 이상의 제사를 드릴 때는 속죄제나 속건제를 먼저 드린 후 번제를 드리고, 그다음에 화목제를 드렸습니다. 민수기 6:16-17에서 보듯이 속죄제와 번제, 그다음에 화목제를 드린 것은, 죄 문제를 해결하는 것이 가장 우선적이고, 그다음에 희생이 필요하며, 그 터 위에서 하나님과 제사인 사이에 화목이 이루어지는 것임을 알려줍니다(골 1:20, 요일 2:2, 4:10). 예수님께서 복음을 전파하실 때에 가장 먼저 강조하신 것이 회개였습니다. 그래서 "때가 찼고 하나님 나라가 가까왔으니 회개하고 복음을 믿으라"라고 말씀하셨습니다(막 1:15). 회개하면 죄 사함을 받고 성령을 선물로 받으며(행 2:38), 유쾌하게 되는 날이 주 앞으로부터 이릅니다(행 3:19). 하나님께 자신을 산 제물로 드리는(롬 12:1) 우리에게 우선적으로 필요한 것은 상한 심령으로 통회 자복하는 진실한 회개입니다(시 51:17).

5대 제사는 사람이 범죄할 때마다 반복해야 하는 한계가 있었습니다. 또한 이스라엘 백성은 5대 제사의 행위가 죄를 덮는다고 생각하고 예식의 행위는 지켰지만, 더 중요한 하나님의 뜻을 잊어버리고 말았습니다(삼상 15:22, 사 1:11, 미 6:7-8, 참고-마 23:23). 그러나 하나님께서는 에스겔 선지자를 통해 새 언약을 말씀하시면서 "새 영을 너희 속에 두고 새 마음을 너희에게 주되 너희 육신에서 굳은 마음을 제하고 부드러운 마음을 줄 것이며"라고 하셨습니다(겔 36:26). 여기 '제하고'는 히브리어 '수르'(סוּר)로, '제거하다, 떠나보내다, 끝내다'라는 의미이며, 죄악된 마음을 가리는 것만이 아니라 완전히 제거하시겠다고 약속하신 것입니다.

예수님께서 이 땅에 오신 목적은 죄와 사망을 멸하고 우리를 해방하여 영생을 주시기 위함입니다(요 3:16-17, 요일 2:25). 사망의 세력을 잡고 있는 마귀의 일을 멸하러 오셨습니다(히 2:14, 요일 3:8). 또 죽기를 무서워하므로 일생에 매여 종노릇하는 모든 자를 놓아주시고(히 2:15), 아브라함의 자손을 붙들어 주시며(히 2:16), 그 백성의 죄를 구속하시기 위함입니다(히 2:17).

"예수"라는 이름은 "자기 백성을 저희 죄에서 구원할 자"라는 뜻입니다(마 1:21). 세례 요한도 예수님을 가리켜 "세상 죄를 지고 가는 하나님의 어린양"이라고 증거하였습니다(요 1:29, 고전 5:7下). 예수님께서는 죄를 없게 하시려고 세상 끝에 나타나셨고(히 9:26下, 요일 3:5), 많은 사람의 죄를 담당하시는 대속물로 단번에 드리신 바 되셨습니다(마 20:28, 막 10:45, 롬 6:10, 히 9:28上). 예수님의 십자가 제사는 구약 시대 5대 제사처럼 반복할 필요가 없이 죄를 없이하는 영원한 제사였습니다.

**히브리서 10:11-14** "제사장마다 매일 서서 섬기며 자주 같은 제사를 드
리되 이 제사는 언제든지 죄를 없게 하지 못하거니와 12 오직 그리스도
는 죄를 위하여 한 영원한 제사를 드리시고 하나님 우편에 앉으사 13 그
후에 자기 원수들로 자기 발등상이 되게 하실 때까지 기다리시나니 14
저가 한 제물로 거룩하게 된 자들을 영원히 온전케 하셨느니라"

예수님께서는 아무 죄가 없는 흠 없는 제물이셨습니다. "죄를 범치 아니하시고"(벧전 2:22), "죄는 없으시니라"(히 4:15下, 요일 3:5下), "죄를 알지도 못하신 자"(고후 5:21), "흠 없고 점 없는 어린양"(벧전 1:19)이라고 말씀하고 있습니다. 우리는 황소와 염소의 피로는 영원한 죄 사함을 받을 수 없으며(히 10:4), 오직 예수 그리스도의 보배로운 피로 영원한 죄 사함을 받습니다(벧전 1:18-19). 베드로전서 4:1에서는 '예수께서 육체의 고난을 받으셔서 우리의 죄가 그쳤다'라고 말씀하고 있습니다. 그러므로 오직 예수님만이 우리를 죄에서 구원할 완전한 제물이시요, 영원한 구원자이십니다(요 4:42, 12:47, 히 10:14, 요일 4:14).

# 성경에 기록된 주요 속건제들
Major Guilt Offerings Recorded in the Bible

## 1 문둥병이 나음을 입은 자의 속건제 / 레 14:1-32

'문둥병'은 모든 종류의 감염성이 있는 피부병을 의미합니다. 문둥 환자의 병이 회복되었다고 여겨지면, 진 밖에서 제사장에게 자신을 보여야 합니다(레 14:2-3). 제사장은 그에게 살아있는 정결한 새 두 마리와 백향목과 홍색 실과 우슬초를 가지고 오게 하고, 새 한 마리를 잡아서 생수가 담긴 오지 그릇에 담게 합니다(레 14:4-5). 그리고 제사장은 백향목 가지와 홍색 실과 우슬초, 그리고 살아있는 다른 새를 생수에 섞인 피에 찍어 문둥 환자에게 일곱 번 뿌려 '정하다' 선언하며, 살아있는 새는 들에 놓아줍니다(레 14:6-7).

이후 문둥 환자는 7일간 장막 밖에 거하다가 몸에 털을 밀고 물로 목욕을 하여 정결함을 얻게 됩니다(레 14:8-9). 문둥 환자가 진 안으로 돌아온 제8일에는 하나님 앞에 어린 숫양과 기름 한 록(0.3L)으로 속건제를 드리되, 제사장은 속건제 희생의 피를 취하여 정결함을 받을 자의 우편 귓부리, 우편 엄지 손가락, 우편 엄지 발가락에 발라야 합니다(레 14:10-14). 오분의 일의 벌과금이 없는 것을 볼 때, 이는 '여호와의 금령을 범하였을 경우'(레 5:17-19)의 속건제에 해당합니다. 피부병에 걸렸다는 사실이 죄는 아니지만, 그로 인해 진 밖에 거하여 제사를 드리지 못한 것에 대해서 속건제를 드린 것입니다. 또한 속건제 희생의 피를 신체의 우측에 바르는 것은, 문둥병에서 회복한 환자가 다시 제단과 하나로 연결되는 것을 의미합니다.

## 2 해방되지 못한 정혼한 여종과 행음할 경우의 속건제 / 레 19:20-22

레위기 19장은 이웃과의 관계에 대한 정결 규례를 다루고 있습니다. 다른 남자와 정혼하였지만, 아직 몸값을 치르지 못해서 자유의 몸이 되지 않은 여종과 주인이 행음하는 경우, 그 여자와 동침한 남자는 숫양으로 속건제를 드려야 합니다(레 19:20-22). 구약 시대에 정혼자가 아닌 자와 행음하는 것은 간음으로 사형에 해당하지만(레 18:6-20, 신 22:23-27), 이 경우 여종이 자유의 몸이 아니기에 형벌에서 그쳤습니다. 이 속건제에서도 오분의 일의 벌과금을 여종에게 주지 않는 것은, 행음의 범죄가 여종에 대한 범죄가 아니라 하나님께 대한 범죄라는 사실을 드러냅니다.

## 3 몸이 더럽혀진 나실인이 정결함을 얻기 위한 속건제 / 민 6:1-12

나실인은 자신을 구별하여 여호와께 드린 자로서, 자기 몸을 구별하는 기간 동안 포도나무 소산이나 시체를 가까이 해서는 안 됐습니다(민 6:1-7). 그런데 만약 서원을 한 나실인 곁에서 누군가 죽음으로 몸이 더럽혀진 경우, 나실인은 제7일에 머리를 밀고, 제8일에 산비둘기 두 마리나 집비둘기 새끼 두 마리를 가지고 하나를 속죄제로, 하나를 번제로 드린 후 머리를 성결케 해야 합니다(민 6:9-11). 그리고 자기 몸을 드릴 날을 다시 정한 후, 일 년 된 숫양으로 속건제를 드려야 합니다(민 6:12).

나실인은 하나님께 자신을 드렸기에, 나실인의 범죄는 곧 하나님께 구별된 성물에 피해를 입힌 것과 동일하게 여겨진 것입니다.

## 4 언약궤를 돌려보내기 위해 블레셋 사람들이 드린 속건제 / 삼상 6:1-12

이스라엘은 주전 1102년에 있었던 블레셋과의 아벡 전투에서 언약궤를 앞세우고 나갔으나, 도리어 대패하여 3만 명이 엎드러지고 언약궤를 빼앗겼으며, 엘리의 두 아들 홉니와 비느하스도 죽임을 당하였습니다(삼상 4:10-11). 심지어 이 소식을 들은 엘리 제사장은 의자에서 자빠져 목이 부러져 죽었습니다(삼상 4:17-18). 이에 엘리의 며느리인 비느하스의 아내는 아이를 조산하며 아이의 이름을 '이가봇'(뜻-영광이 이스라엘에서 떠남)이라고 부르며 죽었습니다(삼상 4:19-22).

언약궤는 블레셋에 7개월 동안 있었는데(삼상 6:1), 이 기간에 블레셋 사람들이 언약궤를 두는 곳마다 엄청난 재앙과 심판이 이어졌습니다(삼상 5:6-12). 이에 마지막으로 언약궤가 갔던 에그론 사람들은 제사장과 복술자들을 불러서 어떻게 언약궤를 본처로 돌려보낼지를 상의하였습니다(삼상 6:2).

제사장과 복술자들은 블레셋 사람 방백의 수효대로 금독종 다섯과 금쥐 다섯을 만들어서 속건제로 드리라고 하였습니다(삼상 6:3-4). 이는 모세오경에 기록된 이스라엘의 속건제 규례라기보다는, 죄를 인정하고 죄에 대한 배상을 치름으로써 하나님의 진노를 가리고자 한 것이었습니다.

## 5 고난의 종의 대속을 위한 속건제 / 사 53:10

이사야 53장은 '고난의 종'에 대한 예언으로, 예수님께서 이 땅에서 받으실 수난을 생생하게 묘사하고 있습니다.

이사야 53:10에서 "여호와께서 그로 상함을 받게 하시기를 원하사 질고를 당케 하셨은즉 그 영혼을 속건제물로 드리기에 이르면 그가 그 씨를 보게 되며 그 날은 길 것이요 또 그의 손으로 여호와의 뜻을 성취하리로다"라고 말씀하고 있습니다. 고난의 종의 영혼(נֶפֶשׁ, '네페쉬': 숨쉬는 존재, 영혼, 생명)이 속건제물로 드려진다는 것은, 예수 그리스도의 죽으심이 만인간의 죄에 대한 대가를 지불하심으로 하나님과의 관계와 이웃과의 관계를 회복하신다는 것을 의미합니다.

예수님께서 십자가에 달리셨을 때, 우편에 달린 강도는 "예수여 당신의 나라에 임하실 때에 나를 생각하소서"라는 고백을 통해 십자가에서 피 흘리며 죽어가는 예수님을 하늘 나라의 주인으로 고백하였고, "오늘 네가 나와 함께 낙원에 있으리라"라는 말씀을 들었습니다(눅 23:42-43). 우편 강도의 고백은 속건제물로 드려지시는 예수님께서 그 씨를 보시는 순간이었습니다. 나아가, 속건제 희생제물의 피를 번제단 사면에 뿌리듯이,

십자가에서 흘리신 핏값으로 말미암아 의롭게 된 종들이 그리스도인이 되어, 하나님의 뜻을 위해 헌신하며 언약 관계의 회복을 이루게 되었습니다(행 20:28, 엡 1:23, 골 1:18, 24).

## 6 이방 여인을 취한 자들의 속건제 / 스 9:1-15, 10:1-19

바벨론에서 제2차로 귀환한 후, 에스라는 이스라엘의 귀환자들과 제사장들과 레위인들이 이방인의 딸을 취하여 거룩한 자손들이 이방 족속과 서로 섞이게 하였다는 충격적인 소식을 들었습니다(스 9:1-2). 이에 에스라는 저녁의 상번제를 드릴 때에 옷을 찢고 하나님께 통곡하며 죄를 자복하였습니다(스 9:3-15). 그 모습을 본 많은 백성은 함께 심히 통곡하며 이방 여자와 그 소생을 다 내어보내기로 하나님과 언약을 세우고 율법대로 행할 것을 결심하였습니다(스 10:1-4).

에스라는 이방 여인을 취한 자를 조사하라고 명령하여, 시월 초하루부터 정월 초하루까지 대대적인 조사가 진행되었습니다(스 10:16-17). 그 명단에는 제사장 무리에서, 예수아 자손 중 요사닥의 아들과 그 형제 마아세야와 엘리에셀과 야립과 그달랴가 포함되어 있었습니다(스 10:18, 참고-레 21:7-8, 14, 겔 44:22). 하나님께서는 제사장이 여호와께 거룩히 구별하여 바쳐진 자이기에 이방인 여자와 결혼할 수 없고 오직 자기 백성 중 순결한 처녀를 아내로 삼으라고 명령하셨는데(레 21:7-8, 13-15, 겔 44:22), 이방 여인을 취한 것은 제사장의 거룩성을 침해하는 행위였습니다.

이들은 다 손을 잡아 맹세하여 그 아내를 보내기로 하고, 또 그 죄를 인하여 숫양 하나로 속건제를 드렸습니다(스 10:19). 나실인이 정결함을 얻기 위한 속건제와 같이, 하나님께 구별된 제사장이 이방 여인을 취하여 범죄함으로 하나님께 피해를 입혔기에, 속건제를 드림으로 죄를 속하고 하나님과의 관계를 회복할 수 있었던 것입니다.

# Ⅵ 5대 제사의 구속사적 의미

REDEMPTIVE-HISTORICAL SIGNIFICANCE OF THE FIVE OFFERINGS

범죄한 이스라엘 백성은 5대 제사 규례에 순종함으로 속함을 받아 하나님의 언약 백성으로서 하나님 앞으로 나아갑니다. 하나님께서 제정하신 5대 제사는 하나님 앞에 나아가는 길을 율법적으로 예비하는 것이요, 그 길은 예수 그리스도의 십자가 제사를 통하여 완전히 성취되었습니다.

## 1. 5대 제사의 기원과 배경

Origin and background of the five offerings

본래 아담은 하나님의 형상과 모양대로 지음받은 존재였습니다(창 1:26-27). 아담과 그 돕는 배필인 여자는 하나님의 영광을 옷 입듯하여 벌거벗었는데도 부끄러움이 없었습니다(창 2:25, 롬 13:14).

창세기 2:15에서 "여호와 하나님이 그 사람을 이끌어 에덴동산에 두사 그것을 다스리며 지키게 하시고"라고 말씀하고 있습니다. 여기 '다스리며'는 히브리어 '아바드'(עָבַד)로, '섬기다, 예배하다, 노동하다'라는 뜻이며, 제사장이 성막에서 사역을 행할 때에도 사용되는 단어입니다(창 29:15, 31:6, 출 3:12, 사 19:21, 렘 44:3). 또한 '지키게 하시고'는 히브리어 '샤마르'(שָׁמַר)로, '(책임이나 규례를) 지키다'라는 뜻이며, 제사장이 성막에서 행하는 사역에도 사용됩니다(레 8:35, 민 1:53, 18:5 등). 따라서 죄짓기 전의 아담은 하나님께서 창설하여 구별해 놓으신 에덴동산에서 제사장과 같은 존재로서, 하나님을 섬기며 영원한 규례를 행하는 사명자였습니다. 아담은 하나님을 섬기며 규례를 지키는 가운데, 에덴동산 중앙의 생명나무 가운데로 나아가야 했습니다(창 2:9, 3:24, 계 2:7, 22:14).

### (1) 아담과 하와의 가죽옷

그러나 아담은 하나님의 말씀을 지키지 않고, 먹지 말라 명하신 선악을 알게 하는 나무의 실과를 먹었습니다. 그리고 아담의 범죄 이후 모든 사람은 죄인이 되고 말았습니다. 로마서 5:12에서 "이러므로 한 사람으로 말미암아 죄가 세상에 들어오고 죄로 말미암아 사망이 왔나니"라고, 로마서 6:23에서도 "죄의 삯은 사망이요"라고 말씀하고 있습니다. 죄의 결과로 모든 사람에게 사망이 찾아왔습니다.

아담이 전 인류의 대표이기에, 모든 사람은 죄인입니다. 로마서 3:10에서 "기록한바 의인은 없나니 하나도 없으며"라고, 23절에서 "모든 사람이 죄를 범하였으매 하나님의 영광에 이르지 못하더니"라고 말씀하고 있습니다. 하나님께서는 죄와 사망 가운데 살아가는 자기 백성을 뜨겁게 사랑하시어 구원하시기를 원하셨지만, 그 뜻을 이루기 위해서는 먼저 죄를 해결하여 하나님의 공의를 만족시켜야 했습니다. 이러한 죄에 대한 하나님의 공의와, 인간에 대한 하나님의 사랑을 이중으로 충족시킬 수 있는 한 원리가 바로 피 제사입니다(레 17:10-14, 히 9-10장).

역사적으로 볼 때 성경에서 맨 처음 '희생의 피'가 나타난 곳은,

말씀에 불순종하여 범죄한 아담과 하와를 위해 하나님께서 가죽옷을 지어 입히신 사건입니다(창 3:21). 가죽옷을 얻기 위해서는 분명히 한 짐승이 희생을 당하였을 것이며, 그 한 짐승은 5대 제사의 희생제물의 원형이자, 장차 어린양으로 오실 예수 그리스도를 예표합니다(요 1:29, 고전 5:7).

### (2) 아벨의 제사

처음으로 짐승의 희생으로 제사를 드린 것은 아벨의 제사입니다(창 4:3-4). 히브리서 11:4의 "믿음으로 아벨은 가인보다 더 나은 제사를 하나님께 드림으로"라는 말씀을 볼 때, 에덴동산에서 쫓겨난 후 타락한 인생들이 짐승을 제물 삼아 하나님께 제사 드림으로 피 흘림의 제사가 시작된 것으로 보입니다.

하나님께서는 아벨과 아벨의 제물은 열납하셨지만, 가인과 가인의 제물은 열납하지 않으셨습니다(창 4:4-5). 이는 제물의 문제가 아니라, 드리는 자가 악인의 자리에 있었기 때문입니다(잠 15:8, 21:27, 참고-요일 3:8-12). 만약 가인이 하나님의 은혜를 입어 하나님께서 열납하신 아벨을 중보자로 삼아 제사를 드렸으면 하나님께서 그 제사를 받으셨을 것입니다. 그러나 가인은 중보자 없이 직접 하나님께 나아가고자 아벨을 돌로 쳐 죽이고 말았습니다(창 4:8, 10-11, 참고-민 35:33, 시 79:10).

### (3) 노아의 제사

비록 아벨은 죽었지만, 하나님께서는 '다른 씨' 셋을 통해서 구속사를 이어 가셨습니다(창 4:25). 창세기 5:3에서 "아담이 일백삼십 세에 자기 모양 곧 자기 형상과 같은 아들을 낳아 이름을 셋이라 하였고"라고 말씀하면서, 셋이야말로 아담의 모양(형상)과 같은 아들로서 '여자의 후손' 언약이 이어지고 있는 아들임을 밝히고 있습니다.

이후 피 흘림의 제사는 족장들을 통해 이어졌습니다. 노아는 601세 2월 27일에 땅이 마르고(창 8:14) 방주에서 나온 후에 단을 쌓고 번제를 드렸습니다. 창세기 8:20-21 상반절에서 "노아가 여호와를 위하여 단을 쌓고 모든 정결한 짐승 중에서와 모든 정결한 새 중에서 취하여 번제로 단에 드렸더니 21 여호와께서 그 향기를 흠향하시고"라고 말씀하고 있습니다. 노아가 쌓은 단은 노아가 라멕을 통해 아벨의 제사를 계승하고 있다는 분명한 증거입니다.[21] 또한 21절의 '그 향기'는 히브리어 '레아흐 하니호아흐'(רֵיחַ הַנִּיחֹחַ)로, 레위기에서 하나님께서 희생제사를 열납하실 때 사용되는 표현과 동일합니다.

## (4) 아브라함의 제사

노아의 제사는 아브라함에게로 이어집니다. 아브라함은 노아와 58년을 동시대에 살면서 신앙을 전수받았습니다. 75세에 하란을 떠난 아브라함은 가나안 땅에 들어와, 가는 곳마다 단을 쌓고 하나님께 제사를 드렸습니다(창 12:7, 13:18). 또한 단을 쌓고 '여호와의 이름을 부르며' 제사를 드렸습니다(창 12:8, 13:3-4). '여호와를 위하여 단을 쌓고' 제사를 드리는 것은 홍수 후 노아가 드린 번제의 모습과 일치하며(창 8:20), '여호와의 이름을 부르는 것'은 셋의 아들 에노스 때와 그 모습이 일치합니다(창 4:26). '여호와의 이름을 부르는 것'은 하나님과 인격적인 관계의 시작을 강조하는 것으로(행 2:21, 롬 10:13), 공식적인 예배가 시작되었다는 의미입니다.[22]

이방 신을 섬기는 우르 지역에 거했던 아브라함이 가나안에 오자마자 하나님께 공식적인 제사를 드렸다는 것은, 아브라함이 하란에 거하는 동안 동시대의 경건한 조상들을 통해 신앙을 전수받고 아담 이후로부터 내려오는 제사를 이어가고 있음을 보여줍니다. 아브라함이 횃불 언약을 체결할 때도, 아브라함은 '삼 년 된 암소와 삼 년 된 암염소와 삼 년 된 숫양과 산비둘기와 집비둘기 새끼'를 취하여 피 흘림의 제사를 드렸습니다(창 15:9-10).

## 2. 5대 제사의 역사

History of the five offerings

아브라함을 통해 이어진 언약과 제사는 시내산 언약을 통해 민족적인 단위로 확장되었으며, 구체적인 규례로 선포되었습니다. 하나님께서는 모세를 통해 제사의 규례를 상세하게 알려주심으로 각 제사에 담긴 구속사적 의미를 보다 선명하게 보이셨습니다.

하나님께서는 5대 제사의 규례를 통해 이스라엘이 지속적으로 언약 백성으로서 살아가도록 하셨습니다. 이스라엘의 가나안 입성 후 성막을 중심으로 5대 제사가 드려졌으며, 솔로몬 성전을 건축한 후에는 성전을 중심으로 제사가 이어졌습니다. 성막을 완공하고 제사장의 위임식과 취임식을 모두 마치고 하나님께서 불로 응답해 주셨듯이(레 9:22-24), 솔로몬 성전이 완공되었을 때에도 하나님께서 불로 응답해 주셨습니다(대하 7:1-3).

그러나 유다 왕들에게 신앙 전수가 제대로 이루어지지 않을 때마다, 악한 왕들은 하나님께서 계시하신 식양을 파괴하고 성전의 기구를 자기 멋대로 옮겼으며 이방 신상을 세우기까지 하였습니다(왕하 16:10-18, 23:12, 대하 28:24). 이는 하나님께서 계시하신 하늘 모형을 파괴하는 것으로(히 8:5), 하나님께서는 계속하여 선지자들을 보내며 성전과 제사의 변질을 경고하셨고(렘 7:4), 급기야 에스겔에게 하나님의 영광이 성전에서 떠나는 이상을 보이셨습니다(겔 10:18-19). 결국, 남 유다의 범죄로 주전 586년에 예루살렘이 함락되고 솔로몬 성전이 파괴된 뒤에는, 5대 제사를 드릴 성전이 사라지고 말았기에 제사 역시 중단될 수밖에 없었습니다.

하지만 이스라엘 백성은 바벨론에서 포로 생활을 하는 동안 율법책의 말씀을 통하여 예루살렘의 멸망 원인이 이스라엘 백성 스스로에게 있음을 깨닫고 철저히 뉘우쳤습니다. 또한 하나님께서는 에스겔에게 새 성전의 이상 가운데 5대 제사가 명하신 대로 드려지는 모습을 보이심으로써 성전과 제사의 회복을 약속하셨습니다. 마침내 하나님의 약속대로 제1차 바벨론 포로 귀환을 통해 돌아온 귀환자들은, 7월에 이르러 일제히 예루살렘에 모여 가장 먼저 단을 쌓고 매일 드리는 상번제와 각종 제사부터 회복하였고(스 3:1-6), 제2, 3차 바벨론 포로 귀환을 통하여 철저한 신앙 개혁이 이어졌습니다.

그러나 셀류쿠스가 유대를 다스리던 때에, 안티오쿠스 4세 에피파네스(주전 175-163년 통치)는 매일 드리는 제사를 폐지하고 성전의 번제단 대신 제우스 신상을 세웠습니다(단 11:31, 참고-마카비상 1:54, 마카비하 6:2). 이에 경건한 자손들이 목숨을 걸고 투쟁하여 마카비 혁명을 통해 예루살렘을 회복하고, 성전을 정화하여 봉헌하였습니다(마카비상 4:58). 이후 헤롯 대왕에 의해 성전이 더 크게 확장되었지만, 결국 주후 70년에 로마의 디도 장군에 의해서 헤롯 성전도 파괴되었고, 제사가 끊어지고 말았습니다.

그러나 하나님께 나아가는 길은 끊어지지 않고 도리어 선명하게 드러났습니다. 하나님께서는 5대 제사를 통해 하나님 앞에 나아가는 길을 예비하셨고, 그 길은 예수 그리스도의 십자가 제사를 통하여 완전히 성취되었습니다. 예수님께서 영원한 대제사장으로 자기 백성을 위해서 간구하심으로 언약 백성이 하나님께 나아가는 길이 활짝 열리게 된 것입니다(히 7:24-28). 그리고 언약 백성이 자신을 하나님이 기뻐하시는 거룩한 산 제사로 드리는 예배자가 될 수 있게 하셨습니다. 로마서 12:1에서 "그러므로 형제들아 내가 하나님의 모든 자비하심으로 너희를 권하노니 너희 몸을 하나님이 기뻐하시는 거룩한 산 제사로 드리라 이는 너희의 드릴 영적 예배니라"라고 말씀하고 있습니다.

## 3. 5대 제사와 피

Five offerings and the blood

피는 '죽음'과 '생명'을 동시에 상징합니다. 레위기 17:11에서 "육체의 생명은 피에 있음이라 내가 이 피를 너희에게 주어 단에 뿌려 너희의 생명을 위하여 속하게 하였나니 생명이 피에 있으므로 피가 죄를 속하느니라"라고 말씀하고 있습니다(참고-히 9:11-22). 희생제물의 피를 통하여 상징적으로 자신의 생명을 바침과 동시에 하나님으로부터 새 생명을 부여받게 되는 것입니다. 죄는 사망으로 인도하지만 피의 제사를 통해 죄 사함을 받으면 사망이 없어지고 생명이 선물로 주어지는 것입니다(롬 6:23). 히브리서 9:22에서도 "율법을 좇아 거의 모든 물건이 피로써 정결케 되나니 피 흘림이 없은즉 사함이 없느니라"라고 말씀하고 있습니다.

구약 시대에 수많은 짐승이 제물로서 피를 흘리고 죽었습니다. 요세푸스는 유월절 하루만 해도 25만 6,500마리의 양을 성전에서 잡았다고 기록하고 있습니다(유대전쟁사 6.9.3). 그러나 구약 시대에 드려진 제사는 영원한 속죄를 이룰 수 없었습니다. 짐승의 피가 사람의 죄를 온전하게 속할 수 없으며(히 10:4), 인간 제사장이 드리는 제사가 영원히 죄를 없게 하지는 못합니다(히 10:11). 짐승을 잡아 드리는 제사는 영원한 속죄제물이며 영원한 대제사장이신 예수 그리스도의 속죄 사역의 그림자입니다(히 10:1). 예수님께서는 제자들에게, 자신이 십자가에서 처참히 희생되어 흘릴 그 피를 마시지 아니하면 '너희 속에 생명이 없다'(요 6:53)라고 말씀하셨습니다. 또한 최후의 만찬 자리에서 예수님 자신의 죽음이 구약 시대 모든 피 제사의 언약적 성취임을 선언하시며, "이것은 죄 사함을 얻게 하려고 많은 사람을 위하여 흘리는바 나의 피 곧 언약의 피니라"라고 말씀하셨습니다(마 26:26-29, 막 14:22-25, 눅 22:14-20).

예수님의 속죄는 단번에 이루어진 영원한 속죄입니다(히 7:27, 9:12, 26, 28). 히브리서 10:10-14에서 "이 뜻을 좇아 예수 그리스도의 몸을 단번에 드리심으로 말미암아 우리가 거룩함을 얻었노라 11 제사장마다 매일 서서 섬기며 자주 같은 제사를 드리되 이 제사는 언제든지 죄를 없게 하지 못하거니와 12 오직 그리스도는 죄를 위하여 한 영원한 제사를 드리시고 하나님 우편에 앉으사 13 그 후에 자기 원수들로 자기 발등상이 되게 하실 때까지 기다리시나니 14 저가 한 제물로 거룩하게 된 자들을 영원히 온전케 하셨느니라"라고 말씀하고 있습니다. 실로 자기 목숨을 많은 사람의 대속물로 주신 예수 그리스도의 대속의 죽음은 사망에 처한 전 인류에게 최대 최고의 복음입니다(마 20:28, 막 10:45, 벧전 3:18). 바로 이것이 기독교의 본질이요, 기독교의 생명입니다.

예수 그리스도의 피는 속죄 사역의 전부입니다.

그 피의 공효가 속죄 사역의 중심입니다.

그 피가 우리를 죽은 행실에서 깨끗하게 하였습니다(히 9:14).

그 피가 우리로 살아계신 하나님을 섬기게 하였습니다(히 9:14).

그 피가 우리를 구속하였습니다(벧전 1:19).

그 피가 우리를 하나님과 가까워지게 하였습니다(엡 2:13).

그 피가 우리를 죄에서 해방하였습니다(계 1:5).

그 피가 우리를 하나님과 화목하게 하였습니다(골 1:20).

그 피가 우리를 의롭게 하였습니다(롬 5:9).

그 피가 우리를 모든 죄에서 깨끗하게 하였습니다(요일 1:7).

그 피가 우리를 거룩하게 하였습니다(히 13:12).

그 피가 우리로 승리케 하십니다(계 12:11).

예수 그리스도의 피는 자기 백성에게 죄 사함을 주시는 언약의 피입니다(마 26:28). 하나님께서는 죄에 대해서는 진노하시지만, 예수 그리스도의 피에 대해서는 만족하십니다. 영원히 살아계신 성자 하나님 독생자의 영원한 생명의 피이기 때문입니다. 그러므로 사도 바울은 "예수 그리스도와 그의 십자가에 못 박히신 것 외에는 아무것도 알지 아니하기로 작정하였음이라"(고전 2:2), "우리 주 예수 그리스도의 십자가 외에 결코 자랑할 것이 없으니"(갈 6:14), "예수는 하나님께로서 나와서 우리에게 지혜와 의로움과 거룩함과 구속함이 되셨으니"(고전 1:30)라고 고백하였습니다.

십자가의 말씀! 이것이야말로 가장 고상한 지식입니다(빌 3:8). 속죄받은 성도들의 삶 속에 영원히 역사하는 하나님의 능력이요, 하나님의 지혜입니다(고전 1:18, 23-24). 살리는 영이요, 썩지 않는 영원한 생명입니다(요 6:63).

제 4 장

# 제사장 위임식과 취임식

Ordination and Inauguration of the Priests

# 제사장 위임식과 취임식

## ORDINATION AND INAUGURATION OF THE PRIESTS

제사장은 제사와 관계된 일을 전문적으로 담당했던 사람들로서, 레위 지파 중에서 아론의 자손들이 그 직무를 담당하였습니다(출 28:1). 그러나 아론의 아들들 가운데 나답과 아비후가 다른 불로 여호와 앞에 분향하다가 죽었고, 그 후로 엘르아살과 이다말 자손이 제사장 사역을 담당하였습니다(레 10:1-2, 민 3:4).

제사장들은 결혼할 때 이스라엘 족속의 순결한 처녀를 아내로 삼아야 하며(레 21:13-15, 겔 44:22), 육체적으로도 흠이 없어야 합니다(레 21:21). 제사장이 될 수 없는 육체적인 흠에 대하여 레위기 21:18-20에서는 "무릇 흠이 있는 자는 가까이 못할지니 곧 소경이나 절뚝발이나 코가 불완전한 자나 지체가 더한 자나 [19] 발 부러진 자나 손 부러진 자나 [20] 곱사등이나 난장이나 눈에 백막이 있는 자나 괴혈병이나 버짐이 있는 자나 불알 상한 자"라고 말씀하고 있습니다.

제사장의 기원과 성별, 직무, 24반열 조직에 대해서는 이미 「구속사 시리즈」 제6권 <맹세 언약의 영원한 대제사장>에서 자세히 설명한 바 있습니다.

하나님께서는 아론과 그 아들들을 제사장으로 세우시면서 영원한 규례로 언약을 체결하셨습니다(출 28:1, 렘 33:20-22, 말 2:4-5, 8). 그래서 출애굽기 29:9에서 "아론과 그 아들들에게 띠를 띠우며 관을 씌워서 제사장의 직분을 그들에게 맡겨 영원한 규례가 되게 하라 너는 이같이 아론과 그 아들들에게 위임하여 거룩하게 할지니라"라고 말씀하고 있습니다. 출애굽기 40:15에도 "그 아비에게 기름을 부음같이 그들에게도 부어서 그들로 내게 제사장 직분을 행하게 하라 그들이 기름 부음을 받았은즉 대대로 영영히 제사장이 되리라"라고 말씀하고 있습니다.

하나님께서는 아론과 그 아들들과 제사장직에 대한 언약을 체결하시고, 위임식을 통해 그것을 공식적으로 위탁하셨습니다. 제사장 위임식 과정은 출애굽기 29장과 레위기 8장에 두 번 기록되어 있습니다. 출애굽기 29장에는 시내산 언약이 체결된 이후 아론과 그 아들들이 제사장 직분을 수행하도록 거룩하게 하는 칠 일간의 위임식 절차를 자세히 소개하고 있습니다. 위임식 규례 이전에는 대제사장이 입어야 할 예복 규례에 관한 말씀을 전하였습니다(출 28장). 실제로 위임식이 실행된 것은 성막이 완성되고(출 40:17) 제사 규례가 주어진 다음입니다(레 7:37-38, 8:1-36). 하나님께서는 위임식을 실행하기 전에 제사 제도에 대한 규례(레 1-7장)를 주시어, 성막이 완성된 후 제사장들이 성막 안에서 제사 업무를 수행할 만반의 준비를 갖추도록 하셨습니다.

# I
# 제사장 위임식
## ORDINATION OF THE PRIESTS

출애굽기 29장과 레위기 8장에 회막에서 제사를 담당하는 아론과 그 아들들을 성별케 하는 위임식 절차가 자세히 소개되고 있습니다. 출애굽기 29장은 시내산에서 제사장 위임식 규례를 제정하시는 장면이고, 레위기 8장은 명령하신 대로 실행하는 장면입니다.

| 규 례 | 명령(출 29장) | 실행(레 8장) |
|---|---|---|
| 위임식 제물 준비 | 29:1-3 | 8:1-5 |
| 제사장 예복 착용과 기름 부음 | 29:4-9 | 8:6-13 |
| 속죄제로 흠 없는 수송아지를 바침 | 29:10-14 | 8:14-17 |
| 번제로 흠 없는 숫양을 바침 | 29:15-18 | 8:18-21 |
| 위임식의 숫양(화목제의 숫양)을 바침 | 29:19-28 | 8:22-29 |
| 대대로 전수될 아론의 성의와 위임식 | 29:29-30 | 8:30 |
| 위임식 숫양 고기의 처리 | 29:31-34 | 8:31-32 |
| 위임식을 칠 일간 준행할 것 | 29:35-37 | 8:33-36 |

특히 레위기 8:1의 "여호와께서 모세에게 일러 가라사대"라는 말씀은 레위기에서 새로운 단원을 시작할 때 사용되는 문장으로(참고-레 1:1), 5대 제사에 대한 규례를 마치고 레위기 8-10장에서 제사

장 위임식과 취임식, 그리고 그 후속 사건까지를 한 단락으로 설명한 것입니다. 그리고 레위기 11:1에서 다시 "여호와께서 모세와 아론에게 고하여 그들에게 이르시되"라고 새 단락을 시작하며 정결 규례에 대해서 말씀하고 있습니다.

## 1. 하나님의 명령대로 거행한 제사장 위임식

Ordination of the priests conducted according to God's commands

### (1) 위임식 모든 절차는 하나님의 말씀대로 순종하여 이루어졌습니다.

시내산에서 미리 주어졌던 위임식 명령(출 29장)은 성막이 완성된 이후 모세에 의해 하나도 빠짐없이 충실하게 준행되었습니다. 그래서 레위기 8장에는 '모세가 여호와께서 자기에게 명하신 대로 행했다'라는 말씀이 10번 반복됩니다(레 8:4, 5, 9, 13, 17, 21, 29, 34, 35, 36). 레위기 8장의 마지막 절(36절)에서는 "아론과 그 아들들이 여호와께서 모세로 명하신 모든 일을 준행하니라"라고 말씀하고 있습니다.

### (2) 위임식은 회중 앞에서 공개적으로 진행되었습니다.

하나님께서는 모세에게 아론과 그 아들들과 온 회중을 회막 문에 모으라고 명하셨고(레 8:2-3) 이 말씀대로 온 회중이 회막 문에 모여 제사장 위임식에 참여하였습니다(레 8:4). 여기 '회중'은 히브리어 '에다'(עֵדָה)이며, 그들이 회막에 모인 것을 볼 때 백성을 대표하는 법적인 권리를 가진 자들을 가리킵니다(참고-출 16:1-2, 9, 민 8:20, 15:33, 16:2, 27:2, 35:12). 이렇게 모인 회중 앞에서 모세는 위임식의 모든 절차가 하나님께서 명하신 것임을 분명히 하였습니다(레 8:5). 이로써 아론과 그 아들들의 제사장직이 하나님께로부터 기원하였고, 또 그들이 하나님의 대리자임을 회중이 직접 보고 알게 되었습니다.

참고로, 하나님께서는 성막을 건축하기 위해 필요한 예물을 가져오게 하실 때(출 35:4-5), 시내산을 떠나기 전 제1차 인구조사 때(민 1:18), 가데스의 반석에서 물을 내게 하실 때(민 20:8)에도 온 회중을 모세 앞으로 나오게 하셔서 공개적으로 역사하셨습니다.[23)]

### (3) 위임식의 모든 절차를 모세가 직접 수행하였습니다.

위임식의 가장 특이한 점은, 일반적으로 제사장이 하는 일을 모세가 직접 수행한 것입니다. 최초의 대제사장 아론은 하나님이 모세에게 주신 명령을 따라 위임받아야 했습니다. 아론과 아론의 아들들은 위임식에서만큼은 제사장의 역할을 하지 못하고 예배자로서 제사를 드려야 했고, 모세의 중보를 통해 하나님 앞에 전적인 헌신을 각오했습니다. 출애굽기 29:9 하반절에서 "너(모세)는 이같이 아론과 그 아들들에게 위임하여 거룩하게 할지니라"라고 말씀하고 있습니다. 따라서 모세는 "여호와께서 행하라고 명하신 것"(레 8:5)을 준행하기 위해 필요한 준비물들을 빠짐없이 예비하였습니다.

위임식 모든 절차의 진행자는 모세였습니다. "모세가… 모세가… 모세가…"(레 8:4-5, 10, 13, 14, 15, 19, 23, 28, 29, 30)라고 하여 확실히 모세가 그 중보 역할을 하고 있음을 보여줍니다. 그래서 일반적으로 제사 의식을 집행하는 제사장에게 돌아갈 화목제의 분깃이 모세에게 주어졌습니다(출 29:26). 레위기 8:29에서 "이는 위임식 숫양의 모세의 응식이라"라고 말씀하고 있습니다. 이것을 볼 때, 모세는 하나님의 뜻을 받들어 아론을 비롯한 온 이스라엘 백성에게 하나님의 말씀을 전달한 위대한 선지자요(신 18:15, 18, 행 3:22-23), 아론보다 탁월한 제사장이었음을 알 수 있습니다(레 8:1, 5, 9, 13, 17, 21, 29, 31, 34-36, 9:6-7, 10, 10:3).

칠 일간의 위임식을 마친 후, 대제사장 아론이 집례하여 취임식 제사를 드렸고 그 이후로는 아론과 아론의 아들들을 통해 제사를 드렸습니다.

### (4) 위임식은 칠 일 동안 지속되었습니다.

위임식은 칠 일간 계속하여 진행되었습니다. 보통 일반적인 제사는 짧은 시간에 끝나지만, 제사장 위임식은 꼬박 칠 일이 걸립니다(출 29:35-37). 레위기 8:33, 35에 "위임식은 칠 일 동안 행하나니 위임식이 마치는 날까지 칠 일 동안은 회막 문에 나가지 말라… 35 너희는 칠 주야를 회막 문에 거하여 여호와의 부탁을 지키라 그리하면 사망을 면하리라 내가 이같이 명령을 받았느니라"라고 말씀하고 있습니다. 여기 '부탁'은 히브리어 '미쉬메레트'(מִשְׁמֶ֫רֶת)로, '직무, 의무, 파수'라는 뜻입니다. 이는 위임식 규례를 반드시 철저하게 지켜야 한다는 뜻으로, 이 명령을 어기면 죽음을 면할 수 없습니다(레 8:35). 숫자 '7'은 성경에서 거룩과 완전을 나타내며, 하나님께서 아론과 그 아들들에게 칠 일간 위임식 제사를 드리도록 하신 것은 제사장들이 철저한 속죄를 통해 완전한 거룩을 이루어야 한다는 것을 보여줍니다.

위임식이 이루어지는 칠 일 동안 제사장 위임을 받는 자들은 회막 문 밖으로 나가지 못합니다. 이는 회막 밖에서 오염될 수 있는 부정을 피하기 위한 것입니다. 제사장은 위임식 기간 동안 오직 성전 안에서 자신의 성결에 집중해야 했습니다(레 8:33-34).

### (5) 위임식의 최종 목적은 제사장의 '거룩'입니다.

제사장들에게 가장 중요하게 요구된 것은 '거룩'입니다. 거룩은 사람의 힘으로 되지 않고 하나님으로 말미암는 것입니다. 출애굽기 29:1에서 "나를 섬길 제사장 직분을 위임하여 그들로 거룩하게 할 일이 이러하니…"라고 말씀하고 있으며, 44절에서 "내가 그 회막과 단을 거룩하게 하며 아론과 그 아들들도 거룩하게 하여 내게 제사장 직분을 행하게 하며"라고 말씀하고 있습니다.

대제사장 아론의 이마에는 항상 '여호와께 성결'이라는 글이 새겨진 정금패를 매어야 했습니다(출 28:36-38). 출애굽기 28:38에 "이 패가 아론의 이마에 있어서 그로 이스라엘 자손의 거룩하게 드리는 성물의 죄건(죄책)을 담당하게 하라 그 패가 아론의 이마에 늘 있으므로 그 성물을 여호와께서 받으시게 되리라"라고 말씀하고 있습니다. 그러므로 제사장의 예복 가운데 이 패가 빠지면, 다른 조건이 아무리 완벽하다 해도 하나님께서 성물을 받으시지 않습니다.

## 2. 제사장 위임식 과정

Process of the ordination of priests

### 1 위임식 제물의 준비 / Preparing for the ordination offerings

출 Exod 29:1-3, 레 Lev 8:1-5

위임식에서는 칠 일간 속죄제, 번제, 화목제가 드려집니다. 각 희생제사는 죄 사함을 위한 속죄제, 헌신과 충성을 맹세하는 번제, 하나님과 화목하고 성결한 삶을 다짐하는 소제를 겸한 화목제의 순서로 진행되었습니다. 출애굽기 29:1-3을 볼 때, 위임식을 위해 하나님께 드려야 할 희생제물은 젊은 수소 하나와 흠 없는 숫양 둘이며, 추가로 한 광주리에 고운 밀가루로 만든 무교병, 기름 섞인 무교 과자, 기름 바른 무교전병을 담아서 가지고 나와야 합니다. 여기 '젊고 흠 없는 것'은 곧 '완전한, 최고·최상의 것'을 하나님께 바치라는 의미입니다.

그리고 성막이 완공된 후, 하나님께서는 모세를 통해 아론과 그 아들들에게 제사장의 의복과 관유와 더불어, 하나님께서 명령하신 제물을 가지고 나오게 하셨고(레 8:1-2), 온 회중을 회막으로 모으라고 하셨습니다(레 8:3). 레위기 8:4에서는 "모세가 여호와께서 자기에게 명하신 대로 하매 회중이 회막 문에 모인지라"라고 말씀하고 있습니다. 여기 '명하신 대로'는 히브리어로 '카아쉐르 치바'(כַּאֲשֶׁר צִוָּה)로, '~같이, ~처럼'이라는 뜻의 히브리어 전치사 '케'(כְּ)에 관계사 '아쉐르'(אֲשֶׁר)가 결합하여 '~한 것대로'라는 표현으로, 이 표현이 위임식 예식 중에 총 7번 사용됩니다(레 8:4, 9, 13, 17, 21, 29, 34). 회중이 회막 문에 다 모이자, 모세는 "여호와께서 행하라고 명하신 것이 이러하니라"라고 선포함으로, 이 모든 위임식의 절차가 오직 하나님의 말씀대로 진행되는 것임을 선포하였습니다(레 8:5).

## 2 대제사장 및 제사장 예복 착의식 / Vesting ceremony for the high priest and priests / 출 Exod 29:4-9, 레 Lev 8:6-13

### (1) 아론과 그 아들들을 물로 씻기는 정결 예식(출 29:4, 레 8:6)

위임식에 앞서 아론과 그 아들들은 먼저 회막 문에 가서 물로 씻어야 합니다(출 29:4, 40:12, 레 8:6). 출애굽기 29:4, 레위기 8:6의 '물로'는 히브리어 '밤마임'(בַּמָּיִם)으로, '바로 그 물을 가지고'라는 뜻입니다. '그 물'이란 성소의 물두멍에 담겨 있는 물을 가리킵니다. 또한 '씻기고'는 히브리어 '라하츠'(רָחַץ)로, 일반적으로 몸을 씻는 것만이 아니라 죄로부터 깨끗함을 입는 것을 의미하기도 합니다(사 1:16, 4:4, 겔 16:4, 9). 이는 일차적으로 몸을 깨끗이 하는 것이지만, 궁극적으로 하나님 앞에 나아가기 전에 자신의 더러운 죄를 씻어야 함을 의미합니다.

훗날 제1차 바벨론 포로 귀환의 지도자였던 대제사장 여호수아 역시 연약한 인간으로서 불에서 꺼낸 그슬린 나무와 같았지만, 하나

님께서 그 더러운 옷을 벗기시고 죄를 사해주실 때 대제사장의 아름다운 예복을 입을 수 있었습니다(슥 3:1-5).

하나님께 나아가는 자들은 정결한 물로 씻어야 합니다(요 3:5). 히브리서 10:22에서 "우리가 마음에 뿌림을 받아 양심의 악을 깨닫고 몸을 맑은 물로 씻었으니 참마음과 온전한 믿음으로 하나님께 나아가자"라고 말씀하고 있습니다. 에베소서 5:26에서는 "이는 곧 물로 씻어 말씀으로 깨끗하게 하사 거룩하게 하시고"라고 말씀하고 있습니다. 성도는 오직 하나님의 말씀으로 중생해야만 거룩하게 되는 것입니다. 그래서 베드로전서 1:23에 "너희가 거듭난 것이 썩어질 씨로 된 것이 아니요 썩지 아니할 씨로 된 것이니 하나님의 살아있고 항상 있는 말씀으로 되었느니라"라고 말씀하고 있습니다.

### (2) 아론에게 거룩한 예복을 입히는 정결 예식 (출 29:5-6, 레 8:7-9)

다음으로, 아론에게 대제사장의 거룩한 옷을 입혔습니다. 구약성경에는 대제사장의 예복에 대한 내용이 총 세 차례 소개됩니다.

① 출애굽기 28장에서 하나님이 모세에게 제사장의 예복을 만드는 법을 명하셨습니다. 출애굽기 29장에는 위임식을 통해 예복을 입히는 내용이 나옵니다.

② 출애굽기 39장에 하나님의 말씀대로 제사장의 예복을 만드는 장면이 기록되어 있고, 모세가 하나님께서 명하신 대로 준행하였다는 말씀이 7회 나옵니다(출 39:1, 5, 7, 21, 26, 29, 31).

③ 레위기 8:7-9에 아론이 제사장 위임식을 거행하기 위해 실제로 제사장 예복을 입는 내용이 기록되어 있습니다.

모세는 아론에게 대제사장으로서 입을 속옷과 에봇 받침 겉옷과 에봇을 입히고, 흉패를 달고, 에봇에 공교히 짠 띠를 띠우고, 그 머리에 관을 씌우고, 그 위에 성패(聖牌)를 더했습니다(출 29:5-6, 레 8:7-8). 그리고 마지막으로, "여호와께서 모세에게 명하심과 같았더라"(레 8:9下)라고 선포함으로써 모든 착의식(着衣式) 절차를 마무리하였습니다.

오늘날 제사장 된 성도(벧전 2:9) 역시 예수 그리스도의 옷, 새사람을 입어야 합니다. 갈라디아서 3:27에서 "누구든지 그리스도와 합하여 세례를 받은 자는 그리스도로 옷 입었느니라"라고 말씀하고 있으며, 에베소서 4:24에서 "하나님을 따라 의와 진리의 거룩함으로 지으심을 받은 새사람을 입으라"라고 말씀하고 있습니다.

# 대제사장과 제사장의 예복

Garments of the High Priest and the Priest

출 Exod 28:4-43, 39:1-31, 레 Lev 8:6-9

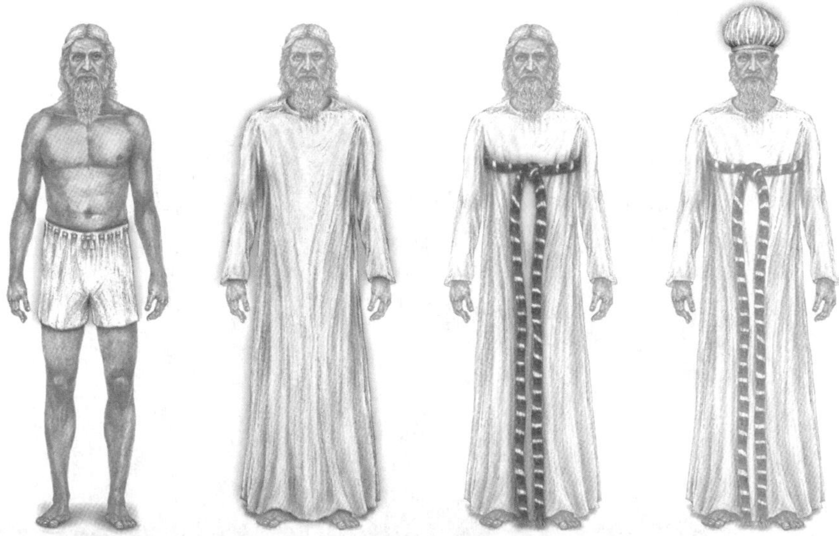

| | | | | |
|---|---|---|---|---|
| **이름** | **고의**<br>מִכְנָס<br>미크나스 | **속옷**<br>כְּתֹנֶת<br>케토네트 | **속옷 띠**<br>אַבְנֵט<br>아브네트 | 제사장의<br>**관**(冠)<br>מִגְבָּעָה<br>미그바아 |
| **성경 구절** | 출 28:42, 39:28, 레 6:10, 16:4 | 출 28:39-40, 29:5, 8, 39:27, 레 8:7, 13 | 출 28:39, 39:29, 레 8:7, 13 | 출 28:40, 29:9, 39:28, 레 8:13 |
| **재료** | 반포(세마포) | 반포(세마포) | 가는 베실, 청색·자색·홍색 실 | 반포(세마포) |
| **착용자** | 대제사장, 제사장 공통으로 입는 옷 | | | 제사장만 |

※ 예복의 각 부분과 의미에 대한 자세한 설명은 박윤식, 「맹세 언약의 영원한 대제사장」, 359-395 참조

**레위기 8:6-9** “아론과 그 아들들을 데려다가 물로 그들을 씻기고 [7] 아론에게 속옷을 입히며 띠를 띠우고 겉옷을 입히며 에봇을 더하고 에봇의 기묘하게 짠 띠를 띠워서 에봇을 몸에 매고 [8] 흉패를 붙이고 흉패에 우림과 둠밈을 넣고 [9] 그 머리에 관을 씌우고 그 관 위 전면에 금패를 붙이니 곧 거룩한 관이라 여호와께서 모세에게 명하심과 같았더라”

| **에봇 받침 겉옷**<br>מְעִיל הָאֵפוֹד<br>메일 하에포드 | **에봇과 에봇 띠**<br>אֵפוֹד / 에포드<br>הֵשֶׁב אֲפֻדָּה<br>헤쉐브 아피다 | **판결 흉패**<br>חֹשֶׁן מִשְׁפָּט<br>호쉔 미쉬파트 | 대제사장의<br>**관**(冠)<br>מִצְנֶפֶת<br>미츠네페트 |
|---|---|---|---|
| 출 28:31-35, 29:5, 39:22-26, 레 8:7 | 출 28:6-14, 29:5, 39:2-7, 레 8:7 | 출 28:15-30, 29:5, 39:8-21, 레 8:8 | 출 28:39-40, 29:6, 39:28, 레 8:9, 16:4*, 슥 3:5 |
| 청색 실(가장자리에 청색·자색·홍색 실과 금방울) | 가는 베실, 금실, 청색·자색·홍색 실 | 가는 베실, 금실, 청색·자색·홍색 실 | 가는 베실 |

대제사장만 입는 예복

* 대제사장이 대속죄일에 성소에 들어갈 때에는 가는 베실이 아니라 세마포로 만들어진 관을 착용한다.

### (3) 아론의 머리에 관유를 부어 거룩히 구별하는 정결 예식 (출 29:7, 레 8:10-12)

아론과 그 아들들을 물로 씻기고 아론에게 거룩한 옷을 입힌 후에, 아론의 머리에 관유를 부어 거룩하게 구별하여야 했습니다(출 29:7, 레 8:10-12, 참고-출 28:41, 30:30, 40:12-15, 레 7:35-36, 민 3:3, 35:25, 시 133:2). 관유를 그 머리에 부어 발라 거룩하게 구별하는 것은 대제사장에게만 행하는 특별한 일이었습니다.

'관유'는 히브리어 '쉐멘 하미쉬하'(שֶׁמֶן הַמִּשְׁחָה)로, '그 붓는 기름'이라는 뜻이며, '여호와의 관유'(레 10:7), '하나님의 위임한 관유'(레 21:12), '거룩한 관유'(출 30:25)라고 불렸습니다. 거룩한 관유를 만들어 바르고 붓는 행위는 하나님의 성막에서 거룩한 일을 수행할 때만 극히 제한적으로 있었습니다. 출애굽기 30:31-33에서 "이스라엘 자손에게 고하여 이르기를 이것은 너희 대대로 내게 거룩한 관유니 32 사람의 몸에 붓지 말며 이 방법대로 이와 같은 것을 만들지 말라 이는 거룩하니 너희는 거룩히 여기라 33 무릇 이와 같은 것을 만드는 자나 무릇 이것을 타인에게 붓는 자는 그 백성 중에서 끊쳐지리라 하라"라고 말씀하고 있습니다. 심지어 관유는 향을 맡기 위해 만드는 것도 엄격히 금지되었습니다(출 30:37-38). 그런데 관유를 아론의 머리에 부은 것은, 아론이 세상에 속한 사람이 아니라 성막이나 성막의 기구와 같이 하나님께 거룩하게 구별된 존재가 된다는 의미를 가지고 있습니다.

출애굽기 29:7에는 아론에게 기름을 붓는 것만을 말씀하였지만, 출애굽기 30:25-29에서는 회막과 언약궤 및 그 모든 기구까지 관유를 발라 지성물로 구별하라고 말씀하고 있습니다. 이에 실제 위임식이 이루어질 때에는 장막과 그 안에 있는 모든 것과 번제단과 그 단과 모든 기구, 물두멍, 그 받침까지 관유를 발라서 거룩하게 하고(레 8:10-11), 마지막으로 아론의 머리에 부어 발라 거룩하게 하였다고 말씀하였습니다(레 8:12). '발라'는 히브리어 '마샤흐'(מָשַׁח)로, 사물과 관련해서 집에 칠을 하거나(렘 22:14) 몸에 기름을 바르는 것(암 6:6)에 사용되는 단어입니다. 그런데 아론의 경우에만 '부어'라는 표현이 더해져 있는데, 이는 히브리어 '야차크'(יָצַק)로, '쏟다, 퍼붓다'라는 뜻입니다. 따라서 관유를 장막과 여러 기구에는 얇게 발랐던 것과 달리, 아론의 머리에 부을 때에는 흘러내릴 정도로 많은 양의 기름을 부었음을 알 수 있습니다. 아론의 경우, 관유를 머리에 부어 기름이 턱수염을 거쳐 옷깃까지 흘러내리도록 부었습니다(시 133:2).

기름을 붓는다는 것은 하나님의 특별한 성별과 선택을 의미합니다. 관유를 머리에 부었다는 것은 그에게 사명을 주어 하나님의 종으로 삼는다는 뜻입니다. 구약에서 특별히 기름 부음 받은 자는 선지자(왕상 19:16), 제사장(출 29:7, 29, 민 35:25) 그리고 왕입니다(삿 9:8, 삼상 16:12-13). 이때 하나님의 사역을 위해서 선택받은 사람들에게 부어지던 기름은 성령을 상징한다고 할 수 있습니다(사 61:1, 요일 2:27).

그러므로 하나님의 일꾼으로 부름받은 성도는 성령 충만함을 받아야 합니다. 예수님께서는 성령과 능력

을 기름 붓듯 받으셨습니다(행 10:38, 참고-사 61:1). 에베소서 5:18에 "오직 성령의 충만을 받으라"라고 말씀하였고, 요한복음 3:34에는 "하나님의 보내신 이는 하나님의 말씀을 하나니 이는 하나님이 성령을 한량없이 주심이니라"라고 말씀하고 있습니다. 하나님의 말씀과 성령은 함께 역사합니다(행 10:44).

### (4) 아론의 아들들에게 예복을 입히는 정결 예식(출 29:8-9, 레 8:13)

아론의 대제사장 예복 착용과 기름 부음이 끝난 뒤에, 아론의 아들들에게도 속옷을 입히고 띠를 띠우며 관을 씌웠습니다(출 29:8-9, 레 8:13). 관유를 머리에 붓는 대제사장의 경우와 달리, 위임식의 화목제를 마친 후에 대제사장의 예복과 함께 아들들의 예복에도 피와 기름을 뿌렸으며(출 29:21, 레 8:30, 358p 참고), 랍비 전승에 의하면 기름의 양도 대제사장에 비해 적었다고 전해집니다.

마지막으로, "여호와께서 모세에게 명하심과 같았더라"(레 8:13下) 라고 선포함으로써 모든 절차를 마무리하였습니다.

## 3 위임식의 속죄제로 흠 없는 수송아지를 드림

A bull without defect offered as a sin offering during the ordination / 출 Exod 29:10-14, 레 Lev 8:14-17

아론과 그 아들들의 착의식을 마친 후, 첫 번째 제사로 속죄제가 드려졌습니다. 모든 제사에 앞서 속죄제가 드려진 이유는, 죄 사함이 없이는 하나님 앞에 나아갈 수도, 또한 하나님과 더불어 교제할 수도 없었기 때문입니다.

## (1) 아론과 그 아들들이 흠 없는 수송아지 머리에 안수했습니다 (출 29:10, 레 8:14).

모세가 회막 앞으로 수송아지를 끌어오자, 아론과 그 아들들은 수송아지 머리에 안수했습니다(출 29:10, 레 8:14). 송아지의 머리에 안수하도록 한 것은 아론과 그 아들들과 제물이 동일시되어 죄가 전가됨을 의미합니다. 이는 예수 그리스도께서 모든 죄인의 죄를 걸머지고 죽으실 것을 가리킵니다(히 9:11-14).

레위기 8:14에서 '안수하매'는 체중을 실어서 힘 있게 누른다는 의미의 히브리어 '사마크'(סָמַךְ)의 3인칭 단수형과, '손'을 의미하는 히브리어 '야드'(יָד)의 3인칭 쌍수형 명사가 복수형 접미어와 함께 사용되었습니다. 이는 아론과 그 아들들이 함께 안수하되, 아론이 대표가 되어 수송아지의 머리에 양손을 얹고 힘 있게 눌렀다는 것입니다. 참고로, 대제사장이 속죄제를 드리는 일반적인 규례에서는 개인적인 범죄를 속죄하기에 제사장이 한 손으로 제물에게 안수하였습니다(레 4:4). 그러나 위임식의 속죄제는 아론과 그 아들들만을 위한 것이 아니라, 제사장을 필요로 하는 전 이스라엘 백성을 위한 것이기 때문에 다 같이 양손으로 제물에게 안수한 것입니다.

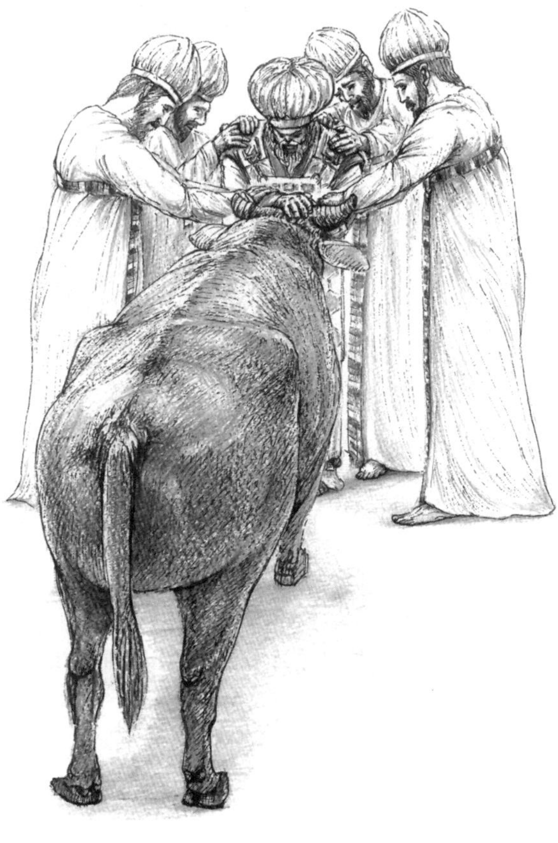

### (2) 모세가 흠 없는 수송아지를 잡았습니다(출 29:11, 레 8:15上).

레위기 8:15 상반절의 "모세가 잡고 그 피를 취하여"는 히브리어 원문을 직역하면 "그가 잡고, 모세가 그 피를 취하여"라는 말씀입니다. 히브리어 원문상에는 희생제물을 잡는 자를 '그'라고만 표현하고 있습니다. 사마리아오경은 이 구절이 14절에서 와우계속법으로 이어지는 것과 그 뒤에 모세의 이름이 '그 피를 취하여'의 주어가 되는 것을 보고, 아론과 그 아들들이 희생제물을 잡은 것으로 번역하였습니다. 그러나 출애굽기 29:11에서 하나님의 명령을 받고 있는 '너' 곧 모세에게 희생제물을 잡도록 명령하고 있으며, 레위기 8:15의 '잡고'에 해당하는 주어도 3인칭 단수형으로 기록된 것을 볼 때, 희생제물을 잡은 것은 모세입니다. 한글 개역성경 외에도 표준새번역, 바른성경, 공동번역, 영어 성경 NASB 등 대부분의 번역이 이러한 입장을 따르고 있습니다.

본래 속죄제의 희생제물은 제물에 안수한 제사인이 직접 잡아야 합니다(레 4:4). 그러나 아론 대신 모세가 위임식 속죄제의 제물을 잡은 것은, 아론이 아직 위임식을 마치고 대제사장으로 세워지기 전이기 때문입니다. 중보자인 대제사장이 세워지지 않은 상태에서는, 제물을 잡는 일조차 할 수 없었습니다. 이는 죄로 말미암은 전적 무능력을 의미합니다. 같은 이유로, 대속죄일에 백성을 위한 속죄제를 드릴 때에도 대제사장이 전적 무능력 상태에 있는 백성을 대신하여 대표로 속죄제 염소를 잡았습니다(레 16:15-16).

### (3) 모세가 제물의 피를 취하고 손가락으로 찍어 번제단의 네 뿔에 발랐습니다(출 29:12, 레 8:15下).

모세는 수송아지를 잡은 후 그 피를 취하여 손가락으로 그 피를

단의 네 귀퉁이 뿔에 발라 단을 깨끗하게 하고, 그 피는 단 밑에 쏟아 단을 속하여 거룩하게 하였습니다(출 29:12, 레 8:15).

본래 속죄제의 규례에서는 제사장이 제물의 피를 성소 장(帳) 앞에 일곱 번 뿌리고 분향단 뿔에 피를 바른 뒤에 남은 피는 전부 번제단 밑에 쏟아야 했습니다(레 4:6-7). 그러나 위임식에서는 제물의 피를 번제단 뿔에 바르기만 하였습니다. 이는 아직 대제사장 위임 절차가 끝나지 않았기에 대제사장이 성소에 들어간 적이 없고, 성소 안도 죄인의 출입으로 더럽혀지지 않았기 때문입니다.

### (4) 모세가 속죄제의 기름을 불태우고 가죽과 고기와 똥은 진 밖에서 불태웠습니다(출 29:13-14, 레 8:16-17).

모세는 내장에 덮인 모든 기름과 간 꺼풀과 두 콩팥과 그 기름을 취하여 단 위에 불사르고, 그 가죽과 고기와 똥은 진 밖에서 불살랐습니다(출 29:13-14, 레 8:16-17). 이는 기름 부음을 받은 제사장을 위한 속죄제 규례와 동일합니다(레 4:11-12). 참고로, 속죄제의 수송아지는 위임식이 진행되는 칠 일 동안 매일 드리도록 명령하셨습니다. 출애굽기 29:36에서 "매일 수송아지 하나로 속죄하기 위하여 속죄제를 드리며"라고 말씀하고 있습니다(참고-레 8:33-35).

'진 밖'은 저주받은 자가 버려지는 곳으로(레 10:4, 14:40, 45, 24:23), 예수님의 십자가가 서있던 '골고다'(요 19:17)를 연상시킵니다. 히브리서 13:11-12에 "이는 죄를 위한 짐승의 피는 대제사장이 가지고 성소에 들어가고 그 육체는 영문 밖에서 불사름이니라 [12] 그러므로 예수도 자기 피로써 백성을 거룩케 하려고 성문 밖에서 고난을 받으셨느니라"라고 말씀하고 있습니다.

마지막으로, "여호와께서 모세에게 명하심과 같았더라"라고 선포함으로써 위임식의 속죄제 절차를 마무리하였습니다(레 8:17下).

## 4 위임식의 번제로 흠 없는 숫양을 드림

A ram without defect offered as a burnt offering during the ordination / 출 Exod 29:15-18, 레 Lev 8:18-21

죄 사함을 위한 속죄제에 이어서 헌신을 다짐하는 번제가 드려졌습니다. 위임식의 번제를 통해서 위임을 받는 아론과 그 아들들, 그리고 거룩하게 한 번제단을 하나님께 온전히 드리는 것입니다.

### (1) 아론과 그 아들들이 흠 없는 숫양의 머리에 안수했습니다 (출 29:15, 레 8:18).

아론과 그 아들들이 안수한 번제물의 숫양은 레위기 8:2에서 아론과 그 아들들이 가지고 온 숫양 둘 중 하나입니다.

여기 '안수하고'는 체중을 실어서 힘 있게 누른다는 의미의 히브리어 '사마크'(סָמַךְ)의 3인칭 복수형과 '손'을 의미하는 '야드'(יָד)의 3인칭 쌍수형 명사가 복수형 접미어와 함께 사용되었습니다. 참고로, 번제의 규례에서는 제사인이 제물에게 한 손으로 안수하는 것으로 기록되어 있습니다(레 1:4). 아론이 대표로 안수하였던 위임식의 속죄제와 달리, 위임식의 번제에서는 아론과 그 아들들이 함께 양손을 흠 없는 숫양의 머리에 얹고 힘 있게 눌러서 안수한 것입니다.

**(2) 모세가 흠 없는 숫양을 잡았습니다**(출 29:16上, 레 8:19上).

다음으로, 모세가 그 숫양을 잡았습니다. 레위기 8:19의 "모세가 잡아 그 피를 단 주위에 뿌리고"의 원문을 직역하면 "그가 잡고, 모세가 그 피를 단 주위에 뿌리고"로, 번제의 희생제물을 잡는 주체가 생략되어 있습니다. 그러나 출애굽기 29:16에서 하나님께서 모세에게 숫양을 잡으라고 명령하신 것이나, '잡고'가 3인칭 단수형으로 기록된 것을 볼 때, 모세가 흠 없는 숫양을 잡은 것으로 보아야 합니다.

### (3) 모세가 흠 없는 숫양의 피를 취해 번제단 주위에 뿌렸습니다 (출 29:16下, 레 8:19下).

모세는 제물의 피를 받아서 단 주위에 뿌렸습니다. 여기 '단'은 번제단을 가리키며, '주위'는 히브리어 '사비브'(סָבִיב)로, 번제단의 사면을 가리킵니다. 제물의 피를 번제단 사면에 뿌리는 것은 레위기 1장에 기록된 번제의 규례와 일치하며, 본래 제사장이 행하는 일이었지만 아직 위임식을 마친 제사장이 없기에, 모세가 대신 수행하였습니다.

### (4) 모세가 흠 없는 숫양의 각을 뜨고 전부 불살랐습니다 (출 29:17-18, 레 8:20-21).

모세는 번제물 숫양의 각을 뜨고 장부(내장), 다리, 머리와 함께 전부를 불살랐습니다(출 29:17-18, 레 8:20-21).

본래 번제 규례에서 희생제물의 가죽을 벗기고 각을 뜨는 것은 제사인이 해야 하며(레 1:6, 12), 가죽은 제사장의 몫이었습니다(레 7:8). 레위기 8:20의 "그 숫양의 각을 뜨고 그 머리와 각뜬 것과 기름을 불사르고"의 원문을 직역하면, "그가 그 숫양의 각을 뜨고, 그리고 모세가 그 머리와 그 각뜬 것들과 그 기름을 불사른다"로, 숫양의 각을 뜨는 주체가 생략되어 있습니다. 그러나 출애굽기 29:17 상반절의 "그 숫양의 각을 뜨고"가 히브리어 2인칭 단수형이 사용되어 모세를 주어로 하는 것을 볼 때, 제사인이 아닌 모세가 각을 뜬 것을 알 수 있습니다. 같은 이유로, 레위기 8:21에서 '제물의 내장과 정강이를 물로 씻은 것'도 역시 모세가 행한 것으로 보아야 합니다(출 29:17下).

참고로, 위임식의 번제물은 가죽을 벗기는 과정이 언급되지 않았습니다. 아마도 희생제물의 가죽을 받을 제사장이 아직 세워지지 않았기 때문일 것입니다.

그 숫양의 전부를 단 위에 불사르는 것은 '향기로운 냄새', '여호와께 드리는 화제'입니다(출 29:18, 레 8:21). 이는 하나님께서 번제물을 열납하시는 것을 의미하는 표현입니다(레 1:9, 13, 17). 제사장이 온몸과 마음과 행위와 사상 등 자신의 모든 것을 하나님께 바칠 때, 하나님께서 그를 열납하신다는 것을 가르쳐줍니다. 이어서 레위기 8:21 하반절을 볼 때, "여호와께서 모세에게 명하심과 같았더라"라고 선포함으로써 번제 절차를 마무리하였습니다.

## 5 위임식의 화목제로 흠 없는 숫양(위임식의 숫양)을 드림

A ram without defect (ram of ordination) offered as a peace offering during the ordination / 출 Exod 29:19-34, 레 Lev 8:22-32

마지막으로, 앞서 드린 번제의 숫양과 구분하여 '다른 숫양 곧 위임식의 숫양'을 드렸습니다(레 8:22, 참고-출 29:22, 26, 31). '위임식의'라고 번역된 히브리어 '밀루임'(מִלּוּאִים)은 '완성, 채움, 봉헌'이라는 뜻의 '밀루'(מִלֵּא)의 복수형으로, '위임식의 숫양'은 곧 '완성의 숫양' 혹은 '봉헌의 숫양'이라는 뜻입니다. 이는 속죄제, 번제가 드려진 뒤에, 마지막으로 화목제가 드려짐으로써 위임식 절차가 완전하게 종료되기 때문입니다.

위임식의 화목제에는 무교병 예물을 함께 드렸습니다. 출애굽기 29:2에서 "무교병과 기름 섞인 무교 과자와 기름 바른 무교전병을 모두 고운 밀가루로 만들고"라고 말씀하고 있습니다. 이것을 한 광주리(여호와 앞 무교병 광주리)에 담아두었다가(출 29:3, 레 8:2), 화목제를 드릴 때 흔들어 여호와 앞에 요제로 드렸습니다(출 29:23-24, 레 8:26-27, 참고-레 7:12). 위임식의 희생제물 고기와 떡은 당일에 먹고, 남은 것은 불살랐습니다(출 29:34, 레 8:31-32).

앞서 화목제의 종류는 감사제(고백제)나 서원제, 낙헌제(자원제)가 있다고 하였습니다. 이 중 위임식의 화목제는 감사제의 성격을 갖고 있습니다. 화목제 중 감사제만이 희생제물과 더불어 떡을 드렸으며(레 7:11-14), 희생제물과 떡을 당일에 다 먹어야 했기 때문입니다(레 7:15). 한편 감사제에서는 유교병을 감사 희생과 함께 예물로 드려야 하지만(레 7:13), 위임식의 화목제에서는 무교병만을 드렸습니다. 무교병 예물은 누룩이 섞이지 않은 것이므로 변질이나 부풀림 없는 '순전함'을 상징합니다(고전 5:7-8). 따라서 위임식의 화목제는 하나님께 순전한 감사를 드림으로, 제사장으로서 자신을 드린다는 의미를 가지고 있습니다.

오늘날 우리도 예수 그리스도의 대속 사역으로 우리를 제사장 삼아 주신 하나님 앞에 흠 없이 진실되고 순전한 삶이 되도록 힘써야 할 것입니다(엡 5:27, 골 1:22, 딤전 6:14, 벧후 3:14).

본래 화목제의 규례에서는 희생제물의 피를 전부 제단 사면에 뿌려야 합니다(레 3:2, 8, 13). 그런데 제사장의 위임식 화목제에서는 숫양의 피의 일부를 아론과 그 아들들의 오른 귓부리와 오른손 엄지와 오른발 엄지에 바르는 규례가 추가되었습니다(출 29:20, 레 8:23-24).

### (1) 아론과 그 아들들이 흠 없는 숫양의 머리에 안수했습니다 (출 29:19, 레 8:22).

모세가 다른 숫양을 취해 오자, 아론과 그 아들들은 그 숫양의 머리 위에 안수하였습니다. 이 숫양은 레위기 8:2에서 아론과 그 아들들이 가지고 온 숫양 둘 중에서 번제물로 드려지는 숫양 외의 다른 숫양입니다.

화목제의 규례에서는 제사인이 제물의 머리에 한 손으로 안수하는 것으로 기록되어 있습니다(레 3:2). 그러나 레위기 8:22의 '안수하매'는, 제사장 위임식의 번제와 동일하게(출 29:15, 레 8:18) 히브리어 '사마크'(סָמַךְ)의 3인칭 복수형과 '야드'(יָד)의 3인칭 쌍수형 명사가 복수형 접미어와 함께 사용되어 다 같이 양손으로 안수한 것으로 말씀하고 있습니다.

제사장 위임식의 화목제는 공적 예식이며, 아론과 그 아들들 모두 직분을 위임받는 당사자이기에, 함께 양손을 흠 없는 숫양의 머리에 얹고 힘 있게 눌러서 안수한 것입니다.

### (2) 모세가 흠 없는 숫양을 잡았습니다(출 29:20上, 레 8:23上).

아론과 그 아들들이 안수를 마치자, 모세가 화목제의 숫양을 잡았습니다.

레위기 8:23의 "모세가 잡고 그 피를 취하여… 바르고"의 원문을 직역하면 "그가 잡고, 모세가 그 피를 취하여… 그가 발랐다"로, 화목제의 희생제물을 잡는 주체가 생략되어 있습니다. 그러나 출애굽기 29:20에서 하나님께서 모세에게 숫양을 잡으라고 명령하신 것과, '잡고'에 해당하는 히브리어 '샤하트'(שָׁחַט)나 '바르고'에 해당하는 '나탄'(נָתַן)이 모두 2인칭 단수형으로 기록된 것을 볼 때, 흠 없는 숫양을 잡은 주체나 아론과 그 아들들의 신체에 피를 바른 주체가 모두 모세임을 알 수 있습니다.

### (3) 숫양의 피를 아론과 그 아들들에게 바르는 정결 예식 (출 29:20下, 레 8:23下-24)

모세는 숫양의 피를 취하여 아론과 그 아들들에게 발랐습니다. 레위기 8:23-24 상반절에서 "모세가 잡고 그 피를 취하여 아론의 오른 귓부리와 오른손 엄지가락과 오른발 엄지가락에 바르고 24아론의 아들들을 데려다가 그 오른 귓부리와 오른손 엄지가락과 오른발 엄지가락에 그 피를 바르고"라고 말씀하고 있습니다. 여기서 '오른쪽'은 유대인들에게 있어 왼쪽보다 더 좋고 온전한 것(전 10:2), 영원함과 견고함과 소중함을 나타냅니다(시 16:8, 11, 참고-창 48:17-20, 마 25:33-34). 또한 '바르고'의 히브리어 '나탄'(נָתַן)은 '주다, 두다, 세우다, 만들다'라는 뜻이지만, 여기에서는 '부어서 바르다, 칠하다'라는 의미로 사용되었습니다.

오른쪽 귓부리에 피를 바르는 것은 제사장의 귀가 영원토록 변함없이 하나님의 말씀만을 듣도록 구별되어야 함을 의미합니다. 또한 오른손 엄지가락에 피를 바르는 것은 제사장의 일하는 손이 하나님께 구별되어 영원토록 성별된 직무를 잘 수행해야 함을 의미하며, 오른발 엄지가락에 피를 바르는 것은 제사장의 삶이 구별되어 부정한 곳의 출입을 삼가고 성결한 삶에 힘써야 함을 의미합니다.

피를 오른쪽 귀의 '귓부리'와 오른쪽 손발의 '엄지'에 바른 이유는 그것들이 귀, 손, 발의 전체를 대표하기 때문입니다. 사사기 1:4-7을 볼 때, 베섹 전쟁에서 유다 지파가 승전한 후, 베섹 왕 아도니 베섹의 수족(手足) 엄지가락을 모두 끊었는데, 엄지손가락을 끊은 것은 무기를 들지 못하게 함이요, 엄지발가락을 끊은 것은 도망가지 못하게 함이었습니다.

숫양의 피를 아론과 그 아들들에게 바르는 정결 예식

이렇듯 위임식의 화목제에서 피를 바르는 정결 규례를 행하게 하신 것은, 하나님을 받들어 섬기는 사역자는 하나님의 말씀을 듣는데 귀를 기울이고, 손으로 제사드릴 때 한 치의 실수도 없게 하며, 발로 행동하는 데 삼가 조심하라는 의미로 볼 수 있습니다.

아론과 그 아들들에게 발라진 피는 제단 사면에 뿌려진 희생제물의 피와 동일한 피입니다. 이는 제단과 아론과 그 아들들 사이가 피 뿌림을 통해 생명으로 연결되었음을 의미합니다(참고-출 24:4-8, 히 9:18-21). 참고로, 나병 환자를 정결케 하는 규례에서도 정결함을 받을 자의 오른쪽 귓부리, 오른손 엄지, 오른발 엄지에 속건제 희생의 피와 기름을 바르고 남은 기름은 머리에 발랐는데(레 14:13-18, 22-29), 이 또한 정결케 하는 단과 정결함을 받을 자를 하나로 결속하고 정결하게 구별한다는 의미를 가지고 있습니다(레 14:19-20, 30-31).

모세는 아론과 그 아들들에게 피를 바르는 정결 예식을 마치고, 남은 숫양의 피를 모두 제단 사면에 뿌렸습니다. 출애굽기 29:20 하반절, 레위기 8:24 하반절에 사용된 '뿌리다'의 히브리어 '자라크'(זָרַק)는 '많이 뿌리다, 붓다'라는 의미로, 남은 피 전체를 제단에 붓는 것을 가리킵니다. 생명과 일체인 피(레 17:11-14)는 사람이 취하지 못하도록 반드시 땅에 붓고 흙으로 덮어 하나님께 드려야 합니다. 희생제물의 남은 피 전체를 부음으로써 아론과 그 아들들의 옛사람이 부어지고 죄의 속함을 얻게 된 것입니다.

### (4) 모세가 화목제의 기름과 우편 뒷다리를 소제물과 함께 아론과 그 아들들에게 넘겨주어 요제를 삼아 드렸습니다(출 29:22-24, 레 8:25-27).

다음으로, 모세가 화목제의 기름(제물의 기름과 기름진 꼬리와 내장에 덮인 모든 기름과 간 꺼풀과 두 콩팥과 그 기름)과 우편 뒷다리를 취한 뒤에, 무교병 광주리에서 무교병 한 개와 기름 섞은 떡 한 개, 전병 한 개를 화목제의 기름과 우편 뒷다리 위에 올리고 아론과 그 아들들의 손에 두어 여호와 앞에 요제를 드리게 하였습니다(출 29:22-24, 레 8:25-27).

본래 화목제의 예물은 반드시 제사인의 손으로 직접 취하여 가져가야 합니다(레 3:3-4, 7:29-30上). 그러나 위임식의 화목제에서는 모세가 제물을 취했습니다. 또한 화목제의 규례에서는 제사인이 가져온 예물을 제사장이 받아서 요제로 드려야 하지만(레 7:30下), 위임식의 화목제에서는 모세가 요제로 드릴 제물을 아론의 손과 그 아들들의 손에 두고 요제를 삼게 하였습니다.

레위기 8:27에서 “그 전부를 아론의 손과 그 아들들의 손에 두어 여호와 앞에 흔들어 요제를 삼게 하고”라고 말씀하고 있는데(출 29:24), 여기 ‘흔들어’는 히브리어 ‘누프’(נוּף)의 3인칭 남성 단수 히필(사역)형 동사가 와우계속법으로 이전 문장과 연결되어 있습니다. 27절의 뒷부분을 문법적인 의미를 살려서 해석하면, ‘모세가 여호와 앞에 흔들어 요제를 삼도록 만들었다’라는 의미입니다. 즉, 아론과 그 아들들은 화목제의 예물을 들고 있고, 모세가 그 아래 손을 넣어 앞뒤로 흔들며 요제를 드렸다는 것입니다(참고-레 14:24, 23:11, 20). 이는 아론과 그 아들들이 여전히 모세의 중보를 통해서 위임식 화목제를 드리고 있음을 강조하는 표현입니다.

### (5) 모세가 화목제의 기름과 우편 뒷다리를 화제로 드렸습니다 (출 29:25, 레 8:28).

요제를 드린 후, 모세는 요제로 드린 것들을 번제단에 타고 있는 번제물 위에 더하여 불살라 화제를 드렸습니다. 레위기 8:28에서 “모세가 그것을 그들의 손에서 취하여 단 윗 번제물 위에 불사르니 이는 향기로운 냄새를 위하여 드리는 위임식 제사로 여호와께 드리는 화제라”라고 말씀하고 있습니다(출 29:25).

본래 화목제의 예물은 화목제의 기름 부분만을 단 위에 불살라 화제로 드리며(레 3:9-11, 14-16), 요제로 드려진 제물의 가슴과 거제로 드려진 우편 뒷다리는 제사장의 몫으로 주어지는 반면에(레 7:30-34), 위임식의 화목제에서는 요제로 드리는 우편 뒷다리까지 하나님께 화제로 드렸습니다(출 29:22-25, 레 8:26-28). 이는 아직 아론과 그 아들들이 제사장 위임식을 마치지 않았으므로 제사장의 분깃을 받을 수 없었기 때문입니다.

### (6) 모세가 숫양의 가슴을 요제로 드렸습니다(출 29:26, 레 8:29).

위임식 화목제의 화제를 드린 후, 모세는 위임식 숫양의 가슴을 취하여 여호와 앞에 흔들어 요제를 삼았습니다(출 29:26, 레 8:29). 출애굽기 29:26에서 "이는 너의 분깃이니라", 레위기 8:29에서 "이는 위임식 숫양의 모세의 응식이라"라고 말씀하고 있습니다.

본래 화목제 제물의 가슴과 우편 뒷다리는 제사장의 몫입니다(레 7:30-34, 10:14-15). 모세가 위임식 숫양의 가슴을 취한 것은 모세가 지금 제사장의 위치에 있음을 의미합니다. 그렇다면 우편 뒷다리는 왜 모세에게 주어지지 않고 화제로 드렸습니까? 하나님께서 친히 제사장의 자리에서 모세와 합력하여 아론을 임명하고 계시기 때문입니다(참고-창 14:18, 히 5:10, 7:17, 20-21, 28).

하나님의 말씀대로 순종하여 하나님께 화목제의 기름과 우편 뒷다리는 화제로 드려졌고, 모세가 숫양의 가슴을 요제로 드린 후에 응식으로 취함으로써 각 예물이 거룩하여졌으며(출 29:26-27), 이후로 이스라엘 자손은 화목제를 통해서 아론과 그 자손에게 분깃을 돌릴 수 있게 되었습니다(출 29:28).

이어서 "여호와께서 모세에게 명하심과 같았더라"라고 선포함으로써 화목제 절차를 마무리하였습니다(레 8:29下).

## (7) 모세가 피와 관유를 아론과 그 옷과 그 아들들과 그 아들들의 옷에 뿌렸습니다(출 29:21, 레 8:30).

위임식 화목제의 절차를 마친 후, 모세는 단 위의 피와 관유를 취하여 아론과 그 옷과 그 아들들과 그 아들들의 옷에 뿌렸습니다(출 29:21, 레 8:30).

출애굽기 29장에는 아론과 그 아들들의 오른 귓부리와 오른손 엄지, 오른발 엄지에 피를 바르라는 명령(출 29:20) 뒤에 이어서 피와 관유를 옷에 뿌리라는 명령이 기록되어 있습니다. 반면에, 레위기 8장에서는 위임식의 화목제 규례를 마친 후에 피와 관유를 뿌린 것으로 기록되어 있습니다. 이는 출애굽기 29장은 아론과 그 아들들에게 번제단에 바쳐진 희생제물의 피가 뿌려져야 함을 강조하기 위해서 논리적인 순서로 말씀한 것이고, 레위기 8장은 실제 규례를 행한 시간적인 순서로 말씀한 것이기 때문입니다.

관유가 발라진 번제단(출 40:9-10, 레 8:10-11) 위에서 피와 관유를

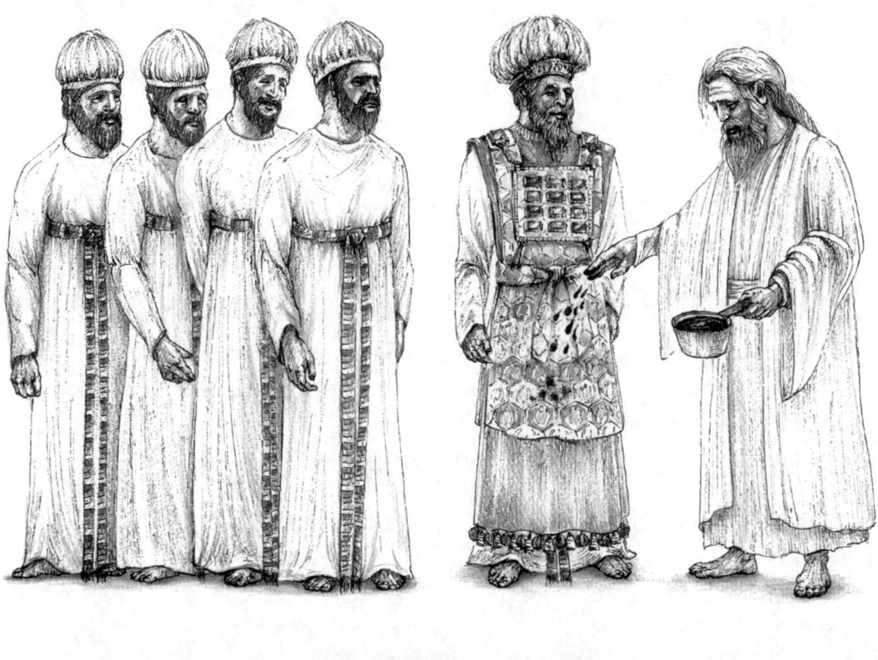

취하여 제사장의 옷에 뿌리는 것은 단과 제사장을 생명으로 연결한다는 의미입니다. 또한 피와 관유를 몸과 옷에 뿌리는 것은 화목제가 열납된 결과로, 구속사적으로 예수 그리스도의 속죄의 피와 성령의 옷을 입고 새롭게 되는 것을 예표합니다(계 7:14, 참고-계 19:13).

## (8) 아론과 그 아들들이 위임식 숫양을 회막 문에서 먹고 남은 것은 불살랐습니다(출 29:31-34, 레 8:31-32).

모세는 위임식 숫양의 화제로 드린 화목제의 기름 부분과 우편 뒷다리, 모세의 응식으로 주어진 가슴 부위를 제외한 나머지 부분을 거룩한 곳(회막 뜰, 레위기 8:31-'회막 문')에서 삶았습니다. 그리고 아론과 그 아들들이 그 고기와 광주리에 남은 떡들을 회막 문에서 먹었습니다.

화목제의 제물 중 가슴과 우편 뒷다리는 제사장과 그 자손들의 몫으로 주어지고(레 7:31-34, 10:14-15), 나머지 부위는 제사인이 먹되(레 7:15-18), 깨끗한 자들과 함께 나누어 먹어야 합니다(레 7:19-21).

그러나 위임식의 화목제 숫양의 우편 뒷다리는 하나님께 화제로 드렸고(레 8:25-28), 가슴은 모세에게 주어졌으며(레 8:29), 나머지는 아론과 그 아들들에게 주어졌습니다. 그리고 그것을 다른 사람과 나누어 먹지 않고(출 29:33), 다음 날 아침까지 남은 모든 것을 불살랐습니다(출 29:34, 레 8:32).

이때 아론과 그 아들들이 희생제물에서 분배받은 부위는 화목제 규례에서 제사인이 받는 부위였습니다(레 7:15-21). 그러나 희생제물을 먹는 장소는 화목제 규례에서 제사장이 먹는 장소였습니다(참고-레 6:16, 26, 7:6). 이는 위임식이 진행되는 동안 아론과 그 아들들의 신분이 아직 불완전했음을 보여줍니다.

## 6 칠 일간의 위임식 / Seven days of ordination

출 Exod 29:35-46, 레 Lev 8:33-36

위임식은 칠 일간 진행됩니다. 하나님께서는 모세를 통해 이 기간 동안 아론과 그 아들들에게 회막 문을 지나 성막 밖으로 나가지 말라고 말씀하셨습니다.

### (1) 위임식 칠 일간 드려야 할 제사(출 29:35-42)

**첫째, 아론과 그 아들들의 죄를 속하고 번제단을 성결케 하기 위해 속죄제를 드려야 합니다**(출 29:35-37).

위임식 칠 일 동안 매일 수송아지 하나로 속죄제를 드리는 이유는 아론과 그 아들들의 죄를 속하고, 단을 깨끗하게 하기 위함입니다(출 29:35-36上). 그리고 그 단에 기름을 부어 거룩하게 해야 합니다(출 29:36下-37). 위임식의 속죄제는 아론과 그 아들들을 속죄할 뿐 아니라, 번제단 뿔에 피를 발라 번제단을 깨끗하게 하는 것입니다. 또한 거룩한 관유(출 30:24-25)를 부어서 번제단을 거룩하게 했습니다(출 30:28-29).

아무리 번제단이라고 해도 사람의 손으로 만들어진 이상, 아담의 범죄의 영향을 피할 수가 없습니다(참고-롬 5:14). 그러나 하나님의 명령에 온전히 순종할 때, 번제단을 지극히 거룩하게 하여 접촉하는 것마다 거룩케 할 수 있습니다(출 29:37, 참고-삼상 15:22). 예수님께서는 십자가에서 온전한 순종으로 보혈을 흘리셨고, 그를 믿는 모두를 단번에 정결케 하셨습니다(빌 2:6-11, 히 1:3, 5:8-10, 10:14, 참고-마 23:16-22).

### 둘째, 매일의 상번제를 드려야 합니다(출 29:38-42).

위임식의 번제도 매일 드려야 합니다. 출애굽기 29:38-39에서 "네가 단 위에 드릴 것은 이러하니라 매일 일 년 된 어린양 두 마리니 39 한 어린양은 아침에 드리고 한 어린양은 저녁때에 드릴지며"라고 말씀하고 있습니다. 여기 '매일'은 히브리어 '라욤 타미드'(לַיּוֹם תָּמִיד)로, '날'이라는 뜻의 '욤'(יוֹם)과 '연속해서, 계속하여, 영속적으로'라는 의미의 '타미드'가 함께 쓰여 '날마다 계속'이라는 뜻입니다. 위임식 기간 7일 동안 아침과 저녁에 드리는 번제는 위임식 후에도 매일의 상번제로 계속됩니다. 출애굽기 29:42 상반절에서 "이는 너희가 대대로 여호와 앞 회막 문에서 늘 드릴 번제라"라고 말씀하심으로, 상번제는 위임식 후에도 대대로 끊어지지 않고 항상 드려야 할 것을 말씀하고 있습니다. 상번제에는 소제와 전제를 함께 드렸습니다(출 29:40-42, 참고-민 28:5, 7).

출애굽기 29:42 하반절에서 "내가 거기서 너희와 만나고 네게 말하리라"라고 말씀하고 있습니다. '거기서'는 상번제를 드리는 여호와 앞 회막 문을 가리킵니다. 매일 드려지는 상번제로 말미암아 하나님과 언약 백성의 만남과 교제가 계속되는 것입니다.

**시편 50:5** "이르시되 나의 성도를 내 앞에 모으라 곧 제사로 나와 언약한 자니라 하시도다"

## (2) 성막과 제사장 제도를 세우신 목적(출 29:43-46)

하나님께서는 위임식 규례에 대한 말씀을 마무리하시면서, 하나님께서 직접 이스라엘 자손을 만나주시고 회막과 단과 아론과 그 아들들까지 거룩하게 하실 것을 말씀하셨습니다(출 29:43-44). 하나님께서 회막에 임재하시기 때문에 그 영광으로 인하여 회막이 거룩하게 되는 것입니다.

출애굽기 29:45-46에서 "내가 이스라엘 자손 중에 거하여 그들의 하나님이 되리니 46 그들은 내가 그들의 하나님 여호와로서 그들 중에 거하려고 그들을 애굽 땅에서 인도하여 낸 줄을 알리라 나는 그들의 하나님 여호와니라"라고 말씀하고 있습니다. 여기 '거하여'는 히브리어 '샤칸'(שָׁכַן)으로, '샤칸'에서 '성막'을 뜻하는 '미쉬칸'(מִשְׁכָּן)이 유래하였습니다. 하나님께서는 이스라엘에게 언약하신 대로 그들의 하나님이 되시고 그들 중에 거하신다는 것을 보이시기 위해 성막을 표징으로 주시고, 제사장 직분을 주신 것입니다. 성막과 제사장은 하나님과 이스라엘이 영원히 함께 거하는 언약의 성취를 소망하게 하는 확실한 표징입니다.

레위기 8:34-35에서 "오늘날 행한 것은 여호와께서 너희를 위하여 속하게 하시려고 명하신 것이니 35 너희는 칠 주야를 회막 문에 거하여 여호와의 부탁을 지키라 그리하면 사망을 면하리라 내가 이같이 명령을 받았느니라"라고 말씀하고 있습니다. 여기 '속하게'는 히브리어 '카파르'(כָּפַר)로, '덮다, 가리다, 진정시키다, 화해하다'라는 뜻입니다. 위임식을 통하여 아론과 그 아들들의 옛 모습이 새 것으로 덮여져 하나님께 드려지게 됩니다. 또한 칠 주야를 회막 문에 거하라는 말씀에 대해 한글 개역성경은 '여호와의 부탁'이라고 하였는데, 여기 '부탁'은 히브리어 '미쉬메레트'(מִשְׁמֶרֶת)로, '책임을 가지고 수행해야 하는 명령이나 직분'을 의미합니다(참고-겔 44:8). 칠 일간의 위임식에 있어서 하나님의 말씀대로 순종하면 거룩하게 되지만, 불순종하면 죽임을 당하게 됩니다(참고-레 10:1-2, 신 30:19, 렘 21:8).

레위기 8:36에서 "아론과 그 아들들이 여호와께서 모세로 명하신 모든 일을 준행하니라"라고 선포함으로써 위임식의 모든 절차를 마무리하였습니다. 위임식의 과정은 모세의 준행을 통해 진행되는 것이 여섯 번 나오고(레 8:4, 9, 13, 17, 21, 29), 마지막 일곱 번째 아론과 그 아들들의 준행을 통해 완성되고 있습니다. 참고로, 성막의 봉헌을 기록하고 있는 출애굽기 40:19-33에서 "여호와께서 모세에게 명하신 대로 되니라"라는 표현이 일곱 번 반복되며(출 40:19, 21, 23, 25, 27, 29, 32), 창세기 1장의 창조 과정에도 "하나님이 가라사대 … 그대로 되니라… 하나님이 보시기에 좋았더라"가 일곱 번 나옵니다(창 1:4, 7, 9, 11, 15, 24, 30). 모세와 아론과 그 아들들의 합력을 통해 위임식의 모든 절차가 이루어지는 과정은, 오늘날 예수님의 순종으로 이루신 터 위에 교회의 순종을 통하여 구속사를 완성하는 역사를 생각하게 합니다(엡 2:20-22, 참고-벧전 2:9).

예수님께서는 십자가에 죽기까지 복종하심으로 모든 이름 위에 뛰어난 이름을 받으신 영원한 대제사장이십니다(빌 2:6-11, 히 7:11-28). 십자가에 달리시기 전날 밤에, 예수님께서는 겟세마네 동산에 올라 심한 통곡으로 눈물의 간구를 드리셨습니다. 히브리서 5:7-9에서 "그는 육체에 계실 때에 자기를 죽음에서 능히 구원하실 이에게 심한 통곡과 눈물로 간구와 소원을 올렸고 그의 경외하심을 인하여 들으심을 얻었느니라 [8] 그가 아들이시라도 받으신 고난으로 순종함을 배워서 [9] 온전하게 되었은즉 자기를 순종하는 모든 자에게 영원한 구원의 근원이 되시고"라고 말씀하고 있습니다. 겟세마네의 기도는 온 인류를 구원하기 위해 철저한 순종으로 나아가는 결전의 시간이요, 예수님께서 온 인류를 구원하시는 대제사장으로 위임식을 하시는 순간이었습니다.

# Ⅱ 제사장 취임식

INAUGURATION OF THE PRIESTS

칠 일간의 제사장 위임식을 마치고 아론과 그 아들들은 각각 대제사장과 제사장으로 위임을 받았습니다. 그리고 다음 날 곧 8일째 되는 날에 모세는 아론과 그 아들들과 장로들을 불러, 아론의 첫 번째 제사를 통해 제사장으로 취임할 준비를 하도록 명령하였습니다(레 9:1). 레위기 8장의 위임식이 제사장직을 맡기는 예식이라면, 취임식은 제사장직을 공식적으로 시작하는 예식입니다.

## 1 취임식의 준비 / Preparing for the inauguration / 레 Lev 9:1-7

### (1) 취임식 제물의 준비 명령

모세는 아론과 그 아들들과 이스라엘 장로들을 불러, 제사장 취임식에 드려질 제사와 제물을 준비하게 하였습니다. 아론을 위해서는 흠 없는 송아지를 속죄제로, 흠 없는 숫양을 번제로 드려야 합니다(레 9:2). 이스라엘 자손을 위해서는 숫염소를 속죄제로, 흠 없고 일 년 된 송아지와 어린양을 번제로 드리며, 수소와 숫양을 화목제로 드리고 기름 섞은 소제물을 드려야 합니다(레 9:3-4上).

| 아론을 위한 취임식 제사와 희생제물 | | 백성을 위한 취임식 제사와 희생제물 | | |
|---|---|---|---|---|
| 속죄제 | 번제 | 속죄제 | 번제와 소제 | 화목제 |
| 흠 없는 송아지<br>레 9:2, 8 | 흠 없는 숫양<br>레 9:2, 12 | 숫염소<br>레 9:3, 15 | 흠 없고 1년 된 송아지와 어린양<br>레 9:3, 16<br>기름 섞은 소제물<br>레 9:4, 17 | 수소와 숫양<br>레 9:4, 18 |

취임식 제사를 드리는 이유는 '오늘 여호와께서 너희에게 나타나실 것'이기 때문입니다(레 9:4下). 레위기 9:6에서 "모세가 가로되 이는 여호와께서 너희에게 하라고 명하신 것이니 여호와의 영광이 너희에게 나타나리라"라고 말씀하고 있습니다. 여기 '여호와의 영광'은 하나님께서 이스라엘 가운데 임재하시는 것을 전 이스라엘이 가시적으로 목격하는 것을 의미합니다(출 16:7, 10, 24:16-17, 40:34-35, 레 9:23, 민 14:10, 21, 16:19, 42, 20:6, 왕상 8:11, 대하 5:14, 7:1-3, 참고-겔 10:4, 18, 11:23, 43:4-5, 44:4). 출애굽 제2년 1월 1일에 성막을 봉헌할 때 임했던 여호와의 영광이 제사장의 취임식에 다시 나타남으로써, 성막에 임재하시는 하나님께로 나아가는 중보 사역이 제사장을 통해 이루어짐을 선포하고자 하신 것입니다.

### (2) 취임식 제물을 가지고 옴

아론과 그 아들들, 이스라엘 장로들은 모세의 명한 제물들을 다 회막 앞으로 가져오고 온 회중과 함께 여호와 앞에 섰습니다(레 9:5). 모세는 취임식의 목적을 다시 한번 이스라엘 온 회중에게 주지시킨 후(레 9:6), 구체적으로 취임식 제사를 지시하였습니다.

레위기 9:7에서 "그가 또 아론에게 이르되 너는 단에 나아가 네 속죄제와 네 번제를 드려서 너를 위하여, 백성을 위하여 속하고 또 백성의 예물을 드려서 그들을 위하여 속하되 무릇 여호와의 명대로 하라"라고 말씀하고 있습니다. 상반절의 '네 속죄제'와 '네 번제'는 둘 다 아론을 위한 제사를 가리킵니다. 그런데 그 결과를 '너를 위하여, 백성을 위하여 속하고'라고 말씀하고 있습니다. 이는 아론도 하나님 앞에 죄인이므로 먼저 자기 죄를 위해 속죄제를 드리고 정결함을 받은 후에야 대제사장으로서 백성을 위해 제사를 드릴 수가 있기 때문입니다.

또한 위임식 칠 일 동안 매일 하루도 빠짐없이 아론 자신의 죄를 씻는 수송아지의 속죄제가 드려졌는데도 제팔일에 다시 수송아지로 속죄제를 드리게 하신 것은, 인간의 죄가 얼마나 뿌리 깊은가를 보여주며, 나아가 대제사장직이 얼마나 두렵고 귀한 직분인지를 보여줍니다.

## 2 제사장을 위한 제사
Offerings for the priests / 레 Lev 9:8-14

### (1) 대제사장 아론을 위한 속죄제(레 9:8-11)

이어서 아론은 번제단으로 나아가 자기를 위한 속죄제 수송아지를 잡았습니다. 본래 희생제물을 잡는 것은 제사인의 몫으로(레 1:5, 11, 3:2, 8, 13, 4:15, 24, 29, 33), 취임식의 첫 속죄제는 아론이 속죄제를 드리는 당사자이기 때문에 직접 제물을 잡아야 했습니다. 속죄제 규례 중 대제사장을 위한 속죄제에서도 대제사장이 직접 제물을 잡았습니다(레 4:4, 16:11). 아론의 아들들은 속죄제물의 피를 받아 아론에게 전해주며 제사를 보조하는 역할을 수행하였습니다(레 9:9-10).

제사 규례에서 '수송아지'를 가리키는 대부분의 히브리어 단어는 '바카르'(בָּקָר, '수소')입니다. 그러나 취임식의 첫 속죄제에서는 특이하게 히브리어 '에겔'(עֵגֶל, '송아지')이 사용됩니다. 한글 개역성경은 동일하게 '수송아지'로 번역하여 그 의미를 잘 살리지 못하였지만, 유목 민족인 이스라엘의 언어에서 각 단어는 짐승의 구체적인 상태를 반영하기에 중요한 차이가 있습니다. 특히 '에겔'은 아론이 만든 금송아지에도 사용된 단어로(출 32:1-6), 아론의 죄를 보여주는 제물입니다. 아론은 제사장의 위임식 때는 모세가 대신 속죄제 송아지를 잡는 것을 보기만 했지만(레 8:15), 이제 자신의 손으로 수송아지('에겔')를 잡으면서 자신의 죄를 철저하게 뉘우치고 회개했을 것입니다.

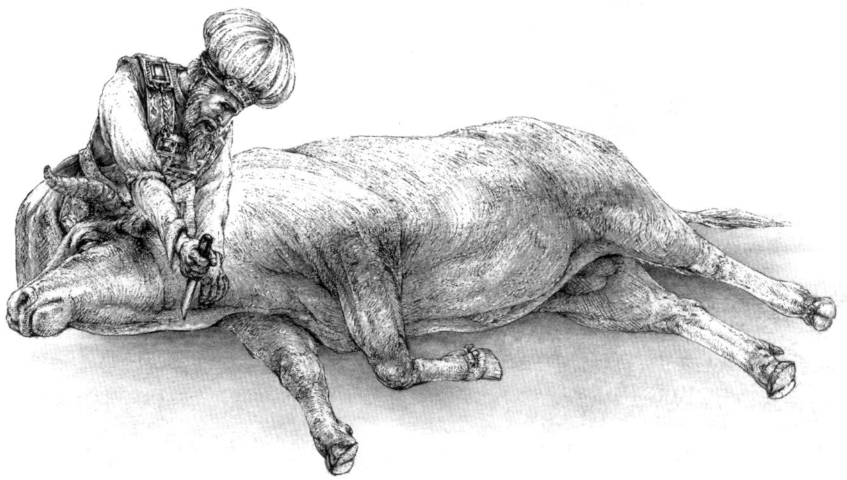

아론은 속죄제물의 피를 번제단 네 뿔에 바르고, 단 밑에 피를 쏟았습니다(레 9:9). 본래 기름 부음을 받은 제사장을 위한 속죄제 규례에서는 성소 내부의 분향단 네 뿔에 피를 발랐지만(레 4:3, 7), 취임식의 속죄제는 위임식의 속죄제와 같이 피를 번제단 네 뿔에 바르고 그 밑에 쏟았습니다(출 29:12, 레 8:15). 아론과 그 아들들은 위임

식을 마치기는 했지만, 아직 성소에 들어간 적이 없는 상태입니다. 따라서 성막 안이 죄인의 출입으로 더럽혀지지 않았기 때문에 성소 안의 분향단 네 뿔에 피를 바르지 않았던 것입니다.

이 외의 절차는 기름 부음을 받은 제사장을 위한 속죄제 규례와 동일하게 진행되었으며, 아론이 그 고기와 가죽을 진 밖에서 불사름으로 속죄제 절차를 마쳤습니다(레 9:10-11). 본래 속죄제물의 피를 가지고 회막에 들어가 성소에서 속하게 되는 경우에는 속죄제물의 희생 고기는 먹지 못하고 불사르지만(레 6:30), 번제단 네 뿔에 피를 바른 경우에는 제사장의 남자마다 희생의 고기를 거룩한 곳에서 먹어야 합니다(레 6:24-29, 7:6-7). 그러나 취임식의 경우, 아직 첫 제사를 완전히 마치지 않았기에 진 밖에서 불사른 것으로 보입니다.

### (2) 대제사장 아론을 위한 번제(레 9:12-14)

다음으로 아론은 자기를 위한 숫양을 번제로 드렸습니다. 취임식의 첫 번제 역시 아론이 번제를 드리는 당사자이기 때문에 아론이 직접 제물을 잡았으며, 아론의 아들들은 번제물의 피나 각을 뜬 고기를 아론에게 전해주며 제사를 보조하였습니다. 취임식의 첫 번제는 숫양을 드리는 번제 규례와 동일하게 드려졌습니다(레 1:10-13).

## 3 이스라엘 온 회중을 위한 제사
Offerings for the whole congregation of Israel / 레 Lev 9:15-21

### (1) 백성을 위한 속죄제(레 9:15)

대제사장 아론은 자신을 위한 속죄제와 번제를 마친 뒤에, 백성을 위한 속죄제를 드렸습니다. 레위기 9:15에서 "그가 또 백성의 예물을 드리되 곧 백성을 위한 속죄제의 염소를 취하여 잡아 전과 같이 죄를 위하여 드리고"라고 말씀하고 있습니다. 일반적인 속죄제 규례에서 백성을 위한 제물은 수소였지만, 취임식의 백성을 위한 속죄제나 대속죄일의 백성을 위한 속죄제에서는 염소를 제물로 드렸습니다(레 16:15).

본래 백성을 위한 속죄제 제물은 제사인(회중의 장로들)의 손으로 잡아야 하지만(레 4:15), 취임식에서는 아론이 대신 잡았습니다. 이는 아론이 대제사장으로서 백성을 대표하기 때문입니다. 같은 이유로, 대속죄일의 백성을 위한 속죄제 역시 이스라엘을 대표해서 아론이 잡는다고 말씀하고 있습니다(레 16:15). 또한 레위기 9:15의 '전과 같이'라는 표현은 속죄제의 나머지 절차가 이전의 대제사장 아론을 위한 속죄제와 같았다는 뜻으로, 일반적인 속죄제 규례와 달리 속죄제물의 피를 번제단 네 뿔에 바르고, 나머지를 단 밑에 쏟았다는 의미입니다(레 9:9).

### (2) 백성을 위한 번제와 소제(레 9:16-17)

속죄제를 마친 후, 아론은 백성을 위한 번제와 소제를 드렸습니다. 레위기 9:16에서 "또 번제 희생을 드리되 규례대로 드리고"라고 말씀하고 있습니다. 본문에는 제물의 종류가 나와있지 않지만, 하나님께서 모세를 통해 이스라엘 자손에게 명령하신 제물을 볼 때 일 년 되고 흠 없는 송아지와 어린양임을 알 수 있습니다(레 9:3).

백성을 위한 번제물이 두 마리인 이유는, 흠 없고 일 년 된 송아지는 취임식을 위한 번제물이며 흠 없고 일 년 된 어린양은 상번제를 위한 것이기 때문입니다. 상번제는 "일 년 되고 흠 없는 숫양"을 매일 둘씩 드리되 한 마리는 아침에, 한 마리는 저녁에 드리는 제사입니다(민 28:3-8, 참고-출 29:38-42, 대상 16:40). 이 제사는 아론이 위임식을 마치고, 취임식의 속죄제와 번제를 통해서 먼저 자신을 하나님께 드린 후, 백성의 속죄제 이후에 대제사장으로서 드린 첫 상번제 예식이었습니다(참고-레 6:12, 민 28:24, 대하 2:4).

레위기 9:17에서 "또 소제를 드리되 그중에서 한 움큼을 취하여 아침 번제물에 더하여 단 위에 불사르고"라고 말씀하고 있습니다. 여기 '아침 번제물'은 일 년 되고 흠 없는 숫양을 가리킵니다. 따라서 취임식의 소제는 두 번제물 중 상번제의 숫양과 함께 드리는 것입니다(참고-수 22:23, 29, 삿 13:19, 23, 왕상 8:64, 왕하 16:13, 15, 느 10:33).

### (3) 백성을 위한 화목제(레 9:18-21)

번제와 소제를 마친 후, 아론은 수소와 숫양으로 백성을 위한 화목제를 드렸습니다. 순서를 보면, 가장 먼저 죄를 속하는 속죄제를 드리고, 자신을 온전히 하나님께 드리는 번제와 감사의 소제를 드렸으며, 마지막으로 이스라엘 공동체와 하나님 사이의 화목을 선언하는 화목제를 드리는 것을 볼 수 있습니다.

레위기 9:18 상반절에서 "또 백성을 위하는 화목제 희생의 수소와 숫양을 잡으매"라고 말씀하고 있습니다(레 9:4上). 본래 화목제의 희생제물은 수컷이나 암컷이나 모두 드릴 수 있었지만(레 3:1, 6), 그

중 더욱 좋은 것으로 하나님께 드린 것입니다. 아론은 백성을 대표해서 화목제물을 잡았습니다. 아론의 아들들은 수소와 숫양의 피를 받아서 아론에게 가지고 갔으며, 아론은 번제단 주위에 그 피를 뿌렸습니다(레 9:18下). 피를 번제단 사면에 뿌리는 것은 화목제의 일반 규례와 동일합니다(레 3:2).

아론의 아들들은 수소와 숫양의 기름, 곧 기름진 꼬리와 내장에 덮인 것과 간 꺼풀을 아론에게 가지고 가서 희생제물의 가슴 부위들 위에 올려놓았고(레 9:19-20上), 아론은 그중 화목제의 기름을 취하여 단 위에 불사르고(레 9:20下), 가슴 부위와 우편 뒷다리를 여호와 앞에 요제로 흔들었습니다(레 9:21).[24] 요제로 흔든 가슴들과 우편 뒷다리는 아론과 그의 자손을 위한 음식으로 돌려졌습니다(레 7:31).

## 4 대제사장 취임식에 임한 하나님의 영광과 응답
God's glory and answer during the inauguration of the high priest / 레 Lev 9:22-24

### (1) 아론의 축복과 하나님의 영광(레 9:22-23)

아론은 대제사장으로서 첫 사역을 정성스럽게 마친 후, 하나님께서 열납하셨다는 의미로 백성을 향해 손을 들어 축복함으로써 취임식의 모든 제사를 마쳤습니다(레 9:22).[25] 축복의 선언은 제사장에게 맡겨진 큰 사명이자 특권이었습니다(신 10:8). 축복은 아마도 민수기 6:22-27에 기록되어 있는 구약적 축도였을 것입니다.

> **민수기 6:22-27** “여호와께서 모세에게 일러 가라사대 23 아론과 그 아
> 들들에게 고하여 이르기를 너희는 이스라엘 자손을 위하여 이렇게 축
> 복하여 이르되 24 여호와는 네게 복을 주시고 너를 지키시기를 원하며
> 25 여호와는 그 얼굴로 네게 비취사 은혜 베푸시기를 원하며 26 여호와
> 는 그 얼굴을 네게로 향하여 드사 평강 주시기를 원하노라 할지니라
> 하라 27 그들은 이같이 내 이름으로 이스라엘 자손에게 축복할지니 내
> 가 그들에게 복을 주리라”

이 축복은 축복을 기원하는 행위가 아니라, 축복이 있음을 선포하는 행위였습니다(참고-고후 13:13). 또한 이 축복의 근원은 하나님이시고(사 26:12, 렘 32:40, 시 4:6, 29:11, 잠 10:22, 요 14:27, 히 6:14), 대제사장은 대표자로서 축복을 선포하며(민 6:23, 고후 13:13, 참고-벧전 2:9), 축복의 대상자는 오직 언약 백성만 해당합니다(시 29:11, 사 26:12). 언약적인 관점에서 축도는 ‘언약 관계의 선언’을 의미합니다. 축도를 통해서 하나님의 언약 백성이라는 사실에 확신을 가지며, 언약 백성이 누리는 복이 선포되는 것입니다.

축복의 선포를 마친 후, 대제사장 아론은 모세와 함께 처음으로 회막에 들어갔습니다(레 9:23上). 아론과 모세가 회막에 들어갈 때에는 ‘가다’라는 뜻의 히브리어 ‘보’(בּוֹא)의 3인칭 단수형이 사용되었지만, 회막에서 나올 때에는 ‘나오다’라는 뜻의 히브리어 ‘야차’(יָצָא)의 3인칭 복수형이 사용되었습니다(레 9:23上). 이는 모세와 아론이 회막에 들어갈 때에는 모세가 주도적으로 아론을 인도하여

들어갔지만, 회막에서 나올 때에는 아론이 모세와 같은 위치에서 나왔다는 뜻입니다.

회막에서 나온 모세와 아론이 다시 백성에게 축복하자, 여호와의 영광이 온 백성에게 나타났습니다(레 9:23下). 아론이 모세와 함께 회막에 들어갔다가 나온 사실은 이제 아론이 공식적으로 회막에 들어갈 수 있는 대제사장이 되었음을 입증한 것이며, 대제사장의 사역이 아론에게 인계되었음을 보여줍니다. 또한 모세가 "오늘 여호와께서 너희에게 나타나실 것임이니라"(레 9:4), "이는 여호와께서 너희에게 하라고 명하신 것이니 여호와의 영광이 너희에게 나타나리라"(레 9:6)라고 재차 증거했던 대로, 하나님의 임재를 보여주는 여호와의 영광이 나타남으로써, 하나님께서는 아론이 대제사장으로 역사적인 첫 사역을 시작하였음을 확증하셨습니다.

성막에 나타난 여호와의 영광이 하나님의 임재를 가시적으로 보여주는 언약의 표징이듯이(출 40:34-35, 참고-왕상 8:11, 대하 5:14, 7:1-3, 겔 43:4-5, 44:4), 취임식을 마치자 나타난 여호와의 영광은 하나님께서 자기 백성 가운데 임재하신다는 강력한 확증입니다. 예수님께서는 참성전으로 이 땅에 오신 언약의 확고한 표징이시요(요 2:18-21), 멜기세덱의 반차를 좇아 오신 대제사장으로 이 땅에 오신 영광의 주님이십니다(요 1:14, 고전 2:8, 히 1:3, 6:20). 오늘날 왕 같은 제사장 된 성도도 성령이 임재하시는 성전으로서(고전 3:16, 벧전 2:9) 하나님의 영광이 함께하심을 믿어야 합니다(사 58:8, 60:1, 참고-고후 3:18).

**골로새서 1:11-12** "그 영광의 힘을 좇아 모든 능력으로 능하게 하시며 기쁨으로 모든 견딤과 오래 참음에 이르게 하시고 12 우리로 하여금 빛 가운데서 성도의 기업의 부분을 얻기에 합당하게 하신 아버지께 감사하게 하시기를 원하노라"

### (2) 번제물을 불사른 여호와의 불(레 9:24上)

아론이 제사를 다 드린 후 백성을 위해 두 번째로 축복하자, 하나님께서는 불로 응답해 주셨습니다. 레위기 9:24에서 "불이 여호와 앞에서 나와 단 위의 번제물과 기름을 사른지라 온 백성이 이를 보고 소리 지르며 엎드렸더라"라고 말씀하고 있습니다. 여기 '사른지라'는 히브리어 '아칼'(אָכַל)로, '먹다, 소비하다, 삼켜버리다'(출 10:5, 사 56:9, 욥 1:16)라는 의미입니다. 일반적으로 화제에서 '불사르다'라는 뜻으로 사용된 히브리어는 '카타르'(קָטַר)입니다. 번제단에는 앞서 불살랐던 제물이 타고 있었습니다(레 9:10, 13, 14, 17, 20). 그런데 모세와 아론이 회막에서 나와서 재차 축복하자, 순식간에 여호와 앞에서 나온 불이 번제물과 기름을 삼켜버렸습니다. 그 불은 취임식의 제사를 하나님께서 기쁘게 열납하신 사실을 보여줍니다(참고-삿 6:21, 13:19-23, 대상 21:26, 대하 7:1-3, 왕상 18:38-39).

제사장 취임식을 마친 8일째에 나타난 여호와 앞에서 나온 불은 지금까지 위임식 칠 일간 매일 번제물을 태웠던 그 불(레 8:16, 20-21, 28, 32)과는 전혀 다른 불입니다. 하나님께서는 이때부터 성막 안에서는 이 불을 꺼뜨리지 말 것과 다른 불을 사용하지 말 것을 명령하셨습니다(레 6:8-13, 10:1-2). 참고로, 유대 전승에 따르면, 이 불은 성막 시대를 지나 솔로몬 성전 시대까지 지켜져 오다가 제3차 바벨론 포로(주전 586년) 당시 성전의 파괴와 함께 사라졌다고 전해집니다.

### (3) 여호와의 불을 본 백성의 기쁨의 탄성과 경배(레 9:24下)

여호와의 임재를 사모하고 있던 이스라엘 온 백성은 번제단에 임한 여호와의 불을 보고, 소리 지르며 엎드렸습니다(레 9:24下). '소리 지르며'는 히브리어 '라난'(רָנַן)으로, '기뻐서 크게 소리 지르다, 큰 소리로 노래 부르다'라는 뜻입니다(참고-시 20:5, 33:1, 35:27, 59:16, 92:4, 95:1). 여호와께로부터 불이 나와 자신들의 제물이 열납되는 순간, 온 회중이 감격하여 주체하기 어려운 큰 기쁨에 소리치고 노래를 불렀던 것입니다.

또한 이스라엘 온 회중은 즐거워하기만 했던 것이 아니라 엎드렸습니다. 레위기 9:24 하반절의 '엎드렸더라'는 '떨어지다, 넘어지다, 엎드러지다'라는 뜻의 히브리어 '나팔'(נָפַל)의 3인칭 복수형과 '그들의 얼굴을'이라는 뜻의 '알 페네헴'(עַל־פְּנֵיהֶם)이 함께 사용되어, 얼굴을 땅에 대고 완전히 엎드린 것을 말합니다. 이는 절대적인 충성의 표현이자 항복의 표현입니다(창 17:3, 17, 44:14, 50:18, 민 14:5, 16:22, 45, 20:6, 신 9:18, 25, 수 5:14, 삿 13:20, 룻 2:10, 삼상 25:23, 삼하 9:6,

왕상 18:39, 스 10:1, 단 8:17 등). 하나님의 영광을 목격한 온 백성은 하나님의 위대하심과 거룩하심에 완전히 압도되어, 두려운 마음으로 그 앞에 엎드렸습니다. 사도 바울도 다메섹 도상에서 영광의 주님을 보고 그 자리에 엎드러졌습니다(행 9:4).

마음속 깊은 곳에서 자발적으로 우러나오는 기쁨과 찬양, 그것은 하나님의 영광을 경험할 때 가능합니다. 하나님의 영광이 임하는 순간, 온 백성은 환호하며 또한 경건함과 두려움으로 하나님을 기뻐하였습니다(히 12:28). 시편 기자도 "여호와를 경외함으로 섬기고 떨며 즐거워할지어다"(시 2:11)라고 고백하였습니다.

# III
# 나답과 아비후의 잘못된 제사와 죽음
## WRONGFUL OFFERINGS AND DEATHS OF NADAB AND ABIHU

레위기 8장과 9장에 기록된 제사장 위임식과 취임식을 통해 아론과 그 아들들이 제사장으로 세워졌고, 대제사장 아론의 사역이 시작되었습니다. 나답과 아비후 역시 동생인 엘르아살, 이다말과 함께 제사장으로 세움을 받았습니다(출 28:1, 레 8:30). 특히 나답과 아비후는 모세와 아론, 이스라엘의 장로 70인과 함께 시내산에 올라 하나님과의 언약 체결 기념 식사에 참석했던 자들입니다(출 24:1, 9).

그런데 레위기 10장은, 나답과 아비후가 잘못된 제사를 드림으로 즉사한 충격적인 사건으로 이어집니다. 더욱 충격적인 것은, 대제사장 아론이 취임식의 모든 절차를 마친 후 여호와 앞에서 나와 제물을 삼켰던 불(레 9:24)이 이번에는 범죄한 나답과 아비후를 삼켰다는 것입니다(레 10:2).

레위기 10장에 기록된 나답과 아비후의 범죄와 죽음은 레위기 1-9장의 '제사와 제사장'에 대한 주제와 레위기 11-15장의 '정결과 부정'의 규례 사이에 위치하여, 제사장의 사명이 어떠한 것인지를 엄중하게 밝혀줍니다. 또한 레위기 16장에서는 나답과 아비후의 죽음 이후 대속죄일의 규례를 선포하고 있습니다. 제사장도 연약한 인간인 이상 무죄할 수 없기 때문에, 하나님께서는 대속죄일의 규례를 통해 제사장을 포함한 모든 이스라엘 백성이 정함을 얻어 거룩하신 하나님께로 나아가는 길을 열어주셨습니다.

| 레위기 1-9장 | 레위기 10장 | 레위기 11-15장 | 레위기 16장 |
| --- | --- | --- | --- |
| 5대 제사<br>제사장의 위임식<br>제사장의 취임식 | 나답과 아비후의 죽음 | 정결과 부정의 규례 | 나답과 아비후의 죽음(레 16:1)<br>대속죄일 규례 |

## 1. 나답과 아비후의 범죄

Sins of Nadab and Abihu

### (1) 범죄의 시기

레위기 8장과 9장, 10장은 모두 히브리어 문법적으로 와우계속법으로 연결되어 있습니다. 이는 각각의 사건이 연속적임을 의미합니다. 즉, 아론이 취임식을 마치고 대제사장의 직무를 시작하자마자 나답과 아비후의 범죄 사건이 이어진 것입니다.

### (2) 범죄의 내용

**첫째, 나답과 아비후는 각기 향로를 가지고 나왔습니다.**

레위기 10:1 상반절에서 "아론의 아들 나답과 아비후가 각기 향로를 가져다가"라고 말씀하고 있습니다. 여기 '향로'는 히브리어 '마흐타'(מַחְתָּה)로, 금등대의 기구 중 정금으로 만든 불똥 그릇을 의미합니다(출 25:38, 37:23). 불똥 그릇은 번제단의 불을 담아 등대의 불을 밝히거나(출 27:3, 38:3, 민 4:14, 왕상 7:50), 향을 피우는 분향단까지 옮기는 데 사용하였습니다(레 10:1, 16:12-13, 민 16:6-7, 17-18, 37-39,

46). 또한 '각기'는 '사람'을 가리키는 히브리어 '이쉬'(אִישׁ)로, 나답과 아비후의 이름 뒤에 붙어서 이들이 각각 따로 향로를 가지고 왔음을 강조합니다. 아마도 두 사람 다 향로를 가지고 나온 것을 볼 때, 둘 중 하나, 혹은 둘 다가 성막 기구들과 함께 만들어진 향로가 아닌 별도의 향로를 들고 나온 것으로 보입니다.

본래 향로에 불을 담아 분향단에 향을 피우는 것은 대제사장 아론이 아침마다 해야 하는 책무입니다. 출애굽기 30:7-9에서 "아론이 아침마다 그 위에 향기로운 향을 사르되 등불을 정리할 때에 사를지며 8 또 저녁때 등불을 켤 때에 사를지니 이 향은 너희가 대대로 여호와 앞에 끊지 못할지며 9 너희는 그 위에 다른 향을 사르지 말며 번제나 소제를 드리지 말며 전제의 술을 붓지 말며"라고 말씀하고 있습니다. 그런데 대제사장이 아닌 나답과 아비후가 자격도 없으면서 멋대로 향로를 준비하여 나온 것입니다(참고-레 16:1-2, 대하 26:19).

### 둘째, 나답과 아비후는 다른 불을 담아 분향하였습니다.

레위기 10:1 하반절에서 "여호와의 명하시지 않은 다른 불을 담아 여호와 앞에 분향하였더니"라고 말씀하고 있습니다. 여기 '여호와의 명하시지 않은 다른 불'은 히브리어 '에쉬 자라 아쉐르 로 치바 오탐'(אֵשׁ זָרָה אֲשֶׁר לֹא צִוָּה אֹתָם)입니다. '다른'이라는 뜻으로 번역된 히브리어 '자라'(זָרָה)는 '낯선, 상관없는, 금지된, 불법의'라는 뜻의 '자르'(זָר)의 분사형으로, 여기서는 '상관없는'이라는 뜻입니다(참고-민 1:51). 또한 절대 부정의 의미를 가진 히브리어 '로'(לֹא)가 사용되어 '여호와께서 절대로 명령하시지 않았던 상관없는 불'을 가리킵니다. 이 불은 취임식의 마지막에 여호와 앞에서 나와 제물을 삼켰던 하나님의 불(레 9:24)이 아닌 다른 불입니다.

하나님께서는 분향단에 불을 옮길 때에도 '여호와 앞 단 위에서 피운 불'을 사용할 것을 명령하셨습니다(레 16:12). 그러나 나답과 아비후는 번제단이 아닌 다른 곳에서 다른 불을 가지고 왔습니다. 이는 단순히 보이는 불의 문제가 아니라, 하나님께서 주신 응답에 감사하지 않고, 사람들을 의식하여 외식하는 제사를 드린 것입니다(참고-마 6:5, 요 5:44). 나답과 아비후의 범죄는, 예배의 방법은 반드시 예배의 대상이 되시는 하나님의 말씀에 의거해야 한다는 십계명 중 제2계명의 엄중함을 생각하게 합니다(출 20:4-6, 신 5:8-10).

하나님께 드리는 제사의 핵심은 형식적인 절차가 아니라 말씀에 순종하는 것입니다(삼상 15:22, 요 4:23-24). 하나님을 섬기는 방법도 하나님의 계시로부터 시작됩니다. 나답과 아비후는 하나님의 말씀을 망각하고, 자신의 생각과 경험을 근거로 하나님께 나아가려고 했던 것입니다.

### 셋째, 나답과 아비후는 거룩하지 못했습니다.

불이 여호와 앞에서 나와 나답과 아비후를 삼켜 그들이 죽은 뒤에, 모세는 아론에게 하나님의 말씀을 전했습니다. 레위기 10:3에서 "모세가 아론에게 이르되 이는 여호와의 말씀이라 이르시기를 나는 나를 가까이하는 자 중에 내가 거룩하다 함을 얻겠고 온 백성 앞에 내가 영광을 얻으리라 하셨느니라"라고 말씀하고 있습니다. 여기 '거룩하다 함을 얻겠고'는 히브리어 '에카데쉬'(אֶקָּדֵשׁ)로, '거룩하다'라는 뜻의 히브리어 '카다쉬'(קָדַשׁ)가 니팔(수동)형 미완료 동사로 쓰여 '거룩함을 입증하다'라는 뜻입니다(민 20:13, 사 5:16, 겔 20:41, 28:22, 25, 36:23, 38:16, 39:27).[26] 범죄한 나답과 아비후의 죽음은 하나님의 거룩을 드러내는 사건이었습니다(참고-삼하 6:6-8, 사 6:5).

나답과 아비후의 시신이 처리된 후, 하나님께서는 모세를 통해 전달하지 않으시고 아론에게 직접 "너나 네 자손들이 회막에 들어갈 때에는 포도주나 독주를 마시지 말아서 너희 사망을 면하라 이는 너희 대대로 영영한 규례라"(레 10:8-9)라고 말씀하셨습니다. 이를 볼 때, 나답과 아비후가 거룩하지 못했던 것은 술과 관련된 문제였을 것입니다(참고-신 29:6, 잠 20:1, 31:4-5, 사 5:22-25).

## 2. 나답과 아비후 시신의 처리

Removal of the bodies of Nadab and Abihu

### (1) 시신의 수습

모세는 아론의 아자비(삼촌) 웃시엘의 아들 미사엘과 엘사반을 불러 나답과 아비후의 시신을 진 밖으로 메어가라고 하였습니다(레 10:4). 모세가 아론의 다른 아들 엘르아살과 이다말이 아니라 미사엘과 엘사반에게 명령한 이유는, 제사장이 부정한 것과 접촉하면 제사장 자신도 부정케 되기 때문입니다(민 19:7, 22). 제사장은 부정한 것을 정결케 할 사명이 있는 자로서, 부모나 자녀, 형제, 자매가 죽은 경우를 제외하고는 장례식에 참여하는 일이 금지되었습니다(레 21:1-4, 겔 44:25-27). 심지어 대제사장은 친부모의 시신에 가까이 하는 것조차 금지되었습니다(레 21:10-12).

나답과 아비후는 위임식을 통해 주어진 제사장의 예복을 입은 채로 타 죽었고, 옷을 입은 채로 진 밖으로 메어 내졌습니다(레 10:5). 여호와의 불은 나답과 아비후의 생명만을 삼켰지만, 제사장과 그가 입은 예복이 하나가 되었기에 그들이 입은 예복까지도 진 밖으로 내보내진 것입니다(참고-삼상 23:6, 9, 30:7).

### (2) 아론과 그 아들 엘르아살, 이다말을 향한 모세의 명령

모세는 아론과 그 아들 엘르아살, 이다말에게 '형제의 죽음으로 인하여 머리를 풀거나 옷을 찢으며 슬퍼하지 말고, 오직 이스라엘만이 여호와의 치신 불로 인하여 슬퍼하게 하라'고 명령했습니다(레 10:6). 머리를 풀거나 옷을 찢는 것은 극한의 슬픔을 나타내는 행위입니다(창 37:29, 레 13:45). '머리를 풀거나'에는 완곡하고 일시적인 부정의 의미를 가진 히브리어 '알'(אַל)이 함께 쓰인 반면에, '옷을 찢으며'에는 강력하고 절대적인 부정의 의미를 가진 히브리어 '로'(לֹא)가 함께 사용되었습니다. 인간 제사장에게도 감정이 있기에 슬픔이 아예 없을 수는 없습니다. 그러나 아론과 엘르아살, 이다말이 입은 대제사장과 제사장의 의복은 거룩한 예복으로, 어떠한 경우에도 찢어서는 안 되는 것입니다(레 21:10, 참고-마 26:65, 막 14:63). 또한 아론과 엘르아살, 이다말은 육정에 따라 슬퍼하는 것이 아니라, 하나님과 이스라엘 사이의 중보자로서 오직 하나님의 뜻을 따라 범죄에 대해서 애통해 하여야 합니다(참고-렘 17:5, 욜 2:12, 미 1:3-9, 마 5:4).

레위기 10:7에서 "여호와의 관유가 너희에게 있은즉 너희는 회막 문에 나가지 말아서 죽음을 면할지니라 그들이 모세의 명대로 하니라"라고 말씀하고 있습니다. 아론과 그 아들 엘르아살, 이다말은 여호와의 관유가 뿌려져 거룩하게 구별된 자들로, 아무리 골육지친이 죽었다고 해도 현재 성막 안에서 이스라엘의 죄를 속하는 사명을 완수해야 합니다.

### (3) 제사장이 지켜야 할 규례

나답과 아비후의 시신이 처리된 후, 하나님께서는 다시는 제사장의 범죄가 반복되지 않도록 제사장이 지켜야 할 규례를 선포하셨

습니다. 레위기 10:8-11에서 “여호와께서 아론에게 일러 가라사대
9 너나 네 자손들이 회막에 들어갈 때에는 포도주나 독주를 마시지
말아서 너희 사망을 면하라 이는 너희 대대로 영영한 규례라 10 그
리하여야 너희가 거룩하고 속된 것을 분별하며 부정하고 정한 것을
분별하고 11 또 여호와가 모세로 명한 모든 규례를 이스라엘 자손에
게 가르치리라”라고 말씀하고 있습니다. 하나님께서는 모세를 통하지 않으시고 아론에게 직접 그 규례를 말씀하셨습니다(참고-민 18:1, 8, 20). 이는 아론의 아들들의 범죄에도 불구하고 여전히 아론을 대제사장으로 인정하셨기 때문입니다.

제사장이 회막에 들어갈 때 포도주와 독주를 마셔서는 안 된다는 규례는 ‘대대로 영영한 규례’입니다. 여기 ‘마시지 말아서’에서 ‘말아서’는 히브리어 ‘알’(אַל)로, 완곡하고 일시적인 금지의 명령입니다. 제사장에게 돌리는 첫 소산 중에 포도주가 포함된 것을 볼 때, 제사장이 평생 술을 금해야 하는 것은 아닙니다(민 18:12). 그러나 회막에 들어갈 때에는 직무를 올바르게 수행할 수 있도록 술을 마시지 말아서 사망을 면해야 한다고 경고하신 것입니다.

또한 제사장은 거룩한 것과 속된 것, 부정한 것과 정결한 것을 분별하며 이스라엘에게 여호와의 규례를 가르치는 사명자이기에(레 10:10-11, 겔 44:23) 술 취하지 않도록 해야 합니다. 술 취함은 제사장의 판단을 흐트러뜨리고 방탕하게 만듭니다(잠 23:21, 26:9, 슥 9:15). 거룩한 것(קֹדֶשׁ, ‘코데쉬’)은 하나님의 속성이지만, 속된 것(חֹל, ‘홀’)은 정결한 것(טָהוֹר, ‘타호르’)과 부정한 것(טָמֵא, ‘타메’) 모두를 포함하는 일상적인 생활의 영역을 가리킵니다. 여기 ‘분별’은 히브리어 ‘바달’(בָּדַל)로, 중간 영역 없이 완전하게 구분하는 것을 의미합니다. ‘바달’은 창세기 1장에서 빛과 어둠을 나눌 때(창 1:4), 궁창 아래의

물과 위의 물을 나눌 때(창 1:6-7), 낮과 밤을 나눌 때(창 1:14, 18)에도 사용되었습니다. 레위기 11-15장에서는 거룩한 것과 속된 것, 정결한 것과 부정한 것을 구별하는 상세한 규례를 소개하고 있습니다.

**거룩한 것**
קֹדֶשׁ / 코데쉬
Holy

←··· 분별하다 ···→
בָּדַל / 바달
Distinguish

**속된 것**
חֹל / 홀
Common

**정결한 것**
טָהוֹר / 타호르
Clean

←··· 분별하다 ···→
בָּדַל / 바달
Distinguish

**부정한 것**
טָמֵא / 타메
Unclean

신명기 33:10에서 "주의 법도를 야곱에게, 주의 율법을 이스라엘에게 가르치며 주 앞에 분향하고 온전한 번제를 주의 단 위에 드리리로다"라고 말씀하고 있습니다. 제사장이 담당하는 두 가지 중요한 직무는 가르치는 직무와(신 33:10, 삼상 12:23, 느 8:7-9, 렘 18:18, 겔 7:26) 제사의 직무(출 29:1, 9, 29, 44, 30:30, 40:13-15, 민 3:3, 10, 18:1, 7, 25:12-13)입니다. 오늘날 왕 같은 제사장으로 부름받은 성도 역시 하나님의 말씀대로 거룩한 것과 속된 것, 정결한 것과 부정한 것을 분별하며, 신앙 전수의 사명을 다하도록 술에 취하지 않고 오직 성령의 충만함을 입어야 합니다(롬 13:13, 갈 5:21-23, 엡 5:18, 딤전 3:3, 딛 2:3).

## 3. 취임식 제사의 점검

Inspection of the inauguration offerings

모세는 아론과 그 남은 아들 엘르아살과 이다말을 불러, 제사장으로서 제사에 대한 직임을 제대로 마치도록 하였습니다.

### (1) 취임식 소제의 남은 것을 거룩한 곳에서 먹으라고 명령하였습니다.

먼저 모세는 제사장의 취임식에서 백성을 위한 번제와 함께 드렸던 소제(레 9:4, 17)를 거룩한 곳에서 먹음으로 소제 규례를 제대로 마치도록 하였습니다. 레위기 10:12-13에서 "모세가 아론과 그 남은 아들 엘르아살에게와 이다말에게 이르되 여호와께 드린 화제 중 소제의 남은 것은 지극히 거룩하니 너희는 그것을 취하여 누룩을 넣지 말고 단 곁에서 먹되 [13]이는 여호와의 화제 중 네 응식과 네 아들의 응식인즉 너희는 그것을 거룩한 곳에서 먹으라 내가 명령을 받았느니라"라고 말씀하고 있습니다.

소제에서 하나님의 몫(기념물)으로 불사른 것을 제외한 나머지는 누룩을 넣지 말고 거룩한 곳 회막 뜰, 곧 번제단 옆에서 먹어야 합니다(레 6:16, 10:12). 이는 여호와의 화제 중 제사장의 몫으로 구별된 영원한 소득입니다(레 6:17-18). 참고로, 제사장의 위임식에서는 아직 아론과 그 아들들이 제사장 직분을 완전히 받기 전이었기 때문에 소제물을 먹을 수 없었고 온전히 불살라야 했습니다(레 6:19-23).

### (2) 취임식 화목제의 흔든 가슴과 든 뒷다리를 정결한 곳에서 먹으라고 명령하였습니다.

이어서, 모세는 취임식 화목제에서 요제로 흔들었던 제사장의 몫을 먹음으로 화목제 규례를 제대로 마치도록 하였습니다. 레위기 10:14에서 "흔든 가슴과 든 뒷다리는 너와 네 자녀가 너와 함께 정결한 곳에서 먹을지니 이는 이스라엘 자손의 화목제 희생 중에서 네 응식과 네 자손의 응식으로 주신 것임이니라"라고 말씀하고 있습니다. 여기 '흔든 가슴과 든 뒷다리'는, 취임식에서 백성을 위한 화목제로 수소와 숫양에서 기름과 기름진 꼬리와 내장에 덮인 것과 콩팥과 간 꺼풀을 단 위에 불살라 하나님께 드리고(레 9:19-20), 제사장의 몫으로 주어진 부분을 가리킵니다(레 7:30-34). 아론은 화목제의 규례에 따라 취임식 화목제에서 제물의 가슴 부위와 우편 뒷다리를 요제로 삼았습니다(레 9:21). 모세는 여호와의 명대로 아론과 그 자손들에게 가슴 부위와 우편 뒷다리를 영원한 응식으로 주고, 그것을 정결한 곳에서 먹도록 하였습니다(레 10:13-14).

앞서 소제의 남은 것은 '거룩한 곳'(מָקוֹם קָדֹשׁ, '마콤 카도쉬')에서 먹었습니다. 그러나 화목제 규례에서 제사장의 몫을 먹는 곳은 '정결한 곳'(מָקוֹם טָהוֹר, '마콤 타호르')입니다. 소제의 남은 것은 성막 안 번제단 옆에서 먹었지만, 화목제 규례에서 제사장의 몫은 제사장뿐 아니라 그 자녀와 함께 성막 밖의 장소 중 정결한 곳이라면 어디서든지 먹을 수 있었습니다.

이어지는 레위기 10:15의 "그 든 뒷다리와 흔든 가슴을 화제의 기름과 함께 가져다가 여호와 앞에 흔들어 요제를 삼을지니 이는 여호와의 명령대로 너와 네 자손의 영원한 응식이니라"라는 말씀은, 화목제의 일반 규례에서 제사장의 몫에 대한 규례(레 7:29-34)를 다시 말씀하신 것입니다. 화목제물의 가슴과 우편 뒷다리는 이미 취임식에서 요제로 삼았기에 다시 요제를 삼을 것이 없기 때문입니다(레 9:21). 따라서 14절은 취임식 화목제의 제사장의 몫에 대한 말씀이고, 15절은 앞으로 화목제를 드릴 때에 제사장의 몫에 대한 말씀입니다. 이는 나답과 아비후의 범죄에도 불구하고 아론과 그 아들들이 여전히 제사장 직분을 가지고 있을 뿐 아니라, 앞으로도 그 후손으로 제사장 직분이 이어진다는 은혜의 말씀이기도 합니다.

### (3) 아론은 속죄제 염소의 제사장의 몫을 불살랐습니다.

모세는 소제와 화목제에 대한 규례를 점검한 후, 속죄제의 규례를 점검하였습니다. 레위기 10:16 상반절에서 "모세가 속죄제 드린 염소를 찾은즉 이미 불살랐는지라"라고 말씀하고 있습니다. 제물이 염소인 것을 볼 때, 이 속죄제는 취임식의 백성을 위한 속죄제를 가리킵니다(레 9:15). 또한 '찾은즉'은 히브리어 '다로쉬 다라쉬'(דָּרֹשׁ דָּרַשׁ)로, 한글 개역성경은 단순하게 번역하였지만, 히브리어 부정사 절대형이 강조 용법으로 사용되어 '샅샅이 찾았다'는 뜻입니다. 그리고 '불살랐는지라'는 히브리어 '힌네 소라프'(הִנֵּה שֹׂרָף)로, 히브리어 '사라프'(שָׂרַף)가 푸알(강조수동)형으로 쓰여 '불타 없어져버렸다!'라는 강력한 어조로, 아론과 그 아들들이 의도적으로 불태웠음을 나타냅니다.

속죄제의 규례에서 제사장 몫의 분배 여부는 제물의 피가 어디에 발라졌는지에 따라 결정됩니다. 레위기 6:30에서 "그러나 피를 가지고 회막에 들어가 성소에서 속하게 한 속죄제 희생의 고기는 먹지 못할지니 불사를지니라"라고 말씀하고 있습니다. 제사장의 속죄제나 온 회중의 속죄제의 경우, 제물의 피를 회막 안에 있는 분향단 네 뿔에 바르며(레 4:7, 18) 희생제물의 남은 부위를 진 밖에서 불살라야 합니다(레 4:12, 21). 반면에, 족장과 평민의 속죄제의 경우에는 제물의 피를 번제단 뿔에 바르며(레 4:25, 30) 하나님께 드리는 기름 이외의 부위는 제사장의 남자마다 거룩한 곳에서 먹어야 합니다(레 6:24-29, 7:6-7, 참고-레 3:13-16).

제사장 취임식에서는 아론을 위한 속죄제와 백성을 위한 속죄제가 드려졌습니다. 아론을 위한 속죄제는 제사장의 속죄제 일반 규례와 동일하게 송아지를 드리되(레 4:3), 아직 아론이 회막에 출입하기 전이기 때문에 번제단 네 뿔에 피를 발랐습니다(레 9:8-9, 참고-레 4:6-7). 또한 대제사장으로서 취임식 제사를 마치고 아직 하나님의 응답을 받기 전이라, 그 남은 고기도 진 밖에서 태워야 했습니다(레 9:11). 반면에, 취임식에서 백성을 위한 속죄제는 대속죄일 규례와 같이 염소를 제물로 드렸으며(레 16:15), 아론을 위한 속죄제와 같이 번제단 네 뿔에 피를 발랐습니다(레 9:15). 취임식의 경우, 이미 제사장을 위한 속죄제와 번제를 마쳤기에(레 9:8-14) 마땅히 그 고기를 제사장들의 몫으로 돌려 거룩한 곳에서 먹어야 했습니다.

모세는 백성을 위한 속죄제의 염소가 이미 불살라졌다는 것을 확인하자 노를 발하였습니다(레 10:16). 레위기 10:17-18에서 "이 속죄제 희생은 지극히 거룩하거늘 너희가 어찌하여 거룩한 곳에서 먹지 아니하였느뇨 이는 너희로 회중의 죄를 담당하여 그들을 위하여 여호와 앞에 속하게 하려고 너희에게 주신 것이니라 [18] 그 피를 성소에 들여오지 아니하였으니 그 제육은 너희가 나의 명한 대로 거룩한 곳에서 먹었어야 할 것이니라"라고 말씀하고 있습니다.

이에 아론은 "오늘 그들이 그 속죄제와 번제를 여호와께 드렸어도 이런 일이 내게 임하였거늘 오늘 내가 속죄 제육을 먹었더면 여호와께서 어찌 선히 여기셨으리요"라고 답변하였습니다(레 10:19). 아론은 속죄제의 제사장의 몫을 몰라서, 혹은 실수로 불사른 것이 아니었습니다. 아론과 그 아들들은 위임식의 규례를 칠 일간 행한 후 취임식을 통하여 속죄제와 번제를 드렸습니다. 취임식의 모든 절차를 마치고 거룩하게 된 제사장들은 거룩하게 구별된 제사장의 몫을 거룩한 곳에서 먹음으로써 모든 제사를 마무리해야 합니다(레

6:27). 그러나 아론은 나답과 아비후의 범죄에 대한 책임이 자신에게 있음을 통감하고, 제사장의 몫을 먹을 수 있는 자격자가 되지 못한다고 생각하여 제물을 불살랐던 것입니다.

이에 대한 모세의 반응을 "그 말을 듣고 좋게 여겼더라"라고 말씀하고 있습니다(레 10:20). 여기 '좋게'는 히브리어 '야타브'(יָטַב)로, '선하다, 좋다, 성공하다, 잘되다'라는 의미입니다. 모세는 아론의 답변을 듣고 그 행동이 올바른 행동이었다고 인정한 것입니다.

## 4. 레위기 10장의 구속사적 교훈

Redemptive-historical significance of Leviticus 10

하나님과 이스라엘 사이에서 중보 사역을 수행하는 제사장을 세우는 위임식과 취임식을 철저하게 진행했음에도 불구하고, 나답과 아비후의 범죄로 인해 아론은 규례대로 제사장의 몫을 먹지 못했습니다. 이로써 아론이 드려야 했던 제사장으로서의 첫 제사는 무흠하게 이루어지지 못했습니다.

그러나 하나님께서는 아론과 남은 아들들을 여전히 제사장으로 인정하시고 은혜로 죄과를 가리셨으며, 그들이 이스라엘에게 거룩한 것과 속된 것, 정결한 것과 부정한 것을 구별하고 하나님의 규례를 가르치도록 하셨습니다. 이에 레위기 11-15장에서는 언약 백성이 지켜야 할 정결의 규례를 주셨고, 16장에서는 매년 지켜야 할 대속죄일 규례를 주심으로써 아론과 그의 집이 여전히 하나님과 이스라엘 사이에서 중보가 되게 하셨습니다.[27)]

이러한 대속죄일 규례도 매년 반복되어야 하는 한계가 있었습니다. 그러나 하나님께서는 독생자 예수 그리스도를 보내심으로 단번에 영원한 제사를 완성하셨습니다(히 9:26-28, 10:9-14). 그리고 예수님께서는 지금도 하나님 우편에서 대제사장으로서 중보를 쉬지 않으시며, 자기를 힘입어 하나님께 나아가는 자들에게 영원한 구원의 근원이 되십니다(롬 8:34, 딤전 2:5, 히 5:8-10, 7:23-25, 8:1, 9:15, 12:24, 요일 2:1).

종합해 볼 때, 하나님께서 주신 제사장 위임식과 취임식 규례는 사람을 억압하기 위한 것이 아니라, 궁극적으로 장차 영원한 대제사장으로 오실 예수님과 예수님의 십자가 제사를 예표하고 있습니다.

주님의 제자들이 시장하여 안식일에 밀 이삭을 잘라 먹는 것을 보고, 바리새인들은 예수님의 제자들을 정죄하였습니다(마 12:1-2). 그러나 예수님께서는 다윗과 소년들이 제사장만 먹을 수 있는 진설병을 먹었으나 정죄 받지 않았다는 것(삼상 21:1-6, [참고]레 24:5-9)과, 안식일에 제사장들이 성전 안에서 안식을 범하여도 죄가 없다는 것을 말씀하시면서(민 28:9-10) 생명이 우선이요, 의식은 차선임을 가르쳐 주셨습니다(마 12:3-6). 또한 "자비를 원하고 제사를 원치 하니하노라 하신 뜻을 너희가 알았더면 무죄한 자를 죄로 정치 아니하였으리라"(마 12:7, [참고]호 6:6)라고 말씀하시면서, 하나님의 우선적인 뜻은 자비요, 제사는 차선임을 가르쳐 주셨습니다.

이처럼 하나님께서는 제사장의 위임식과 취임식 규례를 통해 참된 대제사장 예수 그리스도를 바라보게 하셨습니다. 하나님께서 속죄 제육을 먹지 않은 아론과 그 아들들을 자비롭게 받아주시고, 완전한 순종으로 합당한 자격을 가지신 영원한 대제사장을 통해 완전한 속죄가 성취되기를 대망하게 하신 것입니다.

# Ⅳ
# 제사장 위임식과 취임식의 구속 경륜

## REDEMPTIVE ADMINISTRATION OF THE ORDINATION AND INAUGURATION OF THE PRIESTS

제사장은 하나님을 섬기면서 하나님과 백성을 중재하는 자입니다. 죄인이 하나님께 가까이 나아갈 수 있도록 돕는 자입니다. 구약의 제사장은 참된 중보자로 오시는 완전하고 거룩한 제사장이신 예수 그리스도를 보여주는 예표입니다(히 10:1). 예수 그리스도께서는 단번에 영원한 속죄를 이루신 영원한 제사장이십니다(롬 6:10, 히 7:27, 9:12, 26, 28, 10:10, 12). 그는 영원히 계시고 항상 살아계시는 맹세 언약의 대제사장이십니다(히 1:12, 7:20-25). 제사장의 위임식 규례는 예수님의 겟세마네 기도를 통해 성취되었고, 제사장의 취임식 규례는 예수님의 십자가의 제사를 통해 성취되었습니다.

예수 그리스도의 피 뿌린 속죄로 말미암아 구속받은 성도는 모두 제사장으로 위임을 받은 자들입니다. 사도 베드로는 성도를 가리켜 거룩한 제사장(벧전 2:5)이라고 하였고, 또 왕 같은 제사장(벧전 2:9)이라고도 하였습니다. 아론과 그 아들들의 제사장 위임식과 취임식 때 나타난 하나님의 영광은 오늘날 제사장으로 부름받은 성도가 어떠한 삶을 살아야 하는지, 하나님께서 가장 기뻐하시는 제사(예배)는 무엇인지를 가르쳐 주고 있습니다.

## 1. 제사장 위임식과 제사장의 예복

Ordination of the priests and the priestly garments

제사장 위임식의 핵심적인 요소는 몸을 깨끗이 씻고 새 예복을 입는 것입니다(출 29:4-9). 레위기 8:7에서 "아론에게 속옷을 입히며 띠를 띠우고 겉옷을 입히며 에봇을 더하고 에봇의 기묘하게 짠 띠를 띠워서 에봇을 몸에 매고"라고 말씀하고 있습니다(레 8:13). 여기 '입히다'는 히브리어 '라바쉬'(לָבַשׁ)로, '옷을 입는다'라는 기본적인 의미 외에도 옷이 그 입는 자의 신분을 나타낸다는 점에서 '새로운 신분을 주신다'라는 의미도 있습니다.

### (1) 아담의 가죽옷

대제사장과 제사장이 공통적으로 입는 속옷(출 39:27, 레 8:7; '반포 속옷'-출 28:39, '세마포 긴 옷'-레 6:10)은 겉옷 안에, 살에 닿게 통으로 입는 긴 소매의 옷입니다. 속옷은 히브리어로 '케토네트'(כְּתֹנֶת)로, 성경에서 처음 '케토네트'가 나오는 것은 아담과 하와에게 하나님께서 지어주신 '가죽옷'입니다.

본래 아담과 하와는 에덴동산에서 하나님의 영광을 입어 수치를 모르는 존재였습니다(창 2:25). 창세기 2:15에서 "여호와 하나님이 그 사람을 이끌어 에덴동산에 두사 그것을 다스리며 지키게 하시고"라고 말씀하고 있습니다. 여기 '다스리며'는 히브리어 '아바드'(עָבַד)로, '섬기다, 예배하다, 노동하다'라는 뜻이며, '지키게 하시고'는 히브리어 '샤마르'(שָׁמַר)로, '(책임이나 규례를) 지키다'라는 뜻입니다. 두 단어는 모두 제사장의 직무에 사용되는 단어입니다(레 8:35, 민 1:53, 18:5 등). 죄로 말미암아 노동의 수고가 있기 전에(창 3:17, 19), 아담은 에덴동산에서 하나님과 여자 사이의 중보자가 되는 제사장의 원형이었습니다.

선악을 알게 하는 나무의 실과를 먹지 말라는 말씀에 불순종한 아담과 여자는 하나님의 영광이 떠나 벌거벗은 수치를 느끼게 되었습니다(창 3:7上). 이에 아담과 하와는 그 수치를 가리고자 무화과 나뭇잎을 엮어 치마를 만들어 입었습니다(창 3:7下). 이 '치마'는 히브리어 '하고르'(חֲגֹר)로, 겨우 엉덩이 주변만을 가릴 수 있는 옷을 가리킵니다. 또한 무화과 나뭇잎은 작은 충격에도 찢어지거나 시간이 지나면 말라 부스러지고 마는 연약한 재료입니다. 그러나 하나님께서는 범죄한 아담에게 여자의 후손을 통한 구원을 약속하시며(창 3:15) 그 표징으로 아담과 그 아내에게 가죽옷을 지어 입혀주셨습니다(창 3:21). 여기 '옷'은 히브리어 '케토네트'(כְּתֹנֶת)로, 긴 옷으로 몸 전체를 가리듯이 무죄한 짐승의 희생을 통해서 인간의 범죄한 수치를 가리는 옷을 지어주셨음을 의미합니다.

창세기 3:21의 '입히시니라'는 히브리어 '라바쉬'(לָבַשׁ)로, 제사장의 예복 착의식에도 동일한 단어가 사용되었습니다(출 29:8, 레 8:7). 제사장의 위임식에서 예복이 입혀질 때 신분의 변화가 주어지듯이, 아담은 하나님께서 지어주신 가죽옷을 입음으로써 죄와 수치로 얼룩진 죄의 종에서(요 8:34, 벧후 2:19), 그 수치를 가리우고 구원의 소망을 가진 자로 신분이 바뀔 수 있었습니다(시 32:1, 롬 4:6-7).

### (2) 대제사장의 예복

아담의 가죽옷이 하나님께서 짐승을 희생시켜서 직접 지어주신 옷이라면, 대제사장의 예복은 하나님께서 모세를 통해 식양을 보이시고 하나님의 신을 충만하게 부어주신 오홀리압(אָהֳלִיאָב, 뜻-아버지의 장막)을 통해 지으셨습니다(출 31:6, 10, 38:23). 출애굽기 28:3에서

"아론의 옷을 지어 그를 거룩하게 하여 내게 제사장 직분을 행하게 하라"라고 말씀하고 있는데, 이는 대제사장의 예복의 목적이 아론을 거룩하게 하여 제사장의 사역을 온전히 수행하게 하려는 것임을 보여줍니다.

제사장의 위임식을 시작하면서, 모세는 아론과 그 아들들을 물로 씻긴 후에 그들에게 제사장의 예복을 입혔습니다. 먼저 아론에게 대제사장의 예복을 입힌 후에, 성막과 그 기구들에 관유를 바르고, 아론의 머리에 관유를 부어 발라서 거룩하게 구별된 성막과 같이 아론도 거룩하게 구별하였습니다(출 29:4-7, 레 8:6-12). 이어서 그 아들들에게도 제사장의 의복을 입혔습니다(출 29:8-9, 레 8:13).

또한 제사장의 위임식의 속죄제와 번제와 화목제(위임식의 숫양)를 드린 후, 모세는 관유와 단 위의 피를 취하여 아론과 그 옷과 아들들과 그 아들들의 옷에 뿌려서 거룩하게 하였습니다(출 29:29, 레 8:30).

특별히 아론이 입은 대제사장의 예복은 아론의 자손들이 위임식 때마다 칠 일간 입어야 하는 거룩한 예복이었습니다(출 29:30). 이 거룩한 옷을 입지 않고서는 제사장 직분을 행할 수 없으며(출 28:1-4, 41, 43, 39:41), 하나님의 존전인 지성소에 결코 들어갈 수 없습니다(참고-레 16:4).

평소 대제사장은 대제사장의 예복을 입고 직무를 수행하였습니다. 그러나 대속죄일에 죄인의 입장에서 하나님 앞에 나아갈 때에는 대제사장의 예복을 벗고 흰 세마포 옷을 입었습니다(레 16:3-4, 23-24).

### (3) 구원의 옷

성경에서 옷을 입는 것은 어떤 상태를 덧입는다는 의미로 자주 사용되었습니다. 악인은 저주와 욕과 수치로 옷을 입지만(시 109:18,

29), 하나님을 의지하는 자는 구원과 존귀와 위엄의 옷을 입습니다(시 21:5, 사 45:17). 특히 제사장의 예복을 '의'와 '구원'의 옷으로 표현하고 있습니다(대하 6:41, 시 132:9, 16). 이는 제사장의 옷이 나타내는 참의미가, 인간의 연약함을 가리고 의로 인정받게 하여 구원을 이루는 것임을 보여줍니다.

또한 이사야 61장에서도 이스라엘의 완전한 회복과 진정한 희년이 이루어질 것을 바라보면서, 자기 백성에게 '찬송의 옷'(사 61:3), '구원의 옷'과 '의의 겉옷'(사 61:10)을 입히실 것을 말씀하고 있습니다. 이사야 61:10의 '입히시며'는 히브리어 '라바쉬'(לָבַשׁ)의 히필(사역)형으로, 하나님께서 그 옷을 입게 하시겠다는 의지를 표현하고 있습니다.

구약에서 약속된 '구원의 옷'에 대한 말씀은, 무죄하신 예수님께서 대제사장으로서 보혈을 흘리심으로 범죄한 자기 백성의 죄와 허물을 완전히 가려주시고 의의 옷을 입혀 주심으로 성취되었습니다(시 110:3, 사 53:4-6, 슥 3:3-5, 마 20:28, 막 10:45, 롬 13:14).

제사장 위임식 때 아론과 그 아들들의 옷에 피가 뿌려져서 거룩하게 되었듯이(레 8:30), 오늘날 왕 같은 제사장으로 부름받은 성도도 예수 그리스도의 보혈이 뿌려진 옷을 입어야 합니다(히 9:19-20, 벧전 2:9, 요일 1:7, 계 7:14). 제단과 제사장이 그 예복에 뿌려진 피로 하나가 되듯이, 십자가와 성도는 보혈이 뿌려진 구원의 옷으로 하나가 되었습니다(계 19:11-14). 따라서 오늘날 성도는 오직 주 예수 그리스도로 옷 입고(롬 13:14), 하나님을 따라 의와 진리의 거룩함으로 지으심을 받은 새사람을 입어야 합니다(엡 4:24). 과거에 입었던 어두움의 일을 벗고 빛의 갑옷을 입어야 합니다(롬 13:12, 참고-요 8:12,

9:4, 계 21:23-24). 긍휼과 자비와 겸손과 온유와 오래 참음의 옷을 입고(골 3:12), 옳은 행실로 말미암은 빛나고 깨끗한 세마포를 입어야만 합니다(계 19:8).

## 2. 제사장 취임식과 대속죄일

Inauguration of the priests and the Day of Atonement

아담의 범죄 이후로는 족장들이 제사장직을 수행하였습니다. 그러나 이스라엘이 애굽에서 종살이하는 동안에는 온전한 제사를 드릴 수가 없었습니다. 하나님께서는 이스라엘이 애굽에 거주한 지 430년이 마치는 그날(출 12:40-41), 그들을 애굽에서 해방하셨습니다. 하나님께서 이스라엘을 애굽에서 해방하신 궁극적인 목적은 출애굽을 통해 하나님의 구속 경륜을 이루는 것이었습니다. 출애굽 준비 과정에서 이러한 목적을 세 가지 히브리어 동사를 통해 말씀하고 있습니다.[28)]

### 첫째, 하나님을 섬기게 하시기 위함입니다(출 3:12).

출애굽기 3:12에서 "하나님이 가라사대 내가 정녕 너와 함께 있으리라 네가 백성을 애굽에서 인도하여 낸 후에 너희가 이 산에서 하나님을 섬기리니 이것이 내가 너를 보낸 증거니라"라고 말씀하고 있습니다. 여기 '섬기다'는 히브리어 '아바드'(עָבַד)로, '일하다, 예배하다, 봉사하다'라는 뜻이며(창 14:4, 15:13, 27:29, 29:18, 20, 30:29, 시 100:2), 포괄적으로 하나님을 향한 신앙 전반을 일컫는 단어입니다(신 6:13, 10:12, 20, 11:13, 수 24:14-15, 말 3:14).

### 둘째, 하나님께 희생제사를 드리게 하시기 위함입니다 (출 3:16-18, 참고-출 5:3).

출애굽기 3:18 하반절에서 "히브리 사람의 하나님 여호와께서 우리에게 임하셨은즉 우리가 우리 하나님 여호와께 희생을 드리려 하오니 사흘 길쯤 광야로 가기를 허락하소서"라고 말씀하고 있습니다. 여기 '희생을 드리다'는 히브리어 '자바흐'(זָבַח)로, '~에게 희생제사를 드리다'라는 뜻입니다(삼상 1:3).

### 셋째, 하나님 앞에 절기를 지키게 하시기 위함입니다(출 5:1).

출애굽기 5:1 하반절에서 "이스라엘 하나님 여호와의 말씀에 내 백성을 보내라 그들이 광야에서 내 앞에 절기를 지킬 것이니라 하셨나이다"라고 말씀하고 있습니다. 여기 '절기를 지키다'는 히브리어 '하가그'(חָגַג)로, '기념하다, 빙빙 돌다, 순환하다'라는 뜻이며(참고-출 12:14) 매년 반복되는 절기를 지키는 것을 의미합니다.

아론과 그 아들들의 제사장 위임식과 취임식은 하나님께서 이스라엘을 출애굽시키신 목적이 성취되는 순간이자, 구속사적으로 기념비적인 순간이었습니다. 그런데 제사장 취임식 이후 레위기 10장에서는 나답과 아비후의 범죄로 인하여 아론이 이스라엘 온 회중을 위한 속죄제의 염소 중 제사장의 몫을 먹지 못하고 불에 태워야만 했음을 밝히고 있습니다. 모세는 아론의 판단을 옳은 것으로 여겼고, 하나님께서는 아론과 남은 두 아들 엘르아살과 이다말이 하나님과 이스라엘 사이의 중보자로서 제사장직을 이어가게 하셨습니다.

레위기 10장에서 이어지는 11-15장을 흔히 '정결법'이라고 하는데, 음식과 출산, 질병, 성적인 문제 등 다양한 생활의 영역에서 정한 것과 부정한 것을 구별하기 위한 규례를 기록하고 있습니다. 그리고 레위기 16:1을 볼 때, "아론의 두 아들이 여호와 앞에 나아가다가 죽은 후에 여호와께서 모세에게 말씀하시니라"라고 말씀하시며 대속죄일 규례를 주셨습니다. 하나님께서는 정결의 규례를 세우심으로, 제사장이 이스라엘 백성에게 일상적인 생활 속에서 정한 것과 부정한 것을 분별하도록 가르치게 하셨습니다(참고-레 10:10). 그리고 대속죄일 규례를 통하여, 대제사장을 포함한 이스라엘 백성의 연약함에도 불구하고, 언약 관계가 변하지 않고 이어지도록 하신 것입니다. 이러한 점에서, 레위기 16장의 대속죄일 규례와 레위기 9장의 제사장 취임식의 제사 규례 사이에는 유사한 부분이 많습니다.

| | 제사장 취임식(레 9장) | 대속죄일(레 16장) |
|---|---|---|
| 대제사장을 위한 속죄제 | 흠 없는 수송아지<br>레 9:8-11 | 흠 없는 수송아지<br>레 16:11-14 |
| 대제사장을 위한 번제 | 흠 없는 숫양<br>레 9:12-14 | 흠 없는 숫양<br>레 16:3, 참고-민 29:8 |
| 백성을 위한 속죄제 | 숫염소<br>레 9:15 | 숫염소<br>레 16:15-22 |
| 백성을 위한 번제 | 송아지<br>레 9:3, 16 | 숫양 / 레 16:5, 24,<br>참고-민 29:7-8 |
| 아침의 상번제 | 흠 없는 일 년 된 숫양<br>레 9:3, 16 | 흠 없는 일 년 된 숫양<br>민 29:11, 참고-민 28:3-10 |
| 상번제의 소제 | 기름 섞은 소제물<br>레 9:4, 17 | 기름 섞은 소제물<br>민 28:5 |
| 백성을 위한 화목제 | 수소와 숫양<br>레 9:18 | - |
| 축복의 선포 | 백성을 향해 손을 들어 축복(레 9:22) | 율법서를 읽고<br>8가지 축복을 낭송* |

구약 시대 대제사장은 위임식과 취임식을 행했음에도 불구하고, 매년 대속죄일 규례를 통해야만 하나님과 이스라엘 사이에 중보 사역을 계속할 수 있었습니다. 그러나 예수님께서 십자가에서 운명하실 때, 성소 휘장이 위로부터 아래까지 찢어지고 지성소로 들어가는 길이 열렸습니다(마 27:51, 히 10:20). 예수님께서는 희생제물의 피가 아니라, 자기 피로 영원한 속죄를 이루시고 단번에 성소로 들어가신 것입니다(히 9:12, 10:10-14). 그리고 예수 그리스도의 중보로 말미암아, 오늘날 우리는 누구든지 하나님 앞에 나아갈 수 있게 되었습니다(롬 5:6-11, 골 1:20, 히 10:15-20). 이러한 예수님의 십자가 제사는 대제사장으로서 단번에 드리신 영원한 취임식 제사요, 만인간의 죄를 사하시는 대속죄일 제사였습니다.

**유구한 역사 속에서 세계 최초로 성경적 체계화 정리**

## 3. 제사장의 위임식·취임식까지의 과정

Process up to the ordination and inauguration of the priests

민수기의 초반부에 해당하는 민수기 1:1-10:12까지는, 이스라엘 백성이 시내 광야에서 군대 계수를 하는 내용으로 시작하여 시내 광야에서 출발하기까지를 기록하고 있습니다. 한 가지 주의할 것은 이 말씀이 시간 순서대로 기록된 것이 아니라는 점입니다.

---

* 유대 전승에 따르면, 대제사장은 대속죄일에 율법서에서 레위기 16:1-34, 23:26-32 두 문단을 읽고 민수기 29:7-11을 암송한 후, '①말씀('토라')에 대한 축복 ②예배에 대한 축복 ③감사에 대한 축복 ④용서에 대한 축복 ⑤성전에 대한 축복 ⑥언약 백성에 대한 축복 ⑦제사장들에 대한 축복 ⑧예루살렘에 대한 축복'의 여덟 가지 축복을 선포한다(*Mishnah*. Sotah 7:7).

민수기 1:1-2에는 출애굽 제2년 2월 1일에 있었던 군대 계수를 기록하고 있는 반면에, 민수기 7:1의 "모세가 장막 세우기를 필하고 그것에 기름을 발라 거룩히 구별하고 또 그 모든 기구와 단과 그 모든 기구에 기름을 발라 거룩히 구별한 날에"라는 말씀은 출애굽 제2년 1월 1일에 있었던 성막 완성에 대한 말씀입니다. 또한 민수기 9:1-2의 "애굽 땅에서 나온 다음 해 정월에 여호와께서 시내 광야에서 모세에게 일러 가라사대 [2] 이스라엘 자손으로 유월절을 그 정기에 지키게 하라"라는 말씀도 출애굽 제2년 정월에 주어졌습니다.

성막의 완공부터 시내 광야를 떠나 바란 광야로 출발하기까지 일정을 시간 순으로 정리하면 다음과 같습니다.

## 1 성막 봉헌 도유식

Anointing ceremony for the dedication of the tabernacle / 출 Exod 40:2, 17, 민 Num 7:1-9

**출애굽 제2년**
1월 1일 화요일

이스라엘 백성은 출애굽 제2년 1월 1일 화요일에 성막을 완성하였습니다(출 40:2, 17). 그리고 성막이 완성된 후, 성막과 모든 부속물에 기름을 발라 거룩하게 구별하는 예식을 가졌습니다. 민수기 7:1에서는 이날을 "모세가 장막 세우기를 필하고 그것에 기름을 발라 거룩히 구별하고 또 그 모든 기구와 단과 그 모든 기구에 기름을 발라 거룩히 구별한 날에"라고 말씀하고 있습니다.[29)] 이로써 인간의 손을 통해 지어진 성막이 하나님의 거룩한 소유물로 구별되었습니다.

성막 봉헌 도유식을 마친 뒤에, 열두 지파 족장들은 덮개 있는 수레 여섯과 소 열둘을 하나님께 예물로 바쳤습니다(민 7:2-3). 하나님께서는 이 수레들과 소들을 레위인이 직임대로 회막 봉사에 쓰도록 주셨습니다(민 7:4-6). 게르손 자손에게는 직임에 따라 수레 둘과 소 넷(민 7:7), 므라리 자손에게는 직임에 따라 수레 넷과 소 여덟이 주어졌으며(민 7:8), 고핫 자손은 맡겨진 증거궤와 진설병 상, 등대와 단들과 성소에서 봉사하는 데 쓰는 기구들과 휘장과 그것에 쓰는 모든 것을 어깨에 메어서 운반하므로(민 3:31, 4:4-16), 수레와 소를 주지 않았습니다(민 7:9).

## 2 열두 지파 족장들이 번제단 봉헌 예물을 드림 / Offerings from the leaders of the 12 tribes for the dedication of the altar of burnt offering / 민 Num 7:10-88

**출애굽 제2년**
1월 2일 수요일부터
1월 13일 일요일까지

성막 봉헌 도유식에 이어서 하나님께서는 열두 지파 족장들에게 매일 한 사람씩 단의 봉헌 예물을 드리라고 명령하셨습니다(민 7:10-11). 성막 건축에 걸린 시간과 제사에 소요되는 시간을 감안할 때,[30] 다음 날부터 진 배치 순서에 따라 하루에 한 사람의 족장씩 12일간 번제단의 봉헌 예물을 드렸습니다(민 7:11-12, 78, 참고-민 2:2-31).

이 기간 동안 포함된 안식일에도 봉헌 예물은 그대로 드렸으며, 매일 예물의 종류와 분량이 같았음에도, 매번 그 내용을 반복하여 기록하였습니다(민 7:12-83). 이는 하나님께서 열두 지파 모두를 귀하게 보시고 예물을 기쁘게 받으셨음을 의미합니다.[31]

## 3 광야에서 지킨 첫 유월절 / First Passover observed in the wilderness / 민 Num 9:1-5

**출애굽 제2년**
1월 14일 월요일

광야에서 처음으로 지킨 유월절은 민수기 9:1-5에 기록되어 있습니다. 민수기 9:1-2에서 "애굽 땅에서 나온 다음 해 정월에 여호와께서 시내 광야에서 모세에게 일러 가라사대 2 이스라엘 자손으로 유월절을 그 정기에 지키게 하라"라고 말씀하고 있습니다. 여기 '정기'는 히브리어 '모에드'(מוֹעֵד)로, '정해진 때, 약속된 시간, 정한 장소나 모임'이라는 뜻으로, 출애굽 원년에 새 달력을 주시며 유월절을 제정하신 것에 맞추어, 출애굽 제2년에 광야에서의 첫 유월절 규례를 지킨 것입니다.[32)]

민수기 9:4-5에서 "모세가 이스라엘 자손에게 명하여 유월절을 지키라 하매 5 그들이 정월 십사일 해 질 때에 시내 광야에서 유월절을 지켰으되 이스라엘 자손이 여호와께서 모세에게 명하신 것을 다 좇아 행하였더라"라고 말씀하고 있습니다. 출애굽 원년에 이스라엘 백성이 아직 애굽에 있을 때 양을 잡고 누룩을 제하며 무교병을 준비했던 것처럼, "이스라엘 자손이 모세에게 명하신 것을 다 좇아 행하였더라"라고 말씀하고 있습니다. 여기서 '유월절을 지키라'라고 명령하는 주체는 모세이며, 아론과 그 아들들의 역할은 아무것도 기록되어 있지 않습니다. 이는 아직 아론과 그 아들들이 제사장으로 위임식·취임식을 치르기 전이기 때문입니다. 아직 백성의 중보자인 제사장이 세워지지 않았기에, 이스라엘 백성은 각자 출애굽 직전에 애굽에서 지켰던 유월절 규례를 따라 양이나 염소를 잡았을 것입니다(출 12:3-14).

반면에, 제사장 위임식·취임식 이후에는 절기를 지키게 하는 주체로 제사장이 세워졌기에, 민수기 28장에 기록된 유월절을 지키는 규례에서는 칠 일간 매일 드리는 번제와 소제, 속죄제, 유월절 절기 제사 외의 상번제와 상번제의 소제가 상세하게 기록되어 있습니다(민 28:3-5, 16-23).

## 4 칠 일간의 제사장 위임식

Seven days of the ordination of priests
출 Exod 29:1-46, 레 Lev 8:1-36

**출애굽 제2년**
1월 14일 월요일부터
1월 20일 일요일까지

성경에 제사장 위임식을 거행한 날짜가 기록되어 있지는 않지만, 유월절이 세상 애굽과의 분리를 기념한다는 영적인 의미를 고려하여 유월절부터 시작되었음을 유추할 수 있습니다.

유월절부터 칠 일간의 제사장 위임식이 시작되면서(출 29:35) 모세의 주관하에 이스라엘의 상번제도 시작되었습니다(출 29:38-42). 출애굽 제2년 1월 1일에는 성막을 봉헌하면서 번제와 소제를 드렸고, 1월 2일부터 13일까지는 열두 지파의 족장들이 나아와 바친 예물로 제사를 드렸으며, 14일부터 모세를 통해 상번제가 드려지게 됩니다. 성막이 봉헌된 1월 1일부터 하루도 거르지 않고 제사가 드려진 것은, 이스라엘 백성이 애굽의 종에서 언약 백성으로 신분이 완전히 바뀌었음을 보여주는 은혜 언약의 분명한 표징입니다(시 50:5).

## 5 무교절 기간 칠 일

Seven days of the Feast of Unleavened Bread
출 Exod 12:15-20, 레 Lev 23:6-8

**출애굽 제2년**
1월 15일 화요일부터
1월 21일 월요일까지

무교절은 '이날에 하나님께서 이스라엘을 애굽 땅에서 인도하여 내심'을 기념하는 절기로, 유월절을 지킨 후 15일부터 21일까지 칠 일간 지키는 절기입니다(출 12:17-18, 레 23:6-8). 출애굽기 12:15에서 "너희는 칠 일 동안 무교병을 먹을지니 그 첫날에 누룩을 너희 집에서 제하라 무릇 첫날부터 칠 일까지 유교병을 먹는 자는 이스라엘에서 끊쳐지리라"라고 말씀하고 있습니다.

참고로, 출애굽 원년 무교절을 시작하는 1월 15일(목) 밤에 하나님께서는 애굽의 장자를 치시고(출 11:5, 12:11-14, 29) 이스라엘을 라암셋에서 발행하게 하셨으며(출 12:37-51, 민 33:3), 마치는 날인 1월 21일(수)에 이스라엘이 홍해를 건넘으로써 애굽과 완전히 분리되게 하셨습니다(출 14:1-31).

## 6 제사장 취임식 및 나답과 아비후의 죽음
Inauguration of priests and the deaths of Nadab and Abihu / 레 Lev 9:1-10:7

**출애굽 제2년**
1월 21일 월요일

7일의 무교절 기간 동안 제사장 위임식이 진행되었다면, 무교절의 마지막 날인 1월 21일에 제사장 취임식이 진행되었을 것입니다. 칠 일간의 위임식 기간에는 모세가 상번제를 드렸지만, 이제 아론이 첫 상번제를 드림으로(레 9:16-17, 참고-레 6:12, 9:3-4, 민 28:24, 대하 2:4), 아론과 그 자손들에 의한 상번제가 드려지게 된 것입니다. 참고로, 출애굽 원년(주전 1446년)의 1월 21일(수)은 이스라엘 백성이 홍해를 건넌 날이었습니다(출 14:1-31). 출애굽 원년에 종 되었던 애굽과 완전히 단절되었다면, 1년 만인 출애굽 제2년에는 제사장 취임식을 통해 대제사장의 역사적인 첫 제사가 드려지고 예배 생활의 체계가 정립된 것입니다.

그러나 안타깝게도 취임식의 예물 중 제사장의 몫을 거룩한 곳에서 먹기 전에, 나답과 아비후가 각기 여호와의 명하시지 않은 다른 불을 담아 분향하므로 불에 삼키워 죽임을 당하고 말았습니다(레 10:1-7). 아론은 이에 두려움과 죄의식으로 가득 차, 온 회중을 위한 속죄제의 염소 중 제사장의 몫을 먹지 못하고 불살랐습니다(레 10:16-20). 그러나 하나님께서는 모세를 통해 특별히 찾아오셔서(레 16:1) 대속죄일의 규례를 계시해 주심으로써, 아론과 남아있는 두 아들 엘르아살과 이다말이 여전히 하나님과 이스라엘 백성 사이에 중보가 되게 하셨습니다.

## 7 제1차 군인 계수
First census of soldiers / 민 Num 1:1-46

**출애굽 제2년**
2월 1일 목요일

제사장 취임식과 나답과 아비후의 죽음이 있었던 1월 21일이 지나고 10일째가 되는 2월 1일에, 하나님께서는 이스라엘 백성에게 제1차로 군대를 계수하게 하셨습니다(민 1:1-3). 이때 계수한 숫자는 20세 이상의 남자만 603,550명이었습니다(민 1:46, 2:32).

2월 1일은 절기로 볼 때 월삭입니다. 1월의 월삭에 성막을 봉헌하고 도유식을 가졌다면, 2월의 월삭에는 언약 백성의 수를 계수하며 새로운 시작을 준비한 것입니다.*

## 8 바란 광야로 출발
Departure to the wilderness of Paran
민 Num 10:11-12

**출애굽 제2년**
2월 20일 화요일

이스라엘 백성은 출애굽 제2년 2월 20일 화요일에 시내 광야에서 출발하여 바란 광야로 향했습니다(민 10:11-12). 성막을 세운 출애굽 제2년 1월 1일 화요일로부터 정확히 50일째가 되는 날입니다.

* 민수기 10:1-10에서 이스라엘 회중의 소집과 진행을 위한 은 나팔 신호에 대한 규례를 기록하고 있다. 8절에서 "그 나팔은 아론의 자손인 제사장들이 불지니 이는 너희 대대에 영원한 율례니라"라고 말씀하고 있으므로 이 규례는 아론과 그 아들들이 제사장 위임식과 취임식을 치른 후이자, 제1차 군인 계수가 있었던 출애굽 2년 2월 1일(목)이 지나서 주어진 것이다(민 1:1-46).

# 출애굽 제2년 성막 봉헌 도유식부터 시내 광야를 떠나기까지의 일정

Timeline from the Anointing Ceremony for the Dedication of the Tabernacle until the Departure from the Wilderness of Sinai in the Second Year of the Exodus

| 주전 1445년 | 일 | 월 | 화 |
| --- | --- | --- | --- |
| 출애굽 제2년 **니산(1월)** | 12/28 | 12/29 | **1/1 월삭**<br>**성막 봉헌 도유식** (출 40:2, 17, 민 7:1)<br>**열두 지파 족장들이 수레와 소를 드림** (민 7:2-9) |
| | 6<br>**열두 지파 족장별 번제단 봉헌 예물**(민 7:10-88) (spans 일–화)<br>⑤ 시므온 지파: 슬루미엘(민 7:36-41) | 7<br>⑥ 갓 지파: 엘리아삽(민 7:42-47) | 8<br>⑦ 에브라임 지파: 엘리사마(민 7:48-53) |
| | 13<br>**번제단 봉헌 예물**<br>⑫ 납달리 지파: 아히라(민 7:78-83) | 14<br>**광야 첫 유월절** (민 9:1-5)<br>**제사장 위임식 7일간**(출 29장, 레 8장) (spans 월–화) | 15<br>**무교절 기간**(7일간) |
| | 20<br>**무교절 기간**(7일간, 레 23:6-8) (spans 일–월)<br>**제사장 위임식 7일간**<br>***보리의 초실절** (레 23:10-14) | 21<br>**제사장 취임식**(레 9장)<br>나답과 아비후의 범죄 (레 10장) | 22 |
| 출애굽 제2년 **시브(2월)** | 27 | 28 | 29 |
| | 4 | 5 | 6 |
| | 11 | 12 | 13 |
| | 18 | 19 | 20<br>**시내 광야를 떠남** (민 10:11-36) |

**레위기 8:33-35** "위임식은 칠 일 동안 행하나니 위임식이 마치는 날까지 칠 일 동안은 회막 문에 나가지 말라 [34] 오늘날 행한 것은 여호와께서 너희를 위하여 속하게 하시려고 명하신 것이니 [35] 너희는 칠 주야를 회막 문에 거하여 여호와의 부탁을 지키라 그리하면 사망을 면하리라 내가 이같이 명령을 받았느니라"

**레위기 9:1-22** "제팔일에 모세가 아론과 그 아들들과 이스라엘 장로들을 불러다가… [22] 아론이 백성을 향하여 손을 들어 축복함으로 속죄제와 번제와 화목제를 필하고 내려오니라"

| 수 | 목 | 금 | 토 |
|---|---|---|---|
| 2 | 3 | 4 | 5 |
| **열두 지파 족장별 번제단 봉헌 예물**(민 7:10-88) | | | |
| ① 유다 지파:<br>나손(민 7:12-17) | ② 잇사갈 지파:<br>느다넬(민 7:18-23) | ③ 스불론 지파:<br>엘리압(민 7:24-29) | ④ 르우벤 지파:<br>엘리술(민 7:30-35) |
| 9 | 10 | 11 | 12 |
| | | | |
| ⑧ 므낫세 지파:<br>가말리엘(민 7:54-59) | ⑨ 베냐민 지파:<br>아비단(민 7:60-65) | ⑩ 단 지파:<br>아히에셀(민 7:66-71) | ⑪ 아셀 지파:<br>바기엘(민 7:72-77) |
| 16 | 17 | 18 | 19 |
| "이달 십오일은 여호와의 무교절이니 칠 일 동안 너희는 무교병을 먹을 것이요"(레 23:6) | | | |
| | | | |
| 23 | 24 | 25 | 26 |
| 30 | **2/1 월삭**<br>**제1차 군인 계수**<br>(민 1:1-46) | 2 | 3 |
| 7 | 8 | 9 | 10 |
| 14 | 15 | 16 | 17 |
| 21 | 22 | 23 | 24 |

유구한 역사 속에서 세계 최초로 성경적 체계화 정리

## 4. 참제사장이신 예수 그리스도의 위임과 취임

Ordination and inauguration of Jesus Christ, the true priest

광야에서의 첫 유월절·무교절 기간에 행해진 대제사장의 위임식과 취임식을 통해, 하나님과 이스라엘 사이의 중보자가 세워졌습니다. 대제사장은 위임식을 통해 자신의 옛 모습을 완전히 청산하고 이스라엘을 속죄하기 위한 중보자로 새로워져야 했으며, 취임식을 통해 그 열매를 맺어야 했습니다. 대제사장이 매일 드리는 상번제는 이스라엘이 언약 백성임을 나타내는 은혜 언약의 분명한 표징이었습니다. 그러나 인간의 불완전함으로 인하여 근본적으로 죄를 완전히 속할 수는 없었습니다(히 7:11). 매년 대속죄일의 규례를 반복해서 행해야 했으며, 대제사장이 죽으면 다음 대제사장의 위임식과 취임식이 반복되어야만 했습니다(히 7:23).

### (1) 에스겔의 이상 속 새 성전의 번제단 봉헌식과 참제사장 예수 그리스도

남 유다의 멸망 직전에, 하나님께서는 델아빕에 있던 에스겔을 하나님의 이상 가운데 예루살렘 성전으로 데리고 가셔서 성전에서 벌어지는 범죄의 참상을 보이셨습니다. 그중 가장 충격적인 것은, 대제사장을 비롯해 약 25명의 제사장이 성전 안뜰에서 여호와의 전을 등지고 낯을 동으로 향하여 동방 태양에 경배하고 있었던 것입니다(겔 8:16). 이에 하나님께서는 그룹들 가운데 하나님의 영광이 성전 문지방을 떠나시는 모습을 보여주셨습니다(겔 10:18-19, 11:22-23).

훗날 에스겔은 새 성전의 이상 가운데 새로 번제단을 봉헌하는 규례를 받았습니다(겔 43:18-27). 새 성전의 번제단을 봉헌할 때도 제사장의 위임식과 취임식과 같이 칠 일간 단을 위하여 속죄해서 정결하게 하고 8일째에 봉헌하도록 하였습니다. 두 규례는 모두 제사장과 단(번제단)이 밀접하게 연결되어 있습니다.

**출애굽기 29:37** "네가 칠 일 동안 단을 위하여 속죄하여 거룩하게 하라 그리하면 지극히 거룩한 단이 되리니 무릇 단에 접촉하는 것이 거룩하리라"

**에스겔 43:26** "이와 같이 칠 일 동안 제단을 위하여 속죄제를 드려 정결케 하며 봉헌할 것이요"

| 제사장의 위임식·취임식 (레 8-9장) | 새 성전의 번제단 봉헌식 (겔 43:18-27) |
|---|---|
| 위임하는 제사장을 위한 **속죄제**로 **흠 없는 수송아지**를 드림(출 29:10-14, 레 8:14-17) | 사독 계열의 제사장을 위한 **속죄제**로 **어린 수송아지**를 드림 (겔 43:19-21) |
| 위임식의 **화목제**로 **흠 없는 숫양**을 드림(출 29:19-28, 레 8:22-29) | (화목제에 대한 기록 없음) |
| 위임식의 **속죄제**로 **흠 없는 수송아지 하나**를 **칠 일 동안** 드려야 함 (출 29:36-37) | **칠 일 동안 흠 없는 숫염소 하나**로 **속죄제**를 드림(겔 43:22, 25-26)* |
| 위임식 기간 칠 일 동안 **어린양 한 마리씩 아침과 저녁**에 **상번제**로 드려야 함(출 29:38-42) | 칠 일 동안 **흠 없는 수송아지 하나**와 **흠 없는 숫양 하나****에 소금을 더하여 **번제**를 드림(겔 43:23-26) |
| **8일째**에 취임식 규례를 마침으로 **하나님께 열납**됨(레 9장) | **8일째**에 번제와 감사제를 드림으로 **하나님께 열납**됨(겔 43:27) |

* 에스겔 43:22의 "다음 날에는 흠 없는 숫염소 하나로 속죄제물을 삼아 드려서 그 제단을 정결케 하기를 수송아지로 정결케 함과 같이 하고"라는 말씀에서 '다음 날에는'은 히브리어 '우바욤 하쉐니'(וּבַיּוֹם הַשֵּׁנִי)로, '두 번째 날에는'이라는 뜻이다.

** 에스겔 43:23의 '흠 없는 수송아지'는 봉헌식의 번제물이며, '흠 없는 숫양'은 상번제로 드리는 제물이다.

에스겔의 새 성전 번제단 봉헌식에서 속죄제의 제물이 숫염소 하나로 바뀐 것은, 흠 없는 수송아지는 대제사장을 위한 제물이고(레 4:4), 숫염소는 백성의 족장들을 위한 제물이기 때문입니다(레 4:22-23). 또한 상번제가 아침의 상번제만 있는 것은(참고-겔 46:13), 에스겔이 본 새 성전은 하나님의 영광이 다시는 떠나지 않는 영원한 성전으로(겔 44:1-2), 밤이 없는 성전이기 때문입니다(계 21:25, 22:5). 인간 제사장의 취임식은 칠 일간 위임식에서 속죄제를 드렸음에도 불구하고 다시 속죄제로 시작되었지만(레 9:2, 7-11), 새 성전의 번제단은 8일째에 번제와 감사제로 하나님께 열납되었습니다(겔 43:27).

이러한 측면에서 볼 때, 새 성전의 번제단 봉헌식 규례는 제사장 위임식·취임식에 기록된 규례를 더욱 발전시키며 예수 그리스도의 십자가 사역을 더욱 선명하게 계시하고 있습니다. 영원한 새 성전의 번제단은 단번에 영원한 속죄를 이루신 예수 그리스도의 속죄 사역을 보여줍니다. 새 성전 정중앙에 위치한 번제단에 흘려지는 피는 자기 백성을 완전히 속죄하는 보배로운 피요, 정방형의 번제단은 예수 그리스도의 십자가를 나타냅니다.

### (2) 예수 그리스도의 제사장 위임식과 취임식

예수님 당시 예루살렘에서는 절기가 되면 기드론 골짜기에 제물의 피가 강물을 이루었습니다. 그러나 정작 성전은 강도의 굴혈이 되었고(마 21:13, 막 11:17, 눅 19:46), 제사 규례는 그 중심이 되는 긍휼과 자비의 뜻을 잃어버리고 말았습니다(마 12:4, 7, 참고-미 6:6-8). 말씀이 육신이 되어 이 땅에 오신 예수 그리스도야말로 은혜 언약의 가장 완전한 표징이었음에도 불구하고, 대제사장들과 종교 지도자들은 예수님을 시기하여 죽이려고 하였습니다.

예수님의 지상 사역 마지막 무교절의 첫날에, 예수님께서는 제자들과 함께 유월절 저녁식사를 나누셨습니다. 유대인들에게 '하루'는 해가 질 때부터 다음 날 해가 지기 전까지이므로, 저녁 식사는 하루의 첫 사건입니다. 또한 '무교절의 첫날, 곧 유월절 양 잡는 날'(막 14:12)은 유월절과 무교절 절기를 시작하는 첫날로 유월절 당일을 가리킵니다(눅 22:1, 7). 본래 유월절은 니산(1월) 14일이지만, 예수님이 십자가에 달리신 주후 29년은 14일 유월절이 안식일과 겹치는 해였습니다. 절기와 겹치는 안식일을 가리켜 '큰 날인 안식일'이라고 하는데(요 19:31), 이 경우는 안식일을 지키기 위해서 절기를 하루 앞당겨 금요일에 지켰습니다.[33] 그래서 요한복음 19:14, 31에서는 이날을 가리켜 '유월절의 예비일'이라고 했습니다. 여기 '예비일'은 헬라어 '파라스큐에'(παρασκευή)로, '두 배를 준비하는 날'이라는 의미이며 항상 금요일을 가리키는 표현입니다.[34] 따라서 유대식 하루 개념으로 볼 때, 예수님께서는 니산(1월) 13일 금요일이 시작되는 저녁에 제자들과 유월절 만찬을 나누시고 감람산에 오르셔서 최후 기도를 하신 후, 로마 군병들에게 잡히시고, 제삼시(오전 9시)에 십자가에 달리셔서 제구시(오후 3시)에 십자가에서 운명하신 것입니다(마 27:45, 참고-막 15:42-45).

예수님께서는 제자들과 함께 유월절 만찬을 나누신 후, 평소 기도하시던 감람산에서 기도하기 위해 앞서가셨습니다(마 26:30, 막 14:26, 눅 22:39). 예수님께서는 겟세마네 동산에서 심한 통곡과 눈물로 기도하시며 고립무원(孤立無援)의 상태에서 만인간의 죄를 걸머지고 십자가를 향해 더욱 가까이 나아가셨습니다(마 26:36-46, 막 14:32-42, 눅 22:39-46, 히 5:7). 헬라어로 '기름을 짜다'라는 뜻의 '겟세마네'(Γεθημανεί) 라는 지명과 같이, 우리 주님은 인류의 죄를 위해서 자신의 몸을 쥐어 짜서 땀이 핏방울같이 되도록 기도하셨습니다(눅 22:44).

예수님의 겟세마네 동산 기도는 참된 제사장 위임식을 거행하는 순간이었습니다. 예수님께서는 기도하실 때 자기 뜻을 포기하시고, 아버지 뜻에 붙잡히셨습니다. 마가복음 14:36에서 "아버지여 아버지께는 모든 것이 가능하오니 이 잔을 내게서 옮기시옵소서 그러나 나의 원대로 마옵시고 아버지의 원대로 하옵소서"라고 하셨습니다. 여기 '원'은 헬라어 '델로'(θέλω)로 '바라다, 원하다'라는 뜻이며, '선택하다, 결정하다'라는 어원에서 유래하였습니다. 그러므로 예수님께서는 '아버지여 나의 선택대로 되게 하지 마시고, 아버지의 선택대로 내게 이루어지게 하옵소서'라고 기도하신 것입니다. 이를 히브리서 5:7-10에서 "그는 육체에 계실 때에 자기를 죽음에서 능히 구원하실 이에게 심한 통곡과 눈물로 간구와 소원을 올렸고 그의 경외하심을 인하여 들으심을 얻었느니라 [8] 그가 아들이시라도 받으신 고난으로 순종함을 배워서 [9] 온전하게 되었은즉 자기를 순종하는 모든 자에게 영원한 구원의 근원이 되시고 [10] 하나님께 멜기세덱의 반차를 좇은 대제사장이라 칭하심을 받았느니라"라고 말씀하고 있습니다. 땅의 제사장직은 다 폐지되었지만, 멜기세덱의 반차를 좇아 영원히 살아계신 대제사장 예수 그리스도로 말미암아 우리의 죄가 완전히 속하여지게 된 것입니다(히 7:11-28).

예수님께서 겟세마네에서 기도하시고 가룟 유다에 의해 로마 군병에게 잡히시던 밤은 유월절이 시작되는 밤이었습니다. 이 밤은 출애굽 원년의 유월절 규례를 통해 어린양을 잡는 날로 예표되었으며(출 12:6), 출애굽 제2년 제사장의 위임식도 유월절에 시작되었습니다. 또한 예수님께서 십자가에서 운명하신 뒤에 아리마대 요셉의 새 무덤에 들어가신 '저물었을 때'는 유월절을 마치는 시간입니다(마 27:46-50, 57-61, 막 15:34-38, 42-47, 눅 23:44-46, 50-54).*

예수님께서는 무덤에서 안식하시고, 3일 만인 안식 후 첫날에 부활하셨습니다(마 28:1, 막 16:2, 9, 눅 24:1-3, 요 20:1). 이때는 유월절을 마치고 무교절의 7일 기간에 들어있는 안식 후 첫날로, 초실절에 해당합니다(레 23:11).[35] 출애굽 제2년의 제사장의 위임식을 마치는 날도 초실절이었습니다. 제사장들이 초실절에 위임식을 마치고 첫 것으로 드려졌듯이, 예수님께서도 부활의 첫 열매가 되신 것입니다(롬 8:29, 고전 15:20).

실로, 성경은 일점일획의 오류 없이 예수 그리스도를 증거하고 있으며, 예수님께서는 정확한 하나님의 시간표대로 구속 사역을 성취하셨습니다(마 26:2, 막 8:31, 14:1-2, 요 2:19-22, 7:6, 8, 8:20, 13:1, 갈 4:4).

| 주후 29년 | | | |
|---|---|---|---|
| 니산(1월) | 13일(금) | 14일(토) | 15일(일) |
| 날의 이름 | 유월절의 예비일<br>마 26:17, 막 15:42, 눅 23:54, 요 19:14, 31, 42 | 큰 날인 안식일<br>요 19:31 | - |
| 절기 | 유월절<br>(=무교절의 첫날)<br>※'무교절의 첫날'은 유월절과 무교절 기간 전체의 첫날을 가리킴 | 무교절 기간 시작<br>(14~20일, 7일간)<br>※무교절 기간은 유월절 다음 날 시작됨 | 초실절<br>(무교절 기간의 안식 후 첫날) |
| 예수님의 행적 | · 성만찬, 세족식<br>· 겟세마네 기도<br>· 십자가에 달리심 | · 아리마대 요셉의 새 무덤에서 안식하심 | · 새벽 미명에 부활하심 |

* 누가복음 23:54은 예수님께서 새 무덤에 들어가신 날을 '예비일'이라고 하였는데, 이 단어도 헬라어 '파라스큐에'(παρασκευή)이다. 이는 예수님께서 십자가에 달리신 해가 안식일과 유월절이 겹치는 주후 29년임을 보여주는 표현이다.

구약 시대에 불완전한 인간 제사장에게는 칠 일간 위임식이 반복되어야 했지만, 예수님께서는 단번에 십자가에서 모든 죄를 사하심으로 완전한 대제사장이 되셨습니다. 불완전한 인간 대제사장은 죽으면 다음 대제사장이 직을 계승하기를 반복하였지만, 예수님께서는 멜기세덱의 반차를 따르는 맹세 언약의 영원한 대제사장이 되셨습니다(히 5:5-10, 6:16-20, 7:11-28, 9:26, 28). 인간 제사장은 감격적인 취임식 첫 제사의 순간에도 불완전함이 있었지만, 예수님께서는 영원한 속죄를 이루시고(히 9:12) 하나님 우편에 앉으사, 자기 백성을 중보하시며 영원토록 온전케 하시는 참제사장이 되셨습니다(히 10:12-14).

## 5. 제사장 위임식과 취임식의 구속사적 교훈

Redemptive-historical significance of the ordination and inauguration of the priests

신약 시대의 모든 사역자와 성도들은 복음의 제사장으로서 전도하는 사명(롬 15:16), 신령하고 거룩한 제사장으로서 예배드리는 사명(벧전 2:5), 왕 같은 제사장으로서 기이한 빛에 들어가게 하신 자의 아름다운 덕을 선전하는 사명(벧전 2:9)이 있습니다.

### (1) 제사장의 가장 중요한 자격은 '거룩함'입니다.

제사장의 위임식과 취임식 때는 속죄제, 번제, 화목제, 소제물 등을 하나님 앞에 바쳤습니다. 이 중에 속죄제의 경우, 위임식을 진행하는 칠 일 동안 속죄제물을 매일 드렸고, 팔 일째에 취임식을 할 때에도 드리도록 하였습니다. 성결을 잃어버리면 하나님의 역사가 떠나고 맙니다. 성결하지 못했을 때, 이스라엘은 아이성 전투에서 패했고(수 7:1-5), 천하무적이었던 삼손도 무력해졌습니다(삿 16:17-20).

구약 시대의 제사장이 피를 귀와 손과 발에 발라 성별되었듯이, 신령한 제사장으로 부름받은 성도도 귀와 손과 발에 예수 그리스도의 피 뿌림을 통해 세상의 각종 부정으로부터 날마다 성별된 삶을 살아야 합니다. 성도의 오른 귓부리는 늘 성별되어, 하나님의 말씀을 가장 먼저 경청할 줄 아는 겸손하고 깨끗한 마음을 가져야 합니다. 성도의 오른손 엄지는 늘 성별되어, 그 손으로 선한 일에 열심하며 헌신과 충성을 다해야 합니다. 성도의 오른발 엄지는 늘 성별되어, 오로지 복음의 길을 따라 사명 완수의 길을 가야 합니다.

제사장이 부정한 중에 있으면서도 속히 정결케 하지 않으면, 결국 이스라엘 민족 전체가 파멸하는 매우 위험한 상황을 초래할 수 있습니다. 민수기 19:20에서 "사람이 부정하고도 스스로 정결케 아니하면 여호와의 성소를 더럽힘이니 그러므로 총회 중에서 끊쳐질 것이니라"라고 기록하고 있습니다. 문제는 부정의 심각한 전염성입니다. 민수기 19:22에서 "부정한 자가 만진 것은 무엇이든지 부정할 것이며 그것을 만지는 자도 저녁까지 부정하리라"라고 기록하고 있습니다. 따라서 죄를 범하였다면, 그 즉시 정결 규례에 따라 정결케 해야 합니다. 레위기 15:31에서 "너희는 이와 같이 이스라엘 자손으로 그 부정에서 떠나게 하여 그들로 그 가운데 있는 내 장막을 더럽히고 그 부정한 중에서 죽음을 면케 할지니라"라고 말씀하고 있습니다.

우리를 향한 하나님의 뜻도, 속죄를 통한 거룩(성결)입니다(레 11:44, 19:2, 벧전 1:16). 재림을 기다리는 말세 성도에게는 '거룩함'이 필수입니다. 히브리서 12:14에서 "모든 사람으로 더불어 화평함과 거룩함을 좇으라 이것이 없이는 아무도 주를 보지 못하리라"라고 말씀하고 있습니다.

### (2) '온전한 순종'만이 하나님의 응답을 받습니다.

레위기 8:33에서 "위임식은 칠 일 동안 행하나니 위임식이 마치는 날까지 칠 일 동안은 회막 문에 나가지 말라"라고 말씀하고 있습니다. 여기 '위임식'은 히브리어 '밀루임'(מִלֻּאִים)으로, '채우다, 봉헌하다, 수행하다'라는 뜻의 '말레'(מָלֵא)에서 유래하였습니다. '말레'는 출애굽기 32:29에서 레위인이 하나님의 말씀에 철저히 순종하여 금송아지 숭배로 방자해진 형제와 친구, 이웃을 도륙했을 때 '헌신하다'라는 의미로 사용되었습니다. 위임식 기간에는 어떠한 이유를 불문하고 하나님의 말씀에 온전히 순종하여 회막 안에 거해야만 했던 것입니다.

아론과 그 아들들이 위임식을 마치고 첫 공식 사역을 시작하였을 때, 하나님의 영광의 불이 성막에 임재하였습니다. 그 영광은 하나님께서 지시하신 모든 의식을 정성을 다해 빠짐없이 준행하였을 때 임재한 것으로, 모세도 이 사실을 증거하였습니다. 레위기 9:6에서 "모세가 가로되 이는 여호와께서 너희에게 하라고 명하신 것이니 여호와의 영광이 너희에게 나타나리라"라고 말씀하고 있습니다.

하나님께서 기쁘게 받으시는 참제사의 기준은 오직 하나님께서 명하신 규례를 좇아 그대로 행하는 순종에 있습니다. 하나님께서는 제사 자체보다 순종을 더 기뻐하신다고 말씀하셨습니다(삼상 15:22). 하나님의 교회를 섬기는 신령한 제사장의 가장 중요한 자세도, 자기 뜻을 철저하게 버리고 말씀에 순종하는 것입니다. 복음의 직무를 위해 제사장으로 세움받은 사도 바울(롬 15:16)도 '먹든지 마시든지 무엇을 하든지 하나님의 영광을 위하여 하고, 살아도 주를 위하여 살고 죽어도 주를 위하여 죽노라'라고 고백하였습니다(롬 14:7-8, 고전 10:31). 이것이 바로 하나님의 제사장의 존귀성이요, 거룩성이요 영예입니다.

### (3) 하나님께서 받으시는 제사는 복음의 제사, 찬미의 제사, 선한 나눔의 제사, 산 제사입니다.

하나님이 기뻐하시는 제사는 시와 찬미와 신령한 노래들로 드리는 감사입니다. 히브리서 13:15에서 "이러므로 우리가 예수로 말미암아 항상 찬미의 제사를 하나님께 드리자 이는 그 이름을 증거하는 입술의 열매니라"라고 말씀하고 있습니다. 에베소서 5:19-20에서 "시와 찬미와 신령한 노래들로 서로 화답하며 너희의 마음으로 주께 노래하며 찬송하며 [20]범사에 우리 주 예수 그리스도의 이름으로 항상 아버지 하나님께 감사하며"라고 말씀하고 있습니다.

또한 하나님이 기뻐하시는 제사는 선한 나눔의 제사입니다. 히브리서 13:16에서 "오직 선을 행함과 서로 나눠주기를 잊지 말라 이 같은 제사는 하나님이 기뻐하시느니라"라고 말씀하고 있습니다. 이는 서로 돌아보아 사랑의 계명을 실천하는 일입니다. 그러므로 선을 행하다가 결코 낙심하는 일이 있어서는 안 됩니다(갈 6:9, 살후 3:13). 선행 중에 낙심하면 이웃에게 주는 나눔의 제물을 사단에게 빼앗겨 버리는 큰 손해를 입습니다. 때가 이르면 우리가 선을 행한 대로 거두게 하시는 하나님의 축복을 바라보며 인내해야 합니다.

나아가 우리는 우리 몸을 하나님께서 기뻐하시는 거룩한 산 제사로 드려야 합니다(롬 12:1). 이것이 바로 영적 예배입니다. 우리의 몸과 마음과 영을 다 바쳐서 우리의 모든 것을 하나님께 드리는 믿음의 제사장(계 1:6, 5:10, 20:6)이 다 되시기를 간절히 소망합니다.

| 소결론 |

# 영원한 제사장으로서 '단번에' 드리신 예수 그리스도의 십자가 제사

THE ONCE-FOR-ALL SACRIFICE OF JESUS CHRIST ON THE CROSS AS THE ETERNAL PRIEST

아담 타락 이후 죄의 역사가 시작된 이래로, 인간이 하나님 앞에 갈 수 있는 방법은 생명이 있는 피를 흘리는 제사였습니다(레 17:11, 히 9:22). 제사를 드리기 위해서는 반드시 제물과 성소와 제사장이 있어야 합니다. 제물은 흠 없는 정결한 짐승을 선별하여 드려야 했으며, 제사장은 레위 지파 중에 아론의 자손들을 선별하여 그 직분을 수행하게 하였습니다. 그러나 구약의 제물과 성소와 제사장은 근본적으로 죄를 완전히 속할 수 없는 한계를 지녔습니다(히 10:11).

예수 그리스도께서는 자기 백성의 완전한 죄 사함을 위하여 흠 없는 제물과 더 크고 온전한 성전 그리고 큰 대제사장이 되셨습니다(요 2:19-21, 히 4:14, 9:11, 10:14). 예수 그리스도께서는 골고다 언덕의 십자가 위에서 단 한 번으로 모든 제물을 대신하는 완전한 속죄제물, 화목제물(롬 3:25, 요일 2:2)이 되셨고, 자기 피로 영원한 속죄를 이루시고 단번에 성소에 들어가셨습니다(히 9:12, 24). 그리고 참 대제사장으로서 만인간의 모든 죄를 단번에 해결해 주셨습니다(히 7:27, 9:12, 26, 28, 10:10).

### (1) 예수는 이상적인 제물·성소·제사장이십니다.

**예수는 이상적 제물입니다.** 히브리서 9:23에서 "이런 것들보다 더 좋은 제물로 할지니라"라고 하였습니다. 13-14절에서는 "염소와 황소의 피와 및 암송아지의 재로 부정한 자에게 뿌려 그 육체를 정결케 하여 거룩케 하거든 [14] 하물며 영원하신 성령으로 말미암아 흠 없는 자기를 하나님께 드린 그리스도의 피가 어찌 너희 양심으로 죽은 행실에서 깨끗하게 하고 살아계신 하나님을 섬기게 못하겠느뇨"라고 말씀하고 있습니다.

구약의 제물은 피조물이요, 사람보다 못한 동물이었습니다. 그러나 예수 그리스도는 만물의 창조자요, 사람의 원형입니다. 더욱이 동물의 희생은 자원한 것이 아니요 피동적이었으나, 하나님의 어린양 예수 그리스도는 자원하여 능동적으로 희생제물이 되셨습니다.

**예수는 이상적인 성소입니다.** 히브리서 9:24에서 "그리스도께서는 참것의 그림자인 손으로 만든 성소에 들어가지 아니하시고 오직 참하늘에 들어가사"라고 말씀하고 있습니다. 요한계시록 21:22에서는 "성안에 성전을 내가 보지 못하였으니 이는 주 하나님 곧 전능하신 이와 및 어린양이 그 성전이심이라"라고 말씀하고 있습니다. 예수님은 참하늘의 성소입니다.

**예수님은 이상적인 제사장입니다.** 영원한 대제사장 예수님은 '단번에(한번으로 영원히) 자기를 제물로 드려 죄를 없게' 하셨습니다(히 9:25-26, 28). 이사야 선지자는 예수님이 십자가 위에 달릴 것에 대해 말씀하기를 '그 종이 높이 들려서 지극히 존귀하게 되리라'라고 하였습니다(사 52:13). 이는 십자가 상의 수난과 부활의 영광을 말씀합니다. 예수님은 인류의 죄를 위하여 밤이 맞도록 땀이 핏방울같이 되기까지 기도하셨습니다(눅 22:44). 그 후에 죄인들의 손에 잡히고 온몸이 채찍에 찢기고, 머리는 가시면류관에 찔렸으며, 양손과 양발은 십자가에 못 박혔습니다. 예수님의 벌거벗기운 온몸은 피로 물들었고, 죄 없으신 주께서 죄지은 자의 죗값을 지불하셨습니다. 그 결과로 열방을 놀라게 하셨습니다. 이사야 52:15에서는 "후에는 그가 열방을 놀랠 것이며"라고 말씀하고 있습니다. 여기 '놀래다'는 히브리어 '나자'(נָזָה)로, '놀라게 하다, 흩뿌리다, 분출하다'라는 뜻입니다. 구약 성경에서 이 단어가 사용될 때는 모두 죄악의 부정에서 정결케 하기 위해 제사장이 행하는 '뿌림'에 적용되었습니다. 실로 예수님은 우리의 죄를 대신 고백하고 친히 나무에 달려 그 피를 뿌리셨습니다(벧전 2:24).

### (2) 예수님이 십자가에서 흘리신 보혈은 온 인류의 죄를 단번에 영원히 속하셨습니다.

이사야 선지자는 장차 오실 메시아가 전 인류의 죄를 속하기 위해 십자가에서 처참하게 피를 흘리며 돌아가실 것을 보고, 십자가로 말미암은 대속의 깊은 섭리를 예시해 놓았습니다. 이사야 63장에는 이스라엘의 원수 '에돔'과 싸워 승전하고 돌아오는 전사를 소개하고 있는데, 그 전사는 선혈이 낭자한 홍의(紅衣)를 입었습니다(사 63:1). 이 예언의 핵심은 '피에 젖은 홍의'를 입은 전사가 겉모양은 패배자와 같이 비참한 모습이지만, '승리를 쟁취하고 귀환하는 큰 용사'라는 사실입니다(사 63:3). '홍의'(사 63:1), '붉은 옷'(사 63:2), '포도즙 틀을 밟는 자'(사 63:2), '선혈이 튄 옷'(사 63:3) 등은 예수 그리스도의 보혈 혹은 예수 그리스도의 십자가 상의 대속을 암시합니다(참고-계 19:11-16).

원수 마귀들은 예수님의 피 흘리는 모습을 보고 자기들이 승리한 줄 알고 기뻐했겠지만, 예수님은 죄악된 인간을 구원하기 위해 피 흘리셨습니다. 구약 시대의 제사에서도 피가 죄를 속할 수 있었던 것은 그 안에 생명이 있었기 때문입니다. 레위기 17:11에서 "육체의 생명은 피에 있음이라 내가 이 피를 너희에게 주어 단에 뿌려 너희의 생명을 위하여 속하게 하였나니 생명이 피에 있으므로 피가 죄를 속하느니라"라고 말씀하고 있습니다. 즉, 핏속에 있는 생명이 죄를 속하는 것입니다. 그러므로 예수님께서 십자가에서 흘리신 보혈이 만인간의 모든 죄를 다 속할 수 있는 것도 주님의 영원한 생명이 그 핏속에 있기 때문입니다. 인류를 구원할 피는 예수님의 피밖에 없습니다.

**그 피는 속가(贖價-속죄를 위한 값)의 피이기 때문입니다.**

예수님은 인류를 위해 당신의 피로 각 족속과 방언과 백성과 나라 가운데서 사람들을 사서 하나님께 드리셨습니다(계 5:9). 이는 예수님의 피가 우리 죄의 삯인 사망의 값으로 드려지고, 그로 인해 우리가 사단의 권세와 올무에서 놓임을 받고 하나님의 자녀가 되었다는 말씀입니다.

**그 피는 해방의 피이기 때문입니다.**

이는 예수의 피가 죄와 사망으로부터 우리를 자유케 함을 의미합니다(롬 8:1-2, 계 1:5). 모든 억압과 암흑과 눌림으로부터 자유하게 되었고, 그 결과로 우리는 하나님 앞에서 나라와 제사장으로 부름을 받고 왕 노릇 하는 존재가 되었습니다(벧전 2:9, 계 1:6, 5:10).

**그 피는 구속의 피이기 때문입니다.**

예수님의 피만이 율법의 저주와 죄의 값인 사망의 대가가 될 수 있습니다. 죄로 인해 유전된 망령된 행실로 인류는 사망의 굴레를 벗어날 수 없지만, 예수님의 피는 한 방울만으로도 원죄, 유전죄, 자범죄를 단번에 없애는 보배로운 피입니다(벧전 1:18-19).

### 그 피는 서로 가까워지게 하는 피이기 때문입니다.

예수님 밖에서 살던 모든 인생은 지역, 인종, 사상, 지식, 경제 및 문화의 차이로 서로 멀리하며 적대 관계를 형성할 수밖에 없었습니다(엡 2:12). 그러나 인류가 마침내 예수님의 피로 구속의 은총을 나누어 받은 후에는, 헬라인이나 유대인이나 종이나 자유자나 남자나 여자 모두가 그리스도 안에서 하나가 되어 가까운 한 형제가 되었습니다(롬 3:25, 갈 3:27-28, 엡 2:11-19, 골 1:20).

### 그 피는 하나님과 화목케 하는 피이기 때문입니다.

죄 아래에서 인간은 하나님과 원수 관계에 있었습니다(골 1:21). 하나님은 거룩하신 분이고 인생은 불결한 죄인이며, 하나님은 죄에 대한 심판주이시고 인생은 그 하나님 앞에서 정죄 받을 죄인이었습니다. 어찌할 수 없는 이 관계를 마침내 예수 그리스도께서 그 피로써 화목케 하셨습니다(골 1:22).

### 그 피는 정결케 하는 피이기 때문입니다.

예수님의 피는 우리를 모든 죄에서 깨끗하게 하십니다(히 9:14, 요일 1:7). 사람의 죄를 깨끗하게 하는 힘은 예수의 피뿐입니다. 더러움과 어둠과 고통과 부패로 악취를 내뿜는 죄를 오직 예수의 피만이 정결케 할 수 있습니다.

### 그 피는 의롭게 하는 피이기 때문입니다.

예수님은 죄인된 우리를 그 피의 권세로 의롭게 만드셨습니다(롬 5:9). '의롭다 하심'은 곧 무죄 선언과 해방을 의미합니다. 죄를 죄로 인정치 않는다는 재판장의 법적 선포이며(롬 4:7-8), 그 결과로 자격 없는 자가 '의롭다' 인정받는 것입니다. 이는 오직 믿음의 결과입니다(롬 1:17, 3:24-26).

### 그 피는 우리를 거룩하게 하는 피이기 때문입니다.

예수님이 십자가의 고난을 받으심은, 그 피로 우리를 거룩케 하시기 위함입니다(히 13:12). 예수의 피는 우리를 세상의 죄악으로부터 구별할 뿐만 아니라, 한 걸음 더 나아가 하나님을 섬기게 하는 힘과 능력이 됩니다(딛 2:14).

### 그 피는 성소(은혜의 보좌)에 들어갈 담력을 얻게 하는 피이기 때문입니다.

예수님의 피는 성소에 들어갈 엄두조차 내지 못하는 죄인에게 은혜의 보좌 앞에 나아갈 수 있는 담력을 주었습니다(히 10:19). 죄인이 교회를 통해 하나님을 만날 수 있는 길이 열렸으니, 이는 참으로 위대하고 영예로운 성도만의 특권입니다.

### 그 피는 사죄를 성립시키는 언약의 피이기 때문입니다.

예수님의 피는 죄 사함을 얻게 하려고 많은 사람을 위하여 흘리신 언약의 피입니다(마 26:28). 이는 첫 언약 때에 범한 죄를 속하려고 죽으사, 부르심을 입은 자로 하여금 영원한 기업의 약속을 얻게 하시는 언약의 피입니다(히 9:15).

**그 피는 승리의 피이기 때문입니다.**

예수님의 피는 궁극적으로 그의 백성에게 승리를 안겨주십니다(계 12:11). 마지막 날에 짐승과 마귀와 사망을 이기는 힘은 예수님의 피를 믿는 보혈의 신앙밖에 없습니다. 보혈의 권세만이 최후 승리의 보장입니다(요일 5:4-8).

예수님께서 십자가에 달려 온몸이 피로 물들어 '피 뿌린 옷'을 입은 것은, 패배자가 아니라 '만왕의 왕', '만주의 주'의 모습입니다(계 19:13, 16). 십자가로 승리하신 그날은 원수 마귀의 심판 날이요, 자기 백성에게는 구속의 날입니다(사 63:4, 골 2:15). 참으로 십자가는 패배가 아니라 승리이며, 구원 사역의 미완성이 아니라 온전한 완성인 것입니다(요 19:30). 그러므로 예수님의 보혈의 공로를 믿고 의지해야 살 수 있습니다. 예수님의 피와 살은 참된 양식과 음료로서(요 6:55), 성도의 생명 그 자체입니다. 이제 우리는 날마다 십자가의 흔적만을 육체에 채우며 그 십자가 보혈의 권세만을 힘을 다해 자랑하고 전하는 삶을 살아야 하겠습니다.

# 제 5 장

# 율법책의 역사

History of the Book of the Law

# 율법책의 역사

## HISTORY OF THE BOOK OF THE LAW

출애굽 제2년 1월 1일에 시내 광야에서 성막이 세워진 이후로 번제단에 불이 꺼지지 않고 타올랐던 것은, 죄인들에게 언제든지 속죄의 길이 열려 있었음을 보여줍니다. 그러나 주전 586년에 바벨론의 침공으로 성전은 불타 완전히 파괴되었고, 포로로 끌려간 백성은 더 이상 번제단의 제사를 통해 하나님 앞에 나아갈 수 없게 되었습니다. 이 시기에 하나님께서는 이스라엘 백성을 '제사와 예식' 중심의 신앙에서 '율법책'을 통해 선포되는 말씀 중심의 신앙으로 전환시키셨습니다. 성전이 파괴되면서 언약궤는 사라졌지만 '율법책'은 보존되어, 포로기와 포로 귀환기에도 계속 이스라엘 백성과 함께하였습니다. 포로 귀환 이후에는 공적인 자리뿐 아니라 각 처소에서까지 율법책을 낭독하고 해석하여 가르치고 깨닫게 하는 신앙 부흥 운동이 크게 일어났습니다. 포로 생활 70년으로 하나님의 구속사가 끊어질 듯했지만, '율법책'을 통해 선포된 하나님의 말씀이 단단한 이음새가 되어 중단 없이 진행된 것입니다.

이 '율법책'의 기록은 주전 1446년에 시내 광야에서 하나님께서 친히 전 이스라엘 백성에게 음성으로 들려주시고(출 20:1-17, 신 5:4-21) 두 돌판에 친수로 기록하여 주신 '십계명'(신 9:10)에서 시작되었습니다. 모세는 하나님께서 이스라엘 백성과 시내산 언약을 체결하실 때 주신 십계명과 세부 율법을 모두 '언약서'에 기록하였습니다(출 24:3-4, 7, '여호와의 모든 말씀'). 그로부터 약 40년 후(주전 1407년), 모세는 모압 평지에서 마지막 설교를 마치고 다시 '율법책'을 기록하였고(신 31:9, 24), 여호와의 언약궤를 메는 레위 사람에게 명하여 "이 율법책을 가져다가 너희 하나님 여호와의 언약궤 곁에 두어 너희에게 증거가 되게 하라"라고 명령하였습니다(신 31:25-26). 언약궤와 관련된 세 가지 증거물인 만나 담은 항아리, 아론의 싹 난 지팡이, 십계명이 새겨진 두 돌비는 언약궤 '안에' 보관되었으나(히 9:4), 율법책은 언약궤 '곁에' 보관하게 한 것입니다(신 31:26).

약 16년 후인 주전 1390년에 모세의 후계자 여호수아가 죽기 전에 세겜에서 언약을 체결하면서 율법책이 보충되었습니다(수 24:25-27). 그로부터 340년 후인 주전 1050년에 사울이 왕으로 기름 부음을 받을 때(삼상 10:1), 사무엘 선지자는 '나라의 제도'에 대한 내용을 보충하여 율법책에 기록하였습니다(삼상 10:25). 그 후 율법책은 왕들이 나라를 올바로 다스리는 기준이자, 선지자들이 왕을 평가하는 기준이 되었습니다. 선한 왕들은 율법책을 가까이했으나, 악한 왕들은 율법책을 찾지도 않았습니다. 심지어 언약궤 곁에 보관되어야 할 율법책이 없어지기까지 하는 우여곡절도 있었습니다. 그러나 하나님의 섭리 가운데, 남 유다가 망하기 약 36년 전(주전 622년)에, 요시야왕의 종교개혁 때에 성전을 수리하다가 대제사장 힐기야가 여호와의 전에서 '잃어버렸던 율법책'을 발견하였습니다(왕하 22:8, 대하 34:14-15).

주전 586년에 남 유다가 바벨론에게 멸망당할 때, 성전이 파괴되면서 두 돌판을 담은 언약궤는 완전히 사라져 버렸습니다. 이는 요시야왕 때 예레미야 선지자를 통해 "언약궤를 다시는 말하지 아니할 것이요 생각지 아니할 것이요 기억지 아니할 것이요 찾지 아니할 것이요 만들지 아니할 것이며"(렘 3:16)라고 예언하신 말씀대로 이루어진 것입니다.

성전이 다 파괴되고 언약궤도 사라졌지만, 바벨론에 포로로 끌려가는 상황에서도 여전히 사라지지 않고 남은 것은 하나님의 말씀을 기록한 율법책이었습니다(느 8:1-2). 속죄소 위에서 만나주시겠다고 약속하신 하나님께서(출 25:22, 30:6, 36, 레 16:2, 민 17:4) 이제는 말씀을 통해 만나주시는 새로운 시대가 시작된 것입니다.

이후 바벨론 포로에서 귀환하였을 때, 에스라와 느헤미야는 무너진 신앙의 기초를 다시 세우기 위해 율법책을 통해 폭발적인 부흥운동을 일으켰습니다(느 8:1-9:3, 13:1-3). 에스라는 율법에 익숙하고 완전한 학사로서(스 7:6, 12) 여호와의 율법을 연구하여 준행하며 율례와 규례를 이스라엘에게 가르치기로 결심하였습니다(스 7:10). 그리고 그 말씀은 신구약 중간기를 거쳐 신약 시대까지 일점일획도 사라지지 않고 보수(保守: 뜻 보전하여 지킴)되어 현재의 신·구약 성경 66권을 형성하게 되었습니다.

참으로 성경의 형성과 보수의 역사는 하나님의 구속사가 완성되는 그날까지 택한 백성을 구원하시는 하나님의 경이로운 섭리가 아닐 수 없습니다.

# I
# 광야 40년과 사사 시대의 율법책

BOOK OF THE LAW DURING THE WILDERNESS JOURNEY AND THE PERIOD OF JUDGES

## 1. 하나님께서 친수로 두 돌판에 기록하신 십계명

The Ten Commandments on the two stone tablets written by the finger of God

지금 우리가 보고 있는 성경의 시작은 하나님께서 친수로 기록하여 주신 십계명에서 출발합니다. 출애굽하여 시내 광야에 도착한 모세는 시내산에 8차례 등정을 하면서 하나님을 만나고, 다시 평지로 내려와서 백성에게 하나님의 말씀을 전하였습니다. 제6차 등정 시 40주야 동안 떡도 먹지 않고 물도 마시지 않고 기도할 때(출 24:18, 신 9:9), 하나님께서 두 돌판에 친수로 십계명을 기록하여 주셨습니다(출 31:18, 신 4:13, 5:22, 9:9-11). 출애굽기 32:16에서 "그 판은 하나님이 만드신 것이요 글자는 하나님이 쓰셔서 판에 새기신 것이더라"라고 말씀하고 있습니다. 그런데 모세가 십계명이 새겨진 두 돌판을 가지고 산 밑으로 내려왔을 때, 이스라엘 백성이 금송아지를 만들어 놓고 춤추는 것을 보고 크게 분노하여 그 돌판을 산 아래로 던져 그들의 목전에서 깨뜨렸습니다(출 32:15-19, 신 9:12, 15-17). 그리고 모세가 다시 제7차로 산에 올라 40일 동안 백성을 위해 중보기도를 하고 내려온 후, 하나님께서는 모세에게 "너는 돌판 둘을 처음 것과 같이 깎아 만들라 네가 깨뜨린바 처음 판에 있던 말을 내가 그 판에 쓰리니"(출 34:1-2, 신 10:1-2)라고 말씀하시며 다시 제8차로 시내산에 오르게 명령하셨습니다. 모세가 시내산에서 여호와와 함께하면서 전과 같이 40주야 동안 떡도 먹지 않고 물도 마시지 않고 기도할 때(출 34:28, 신 9:18), 하나님께서 언약의 말씀 곧 십계명을 모세가 깎아 만든 두 돌판에 다시 새겨 주셨습니다(출 34:28, 신 10:4). 모세는 그것을 가지고 내려와 나무궤에 넣었습니다(신 10:5).[36]

이렇게 성경은 하나님께서 직접 쓰셔서 그 기록이 시작되었고, 성경 스스로 하나님의 말씀 그 자체임을 증거하고 있습니다(참고-롬 3:2, 엡 6:17). 성경의 신적 권위는 오직 성경 자체에 있습니다. 이것이 바로 성경의 '독자적 신임성'(獨自的 信任性)입니다. 말씀 자체에 신적 권위가 있다는 것입니다. 성경의 모든 기록은 사람의 생각에서 출발한 것이 아니고, 살아계신 하나님의 감동으로 기록된(딤후 3:16), 지금도 살아 역사하시는 하나님의 말씀입니다(히 4:12, 벧전 1:23). 베드로후서 1:21에서는 "예언은 언제든지 사람의 뜻으로 낸 것이 아니요 오직 성령의 감동하심을 입은 사람들이 하나님께 받아 말한 것임이니라"라고 말씀하고 있습니다.

성경은 하나님의 말씀이요, 최고의 권위가 있는 책입니다. 권위(權威)는 '복종할 것을 기대하면서 어떤 행동을 요구하거나, 신념을 결정하게 하는 능력이나 권리'입니다. 인간 사회의 모든 관계는 권위 체계를 통해 질서가 세워집니다. 그런데 요즘은 국가의 최고 통수권자가 국민 앞에 권위가 없고, 학교 스승이 제자 앞에 권위가 없고, 부모가 자녀 앞에 권위가 없는 시대가 되어 버렸습니다. 사단은 처음부터 하나님의 말씀을 변질시켜 말씀의 권위를 의심케 하고, 말씀에 정면으로 도전하며 거짓으로 바꾸었습니다(창 3:1-5).

성경이 처음 기록되기 시작하여 마치기까지, 하나님께서 엄중히 당부하신 말씀이 있습니다. 신명기 4:2에 "내가 너희에게 명하는 말을 너희는 가감하지 말고 내가 너희에게 명하는 너희 하나님 여호와의 명령을 지키라"라고 말씀하고 있습니다(신 12:32). 이 경고의 말씀은 성경 여러 곳에서 반복됩니다. 잠언 30:6에도 "너는 그 말씀에 더하지 말라 그가 너를 책망하시겠고 너는 거짓말하는 자가 될까 두려우니라"라고 말씀하고 있으며, 예레미야 26:2에서도 "나 여호와가 이같이 이르노라 너는 여호와의 집 뜰에 서서 유다 모든 성읍에서 여호와의 집에 와서 경배하는 자에게 내가 네게 명하여 이르게 한 모든 말을 고하되 한 말도 감하지 말라"라고 말씀하고 있습니다. 예수님께서도 "진실로 너희에게 이르노니 천지가 없어지기 전에는 율법의 일점일획이라도 반드시 없어지지 아니하고 다 이루리라"(마 5:18)라고 말씀하셨습니다. 마지막으로, 요한계시록의 최종 결론으로 "내가 이 책의 예언의 말씀을 듣는 각인에게 증거하노니 만일 누구든지 이것들 외에 더하면 하나님이 이 책에 기록된 재앙들을 그에게 더하실 터이요 19 만일 누구든지 이 책의 예언의 말씀에서 제하여 버리면 하나님이 이 책에 기록된 생명나무와 및 거룩한 성에 참예함을 제하여 버리시리라"(계 22:18-19)라고 말씀하고 있습니다. 하나님의 말씀에 더하면 요한계시록에 기록된 모든 재앙이 더해지고, 하나님의 말씀에서 일점일획이라도 삭제하면 생명나무와 새 예루살렘성에 참예하는 권세를 빼앗기게 됩니다.

하나님의 말씀을 온전히 믿지 못하고 자기 편한 대로 믿기 위해서 말씀을 보태거나, 양심에 찔리는 내용들은 제하여 버리는 사람들이 있습니다. 그러나 하나님의 절대적인 권위로 기록된 신·구약 성경의 말씀은 기록이 완전히 종료된 완결판으로, 더 이상의 가감은 용납될 수도 없고 조금도 필요하지 않습니다. 성경은 여호와의 입이 명하셨고 그의 신이 모으셨으므로 하나도 빠진 것이 없고, 그 짝이 없는 것이 없이 완벽합니다(사 34:16).

## 2. 모세에게 기록하게 하신 하나님의 율법
God's Law recorded through Moses

### (1) 출애굽 원년, 모세가 받은 여호와의 모든 말씀을 기록한 '언약서'

십계명(출 20:1-17)은 하나님께서 전 이스라엘을 대상으로 선포하신 후 직접 두 돌판에 친수로 기록해 주신 말씀입니다. 그리고 율법(출 20:22-23:33)은 중재자 모세를 통하여 간접적으로 이스라엘 백성에게 전달되었습니다(출 20:22, 신 5:31). 하나님의 음성을 직접 들은 이스라엘 전 백성은 하나님의 엄위하심을 보고 극심한 공포에 휩싸여, 중재자 모세를 통해 말씀을 받도록 해달라고 간곡히 요청했습니다(출 20:19, 신 5:23-27). 이에 하나님께서는 모세 홀로 산꼭대기에 올라올 것을 명령하셨으며(출 20:21, 24:1-2, 신 5:30-31上), 이때 십계명의 세부 율법이 주어진 것입니다.

모세는 산에서 내려와 백성에게 여호와의 모든 말씀과 그 모든 율례를 고하였고, 이스라엘 백성은 그 모든 말씀을 준행하겠다고 일제히 답하였습니다(출 24:3). 이때는 모세의 시내산 8차 등정 중

제4차 등정 때이며, 주전 1446년 3월 6일(출애굽 한 지 50일)이었습니다. 모세는 받은바 거룩한 하나님의 "모든 말씀"(출 24:4)을 밤새 한 자씩 또박또박 기록하였습니다. 그것이 바로 "언약서"이며(출 24:7), 언약 백성에게 필요한 세부적인 사회 도덕법(시민법, civil law)을 담고 있습니다. 출애굽기 20:22-23:19에는 십계명의 실제적인 적용에 필요한 70여 가지의 구체적 율법 조항이 기록되어 있습니다.

'언약서'(Book of the Covenant)는 히브리어로 '세페르 하베리트'(סֵפֶר הַבְּרִית)이며, '계약 책'이라고도 합니다. 출애굽기 21:1에서는 '언약서'에 대해서 "네가 백성 앞에 세울 '율례'(מִשְׁפָּט, '미쉬파트': 판결, 거룩한 율법)"라고 부르고 있는데, '율례'는 법정에서 판단 기준이 되는 법과 사회 도덕법 성격을 지니는 시민법을 가리킵니다. 십계명은 하나님의 '절대적인 단언(端言) 명령' 형식이지만, 율례의 경우는 구체적인 재판의 상황을 가정하고 각 상황에 따른 판결까지를 기록한 '판례'(case) 형식을 띠고 있습니다. 특히 "세울 율례"에서 '세울'에 해당하는 히브리어 '심'(שִׂים)은, '두다, 위임하다, 확고부동하게 하다'라는 뜻입니다. 이는 이 모든 율법 조항이 하나님의 지시에 따라 모세가 세운 것이며, 하나님께서 한 번 정하신 율례는 변함없이 확고하게 시행된다는 의미입니다.

언약서

모세는 이 모든 말씀을 밤새 기록하고, 이른 아침에 산 아래에 단을 쌓고(3월 7일), 이스라엘 12지파대로 열두 기둥을 세우고, 이스라엘 자손의 청년들을 보내어 번제와 화목제를 드리게 하였습니다(출 24:4-5). 모세가 희생제물의 피를 취하여 반(半)은 여러 양푼에 담고, 반(半)은 단에 뿌림으로 단을 정결케 하였고(출 24:6), 이스라엘 백성에게 언약책의 말씀을 들려주며 언약식을 가졌습니다.

언약식을 진행하는 중심 요소이자 언약식의 가장 중요한 근거는 '여호와의 모든 말씀', 곧 '언약서'입니다. 모세는 시내산에서 받은 '여호와의 모든 말씀'대로 백성에게 고하였고(출 24:3), 모세가 '여호와의 모든 말씀'을 기록하였으며(출 24:4), 모세가 그 모든 말씀을 기록한 '언약서'를 백성에게 낭독하여 들리자, 백성은 '여호와의 모든 말씀'을 준행하겠다고 화답하였습니다(출 24:7). 히브리서 기자가 주목한 대로, 언약식의 모든 의식 행위가 하나님의 말씀 '책'(βιβλίον, '비블리온': 두루마리 책)을 중심으로 이루어지고 있었던 것입니다.

**히브리서 9:19** "모세가 율법대로 모든 계명을 온 백성에게 말한 후에 송아지와 염소의 피와 및 물과 붉은 양털과 우슬초를 취하여 그 책과 온 백성에게 뿌려"

## (2) 출애굽 원년, 피 뿌려진 '책'(언약서)

모세는 시내산 언약을 체결할 때, 제물의 피를 취하여 백성에게 뿌리면서 "이는 여호와께서 이 모든 말씀에 대하여 너희와 세우신 언약의 피니라"라고 선포하였습니다(출 24:8). 제물의 피의 반은 단에 뿌리고 나머지 반은 백성에게 뿌린 것은, 희생제물을 불사르는 단과 백성을 하나로 결속한다는 의미입니다. 또한 "이 모든 말씀에 대하여"에서 '대하여'는 '~위에'라는 뜻의 히브리어 전치사

'알'(עַל)이며, 하나님께서 모세에게 선포하신 말씀들(출 20-23장) 위에 피로써 언약을 체결하셨다는 의미입니다.

히브리서 9:19-21에서 "모세가 율법대로 모든 계명을 온 백성에게 말한 후에 송아지와 염소의 피와 및 물과 붉은 양털과 우슬초를 취하여 그 책과 온 백성에게 뿌려 [20] 이르되 이는 하나님이 너희에게 명하신 언약의 피라 하고 [21] 또한 이와 같이 피로써 장막과 섬기는 일에 쓰는 모든 그릇에 뿌렸느니라"라고 말씀하고 있습니다. 참고로, 여기 '물과 붉은 양털과 우슬초'는 '정결케 하는 물'을 만드는 데도 사용됩니다(레 14:4-8, 49-52, 민 19:6, 9). 출애굽기에는 모세가 백성에게 피를 뿌렸다고만 기록하였는데, 히브리서에는 온 백성뿐만 아니라 '책'에도 피를 뿌렸다는 것을 기록하고 있습니다. 그 책은 율법이 기록된 두루마리, 곧 언약서(출 24:7)입니다.

하나님께서 모세를 통해 주신 모든 말씀을 기록한 언약서에도 피를 뿌린 행위는 참으로 의미심장합니다. 이 책은 지금 우리가 보고 있는 성경의 기원입니다. 또한 모세가 언약을 체결하면서 취했던 제물의 피는 예수 그리스도의 속죄의 피를 예표합니다(히 9:12-14). 모세가 시내산에서 행한 언약식처럼, 십자가에 달리신 예수 그리스도의 보배로운 피가 온 인류에게 뿌려져서 믿는 자가 하나님 앞에 나아가는 길이 열렸습니다. 그리고 예수 그리스도를 믿고 십자가의 언약에 참여하는 자, 곧 그 피로 속량을 얻는 자는 언약 백성, 하나님의 자녀가 되는 것입니다(요 1:12, 엡 1:7).

모세는 이 피 뿌려진 언약서를 가지고 광야 교회(행 7:38)에서 이스라엘 백성을 가르치고 사역했습니다. 지금 우리가 소유한 성경은 이토록 오랜 역사를 가졌을 뿐 아니라, 하나님의 절대 계시요, 하나님과의 엄숙한 언약식을 통해 붉은 피가 뿌려진 계약책으로 거슬러 올라갑니다.

한편 출애굽 제2년 1월 1일에 성막이 세워지고(출 40:2, 17) 언약궤가 지성소에 안치되었을 때(출 40:3, 21), 모세가 기록한 언약서는 제사장을 통해 특별하게 보존되었습니다. 신명기 17:18에 "레위 사람 제사장 앞에 보관"하였다고 기록하고 있습니다.

### (3) 출애굽 40년(주전 1407년), 언약서의 보충

모세가 처음 기록한 언약서는 시내산에서 받은 율례(출 20:22-23:33)를 중심으로 기록되었습니다. 이 언약서에 기록된 내용은 이스라엘의 판단 기준이 되었으며, 그 판례들은 이스라엘의 행동 규범과 규례가 되었습니다(신 28:58, 61, 29:20-21, 27, 30:9).

그런데 광야 노정 말기에, 모압 평지에서 제2차 군인 계수를 마친 후 므낫세 지파의 슬로브핫의 딸들이 모세에게 나아왔습니다(민 27:1-2). 이들은 '우리 아버지가 광야에서 죽었으나, 여호와를 거스려 반역한 적이 없는데도 아들이 없다는 이유로 기업을 받지 못하고 그 이름이 그 가족 중에서 사라지는 것이 가하냐'라며 모세에게 기업을 요구하였습니다(민 27:3-4).

민수기 27:5에서 "모세가 그 사연을 여호와께 품(稟)하니라"라고 말씀하고 있습니다. 여기 '사연'은 히브리어 '미쉬파트'(מִשְׁפָּט)로, '재판, 판단, 율례'라는 뜻입니다. 모세가 바로 답하지 못하고 슬로브핫의 딸들의 사연에 대해서 하나님께 물은 것은, 당시 기록된 언약서를 기준으로는 이 일을 어떻게 판단해야 할지 알지 못했기 때문입니다. 사람의 힘으로 깨닫기 어려운 것을 억지로 풀면 스스로 멸망에 이르지만(벧후 3:16), 하나님께 간절히 기도할 때 하나님의 뜻에 따라 성령의 조명으로 깨닫게 하십니다(고전 2:10).

이에 하나님께서는 '슬로브핫의 딸들의 말이 옳다' 하시며 아비가 죽고 아들이 없으면 기업을 딸들에게 돌리고, 딸도 없으면 그 사람의 형제에게 주며, 형제도 없으면 가장 가까운 친족에게 주라고 말씀하셨습니다(민 27:7-11上). 그리고 이 판결을 이스라엘 자손에게 '판결의 율례'가 되게 하라고 말씀하셨습니다(민 27:11下). 여기 '판결의 율례'는 히브리어 '훅카트 미쉬파트'(חֻקַּת מִשְׁפָּט)로, '규례(반드시 지켜야 할 구속력을 가진 칙령)'라는 뜻의 '호크'(חֹק)가 '미쉬파트'와 함께 쓰였습니다. 이 단어는 '여러 판결을 통해서 하나님의 뜻을 이해하여 형성되는 규례'를 의미하는 용어입니다.

그런데 이 판결의 난점이 민수기 36장에 등장합니다. 슬로브핫의 딸들이 기업을 받은 다음에 다른 지파 남자와 결혼하면 그 기업이 다른 지파로 넘어가게 되는 문제였습니다(민 36:1-4). 이에 모세는 여호와의 말씀으로 이스라엘에게 명하여 '슬로브핫의 딸들은 오직 자기 지파의 남자에게로 시집을 가서 자기 조상의 기업을 지키라'고 하였습니다(민 36:5-9). 그리고 슬로브핫의 딸들은 그 말씀에 순종하여 자기 지파 내에서 시집가므로, 므낫세 지파에게 주신 기업이 보존될 수 있었습니다(민 36:10-12). 그리고 이 모든 내용은 '여호와께서 모세로 이스라엘 자손에게 명하신 명령(מִצְוָה, '미츠바')과 규례(מִשְׁפָּט, '미쉬파트')'로 기록되었습니다(민 36:13).

슬로브핫의 딸들이 기업을 받을 수 있게 하신 규례는 하나님께서 언약서의 모든 내용의 선포자이며 유일한 해석자이심을 보여줍니다. 그리고 하나님께서 주신 해석은 율법책에 기록되어, 이스라엘이 약속의 땅에서 하나님의 뜻에 따라 살아가도록 하는 구체적인 지침이 되었습니다.

훗날 예수 그리스도의 족보가 기록된 마태복음 1장과 누가복음 3장을 비교해 보면, 두 족보는 예수님의 아버지 요셉에 대하여 다르게 기록하고 있습니다. 마태복음 1:16에서는 요셉의 아버지를 '야곱'으로, 누가복음 3:23에서는 '헬리'로 기록하고 있습니다. 여기서 주목할 것은, 누가복음 3장의 긴 족보에 나오는 모든 이름 앞에 '그'라고 번역된 헬라어 정관사 '투'(τοῦ)가 붙어있는데, 오직 요셉의 이름 앞에만 그것이 빠져있다는 사실입니다. 이것은 누가복음 3장의 족보가 요셉의 것이 아니라 헬리의 것임을 나타냅니다. 헬리는 마리아의 아버지로서, 아마도 기업을 이을 아들이 없었을 것입니다. 마리아는 '기업을 이은 딸들이 자기 조상 지파 가족 되는 사람에게로 시집가서 자기 기업을 지키라'(민 36:8-9)고 하신 판결의 율례를 따라, 자기 조상 지파인 유다 지파의 요셉과 결혼하여서 요셉이 헬리의 법적인 아들이 되어 누가복음 족보에 그 이름이 기록된 것입니다.[37)]

하나님께서는 아브라함과 다윗의 자손으로 여자의 후손이 오신다는 언약을 성취하시기 위해 다윗의 두 가문을 보존시키셨습니다. 그리하여 다윗 이후 솔로몬으로 이어진 마태복음 족보(마 1:6)와 다윗 이후 나단으로 이어진 누가복음 족보(눅 3:31)는 요셉과 마리아의 결혼으로 두 가문이 이어지면서 만나게 되었고, 마리아의 몸에서 예수 그리스도가 성령으로 잉태되어 여자의 후손으로 나셨습니다. 이로써 하나님께서 슬로브핫의 딸들을 통해 주신 판결의 율례를 통해 여자의 후손이 오시는 길을 예비하신 비밀한 구속 경륜이 약 1,400년 만에 성취되었습니다.

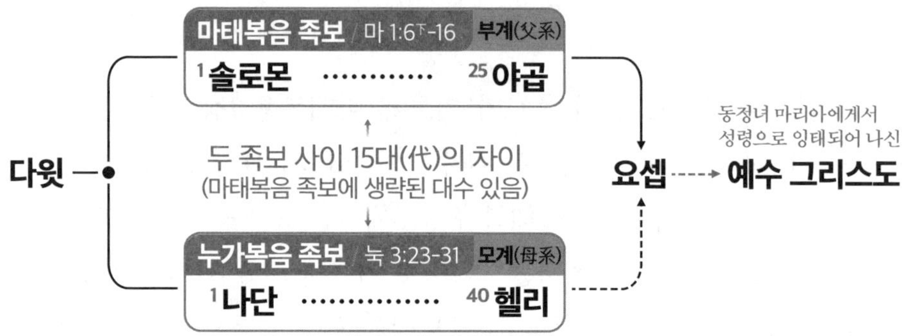


### (4) 출애굽 제40년(주전 1407년), 완성된 '율법책'

시내산에서 영광스러운 하나님의 임재 속에 언약을 체결하는 놀라운 체험을 했던 출애굽 제1세대가 거의 다 죽고 광야 생활 말기가 되자, 이제는 출애굽의 놀라운 구원 역사를 체험하지 못한 광야 제2세대가 대부분이었습니다. 이에 120세의 노장 모세는 가나안 땅에 들어가기 직전에 여리고 맞은편 모압 평지에 머물렀을 때(신 1:1-3, 34:7), 광야 제2세대 앞에서 세 편의 설교를 했습니다(신 1:1-4:43, 4:44-26:19, 27:1-30:20). 그것이 바로 모세오경 중 마지막에 기록된 '신명기'입니다.

모세가 마지막으로 한 일은 후계자 여호수아를 세우는 것(민 27:18-23, 신 31:1-8, 14-15, 23)과 하나님의 말씀을 기록하는 것이었습니다. 모세는 이 율법을 써서 제사장들과 이스라엘 모든 장로에게 맡겼습니다(신 31:9). 신명기 31:24에서도 "모세가 이 율법의 말씀을 다 책에 써서 마친 후에"라고 말씀하고 있습니다. 여기 '다'(עַד תֻּמָּם, '아드 툼맘')는 히브리어 전치사 '아드'(뜻-'~까지')와 동사 '타맘'(뜻-'완결되다')의 합성어이며 '완성되기까지, 끝내기까지'라는 뜻으로, 모세가 하나님께서 주신 말씀을 빠짐없이 다 기록했다고 강조한 것입니다.

그 쓴 것을 가리켜 '율법책'(סֵפֶר הַתּוֹרָה, '세페르 하토라')이라고 하였습니다(신 31:26). 히브리어 '토라'는 '율법'이라는 뜻으로, '가르치다'라는 뜻의 '야라'(יָרָה)에서 나온 단어입니다. 하나님께서 이 율법과 계명을 처음 주셨을 때 '그들을 가르치려 한다'라고 말씀하신 뜻과 같습니다(출 24:12). 이로써 모세를 통하여 오경(창세기, 출애굽기, 레위기, 민수기, 신명기)이 완성되었습니다.

예수님께서도 모세가 기록한 것을 가리켜 '성경'(γραφάς, '그라파스', Scriptures)이라고 말씀하셨습니다. "너희가 성경에서 영생을 얻는 줄 생각하고 성경을 상고하거니와 이 성경이 곧 내게 대하여 증거하는 것이로다"(요 5:39)라고 말씀하시면서, "모세를 믿었더면 또 나를 믿었으리니 이는 그가 내게 대하여 기록하였음이라"(요 5:46)라고 말씀하셨습니다.

하나님께서는 모세의 후계자로 세우신 여호수아에게도 "이 율법책을 네 입에서 떠나지 말게 하며 주야로 그것을 묵상하여 그 가운데 기록한 대로 다 지켜 행하라 그리하면 네 길이 평탄하게 될 것이라 네가 형통하리라"(수 1:8)라고 말씀하셨습니다. 여기 '율법책'(סֵפֶר הַתּוֹרָה, '세페르 하토라')은 모세가 기록한 율법책입니다. 율법책을 '입에서 떠나지 말게' 하라는 것은 말씀을 잊어버리지 않도록 항상 외우며, 항상 그것을 가지고 증거해야 하고, 모든 대화에서도 화제의 중심 삼아야 한다는 의미입니다. 그렇게 하여 삶 속에서 하나님의 말씀에서 한시라도 떠나지 않고 반복하여 듣게 함으로써 그 말씀이 자기 생각과 행위까지 완전히 지배하도록 하라는 말씀입니다. 항상 말씀과 동행할 때 삶이 평탄하고 형통케 된다는 약속입니다.

또한 하나님께서는 이스라엘이 약속의 땅에 이르러 그 땅을 얻어 거할 때에 주위 열국처럼 왕을 세우게 되면, 그 왕은 레위 사람 제사장 앞에 보관된 율법책을 등사하여 평생에 자기 옆에 두고 읽어서 하나님 여호와 경외하기를 배우고, 율법의 모든 말씀과 규례를 지켜 행해야 한다고 말씀하셨습니다(신 17:14, 18-19).

신명기 17:18에서 "레위 사람 제사장 앞에 보관한 이 율법서를 등사하여"라고 말씀하고 있습니다. 여기 '율법서'는 히브리어 '미쉬네 하토라 하조트'(מִשְׁנֵה הַתּוֹרָה הַזֹּאת)로, '미쉬네'(מִשְׁנֵה)는 '반복하다, 다시 행하다'라는 뜻의 '샤나'(שָׁנָה)에서 유래하여 '제2의 것, 두 번째, 두 배(출 16:22), 사본(寫本)'이라는 뜻입니다. 또한 '하토라 하조트'는 모세가 이스라엘에게 설명한 율법의 말씀을 가리키는 것으로(신 1:5), '미쉬네 하토라 하조트'는 '이 율법의 사본'이라는 뜻입니다(참고-수 8:32). 또한 '등사하여'는 '쓰다, 새기다'라는 뜻의 히브리어 '카타브'(כָּתַב)의 3인칭 단수 동사로, 다른 사람이 아니라 왕의 손으로 직접 기록해야 한다는 것입니다. 한글 개역성경에서 번역하지 않은 히브리어 '세페르'(סֵפֶר)를 포함하여 번역하면, '그(왕)는 레위 사람 제사장 앞에 보관한 이 율법의 사본을 두루마리에 등사하라'입니다.

이스라엘을 다스리는 궁극적인 통치자는 하나님이시며, 이스라엘 백성은 하나님의 통치를 받는 백성입니다. 그러므로, 왕으로 세움을 받은 자는 하나님을 대신하여 다스리는 자로서, 반드시 하나님의 뜻을 알아야 했습니다. 이를 위해 왕은 자신을 위하여 율법책을 베껴 써서, 평생에 자기 옆에 두고 읽어야 했습니다. 신명기 17:19의 '읽어서'는 히브리어 '베카라 보'(וְקָרָא בוֹ)이며, '큰 소리 내다, 외치다'라는 뜻의 '카라'(קָרָא)와 '그 안에서'라는 뜻의 '보'(בוֹ)가 합성되어 율법을 '소리내서 낭독하다'라는 뜻입니다.

참고로, 여호수아 1:8의 율법책을 '묵상하라'라는 명령은 히브리어 '베하기타 보'(וְהָגִיתָ בּוֹ)로, 여기에는 '묵상하다, 신음하다, 깊이 생각하다'라는 뜻의 '하가'(הָגָה)가 사용되었습니다. 율법을 큰 소리로 낭독하는 것은 그 소리를 귀에 새겨가며 암기하는 자세이자, 백성에게 본이 될 수 있도록 공개적으로 하는 행위입니다. 반면, 율법을 묵상하는 것은 자신을 점검하고 하나님의 말씀을 깊이 연구하는 자세입니다. 왕이 하나님의 말씀과 규례에 복종하고 그에 따라 통치할 때 그 마음이 교만하지 않고, 좌로나 우로나 치우치지 않으며, 왕위에 있는 날이 장구하게 됩니다(신 17:20).

오늘날 왕 같은 제사장 된 성도 역시, 하나님의 말씀을 등사하여 읽고 배우며 실천하는 삶을 살아야 합니다(벧전 2:9).

### (5) '율법책'의 낭독 규정과 보관법(주전 1407년)

모세는 그 기록한 율법책을 "매 칠 년 끝 해 곧 정기 면제년(안식년)의 초막절"에 하나님께서 택하신 성전에 모일 때, 그 율법을 낭독하여 온 이스라엘로 듣게 하도록 규정하였습니다(신 31:10-11). 그렇게 낭독할 때마다 온 이스라엘 곧 백성의 남녀와 유치(어린아이)와 성 안에 우거하는 타국인까지 모아서 그 율법을 듣고 배우게 하여, 하나님을 경외하며 그 율법의 모든 말씀을 지켜 행하도록 하라고 명령하였습니다(신 31:11下-13).

모세는 율법책의 보관법에 대하여 여호와의 언약궤를 메는 레위 사람에게 특별히 당부하기를, "언약궤 곁에" 두라고 명하였습니다(신 31:24-26). 신명기 31:26에서 "이 율법책을 가져다가 너희 하나님 여호와의 언약궤 곁에 두어 너희에게 증거가 되게 하라"라고 말씀하고 있습니다. 또한 그 사본을 만들어서 '레위 사람 제사장 앞에' 보관하게 하였습니다(신 17:18). 십계명의 해설서라고 할 수 있는 모세의 율법책은 언약궤 바로 곁에 두어 후손 대대로 하나님의 뜻을 증거하는 책이 되도록 해야 했습니다. 아마도 레위 제사장들은 언약궤 곁에 따로 상자를 만들어 그 속에 두루마리 형태로 기록된 율법책을 보관했을 것으로 추정됩니다.

또한 율법책을 언약궤 곁에 두어 하나님과 이스라엘 사이에 증거가 되도록 하신 것은, 이스라엘이 범죄할 때 판단하는 율례를 통해 율법으로 범죄를 규명하도록 하기 위함이었습니다(출 23:1-3, 민 35:29).

## 3. 여호수아부터 사사 시대의 율법책 (주전 1390년-1050년)

From Joshua until the period of the judges (1390–1050 BC)

### (1) 하나님의 율례와 법도를 갱신하여 율법책에 기록한 여호수아 (주전 1390년)

모세에 의해 율법책이 완성된 이후 여호수아는 그 율법을 가지고 가나안에 입성하였습니다. 하나님께서는 모세의 후계자로 세우신 여호수아에게도 '이 율법책을 네 입에서 떠나지 말게 하라'라고 명령하셨습니다(수 1:8).

여호수아는 여리고성과 아이성을 차례로 점령한 다음에, 에발산에 한 단을 쌓았습니다(수 8:30). 단은 '모세의 율법책에 기록된 대로 철 연장으로 다듬지 아니한 새 돌'로 만들어졌으며, 그 위에서 여호와께 번제와 화목제를 드렸습니다(수 8:31). 그리고 여호수아는 '모세의 기록한 율법을 이스라엘 자손의 목전에서 그 돌에 기록'하였으며(수 8:32), 백성의 절반을 그리심산 앞에, 나머지 절반을 에발 산 앞에 세우고 축복하였습니다(수 8:33, 참고-신 11:29, 27:1-26). 그 후에 여호수아는 모세가 명한 말씀, 곧 '축복과 저주하는 율법의 모든 말씀'을 빠짐없이 낭독하되, '율법책에 기록된 대로' 낭독하였습니다(수 8:34-35). 이처럼 가나안 정복 전쟁도 하나님의 말씀에 입각하여 본격적으로 시작했던 것입니다.

그 내용은 약 16년 후 세겜에서 갱신되었습니다. 여호수아는 죽음이 임박했을 때 이스라엘의 지도자들(장로들, 두령들, 재판장들, 유사들 - 수 24:1)을 불러 고별 설교를 하였습니다(수 24:2-13). 그 내용은 언약의 조상 아브라함의 아비 데라로부터 시작하여 출애굽과 홍해를 건넌 일, 요단 동편에서 있었던 일(아모리 왕 시혼과 바산 왕 옥 정복, 발람의 저주), 가나안 정복까지의 이스라엘 역사를 하나님의 구속사적 관점에서 회고한 것입니다.

여호수아는 하나님께서 왕벌을 보내어 가나안의 가장 강력한 아모리의 두 왕을 쫓아내시고 이스라엘 백성에게 가나안 땅을 선물로 주셨음을 말씀하였습니다(수 24:12-13). 이는 일찍이 하나님께서 모세를 통해 약속하신 위엄의 역사가 성취된 것이었습니다(출 23:27-28, 신 7:20). 그리고 여호수아는 마지막으로, '여호와를 잘 섬기고, 여호와께서 주신 율법을 잘 지키며 우상을 섬기지 말라'라고 강력하게 권고하였습니다(수 24:14-15, 19-20, 23). 이에 이스라엘 백성은 여호와를 섬기겠다고 응답했습니다(수 24:16-18, 21, 24).

세겜에서 이루어진 언약식에서 가장 중요한 것은, 이스라엘이 하나님께서 언약을 통해 주신 율례와 법도를 배우고 지키는 것이었습니다. 여호수아 24:25에 "그날에 여호수아가 세겜에서 백성으로 더불어 언약을 세우고 그들을 위하여 율례와 법도를 베풀었더라"라고 말씀하고 있습니다. 그리고 여호수아는 "이 모든 말씀을 하나님의 율법책에 기록"하였고, 큰 돌을 취하여 거기 여호와의 성소 곁에 있는 상수리나무 아래 세웠습니다(수 24:26). 그리고 "여호와께서 우리에게 하신 모든 말씀을 이 돌이 들었음이라 그런즉 너희로 너희 하나님을 배반치 않게 하도록 이 돌이 증거가 되리라"(수 24:27)라고 선포했습니다. 이스라엘은 여호수아의 사는 날 동안과 여호수아 뒤에 생존한 장로들, 곧 여호와께서 이스라엘을 위하여 행하신 모든 일을 아는 자의 사는 날 동안 여호와를 섬겼습니다(수 24:31, 삿 2:7).

이후 여호수아가 염려했던 대로 이스라엘은 신앙 전수가 제대로 이루어지지 못하여, 얼마 지나지 않아 여호와를 알지 못할 뿐 아니라 여호와가 행하신 일을 알지 못하는 세대가 일어났습니다(삿 2:8-10). 그러나 하나님의 말씀을 글로 기록하여 보관한 율법책이 있었기에, 각 시대마다 사무엘, 다윗, 여호사밧, 히스기야, 요시야와 같은 의로운 인물들이 일어나 하나님의 말씀을 읽고 연구하고 전파하여 다시 올바른 신앙을 되찾으므로, 하나님의 구속사가 지속될 수 있었습니다.

### (2) 나라의 제도를 율법책에 기록하여 갱신한 사무엘 선지자 (주전 1050년)

사사 시대의 암흑기를 거친 후, 사무엘 선지자가 처음으로 사울을 왕으로 기름 부으면서(삼상 10:1) 왕정 제도를 세울 때, 나라의 제도를 율법책에 기록하여 여호와 앞에 두었습니다(삼상 10:25). 여호수아가 죽은 지 약 340년 후입니다.

사사 시대 말기에 이스라엘 백성이 왕을 요구했던 것은, 눈에 보이지 않는 하나님을 배신하고 이방 왕처럼 눈에 보이는 왕을 달라는 것이었습니다(삼상 8:5). 이에 하나님께서는 사무엘을 통해 이방의 '왕의 제도'(מִשְׁפַּט הַמֶּלֶךְ, '미쉬파트 하멜레크')가 가지고 올 어려움과 폐단을 경고하셨으나(삼상 8:10-18), 이스라엘은 끝까지 왕을 요구하였으며(삼상 8:19-20), 하나님은 결국 그것을 허락하셨습니다(삼상 8:21-22).

사무엘은 미스바에서 사울을 왕으로 뽑으면서, 백성에게 다시 한 번 율법책에 기록된 왕에 대한 말씀을 상기시켰습니다. 사무엘상 10:25에서 "사무엘이 나라의 제도를 백성에게 말하고 책에 기록하여 여호와 앞에 두고 모든 백성을 각기 집으로 보내매"라고 말씀하고 있습니다. 여기 '나라의 제도'는 히브리어 '미쉬파트 하멜루카'(מִשְׁפַּט הַמְּלֻכָה)로, '제도'로 번역된 '미쉬파트'(מִשְׁפַּט)에 히브리어 정관사 '하'(·ה)와 '왕권, 왕, 왕국'이라는 뜻의 '멜루카'(מְלוּכָה)가 같이 사용되어 '그 왕국(왕권)의 제도'라는 뜻입니다. '그 왕국(왕권)의 제도'는 신명기 17:14-20에 기록된 왕의 규례를 가리키며, 이를 정리하여 제도화한 것입니다. 사무엘이 나라의 제도를 율법책에 추가하여 기록한 것은, 사울왕이 하나님의 주권을 인정하는 이스라엘의 왕으로서 하나님의 언약을 따라 나라와 백성을 통치하게 하기 위함이었습니다. 나라의 제도를 책에 기록하여 여호와 앞에 둠으로써, 백성으로 하여금 나라의 제도가 하나님의 뜻에 따라 시행되어야 한다는 사실을 깨닫게 하였습니다.

이때 사무엘 선지자가 기록한 책을 '여호와 앞에 두고'라고 하였습니다. 당시 아벡 전투(주전 1102년) 때 블레셋에게 빼앗겼던 언약궤는 아직 기럇여아림에 보관되어 있었고(삼상 7:1-2), 실로에 있던 성막은 놉으로 옮겨져(참고-삼상 21:1, 22:11, 19) 모든 제사는 놉의 장막에서 진행되었을 것으로 추정됩니다. 따라서 사무엘 선지자가 갱신한 율법책은 놉의 장막에 두어 제사장이 보관하였을 것입니다.

시편 99:4에서 "왕의 능력은 공의를 사랑하는 것이라"라고 말씀하고 있는데, 여기 '공의'는 히브리어 '미쉬파트'(מִשְׁפָּט)로, '율법'을 뜻합니다. 왕은 나라의 머리로서 하나님의 말씀을 먼저 이해하고 순종해야 영특하게 백성을 다스릴 수 있습니다. 따라서 왕은 신명기 17:14-20에 기록된 규례에 따라, 사무엘이 나라의 제도를 기록하여 갱신한 율법책을 등사하여 평생에 자기 옆에 두고 읽어야 했습니다.

> **신명기 17:18-20** "그가 왕위에 오르거든 레위 사람 제사장 앞에 보관한 이 율법서를 등사하여 [19] 평생에 자기 옆에 두고 읽어서 그 하나님 여호와 경외하기를 배우며 이 율법의 모든 말과 이 규례를 지켜 행할 것이라 [20] 그리하면 그의 마음이 그 형제 위에 교만하지 아니하고 이 명령에서 떠나 좌로나 우로나 치우치지 아니하리니 이스라엘 중에서 그와 그의 자손의 왕위에 있는 날이 장구하리라"

오늘날 왕 같은 제사장인 성도(벧전 2:9)도 하나님의 말씀을 평생 곁에 두고, 읽고, 지키는 복된 자들이 되어야 합니다(계 1:3, 참고-눅 8:15, 딤전 4:13).

# Ⅱ
# 왕국 시대의 율법책
BOOK OF THE LAW DURING THE PERIOD OF KINGS

## 1. 통일왕국 시대 하나님의 말씀(주전 1050년-930년)
The Word of God during the united monarchy (1050–930 BC)

통일왕국 시대는 사울왕의 즉위부터 솔로몬왕의 죽음까지 약 120년의 기간입니다. 이 시기에 기록된 성경은 사무엘상, 사무엘하, 열왕기상 1-11장이며, 시편의 일부와 잠언의 일부, 전도서와 아가입니다.

### (1) 말씀을 버린 결과로 버림받은 사울(주전 1050-1010년)

사울왕이 하나님께 버림받은 결정적인 이유는 그가 하나님의 말씀을 버렸기 때문이었습니다(삼상 13:8-14, 15:1-9, 13-21). 사무엘상 15:26에 "사무엘이 사울에게 이르되 나는 왕과 함께 돌아가지 아니하리니 이는 왕이 여호와의 말씀을 버렸으므로 여호와께서 왕을 버려 이스라엘 왕이 되지 못하게 하셨음이니이다"라고 말씀하고 있습니다. 또한 사울왕은 여호와께 묻지 않고 신접한 여인을 찾아가 물었으며(삼상 28:3-25, 대상 10:13-14), 하나님의 이름으로 기브온 족속과 언약한 것을 임의로 파기하였습니다(삼하 21:1-14). 하나님의 말씀을 버린 사울은 그 가문과 함께 비참하게 몰락했습니다(삼상 31

장). 이는 하나님의 말씀을 무시하고 불순종하며 회개하지 않는 자의 결말이 얼마나 비참한가를 극명하게 보여줍니다.

### (2) 말씀을 심중에 둔 정직한 사람 다윗(주전 1010-970년)

다윗왕은 하나님의 말씀을 늘 마음 중심에 두고 행하기를 즐겼다고 고백하였습니다. 사울에게 10년간 쫓겨다니며 생명의 위협을 받는 매우 급박한 상황에 직면했을 때에도, 늘 하나님의 말씀을 사모하여 그 말씀에서 위로를 받고, 그 말씀으로 승리할 수 있었습니다.

다윗은 "주의 법이 나의 심중에 있나이다"(시 40:8)라고 고백하였고, 하나님의 말씀을 가리켜 "여호와의 율법", "여호와의 증거", "여호와의 교훈", "여호와의 계명", "여호와를 경외하는 도", "여호와의 규례"라고 고백하였습니다(시 19:7-9). 그리고 그 율법을 금 곧 많은 정금보다 사모하고, 율법이 꿀과 송이꿀보다 더 달다고 노래하였습니다(시 19:10). 다윗은 그 율법을 경계로 삼고 그것을 지키며 상을 기다렸다고 고백하였습니다(시 19:11). 큰 죄과에서 벗어나기를 기도하고, 숨은 허물에서도 벗어나기를 간구하고, 고범죄*를 짓지 말게 해 달라고 기도하였습니다(시 19:12-13). 특히 시편 40:7의 "그 때에 내가 말하기를 내가 왔나이다 나를 가리켜 기록한 것이 두루마리 책에 있나이다"라는 고백은, 1차적으로 다윗 자신이 '두루마리 책(율법책)에 기록된 말씀대로 살고 있다'는 고백입니다(참고-신 17:14-20). 그리고 예수님께서는 다윗의 고백을 인용하셔서 모든 성경이 예수 그리스도 한 분만을 증거함을 선포하셨습니다(요 5:39, 참

* 고범죄(故犯罪): 고의로 저지르는 죄

고-히 10:5-7).

다윗은 밧세바를 범한 것 외에는 그 평생에 하나님 보시기에 깨끗하고 정직했습니다(왕상 15:5, 참고-왕상 3:6, 시 17:1). 그의 정직은 이후 열왕에 대한 선악의 평가 기준이 될 정도였습니다(왕상 11:33, 14:8, 15:11, 왕하 14:3, 16:2, 18:3, 22:2, 대하 28:1, 29:2, 34:2). 다윗의 정직은 그 본래 성품이 아니고, 정직하신 하나님의 말씀을 심중에 두고 온전히 의지했기 때문입니다(시 19:8, 33:4, 119:137). 시내산에서 강림하셔서 주신 하나님의 말씀은 "정직한 규례와 진정한 율법과 선한 율례와 계명"(느 9:13)입니다.

### (3) 천하 열왕보다 큰 지혜의 사람 솔로몬(주전 970-930년)

다윗의 아들 솔로몬이 통치하는 동안, 이스라엘은 사방의 대적으로부터 벗어나 평강하게 되고, 최대의 안정을 누리며 부강한 나라가 되었습니다(왕상 4:25, 참고-대상 22:9). 그 이유는 바로 솔로몬에게 남다른 지혜가 있었기 때문입니다. 그것은 하나님의 율법에서 비롯된 하나님의 지혜였습니다. 솔로몬이 왕위에 올라 하나님께 일천번제를 드리고 선악을 분별하는 지혜를 구하자, 하나님께서 허락하시고 그에게 지혜롭고 총명한 마음을 주셨습니다(왕상 3:9-12). 솔로몬의 지혜는 동양 모든 사람의 지혜와 애굽의 모든 지혜보다 뛰어났습니다(왕상 4:29-30). 열왕기상 4:31에는 당시 지혜에 있어서 대단한 명성을 떨치던 에스라 사람 에단과 마홀의 아들 헤만과 갈골과 다르다보다 나았다고 말씀하고 있습니다. 특히 헤만은 "하나님의 말씀을 받드는 왕의 선견자"(대상 25:5)였습니다. 스바 여왕도 어려운 문제를 가지고 솔로몬을 시험하고자 찾아왔으나, 솔로몬은 그 묻는 말에 다 대답할 만큼 그 지혜가 뛰어났습니다(왕상 10:1-3, 6-7).

열왕기상 10:23-24에 "솔로몬왕의 재산과 지혜가 천하 열왕보다 큰지라 [24] 천하가 다 하나님께서 솔로몬의 마음에 주신 지혜를 들으며 그 얼굴을 보기 원하여"라고 말씀하고 있습니다.

솔로몬이 지혜로웠던 것은 아버지 다윗으로부터 철저하게 신앙 교육을 받았기 때문이었습니다. 다윗의 마지막 유언은 "네 하나님 여호와의 명을 지켜 그 길로 행하여 그 법률과 계명과 율례와 증거를 모세의 율법에 기록된 대로 지키라 그리하면 네가 무릇 무엇을 하든지 어디로 가든지 형통할지라"(왕상 2:3)라는 것이었습니다. 그리하여 솔로몬왕은 통치 초기에 하나님의 말씀, 곧 그의 명령을 그대로 순종하고 따르기를 힘썼습니다. 솔로몬은 하나님의 지혜를 받아 잠언 삼천과 노래 일천 다섯을 지었습니다(왕상 4:32). 솔로몬의 잠언(잠 1:1, 10:1, 25:1)에는 그가 율법을 사모하고 가까이했던 흔적으로 가득합니다. 잠언 28:7에 "율법을 지키는 자는 지혜로운 아들이요"라고 하였고, 잠언 6:23에 "대저 명령은 등불이요 법은 빛이요 훈계의 책망은 곧 생명의 길이라"라고 말씀하고 있습니다. 또한 인생의 본분을 깨우쳐 "일의 결국을 다 들었으니 하나님을 경외하고 그 명령을 지킬지어다 이것이 사람의 본분이니라"(전 12:13)라고 고백하였습니다.

그러나 솔로몬은 말년에 이방 여인들을 취하고 범죄하여 다윗의 믿음의 길을 좇지 않았습니다(왕상 11:1-8). 왕이 범죄하여 하나님의 말씀을 멀리하고 지키지 않은 결과로, 나라는 둘로 쪼개지고 말았습니다(왕상 11:30-33). 하나님의 말씀을 멀리하면 민족과 교회와 가정은 분열되어 갈래갈래 찢기는 아픔이 떠나지 않습니다.

## 2. 열왕 시대에 왕성하게 선포된 하나님의 말씀

Powerful proclamation of God's Word during the period of kings

열왕 시대의 큰 특징이 있다면, 기름을 부어서 세우는 세 가지 직분, '왕', '선지자', '제사장'의 사역이 가장 선명하게 드러나는 때라는 것입니다. 언약적인 관점에서 '왕'이란, 율법책을 등사하고 평생에 읽으며 하나님의 판단을 실행하는 직분입니다. 선지자는 언약을 근거로 하나님의 말씀을 선포하며, 율법책과 같이 구속사적 관점에서 역사를 기록하는 직분입니다. 제사장은 율법책에 기록된 대로 거룩한 것과 속된 것, 정결한 것과 부정한 것을 판단하여 가르치고, 제사를 집례함으로써 언약 백성의 정결함을 유지하는 직분입니다.

### 첫째, 열왕 시대에는 가장 많은 선지자가 사역했습니다.

솔로몬 통치 시대에 솔로몬이 이방 여인들과 혼인하면서, 그들이 들여온 우상을 숭배하고 성전을 멀리하였으므로(왕상 11:1-3), 하나님께서는 끊임없이 선지자들을 보내시어 말씀을 선포케 하셔서 민족의 등불이 꺼지지 않도록 하셨습니다(대하 36:15, 렘 7:13, 25, 25:4, 29:19, 44:4).

하나님께서는 열왕 시대에 어느 시대보다도 많은 선지자를 통해 가장 많은 말씀을 주셨습니다. 이 시대에 기록된 구약 성경은 열왕기상·하, 이사야(주전 739-680년), 예레미야(주전 627-580년), 호세아(주전 755-715년), 요엘(주전 835-796년), 아모스(주전 760-753년), 오바댜(주전 853-840년), 요나(주전 780-763년), 미가(주전 735-710년), 나훔(주전 663-612년), 하박국(주전 642-627년), 스바냐(주전 640-609년)입니다.*

선지자들은 하나님께서 그들에게 알려주신 말씀 그대로 정확하게 선포하였습니다. 예레미야 1:9에서 "여호와께서 그 손을 내밀어 내 입에 대시며 내게 이르시되 보라 내가 내 말을 네 입에 두었노라"라고 말씀하였고, 사무엘하 23:2에 "여호와의 신이 나를 빙자하여 말씀하심이여 그 말씀이 내 혀에 있도다"라고 말씀하였습니다. 선지자들이 말씀을 선포할 때마다 서두에 사용한 '여호와께서 이르시되'(אָמַר יְהוָה, '아마르 예호바[아도나이]'), '여호와께서 말씀하시되'(דִּבֶּר יְהוָה, '다바르 예호바[아도나이]')와 같은 표현들은 그 말씀이 신적 권위로 선포되는 하나님의 말씀임을 분명하게 보여줍니다(참고-호 12:10).

더구나 선지자들은 하나님의 말씀을 백성에게 선포하는 일로 마친 것이 아니라, 열왕의 역사 속에서 선포되고 이루어진 하나님의 뜻을 지속적으로 기록했습니다. 하나님께서는 시대마다 선지자들을 연속하여 보내시고, 또 그들을 통하여 하나님의 말씀을 연속하여 기록하게 하신 것입니다. 이러한 하나님의 열심으로 하나님의 구속사는 멈추지 않았습니다. 구약 성경 가운데 선지서들은 대부분 열왕 시대에 기록되었습니다.

다윗의 역사는 사무엘, 나단, 갓이 기록하였습니다(대상 29:29).
솔로몬의 역사는 나단, 아히야, 잇도가 기록하였습니다(대하 9:29).
르호보암의 행적은 스마야와 잇도가 기록하였습니다(대하 12:15).
아비야의 역사는 잇도가 추가하였습니다(대하 13:22).
여호사밧에 관한 글은 선지자 예후가 기록하였습니다(대하 20:34).
히스기야에 관한 글은 이사야가 기록하였습니다(대하 32:32).
므낫세에 관한 글은 이스라엘 열왕의 행장과 호새의 사기에 기

* 선지자로서 공식활동 기간임.

록되었습니다(대하 33:18-19).

선지자의 생애와 사역은 그 자체가 계시와 모형이 되어, 언약 백성이 믿음으로 걸어가야 하는 길의 본보기가 되었습니다. 선지자 한 사람의 생애와 사역의 배후에는 하나님께서 인류를 구원하시는 길과, 믿음의 터를 닦고자 하시는 섭리가 배어있기 때문입니다(시 11:3, 호 12:10, 엡 2:20). 그러므로 구약 시대의 역대의 수많은 선지자로부터 예수님에 이르기까지의 구원 섭리의 노정을 잘 깨달아야 합니다. 예수님께서도 "선지자들로 기록된 모든 것이 인자에게 응하리라"(눅 18:31)라고 말씀하셨습니다. 빌립이 나다나엘을 전도할 때에도 "여러 선지자가 기록한 그이를 우리가 만났으니"(요 1:45)라고 전했습니다.

그러나 이스라엘의 열왕들은 선지자들의 말을 거역하고 우상을 섬기며 거짓 선지자들의 말을 따르다가, 결국 북 이스라엘은 주전 722년에 앗수르에게 멸망당했으며, 남 유다는 주전 586년에 바벨론에게 멸망당하고 말았습니다.

### 둘째, 사독 계열이 대제사장직을 수행하였습니다.

제사장 취임식 직후 아론의 두 아들 나답과 아비후가 범죄로 죽은 후, 남은 엘르아살과 이다말이 제사장직을 수행하였습니다(대상 24:1-2). 아론의 사후에 대제사장직은 엘르아살 계열과 이다말 계열, 두 계열에서 함께 담당하였습니다(대상 24:3-5).

다윗 당시 엘르아살 계열의 대제사장은 사독이었고, 이다말 계열의 대제사장은 아비아달이었습니다. 그런데 다윗의 아들 아도니야가 솔로몬을 제치고 왕위를 차지하려고 하자, 아비아달은 아도니야의 편에 섰고 사독은 끝까지 다윗과 솔로몬 편에 섰습니다(왕상 1:7-8, 32-39). 이에 아도니야의 편에 섰던 아비아달은 대제사장직에서 파면을 당했으며(왕상 2:26-27, 참고-삼상 2:30, 34), 이후로 대제사장직은 엘르아살 계열 사독의 자손을 통해 이어졌습니다(참고-삼상 2:35).

다윗과 솔로몬 시대에 대제사장직을 수행한 제11대 대제사장 사독 이후, 사독 계열 대제사장들은 열왕들이 율법책의 말씀대로 살아갈 수 있도록 가르치며 성전을 지켰습니다(참고-신 31:9-13). 남 유다 제4대 왕 여호사밧(주전 871-847년)은 제16대 대제사장 아마랴에게 '여호와께 속한 모든 일'을 다스리게 하였습니다(대하 19:11). 이는 여호와의 율법책을 보관하며 율법에 가장 능통한 대제사장을 통해 하나님의 뜻대로 백성을 재판하게 한 것입니다. 제17대 대제사장 아히둡은 남 유다 제8대 왕 요아스(주전 835-796년) 시대의 대제사장 여호야다와 동일 인물로 추정됩니다. 여호야다는 남 유다에서 다윗 왕가의 씨를 진멸하려고 했던 아달랴에게서 다윗의 후손 요아스를 숨겨 지켜낸 여호사브앗의 남편이며(대하 22:10-11), 마침내 아달랴를 처단하고 요아스를 왕으로 세워 다윗 언약을 지켜간 인물입니다(왕하 11:4-21, 대하 23:1-21). 제20대 대제사장 힐기야는 남 유다 제16대 왕 요시야에게 성전에서 발견된 여호와의 율법책을 전달하여 대대적인 종교개혁을 단행하게 한 인물입니다(왕하 23:3-15, 대하 34:8-18). 대제사장 아사랴*는 남 유다 제10대 왕 웃시야가 여호와의 전에 들어가 직접 향단에 분향하려고 할 때, 제사장 중 용맹한 자 80명을 데리고 들어가서 그를 막아선 인물입니다(대하 26:16-20).

많은 대제사장이 자기 직임을 다하며 율법과 하나님의 전을 지

---

* 아사랴의 이름은 77대 대제사장 족보에서 생략되어 있다.
박윤식, 「맹세 언약의 영원한 대제사장」 구속사 시리즈 제6권, 261-262.

켰지만, 대제사장 족보에서 이름이 생략되어 있는 대제사장 우리야는 남 유다 제12대 왕 아하스가 성전 식양을 함부로 바꾸어 하나님의 규례를 범하고자 할 때 순순히 동참하기도 하였습니다(왕하 16:10-18).

### 셋째, 열왕의 역사에는 율법책이 함께하였습니다.

신명기에 기록된 왕의 규례(신 17:14-20)와 사무엘이 기록한 '나라의 제도'(삼상 10:25)대로 왕이 율법책과 함께했는지는, 선한 왕과 악한 왕을 평가하는 기준이 되었습니다. 열왕의 역사에서 선한 왕들이 통치하는 동안에는 율법책이 함께하고 있음을 발견하게 됩니다. 반면에, 우상숭배를 일삼고 하나님의 성전을 모독하는 악한 왕들이 통치하는 동안에는, 율법책과 함께한 흔적이 전혀 나타나지 않습니다. 악한 왕들은 하나님의 말씀을 전하는 선지자를 수없이 핍박하고 죽였으므로, 열왕 시대에 많은 순교의 피를 흘렸습니다.

북 이스라엘 19명의 왕 중에는 율법책을 가까이한 왕이 단 한 사람도 없었습니다. 하나님께서는 북 이스라엘이 망한 이유를, '너희를 위하여 기록한 율례와 법도와 율법과 계명을 저희가 듣지 아니하고 그 자자손손이 그 열조의 행한 것을 좇아' 오늘까지 그대로 행하였기 때문이라고 말씀하셨습니다(왕하 17:37-41).

남 유다의 20명의 왕 중에는 여호사밧, 요아스, 히스기야 시대에 율법책이 함께한 흔적이 발견됩니다. 요시야 시대에 마지막 종교개혁이 진행되는 동안, 이전의 악한 왕들에 의해 잠시 사라졌던 율법책을 되찾게 됩니다. 율법책과 관련한 열왕의 역사를 순서대로 살펴보면 다음과 같습니다.

## (1) 여호사밧왕 시대(주전 871-847년 / 25년 통치)

여호사밧은 스스로 여호와의 계명을 지켰을 뿐만 아니라, 백성에게도 율법을 가르쳤습니다. 여호사밧은 통치 3년에 방백들과 레위 사람들, 제사장 엘리사마와 여호람을 보내어 여호와의 율법책(סֵפֶר תּוֹרַת יְהוָה, '세페르 토라트 예호바[아도나이]')을 가지고 유다에서 가르치되, 모든 성읍으로 순행하며 인민을 가르치도록 대대적인 교육을 진행하였습니다(대하 17:7-9).

이후 여호사밧은 부귀와 영광이 극에 달했을 때 북 이스라엘에 바알 숭배를 공식적으로 도입한 아합왕과 연혼하였습니다(대하 18:1). 이는 당시 크게 세력을 떨치던 아람과 점점 세력을 키우고 있던 앗수르를 경계하기 위한 인간적인 조치였습니다. 이로 인해 남 유다에 우상숭배의 통로가 마련되었고, 여호사밧은 하나님의 뜻과 상관없이 아합과 함께 길르앗 라못 전투에 나갔다가, 아합은 죽고 자신은 겨우 살아서 돌아와 선견자 예후를 통해 하나님의 책망을 받았습니다(대하 19:2).

예후의 책망을 듣고 회개한 여호사밧은 다시 전국적인 종교개혁을 단행했습니다. 여호사밧은 직접 브엘세바에서 에브라임 산지까지 민간에 순행하며 '하나님 여호와께로 돌아오라'(대하 19:4)라는 개혁의 말씀을 전했는데, 이는 이미 시행한 바 있는 교육 정책(대하 17:7-9)을 다시금 계승하여 남 유다 전역에 대대적인 개혁을 진행한 것입니다.

또한 여호사밧은 율법에 근거를 두고(출 18:13-16, 신 17:8-13) 사법 개혁을 단행하였습니다. 각 성에 전문적인 재판관을 세우고, 하나님을 두려워하는 마음으로 재판하여 백성이 억울한 일을 당하지 않도록 조치했습니다(대하 19:5-7). 예루살렘에 중앙 재판소를 설치하고, 레위인, 제사장, 족장 중에서 사람을 세워 여호와께 속한 일과 예루살렘 거민의 모든 송사를 재판하게 하였습니다(대하 19:8). 또한 재판관들에게, 판결만 내리는 것이 아니라 죄인들이 죄를 깨닫게 하여 여호와께 죄를 얻지 않도록 하고, 하나님의 진노를 피하도록 힘쓰게 했습니다(대하 19:10). 여호사밧이 사법 개혁을 단행한 것은 아합과의 연혼으로 나라에 퍼져가는 우상숭배를 차단하고, 국민의 생활 속 구석구석까지 다시 하나님의 말씀으로 정화하려는 시도였습니다.

### (2) 요아스왕 시대(주전 835b-796b년 / 40년 통치)

북 이스라엘 왕 아합의 딸 아달랴가 남 유다 왕 여호사밧의 아들 여호람과 결혼하였는데, 그 아들 아하시야가 북 이스라엘에 가서 갑자기 피살되자, 아달랴는 남 유다 왕권 공백기를 이용하여 자신이 왕이 되려고 유다 집의 '왕의 씨'를 진멸하였습니다(왕하 11:1, 대하 22:10). '왕의 씨'는 '왕위를 계승할 자격이 있는 아하시야의 모든 아들과 친척'을 가리킵니다.

아달랴가 '왕의 씨'를 진멸하던 때에, 여호람의 딸이자 아하시야의 누이 여호세바(여호사브앗)가 아하시야의 아들 요아스(1세)를 도적하여 내고 숨겨서 죽이지 못하게 하였습니다(왕하 11:2, 대하 22:11). 그리고 여호세바는 남편인 제사장 여호야다와 함께 요아스를 6년간 여호와의 전에 숨겨두었습니다(왕하 11:3, 대하 22:12).

6년이 지난 후 대제사장 여호야다는 아달랴를 몰아내고 7세 된 요아스(왕하 11:21)를 왕위에 올리기 위해, 안식일에 맞춰 거사를 감행하였습니다. 여호야다는 안식일에 입번한 병사들과 레위 자손들, 백성을 통솔하여 왕자를 호위하였습니다(왕하 11:5-7, 대하 23:4-10). 그리고 여호와의 전으로 들어가서 왕자에게 면류관을 씌우고 율법책을 주고 기름을 부었습니다(왕하 11:12, 대하 23:11). 열왕기하 11:12에 "여호야다가 왕자를 인도하여 내어 면류관을 씌우며 율법책을 주고 기름을 부어 왕을 삼으매 무리가 박수하며 왕의 만세를 부르니라"라고 기록하고 있습니다. 아마도 당시 제사장 여호야다와 여호세바 부부가 요아스를 성전에 숨겨두면서 율법책을 함께 보관하였을 것으로 추정됩니다. 참고로, '율법책'으로 번역된 히브리어 '하에두트'(הָעֵדוּת)는 '증거판'(출 16:34), '법도'(대상 29:19)라는 단어로 번역되기도 합니다.

이렇게 요아스는 율법책을 받고 왕이 되었지만, 제사장 여호야다가 죽은 후 그 열조의 하나님 여호와의 전을 버리고 아세라 목상과 우상을 섬긴 죄로 인하여 진노가 유다와 예루살렘에 임하게 되었습니다(대하 24:18). 이에 제사장 여호야다의 아들 스가랴가 "너희가 어찌하여 여호와의 명령을 거역하여 스스로 형통치 못하게 하느냐"라고 경고하였지만, 요아스는 스가랴를 여호와의 전 뜰 안에서 죽이고 말았습니다(대하 24:20-22). 훗날 요아스는 '제사장 여호야다의 아들들의 피로 인하여' 신복들의 모반으로 그 침상에서 쳐 죽임을 당했습니다(대하 24:25). 이는 하나님의 말씀, 율법책을 버린 자의 최후가 얼마나 비참한지를 보여줍니다.

### (3) 아마샤왕 시대(주전 796[b]-767년 / 29년 통치)

요아스왕에 이어 아마샤왕 시대에도 율법책에 대한 기록이 있습니다. 열왕기하 14:6에 "왕을 죽인 자의 자녀들은 죽이지 아니하였으니 이는 모세의 율법책에 기록된 대로 함이라 곧 여호와께서 명하여 이르시기를 자녀로 인하여 아비를 죽이지 말 것이요 아비로 인하여 자녀를 죽이지 말 것이라 오직 사람마다 자기의 죄로 인하여 죽을 것이니라 하셨더라"라고 말씀하고 있습니다(대하 25:4). 여기 '모세의 율법책'은 히브리어로 '세페르 토라트-모쉐'(סֵפֶר תּוֹרַת־מֹשֶׁה)이며, 구체적으로는 신명기 24:16에 기록된 내용을 인용한 것입니다. 이는 아마샤왕이 통치 초기에는 자기 아버지를 죽인 신복의 자녀들을 살려줄 정도로 율법이 가르치는 바에 따라 성실히 행하였음을 보여줍니다. 그러나 아마샤왕은 후에 극도로 악해져 여호와를 버리고 선지자를 멸시하였습니다(왕하 14:3-4, 대하 25:2, 14-16). 그리고 반란자들에게 쫓기다가 비참하게 죽임을 당했습니다(왕하 14:19-20, 대하 25:27-28).

### (4) 아하스왕 시대(주전 731-715년 / 16년 통치)

아하스왕은 이방의 가증한 우상숭배만 골라서 행한 악한 왕입니다(왕하 16:3-4, 대하 28:1-4). 아하스왕은 성전 기구들을 모아 훼파하고, 여호와의 전 문들을 닫고, 예루살렘 구석구석마다 단을 쌓아 하나님의 노를 격발케 했습니다(대하 28:22-25). 심지어 앗수르 왕 디글랏 빌레셋을 만나러 다메섹에 갔다가, 앗수르의 신을 섬기는 단을 보고 그 구조와 식양대로 예루살렘에 새 단을 세웠는데, 그 단에서 각종 제사를 드리고, 본래 있던 성전의 놋단을 북편으로 옮겼습니다(왕하 16:10-16). 그리고 물두멍 받침의 옆판을 떼어내고 물두멍을 옮겼으며, 놋바다를 놋소 위에서 내려 돌판 위에 두었습니다(왕하 16:17). 성전의 식양은 하나님께서 정해주신 것입니다(출 25:9, 26:30, 대상 28:12). 그러나 아하스는 성전의 식양을 자기 마음대로 바꿈으로 하나님의 율법을 버리고, 자기 스스로 종교 규례를 만들어서 백성에게 지키도록 강요했습니다.

이렇게 하나님의 말씀, 율법책을 멀리한 아하스왕은 결국 죽어서 영광스러운 열왕의 묘실에 들어가지 못하고 예루살렘성에 장사되고 말았습니다(대하 28:27).

### (5) 히스기야왕 시대(주전 715-686년 / 29년 통치)

히스기야왕은 '원년 정월'에 부친 아하스가 닫았던 성전 문들을 모두 열고(대하 28:24, 29:3), 꺼졌던 성전 등불을 밝혔으며, 그쳤던 성소 분향을 다시 시작했습니다(대하 29:7, 11). 레위 사람을 성결케 하고, 성전에서 이방 신의 단을 비롯한 더러운 것들을 모두 없애버렸습니다(대하 29:5). 정월 1일에 시작하여 8일까지 여호와의 낭실에 이르고, 다시 8일 동안 여호와의 전 안을 청소하여, 16일 동안 성전을 완전히 깨끗하게 하였습니다(대하 29:3, 17). 아하스가 위에 있을 때 버린 기구도 정돈하고 성결케 하여 여호와의 단 앞에 두었습니다(대하 29:19).

히스기야는 그동안 지키지 않았던 유월절을 2주에 걸쳐 성대하게 지켰으며(대하 30:1-27), 각종 우상을 타파하고(대하 31:1), 제사장들과 레위인들을 위하여 헌물과 십일조 제도를 회복하여 그들의 응식을 주도록 하였습니다(대하 31:4-19). 그것은 제사장들과 레위인들에게 "여호와의 율법을 힘쓰게 하라"(대하 31:4)라고 하는 한 가지 이유 때문이었습니다. 성경은 히스기야에 대하여 "하나님의 전에 수종드는 일에나 율법에나 계명에나 그 하나님을 구하고 일심으로 행하여 형통하였더라"(대하 31:21)라고 기록하고 있습니다. 열왕기하 18:6에서는 "곧 저가 여호와께 연합하여 떠나지 아니하고 여호와께서 모세에게 명하신 계명을 지켰더라"라고 말씀하였습니다. 히스기야왕이 모세에게 명하신 계명을 지켰다는 말씀은, 왕이 율법책을 통치의 근본으로 삼았음을 보여줍니다.

잠언 25:1에서 "이것도 솔로몬의 잠언이요 유다 왕 히스기야의 신하들의 편집한 것이니라"라고 말씀하고 있는데, 여기 '편집한'은 히브리어 '아타크'(עָתַק)의 히필(사역)형으로, '옮기다, 전수하다, 보존하다'라는 의미를 내포하고 있습니다. 이는 당시 히스기야의 신하들이 솔로몬의 기록과 구전되어 오던 내용들을 체계적으로 정리하였다는 것입니다. 그 내용은 잠언 25:1-29:27에 수록되어 있습니다. 예수님께서도 히스기야 때 정리된 잠언을 인용하셨고(눅 14:7-10, 잠 25:6-7을 인용) 사도들도 인용한 것을 볼 때(롬 12:20, 잠 25:21-22을 인용, 벧후 2:22, 잠 26:11을 인용, 약 4:14, 잠 27:1을 인용), 그 연구와 편집이 성령의 영감 가운데 진행되었음을 확인할 수 있습니다(딤후 3:16). 이러한 사실은, 히스기야왕의 적극적인 율법 중심의 통치로 그 시대에 하나님의 말씀이 왕성했음을 간접적으로 증거합니다.

### (6) 므낫세왕 시대(주전 696-642년 / 55년 통치)

남 유다의 대표적인 극악한 왕 므낫세는 아로새긴 가증한 목상을 하나님의 전에 세웠습니다(대하 33:7). 므낫세는 히스기야가 헐었던 산당들을 세우며, 바알을 위하여 단을 쌓고, 자기 스스로 아세라 목상을 만들었으며, 하늘의 일월성신을 숭배하였습니다(왕하 21:3, 7, 대하 33:5, 7). 하나님의 말씀을 버리고, 신접한 자들과 박수를 신임하였습니다(왕하 21:6, 대하 33:6). 가장 결정적인 죄악은 여호와의 거룩한 전 안, 성전 안뜰과 바깥뜰에 우상의 단들을 세우기까지 한 것입니다(왕하 21:4-5, 대하 33:4-5).

하나님께서는 말씀을 배반한 북 이스라엘을 멸망시키셨듯이(왕하 18:9-12), 하나님의 말씀을 배반한 남 유다도 멸망시키겠다고 선언하셨습니다(왕하 21:13). 므낫세(뜻-'잊어버림')는 그 이름의 뜻처럼 자신과 전 민족이 하나님의 율법을 까맣게 잊어버리게 만들어, 나라의 패망을 가져왔습니다. 그러므로 주전 586년에 남 유다가 바벨론의 침략에 의해 망한 궁극적인 이유에 대해서, "이는 므낫세가 여호와를 격노케 한 그 모든 격노를 인함이라"(왕하 23:26), "므낫세의 지은 모든 죄로 인함"(왕하 24:3)이라고 분명히 말씀하고 있습니다.

우상을 섬긴 므낫세왕에 의해 성전이 심각하게 훼파된 것을 볼 때, 그때 율법책을 다른 곳으로 옮겼다가 잃어버렸을 수도 있습니다.

### (7) 요시야의 종교개혁과 율법책 발견 (주전 622년, 요시야 즉위 18년)

남 유다의 가장 선한 왕으로 대표되는 요시야는 8세에 왕위에 올라 16세(즉위 8년, 주전 632년)에 비로소 여호와를 찾기 시작했고(왕하 23:16, 대하 34:3上), 20세(즉위 12년, 주전 628년)에 유다와 예루살렘을 정결케 하기 시작하여 우상들을 제하여 버렸으며, 우상을 섬겼던 제사장들의 시신이 묻힌 무덤을 파고 그 뼈를 꺼내어 불살랐습니다(대하 34:3下-7). 그리고 26세(즉위 18년)에 퇴락*한 성전을 수리하다가 율법책을 발견하였습니다(왕하 22:3-13, 대하 34:8-21). 열왕기하 22:8에 "대제사장 힐기야가 서기관 사반에게 이르되 내가 여호와의 전에서 율법책을 발견하였노라 하고 그 책을 사반에게 주니 사반이 읽으니라"라고 말씀하고 있습니다. 사반에게 율법책의 내용을 들은 요시야는 곧 그 옷을 찢었고(왕하 22:9-11), 왕이 제사장 힐

---

* 퇴락(頹落, 무너질 퇴, 떨어질 락): 낡아서 무너지고 떨어짐.

기야와 사반의 아들 아히감과 미가야의 아들 악볼과 서기관 사반과 왕의 시신 아사야에게 명하여, "너희는 가서 나와 백성과 온 유다를 위하여 이 발견한 책의 말씀에 대하여 여호와께 물으라 우리 열조가 이 책의 말씀을 듣지 아니하며 이 책에 우리를 위하여 기록된 모든 것을 준행치 아니하였으므로 여호와께서 우리에게 발하신 진노가 크도다"(왕하 22:12-13, 대하 34:20-21)라고 명령하였습니다. 이에 그들은 예루살렘 둘째 구역(히스기야 때 확장된 예루살렘 서쪽 신시가지 지역)으로 가서, 여선지자 훌다에게 하나님의 뜻을 물었습니다(왕하 22:14, 대하 34:22). 훌다는 "여호와의 말씀이 내가 이곳과 그 거민에게 재앙을 내리되 곧 유다 왕 앞에서 읽은 책에 기록된 모든 저주대로 하리니 [25] 이는 이 백성이 나를 버리고 다른 신에게 분향하며 그 손의 모든 소위로 나의 노를 격발하였음이라 그러므로 나의 노를 이곳에 쏟으매 꺼지지 아니하리라 하라 하셨느니라"라고 여호와의 말씀을 전하였습니다(왕하 22:15-17, 대하 34:24-25).

요시야는 하나님의 언약궤가 더 이상 지성소를 떠나지 않게 하였습니다(대하 35:3). 요시야왕은 율법책을 친히 읽어서 무리의 귀에 들리고, 백성과 함께 여호와 앞에서 언약을 좇기로 하였습니다(왕하 23:1-3, 대하 34:29-32). 요시야의 개혁은 하나님의 말씀을 통한 진정한 개혁이었습니다. 열왕기하 23:24下-25에서 "대제사장 힐기야가 여호와의 전에서 발견한 책에 기록된 율법 말씀을 이루려 함이라 [25] 요시야와 같이 마음을 다하며 성품을 다하며 힘을 다하여 여호와를 향하여 모세의 모든 율법을 온전히 준행한 임금은 요시야 전에도 없었고 후에도 그와 같은 자가 없었더라"라고 말씀하고 있습니다.

요시야는 "또 여호와 앞에 구별되어서 온 이스라엘을 가르치는 레위 사람에게 이르되 거룩한 궤를 이스라엘 왕 다윗의 아들 솔로몬의 건축한 전 가운데 두고 다시는 너희 어깨에 메지 말고 마땅히 너희 하나님 여호와와 그 백성 이스라엘을 섬길 것이라"(대하 35:3)라고 명령하였습니다. 여기 '어깨에 메지 말라'는 것은, 언약궤를 옮기지 말라는 뜻입니다(참고-민 4:5-6, 15, 대상 15:15). 열왕들의 우상 숭배로 인해 하나님의 거룩한 법궤를 함부로 이동하는 일이 다시는 반복되지 않도록 명령한 것입니다.

요시야의 죽음 이후, 남 유다는 주전 586년에 바벨론에 의해 망하게 됩니다. 바벨론에 의해 하나님의 성전이 철저하게 부서지고 불태워지며 성전 기물들이 전부 바벨론으로 옮기워 갈 때, 남 유다 백성은 그 자체로 너무나 큰 충격을 받았습니다(대하 36:17-20). 그러나 성전이 무너졌다고 해서 하나님의 구속 역사가 멈춘 것이 아니었습니다. 우리는 요시야의 종교개혁이 유다의 멸망 직전 마지막 개혁이었음을 기억해야 합니다. 하나님의 기적적인 섭리는 남 유다의 패망 36년 전에, 요시야왕이 종교개혁을 일으켜 '율법책'을 찾게 하였습니다. 율법책을 되찾은 사건은 포로기와 귀환기에도 의로운 선지자들을 통해 신앙이 전수되어, 하나님의 말씀을 지킬 수 있게 하는 계기가 되었던 것입니다.

# Ⅲ
# 바벨론 포로와 귀환 시대의 율법책

BOOK OF THE LAW DURING THE BABYLONIAN EXILE AND RETURN

## 1. 남 유다의 멸망과 바벨론 포로 시대

The fall of Judah and the Babylonian exile

### (1) 하나님께서 새벽부터 부지런히 보내신 선지자들

남 유다 백성은 하나님께서 부지런히 선지자들을 보내어 전하신 말씀을 거역하며 만회할 수 있는 기회를 끝내 저버리고 주전 586년에 바벨론에 망하고 말았습니다(대하 36:15-20). 선지자들을 통해 '간절히 경계하고 새벽부터 부지런히' 가르치시고, 회개하라고 외치게 하시며, 이스라엘의 장래를 예언하셨습니다(렘 7:13, 25-26, 11:7, 25:3-4, 26:5, 29:19, 32:33-35, 35:15-17, 44:4-6). 그러나 들으려 하기는 커녕, 도리어 권면하는 선지자들을 죽이며 가증스러운 우상숭배만 거듭하였습니다(느 9:26). 그럼에도 불구하고 하나님께서는 "여러 번 긍휼을 발하사 건져 내시고"(느 9:28), "여러 해 동안 용서하시고"(느 9:30), "저희를 아주 멸하지 아니하시며 버리지도" 않으셨습니다(느 9:31). 끝내 남 유다 백성이 회개하지 않자, 하나님께서는 그들의 악행을 더 이상 방치하지 않으시고 마침내 그 앞에서 제하여 "세계 열방의 저줏거리"(렘 26:6)가 되게 하셨습니다(느 9:34-37).

### (2) 눈물의 선지자 예레미야의 말씀 보수 사역

하나님의 말씀을 담대히 선포하고 그것을 가감 없이 보존하려는 역사는 선지자들의 눈물겨운 사역을 통해 진행되었습니다. 남 유다 18대 왕 여호야김 때에 우리야 선지자는 '여호와의 이름을 의탁하고 예언한 사람'이었습니다(렘 26:20). 그가 예루살렘성과 그 땅의 멸망에 대하여 예언하자, 여호야김왕은 그를 죽이려고 하였습니다. 여호야김은 애굽으로 도피한 우리야에게 사람을 보내 그를 잡아와서 칼로 죽였으며, 그 시체를 평민의 묘실에 던졌습니다(렘 26:20-23).

예레미야 선지자도 여러 번 우리야 선지자처럼 목숨을 잃을 위기에 처했습니다. 하나님의 말씀을 올바로 선포하고 그 말씀을 보존하기 위해 기록하려 할 때마다 혹독한 시련을 당해야 했습니다. 여호와의 집 유사장(성전 총감독) 바스훌까지도 예레미야의 예언을 듣자마자 그를 때리고, 여호와의 집 베냐민 윗문에 있는 착고에 채웠습니다(렘 20:1-2). 또한 나라의 멸망을 예언한다 하여 매국노라는 누명을 쓰고 문지기 두목 이리야에게 붙잡혀 방백들에게 끌려가, 서기관 요나단의 집 토굴 옥 음실(물 웅덩이에 만든 감옥)에 여러 날 갇혔습니다(렘 37:13-16). 거기서 예레미야는 '죽을까 두려워하나이다'(렘 37:20)라고 할 만큼 극심한 고통을 당했습니다. 또 아무 죄도 없는 예레미야는 시드기야왕과 방백들에게 탄압을 받아, 시위대 뜰에 있는 말기야의 구덩이에 던져졌습니다(렘 38:1-6).

그러나 예레미야 선지자는 망국의 암울한 현실 속에서도 민족 부활의 새로운 소망의 메시지, 곧 새 언약을 선포했습니다(렘 31:31-34). 그리고 예레미야 선지자가 목숨을 걸고 쉬지 않고 행한 것은, 후손 대대로 하나님의 말씀을 읽고 가르치고 깨우칠 수 있도록 기록하는 것이었습니다(렘 25:13, 36:4, 27, 32, 45:1, 51:60). 예레미야

36:1-2에 "유다 왕 요시야의 아들 여호야김 사년에 여호와께로서 예레미야에게 말씀이 임하니라 가라사대 [2] 너는 두루마리 책을 취하여 내가 네게 말하던 날 곧 요시야의 날부터 오늘까지 이스라엘과 유다와 열방에 대하여 나의 네게 이른 모든 말을 그것에 기록하라"라고 말씀하고 있습니다. 다니엘 선지자도 예레미야가 기록한 '서책'을 읽다가, 하나님께서 고하신 바벨론 포로의 연수(70년)를 깨달았습니다(단 9:2, 참고-렘 25:10-11).

### (3) 하나님의 말씀을 기록한 책을 불태운 악한 왕 여호야김

예레미야 선지자는 숨어 생활하면서 하나님의 계시를 받고, 그것을 서기관 바룩이 기록하고 낭독하는 일을 계속하게 하였습니다(렘 36:1-13). 여호야김의 방백들은 여후디(יְהוּדִי, 뜻-유다인)를 바룩에게 보내어 그 두루마리를 가지고 오도록 하였고, 다시 바룩에게 직접 그 글을 낭독하게 했습니다(렘 36:14-15). 방백들은 바룩이 전한 모든 말씀을 듣고 놀라 서로 쳐다보다가, 이것을 왕에게 고해야 한다고 의견을 모았습니다(렘 36:16). 여호야김왕이 여후디를 보내어 두루마리를 가져오게 하고는 왕과 왕의 곁에 선 모든 방백의 귀에 낭독하게 하였습니다(렘 36:20-21). 마침 9월(유대력 기슬래, 서양력 11-12월 사이)이 되어 여호야김왕이 겨울 궁전에서 화롯불을 쬐며 앉아 있을 때(렘 36:22), 여후디가 3편, 4편을 낭독하면, 왕이 소도(小刀)로 그것을 연이어 베어서 화롯불에 던져 태우는 잔인한 짓을 하였습니다(렘 36:23). 여기 '소도'는 히브리어 '타아르 하소페르'(תַּעַר הַסֹּפֵר)로, 서기관이 양피지의 글자를 긁어내는 데 쓰는 작은 칼을 의미합니다. 여호야김왕은 두루마리에 기록된 글자를 소도로 난도질하며 지워버리려고 한 것입니다. 게다가 여호야김왕은 하나님의 말씀을 기록한 그 두루마리를 완전히 불에 타서 없어질 때까지 계속 태우는 악행을 서슴지 않았습니다. 왕과 그의 신하들은 두루마리에 기록된 말을 듣고도 두려워하거나 그 옷을 찢지 않았습니다(렘 36:24). 엘라단과 들라야와 그마랴가 두루마리를 불에 사르지 말라고 간청하여도, 왕은 끝까지 듣지 않고 아무런 양심의 가책이나 두려움도 없이 계속하였습니다(렘 36:25).

그는 두루마리를 불태우는 것도 모자라, 왕의 아들 여라므엘과 아스리엘의 아들 스라야와 압디엘의 아들 셀레먀를 명하여 서기관 바룩과 선지자 예레미야를 잡으려 하였으나, 여호와께서 그들을 숨기셨습니다(렘 36:26). 여호야김은 하나님께서 보내신 선지자를 핍박하여 죽이고, 하나님의 말씀이 기록된 두루마리를 불태움으로 하나님께 도전하였던 것입니다. 여호야김이 두루마리, 곧 바룩이 예레미야의 구전을 받아 기록한 말씀을 불사르자, 하나님의 말씀이 다시 예레미야에게 임하여 불사른 첫 두루마리에 있던 모든 말씀이 다 기록되었으며, 그 외에도 더 많이 기록되었습니다(렘 36:27-28, 32, 45:1, 51:60). 사람이 하나님의 말씀을 아무리 태우고 없애도 그 말씀은 결코 없어지지 않습니다(눅 21:33). 오히려 하나님께서는 처음보다 더 많은 말씀을 주셨고, 말씀을 불태웠던 여호야김은 비참한 심판을 선고받았습니다(렘 36:30-32). 하나님의 말씀을 멸시하는 자는 반드시 패망한다는 사실을 명심해야 합니다(잠 13:13).

주전 602년에 여호야김은 두 발이 다 굵은 쇠사슬에 결박되어 짐승처럼 바벨론으로 끌려갔습니다(왕하 24:1-2, 대하 36:6). 얼마 후 돌아온 여호야김은 주전 597년(통치 제11년)까지 통치하였으나, 여전히 하나님 여호와 보시기에 악만 행하다가 젊은 나이 36세에 비참하게 죽었습니다(대하 36:5). 그의 사적은 한마디로 '그 행한 모든 가증(可

憎)한 일과 그 심술'이라고 기록되어 있습니다(대하 36:8).

예레미야 선지자는 그의 죽음에 대하여 아무도 그를 불쌍히 여기거나 애도할 자가 없을 것이며(렘 22:18), 그 시체는 나귀에게 끌려가 예루살렘 문 밖에 던져질 것이며(렘 22:19)[38], 결국 버림을 입어 낮에는 더위, 밤에는 추위를 당할 것이라고 예언하였습니다(렘 36:30). 살아계신 하나님의 말씀을 핍박하고 외면하는 자의 최후는 심판이며, 그 말씀을 붙잡는 자의 최후는 승리와 큰 상급입니다.

남 유다의 멸망은 여호야김왕이 하나님의 말씀을 소도(小刀)로 자르며 불태운 지(주전 609-597년) 약 20여 년 남짓 되었을 때 임하였음을 우리는 잊지 말아야 합니다. 하나님의 말씀을 멸시하는 개인과 가정과 나라는 언제나 이렇게 비운의 쓴잔을 마셔야 했습니다.

### (4) 바벨론으로 가지고 간 하나님의 말씀(두루마리 책)

남 유다는 크게 세 번에 걸쳐 바벨론에 포로로 끌려갔으며(제1차 주전 605년, 제2차 주전 597년, 제3차 주전 586년), 제3차 포로 때에 예루살렘이 멸망하고 성전이 파괴되었습니다.[39] 이 시기에도 말씀 보수 사역은 계속되어, 에스겔서와 다니엘서가 기록되었습니다.

비록 성전은 파괴되었으나, 바벨론으로 끌려가던 선지자들의 손에는 율법책이 있었습니다. 그 증거는 성경의 여러 곳에서 찾아볼 수 있습니다. 다니엘 선지자는 서책을 보면서 예레미야 선지자에게 여호와께서 임하여 고하신 그 연수(70년)를 깨달았습니다(단 9:2). 또한 에스겔 선지자는 포로로 잡혀간 지 5년 되던 해인 주전 593년에(겔 1:2), 환상 중에 '안팎에 애가와 애곡과 재앙의 말이 기록된 두루마리 책을 먹고 이스라엘 족속에게 가서 고하라'는 음성을 들었습니다(겔 2:8-10, 3:1-4). 여기 '두루마리 책'은 히브리어 '메길라트 세페르'(מְגִלַּת־סֵפֶר)이며, '구르다, 굴러가다'라는 뜻의 '갈랄'(גָּלַל)에서 유래하여, 그 율법책이 돌돌 말린 형태였음을 보여줍니다. 또한 바벨론에서 출생한 에스라가 예루살렘으로 돌아왔을 때 "모세의 율법에 익숙한 학사"(스 7:6), "하늘의 하나님의 율법에 완전한 학사 겸 제사장"(스 7:12)이 될 수 있었던 것도, 바벨론에 있는 동안 율법책이 이스라엘 백성과 함께하고 있었다는 간접적인 증거입니다.

심지어 율법책의 말씀은 이방 왕 고레스에게까지 전해졌습니다. 요세푸스에 따르면, 고레스는 자신에 대해 예언했던 이사야 선지자의 글을 읽고서 유대인을 해방하는 사명을 깨닫게 되었다고 합니다(유대고대사 11.1.2). 이사야 선지자는 고레스보다 약 200년 전 사람입니다. 이사야 당시 패권 국가는 앗수르 제국으로, 메대·바사가 변방의 약소국가였거나 세워지기 전이었습니다. 그런데 이사야의 글에 자신의 이름이 정확하게 언급된 것을 보고 놀라지 않을 수 없었을 것입니다(사 44:28, 45:1-3). 아마도 이사야의 글은 고레스 시대에 활발히 활동했던 다니엘을 통해서 전해졌을 것입니다(단 6:28, 10:1).

이처럼 율법책은 바벨론에 포로로 끌려간 이스라엘 백성이 반드시 예루살렘으로 돌아오게 될 것이라는 소망의 근거이자, 하나님께서 열왕을 움직여 구속사를 이루시는 역사의 동력이었습니다.

## 2. 포로 귀환 후, 율법책을 통한 폭발적인 부흥 운동

Explosive revival movement through the Book of the Law after the return from exile

성전이 파괴되고 언약궤는 사라졌지만, 포로로 끌려가는 백성에게 그리고 포로 귀환 이후의 백성에게 율법책이 함께하고 있었음을 성경을 통해서 발견할 수 있습니다. 포로 귀환자들에게 율법책이 존재하였기에 에스라와 느헤미야와 레위인들을 통해 율법을 낭독할 수 있었던 것인데(느 8장), 이는 하나님의 말씀을 보존시키신 하나님의 특별한 섭리가 아닐 수 없습니다.

### (1) 제1차 바벨론 포로 귀환 후 단(번제단)의 건축과 성전 재건

예레미야 선지자의 서책에 기록된 대로 70년 포로 생활을 마칠 무렵, 하나님께서는 고레스왕의 마음을 감동시키셔서 이스라엘 백성을 고국 땅으로 돌려보내게 하셨습니다(대하 36:23, 스 1:1-4).

고레스의 명령에 따라 고국으로 돌아온 귀환자들은 고레스 제2년(주전 537년) 7월 1일에 예루살렘에 모였고(스 3:1, 6), 가장 먼저 하나님의 단을 만들고 상번제를 회복하였습니다(스 3:2-6). 비록 솔로몬 성전이 파괴되고 바벨론에서 포로로 지내는 동안 제사가 끊어지고 말았지만, 바벨론 포로 생활 중에도 율법책을 통하여 하나님께 나아가는 제사 규례가 충실히 보존된 것입니다.

실제 성전을 재건하기 위해 지대를 놓는 공사는 예루살렘에 도착한 지 제2년 2월에 시작되었습니다(스 3:8-13). 성전 건축이 이어지자, 사마리아인들이 성전 건축을 같이 하자고 요구하였습니다(스 4:1-2, 참고-왕하 17:24). 그러나 바벨론에서도 율법책을 통해 신앙을 지킨 귀환자들과는 달리, 이들은 이방 민족의 풍속과 혼합된 채 율법책과 상관없이 생활하였습니다(왕하 17:33). 에스라 4:2에서 "우리로 너희와 함께 건축하게 하라 우리도 너희같이 너희 하나님을 구하노라 앗수르 왕 에살핫돈이 우리를 이리로 오게 한 날부터 우리가 하나님께 제사를 드리노라"라고 말씀하고 있는데, 여기 '너희 하나님을 구하노라'라는 표현은 사마리아인들이 하나님을 유일하신 하나님으로 믿는 것이 아니라 여러 신 중 하나로 믿는 것을 보여줍니다. 또한 '우리가 하나님께 제사를 드리노라'라고 했던 제사도 역시 율법책에 기록된 제사가 아니라, 외형만 흉내 낸 거짓 제사일 뿐이었습니다.

결국 귀환자들은 사마리아인들의 제안을 거절하고 홀로 성전을 건축하였습니다(스 4:3). 비록 그 과정에서 대적들의 집요한 방해로 인해 16년간 성전 건축이 중단되었고(스 4:4-5), 다리오왕 제2년(주전 520년) 6월 24일 성전 건축이 재개된 다음에도 방해가 이어졌지만, 학개 선지자와 스가랴 선지자의 독려로 마침내 스룹바벨 성전이 완공되어, 메시아의 오심을 예비하는 터가 준비되었습니다(스 6:14-15).

## (2) 제2차 바벨론 포로 귀환 후 에스라의 종교개혁

제2차 바벨론 포로 귀환의 지도자였던 에스라는 대제사장 아론의 후손으로(스 7:1-5), '이스라엘 하나님 여호와의 주신바 모세의 율법에 익숙한 학사'였습니다(스 7:6, 11-12, 21, 느 8:1, 4-5, 9, 13, 12:26). 여기 '익숙한'은 히브리어 '마히르'(מָהִיר)로, '민첩한'이라는 본 뜻에서 확장되어 '숙련된, 능통한'이라는 의미를 가집니다. 이는 율법책의 말씀을 읽고 깨닫는 데 민첩할 뿐 아니라, 깨달은 바를 신속하게 행하는 자세를 의미합니다(단 5:12, 6:3). 또한 '학사'는 '세다, 계산하다, 쓰다'라는 뜻의 히브리어 '사파르'(סָפַר)에서 유래한 '소페르'(סֹפֵר)로, 서기관을 의미합니다. '소페르'는 열왕기상 3:8에서 '백성의 수를 기록하다'라는 의미로 사용되었는데, 율법책을 필사하는 것뿐 아니라 백성의 명단을 족보에 기록하거나 국가 및 성전의 재산을 관리하는 일도 수행한 것으로 보입니다(삼하 8:17, 왕하 12:10, 22:8-11, 대하 34:14-19, 참고-왕상 4:3, 왕하 18:18, 25:19, 대상 27:32, 대하 26:11, 사 22:15). 포로기 이후에는 서기관의 직무가 율법책의 내용을 가르치고 해석하여 판결하는 것에까지 확장됩니다. 에스라는 귀환자들에게 율법책의 내용을 깨닫게 하며, 귀환자들의 족보를 성별하여 체계적으로 정리하는 일의 적임자였습니다.

에스라가 제2차 바벨론 포로 귀환(주전 458년)의 지도자가 된 것은 여호와의 율법을 연구하여 준행하며 율례와 규례를 이스라엘에게 가르치기 위함이었습니다(스 7:10). 에스라는 언제나 율법이 하나님께서 직접 주신 말씀이라는 사실을 잊지 않았습니다(스 7:11, 느 8:14). 주전 516년에 예루살렘에 스룹바벨 성전이 재건되었지만, 그 성전에서 드려지는 제사와 신앙생활은 하나님 말씀에서 벗어나 점차 세속화되었습니다. 이에 에스라는 율법책의 율례와 규례를 이스라엘에게 철저하게 가르침으로써 오직 율법책에 근거한 신앙생활을 회복하려고 힘썼던 것입니다.

에스라는 이스라엘의 지도자들이 이방 여자와 혼인하는 데 으뜸이 되었다는 사실을 듣고, 심히 괴로워하며 그 죄를 걸머지고 회개하며 기도하였습니다(스 9:1-15). 이에 많은 백성이 주의 교훈을 좇고 하나님의 명령을 떨며 준행하는 자들의 의논을 따라, 이방인 아내와 그 자녀를 다 쫓아내기로 결단하였습니다(스 10:1-14).

이러한 개혁은 율법책에 기록된 바 "또 그들과 혼인하지 말지니 네 딸을 그 아들에게 주지 말 것이요 그 딸로 네 며느리를 삼지 말 것은 [4]그가 네 아들을 유혹하여 그로 여호와를 떠나고 다른 신들을 섬기게 하므로 여호와께서 너희에게 진노하사 갑자기 너희를 멸하실 것임이니라"(신 7:3-4)라는 말씀에 순종하기 위한 것이었습니다.

귀환자들이 이방 여자와 혼인하고 자녀들까지 낳은 것을 볼 때(스 10:44), 그들은 오랫동안 이방인들과 혼인 생활을 하면서 그것이 죄인 줄을 전혀 인식하지 못하고 있었습니다. 그러나 율법책의 말씀을 통하여 지금까지의 생활이 하나님의 말씀을 거스르는 것임을 깨닫는 순간에, 죄악된 모습을 철저하게 개혁하고자 했던 것입니다(마 18:8-9, 막 9:43-47).

### (3) 제3차 바벨론 포로 귀환 후 역사적인 초막절 집회

제2차 바벨론 포로 귀환 후 이방인 아내와 그 자녀까지 다 내쫓으며 철저히 종교개혁을 단행했음에도 불구하고, 얼마 지나지 않아 다시 같은 범죄가 성행하였습니다. 당시 예루살렘에는 성벽이 둘려 있지 않았기 때문에 이방인이 아무 때나 예루살렘을 오갈 수 있었고, 귀환자들은 이방인들과의 접촉을 통해 자기도 모르게 다시 세속화되고 말았던 것입니다. 제2차 귀환 때부터 예루살렘에 성벽을 재건하고자 하는 시도가 이어졌지만, 이방 대적들의 방해로 번번이 실패로 돌아가고 말았습니다(스 4:7-23).

이에 느헤미야는 아닥사스다 제20년(주전 444년)에 아닥사스다왕에게 성벽 재건을 허락받고(느 2:8), 제3차 포로 귀환의 지도자가 되었습니다. 고국으로 돌아온 느헤미야는 공사를 시작한 지 52일 만인 엘룰(6월) 25일에 성벽 재건을 마쳤습니다(느 6:15). 그 후 귀환자들은 제사장 에스라에게 여호와께서 이스라엘에게 명하신 모세의 율법책을 가지고 오기를 청하였습니다(느 8:1). 티쉬리(7월) 1일에 에스라가 율법책을 가지고 남자, 여자, 무릇 알아들을 만한 회중 앞에 이르러, 수문 앞 광장에서 새벽부터 오정(정오)까지 율법책을 읽자, 이스라엘 백성이 그 율법책에 귀를 기울였습니다(느 8:2-3). 에스라가 '특별히 지은 나무 강단'에 서서 백성 목전에서 율법책을 펼 때에, 모든 백성이 일어섰습니다(느 8:4-5). 여기 '강단'은 히브리어 '믹달'(מִגְדַּל)로, '크다, 높이다'라는 뜻의 '가달'(גָּדַל)에서 유래하였습니다. 성회를 위하여 모인 백성이 멀리서도 볼 수 있도록, 높은 단을 철저하게 준비했던 것입니다(참고-창 35:21, 대하 14:7). 그 나무 강단 위에 선 에스라의 좌우편에는 지도자들이 도열하였는데(느 8:4), 이는 하나님을 경외하여 그 말씀을 온전히 준행하겠다는 결의를 보여줍니다. 귀환자들은 에스라가 광대하신 하나님 여호와를 송축하자, 손을 들고 '아멘 아멘' 하여 응답하고, 몸을 굽혀 얼굴을 땅에 대고 여호와께 경배하였습니다(느 8:6).

에스라 혼자서 율법책을 가르치는 것으로 그치지 않고, 13명의 레위인(예수아와 바니와 세레뱌와 야민과 악굽과 사브대와 호디야와 마아세야와 그리다와 아사랴와 요사밧과 하난과 블라야)이[40] 다 그 처소에 섰는 백성에게 율법책을 낭독하고 그 뜻을 해석하여 백성으로 깨닫게 하였습니다(느 8:7-8). 이에 귀환자들이 율법의 말씀을 듣고 회개하며 울자, 느헤미야와 에스라와 레위 사람들은 '오늘은 여호와의 성일이니 울지 말고 율법책의 말씀을 밝히 알게 된 것으로 기뻐하고 살찐 것과 단 것을 서로 나누어주라'라고 독려하였습니다(느 8:9-11). 이에 모든 백성은 율법책의 말씀을 듣고 밝히 알게 된 것을 기뻐하며, 먹고 마시며 나누어주고 크게 즐거워하였습니다(느 8:12).

그 이튿날 뭇 백성의 족장들과 제사장들과 레위인들은 율법책의 말씀을 보다 확실히 배우고자 학사 에스라에게 다시 모였습니다(느 8:13). 이들은 그동안 관습적으로 지켰던 초막절이 아니라, 율법책을 통해 초막절 규례를 하나님의 말씀대로 지키고자 하였습니다(느 8:14-15, 참고-사 1:14, 암 5:21). 이에 온 백성이 순종하여 율법책에 기록된 대로 초막절을 지키되, 가나안 땅에 입성한 여호수아 때로부터 그날까지 이스라엘 자손이 한 번도 제대로 지키지 못한 초막절을 온전히 지켰습니다(느 8:14-17). 절기를 지키는 7일 동안 에스라는 첫 날부터 끝 날까지 날마다 하나님의 율법책을 낭독하였고, 제8일에 규례를 따라 성회를 열었습니다(느 8:18).

성벽 재건을 마치고 지킨 초막절은 안식년의 초막절이었습니다.[41)] 신명기 31:9-13에서 "모세가 이 율법을 써서 여호와의 언약궤를 메는 레위 자손 제사장들과 이스라엘 모든 장로에게 주고 10 그들에게 명하여 이르기를 매 칠 년 끝 해 곧 정기 면제년의 초막절에 11 온 이스라엘이 네 하나님 여호와 앞 그 택하신 곳에 모일 때에 이 율법을 낭독하여 온 이스라엘로 듣게 할지니 12 곧 백성의 남녀와 유치와 네 성 안에 우거하는 타국인을 모으고 그들로 듣고 배우고 네 하나님 여호와를 경외하며 이 율법의 모든 말씀을 지켜 행하게 하고 13 또 너희가 요단을 건너가서 얻을 땅에 거할 동안에 이 말씀을 알지 못하는 그들의 자녀로 듣고 네 하나님 여호와 경외하기를 배우게 할지니라"라고 말씀하고 있습니다. 여기 '정기 면제년'은 안식년을 가리킵니다. 에스라는 율법책의 규례에 따라 안식년 초막절에 하나님의 율법책을 낭독하고, 모든 백성에게 가르친 것입니다.

솔로몬 성전의 파괴와 망국의 설움을 경험하고 긴 포로 생활에서 돌아온 귀환자들에게 필요했던 시대적인 답변은 '우리는 하나님의 언약 백성이다'였습니다. 포로 생활 중에 이스라엘의 정체성을 지켜주었던 율법책은, 제3차 귀환 이후 역대기와 에스라서, 느헤미야서로 확장되었습니다.

에스라서, 느헤미야서는 당대의 귀환자들의 성별된 족보를 정리하는 한편, 역대기를 통해 그 족보가 하나님께서 창조하신 아담에게까지 거슬러 올라감을 체계적으로 정리하고 있습니다. 느헤미야서에 기록된 방대한 족보는 제29대 대제사장 얏두아(주전 371-320년) 시대까지 이르고 있는데(느 12:11, 22-23), 이는 에스라의 후대에도 계속하여 족보를 성별하여 기록을 이어갔음을 보여줍니다.

재건된 스룹바벨 성전의 지성소에는 언약궤가 없었습니다.[42] 언약궤는 역사적으로 빼앗기기도 하고(주전 1102년 아벡 전투 때 블레셋에게. 삼상 4:10-11), 다시 제자리에 돌아오기도 했습니다(주전 1003년 다윗의 예루살렘 통치 시작. 삼하 6:12-19, 대상 15:1-28). 또한 극악한 므낫세왕 시대에 일시적으로 이동이 있었습니다(대하 33:7, 35:3, 참고-마카비하 2:5). 이후 언약궤는 줄곧 성전에 있다가, 주전 586년에 바벨론의 느부갓네살왕이 성전을 파괴할 때 사라지고 말았습니다(왕하 25:9, 13-17). 언약궤가 사라진 것은 하나님의 능력이 부족해서 이방인에게 빼앗긴 것이 아니라, 하나님께서 예언하신 말씀이 그대로 성취된 것입니다. 일찍이 하나님께서는 예레미야를 통해 "너희가 이 땅에서 번성하여 많아질 때에는 사람 사람이 여호와의 언약궤를 다시는 말하지 아니할 것이요 생각지 아니할 것이요 기억지 아니할 것이요 찾지 아니할 것이요 만들지 아니할 것이며"(렘 3:16)라고 말씀하셨습니다. 따라서 구약 시대의 마지막 성전인 스룹바벨 성전에 언약궤가 없는 것은, 언약궤의 실체이신 참목자 예수 그리스도께서 지식과 명철로 자기 백성을 가르치시는 때가 곧 도래한다는 섭리의 표현이었습니다(히 8:5, 9:23, 10:1). 이는 앞으로의 제사가 율법책의 내용을 문자적으로 따르는 단계에서, 율법책에 기록된 규례에 나타난 하나님의 뜻을 깨달아 신령과 진정으로 하나님 앞에 나아가는 예배로 바뀔 것을 보여줍니다(요 4:23-24).

**이해도움 8** Conservation of the Scripture by the Prophets from the Period of United Monarchy until the Return from Babylonian Exile

# 통일왕국 시대부터 바벨론 포로 귀환기까지 선지자들의 성경보수

| 통일 이스라엘 왕 | 선지자 |
|---|---|
| 사울<br>1050-1010 | · **사무엘** / 주전 1102년, 30세의 나이로 활동을 시작. 마지막 사사로 주전 1102-1050년까지 다스렸으며, 주전 1025년(107세)에 다윗에게 기름을 붓고(삼상 16:1-13), 주전 1015년(117세)에 생을 마침(삼상 25:1). |
| 다윗<br>1010-970 | · **나단** / 다윗 언약을 선포(삼하 7:1-17, 대상 17:1-15). 다윗이 밧세바를 범한 죄를 깨닫게 하였고(삼하 11:1-27, 12:1-25), 솔로몬의 즉위를 도움(왕상 1:11-40).<br>· **갓** / 다윗의 인구조사에 대해 심판의 메시지를 선포(삼하 24:11-14). 다윗이 회개하자 아라우나의 타작마당에 단을 쌓을 것을 명령(삼하 24:18-25). |
| 솔로몬<br>970-930 | ※ 나단과 갓은 사무엘을 이어 다윗의 행적을 기록하였으며(대상 29:29-30), 성전 음악의 체계화에도 공헌하였다(대하 29:25). |

| 선지자(남 유다 활동) | 남 유다 왕 | 북 이스라엘 왕 | 선지자(북 이스라엘 활동) |
|---|---|---|---|
| · **스마야**(왕상 12:21-24, 대하 11:2-4, 12:5-8) | 르호보암<br>930-913[b] | 여로보암<br>930-909 | · **아히야**(왕상 11:29-39)<br>· **무명의 선지자** (**하나님의 사람**으로 불림, 왕상 13:1-32, 왕하 23:17-18) |
|  | 아비야<br>913[b]-910 |  |  |
| · **아사랴**(대하 15:1-8)<br>※오뎃의 아들로, 때로는 '선지자 오뎃'으로 표기(대하 15:8)<br>· **하나니**(대하 16:7-10) | 아사<br>910-869 | 나답 909-908<br>바아사 908-885<br>엘라 885-884<br>시므리 884<br>오므리 884-873 | · **예후**(왕상 16:1-7) |
| · **예후**(대하 19:1-3, 20:34)<br>· **아하시엘**(대하 20:14-19)<br>· **엘리에셀**(대하 20:35-37) | 여호사밧<br>871-847 | 아합<br>873-852[a] | · **엘리야** (왕상 17:1-21:29, 왕하 1:3-2:11)<br>· **미가야** (왕상 22:13-28) |
| 오바댜<br>(왕하 8:20-22, 옵 1:1)<br>853-840 | 여호람<br>847-840 | 아하시야<br>852[a]-851[a]<br>요람<br>851[a]-840 | ※ 남 유다에도 서신을 보내어 활동함. (대하 21:12-15) |
|  | 아하시야 / 840<br>아달랴<br>840-835[b] | 예후<br>840-813 | · **엘리사** (왕하 2:12-8:15, 9:1-13, 13:14-21) |
| 요엘<br>(욜 1:13)<br>835-796 | 요아스<br>835[b]-796[b] | 여호아하스<br>813-797[a]<br>요아스<br>797[a]-781 |  |
| · **무명의 선지자** (대하 25:7)<br>· **다른 무명의 선지자** (대하 25:14-16) | 아마샤<br>796[b]-767 | 여로보암 2세<br>793-753 | 요나<br>(왕하 14:25, 욘 3:3-5)<br>780-763<br>아모스<br>(암 1:1)<br>760-753 |

| 선지자(남 유다 활동) | 남 유다 왕 | 북 이스라엘 왕 | 선지자(북 이스라엘 활동) |
|---|---|---|---|
| · **스가랴**(대하 26:5)<br>※ 스가랴서를 기록한 스가랴와 동명이인 | **아사랴** 791-739 | **스가랴** 753-752[a]/752<br>**살룸** 752<br>**므나헴** 752-741<br>**브가히야** 741-739 | **호세아** (호 1:1, 4) 755-715 |
| **이사야** (사 1:1, 6:1, 37:38) 739-680<br>**미가** (미 1:1) 735-710 | **요담** 750-735 | **베가** 752-732/731 | · **오뎃**(대하 28:8-11) |
| | **아하스** 731-715 | **호세아** 731-722 | |
| | **히스기야** 715-686 | **북 이스라엘의 멸망(722)** | |
| | **므낫세** 696-642 | · **무명의 선견자**(대하 33:18) | |
| **나훔*** (나 1:1, 3:8-10) 663-612<br>**하박국**** (합 1:4-11) 642-627 | **아몬** 642-640 | · **여선지자 훌다** (왕하 22:14-20, 대하 34:22-28) | |
| **스바냐** (습 1:1) 640-609 | **요시야** 640-609[b] | | |
| **예레미야** (렘 1:2-3, 43:6-7) 627-580 | **여호아하스** 609[b]-608 | | |
| **다니엘** (단 1:1-6, 6:28, 10:1) 605-536 | **여호야김** 608-597 | | |
| | **여호야긴** 597 | | |
| **에스겔** (겔 1:1-3, 29:17) 593-571 | **시드기야** 597-586 | **남 유다의 멸망(586)** | |

* 나훔의 예언이 마친 주전 612년은 앗수르의 마지막 왕 앗수르 우발릿 2세가 즉위한 해이며, 앗수르는 주전 608년에 멸망했다.

** 하박국의 예언 당시 바벨론은 앗수르의 식민지였던 약소국이었지만, 하박국이 예언을 마친 다음 해인 주전 626년, 나보폴라살이 바벨론을 재건하면서 마침내 608년 앗수르를 정복했다.

| 선지자 및 주요 인물 | 포로 귀환 | |
|---|---|---|
| | **제1차 귀환** 537 | |
| **학개** (학 1:1, 15, 2:1, 10) 520<br>**스가랴** (슥 1:1, 7:1, 8-14장) 520-480? | **성전 재건** 520-516 | **에스라 6:14上** "유다 사람의 장로들이 선지자 학개와 잇도의 손자 스가랴의 권면함으로 인하여 전 건축할 일이 형통한지라" |
| **에스라** (스 7:1-8, 8:31, 10:16-17) 464-420? | **제2차 귀환** 458 | |
| **느헤미야** (느 2:1, 5:14, 13:6) 444-432 | **제3차 귀환** 444 | · 제3차 귀환 후 성벽 재건이 막바지에 이르렀을 때, 여선지 노아댜와 거짓 선지자들은 도비야·산발랏과 내통하여 느헤미야를 죽이려고 하였다(느 6:14). |
| **말라기** (말 1:8) 432 | | |

※ 본 표에 기재된 연도는 모두 주전(BC) 연도이며, 왕들의 연대는 성경에 기록된 공식 통치연대를 따름.

# Ⅳ
# 신구약 중간기의 말씀 보수
CONSERVATION OF THE SCRIPTURE IN THE INTERTESTAMENTAL PERIOD

말라기 이후 예수님이 오시기까지의 신구약 중간기(intertestamental period)에는 어떤 직접적인 계시도 나타나지 않았으며, 선지자의 활동도 없었습니다. 그러나 이 기간은 하나님께서 여러 선지자를 통하여 열국의 흥망성쇠에 대해 예언하신 말씀대로 성취되는 기간이었습니다. 이 기간 동안에 다니엘을 통해 선포하신 금 신상의 꿈에 대한 해석이나 네 짐승에 대한 해석, 북방 왕과 남방 왕의 싸움이 역사 속에서 한 치의 오차도 없이 그대로 실현되었습니다. 또한 이 시기는 하나님께서 약속하신 여자의 후손을 보내시기 위해 열방의 역사를 주관하셔서, 메시아 도래의 때를 준비하는 시기였습니다.

구약 시대에 선포된 하나님의 말씀이 신약 시대로 전해지기까지, 신구약 중간기의 말씀 보수의 역사적 변천 과정을 살펴보겠습니다.

## 1. 회당의 역사
History of the synagogue

신구약 중간기에 등장한 '회당'(synagogue)은 유대인들의 새로운 종교적 모임 장소로, 신앙생활의 중심지가 되었습니다. 회당의 기원은 성경에 확실히 나타나지는 않지만, 그 원형은 이스라엘의 포로 생활과 관련하여 찾아볼 수 있습니다. 이스라엘 백성은 바벨론에서 포로로 생활하는 동안 델아빕과 니푸르 등 그발강 근처의 도시들에 흩어져 살면서, 안식일을 맞이할 때마다 한 곳에 모여서 율법책의 말씀을 공부하였습니다. 바벨론 포로 생활 중에 에스겔 선지자의 집에 유다 장로들이 지속적으로 모이는 것을 통해, 초기 모임의 모습을 볼 수 있습니다(겔 8:1, 20:1-3). 또한 남 유다의 멸망 당시, 예레미야도 사반의 손자 아히감의 아들 그다랴의 집에 거하며 하나님께 묻고자 하는 사람들에게 하나님의 말씀을 전했습니다(렘 39:8-14, 40:5-6, 42:1-3). 이렇듯 율법책을 해석할 수 있는 자를 중심으로 모임이 확장되면서 점차 회당으로 정착되어, 신구약 중간기에 흩어진 유대인들의 신앙의 중심지가 되었습니다. 주전 1세기에는 유대 성인 남자가 10명 이상 모인 곳이라면 어디에나 회당이 있었습니다. 신약성경을 볼 때, 나사렛(마 13:54, 눅 4:16), 가버나움(막 1:21, 요 6:59), 구브로섬의 살라미(행 13:4-5), 비시디아 안디옥(행 13:14), 이고니온(행 14:1), 베뢰아(행 17:10) 등지에 회당들이 있었습니다.

신구약 중간기에 회당은 '기도의 집'이자 '학습의 집'이며 '집회장소'라는 세 가지 중요한 역할을 담당했습니다. 회당에는 사람들이 많이 모였으며(마 6:2, 5), 높은 자리가 있었습니다(마 23:2, 6, 눅 11:43, 20:46). 그곳에서 죄에 대한 징벌이 가해지기도 했습니다(마 10:17, 23:34, 막 13:9, 눅 12:11, 21:12).

회당에서 예배드리는 모습이 누가복음 4:16-30과 사도행전 13:13-42에 기록되어 있습니다. 율법이나 선지자들의 글을 낭독한 후 마지막으로 회당장이 13세 이상의 유대 성인 남성 중 한 사람을 지명하거나 자청하여 설교하게 하는 방식이었습니다. 사도행전

13:15에는 "율법과 선지자의 글을 읽은 후에 회당장들이 사람을 보내어 물어 가로되 형제들아 만일 백성을 권할 말이 있거든 말하라 하니"라고 말씀하고 있습니다. 그 외에도 회당에서는 '쉐마'(신 6:4-9, 11:13-21)*와 민수기 15:37-41을 낭독했습니다.

## 2. 칠십인경의 번역

Translation of the Septuagint

주전 538년 바사의 고레스 칙령 이후, 유대는 오랜 기간 동안 바사의 지배를 받았습니다. 그러던 중 주전 331년에, 헬라 제국의 알렉산더가 바사의 다리오 3세와의 가우가멜라 전투에서 승리하고 유대 땅을 지배하게 됩니다. 주전 323년에 알렉산더가 죽은 뒤, 헬라 제국은 프톨레미와 셀류쿠스, 리시마쿠스, 카산더, 네 왕조로 분열되었고, 그중 프톨레미와 셀류쿠스가 유대가 위치한 가나안 지역의 패권을 놓고 겨루었습니다. 주전 320년에 프톨레미 1세가 예루살렘을 완전히 점령하면서, 유대는 프톨레미 왕국의 지배를 받게 되었습니다.

헬라와 프톨레미 시대를 지나며 유대인들은 지중해 연안과 소아시아 전역 및 애굽으로 이주하여 정착하게 되는데, 이들을 '디아스포라(Diaspora) 유대인'이라고 합니다. 신약 성경에서는 이들을 '헬라계 유대인'이라고 표현합니다. 헬라가 정복지 전체에 헬라 문화를 보급하고 헬라어를 쓰도록 정책을 펼치면서, 유대인들은 점차 히브리어를 잊어버리고 헬라어로 생활하게 되었습니다.

---

* 쉐마(שְׁמַע): '들으라'는 뜻으로, 유대인들의 전통에 따라 하루 두 번씩 암송하는 신앙고백문

프톨레미 1세는 이방 종교에 대해 관용 정책을 펼치며 자유로운 신앙생활을 보장하였고, 수도 알렉산드리아에 세상에 존재하는 모든 지식을 모을 수 있는 대도서관을 건축하였습니다. 이 도서관은 그 아들 프톨레미 2세 때 완공되었으며, 프톨레미 2세는 도서관을 찾는 학자들을 전적으로 지원해 가며 알렉산드리아를 지식의 도시로 만들었습니다. 고대 문헌 「아리스테아스의 편지」(Letter of Aristeas)에 따르면, 프톨레미 2세는 유대의 제32대 대제사장 엘르아살(주전 260-245년 재임)에게 성경을 헬라어로 번역하여 도서관에 보관하고 싶다고 요청하였고, 이에 엘르아살은 이스라엘 12지파에서 6명씩 72명의 율법에 정통한 제사장 및 장로들을 파견하여 72일 동안 번역하였다고 전해집니다(유대고대사 12.2.5-7). 이에 번역자 72명의 숫자를 따서, 구약 성경의 헬라어 역본을 '칠십인경'(라틴어 *Septuagint*)이라고 합니다.

실제 칠십인경의 번역은 주전 250년경에 시작되어 먼저 모세오경을 번역하였고, 나머지 부분들도 순차적으로 번역하였습니다. 당시 책을 다른 언어로 번역하여 사본을 만드는 것은 결코 쉬운 일이 아니었습니다. 번역 작업에는 막대한 비용이 필요했으며, 구약 성경의 방대한 양을 높은 수준의 통일된 원칙으로 번역하는 것에는 국가적인 지원이 필요했습니다. 역사의 주관자 되시는 하나님께서는 프톨레미 왕국을 통해 이 모든 작업을 진행하게 하셨습니다. 또한 번역 작업이 프톨레미의 간섭 없이 전적으로 유대인들이 모든 것을 맡도록 하셔서, 그 내용이 조금도 변개되지 않도록 보존하셨습니다.

칠십인경의 번역자들은 히브리어를 헬라어로 옮기면서 단순히 언어 대 언어로 번역하는 것이 아니라, 신학적으로 성경 본문을 이해하여 구약의 의미를 보다 명확하게 해석하고자 하였습니다.[43] 이는 칠십인경의 번역 작업이 단순히 구약 성경을 다른 언어로 옮기는 데 그치지 않고, 모국어를 잊어버린 디아스포라 유대인들의 신앙 보존이라는 목적을 가지고 있었음을 보여줍니다. 또한 구약 성경 외에도, 당시 유대인들의 신앙의 유익을 위하여 아람어나 헬라어로 작성한 중요한 문서들도 번역 및 수록하였습니다(외경). 이 기록들은 당시에 성경이 아닌 보조 자료로서 수록된 것이지만,[44] 로마 가톨릭은 가톨릭 성경에 이를 추가하여 정경의 권위를 부여하는 오류를 범하고 있습니다.

칠십인경은 세계 곳곳으로 흩어져 히브리어를 읽지 못하던 유대인들에게 보급되어, 유대인들이 언약 공동체로서 신앙을 지키는 데 큰 힘이 되었습니다. 예수님께서 회당에서 읽으셨던 성경(눅 4:16-21)도 칠십인경이었습니다. 다니엘의 예언대로 헬라가 온 세계를 다스리면서(단 2:39, 8:5-7), 헬라어가 세계 공용어가 되어 이방 사람들도 구약 성경을 읽을 수 있게 되었고, 이는 사도들에 의해 세계 선교가 이루어질 수 있는 밑거름이 되었습니다.

## 3. 신구약 중간기 주도 세력의 변천

Shifts in dominant powers during the intertestamental period

신구약 중간기에 유대 종교와 사회를 이끌어 가던 세력은 바리새파(Pharisees)와 사두개파(Sadducees)입니다. 이들은 예수님 당시까지

---

* 산헤드린은 포로기 이후 예루살렘에 있던 유대인의 최고 의결 기관으로, 대제사장이 의장이고 공회원은 바리새인, 사두개인, 서기관, 장로 등 백성의 대표로 구성되었으며, 회원은 의장 포함 71명이었다. 신약 성경에 예수님, 베드로, 요한, 스데반, 바울이 산헤드린 공회 앞에 선 것이 기록되어 있다(마 26:59, 막 14:55, 15:1, 눅 22:66, 요 11:47, 행 4:15, 5:21, 6:12, 22:30, 24:20). 유대인의 관원 니고데모(요 3:1), 아리마대 사람 요셉(눅 23:50-51) 등이 산헤드린 공회 회원이었다.

존재한 유대 사회의 지도자들로서 정치가요, 산헤드린(Sanhedrin)* 회원이었는데, 후대로 갈수록 바리새인의 영향력이 더 커졌습니다.

### ① 사두개파(Sadducees)

'사두개인'(Σαδδουκαῖος)은 제11대 대제사장 사독의 혈통적인 후손임을 자처하는 이름입니다. 다윗 때까지는 아론의 아들 엘르아살과 이다말 두 계열에서 대제사장을 세웠습니다. 그러나 솔로몬이 즉위할 때 아도니야와 함께 반역하는 자리에 동참한 이다말 계열의 아비아달이 파면당하면서(왕상 2:26-27), 이후로 엘르아살 계열 사독의 후손들이 독점적으로 대제사장직을 담당하게 되었습니다.

합법적인 사독 계열 대제사장의 족보는 제36대 대제사장 오니아스 3세(주전 185-175년 재임)까지 이어집니다. 그러나 셀류쿠스의 안티오쿠스 4세(에피파네스)가 왕위에 오르자, 오니아스 3세의 동생 야손은 뇌물을 주어 형을 내쫓고 대제사장직을 차지하였습니다(마카비하 4:7-10). 야손과 제38대 메네라우스, 제39대 알키무스는 혈통적으로는 사독 가문 출신이지만 불법적으로 대제사장직을 차지하였고, 안티오쿠스 4세에게 협력하여 유대의 헬라화 정책에 앞장섰습니다.

안티오쿠스 4세의 유대교 박해로 인하여, 주전 167년에 제사장 맛다디아와 그 아들들의 주도로 마카비 혁명이 시작되었습니다. 맛다디아 사후 그의 셋째 아들 유다 마카비가 지도자가 되어 주전 164년 기슬르(9월) 25일에 성전을 회복하였고, 맛다디아의 막내아들이자 제3대 지도자인 요나단 아푸스가 혁명 세력을 정비하여 더욱 영토를 확장하였습니다. 이에 안티오쿠스 4세의 아들 알렉산더 발라스는 주전 152년에 요나단에게 대제사장직을 제안하며 그를 달랬고, 요나단은 그 제안을 승낙하여 제40대 대제사장직에 올라

(주전 152-142년 재임) 유대의 독립을 쟁취하며 왕까지 겸하였습니다. 이후 요나단의 형 시몬이 유대인의 정치·종교 지도자가 됨으로써(제41대 대제사장, 주전 142-134년 재임) 실질적인 독립을 이룩하며 '하스몬 시대'가 시작됩니다.

이후 사독 가문은 두 부류로 나누어지는데, 사독 계열이 아닌 하스몬 가문의 대제사장을 인정하며 협력하고자 하는 대다수는 사두개인이 되었고, 소수의 반대자들은 에세네파 등으로 흩어졌습니다. 제42대 대제사장 요한 힐카누스 1세(주전 104-103년 재임)는 사두개인의 지지를 얻기 위해 그들에게 성전을 관리할 수 있는 권한을 주었고(유대전쟁사 13.10.5-6), 주전 63년에 로마가 유대를 정복한 이후에는 로마와 결탁하여 사두개인들의 성전 관리 권한을 보장받는 대신, 로마의 통치에 적극 협조하였습니다. 대다수의 사두개인들은 부유한 귀족이자 산헤드린 공회원이었습니다. 이들은 성전의 많은 이권을 차지하여 가난한 자들을 멀리하였습니다.

사두개인들은 신앙적으로 극히 보수적인 입장에서 성경의 문자적인 해석만을 강조하였습니다. 이들은 모세오경만을 믿고 구전 율법을 부인하였으며, 오경에 명시적으로 기록되지 않았다는 이유로 부활, 천사, 영생, 영혼 등을 믿지 않았습니다(막 12:18, 행 23:8). 예수님의 고난주간 변론의 날에 사두개인들이 찾아와, 예수님과 부활에 관하여 논쟁을 벌이기도 하였습니다(마 22:23-33, 막 12:18-27, 눅 20:27-40). 이들은 율법적인 삶이 아니라, 성전 중심의 삶을 강조하였습니다. 그러나 그 이유는 신앙적인 것이 아니라, 성전이 사두개인들에게 끊임없는 이권을 제공하였기 때문입니다.

사두개인의 정치 성향은 극히 현실 타협적이어서, 가나안 지역을 지배하는 세력에 아부하고 충성을 맹세하면서, 어떻게 해서든 성전이 보존되어야 한다는 성전 지상주의 입장을 고수했습니다. 그러나 이들은 주후 66-70년의 로마와의 전쟁을 막지 못하고 괴멸되어, 그 이후로 역사에서 사라졌습니다.

### ② 바리새파(Pharisees)

'바리새'(Pharisees)는 '분리된 자들'이라는 뜻의 히브리어 '페루쉼'(פְּרוּשִׁים)에서 유래하였으며, 헬라어로는 '파리사이오스'(Φαρισαῖος)로, '분리주의자'라는 뜻입니다.

사독 가문의 합법적인 대제사장 계보가 끊어지고 극악한 대제사장들(37대 야손, 38대 메네라우스, 39대 알키무스)이 셀류쿠스와 결탁했던 당시, 유대인들 가운데 율법에 헌신하는 삶을 사는 경건한 유대인들을 가리켜 '하시딤'(חֲסִידִים, 뜻-경건한 자들)이라고 불렀습니다(마카비상 2:42). 하시딤은 마카비 가문과 힘을 합쳐 셀류쿠스에게서 독립을 쟁취하였습니다. 그러나 그 과정에서 요나단 아푸스가 정결법을 어겨가며 전쟁을 치르자 하시딤들이 반발하였고, 사독 계열이 아닌 요나단의 형 시몬 3세가 정식으로 대제사장직에 오르자, 많은 하시딤들은 마카비 가문에 대한 지지를 철회하였습니다. 이들 대부분은 율법적인 삶에 몰두하여 스스로를 '분리주의자'라는 뜻으로 '바리새파'라고 불렀습니다.

바리새인들은 에스라의 전통에 따라 율법 연구와 실천, 그리고 경건한 삶에 집중하였으며, 당시의 부패한 성전보다는 율법 중심으로 살아야 한다는 것을 강조하며 회당을 중심으로 유대 백성에게 큰 영향을 주었습니다(마 23:2-7). 신약 시대 대다수의 회당장은 바리새파 출신이었습니다. 신학적으로는 극단적인 율법주의자로(참고-갈 6:13), 구약 성경에 기록되어 있는 모든 내용을 정경으로 받아들이며 부활, 천사, 영생, 영혼 등에 대한 믿음을 가졌습니다(행 23:8). 그리고 신앙의 기준을 더욱 확장하여, 선조로부터 이어지는 구전 율법을 하나님의 말씀과 동등한 권위로 여겼습니다(막 7:5-8). 또한 바리새파는 율법의 중요성을 강조하면서, 율법을 알지 못하는 자를 경멸하며 스스로를 구별하였고, 강한 선민의식을 가졌습니다.

헤롯 대왕 때 바리새인들의 수는 약 6,000명 정도로 많은 수는 아니었지만, 항상 율법을 공부하고 구전 율법의 엄격한 규칙들을 준수하는 모습으로 백성의 지지를 얻었습니다. 예수님께 중생(重生)에 대해서 질문했던 자이자 예수님의 장사를 위해 몰약과 침향 섞은 것 백 근쯤을 가지고 나아왔던 니고데모도 바리새인이었으며(요 3:1-15, 7:50-52, 19:39), 사도 바울도 바리새인이었고(행 23:6, 빌 3:5), 교법사 가말리엘도 바리새인이었습니다(행 5:34-40, 22:3, 26:5).

예수님 당시 바리새파는 매우 엄격한 율법 해석을 강조하는 샴마이 학파와 유연한 율법 해석을 강조하는 힐렐 학파로 대립하여, 수많은 논쟁을 벌이면서 구전 율법을 발전시켜 나갔습니다. 초기에는 엄격한 율법 해석을 주장하는 샴마이 학파가 산헤드린 공회에 다수 포함되면서 주도권을 가지고 있었지만, 주후 70년에 예루살렘이 멸망하면서 힐렐 학파가 오늘날까지 유대교의 중심을 차지하여 '랍비 유대교'를 형성하였습니다.

참고로, 신약 시대의 서기관 역시 대부분 바리새파 사람들로 구성되었습니다. 서기관은 헬라어로 '그람마투스'(Γραμματεύς)로, '글자'를 의미하는 '그람마'(γράμμα)에서 유래하여 '글을 기록하는 자'라는 뜻입니다. 이들은 구약 시대의 서기관들의 전통을 이어, 성경을 옮겨 기록하고 보관하는 일과 율법의 내용을 해석하는 일을 맡았습니다. 신약 성경에는 보통 '바리새인과 서기관'이라고 묶어 기록하고 있습니다(마 12:38, 15:1, 23:2, 13, 15, 23, 25, 27, 29, 막 2:16, 7:1, 5, 눅 5:21, 30, 6:7, 11:53, 15:2, 요 8:3).

예수님께서는 하나님 말씀보다 장로들의 유전을 우선시하는 바리새인들을 향하여 7가지 화를 선포하셨고(마 23:13, 15, 16, 23, 25, 27, 29), ‘천기는 분별할 줄 알면서 시대의 표적은 분별하지 못한다’고 책망하셨습니다(마 16:1-3). 또한 당시 서기관들의 외식과 위선을 날카롭게 지적하여 “긴 옷을 입고 다니는 것과 시장에서 문안 받는 것과 [39] 회당의 상좌(上座)와 잔치의 상석(上席)을 원하는 서기관들을 삼가라”라고 하시면서, 그들은 “과부의 가산(家產)을 삼키며 외식으로 길게 기도하니 그 받는 판결이 더욱 중하리라”라고 책망하셨습니다(막 12:38-40, 눅 20:45-47).

### ③ 에세네파(Essenes)

에세네파는 신약 성경에 그 이름이 직접 나오지는 않지만, 신약 성경을 이해하기 위한 중요한 배경이 됩니다. ‘에세네’(אִסִּיִּם, ’Eσσηνοί)는 ‘거룩, 경건함’이라는 뜻의 헬라어 ‘호시오스’(ὅσιος)에서 유래하였습니다.

마카비 가문의 시몬 3세가 왕이 되면서 동시에 대제사장직에 오르자, 일부 하시딤들이 ‘의의 스승’이라고 불리는 사독 가문 익명의 대제사장과 함께 크게 반발했고, 유대 광야로 도망을 가게 됩니다. 주전 150년경에 광야를 중심으로 형성된 에세네파는 ‘의의 스승’을 율법 해석의 최고 권위자로 여기며, 부패한 성전을 향한 하나님의 심판을 기다리는 그들만의 은둔 공동체를 만들었습니다.[45)]

에세네파는 부패한 성전에 대항하여 정결을 강조하고 재산을 공유했으며, 공동체 생활에 엄격한 규칙을 만들어 실천하였습니다.

에세네파의 생활 규칙에 대한 기록에 따르면, 에세네파의 회원이 되기 위해서는 1년의 예비 과정과 2년간의 추가 검증을 통과해야만 했습니다. 심지어 그들은 안식일에는 사람이나 짐승의 생명이 위험해도 구해서는 안 된다고 주장하였으며(참고-마 12:11, 눅 14:5), 안식일에 화장실에 가는 것조차 금지하였습니다(유대전쟁사 2.8.9).

에세네파는 여러 지역에 흩어져 집단생활을 하였는데, 그중 사해 인근의 쿰란이 중심지였습니다. 쿰란의 에세네파는 다른 어느 단체보다도 성경 필사와 성경 연구, 주석 작업에 심혈을 기울였습니다. 에세네파는 주후 66-70년에 있었던 로마-유대 전쟁 때 예루살렘의 파괴와 함께 역사에서 사라지고 말았습니다. 그러나 그들은 전쟁 발발 직전에, 양피지 두루마리를 담은 항아리들을 유대 광야 동굴 깊숙한 곳에 숨겼고, 1947년에 잃어버린 양을 찾던 한 베두인 목동이 이 양피지들을 우연히 발견하게 됩니다. 이후 1956년까지 사해 인근 11개의 동굴에서 총 972개의 문서가 발견되었으며, 그중에는 주전 2세기에 제작된 것으로 추정되는 현존하는 가장 오래된 성경 사본도 포함되어 있습니다. 이 사본들을 가리켜 '사해 사본'이라고 합니다.

사해 사본이 발견되기 전에, 가장 오래된 완전한 구약 성경 사본은 주후 1008년에 제작된 레닌그라드 사본이었습니다. 당시 많은 자유주의 신학자가 로마가 기독교 국가가 된 이후 성경에 기록된 글자에 수정이 가해졌을 수 있다고 주장하며 성경의 영감성을 부인하였지만, 사해 사본이 발견되면서 레닌그라드 사본보다 1,200년 전에 제작된 사본인데도 극소수의 사소한 문법 수정을 제외하면 아무런 차이가 없다는 것이 입증되었습니다. 이로써 하나님의 섭리 가운데, 성경은 역사 속에서 변개함 없이 그대로 보존되었음이 분명하게 입증되었습니다.

④ 열심당원(셀롯, Zealots)

열심당원은 과격한 독립운동 단체로, 메시아를 기다리기보다는, 적극적으로 로마제국을 유대 땅에서 몰아내고자 하였습니다. 이들은 로마제국의 주요 인사들은 물론 로마제국에 협조하는 유대인들까지도 처단하고자 노력하였습니다. 이 때문에 로마제국과 공생 관계를 유지하고 있던 사두개인들과 부딪칠 수밖에 없었습니다.

주후 6년의 아켈라오 해임 이후 로마가 직접 유다를 통치하기 시작하면서 세금 징수를 위해 호적을 등록하게 하자, 열심당원들은 극렬히 반발하며 무력 투쟁을 불사하였습니다. 참고로, 예수님의 제자 중에서 시몬이 열심당원이었습니다(눅 6:15, 행 1:13).

신구약 중간기 유대 종교의 주도 세력들에 대한 이해는 신약 성경을 해석하는 데 중요한 배경지식을 전해 줍니다. 이들은 주후 70년에 로마와의 전쟁 끝에 성전이 파괴되면서 모두 사라졌고, 오직 바리새파만 남았습니다. 이후의 유대 사회는 바리새파가 주도하였으며, 초대 그리스도인들이 소수 세력으로 남게 됩니다.

## 4. 유대인의 토라와 구전 율법

The Torah and Oral Law of the Jews

① 토라

'율법'을 뜻하는 히브리어 '토라'(תּוֹרָה)는 '가르치다, 길(방향)을 제시하다'라는 뜻의 '야라'(יָרָה)에서 유래하여, '지시, 교훈, 법령, 계명, 법, 규례, 규범, 관습'이라는 의미가 있습니다(레 6:9, 14, 7:1, 11:46, 14:54-56, 민 6:21, 잠 13:14). 이는 모두 시내산 언약 체결 시 모세를 통해 주어진 하나님의 말씀으로(사 1:10. 5:24, 8:16, 렘 18:18, 말 2:6), '새 언약'과 구분하여 '옛 언약'이라 칭합니다. 토라는 하나님께서 친히 하신 말씀이므로 '하나님의 토라'(사 1:10, 호 4:6), '여호와의 토라'(출 13:9, 사 5:24, 30:9, 암 2:4)로 불리며, 모세가 선포하였다 하여 '모세의 토라'(수 8:31-32, 23:6, 왕하 14:6, 23:25, 참고-눅 24:44, 요 1:17, 45, 7:19, 23)로도 불립니다.

'토라'라는 명칭은 모세를 통해 글로 기록된 '오경'(Pentateuch, 창세기·출애굽기·레위기·민수기·신명기)을 가리키지만, 구약 성경 전체를 가리킬 때나 '구전 율법'(Oral Law)에 대해서도 사용됩니다.

### 첫째, 기록된 율법(Written Law)입니다.

하나님께서는 친히 말씀도 하시고(출 20:1), 또 친수로 기록하기도 하셨습니다(출 24:12, 31:18, 32:15-16, 34:28-29, 신 4:13, 5:22, 9:10-11, 10:1-5, 단 5:5, 24-28). 모세는 하나님께서 계시해 주신 토라를 이스라엘 자손에게 빠짐없이 선포하였고(출 24:3, 신 4:44, 33:4), 여호와의 모든 말씀을 빠짐없이 기록하였습니다(출 24:4上). 그렇게 자기에게 명하신 모든 말씀을 기록하고, 아침 일찍이 일어나 산 아래에 단을 쌓고 이스라엘 12지파대로 열두 기둥을 세웠습니다(출 24:4下). 또한 모세는 출애굽 2세대에게 당부하기를, 장차 가나안 땅에 들어가면 반드시 큰 돌을 세우고 석회를 바른 후에 그 율법을 명백히 기록하라고 하였습니다(신 27:1-8).

유대교에서는 신약 성경을 인정하지 않으므로 '구약 성경'이라는 단어를 쓰지 않으며, 구약 성경을 '타나크'(Tanak)라고 부릅니다. '타나크'는 구약 성경을 구성하는 세 가지, '토라'(תּוֹרָה, Torah), '네비임'(נְבִיאִים, Neviim), '케투빔'(כְּתוּבִים, Ketuvim)의 첫 글자를 따서 만든 용어입니다. 토라는 '모세오경'(Pentateuch: 창세기, 출애굽기, 레위기, 민수기, 신명기)을, 네비임은 '예언서'(Prophets: 여호수아, 사사기, 사무엘서, 열왕기서, 이사야, 예레미야, 에스겔, 12소선지서)를, 케투빔은 '성문서'(Writings: 시편, 잠언, 욥기, 아가서, 룻기, 애가, 전도서, 에스더, 다니엘, 에스라와 느헤미야, 역대기)를 가리킵니다.

### 둘째, 구전 율법(Oral Law)과 바리새인의 유전(遺傳)입니다.

'구전 율법'이라 함은, 모세가 시내산에서 계시를 받을 때 오경 외에 율법을 더 받았고, 그것을 모세가 암기하여 후손들에게 말로 전한 내용이라는 것입니다. 바리새인들은 주전 586년에 예루살렘 성전이 함락되고 바벨론에 끌려가 포로 생활을 하게 된 이유가 율법을 지키지 않았기 때문임을 깨닫고, 율법을 더욱 확실하게 지키기 위해 그 세부 사항을 나름대로 풀이하여 유전(遺傳: 끼칠 유, 전할 전)을 만들어 지키도록 하였습니다. 율법도 엄한데, 거기에 가시울타리를 하나 더한 셈입니다. 그들은 그 유전이 마치 모세가 시내산에서 토라를 받을 때 함께 받은 것인 양, '구전 율법'(Oral Law)이라 하여 거기에 성경과 동일한 신적 권위를 부여하였습니다.[46)]

그러나 모세는 시내산에서 하나님께 받은 "모든 말씀과 그 모든 율례"를 백성에게 고하였고, 백성은 "모든 말씀을 우리가 준행하리이다"라고 답하였습니다(출 24:3). 또한 모세가 기록한 것은 시내산에서 받은 일부를 기록한 것이 아니고, "모세가 여호와의 모든 말씀"(출 24:4)을 기록하였다고 정확하게 말씀하고 있습니다. 그러므로 바리새인들이 정한 구전 율법에 근거한 유전은 결코 모세가 시내산에서 하나님께 받은 것이 아닙니다. 예수님께서도 그것이 "사람의 계명"(막 7:7), "사람의 유전"(막 7:8)이며 그것으로 "하나님의 계명을 범"하고(마 15:3), "하나님의 말씀을 폐하는도다"(마 15:6)라고 바리새인과 서기관들의 잘못된 신앙을 통렬하게 비판하셨습니다(막 7:1-23). 또한 예수님께서는 그들이 모세의 자리에 앉아 권위의식에 사로잡혀, "말만 하고 행치 아니하며 또 무거운 짐을 묶어 사람의 어깨에 지우되 자기는 이것을 한 손가락으로도 움직이려 하지 아니"한다(마 23:3-7)고 하시면서, 그들과 그들이 만든 유전의 허구성을 고발하셨습니다.

### ② 유대인의 구전을 기록한 율법 해석서

유대인들은 구전 율법을 정리한 '미쉬나'에도 구약 성경과 같은 권위를 부여하였습니다.

'미쉬나'(מִשְׁנָה)는 '반복하다'라는 뜻의 히브리어 '솨나'(שָׁנָה)에서 유래하여 '배움, 학습'이라는 뜻입니다. 미쉬나는 새로운 율법이 아니라 구전으로 전해진 율법 해석을 모은 것입니다. 유대인들은 '타나크'의 율법을 613개의 조항으로 나누는데, 각 조항들을 해석한 구전들이 모여 '장로들의 유전(謬傳)'이 되었습니다. 그리고 주후 200년경에, 랍비 유다가 이러한 유전들을 6가지 주제로 묶어서 정리한 것이 '미쉬나'입니다.

예수님 당시 바리새인들은 모세오경을 비롯한 토라는 유전 없이 이해할 수 없다고 주장했으며, 바리새인들의 후손인 랍비 유대교도 동일한 견해를 가지고 있습니다. 그러나 예수님께서는 미쉬나에 해당하는 '장로들의 유전'을 '바리새인들의 누룩'이라고 부르시며 주의할 것을 명령하셨습니다(마 15:1-9, 16:6, 11-12, 막 7:1-5, 8:15).

훗날 유대교는 미쉬나와 미쉬나에 대한 해석 및 토의(게마라)를 종합하여 주후 6세기경에 탈무드*를 완성하였습니다. 유대인들은 성경을 연구하면서 율법을 준수하는 삶을 살고자 하였지만, 성경에 인간적인 해석을 더한 결과로 삶의 전 영역에 견디기 어려운 족쇄를 채우고 말았습니다.

신구약 중간기에 율법책에 기록된 말씀 외에 사람들이 인간적으로 만든 유전과 구전들이 추가되었고, 성전이 아닌 회당을 통해서 교육되었습니다. 그러나 하나님께서 본래 기록하신 율법책의 말씀은 조금도 가감이나 훼손되지 않고, 하나님의 놀라운 섭리 가운데 성경이 보수되어 왔습니다.

회당은 훗날 유대인들에게 복음을 증거하기 위한 최적의 장소로 사용되었으며, 칠십인경은 그리스도의 복음이 땅끝까지 뻗어가는 데 큰 도구가 되었습니다. 인간적인 방법으로 진리를 찾고자 했던 유대교의 여러 분파는 구약 성경을 문자적으로 보존하는 일을 감당하였고, 구약 성경 해석에 대한 논의들을 더하며 훗날 예수 그리스도로 말미암은 참해석의 바탕이 되었습니다. 유대인들은 율법책의 말씀을 밝히 알고자 구전 율법과 율법 해석서를 더했습니다. 그러나 예수님께서는 '성경은 오직 성경으로만 해석할 수 있다'는 말씀 해석의 원리를 선포하셨습니다. 비록 신구약 중간기에 유대 종교의 여러 세력은 구약 성경을 제대로 깨닫지 못하고 예수님을 영접하지 못했지만(행 13:27), 하나님께서는 그 모든 인간의 역사를 사용해서 성경을 보수하여 신약 시대를 열게 하셨습니다(롬 8:28).

---

* 탈무드는 바벨론 지역에서 만들어진 '바벨론 탈무드'와 이스라엘 지역에서 만들어진 '예루살렘 탈무드'로 나뉜다. 바벨론 탈무드가 그 양이 훨씬 방대하고 체계적이기에, 일반적으로 '탈무드'라고 하면 바벨론 탈무드를 가리킨다.

# V
# 신약 시대의 성경보수
CONSERVATION OF THE SCRIPTURE IN THE NEW TESTAMENT PERIOD

## 1. 예수 그리스도의 성경보수
Conservation of the Scripture by Jesus Christ

예수님께서 공생애 사역을 하신 기간은 아직 신약 성경이 기록되기 전이었습니다. 예수님께서는 구약 성경에 예언된 자신의 말씀을 선포하실 때 구약의 말씀을 온전히 의지하여, 구약의 말씀을 보수하면서도 그것을 완성하는 말씀을 선포하셨습니다.

### 첫째, 구약 말씀의 지속성을 증거하셨습니다.

예수님께서는 마태복음 5:18에서 "진실로 너희에게 이르노니 천지가 없어지기 전에는 율법의 일점일획이라도 반드시 없어지지 아니하고 다 이루리라"라고 말씀하심으로, 율법의 영원성을 증거하셨습니다. 그리하여 구약 성경이 완전 영감된 하나님의 말씀임을 선언하심으로 구약 성경이 계속해서 보수되게 하셨던 것입니다.

### 둘째, 구약 말씀을 가르치셨습니다.

예수님의 공생애 사역은 주로 '회당에서' 가르치시며 천국 복음을 전파하시고 전도하시는 일이었습니다(마 4:23, 9:35, 13:53-58, 막

1:21-29, 39, 6:2, 눅 4:14-15, 16-39, 43-44, 6:6-11, 13:10-21, 요 18:19-24). 예수님께서 가르치시는 곳에는 항상 많은 무리가 따랐습니다. 예수님께서는 이들에게 효과적으로 복음을 선포하기 위해 어떤 경우에는 배 위에서 바닷가에 있는 무리를 가르치셨고(눅 5:1-4), 또 어떤 경우는 산 위에서 무리를 내려다보시거나, 평야에서 마주 보며 가르치셨습니다(눅 6:17). 예수님께서는 사람들에게 먹을 것도 주시고 병도 고치시며 귀신을 쫓아내는 일도 하셨지만, 대부분의 사역은 복음을 가르치시는 일에 집중되었습니다. 많은 무리가 예수님의 가르침을 받으러 나왔고, 그 가르침에 놀라고(막 1:21-22) 심취하여 날이 저무는 줄도 모르고 배고픈 것도 잊었습니다(막 6:34-35). 심지어 마태복음 15:32에는 "저희가 나와 함께 있은 지 이미 사흘이매 먹을 것이 없도다 길에서 기진할까 하여 굶겨 보내지 못하겠노라"라고 말씀하고 있습니다.

예수님께서는 말씀을 가르치는 일을 통해 무지몽매한 백성을 일깨워 하나님의 백성이 되게 하시고, 교회의 터를 닦고 하나님 나라를 세우는 작업을 이루어 나가셨습니다.

### 셋째, 구약 말씀을 완성하셨습니다.

예수님께서는 마태복음 5:17에서 "내가 율법이나 선지자나 폐하러 온 줄로 생각지 말라 폐하러 온 것이 아니요 완전케 하려 함이로라"라고 말씀하셨습니다. 여기 '완전케 하려'는 헬라어 '플레로오'(πληρόω)로, '가득 차게 하다, 성취하다, 꽉 채우다'라는 뜻을 가지고 있습니다.

예수님께서는 율법책에 미리 일렀던 말씀들을 빠짐없이 성취하셨습니다. 고린도전서 15:3-4에서 "내가 받은 것을 먼저 너희에게 전하였노니 이는 성경대로 그리스도께서 우리 죄를 위하여 죽으시고 [4]장사 지낸 바 되었다가 성경대로 사흘 만에 다시 살아나사"라고 말씀하고 있습니다.

구약 성경의 빠짐없는 성취는 예수님께서 구약 성경에 기록된 말씀을 선포하신 주인이심을 보여주는 강력한 표징입니다. 이러한 관점에서 마태는 마태복음에 예수님의 행적을 기록하면서, 예수님께서 구약 성경에 기록된 말씀을 그대로 성취하셨다는 사실을 17회 기록하였습니다(마 1:22-23, 2:5-6, 15, 17-18, 22-23, 3:3, 4:12-17, 8:16-17, 11:5-6, 10, 12:17-21, 13:14-15, 35, 21:4-5, 26:31, 56, 27:9-10).

| 마태복음의 성취 선포 | | 구약의 예언 | 내용 |
|---|---|---|---|
| *1* | 1:22-23 | 사 7:14 | 임마누엘로 오심 |
| *2* | 2:5-6 | 미 5:2 | 베들레헴에서 태어나심 |
| *3* | 2:15 | 호 11:1 | 태어나신 뒤 애굽으로 떠나가심 |
| *4* | 2:17-18 | 렘 31:15-17 | 베들레헴 지경의 두 살 아래 영아가 살해당함(라마의 통곡 소리) |
| *5* | 2:22-23 | 삿 13:5, 사 11:1 참고-사 53:1-3 | '나사렛 사람이라 칭함을 받는다'는 말씀대로, 나사렛에 가서 사심* |
| *6* | 3:3 | 사 40:3 | '광야의 외치는 소리' 세례 요한 |
| *7* | 4:12-17 | 사 9:1-2 | 스불론과 납달리 지경의 가버나움에서 사심 |
| *8* | 8:16-17 | 사 53:5 | 우리의 연약한 것을 친히 담당하시고 병을 짊어지심 |
| *9* | 11:5-6 | 사 29:18-20 | 병자들의 회복 선포(말씀을 만난 결과) |

* '나사렛 사람'은 '나실인'의 음독과 '싹, 새로 나온 가지'의 히브리어 '네체르'(נֵצֶר)를 복합적으로 인용한 것이다.

| | | | |
|---|---|---|---|
| 10 | 11:10 | 사 40:3,<br>말 3:1, 4:5-6 | 세례 요한은 메시아의 길을 그 앞에서 예비하는 자 |
| 11 | 12:17-21 | 사 42:1-4 | 병을 고치시면서 자기를 나타내지 않으심 |
| 12 | 13:14-15 | 사 6:9-10 | 예수님의 비유를 듣고도 깨닫지 못함 |
| 13 | 13:35 | 시 49:4, 78:2,<br>겔 20:49, 24:3,<br>호 12:10 | 비유로 말씀하시며 창세로부터 감추인 것을 드러내심 |
| 14 | 21:4-5 | 슥 9:9 | 나귀 새끼를 타고 예루살렘성에 입성하심 |
| 15 | 26:31 | 슥 13:7-9 | 목자를 치면 양의 떼가 흩어짐 |
| 16 | 26:55-56 | 사 53장,<br>슥 12-13장 등 | '선지자들의 글'을 이루시기 위해 로마 군병들에게 잡히심 |
| 17 | 27:9-10 | 렘 19:1-13,<br>32:6-15,<br>슥 11:12-13 | 유다가 성소에 던져 넣은 은 삼십으로 토기장이의 밭을 삼** |

** '은 삼십을 가지고 토기장이의 밭 값으로 주었으니'는 예레미야가 토기장이의 오지병(그릇)을 깨는 사건(렘 19:1-13), 예레미야가 17세겔로 숙부 하나멜의 밭을 산 것(렘 32:6-15), 스가랴의 고가(품삯) 은 삼십을 토기장이에게 던진 것(슥 11:12-13)을 복합적으로 인용한 것이다.[47)]

## 넷째, 구약 말씀을 자신에게 연결하셨습니다.

예수님께서는 "너희가 성경에서 영생을 얻는 줄 생각하고 성경을 상고하거니와 이 성경이 곧 내게 대하여 증거하는 것이로다"(요 5:39)라고 말씀하셨습니다. 46절에서도 "모세를 믿었더면 또 나를 믿었으리니 이는 그가 내게 대하여 기록하였음이라"라고 말씀하셨습니다. 엠마오로 내려가는 두 제자에게도 '모든 성경에 쓴바 자기에 관한 것'을 자세히 설명하셨으며(눅 24:27), 제자들에게도 "내가 너희와 함께 있을 때에 너희에게 말한바 곧 모세의 율법과 선지자의 글과 시편에 나를 가리켜 기록된 모든 것이 이루어져야 하리라

한 말이 이것이라"라고 가르치셨습니다(눅 24:44).

이처럼 예수님께서는 구약 말씀의 역할이 예수님 자신을 증거하는 것임을 강조하심으로, 구약의 말씀이 계속 보수되도록 하셨습니다. 그러나 당시 종교 지도자들은 안식일마다 구약 성경을 외우면서도 그 진정한 의미를 깨닫지 못하므로 예수님을 영접하지 않고 거절하였습니다(행 13:27).

## 2. 초대교회 시대의 성경보수

Conservation of the Scripture by the early church

예수님께서 십자가에서 죽으시고, 사흘 만에 부활하시고, 40일 동안 이 땅에 계시다가 승천하시면서 제자들에게 '예루살렘을 떠나지 말고… 아버지의 약속하신 것을 기다리라'라고 명령하셨습니다(행 1:3-4). 그 명령대로 마가 요한 다락방에서 120명이 모여서 기도할 때, 오순절 날에 성령 강림의 역사가 일어났습니다. 성령을 체험한 주의 제자를 비롯한 많은 사람이 예수님의 십자가의 죽으심과 부활하심(행 2:23-24, 3:15 등), 그리고 예수님이 구약 성경에 예언된 그리스도이심을 증거하기를 쉬지 않았습니다(행 5:42).

초대교회는 초기에 예루살렘을 중심으로 유대인들에게 복음을 전하였지만, 예수님을 십자가에 못 박았던 유대인들은 복음을 거부하고 주의 제자들을 핍박했습니다. 급기야 스데반 집사의 순교 이후 핍박이 더욱 거세어져 많은 사람이 흩어지게 되었지만, 그 과정에서 헬라인과 이방인에게도 복음이 전달되기 시작하였습니다(행 11:19-21). 안디옥에서는 비로소 믿는 자들이 '그리스도인'이라 불리게 되었습니다(행 11:26). 이렇게 믿는 자들의 수가 날마다 더하여 가며, 여러 교회가 세워졌습니다(행 16:5).

### (1) 초대교회의 성경보수

초대교회는 구약 성경뿐만 아니라 예수의 행하신 일과 전하신 말씀을, 당시의 많은 사상과 이념 가운데서 보수해야 하는 과제를 안게 되었습니다. 그들은 어떻게 이 과제를 수행하였습니까?

#### 첫째, 구약의 말씀을 예수님과 연결하였습니다.

주의 제자들은 구약 성경에서 예언된 메시아가 예수 그리스도이심을 강하고 담대하게 증거하였습니다. 베드로는 예수님의 십자가에서의 죽으심과 부활을 증거한 후(행 2:23-24), 시편 16:8 말씀을 인용하여 "다윗이 저를 가리켜 가로되 내가 항상 내 앞에 계신 주를 뵈웠음이여 나로 요동치 않게 하기 위하여 그가 내 우편에 계시도다"(행 2:25)라고 설교하였습니다. 또한 모세가 예언한 '나 같은 선지자 하나'(신 18:15)가 바로 예수님이심을 증거하였고(행 3:22), "사무엘 때부터 옴으로 말한 모든 선지자도 이때를 가리켜 말하였느니라"(행 3:24)라고 하며 구약에 예언된 예수 그리스도를 증거하였습니다.

사도 바울은 안식일 날에 비시디아 안디옥의 회당에서 구약 성경이 증거한 예수 그리스도에 대해서 설교하였습니다. 바울은 다윗에게 약속하신 대로 다윗의 씨에서 나신 분이 예수 그리스도이심을 밝혔으며(행 13:22-23, 참고-삼하 7:12-13, 16), 예수님께서 십자가에서 죽으심도 구약 성경의 성취임을 증거하면서, "성경에 저를 가리켜 기록한 말씀을 다 응하게 한 것이라"라고 하였습니다(행 13:28-29). 또한 로마에서 가택 연금을 당한 상황에서도 '모세의 율법과 선지자의 말'을 가지고 '예수의 일'로 권하였습니다(행 28:23).

또한 바울은 유대인들이 모이는 회당에 찾아가, 오직 성경(구약 성경)을 가지고 강론하며 '예수는 그리스도'이심을 증거하였습니다(행 17:2-3). 아볼로 또한 "성경으로써 예수는 그리스도라고 증거하여 공중 앞에서 유력하게" 유대인의 말을 이겼습니다(행 18:28).

### 둘째, 구약의 말씀을 신약 시대의 사건과 연결하였습니다.

오순절에 마가 요한의 다락방에서 120문도가 기도할 때 저희가 다 성령의 충만함을 입고 다른 방언으로 말하기를 시작하였습니다(행 2:1-4). 베드로는 이 사건을 가리켜 요엘 2:28-29을 인용하여 "하나님이 가라사대 말세에 내가 내 영으로 모든 육체에게 부어주리니 너희의 자녀들은 예언할 것이요 너희의 젊은이들은 환상을 보고 너희의 늙은이들은 꿈을 꾸리라"(행 2:17)라고 설교하였습니다.

사도들이 백성에게 예수님의 죽으심과 부활을 전할 때, 믿는 자의 수가 오천이나 되었습니다(행 4:4). 이에 제사장들과 사두개인들이 듣기를 싫어하며 베드로와 요한을 잡고(행 4:1-3), 이것이 민간에 더 퍼지지 못하게 "도무지 예수의 이름으로 말하지도 말고 가르치지도 말라"(행 4:18)라고 위협하였습니다. 베드로와 요한이 풀려난 후 그 동류들에게 가서 제사장들과 장로들의 말을 다 고하자, 그 말을 들은 동류들은 복음을 증거하며 받는 핍박에 대해 "주의 종 우리 조상 다윗의 입을 의탁하사 성령으로 말씀하시기를 어찌하여 열방이 분노하며 족속들이 허사를 경영하였는고 [26] 세상의 군왕들이 나서며 관원들이 함께 모여 주와 그 그리스도를 대적하도다"(행 4:25-26)라고 시편 2:1-2의 말씀을 인용하여 고백하였습니다.

사도 바울은 갈라디아 교회에 편지하면서, 아브라함의 두 아들 이삭과 이스마엘에 대한 구약의 말씀을 인용하여, 갈라디아 교회에서 일어난 '육체를 따라 난 자'(율법주의자)가 '성령을 따라 난 자'(예수님을 믿는 성도)를 핍박하는 사건에 연결하였습니다(갈 4:22-31).

이처럼 초대교회 사도들은 구약 성경을 완전 영감된 하나님의 말씀으로 믿고, 그것을 초대교회 당시 하나님의 역사와 연결하였던 것입니다.*

## 셋째, 예수님의 행적과 말씀을 기록하였습니다.

초대교회는 초기에 사도들의 순회 사역을 통하여 구전으로 말씀을 가르쳤습니다. 그러나 예수님을 직접 목격했던 사도들이 점차 순교하면서 구전으로만 말씀을 전하는 것은 한계에 달했습니다. 구전은 시간이 지나면 점점 잊어버리게 되며, 전달이 거듭되면서 부정확해질 수 있기 때문입니다. 그래서 제자들은 예수님의 행적과 말씀을 전하고 가르치며 기록하기 시작하였는데, 그것이 바로 사복음서(마태, 마가, 누가, 요한복음)가 되었습니다.

유대인인 사도 마태는(마 9:9, 막 2:14, 눅 5:27) 일차적으로 유대인들을 대상으로 마태복음을 기록하면서, '왕이신 예수 그리스도'를 강조하였습니다. 사도 베드로의 제자인 유대인 마가는(행 12:12, 13:5, 골 4:10, 벧전 5:13) 일차적으로 로마 지역의 사람들(이방인)을 대상으로 마가복음을 기록하면서, '종이신 예수 그리스도'를 강조하였습니다. 사도 바울의 제자인 이방인 의사 누가는(골 4:14, 딤후 4:11, 몬 1:24) 로마 제국의 고위 관료인 데오빌로에게 편지를 쓰는 형식으로 헬라 지역의 이방인들을 대상으로 누가복음을 기록하면서, '인자(人子, Son of Man)이신 예수 그리스도'를 강조하였습니다. 유대인인 사도 요한은(마 10:2, 17:1, 막 1:19, 3:17, 10:35, 눅 5:10) 궁극적으로 온

---

* 신약의 저자들이 구약 성경을 인용하여 해석한 횟수는 직·간접적인 것을 모두 합쳐 적어도 2,000여 회가 넘는다.

세상 사람을 대상으로 요한복음을 기록하면서, '하나님이신 예수 그리스도'를 강조하였습니다.

누가는 복음서를 기록하면서 그 기록 목적을 서문에 정확하게 밝혔습니다. "우리 중에 이루어진 사실에 대하여 2 처음부터 말씀의 목격자 되고 일꾼 된 자들의 전하여 준 그대로 내력을 저술하려고 붓을 든 사람이 많은지라 3 그 모든 일을 근원부터 자세히 미루어 살핀 나도 데오빌로 각하에게 차례대로 써 보내는 것이 좋은 줄 알았노니 4 이는 각하로 그 배운 바의 확실함을 알게 하려 함이로다"라고 기록하였습니다(눅 1:1-4). 여기 복음서 기록에 대해서 몇 가지 중요한 사실을 말씀하고 있습니다. 첫째, 복음서는 '이루어진 사실'을 기록하였습니다(눅 1:1). 여기 '사실'(πρᾶγμα, '프라그마')은 '실제로 존재했던 것'을 가리킵니다. 둘째, 처음부터 말씀의 목격자 되고, 일꾼 된 사도들이 '전하여 준 그대로' 기록하였습니다(눅 1:2). 셋째, 모든 일을 근원부터 자세히 미루어 살펴서 기록하였습니다(눅 1:3). 넷째, 그 배운 바의 확실함을 알게 하기 위해서 기록하였습니다(눅 1:4).

사도 요한은 복음서 기록의 목적을 밝히면서, "오직 이것을 기록함은 너희로 예수께서 하나님의 아들 그리스도이심을 믿게 하려 함이요 또 너희로 믿고 그 이름을 힘입어 생명을 얻게 하려 함이니라"(요 20:31)라고 말씀하였습니다. 또한 요한은 복음서 기록을 마무리하면서, "예수의 행하신 일이 이 외에도 많으니 만일 낱낱이 기록된다면 이 세상이라도 이 기록된 책을 두기에 부족할 줄 아노라"(요 21:25)라고 하였습니다.

이처럼 복음서의 저자들은 예수님의 생애와 사역, 가르침을 그

대로 보전하고 전달하기 위해서 복음서를 저술하였고, 성령의 영감 가운데 정확무오하게 기록되어 그 말씀을 믿는 자마다 생명을 얻게 되었습니다. 또한 누가는 누가복음의 후속편으로 사도행전을 기록하여, 구체적으로 예수님의 복음이 어떻게 전파되며 초대교회가 어떻게 세워져 갔는지를 상세히 밝혔습니다.

### (2) 사도들을 통한 성경보수

구약 시대에는 선지자들이 하나님의 말씀을 전달하는 경로였다면, 신약 시대에는 사도들이 그것을 담당했습니다. '사도'는 헬라어 '아포스톨로스'(ἀπόστολος)로, '보내심을 받은 자'라는 뜻입니다. 예수님은 하나님의 보내심을 받은 분으로서, 우리 믿는 도리의 사도이십니다(히 3:1). 그리고 사도들은 예수 그리스도께서 보내신 사자입니다(눅 11:49, 고후 8:23, 빌 2:25).

누가복음 6:12-16에는 예수님께서 밤이 맞도록 기도하시고 제자들을 부르사 그중 열둘을 택하여 '사도'라 칭하셨다고 말씀하고 있습니다. 예수님께서는 사도들을 부르시면서 예수님과 함께 있기를 원하셨고(막 3:14), 이들에게 성령을 주셔서 예수 그리스도와 함께 있을 때 받은 말씀을 생각나게 하시며 복음을 전하는 사역을 감당케 하셨습니다(요 14:26). 사도들이 신약 성경을 기록하고 초대교회를 세울 수 있었던 것은, 자신의 능력이 아닌 오직 성령으로 말미암은 말씀의 능력 때문이었습니다(살후 2:13-14). 사도들은 예수님을 판 가룟 유다 대신 맛디아를 제비뽑기로 선택하여 사도의 수를 채웠으며(행 1:21-26), 하나님께서는 이방인을 위한 사도로 바울을 택하시고 부르셨습니다(행 9:15, 22:21).

사도들은 서신서를 기록하되, 분명히 하나님의 영감을 확신하고 기록하였습니다(롬 16:25-27, 딤후 3:16-17). 바울은 고린도전서 14:37 하반절을 볼 때 "내가 너희에게 편지한 것이 주의 명령인 줄 알라"라고 선포하였으며, 갈라디아서 1:9을 볼 때 "만일 누구든지 너희의 받은 것 외에 다른 복음을 전하면 저주를 받을지어다"라고 확신 가운데 선포하였습니다(살후 3:14, 딤전 6:13-14). 베드로는 베드로전·후서 두 서신의 기록 목적을 "사랑하는 자들아 내가 이제 이 둘째 편지를 너희에게 쓰노니 이 둘로 너희 진실한 마음을 일깨워 생각하게 하여 [2] 곧 거룩한 선지자의 예언한 말씀과 주 되신 구주께서 너희의 사도들로 말미암아 명하신 것을 기억하게 하려 하노라"라고 밝혔습니다(벧후 3:1-2).

당시 사도들의 서명이 없는 서신은 무엇이든 간에 거부되었습니다(살후 2:2, 3:17, 요일 1:4). 반면에, 사도에 의해 기록된 서신은 보내진 교회뿐 아니라 근처의 여러 교회에 돌려가며 읽었습니다. 데살로니가전서 5:27에 "내가 주를 힘입어 너희를 명하노니 모든 형제에게 이 편지를 읽어 들리라"라는 권고로 끝맺고 있고, 골로새서도 "이 편지를 너희에게서 읽은 후에 라오디게아인의 교회에서도 읽게 하고 또 라오디게아로서 오는 편지를 너희도 읽으라"(골 4:16)라고 권고하고 있습니다.

### (3) 사도 바울을 통한 성경보수

하나님의 말씀이 각 지역의 교회로 빠르게 확산되고 철저하게 보수되는 데 가장 많은 사역을 담당한 사람은 사도 바울이었습니다. 하나님께서는 사도 바울을 회심시키시고 이방인에게 복음을 전하는 그릇으로 택하셔서 성경을 보수하게 하셨습니다(행 9:3-7, 15, 22:6-9, 26:1-23, 고전 15:8, 고후 11:23).

### ① 하나님께서 사도 바울을 강권적으로 회심시키셨습니다.

바울에게는 두 가지 이름이 있었습니다. 바울(Παῦλος, '파울로스', 뜻-작은 자)은 헬라식 이름이요, 사울(שָׁאוּל, '샤울', 뜻-구함, 요청함)은 바울의 히브리어 본명이었습니다. 바울은 길리기아 다소 출신이었으며(행 21:39, 22:3, 23:34) 로마 시민권을 가진 자였습니다(행 22:25-29). 그는 가말리엘 교법사(참고-행 5:34-39) 밑에서 율법의 엄격한 교육을 받은 바리새인으로(행 22:3), "팔 일 만에 할례를 받고 이스라엘 족속이요 베냐민 지파요 히브리인 중의 히브리인이요 율법으로는 바리새인이요 6 열심으로는 교회를 핍박하고 율법의 의로는 흠이 없는 자"였습니다(빌 3:5-6). 바울은 교회를 핍박하는 것이 하나님의 뜻이라고 생각하여, 예수 믿는 자를 죽이고 옥에 가두었으며(행 22:4-5), 스데반 집사의 피를 흘리는 일에 앞장섰습니다(행 7:58, 8:1上, 22:19-20). 그런데 그가 대제사장으로부터 공문을 받아 예수 믿는 자들을 잡아 오려고 다메섹으로 가는 길에, 하늘에서 큰 빛이 비추는 가운데 예수님께서 "사울아 사울아 네가 어찌하여 나를 핍박하느냐"(행 9:4, 22:7), "나는 네가 핍박하는 예수라"(행 9:5, 22:8)라고 말씀하시며 사울을 회심시키셨습니다.

사도 바울은 강한 빛으로 인하여 3일 동안 소경이 되었습니다(행 9:8-9). 하나님께서는 아나니아를 바울에게 보내시면서, "이 사람은 내 이름을 이방인과 임금들과 이스라엘 자손들 앞에 전하기 위하여 택한 나의 그릇이라"라고 말씀하셨습니다(행 9:15). 아나니아가 바울에게 안수하자, 눈에서 비늘 같은 것이 벗겨지며 다시 보게 되었습니다(행 9:17-18, 22:12-13). 그리고 세례를 받고 음식을 먹고 강건하여지자, '즉시로' 각 회당에서 예수님이 '하나님의 아들이심'을 전파하며 다메섹에 있는 유대인들을 굴복시켰습니다(행 9:19-22).

사도 바울은 '이방인에게 사도'였으며(행 9:15, 13:46, 롬 11:13, 갈 1:16, 2:8-9, 엡 3:8, 딤후 4:17), '이방인의 스승'이었습니다(딤전 2:7). 또한 '이방인을 위하여 갇힌 자'였으며(엡 3:1), '이방인을 위하여 그리스도 예수의 일꾼'이 되었습니다(롬 15:16). 사도 바울이 서신서를 기록하면서 첫머리에서 자신의 사도 됨을 밝혔던 것은(롬 1:1, 고전 1:1, 고후 1:1, 갈 1:1, 엡 1:1, 골 1:1, 딤전 1:1, 딤후 1:1, 딛 1:1), 자신이 쓴 서신서가 구원의 진리를 담고 있음을 확신시키기 위함이었습니다.

물론 사도 바울이 이방인들만을 대상으로 복음을 전하고 가르친 것은 아닙니다. 바울은 전도 여행 시 가는 곳마다 먼저 회당에 들어가 유대인들에게 복음을 전하는 것을 관례로 삼았습니다(행 13:14, 14:1, 17:1, 18:4, 19, 19:8).

### ② 사도 바울은 예수 그리스도의 복음을 전했습니다.

사도 바울은 이방 도시와 시골에서, 회당과 서원에서, 자신의 셋방에서 구약 성경으로 강론하며 예수 그리스도를 증거하였습니다. 데살로니가의 회당에서는 "바울이 자기의 규례대로 저희에게로 들어가서 세 안식일에 성경을 가지고 강론"(행 17:2)하였다고 말씀하고 있습니다. 오직 성경을 가지고 '예수는 그리스도'라고 증거하여 공중 앞에서 유력하게(힘있게) 유대인의 말을 이겼습니다(행 18:28). 또한 바울은 "높고 낮은 사람 앞에서 증거하는 것은 선지자들과 모세가 반드시 되리라고 말한 것밖에 없으니"(행 26:22)라고 하였으며, "아침부터 저녁까지 강론하여 하나님 나라를 증거하고 모세의 율법과 선지자의 말을 가지고 예수의 일"로 권하였습니다(행 28:23).

사도 바울은 자신이 전하는 복음에 대해, "이 복음은 하나님이 선지자들로 말미암아 그의 아들에 관하여 성경에 미리 약속하신 것이라"(롬 1:2)라고 하였습니다. 로마서 16:25-26에서 사도 바울은 자신이 기록한 서신이 '영세 전부터 감추어졌다가 나타난 것이며, 영원하신 하나님의 명을 좇아 선지자들의 글(구약 성경)로 말미암아 모든 민족으로 믿어 순종케 하시려고 알리셨던 비밀의 계시를 좇아서 된 것'이라고 증거하였습니다. 또한 갈라디아 교회에 편지를 보내면서, 바울의 복음은 다른 사도들에게 배우거나 사람에게서 받은 것이 아니며 오직 예수 그리스도의 계시로 말미암은 것임을 선포하였습니다(갈 1:11-12).

### ③ 사도 바울은 이방인에게 복음을 전하면서 수없이 핍박과 환난을 받았습니다.

사도 바울은 회심하기 전에 자신이 예수 믿는 유대인들을 핍박하던 그 이상의 큰 핍박을 받았습니다. 고린도후서 11:23-27에서 "내가 수고를 넘치도록 하고 옥에 갇히기도 더 많이 하고 매도 수없이 맞고 여러 번 죽을 뻔하였으니 24 유대인들에게 사십에 하나 감한 매를 다섯 번 맞았으며 25 세 번 태장으로 맞고 한 번 돌로 맞고 세 번 파선하는데 일 주야를 깊음에서 지냈으며 26 여러 번 여행에 강의 위험과 강도의 위험과 동족의 위험과 이방인의 위험과 시내의 위험과 광야의 위험과 바다의 위험과 거짓 형제 중의 위험을 당하고 27 또 수고하며 애쓰고 여러 번 자지 못하고 주리며 목마르고 여러 번 굶고 춥고 헐벗었노라"라고 말씀하고 있습니다(고후 1:8-9, 6:4-5, 7:5).

이러한 핍박과 환난 속에서 사도 바울이 끝까지 복음을 전할 수 있었던 것에 대해, "주께서 내 곁에 서서 나를 강건케 하심은 나로 말미암아 전도의 말씀이 온전히 전파되어 이방인으로 듣게 하려 하심이니 내가 사자의 입에서 건지웠느니라"(딤후 4:17)라고 말씀하고 있습니다. '곁에 서서'의 헬라어 '파리스테미'(παρίστημι)는 '가까이 있다, 도움을 주다'라는 뜻으로, 예수님께서 사도 바울 가까이 계시면서 이방인에게 전도의 말씀이 온전히 전파되도록 도와주셨던 것입니다. 오늘날도 하나님은 말씀을 증거하는 모든 자들에게 가까이하시고, 도와주시며 강건하게 붙잡아 주십니다.

### ④ 사도 바울은 죽음을 기다리며 감옥에 갇혀 있을 때에도 성경을 간절히 사모했습니다.

디모데에게 "네가 올 때에 내가 드로아 가보의 집에 둔 겉옷을 가지고 오고 또 책은 특별히 가죽 종이에 쓴 것을 가져오라"(딤후 4:13)라고 부탁하였습니다. '책'은 두루마리 성경을 뜻하는 '비블리온'(βιβλίον)의 헬라어 복수형인 '비블리아'(βιβλία)로, 요한복음 21:25에서 예수님의 행하신 일을 기록한 '책'과 요한계시록 20:12에 나오는 심판의 기준이 되는 '책들'에 사용되었습니다. 이 책들 모두가 '하나님의 기원을 가진 책'입니다. 또한 '가죽 종이에 쓴 것'은 헬라어 '멤브라나'(μεμβράνα)로, '양의 가죽에 기록한 책'을 의미합니다. 당시는 아직 신약 성경이 완성되기 전이었으므로, 비싼 양피지에 기록된 이 책은 구약 성경이었을 것입니다. 이와 같이 사도 바울은 최후의 순간까지, 그리고 발끝부터 정수리까지 온몸으로 성경을 사랑하고 읽었으며, 그 속에 담긴 구속 경륜을 깨달아 그 뜻을 이루기 위하여 생명을 초개같이 불살랐음을 보여줍니다(참고-행 20:22-24). 죽음 앞에서도 오히려 '그리스도의 남은 고난을 그의 몸 된 교회를 위하여 내 육체에 채우겠다'는 비장한 신앙 각오로 충만하였으며(골 1:24), 오직 예수 그리스도를 존귀케 하는 것이 그의 생애 최대 소원이요, 간절한 마지막 소원이었습니다(빌 1:20).

이와 같은 사도 바울의 위대한 신앙고백은 '복되신 하나님의 영광의 복음'을 좇은 결과입니다(딤전 1:11下). 복음을 전하는 자들은 복음으로 인하여 삽니다(고전 9:14). 사도 바울은 복음을 전하는 사명자로서 "내가 복음을 전할지라도 자랑할 것이 없음은 내가 부득불 할 일임이라 만일 복음을 전하지 아니하면 내게 화가 있을 것임이로다"(고전 9:16)라고 고백하였습니다. 오직 하나님의 말씀에 자신의 모든 것을 바치며 헌신한 충성스러운 사도 바울 같은 주의 종들이 있었기에, 하나님의 말씀은 온갖 사단의 훼방 속에서도 변개되지 않고, 가감되지 않고, 없어지지 않고 온전히 하나님의 말씀 그대로 보수되었던 것입니다.

### (4) 이방인의 구속 경륜과 성경보수

예수님을 십자가에 못 박았던 유대인들은 복음을 거부하고, 사도들을 핍박하였습니다. 급기야 스데반 집사의 순교 이후 유대 지역의 헬라파 기독교인들에게 큰 환난이 시작되었지만, 이들이 박해를 피해 유대 지역 밖으로 흩어지면서 이방 지역의 헬라인들에게도 복음이 전달되기 시작하였습니다. 환난이 도리어 땅끝까지 복음을 전하는 통로가 된 것입니다(행 1:8, 8:1).

**사도행전 11:19-21** "때에 스데반의 일로 일어난 환난을 인하여 흩어진 자들이 베니게와 구브로와 안디옥까지 이르러 도를 유대인에게만 전하는데 [20] 그중에 구브로와 구레네 몇 사람이 안디옥에 이르러 헬라인에게도 말하여 주 예수를 전파하니 [21] 주의 손이 그들과 함께하시매 수다한 사람이 믿고 주께 돌아오더라"

사도행전 13:46에서 “바울과 바나바가 담대히 말하여 가로되 하나님의 말씀을 마땅히 먼저 너희에게 전할 것이로되 너희가 버리고 영생 얻음에 합당치 않은 자로 자처하기로 우리가 이방인에게로 향하노라”라고 말씀하고 있습니다. 이러한 역사는 “내가 또 너로 이방의 빛을 삼아 나의 구원을 베풀어서 땅끝까지 이르게 하리라”라는 이사야 49:6 말씀의 성취였습니다(사 52:7, 15, 행 13:47, 26:17). 실제로 이방인들이 듣고 기뻐하여 하나님의 말씀을 찬송하며, 영생을 주기로 작정된 자는 다 믿는 역사가 일어났습니다(행 13:48).

하나님께서는 사도들을 통해서 이방인에게 생명 얻는 회개를 주시고(행 11:18, 26:20), 믿음의 문을 열어주시고(행 14:27), 복음의 말씀을 들려주어 믿게 하셨습니다(행 11:1, 15:7). 또한 이방인에게 하나님의 심판을 알게 하시고(마 12:18), 주를 찾게 하시고(행 15:17), 구원을 얻게 하셨습니다(살전 2:16).

### 첫째, 이방인 구원은 만세 전부터 예정된 하나님의 구속 경륜입니다(엡 3:1-3, 9, 골 1:25-27).

당시 유대인들에게는, 이방인들이 하나님의 백성으로서 언약에 동참하고 그들과 교회 안에서 하나로 연합된다는 것을 이해하기란 쉬운 일이 아니었습니다. 그것은 참으로 어려운 큰 신비요, 혁명적인 일이었습니다. 그러나 이것은 사실상 하나님께서 약속하신 예언의 성취였습니다(창 12:3, 22:18, 26:4, 28:14, 시 72:9-17, 87:4-7, 사 11:10, 49:6, 54:1-3, 60:1-3, 호 1:10, 암 9:12, 말 1:11 등). 그것은 창세 전에 예정되었으나 영원부터 감추어 옴으로, 하나님의 계시로 밝혀지기 전까지는 알기 어려운 비밀이었습니다. 복음의 비밀은 성령의 계시를 통해서만 이해할 수 있고(벧전 1:12), 하나님의 지혜와 계시의 정신을 통해 우리 마음 눈이 밝아질 때 밝히 깨닫게 됩니다(엡 1:17-18).

이방인을 통한 하나님의 구속 경륜을 가리켜, 사도 바울은 "만세와 만대로부터 옴으로 감추었던 것"(골 1:26), 그리고 "내게 주신 경륜"이라고 하였습니다(골 1:25). 이어 '하나님께서 이 비밀의 영광이 이방인 가운데 어떻게 풍성한 것을 알게 하려 하신다'라고 선포하였습니다(골 1:27). 또한 에베소서 3:8-9에서 '하나님 속에 감추셨던 비밀의 경륜'을 드러내시기 위해 '측량할 수 없는 그리스도의 풍성을 이방인에게 전하게' 하신다고 말씀하였습니다. 여기 '측량할 수 없는'의 헬라어 '아넥시크니아스토스'(ἀνεξιχνίστος)는 '밑바닥까지 도달할 수 없는, 한계가 없는'이라는 뜻으로, 인간의 이성과 경험과 지식으로는 이해할 수 없는 오묘한 하나님의 역사를 가리킵니다(롬 11:33).

사도 바울은 복음이 이방인에게 넘어가는 것이 '은혜의 경륜'이라고 하였습니다(엡 3:2). 하나님의 구속 경륜은 유대인의 넘어짐으로 구원이 이방인에게 이르게 하시고 이방인의 충만한 구원의 수를 채우시는 것입니다. 하나님께서는 완악해진 유대인들에게 이방인들이 구원의 은혜와 축복을 받는 것을 보이심으로써, 비로소 자신들의 비참한 처지를 돌아보고 시기하게 하시어, 회개함으로 구원을 얻게 하셨습니다(롬 11:11, 25-29). 로마서 11:11의 '시기'는 헬라어 '파라젤로오'(παραζηλόω)로, '옆에서 자극하다, 경쟁의식(질투)을 일으키다'라는 뜻입니다(롬 10:19). 그러므로 로마서 11:29에서 '유대인들을 불러 구원 역사를 시작하신 하나님의 은사와 부르심에는 후회하심이 없다'라고 말씀하고 있는 것입니다.

### 둘째, 이방인에게 복음이 전파되는 구속 경륜은 아브라함에게 미리 전하신 복음이었습니다(갈 3:8-14).

하나님께서는 아브라함을 통해 메시아가 아브라함의 자손으로 오시며 그를 인하여 천하 만민이 복을 받게 될 것이라고 약속하셨습니다. 창세기 18:18을 볼 때 "천하 만민은 그를 인하여 복을 받게 될 것이 아니냐"라고 약속하셨으며, 창세기 22:18을 볼 때 "또 네 씨로 말미암아 천하 만민이 복을 얻으리니"라고 약속하셨습니다.

이러한 하나님의 섭리를 깨달은 사도 바울은, 갈라디아서 3:8에서 "또 하나님이 이방을 믿음으로 말미암아 의로 정하실 것을 성경이 미리 알고 먼저 아브라함에게 복음을 전하되 모든 이방이 너를 인하여 복을 받으리라 하였으니"라고 선포하였습니다. 여기 '미리 알고'는 헬라어 '프로오라오'(προοράω)로, '미리 보다, 먼저 준비하다'라는 뜻입니다. 즉, 성경은 '이방인이 아브라함의 자손인 예수님을 믿음으로 구원받는 경륜'을 미리 보고, 유대인들이 율법을 받기 전에 이미 아브라함에게 주신 약속 가운데 이방인의 구원을 포함하였다는 것입니다. 이 약속대로 이방인들은 예수 그리스도 안에서 아브라함이 누렸던 축복에 동참하게 된 것입니다(갈 3:14). 그러므로 아브라함과 맺은 약속의 내용들은 율법을 통해서는 완성될 수 없고, 오직 아브라함의 유일한 씨인 예수 그리스도를 통해서만 완성될 수 있습니다(갈 3:15-18).

### 셋째, 이방인들을 구원하시는 역사는 십자가 대속의 경륜 속에서 이루어진 것입니다.

요한복음 11:52에서는 "또 그 민족만 위할 뿐 아니라 흩어진 하나님의 자녀를 모아 하나가 되게 하기 위하여 죽으실 것을 미리 말함이러라"라고 말씀하고 있습니다. 대제사장 가야바는 "한 사람이 백성을 위하여 죽어서 온 민족이 망하지 않게 되는 것이 너희에게 유익한 줄을 생각지 아니하는도다"(요 11:50)라고 하면서 예수님의 죽음을 이스라엘 민족만의 생존에 대한 것으로 말하였으나, 사도 요한은 그 내용을 기록하면서 예수님의 십자가가 '이스라엘 민족뿐 아니라 흩어진 하나님의 자녀의 영적 구원'을 위한 것이었음을 증거했습니다. 가야바가 무심코 한 말이었지만, 그것은 성령의 역사로 했던 말임을 밝힌 것입니다(참고-고전 14:10).

요한복음 11:52의 '흩어진'은 '흩어지게 하다, 뿌리다'를 뜻하는 헬라어 '디아스코르피조'(διασκορπίζω)의 완료 수동태 분사이며, 관사와 함께 쓰여 한정적인 의미를 취하고 있습니다. 이것은 이스라엘 밖에 흩어져 사는 디아스포라(διασπορά) 유대인들이 아니고 '이방인들'을 가리킵니다. 이들은 창세 전에 그리스도 안에서 선택되어 구원받기로 예정된 자들로서(엡 1:4-5), 이들을 모으는 것은 세계 도처에서 하나님의 백성을 불러 모으는 범세계적인 구원 역사를 말씀하는 것입니다(참고-마 24:31). 요한복음 10:16에서도, "이 우리에 들지 아니한 다른 양들이 내게 있어 내가 인도하여야 할 터이니 저희도 내 음성을 듣고 한 무리가 되어 한 목자에게 있으리라"라고 말씀하셨습니다. 여기 '다른 양들'은 이방인들이며 그들도 예수 그리스도의 은총으로 '한 무리'가 되어야 한다는 말씀입니다.

이방인과 유대인을 하나로 모아 완전히 연합시키시는 분은 예수 그리스도이십니다. 요한복음 11:52의 '모아'에 해당하는 '쉬나가게'(συναγάγῃ)는 '모아들이다, 불러 모으다' 등을 뜻하는 '쉬나고'(συνάγω)의 부정과거 가정법입니다. 이는 단순히 '모으다'라는 뜻보다는 '조립하여 결합시키다, 합병하다(bring together; NLT)'라는 강력한 뜻을 담고 있습니다. 예수님께서는 "이 우리에 들지 아니한 다른 양들"을 위해서도 십자가에 달리셨으며, "저희도 내 음성을 듣고 한 무리가 되어 한 목자에게 있으리라"라고 말씀하셨습니다(요 10:16). 기계를 조립하기 위해서는 모든 부품을 하나도 빠짐없이 모아야 하듯이, 예수님께서도 잃어버린 주의 자녀들을 하나도 빠뜨리지 않으시고 찾아내십니다(눅 15:4, 8, 19:10). 예수 그리스도의 십자가 대속의 죽음이 효력을 미치는 범위는 이스라엘 민족만이 아니며, 전 세계 이방에 흩어진 하나님의 자녀들까지 포함하는 온 '세상'입니다(요 1:29, 3:16). 예수 그리스도의 십자가 대속으로 말미암아 구원을 얻는 데는 유대인이나 이방인이나 차별이 있을 수 없는 것입니다(롬 10:11-13).

하나님께서는 신약 성경을 통해 구약 성경과 예수님의 복음을 보존하시고, 복음이 확산되는 선교의 역사를 기록하셨습니다. 나아가 다시 오시는 주님의 재림과 종말의 역사를 계시하시고, 이 모든 말씀을 사도들과 흩어진 각 지역에서 보수되도록 하셨습니다. 그들이 성경을 기록했던 시대는 로마와 유대인들의 극렬한 핍박이 있을 때였습니다. 그러나 핍박에도 불구하고, 말씀은 힘이 있어 흥왕하여 땅끝까지 세력을 더하여 갔습니다(행 12:24, 19:20). 예수 그리스도의 복음이 가는 곳마다 하나님께서 열방의 도모와 민족들의 사상을 무효케 하심으로써, 오직 하나님의 뜻만이 영영히 서고, 오늘날 교회에게까지 그 구속 경륜이 이어진 것입니다(시 33:10-11).

### (5) 성경보수의 내용들

사도들이 복음서와 서신들을 통해서 기록한 주요 주제들은 다음과 같습니다.

① 예수 그리스도의 신성(神性)과 인성(人性)을 증거하였습니다.

초대교회 당시 당면한 과제는 바로 예수님께서 '참하나님'이시요, '참사람'이라는 사실을 증거하는 것이었습니다. 예수님께서는 구약 성경에 기록된 대로 신성(시 110:1-5, 사 9:6, 40:3-5, 45:15, 22-23)과 인성(창 3:15, 사 7:14, 11:1, 42:1-4, 52:13-53:12, 61:1-4)을 가지고 이 땅에 오셨습니다.

사도 요한은 이를 가리켜 태초의 말씀(요 1:1)이신 참하나님이 참사람으로 우리 가운데 장막을 치고 함께 거하셨다고 증거하였습니다(요 1:14). 또한 사도 바울은 "그의 죽으심은 죄에 대하여 단번에 죽으심이요 그의 살으심은 하나님께 대하여 살으심이니"(롬 6:10)라고 증거하여, '신인양성'(神人兩性)의 신비를 선포하였습니다.

예수님은 '근본 하나님의 본체'(빌 2:6上, 골 1:15上), '참하나님'이시요 '영생'이시며(요일 5:20), '모든 창조물보다 먼저 나신 자'(골 1:15下)요, '만물보다 먼저 계시고'(골 1:17), '하나님의 창조의 근본이신 이'(계 3:14), '능력의 말씀으로 만물을 붙드시는 분'(히 1:3)이십니다. 그러나 예수님은 하나님과 동등됨을 취할 것으로 여기지 아니하시고 사람의 모양으로 나타나셨으며, 죽기까지 복종하여 십자가에 죽으셨습니다(빌 2:6下-8).

예수님이 참사람으로 오신 이유를 히브리서 2:17에서는 "그러므로 저가 범사에 형제들과 같이 되심이 마땅하도다 이는 하나님의 일에 자비하고 충성된 대제사장이 되어 백성의 죄를 구속하려 하심이라"라고 말씀하고 있습니다. 또한 "우리에게 있는 대제사장은 우리 연약함을 체휼하지 아니하는 자가 아니요 모든 일에 우리와 한

결같이 시험을 받은 자로되 죄는 없으시니라”(히 4:15)라고 말씀하고 있습니다(고후 5:21, 요일 3:5). 그 결과로 우리가 긍휼하심을 받고 때를 따라 돕는 은혜를 얻기 위하여 하나님의 은혜의 보좌 앞에 담대하게 나아갈 수 있게 되었습니다(히 4:16).

### ② 삼위일체(三位一體)이신 하나님을 증거하였습니다.

‘삼위일체’란, 하나님은 본질상 하나이시지만 한 분 안에 성부, 성자, 성령의 세 위가 존재한다는 것입니다. 삼위일체의 신비는 이미 구약 성경에서부터 선포되어 있습니다. 창세기 1:26의 “하나님이 가라사대 우리의 형상을 따라 우리의 모양대로 우리가 사람을 만들고”에서 ‘우리’라는 표현은 삼위이신 하나님에 대한 표현입니다(사 6:8, 참고-창 11:7). 또한 이사야 48:16에서도 “이제는 주 여호와께서 나와 그 신을 보내셨느니라”라고 하여 삼위 하나님의 공동 사역을 말씀하고 있습니다. 신명기 6:4에서는 “이스라엘아 들으라 우리 하나님 여호와는 오직 하나인 여호와시니”라고 말씀하면서 삼위이신 하나님께서 한 분이심을 말씀하고 있습니다.

예수님께서 30세쯤에 세례 요한에게 세례를 받으시며 공생애 사역을 시작하실 때도, 세례를 받으시는 성자 예수님과 하늘이 열리고 비둘기같이 내려 임하시는 성령 하나님, “이는 내 사랑하는 아들이요 내 기뻐하는 자라”라고 하늘로서 증거하시는 성부 하나님의 공동 사역으로 시작하셨습니다(마 3:16-17, 막 1:9-11, 눅 3:21-22). 부활하신 예수님께서 “가서 모든 족속으로 제자를 삼아 아버지와 아들과 성령의 이름으로 세례를 주고”(마 28:19-20)라고 하신 지상명령에도 삼위일체의 이름으로 세례를 줄 것을 말씀하고 있습니다.

사도들은 아버지와 아들과 성령의 이름으로 축복을 선포하였고

(고후 13:13, 벧전 1:2), '이제도 계시고 전에도 계시고 장차 오실 이와 그 보좌 앞에 일곱 영'과 예수 그리스도의 이름으로 구원과 말씀의 확실성을 선포하였으며(계 1:4-6), 아버지와 성령으로 인하여 임하신 예수 그리스도는 셋이 하나 안에서 일치한다는 삼위일체의 신비를 증거하였습니다(고전 12:4-6, 요일 5:6-8). 성부와 성자와 성령은 다 하나이시며, 그 영광과 본질에 있어서 동일하고 영원하신 한 분 하나님이십니다(고전 8:4, 딤전 2:5, 6:15, 히 1:3).

### ③ 율법과 은혜의 관계를 증거하였습니다.

율법만을 하나님의 말씀으로 믿었던 유대인들은 오직 모세의 율법을 지킴으로써만 구원을 얻을 수 있다고 믿었습니다. 그러나 자신을 "율법의 의로는 흠이 없는 자"(빌 3:6)라고 고백했던 사도 바울도 자기 속에 있는 "죄의 법"으로 인한 곤고함에 탄식할 수밖에 없었습니다(롬 7:23-24).

바울은 율법을 주신 이유에 대하여 "범법함을 인하여 더한 것이라"(갈 3:19)라고 말씀하였습니다. '범법함을 인하여'는 '인간으로 하여금 죄가 많은 사실을 알게 하려고'라는 뜻입니다(롬 4:15, 5:20). 율법은 거룩하고 선한 것이지만(롬 7:12), 율법의 하나라도 어기면 모든 율법을 어긴 것이 되므로(갈 3:10, 약 2:10), 율법의 행위로는 의롭다 함을 얻을 육체가 하나도 없습니다(롬 3:19-22).

율법은, 사람이 율법을 지킬 수 없는 죄인임을 깨닫게 하여(롬 4:15, 7:7, 히 7:19-28) 죄의 문제를 해결해 주실 예수 그리스도 앞으로 인도하는 몽학선생*의 역할을 할 뿐입니다(롬 2:18, 7:23-24, 갈 3:24-

---

* '몽학선생'(παιδαγωγὸς, '파이다고고스')은, 그리스-로마 사회에서 귀족 자녀의 교육을 담당했던 종 신분의 교사이며, 개역개정은 '초등교사'로, 표준새번역은 '개인 교사'로, 공동번역은 '후견인'으로 번역하였다.

25, 4:1-5, 참고-딤전 1:8-11).

예수님은 육신을 입고 이 땅에 오셔서 율법 아래 나심으로써(갈 4:4) 율법 아래 신음하는 자들의 연약함을 체휼하시고, 죄인을 위하여 십자가에 달려 저주를 받은 바 되사, 마침내 율법의 모든 저주를 단번에 해결하시고 우리를 속량하여 주셨습니다(갈 3:13). 이로써 예수님께서는 모든 믿는 자에게 의를 이루기 위하여 '율법의 마침'이 되셨습니다(롬 10:4, 엡 2:15, 참고-눅 22:20, 고전 11:25).

또, 예수님은 '율법을 폐하러 온 것이 아니요 완전케 하려 함이다'라고 말씀하셨습니다(마 5:17, 롬 3:31). 이 두 말씀은 상충되는 말씀이 아니라, 예수님의 십자가 속죄 사역으로 타락한 인간이 더 이상 지킬 수 없는 율법적 방법을 폐지했다는 말씀입니다(롬 8:1-4). 이는 예레미야를 통해 미리 약속하신 새 언약의 성취이자(렘 31:31-34), 언약의 진정한 완성입니다(겔 11:19-20, 36:26-27, 고후 3:3). 이것을 사도 바울은 '그리스도의 율법'(고전 9:21), 사도 야고보는 '자유하게 하는 온전한 율법'(약 1:25), '자유의 율법'(약 2:12)이라고 하였습니다.

따라서 율법을 완성하신 그리스도 예수 안에 있는 자에게는 결코 정죄함이 없습니다(롬 8:1-4). 새 언약으로 말미암아 미치는 하나님의 의(義)는 차별이 없으니, 선민과 이방의 구분은 더 이상 필요치 않게 되었습니다(롬 3:22, 갈 3:25-29). 그래서 사도들은 여전히 율법 안에서 의롭다 함을 얻으려 하는 자들에게 '그리스도에게서는 끊어지고 은혜에서 떨어진 자'라고 경고하였습니다(갈 5:4).

④ 행위와 믿음의 관계를 증거하였습니다.

유대교의 영향에서 벗어나지 못한 사람들은 '예수를 믿어도 모세의 법대로 할례를 받아야만 구원을 얻는다'고 주장했습니다(행 15:1-2). 이에 주후 49년에, 초대교회는 이 문제를 논의하기 위해서 예루살렘 공의회를 소집하였습니다(행 15:3-6). 베드로는 이방인 고넬료에게 하나님께서 성령을 내려주셨음을 고하였고(행 15:7-11), 바울과 바나바 역시 하나님께서 이방인들에게 표적과 기사를 베푸신 것을 증거하였습니다(행 15:12). 야고보는 아모스 9:11-12 말씀을 인용하며 '주를 찾는 이방인들에게 율법 중에서 요긴한 것을 권하되, 하나님께 돌아오는 이방인에게 할례와 같은 행위를 요구하여 괴롭게 하지 말자'고 제안하였습니다(행 15:13-20).

결국, 예루살렘 공의회에서 '율법을 지키는 일은 은혜 받은 성도의 마땅한 생활 규범일 뿐 구원의 조건이 아니며, 구원은 오직 예수 그리스도를 믿는 믿음으로 성취된다'(행 16:31)는 구원론이 확정되었습니다. 그런데 이와 같은 공의회의 결정에도 불구하고 여전히 할례 없이는 구원을 받을 수 없다고 주장하는 율법주의자들을 가리켜 사도 바울은 '개들, 행악하는 자, 손할례당'이라고 부르며(빌 3:2), 십자가의 원수로 행하는 자들이라고 하였습니다(빌 3:18-19). 또 갈라디아 교회 성도들의 일부가 성령을 받고도 율법을 지켜야 한다는 말에 꾀임을 받아, 신앙생활을 육체로 마치려 하는 것을 크게 질책하였습니다(갈 3:1-3, 5:13).

사도 베드로는 복음을 믿고도 여전히 율법의 행위에 갇혀있는 자를 향해, "참속담에 이르기를 개가 그 토하였던 것에 돌아가고 돼지가 씻었다가 더러운 구덩이에 도로 누웠다 하는 말이 저희에게 응하였도다"(벧후 2:22)라고 신랄하게 비판하였습니다(벧후 2:20-21,

참고-잠 26:11).

궁극적으로, 사도 바울은 구약 성경 하박국 2:4을 인용하여 "복음에는 하나님의 의가 나타나서 믿음으로 믿음에 이르게 하나니 기록된 바 오직 의인은 믿음으로 말미암아 살리라 함과 같으니라"(롬 1:17)라고 선포하였습니다. '아브라함도 행위로 의롭다 하심을 얻은 것이 아니며(롬 4:2), 사람이 의롭다 하심을 얻는 것은 율법의 행위가 아니라 오직 믿음으로 된다'고 말씀하였습니다(롬 3:28, 갈 2:16, 3:11, 엡 2:8, 3:12, 17, 빌 3:9). 반면에, 사도 야고보는 '행함이 없는 믿음은 죽은 믿음'이라고 하였습니다(약 2:17, 20, 26). 이는 사도 바울의 말씀과 상충되는 것이 아니라, 믿음의 증거가 바로 행함이며 행함을 통해 의롭다 함을 받아 믿음이 온전하게 됨을 밝힌 것입니다(약 2:21-24).

### ⑤ 교회를 향한 명령을 전하였습니다.

구약 시대에는 성전을 중심으로 구속사가 진행되었다면, 신약 시대에는 교회를 중심으로 구속사가 진행되었습니다(마 16:18). 초대교회의 놀라운 부흥의 원동력은 오직 하나님의 말씀이었습니다. 이 교회 운동은 택자(擇者) 구원 운동의 과정에 필수적으로 나타내시는 하나님 자신의 거룩한 뜻입니다. 하나님의 구원 계시가, 거룩한 기관인 교회와 말씀 선포라는 방편을 통하여 죄인들에게 전달된 것입니다. 구속사의 흐름은 '하나님 중심, 교회 중심, 성경 말씀 중심'의 원리 가운데 진행되었습니다. 그러기 때문에 참된 교회는 역사 세계의 핵(核)이요, 중심이며, 구심(求心)이자 거룩한 불기둥인 것입니다.

사도들은 교회가 그리스도의 참된 교회로 유지되도록 교회를 향한 실천적인 명령을 전하였습니다.

### 첫째, 그리스도는 교회의 머리요, 교회는 그 지체임을 가르쳤습니다.

예수님께서는 참성전으로 이 땅에 오셔서(요 1:14, 2:19-21, 행 4:28, 계 21:22), 자기의 보배로운 피로 값을 주고 교회를 사셨습니다(고전 6:19-20, 7:23). 따라서 교회는 예수 그리스도의 몸이요(고전 12:27, 골 1:24), 교회의 머리는 오직 예수 그리스도입니다(고전 11:3, 엡 1:22-23, 4:12-16, 5:23, 골 2:19). 사도 바울은 "그는 몸인 교회의 머리라 그가 근본이요 죽은 자들 가운데서 먼저 나신 자니 이는 친히 만물의 으뜸이 되려 하심이요"라고 증거하였습니다(골 1:18).

머리의 명령에 따라 지체가 움직이듯이, 모든 교회는 예수님의 지체로서 하나 되어 고유한 역할에 최선을 다해야 합니다(고전 12:14-20). 하나님께서는 교회에 여러 가지 은사를 주시고(고전 12:4, 8-10), 여러 직임과 여러 역사를 주셨습니다(고전 12:5-6). 그러나 이 모든 것은 하나님께서 원하시는 대로 성도에게 분량대로 주셔서, 오직 머리이신 예수 그리스도의 뜻을 이루고자 하신 것입니다(고전 12:11, 18, 엡 4:16). 따라서 각 교회는 서로를 돌아보며, 예수 그리스도의 장성한 분량에 이르기까지 자라가야 합니다(고전 12:12, 24-25, 엡 4:4-6, 13, 15-16).

### 둘째, 참교회와 거짓 교회를 구분하였습니다.

예수님께서는 말세에 대해서 말씀하시면서 '세상 끝에는 의인 중에서 악인을 갈라낸다'고 하셨습니다(마 13:49). 타작마당에서 알곡과 쭉정이를 나누듯(마 3:12, 눅 3:17), 언약 백성 중에서도 여전히 죄악된 본성 가운데 있는 섞여 있는 무리가 있는 것입니다(민 11:4). 이에 사도들은 참교회를 구분하는 기준이 무엇인지를 분명하게 밝혔습니다.*

먼저, 참교회는 **'말씀이 선포되는 교회'**입니다. 초대교회는 사도의 가르침을 받는 교회였습니다(행 2:42). 사도들의 가르침은, 각 사람이 하나님의 아들을 믿는 것과 아는 것에 하나가 되어 그리스도 안에서 완전한 자로 세우기 위함이요(엡 4:13-14, 골 1:28), 하나님의 말씀 사역은 교회를 통해서만 증거되는 우주적인 사역입니다(롬 8:19-23, 엡 1:22-23). 초대교회 성도들은 사도들의 전한 바를 사람의 말로 듣지 않고 하나님의 말씀으로 믿고 받았습니다(살전 2:13).

또한 참교회는 **'성례가 올바로 집행되는 교회'**입니다. 예수님께서는 '세례'와 '성찬'이라는 두 가지 성례를 제정하고 지키게 하셨는데, 세례와 성찬은 그리스도의 사역에 동참하는 신앙 공동체의 유일한 표징입니다. 초대교회는 그리스도의 명령에 따라 가는 곳마다 세례를 베풀어 제자를 삼았으며(마 28:19-20, 행 2:38, 10:44-48), 사도의 가르침을 받아 모일 때마다 성찬을 가졌습니다(행 2:42, 46). 특히 안식 후 첫날 주일에 모여 성찬을 나누고 하나님의 말씀을 들었습니다(행 20:7). 이렇게 초대교회는 성례를 통하여 날마다 구원의 감격을 체험하며 그리스도에게까지 자라갈 수 있었습니다.

---

* 종교개혁자 칼빈은 사도들의 이러한 가르침을 묶어 '교회의 표지'(Marks of the Church)라고 표현하였으며, 이후 1619년의 도르트 총회를 통해 인준된 벨직 신앙고백서와 하이델베르크 요리문답을 통하여 '교회의 3대 표지' (Three Marks of the Church)로 정리되었다.

이해도움 9

# 세례와 성찬

BAPTISM AND COMMUNION

**'세례'**는 헬라어 '밥티조'(βαπτίζω)로, '물에 잠긴다'는 의미에서 유래하였습니다. 세례를 통해서 수장되는 죽음과, 건짐을 받는 구원이 동시에 일어납니다. 세례는 믿음으로 죄 사함을 얻고 성령을 선물로 받아 구원을 얻음의 표징이자(막 16:16, 행 2:38), 믿음을 인치는 것이며(고후 1:22, 엡 1:13, 4:30), 그리스도와의 연합의 표입니다(롬 6:3-4, 엡 4:5, 골 2:11-12). 세례는 구약 시대에 할례를 통해 예표되었으며(골 2:11), 노아의 홍수 사건과 이스라엘의 홍해 도하 사건도 옛 세상을 물로 씻어 정결케 하는 세례였습니다(고전 10:1-2, 벧전 3:20-21, 벧후 2:5).

사도행전 1:5에서는 "요한은 물로 세례를 베풀었으나 너희는 몇 날이 못 되어 성령으로 세례를 받으리라 하셨느니라"라고 말씀하고 있습니다. 세례 요한의 세례는 '회개하게 하는 물 세례'이지만, 예수님의 세례는 '죄를 사하는 불과 성령의 세례'입니다(마 3:11, 막 1:8, 눅 3:3, 16, 요 1:31). 예수를 영접하는 순간, 그의 죄를 불사르는 성령의 세례가 주어집니다(행 2:38). 그리고 물 세례를 통하여 하나님의 인침을 공적으로 표하는 것입니다(요 3:33, 행 10:44-48). 이에 베드로는 세례에 대해서 "물은 예수 그리스도의 부활하심으로 말미암아 이제 너희를 구원하는 표니 곧 세례라 육체의 더러운 것을 제하여 버림이 아니요 오직 선한 양심이 하나님을 향하여 찾아가는 것이라"라고 말씀하였습니다(벧전 3:21). 따라서 세례는 구원의 확증이자 신앙고백이요, 예수 그리스도의 죽으심과 연합하고 그 속죄의 공효를 받아 부활에 참여함을 의미합니다(갈 3:27).

**'성찬'**은 예수님께서 친히 제정하신 성례입니다. 예수님께서는 잡히시던 날 밤에, 유월절 만찬에서 '떡과 잔'(포도주)을 제자들에게 주시고 이는 예수님의 '몸과 피'라고 가르치시고, 주님 다시 오시기까지 "이를 행하여 기념하라" 하셨습니다(마 26:26-28, 고전 11:23-26). 떡은 그리스도의 몸에 참여하는 것을, 포도주는 그리스도의 피에 참여하는 것을 의미합니다(고전 10:16). 성찬은 이스라엘 백성이 출애굽할 때 어린양을 잡고 그 피를 양 먹을 집의 문설주와 인방에 바르고 고기를 먹었던 유월절 만찬을 통해 예표되었습니다(출 12:1-11, 21-22). 또한 하나님께서 시내산에서 언약의 말씀을 선포하신 후, 모세와 아론과 나답과 아비후와 이스라엘 장로 70인과 함께 나누셨던 언약 체결 기념 식사도 성만찬의 모형입니다(출 24:9-11).

요한복음 6:53-58에서는 "내가 진실로 진실로 너희에게 이르노니
인자의 살을 먹지 아니하고 인자의 피를 마시지 아니하면 너희 속에
생명이 없느니라 54 내 살을 먹고 내 피를 마시는 자는 영생을 가졌고
마지막 날에 내가 그를 다시 살리리니 55 내 살은 참된 양식이요 내 피
는 참된 음료로다 56 내 살을 먹고 내 피를 마시는 자는 내 안에 거하고
나도 그 안에 거하나니 57 살아계신 아버지께서 나를 보내시매 내가 아
버지로 인하여 사는 것같이 나를 먹는 그 사람도 나로 인하여 살리라
58 이것은 하늘로서 내려온 떡이니 조상들이 먹고도 죽은 그것과 같지
아니하여 이 떡을 먹는 자는 영원히 살리라"라고 말씀하고 있습니다.
성찬은 그저 음식을 먹고 마시는 자리가 아니라 생명 얻는 식탁으로서, 구원에 참여하는 자리입니다. 이에 사도 바울은 '성찬을 합당치 않게 먹고 마시면 주의 몸과 피를 범하는 죄가 된다'고 경고하였습니다(고전 11:27).

마지막으로, 참교회는 **'권징이 신실하게 시행되는 교회'**입니다. 하나님은 어지러움의 하나님이 아니라, 질서의 하나님이십니다(고전 14:33, 40). 예수님께서도 '죄를 범한 사람이 있거든 그를 돌이키기 위한 노력을 하되, 교회의 말까지도 듣지 않는다면 이방인과 세리와 같이 여기라'고 말씀하셨습니다(마 18:15-18).

권징은 교회의 질서를 지키기 위해 반드시 있어야 하는 것으로, 보복을 위한 법이 아니라 회복의 수단입니다. 사도 바울은 고린도교회가 음행하는 자들을 통한히 여기지 않고 내버려둔 것을 크게 책망하면서(고전 5:1-3), "이런 자를 사단에게 내어주었으니 이는 육신은 멸하고 영은 주 예수의 날에 구원 얻게 하려 함이라"라고 말씀하였습니다(고전 5:5). 또한 디모데에게 편지하면서 "거역하는 자를 온유함으로 징계할지니 혹 하나님이 저희에게 회개함을 주사 진리를 알게 하실까 하며"라고 말씀하였습니다(딤후 2:24-26). 사도 요한도 두아디라 교회가 자칭 선지자라 하는 여자 이세벨을 용납하여 행음과 우상숭배에 동참하게 만드는 것을 책망하였습니다(계 2:20).

따라서 권징은 교회를 그리스도의 뜻대로 보수하며, 악인으로 인하여 교회가 더럽혀지지 않도록 정결하게 하고, 더 나아가 범죄한 자로 회개하게 하여 구원을 받게 하기 위한 수단입니다(살후 3:14-15).

### ⑥ 성도를 향한 명령을 전하였습니다.

초대교회 당시, 헬라의 철학(골 2:8)과 천사 숭배 사상(골 2:18), 금욕주의 사상(골 2:21-23, 딤전 4:3), 영지주의, 니골라당*(계 2:6, 15-16) 등이 세상에 팽배하여 교회를 대적하였습니다(벧후 2:1-3, 10-11, 3:3-5). 사도들은 악한 시대의 사상의 실체를 드러내며, 그 사상에 물들지 않도록 성도들에게 편지를 전하였습니다. 로마서 12:2을 볼 때, 사도 바울은 이러한 세상에 대해서 "너희는 이 세대를 본받지 말고 오직 마음을 새롭게 함으로 변화를 받아 하나님의 선하시고 기뻐하시고 온전하신 뜻이 무엇인지 분별하도록 하라"라고 권면하였습니다.

사도들은 예수님의 말씀을 지키며 경건한 삶을 살 수 있는 구체적인 실천 강령을 가르쳤습니다. 에베소서 4:1 하반절에서 "너희가 부르심을 입은 부름에 합당하게 행하여"라고 성도의 삶의 자세를 말씀하고 있습니다(참고-엡 4:17-25).

사도 바울은 로마서의 후반부인 12-16장을 통해 성도가 어떤 삶을 살아야 하는지 자세하게 권면하고 있습니다. '형제와 원수에 대한 그리스도인의 사랑'(롬 12:9-21), '위의 권세(세상의 지도자)에 대한 순종'(롬 13:1-7), '성도 간의 연합'(롬 14:1-6, 10-16, 15:1-3), '분쟁을 일으키는 자에 대한 경계'(롬 16:17-20) 등의 내용은 모두 신앙인의 바른 삶을 가르칩니다. 또한 에베소서에는 '남편과 아내의 관계'(엡 5:22-33), '부모와 자녀의 관계'(엡 6:1-9)가 기록되어 있고, 골로새서에는 '그리스도인의 말씀이 거하는 새사람의 새로운 삶'(골 3:1-17),

---

* 니골라는 본래 일곱 집사 중의 한 사람이었지만(행 6:5), 그리스도의 복음에서 벗어나 영지주의적인 가르침을 펼친 것으로 알려져 있다. 니골라당은 '영은 선하고 육은 악하다'는 이원론적인 사상을 바탕으로, '그리스도인은 율법에서 해방되었기에 육체적인 죄는 정죄받지 않으며 회개할 필요가 없다'고 가르쳤다. 이에 사도 요한은 에베소 교회와 버가모 교회에 있던 니골라당의 교훈을 지키는 자들에게 회개를 촉구하였으며(계 2:6, 15-16), 니골라당이 더러운 이를 취하기 위해서 성도에게 올무를 두어 타락하게 만드는 것을 가리켜 '발람의 교훈'이라고 표현했다(계 2:14, 참고-갈 5:13).

'남편과 아내, 아비와 자식, 종과 상전의 관계'(골 3:18-4:1), '기도와 말에 대한 권면'(골 4:2-6) 등이 기록되어 있습니다.

예수님께서 제자들에게 "아무든지 첫째가 되고자 하면 뭇사람의 끝이 되며 뭇사람을 섬기는 자가 되어야 하리라" 말씀하신 대로(막 9:35), 사도들은 성도가 겸손한 마음으로 삶 속에서 남을 높여야 할 것을 권면하였습니다(롬 12:10-18, 빌 2:3, 약 1:9-10, 4:10). 예수님께서 "원수를 사랑하라" 가르치신 대로(마 5:43-44, 눅 6:27, 35), '아무에게도 악으로 악을 갚지 말고 원수를 먹이고 마시우라'고 권면하였습니다(롬 12:17-20, 벧전 3:8-9). 그리고 '악에게 지지 말고 선으로 악을 이기라'라고 명령하였습니다(롬 12:21, 벧전 4:8). 또한 초대교회 성도들은 예수님께서 "너희 소유를 팔아 구제하여 낡아지지 않는 주머니를 만들라" 말씀하신 대로(눅 12:33), 한마음 한뜻이 되어 자신의 소유를 팔아 모든 물건을 서로 통용하며, 각 사람의 필요에 따라 나누었습니다(행 2:45-46, 4:35).

레위기 19:18에서 "원수를 갚지 말며 동포를 원망하지 말며 이웃 사랑하기를 네 몸과 같이 하라 나는 여호와니라"라고 말씀하고 있습니다. 죄로 인해 율법의 저주 아래 놓인 인간들은 이 말씀을 지킬 수 없지만, 예수 그리스도의 사랑의 법 안에서 성도는 사랑을 실천할 수 있는 것입니다. 그래서 로마서 13:10에서 "사랑은 이웃에게 악을 행치 아니하나니 그러므로 사랑은 율법의 완성이니라"라고 선포하고 있습니다(갈 5:13-14, 약 2:8).

**에베소서 2:20** "너희는 사도들과 선지자들의 터 위에 세우심을 입은 자라 그리스도 예수께서 친히 모퉁이 돌이 되셨느니라"

### ⑦ 앞으로 이루어질 계시를 기록하였습니다.

예수님은 십자가에 달리시기 전에, 다시 오실 재림과 종말의 때에 될 일들을 예언하시면서 "이 세대가 지나가기 전에 이 일이 다 이루리라"(마 24:34, 막 13:30, 눅 21:32)라고 말씀하셨습니다. 그러므로 초대교회 성도들은 당시에 재림이 임박하였다고 생각하였지만(살전 1:8-10), 시간이 지나도 종말이 이루어지지 않자, 재림의 약속을 아예 믿지 않거나 너무 더디다고 생각하는 사람들이 생겨났습니다(벧후 3:3-5, 9上). 이에 사도 베드로는 "주의 약속은 어떤 이의 더디다고 생각하는 것같이 더딘 것이 아니라 오직 너희를 대하여 오래 참으사 아무도 멸망치 않고 다 회개하기에 이르기를 원하시느니라"(벧후 3:9)라고 말씀하였습니다.

사도 바울도 먼저 세상을 떠난 자들을 인해 슬퍼하지 말라고 위로하면서, 주 강림하실 때 예수 안에서 자는 자들을 먼저 일으키시고, 그 후에 살아남은 자도 저희와 함께 구름 속으로 끌어올려 공중에서 주를 영접하게 하심으로 항상 주와 함께 있게 될 것을 가르치며, 이 말씀으로 서로 위로하라고 가르쳤습니다(살전 4:13-18). 또한 종말의 때와 시기를 묻는 자들에게 예수께서 말씀하신 것처럼, 때와 시기는 아버지만 아시는 비밀이고(마 24:36) 주의 날은 밤에 도적같이 임할 것이므로(마 25:5-6, 살전 5:1-2) 오직 깨어 근신할 것을 권면하였습니다(마 25:13, 살전 5:6).

사도 요한은 밧모섬에서 유배당하는 환난 가운데, 주의 명령을 따라 요한계시록을 기록하였습니다.

요한계시록 1:9-11을 볼 때, "나 요한은 너희 형제요 예수의 환난

과 나라와 참음에 동참하는 자라 하나님의 말씀과 예수의 증거를
인하여 밧모라 하는 섬에 있었더니 10 주의 날에 내가 성령에 감동하
여 내 뒤에서 나는 나팔 소리 같은 큰 음성을 들으니 11 가로되 너 보
는 것을 책에 써서 에베소 서머나 버가모 두아디라 사데 빌라델비
아 라오디게아 일곱 교회에 보내라 하시기로"라고 기록 동기를 밝
히고 있습니다.

또한 "네 본 것과 이제 있는 일과 장차 될 일을 기록하라"(계 1:19)라는 명령을 받아, 자신이 목격한 예수 그리스도의 모습(계 1:12-20)과 일곱 교회에게 주신 권면의 말씀(계 2:1-3:22), 장차 이루어질 종말과 도래할 새 하늘과 새 땅의 완성에 대하여 기록하였습니다(계 4:1-22:5). 그리고 사도 요한은 자신이 기록한 계시의 신적 기원을 "또 그가 내게 말하기를 이 말은 신실하고 참된지라 주 곧 선지자들의 영의 하나님이 그의 종들에게 결코 속히 될 일을 보이시려고 그의 천사를 보내셨도다"(계 22:6)라고 강조하였습니다.

다니엘에게 '마지막 때까지 이 말을 간수하고 봉함하라'(단 12:9)라고 명령하셨던 하나님께서, 사도 요한이 요한계시록의 기록을 마칠 때에는 "이 책의 예언의 말씀을 인봉하지 말라 때가 가까우니라"(계 22:10)라고 말씀하셨습니다.

또한 '보라 (진실로) 내가 속히 오리라'(계 22:7, 12, 20)라고 세 번이나 말씀하셨습니다. 그리고 '이 책의 예언의 말씀을 지키는 복이 있는 자'가 될 것을 당부하시고, 속히 오셔서 '각 사람에게 그의 일한 대로 갚아 주리라'라고 말씀하셨습니다(계 1:3, 22:12).

세상은 하나님의 창조로 시작되었고, 하나님의 심판으로 마쳐집

니다. 개인과 민족과 문화와 세상 정치는 다 지나가지만, 예수 그리스도는 영원하고 그의 은총과 사랑도 불변합니다(사 40:8, 마 24:35, 히 13:8, 약 1:17, 벧전 1:24-25, 참고-시 90:1-2, 102:3, 전 3:11). 오직 하나님의 뜻을 행하는 이는 영원히 거하게 될 것입니다(요일 2:17).

요한계시록을 마지막으로 성경 66권의 기록이 완전히 종결되었습니다. "옛적에 선지자들로 여러 부분과 여러 모양으로 우리 조상들에게 말씀하신 하나님"(히 1:1, 참고-눅 16:29, 31)이 구약 성경을 완성하셨고, 사도들을 통하여 "이 모든 날 마지막에 아들로 우리에게 말씀"(히 1:2)하심으로 신약 성경을 완성하셨습니다. 그리고 "이것들을 증거하신 이가 가라사대 내가 진실로 속히 오리라"(계 22:20上)라고 말씀하고 있습니다. 기록하신 모든 말씀이 완전히 성취되는 그날까지 "내가 진실로 속히 오리라"라고 약속하신 말씀을 믿는 우리의 고백은 오직 "아멘 주 예수여 오시옵소서"(계 22:20下)가 되기를 소원합니다.

**요한계시록 22:21** "주 예수의 은혜가 모든 자들에게 있을지어다 아멘"

| 소결론 |

# 하나님의 말씀이 나에게 오기까지 (성경보수 역사의 구속사적 경륜)

HOW THE WORD OF GOD CAME TO ME (THE REDEMPTIVE-HISTORICAL ADMINISTRATION OF THE HISTORY OF CONSERVING THE BIBLE)

하나님께서는 이스라엘을 애굽의 압제에서 건지시고 출애굽 시키심으로, 그들을 통해 가나안 땅에 하나님의 나라를 건설하기를 원하셨습니다. 한 나라를 건설하기 위해서는 백성과 땅과 주권이 있어야 합니다. 하나님은 아브라함과 그의 자손을 언약 백성으로 삼으시고(창 17:7, 출 19:5-6), 그들을 쇠 풀무 애굽(신 4:20, 왕상 8:51, 렘 11:4)에서 요긴한 백성으로 훈련하셨습니다. 그리고 그들과 시내 산에서 언약을 체결하시어 '그들의 하나님'이 되셔서(레 25:38), 약속의 땅 가나안(창 15:18-21)에서 하나님의 주권이 미치는 나라를 세우려 하셨습니다.

성경은 대개 교훈과 예언과 역사로 되어 있습니다. 그런데 나라가 있어야 역사가 기록될 수 있고, 역사적 연대가 정확할 때 후대에서도 온 세계가 인정할 역사적인 확실한 근거가 될 수 있기에, 하나님께서는 아브라함을 부르시고 세상의 중앙이 되는 가나안 땅(겔 38:12)에 나라를 세우셨던 것입니다. 하나님의 말씀이 역사적으로 인정을 받기 위해 이 땅에 나라를 세우시고, 하나님의 주권으로 언약 백성에게 말씀을 맡기셔서(롬 3:2), 하나님의 사람들을 통해 국가의 역사 위에 성경을 기록하게 하셨습니다.

이렇게 하나님의 주권 섭리 가운데 책으로 기록된 하나님의 말씀은 일점일획도 가감 없이 보존되어 신약 시대를 거쳐 오늘날 우리에게까지 전달되었습니다.

그러나 말씀이 나에게 오기까지는 수없이 많은 방해가 있었습니다. 성경에 약속하신 예수님이 이 땅에 오시지 못하도록 사단의 수많은 방해가 있었지만, 예수님이 이 땅에 오시므로 말씀이 한 치의 오차도 없이 성취된 것이 기록되었고, 예수님의 재림에 관한 예언 성취를 향해 달려가고 있습니다.

또한 하나님의 말씀이 나에게 오기까지는 수많은 환난과 핍박이 있었습니다. 하나님의 말씀을 멸시·희롱하고 칼로 찢고 불태운 자들까지 있었지만, 하나님께서는 그럴수록 더 많은 말씀을 가지고 찾아오셔서 선지자들이 생명의 위협 속에서도 다시 말씀을 기록하게 하셨고, 역사 속에 함께하신 하나님의 말씀이 반드시 보존되도록 섭리하셨습니다.

신구약 중간기는 암흑기였어도 단지 새로운 계시가 없었을 뿐, 결코 성경과 상관없는 시대가 아니었습니다. 오히려 성경을 연구하고 필사하는 일이 신앙생활의 중심으로 자리매김하였습니다. 사도 바울의 말대로 유대인들이 먼저 하나님의 말씀을 맡은 것인데(롬 3:1-2), 그들은 그 말씀을 지속적으로 보존하고 가르치며 전파하는 일에 열심을 냈습니다. 그런데 그 과정에서 인간의 생각이 담긴 '구전(口傳)'이 등장했고, 이 구전이 하나님의 말씀보다 더 활개를 치며 큰 권위를 차지한 것이 심각한 문제였습니다(막 7:8). 게다가 바리새인들과 서기관들이 모세의 자리에 앉아서 율법을 해석하는 권위가 하나님의 말씀보다 더 큰 권위를 갖게 되는 비극적인 상황이 벌어졌습니다(마 23:2). 중세기의 로마 가톨릭 교회도 유대교와 마찬가지로 성경 말씀보다는 교회의 권위와 전통을 더 앞세웠습니다. 성경 말씀이 최종적·절대적 권위를 가지지 못하고, 교회와 교황이 절대적 권위를 행사했던 부패한 교회 시대가 약 1,000년간 계속되었으나, 종교개혁으로 말미암아 성경 말씀을 재발견하는 역사가 일어났습니다. 루터, 칼빈 등 모든 종교개혁자가 동일하게 외친 구호는 '오직 성경'(*sola scriptura*)이었습니다. 종교개혁 이후로 히브리어, 헬라어로 기록된 성경을 각 나라 방언으로 번역하여 평신도까지 하나님의 말씀을 읽을 수 있게 되었습니다. 개혁주의 신앙의 근간인 「웨스트민스터 신앙고백」 제1장 8항에서 이 정신을 정확히 표현하고 있습니다.

> "하나님의 모든 백성은 성경을 가질 권리와 관심을 가지고 있으며, 하나님을 경외하는 마음으로 성경을 읽고 연구하도록 명령받았지만(요 5:39), 성경의 원어를 모든 사람이 아는 것은 아니다. 그러므로 성경은, 성경이 전수된 모든 나라의 자국어로 번역되어야 한다(고전 14:6, 9, 11-12, 24, 27-28). 그리하여 하나님의 말씀이 모든 사람에게 풍성히 거하게 하여, 그들이 하나님을 합당한 방법으로 예배할 수 있게 하며, 성경이 주는 인내와 위로를 통하여 소망을 가질 수 있도록 해 주어야 한다(롬 15:4, 골 3:16)."

하나님의 말씀이 보존되어 전달되기까지, 수많은 믿음의 사람의 희생과 죽음이 있었습니다. 옛날에 사도들에게 말씀하신 예수님은 오늘도 살아계십니다(히 13:8). 그들에게 말씀하신 그 내용이 곧 오늘 우리에게도 하시는 말씀입니다. 수많은 우여곡절과 순교자들의 피 흘림을 통해서 성경은 우리 손에 들어왔습니다. 희롱과 채찍질, 결박과 옥에 갇히는 시험도 받았으며, 돌로 치는 것과 톱으로 켜는 것과 시험과 칼에 죽는 것을 당하고, 양과 염소의 가죽을 입고 유리하여 궁핍과 환난과 학대를 받고, 광야와 산중과 암혈과 토굴에 유리하였습니다(히 11:36-38). 이 모든 역사가 우리 눈에 보이지 않는 하나님의 눈물이고, 인간에 대한 하나님의 사랑이며, 구속 경륜을 이루시는 하나님의 열심입니다. 이제 우리는 이 책을 사랑하고 읽고 연구하며, 그 말씀을 무오한 진리로 신적 권위를 가진 유일한 신앙과 생활의 법으로 지키며 살아야 합니다. 베뢰아 사람들이 말씀을 받을 때 "간절한 마음으로 말씀을 받고 이것이 그러한가 하여 날마다 성경을 상고하므로" 그중에 믿는 사람이 많아졌습니다(행 17:11-12). 우리도 하나님의 말씀을 즐거워하여 주야로 묵상하며(시 1:2), 학사 에스라처럼 하나님의 말씀 성경에 익숙하고 통달하기까지 하나님의 말씀을 연구하고 준행하며 가르치기로 결심을 다져야 하겠습니다(스 7:10).

오늘날 신령한 예루살렘인 하나님의 교회들은 하나님의 말씀의 본산지가 되어야 합니다. 하나님의 교회에서 하나님의 말씀이 선포되지 않고 사람의 소리가 높아지면, 그곳은 더 이상 성전이 아니라 사람의 집입니다. 참교회는 하나님의 말씀이 끊임없이 선포되며, 누구든지 그곳에서 하나님의 말씀을 듣고 언제든지 인생의 본분을 깨달아야 합니다(전 12:13). 하나님의 말씀은 우리에게 신령한 양식입니다. 사람은 떡으로만 사는 것이 아니라 하나님의 입에서 나오는 모든 말씀으로 살아갑니다(신 8:3, 마 4:4).

성경은 능히 우리로 하여금 그리스도 예수 안에 있는 믿음으로 말미암아 구원에 이르는 지혜가 있게 하며(딤후 3:15), 교훈과 책망과 바르게 함과 의로 교육하기에 유익하여 하나님의 사람으로 온전케 하고, 모든 선한 일을 행하기에 온전케 합니다(딤후 3:16-17). 또한 하나님의 말씀은 곧 성령의 검이며(엡 6:17), 좌우에 날 선 검보다 예리하여(히 4:12) 성도 생활의 기준이 되며, 곤란 중에 위로(시 119:50)와 즐거움이 됩니다(시 119:77). 그러므로 성도는 그 말씀대로 살아야 하며, 결코 기록된 말씀을 더하거나 빼서는 안 됩니다. 기록한 말씀 밖으로 넘어가서도 안 됩니다(고전 4:6). 신구약 66권의 최종 맺음말인 요한계시록 22:18-19에서는 '하나님의 말씀을 가감하지 말 것'을 강력하게 경고함으로써, 하나님의 말씀의 완전성과 절대성을 재천명하고 있습니다.

**요한계시록 22:18-19** "내가 이 책의 예언의 말씀을 듣는 각인에게 증거하노니 만일 누구든지 이것들 외에 더하면 하나님이 이 책에 기록된 재앙들을 그에게 더하실 터이요 19 만일 누구든지 이 책의 예언의 말씀에서 제하여 버리면 하나님이 이 책에 기록된 생명나무와 및 거룩한 성에 참예함을 제하여 버리시리라"

성경 말씀은 영원토록 변함이 없는 하나님의 말씀으로, 인류의 구원을 위해 하나님께서 정해주신 구속 경륜이 계시되어 있습니다(벧전 1:11-12). 성경은 단순한 글이 아니라 그 안에 영과 생명(요 6:63)이 담겨있으며, 인류의 구세주, 태초의 말씀이신 예수님을 밝히 증거하고 있습니다(요 1:1, 5:39, 요일 5:13). 그런데 이러한 하나님의 말씀을 마음대로 가감하여 변경하는 것은 인류 구원 역사를 단절시키려는 옛 뱀 마귀의 수법입니다(창 3:1-5). 그러므로 우리 자신의 구원과 하나님의 구원 역사의 완성을 이루기까지, 하나님의 말씀을 읽고 듣고 기록된 것을 지키는 복된 일에 최선을 다해야 합니다(계 1:3). 그리하면 예수님의 최후 말씀이자 마지막 약속인 "내가 진실로 속히 오리라"라고 하실 때, "아멘 주 예수여 오시옵소서"라고 영접할 자격자가 됩니다(계 22:20). 초대교회는 극심한 박해 중에도 기록된 말씀을 끝까지 지키며 주 예수의 재림을 뜨겁게 사모하였습니다. 이 시대는 말세의 징조로 가득하여 재림이 임박한 종말이 가까왔음이 분명합니다. 그렇다면 구속사적 관점에서 볼 때 종말의 성도에게 맡겨진 사명은 너무도 중대하고 무거운 것입니다.

태초부터 종말까지 영원한 하나님의 말씀을 붙잡고, 하나님의 날이 임하기를 바라보며 다시 오실 주님을 간절히 사모하는 가운데 새 하늘과 새 땅에 들어가는 모두가 되시기를 간절히 소원합니다.

**베드로후서 3:12-13** "하나님의 날이 임하기를 바라보고 간절히 사모하라 그날에 하늘이 불에 타서 풀어지고 체질이 뜨거운 불에 녹아지려니와 [13] 우리는 그의 약속대로 의의 거하는바 새 하늘과 새 땅을 바라보도다"

**요한계시록 3:10** "네가 나의 인내의 말씀을 지켰은즉 내가 또한 너를 지키어 시험의 때를 면하게 하리니 이는 장차 온 세상에 임하여 땅에 거하는 자들을 시험할 때라"

**요한계시록 14:12** "성도들의 인내가 여기 있나니 저희는 하나님의 계명과 예수 믿음을 지키는 자니라"

**요한계시록 22:7** "보라 내가 속히 오리니 이 책의 예언의 말씀을 지키는 자가 복이 있으리라 하더라"

결론

# 율법의 완성자로 오신 예수 그리스도

Jesus Christ Who Came as the Fulfiller of the Law

# 율법의 완성자로 오신 예수 그리스도

## JESUS CHRIST WHO CAME AS THE FULFILLER OF THE LAW

범죄한 아담에게 하나님께서 먼저 찾아오셔서 지어주신 가죽옷(창 3:21)은 아담의 수치를 가려주시는 은혜 언약의 표징이었습니다. 이 계시는 제사로 구체화되어 아담의 후손들에게 계승되었고, 아담이 경험했던 에덴동산에서의 삶과 여자의 후손을 통해 뱀의 정수리를 부수기 위한 하나님의 약속(창 3:15)은, 신앙 전수를 통해 후손들에게 이어졌습니다. 그리고 아브라함의 자손이 시내산 언약을 통해 '이스라엘'이라는 이름의 언약 백성으로 세워지면서 족장들의 제사는 5대 제사 규례로 확장되었고, 족장들을 통해 전수받은 신앙의 내용은 율법책을 통해 정리되었습니다.

은혜 언약의 구체적인 내용은 제사와 율법책을 통해서 나타났습니다. 하나님께서는 이스라엘이 제사를 통해 구원을 완성하는 날까지 죄를 가리우고 속함받아 정결케 되어 언약 백성의 신분을 보존하게 하셨으며, 율법책을 통해 언약 백성의 완전한 구원을 계시하시고 구원 완성을 위한 구체적인 삶의 자세를 가르치셨습니다. 따라서 제사와 율법책은 언약 백성의 구원을 약속하는 확실한 은혜 언약의 표징이었습니다.

예수 그리스도의 십자가는 은혜 언약의 표징들이 완성되는 순간이었습니다. 마태복음 12:39에서 "예수께서 대답하여 가라사대 악하고 음란한 세대가 표적을 구하나 선지자 요나의 표적밖에는 보일 표적이 없느니라"라고 말씀하고 있습니다. 여기 '선지자 요나의 표적'은 예수님께서 십자가에 달리시고 3일 만에 부활하실 것을 가리킵니다. 골고다 언덕의 예수 그리스도의 십자가는 하나님의 공의가 인류의 죄를 어떻게 다스렸는가를 보여주는 공의의 표징이었습니다. 예수 그리스도의 목마르신 고난은 인류의 죄악이 얼마나 극심하였던가를 보여줍니다. 그러나 또한 십자가는 하나님의 사랑이 인류의 죄악을 어떻게 처분하였는가를 보여주는 은총의 표징입니다. 십자가에 달리신 거룩한 주님의 성체에 난 상처는 나를 향하신 지극한 사랑의 흔적이었습니다. 예수 그리스도는 우리 때문에 가난해지시고, 증오와 교만과 질투, 무자비, 고난과 치욕, 사망과 끝없는 형벌로부터 우리를 구원해 내셨습니다. 하나님께서 보이신 은혜 언약의 모든 표징은 십자가를 통하여 완전히 완성되었고, 더 이상 다른 표징이 주어지지 않게 되었습니다(참고-갈 3:1).

## 1. 예수 그리스도는 제사의 완성자

Jesus Christ, the fulfiller of the offerings

구약 시대의 5대 제사는, 말씀에 불순종하여 하나님 앞을 떠난 인류에게 하나님 앞에 나아갈 수 있도록 길을 열어주시고, 성별된 삶의 축복을 주기 위해 허락하신 제도입니다. 이 모든 제사는 온 인류를 구속하기 위해 십자가에서 신령한 제물이 되어 영원한 제사를 드리신 예수 그리스도를 예표하고 있기에, 이제는 더 이상의 제사는 필요하지 않습니다(히 10:14-18). 그러므로 우리는 나를 위해서 죽으시고 부활하신 예수님을 온전히 믿고 경외하며, 참된 예배의 삶을 살아야 합니다.

예수님은 성전을 강도의 소굴로 만들며, 거짓되고 가증한 제사를 드리던 종교 지도자들과 백성을 책망하셨습니다(마 21:12-13, 막 11:15-17, 눅 19:45-46, 참고-렘 7:11). 이들은 제사의 정신을 상실하고 형식적으로 제사를 드리면서, 하나님께 예배드린다고 하였습니다.

요한복음 4장을 볼 때, 예수님은 사마리아 여인과의 대화를 통해 참된 예배에 대해서 말씀하셨습니다. 사마리아 여인은 예수님께 "우리 조상들은 이 산에서 예배하였는데 당신들의 말은 예배할 곳이 예루살렘에 있다 하더이다"(요 4:20)라고 물었습니다. 성전은 모든 제사 행위와 그에 따른 규례를 대표하는 것으로, 사마리아 여인은 하나님께서 받으시는 참된 예배가 유대인의 예배와 사마리아인의 예배 중 어떤 것인지를 물은 것입니다.

이에 예수님께서는 "아버지께 참으로 예배하는 자들은 신령과 진정으로 예배할 때가 오나니 곧 이때라"(요 4:23)라고 하셨습니다. 하나님께서 원하시는 참된 예배를 드릴 결정적 때가 오는데, 그 때가 바로 지금이라는 것입니다. 그리고서 예수님은 "하나님은 영이시니 예배하는 자가 신령과 진정으로 예배할지니라"(요 4:24)라고 말씀하셨습니다. 여기 '신령'은 '영 안에서'(in spirit)라는 뜻이고, '진정으로'는 '진리 안에서'(in truth)라는 뜻입니다. 즉, 예배하는 자는 '영과 진리 안에서' 예배하라는 말씀입니다. 예수 그리스도만이 구약 성경의 모든 말씀을 밝혀 주시고 온전한 제사를 완성해 주시는 분이십니다(요 4:25-26).

### (1) 신령으로 예배하라는 것은 곧 성령 안에서 예배를 드리라는 말씀입니다.

'신령'은 헬라어 '프뉴마'(πνεῦμα)로, '성령, 생명, 영'이라는 뜻입니다. 하나님은 영이시기 때문에 영으로 예배를 드려야 합니다.

유대인들이나 사마리아인들은 영이신 하나님께 영으로 예배를 드리지 못했습니다. 하나님께서는 유대인들의 반복되는 형식과 위선에 찬 헛된 제사(사 1:11-15)를 받지 않으시고, 그들을 책망하셨습니다. 아무리 정한 시간에 정한 장소로 와서 예배를 드려도, 영으로 하나님께 예배드리지 않으면 그것은 참된 예배가 될 수 없습니다. 예배드리는 자의 자세가 한결같이 영이신 하나님만을 향해야 참된 예배가 될 수 있습니다. 그러기 위해서 무엇보다도 예배하는 자의 심령이 거듭나야 하고, 진실해야 합니다. 모든 생활에 오직 예수님만으로 충만해야 합니다. 예수 그리스도의 이름을 믿고 그의 피로 죄 씻음을 받아, 하나님을 아버지로 모시는 자만이 영으로 예배드릴 수 있습니다. 이런 사람은 성령의 인도함 속에 기도와 찬미와 감사로 오직 영이신 하나님과의 영적인 교제를 이루는 참된 예배를 드릴 수 있습니다.

### (2) 진정으로 예배하라는 것은 진리 안에서 예배를 드리라는 말씀입니다.

'진정'은 헬라어 '알레데이아'(ἀλήθεια)로, '진리'라는 뜻입니다. 하나님의 말씀은 진리입니다(요 17:17). 요한복음 14:6을 볼 때, 예수님은 "내가 곧 길이요 진리요 생명이니 나로 말미암지 않고는 아버지께로 올 자가 없느니라"라고 말씀하셨습니다. 예수 그리스도로 말미암지 않고는 누구도 하나님께 나아가 참된 예배를 드릴 수 없습니다. 그러므로 '진리로 예배드린다'는 것은 '진리이신 예수님을 중보로 모시고 예배드리는 것', 즉 '그리스도 안에서의 예배'를 의미합니다. 따라서 우리가 진리로 예배하려면, 우리의 예배가 성경의 원리와 가르침에 부합(附合)해야 합니다. 말씀이 기초가 되지 않고 사람의 계명이나 교훈이 기초가 된다면, 그것은 진리 안에서 드리는 예배가 아닙니다. 예수님은 '하나님의 계명을 사람의 계명으로 교훈 삼아 가르치는 자'들을 향해 "이 백성이 입술로는 나를 존경하되 마음은 내게서 멀도다"(마 15:8-9, 참고-사 29:13)라고 책망하셨습니다. 우리가 예수 그리스도의 보혈의 은총을 힘입어 진리이신 예수 그리스도를 중보로 모시고 그의 계시의 말씀에 합당하게 예배드릴 때, 그 예배가 진정으로 드리는 예배가 되는 것입니다.

말씀이 육신이 되어 오신 그리스도(요 1:14)를 통해서만 인류는 비로소 신령과 진정으로 예배드릴 수 있습니다. 언제, 어디서나 참으로 예배하는 자들을 찾으시는 영이신 하나님께 예수 그리스도 안에서 우리의 온몸과 정성, 전 인격을 드리는 헌신이 있어야 합니다. 주 안에서 우리 몸을 하나님이 기뻐하시는 거룩한 산 제사로 드리는 영적 예배자들이 되어야 합니다(롬 12:1).

## 2. 예수 그리스도는 구약 성경의 완성자

Jesus Christ, the fulfiller of the Old Testament

예수님께서 성육신하신 지 2,000년이 훨씬 지났습니다. 말씀이시며 성자 하나님이신 예수 그리스도께서(요 1:1) 말씀이 육신이 되어(요 1:14) 이스라엘 땅에 오셔서 직접 말씀을 선포하셨습니다. 여러 선지자들로 말씀하신 하나님께서 "이 모든 날 마지막에 아들로 우리에게 말씀"하신 것입니다(히 1:1-2). 예수님의 모든 가르침은 하나님의 말씀이며, 기록된 말씀을 떠나서 말씀하거나 행동하신 적이 없으셨습니다(요 12:49-50). 예수님께서는 잠시도 말씀을 소홀히 하신 적이 없으셨습니다. 예수님께서는 구약 성경을 하나님의 말씀으로 철저하게 믿고, 그 말씀대로 순종하며, 제자들에게 그렇게 가르치셨습니다.

구약 성경 없이는 신약 성경이 있을 수 없으며, 무엇보다 예수님의 메시아 되심을 결코 이해할 수 없는 것입니다.

### (1) 예수님께서 이 땅에 오셔서 사용하신 성경은 구약 성경입니다.

"성경"(the Scripture)이라는 말은 신약에서 구약을 지칭할 때 주로 사용하는 명칭입니다(마 21:42, 22:29, 요 10:35, 행 17:2, 11, 딤후 3:16).

예수님께서 열두 살 때에 성전에서 '듣기도 하시며 묻기도' 하시며 질문에 대답하신 내용의 근거는 '구약 성경'이었을 것입니다(눅 2:46-47). 예수님께서 공생애를 시작하시고 회당에서 책을 펴 읽으시며 그것을 무리에게 선포하셨는데, 이때 사용하신 성경은 구약 성경입니다(눅 4:16-21). 예수님께서는 무리들을 가르치시거나 제자들을 교육하실 때, 철저하게 구약 성경을 직·간접적으로 인용하셨습니다. 아담과 하와의 창조(마 19:4), 노아 때의 홍수(눅 17:27), 가시나무 떨기에서 부름받은 모세(눅 20:37), 광야에서 이스라엘 민족에게 내린 하늘 양식 만나(요 6:31, 49), 부논의 놋뱀(요 3:14), 엘리야의 이적(눅 4:25), 큰 물고기의 뱃속에 있었던 요나(마 12:40-41) 등이 그것입니다. 심지어 재림 때에 이루어질 천지 변동이나 재림의 징조에 대하여(마 24:15, 29-31) 예언하실 때에도 구약 성경을 인용하여 말씀하셨습니다(신 30:4, 사 13:10, 27:13, 34:4, 37:18, 겔 32:7, 단 7:13-14, 9:27, 11:31, 욜 2:10, 3:4, 15, 슥 2:6, 12:10-14).

예수님께서는 당시의 유대인이나 종교 지도자와 공개적인 논쟁이 있을 때, 구약 성경을 자주 인용하셨습니다(마 12:3-4, 5-7, 21:13, 16, 22:31-32, 41-46). 그 이유는 그들이 구약 성경에 익숙하며 구약을 하나님의 말씀으로 받아들였기 때문이고, 무엇보다 예수님께서 구약 성경을 하나님의 말씀으로 확실히 인정하시고 지극히 존중하셨기 때문입니다. 예수님께서 마귀의 시험을 받으실 때에도 하나님의 말씀을 가지고 단번에 승리하셨습니다(마 4:7, 10). 마태복음 4:4을 볼 때, 예수님께서는 신명기 8:3을 인용하여 "기록되었으되 사람이 떡으로만 살 것이 아니요 하나님의 입으로 나오는 모든 말씀으로 살 것이라"라고 말씀하심으로써 승리하셨습니다(참고-신 6:13, 16).

예수님께서는 구약 성경을 인용하실 때, 종종 '기록되었으되'라고 하시면서 말씀하셨습니다(마 4:4, 7, 10, 11:10, 21:13, 26:31, 막 11:17, 14:27, 눅 7:27, 19:46, 20:17, 22:37, 요 15:25). 구약 성경에 기록되어 있는 바를 잊고 있는 자들에게 '… 하신 말씀을 읽어보지(도) 못하였느냐'라고 강하게 책망하기도 하셨습니다(마 22:32, 막 12:11, 26).

예수님은 종교 지도자들이 구약 성경에 기록된 말씀보다 인간의 유전을 교묘하게 더 중요시하는 것(마 15:1-20, 막 7:1-23)을 엄하게 책망하셨으며, 구약 성경의 뜻을 알지 못하여 오해하는 자들을 책망하시고 바르게 고쳐 주셨습니다(마 22:23-33). 예를 들어, 부활을 믿지 않는 사두개인들과 논쟁하셨는데, 그들은 부활이 없다고 주장하며 구약의 부활 진리를 우스꽝스러운 것으로 여겼습니다. 어떤 집안의 아들이 자식 없이 죽으면 그 동생들이 형의 아내에게 장가들어 형을 위하여 대를 잇도록 한 율법 제도(신 25:5-6)를 가지고, '생전에 일곱 형제의 아내가 된 바 있는 여인이 부활 때에 일곱 중에 뉘 아내가 되리이까'라고 예수님께 질문한 것입니다(마 22:25-28). 이때 예수님께서는 "너희가 성경도, 하나님의 능력도 알지 못하는 고로 오해하였도다"(마 22:29)라고 책망하셨습니다. 여기서 '성경'이라고 번역된 헬라어 '그라파스'(γραφάς)는 '기록된 글, 문서'라는 뜻의 '그라페'(γραφή)의 복수 여격으로, '구약 성경'을 가리킵니다. '오해하였도다'(φλανᾶσθε, '플라나스테')는 '길을 잃다, 정도에서 벗어나다'라는 뜻의 헬라어 '플라나오'(πλανάω)의 수동태로, '바른 진리에서 벗어나 잘못된 길로 이끌림을 받았다'는 의미입니다.

반면에, 예수님께서는 사람들이 구약 성경 말씀을 올바르게 깨달았을 때는 "네 대답이 옳도다"라고 하시며 격려해 주기도 하셨습니다(눅 10:28, 참고-막 12:28-34).

예수님께서 날마다 가르치신 복음의 핵심은 구약 성경의 골격을 이루는 십계명과 그 세부 율법이었습니다(마 5:21-48, 15:1-20, 19:1-12, 16-30, 22:34-40, 막 7:1-23, 10:1-12, 17-31, 12:28-34, 눅 6:27-45, 10:25-37, 12:13-21, 16:18, 18:18-30). 특히 '산상수훈'은 십계명을 삶 속에 어떻게 적용하고 실천할 것인가를 주로 다루고 있습니다(마 5:21-48). 마태복음 22:34-40에서 십계명을 강령으로 요약하실 때에도 신명기 6:5과 레위기 19:18 말씀을 인용하여 말씀하셨습니다.

### (2) 예수님께서 말씀하신 구약 성경은 "율법과 선지자"로 대표됩니다.

예수님께서 구약 성경의 중요성을 가장 직접적으로 언급하신 말씀은 마태복음 5:17-18입니다. 천지가 없어지기 전에는 율법은 무슨 일이 있어도 절대 폐하지 않는다고 강력하게 말씀하셨습니다(눅 16:17).

**마태복음 5:17-18** "내가 율법이나 선지자나 폐하러 온 줄로 생각지 말라 폐하러 온 것이 아니요 완전케 하려 함이로라 [18]진실로 너희에게 이르노니 천지가 없어지기 전에는 율법의 일점일획이라도 반드시 없어지지 아니하고 다 이루리라"

'율법(νόμος, '노모스')과 선지자(προφήτης, '프로페테스')'는 구약 성경 전체를 가리키는 표현으로, 두 단어는 자주 나란히 기록되었습니다(마 5:17, 7:12, 11:13, 22:40, 눅 16:16, 요 1:45, 행 13:15, 24:14, 28:23, 롬 3:21). 동일한 의미로 "모세와 선지자(들)"(눅 16:29, 31, 24:27, 요 1:45), 혹은 "모세의 율법과 선지자의 글"(눅 24:44)이라고 기록되었습니다. 사도 바울은 자신이 증거하는 말씀은 "선지자들과 모세가 반드시 되리라고 말한 것밖에 없으니"(행 26:22)라고 하는가 하면, "아침부터 저녁까지 강론하여 하나님 나라를 증거하고 모세의 율법과 선지자의 말을 가지고 예수의 일"로 권하였습니다(행 28:23).

### ① 율법

**"율법"**(the Law)은 일반적으로 모세오경을 가리킵니다(마 12:5, 행 13:39, 갈 3:10, 히 10:28, 참고-막 12:26, 고후 3:15). 그러나 시편을 인용하였을 때도 "율법"(요 10:34, 참고-시 82:6)이라 하였고, 이사야서를 인용한 것도 "율법"(고전 14:21, 참고-사 28:11-12)이라고 한 것을 볼 때, 넓은 의미에서 율법의 범위는 모세오경을 초월하여 구약 성경 전체를 가리킵니다(요 15:25, 행 25:8, 참고-시 35:19, 69:4).

예수님께서 "모세를 믿었더면 또 나를 믿었으리니 이는 그가 내게 대하여 기록하였음이라"라고 말씀하시고(요 5:46), "너희가 성경에서 영생을 얻는 줄 생각하고 성경을 상고하거니와 이 성경이 곧 내게 대하여 증거하는 것이로다"라고 말씀하셨습니다(요 5:39). 그런데도 예수님께 오지 않는 것은 유대인들이 모세와 그의 글도 믿지 않은 것이며, 예수님께서는 오히려 모세가 이렇게 불신하는 그들을 하나님께 고소할 것이라고 선언하셨습니다(요 5:45-47).

유대인들은 자신들이 '모세의 제자'라고 자랑했지만(요 9:1-41, 특히 28절), 예수님께서는 실제로 저들이 모세와 그의 율법을 믿지 못했으며, 그 율법을 지키는 자가 아니라고 적나라하게 지적하셨습니다. 요한복음 7:19에서 "모세가 너희에게 율법을 주지 아니하였느냐 너희 중에 율법을 지키는 자가 없도다 너희가 어찌하여 나를 죽이려 하느냐"라고 말씀하셨습니다.

### ② 선지자

**"선지자"**(the prophets)는 종종 구약 성경 전체를 가리켰습니다. 구약 성경을 "선지자들의 글"(마 26:56), "선지자의 책"(행 7:42), "선지자들로 기록된 모든 것"(눅 18:31), "선지자들이 말한 모든 것"(눅 24:25)이라고 불렀습니다. 이는 모세오경 다음에 이어지는 구약 성경의 전체를 의미하기도 하였습니다(요 1:45, 눅 18:31).

히브리서에는 선지자들을 통해 구약 성경에서 말씀하신 하나님께서 이 마지막 날에는 그 아들을 통해서 우리에게 말씀하셨다고 증거하고 있습니다(히 1:2).

'선지자'(先知者)란 하나님의 말씀을 받아 그 백성에게 전하는 자입니다. '선지자'는 히브리어 '나비'(נָבִיא)로, '말하다, 언급하다'라는 뜻의 동사 '나바'(נָבָא)에서 파생되어 '말하는 자'라는 뜻인데, 이는 하나님의 계시를 받음과 관련된 명칭입니다. 선지자는 때로 '선견자'

(先見者)로도 불리는데, 이는 '보다'라는 뜻의 히브리어 '라아'(רָאָה)에서 유래한 '로에'(רֹאֶה), 혹은 같은 뜻의 '하자'(חָזָה)에서 유래한 히브리어 '호제'(חֹזֶה)로, '하나님의 계시를 목격하는 자'라는 뜻입니다(삼상 9:9, 19, 삼하 15:27, 24:11, 왕하 17:13, 대상 9:22, 21:9, 25:5, 29:29, 대하 9:29, 12:15, 29:25, 30, 사 30:10, 미 3:7 등).

신명기 18:18에서 "내가 그들의 형제 중에 너와 같은 선지자 하나를 그들을 위하여 일으키고 내 말을 그 입에 두리니 내가 그에게 명하는 것을 그가 무리에게 다 고하리라"라고 하신 말씀은 선지자의 참된 사명이 무엇인지를 가르쳐 주고 있습니다. 그래서 선지자의 다른 명칭은 '하나님의 입'(출 4:16, 7:1)입니다. 선지자는 하나님께 받은 말씀을 백성에게 조금도 가감하지 않고 하나님께서 명하신 그대로 다 증거해야 하는, 하나님의 대사이고 통역관이며 중개자입니다(창 20:7, 출 4:16, 7:1, 시 105:15). 하나님께서는 각 시대마다 자기의 비밀을 그 종 선지자들에게 보이시지 않고는 결코 행하심이 없습니다(암 3:7). 아브라함도 선지자였고(창 20:7), 모세도 선지자였습니다(신 18:15, 18, 호 12:13). 예수님께서는 다니엘을 선지자라고 부르셨으며(마 24:15), 베드로는 성령이 충만한 가운데 복음을 전하며 다윗왕을 선지자로 불렀습니다(행 2:29-30). 그들은 언제나 하나님의 영, 그리스도의 영으로 충만했습니다(벧전 1:10-11, 참고-민 11:29, 12:6). 사무엘하 23:2에 "여호와의 신이 나를 빙자하여 말씀하심이여 그 말씀이 내 혀에 있도다"라고 말씀하였으며, 스가랴 7:12에 "율법과 만군의 여호와가 신으로 이전 선지자를 빙자하여 전한 말을"이라고 말씀하였으며, 베드로전서 1:10-11에 "이 구원에 대하여는 너희에게 임할 은혜를 예언하던 선지자들이 연구하고 부지런히 살펴서 [11] 자기 속에 계신 그리스도의 영이 그 받으실 고난과 후에 얻으실 영광을 미리 증거하여 어느 시, 어떠한 때를 지시하시는지 상고하니라"라고 말씀하였습니다.

사도행전 3:25에서는 이스라엘 자손을 가리켜 '선지자들의 자손'이라고 말씀했습니다. 따라서 넓은 의미에서 본다면, 구약 시대의 모든 책은 '선지자들'이 기록한 것입니다. 누가복음 24:25에는 '선지자들의 말한 모든 것'이라고 말씀하였습니다. 그래서 마태복음에는 '이 일이 일어난 것은 주께서 선지자를 통해 하신 말씀을 이루려 한 것이니라'라는 말씀이 11회나 기록되어 있습니다(마 1:22-23, 2:5-6, 15, 17-18, 23, 4:14-16, 8:17, 12:17-21, 13:35, 21:4-5, 27:9-10). 이는 단지 그 상황에 해당하는 사건만 이루어졌다는 뜻이 아니라, 역사와 종교를 포함하여 구약 성경 전체를 다 이루었다는 의미입니다.[48)]

한편, 이스라엘 백성은 모세가 예언한 '나 같은 한 선지자'가 나타나실 것을 고대하며 기다렸습니다. 신명기 18:15에서는 "네 하나님 여호와께서 너의 중 네 형제 중에서 나와 같은 선지자 하나를 너를 위하여 일으키시리니 너희는 그를 들을지니라"라고 말씀하셨습니다. 사도 베드로는 이 말씀을 인용하여, 예수 그리스도의 말씀에 순종해야 할 것을 촉구하였습니다(행 3:22). 또한 스데반 집사는 모세의 고난에 관한 설교를 마무리하면서 "이스라엘 자손을 대하여 하나님이 너희 형제 가운데서 나와 같은 선지자를 세우리라 하던 자가 곧 이 모세라"라고 하였습니다. 여기서 '너희 형제 가운데서'란 '유대인 중에서'라는 말이고, '나'는 모세를 가리키며, '나 같은 선지자'는 메시아를 가리킵니다. 즉, 때가 차서 유대인 중에서 메시아로 오신 예수님을 미리 예언했던 것이 바로 모세라는 것입니다(신 18:15, 18, 행 7:37).

유대인들이 종종 예수님에 대하여 "네가 그 선지자냐"(요 1:21 참고-요 1:25), '참으로 세상에 오실 그 선지자'(요 6:14, 7:40)라고 물은 것은, 모세가 예언한 '나와 같은 선지자'로 오시는 메시아를 갈망했던 흔적입니다. 예수님께서 나인성 과부의 죽은 아들에게 "청년아 내가 네게 말하노니 일어나라"(눅 7:14) 하시자, 죽었던 아들이 일어나 앉고 말하였으며 그 아들을 어미에게 주셨습니다(눅 7:15). 이에 모든 사람이 두려워하며 하나님께 영광을 돌리고, 예수님을 가리켜 "큰 선지자가 우리 가운데 일어나셨다 하고 또 하나님께서 자기 백성을 돌아보셨다"(눅 7:16)라고 외쳤습니다.

### (3) 예수님께서는 구약 성경을 완전하게 해석하셨습니다.

예수님께서는 말씀을 듣기 위해 찾아온 무리를 보시고 산에 올라가 앉으사 입을 열어 가르치기 시작하여 여덟 가지 복(八福)을 말씀하신 후(마 5:1-16), 다음과 같이 선포하셨습니다.

> **마태복음 5:17-18** "내가 율법이나 선지자나 폐하러 온 줄로 생각지 말라 폐하러 온 것이 아니요 완전케 하려 함이로라 [18] 진실로 너희에게 이르노니 천지가 없어지기 전에는 율법의 일점일획이라도 반드시 없어지지 아니하고 다 이루리라"

이는 예수님께서 율법과 선지자, 곧 구약 성경을 완전케 하러 오셨으며, 그 말씀은 천지가 없어지기 전에는 절대 폐하지 않는다는 매우 강력한 선언입니다. 또한 마태복음 24:34-35을 볼 때, "내가 진실로 너희에게 말하노니 이 세대가 지나가기 전에 이 일이 다 이루리라 [35] 천지는 없어지겠으나 내 말은 없어지지 아니하리라"라고 말씀하셨습니다(막 13:31, 눅 16:17). 천지는 없어질지라도 주의 말씀은 항상 살아서 역사하시며(시 102:26, 벧후 3:10), 반드시 성취됩니다. 베드로전서 1:24-25에서는 "모든 육체는 풀과 같고 그 모든 영광이 풀의 꽃과 같으니 풀은 마르고 꽃은 떨어지되 [25] 오직 주의 말씀은 세세토록 있도다"라고 말씀하고 있습니다(사 40:8).

마태복음 5:17에서 '폐한다'(καταλύω, '카탈뤼오')는 '해체하다, 무효화하다'라는 뜻으로(마 24:2, 고후 5:1), 완전히 없애버리는 것을 의미합니다. 만일 예수님께서 율법이나 선지자를 무효화하신다면 구약을 완전히 단절시키는 것이 됩니다. 그러나 성경에서는, 예수님께서 이 땅에서 선포하실 새로운 말씀이 구약과 밀접하게 관계되어 있음을 분명히 말씀하고 있습니다. 그래서 율법과 선지자를 "완전케 하려 함이로라"라고 말씀하셨습니다. 여기 '완전케'는 헬라어로 '플레로오'(πληρόω)로, '가득차게 하다, 성취하다, 꽉 채우다'라는 뜻입니다. 그러나 이 단어만 가지고는 "완전케 함이로라"라는 말씀의 명확한 의미를 이해하기가 어렵습니다. 마태복음 5장 전체 맥락과 특히 18절과의 관계에서 볼 때, 그 뜻은 '모두 이루다, 전체 의미를 드러내다, 충분한 의미를 드러내다, 결론을 맺다, 설정된 목적에 이르게 하다'로 이해할 수 있습니다. 그렇다면 예수님께서 '율법과 선지자를 완전케 하고, 율법의 일점일획도 없어지지 않는다'라고 하신 마태복음 5:17-18의 구체적인 의미는 무엇입니까?

### 첫째, 하나님의 모든 말씀을 온전히 순종하여 완전한 의를 이루셨음을 보여줍니다.

하나님의 모든 말씀의 계명을 다 지킨 자는 한 사람도 없습니다. 야고보서 2:10에서 "누구든지 온 율법을 지키다가 그 하나에 거치면 모두 범한 자가 되나니"라고 말씀하고 있습니다. 사람은 절대로 율법을 다 지킬 수가 없습니다. 그래서 예수님께서 완전한 의를 성도에게 주시려고 율법의 완성자로 오셨습니다. 이제 우리는 십자가에서 대속을 완성하신 예수님께서 주시는 의(義)로 바리새인과 서기관보다 더 나은 의를 가지고 천국에 들어갈 수 있습니다(마 5:20).

예수님께서 말씀하신 천국에 들어갈 자격에 해당하는 '너희 의(義)'(마 5:20)는 서기관들과 바리새인들이 가진 의와는 전적으로 다릅니다. 이는 구약 성경을 하나님의 말씀으로 온전히 믿고 그 말씀을 완전히 성취하신 예수 그리스도, 십자가에서 피를 흘리시며 대속 사역을 완성하고 부활 승천하신 예수 그리스도를 믿는 의를 가리킵니다. 서기관들과 바리새인들의 의는, 언뜻 보아서는 매우 정교하게 율법을 지키는 것 같지만, 사실은 하나님의 뜻을 제한하거나 왜곡하며 나아가 실제로는 지키지 않는 외식적인 의였습니다.

하나님께서는 우리가 육신으로 말미암아 연약하여 할 수 없는 것을 하시는 분이십니다. 자기 아들을 죄 있는 육신의 모양으로 보내어 육신에 죄를 정하심으로, 육신을 좇지 않고 영을 좇아 행하는 자들에게 율법의 요구가 이루어지게 하셨습니다(롬 8:3-4). 그러므로 우리는 그리스도 예수 안에 있는 구속으로 말미암아 하나님의 은혜로 값없이 의롭다 하심을 얻은 자 되었습니다(롬 3:24).

### 둘째, 예수님께서 율법의 참된 의미와 목적을 알려주신다는 뜻입니다.

마태복음 5:17에서 "내가 율법이나 선지자나 폐하러 온 줄로 생각지 말라"라고 말씀하고 있습니다. 이는 예수님께 대하여 부정적인 시각을 가진 자가 있었음을 전제로 합니다. 당시 종교 지도자들은 인간이 정한 장로들의 유전에 심하게 치우쳐 있었습니다(마

15:3). 그런 종교 지도자들의 눈에는 예수님께서 율법을 무시하거나 폐하는 것처럼 보였던 것입니다. 그러나 예수님께서는 일생 동안 율법대로 가르치시는 일을 쉬지 않았을 뿐 아니라 일생 동안 그 율법의 참의미와 목적을 더욱 선명하게 드러내는 삶을 사셨습니다.

마태복음 5:17-20 말씀은 예수님께서 하나님의 말씀을 영원히 보수하시려는 강력한 의지의 표현입니다. 더 나아가 율법의 본래 의미를 왜곡하여 거짓되게 해석하고, 또 그것을 진리인 양 백성에게 가르치는 종교 지도자들에 대한 강력한 질책이기도 하였습니다. 예수님께서는 당시 종교 지도자들이 자기에게 유익한 대로 잘못 해석한 율법을 바로잡으셔서, 율법의 본래 의미와 목적을 굳게 세우셨습니다(참고-롬 3:31).

율법은 다 지켰다고 절대로 자랑할 수 있는 것이 아니라, 오히려 율법을 다 지킬 수 없는 인간의 죄를 깨닫게 하는 것입니다. 로마서 3:20에서 "그러므로 율법의 행위로 그의 앞에 의롭다 하심을 얻을 육체가 없나니 율법으로는 죄를 깨달음이니라"라고 말씀하고 있습니다. 로마서 7:7에서도 "율법으로 말미암지 않고는 내가 죄를 알지 못하였으니"라고 말씀하고 있습니다. 도저히 죄에서 자유로워질 수 없는 깊은 죄성, 도저히 율법을 다 지킬 수 없는 자신의 연약성을 발견하는 사람은 예수님 앞으로 나갈 수 있는 것입니다. 이렇게 율법이 목적하는 바는 바로 예수 그리스도입니다. 갈라디아서 3:24에서 "이같이 율법이 우리를 그리스도에게로 인도하는 몽학선생이 되어 우리로 하여금 믿음으로 말미암아 의롭다 함을 얻게 하려 함이니라"라고 말씀하고 있습니다. 예수님께서는 구약 성경의 목적지가 바로 자신임을 선포하시면서 "이 성경이 곧 내게 대하여 증거하는 것이로다"(요 5:39)라고 말씀하신 것입니다(눅 24:27, 44).

남 유다가 멸망할 때 활동한 눈물의 선지자 예레미야는, 당시 율법을 잘못 가르치며 거짓된 것으로 변경했던 일을 가리켜 '서기관의 거짓 붓*'이라고 날카롭게 지적한 적이 있었습니다(렘 8:8). 서기관은 하나님의 율법을 필사하고 연구하며 해석하는 전문 학자를 가리킵니다(대상 2:55, 대하 34:13). 당시 사회적으로 존경받던 그들은 스스로 지혜로운 자로 자부하고 하나님의 말씀을 맡았다고 자랑하면서 거짓 붓을 휘둘렀습니다. '붓'은 꼭 글 쓰는 것뿐 아니라 예언적 선포나 율법 해석 등을 통해 구두로 백성을 가르치는 일을 나타내기도 하였습니다. 입으로 했든지 붓으로 했든지 그들은 모세의 율법을 기초로 하여 거짓말을 만들었으며, 유다가 극심한 죄악 가운데서 멸망해 가는데도 '평강하다, 평강하다'고 거짓말을 하였습니다(렘 8:11). 나라의 멸망을 예언하는 예레미야를 조롱하면서, 자신들은 마치 천리(千里)를 내다보는 자처럼 처신하며 스스로를 속였습니다(렘 8:12). 하나님의 참말씀을 변개한 그들의 거짓 붓 때문에 주전 586년에 남 유다는 망했고, 그들이 안전하다고 장담했던 여호와의 성전(렘 7:4)은 완전히 불태워지고 말았습니다(왕하 25:8-9, 렘 52:12-13). 마찬가지로 예수님 당시에도 하나님의 율법으로 백성을 훈련해야 할 종교 지도자들이, 사람의 교훈으로 백성을 유혹하고 진리에서 벗어나게 했습니다. 그들은 소경이면서 소경을 인도해서 둘 다 구덩이에 빠지게 하였습니다(마 15:14). 그들은 율법을 통해서 예수님 앞으로 나아가는 길을 가로막았습니다. 이에 예수님께서는 외식하는 서기관들과 바리새인들에게 화를 선포하시며 "너희는 천국 문을 사람들 앞에서 닫고 너희도 들어가지 않고 들어가려 하

* 히브리어 '에트'(עֵט)로, '철필'을 의미함.

는 자도 들어가지 못하게 하는도다"(마 23:13)라고 책망하셨습니다.

## 셋째, 하나님께서 구약 성경에 본래 의도하신 뜻을 명확하게 밝혀 사람들이 이해하도록 가르치신다는 의미입니다.

마태복음 5:17에서 "내가 율법이나 선지자나 폐하러 온 줄로 생각지 말라 폐하러 온 것이 아니요 완전케 하려 함이로라"라고 말씀하고 있습니다. 예수님께서는 구약 성경의 본래의 뜻을 드러내기를 원하셨습니다. 이는 예수님 자신이 구약 성경에 대해 유일하게 권위 있는 최종 해석자라는 선언과도 같은 것입니다. 구약 성경은 예수님께서 이 땅에 오셔서 권위 있는 해석을 해주심으로 그 본래의 참뜻이 드러나게 되었습니다(마 7:12, 11:28-30, 19:7-9, 22:36-40). 마태복음 5:18에서 "진실로 너희에게 이르노니 천지가 없어지기 전에는 율법의 일점일획이라도 반드시 없어지지 아니하고 다 이루리라"라고 말씀하셨습니다. 커다란 율법의 범주에서 볼 때, '일점일획' 혹은 '지극히 작은 것 하나'(마 5:19)는 매우 사소해 보이지만, 그 모두가 예수님을 증거하고, 그 모두가 오직 예수님 한 분에 의해서만 진정한 의미가 밝히 드러나게 된다는 것입니다. 예수님께서는 이것이 '내가… 온'(ἦλθον, '엘돈': I came to) 이유라고 두 번이나 강조하셨습니다(마 5:17).

그러므로 예수님께서 가르쳐 주시고 행함으로 보여주신 말씀을 그대로 믿고, 그분이 율법의 본래 의도대로 행하시는 사역을 온전히 따라가야만 율법의 진정한 뜻을 '일점일획'까지 살릴 수 있고, 영원히 보수할 수 있습니다. 모세의 율법에는 아내에게 수치되는 일이 있음을 발견하면 이혼 증서를 써서 돌려보내라고 말씀하였습니다(신 24:1-4, 마 19:7). 그러나 예수님께서는 이 율법을 주신 하나님의 본래의 뜻을 알려주셨습니다. 마태복음 19:8에서 "모세가 너희 마음의 완악함을 인하여 아내 내어버림을 허락하였거니와 본래는 그렇지 아니하니라"라고 말씀하고 있습니다. 여기 '본래'는 헬라어 '아프 아르케스'(ἀπ' ἀρχῆς)로, '태초로부터, 창조 시로부터, 근원으로부터'라는 뜻입니다. 그러므로 하나님의 창조 원리로 볼 때 '남자와 여자가 한 몸을 이루고, 하나님이 짝지어주신 것을 사람이 나누지 못하는 것'이 본래의 뜻입니다(마 19:4-6). 사랑과 긍휼이 한이 없으신 하나님께서는, 사람의 마음이 완악함에도 불구하고 여전히 구원의 길을 열어주시기 위해 이혼을 허락하신 것입니다. 그러나 바리새인들은 율법의 문자에만 사로잡혀 본래의 뜻을 무시하고, 이혼 증서를 써주고 간단하게 이혼을 하면 된다고 생각하였던 것입니다. 이처럼 예수님만이 구약 성경의 최종 해석자로서 그 본래의 뜻을 완벽하게 나타내실 수 있는 분입니다.[49)]

### 넷째, 구약 성경에 담긴 하나님의 뜻은 결코 변경될 수 없으며, 영원히 보존되고 반드시 성취된다는 선언입니다.

'일점일획', '다 이루리라', '지극히 작은 것 하나'라는 말씀은 구약의 율법 가운데 지극히 미미하게 보이는 계명이라도 영원히 없어지지 않는 하나님의 뜻을 계시하고 있으므로 결코 소홀히 할 수 없다는 결정적인 선언입니다. '일점일획'에서 '점'(ἰῶτα, '이오타')은 헬라어 문자 중 가장 작은 문자이며, '획'(κεραία, '케라이아')은 뿔처럼 툭 튀어나온 작은 돌출부를 의미합니다. 이는 문장에서 가시처럼 튀어나온 부분으로, 히브리어 문자를 구별하기 위해 긋는 선이나 어떤 문자를 장식하기 위해 긋는 선을 의미합니다. 이는 율법이 조금도 흔들리지 않고 완벽하게 영원히 보존되며, 반드시 다 이루어지게 된다는 매우 강력한 선포입니다.

예수님께서는 "이 계명 중에 지극히 작은 것 하나"라도 버려서는 안 된다고 말씀하셨습니다(마 5:19). 그러나 당시 종교 지도자들은 율법의 계명들을 중요한 계명과 가벼운 계명들로 구분하여, 부분적으로 폐기 혹은 무효화하는 경우가 있었습니다(마 15:3-9). 부모를 봉양하기 싫은 어떤 사람이 '고르반', 곧 자기 재산을 '성전에서 드릴 제물'이라고 선언하면 부모 봉양의 의무에서 벗어나게 되는 것은, 부모를 공경하라는 하나님의 계명을 실질적으로 폐기하는 것에 해당합니다(마 15:6). 이에 예수님께서는 이사야의 예언을 빌어 "이 백성이 입술로는 나를 존경하되 마음은 내게서 멀도다 [9]사람의 계명으로 교훈을 삼아 가르치니 나를 헛되이 경배하는도다"(마 15:8-9)라고 말씀하셨습니다. 이처럼 당시에는 종교 지도자들이 사람들의 특정한 해석 논리와 이론 그리고 전통을 통하여 하나님의 계명을 제한하거나 변조하여 가르치는 행위가 크게 성행하였던 것입니다.

특히, 마태복음 5:18에서 '전에는'이라고 번역된 헬라어 접속사 '헤오스'(ἕως)가 "천지가 없어지기" 앞에 한 번 사용되었고, "다 이루리라" 앞에 또 한 번 사용되었습니다. 헬라어 원문대로 직역하면, '천지가 없어지기 전에' 그리고 '다 이루어지기 전에'는 율법의 일점일획도 없어지지 아니한다는 뜻입니다. 이는 율법이 하나도 남김없이 반드시 성취된다는 것을 강조하여 말씀한 것입니다. 하나님의 말씀은 신실하시며 전능하신 하나님의 약속으로, 절대 진리이며 결코 사라지지 않고, 그 말씀대로 반드시 성취되는 것입니다.

### (4) 구약 성경의 말씀대로 십자가의 속죄 사역을 완성하셨습니다.

모든 율법이나 선지자의 말씀은 예수 그리스도의 구속을 중심으로 하고 있습니다(요 5:39). 예수님께서는 십자가의 속죄 사역을 통해 율법을 완전케 하시며, 율법을 완성하시려고 이 땅에 오셨습니다.

**히브리서 10:8-14** "위에 말씀하시기를 제사와 예물과 전체로 번제함과 속죄제는 원치도 아니하고 기뻐하지도 아니하신다 하셨고 (이는 다 율법을 따라 드리는 것이라) 9 그 후에 말씀하시기를 보시옵소서 내가 하나님의 뜻을 행하러 왔나이다 하셨으니 그 첫 것을 폐하심은 둘째 것을 세우려 하심이니라 10 이 뜻을 좇아 예수 그리스도의 몸을 단번에 드리심으로 말미암아 우리가 거룩함을 얻었노라 11 제사장마다 매일 서서 섬기며 자주 같은 제사를 드리되 이 제사는 언제든지 죄를 없게 하지 못하거니와 12 오직 그리스도는 죄를 위하여 한 영원한 제사를 드리시고 하나님 우편에 앉으사 13 그 후에 자기 원수들로 자기 발등상이 되게 하실 때까지 기다리시나니 14 저가 한 제물로 거룩하게 된 자들을 영원히 온전케 하셨느니라"

예수님은 베드로의 고백 이후 십자가 고난을 예고하기 시작하셨는데(마 16:21-28, 17:22-23, 20:17-19, 26:1-2), 구약 성경에 기록된 대로 고난과 죽음을 당해야 한다고 거듭 말씀하셨습니다. "인자에 대하여 기록하기를 많은 고난을 받고 멸시를 당하리라… 13 기록된 바와 같이 사람들이 임의로 대우하였느니라"(막 9:12-13), "인자는 자기에게 대하여 기록된 대로 가거니와"(막 14:21), "예수께서 제자들에게 이르시되 너희가 다 나를 버리리라 이는 기록된 바 내가 목자를 치리니 양들이 흩어지리라 하였느니라"(막 14:27)라고 말씀하셨습니다.

그리고 예수님은 받으실 십자가 고난을 말씀하실 때마다, '틀림없다, 꼭 필요하다, 절대적이다, 마땅하다'라는 뜻의 헬라어 '데이'(δεῖ)를 쓰셔서 십자가의 필연성을 강조하셨습니다(마 16:21, 막 8:31, 눅 9:22, 24:7). 그리하여 예수님께서는 십자가를 지시기 전의 마지막 주에 예루살렘에 올라가실 때, "선지자들로 기록된 모든 것이 인자에게 응하리라"(눅 18:31)라고 하시면서, 제자들 앞에 서서(막 10:32, 눅 19:28) 올라가셨습니다. 예수님께서 잡히시던 밤에도 제자들과 함께 찬미하시면서 기드론 시내를 건너 감람산에 오르셨습니다(마 26:30, 막 14:26, 요 18:1). 십자가를 지시기 전부터 예수님께서 '나는 받을 세례가 있으니'(눅 12:50), '당할 일을 다 아시고'(요 18:4)라고 말씀하신 것은, 주님의 생애가 십자가의 죽음을 예견하시고 사신 고통의 생애였음을 알려줍니다.

고난주간 마지막 날에, 예수님께서는 캄캄한 밤에 겟세마네 동산에서 힘쓰고 애써 더욱 간절히, 땀이 핏방울같이 될 정도로 기도를 올리셨습니다(눅 22:39-46). 그 후, 유다를 앞세운 한 무리가 강도를 잡는 것과 같이 등과 홰와 병기(혹은 '검과 몽치')를 가지고 동산에 도착하였습니다(마 26:47-56, 막 14:43-50, 눅 22:47-53, 요 18:3). 이때 예수님께서는 자기를 찾는 무리에게 당당하게 나아가 두 번이나 '내로라'라고 하시면서(요 18:5, 8) 자진하여 잡히셨습니다(요 18:11-12, 참고-요 10:17-18). 이때 흥분한 베드로가 대제사장의 종 말고의 귀를 자르자, 예수님께서 베드로에게 '이것까지 참으라'라고 하시면서(눅 22:51), "너는 내가 내 아버지께 구하여 지금 열두 영 더 되는 천사를 보내시게 할 수 없는 줄로 아느냐 54 내가 만일 그렇게 하면 이런 일이 있으리라 한 성경이 어떻게 이루어지리요"(마 26:53-54)라고 말씀하셨습니다.

이처럼 예수님께서는 성경대로 십자가 지기를 자원하셨으며, 성경대로 한 치의 오차 없이 매진하셨습니다. 이에 대하여 사도 바울은 "사람의 모양으로 나타나셨으매 자기를 낮추시고 죽기까지 복종하셨으니 곧 십자가에 죽으심이라"라고 말씀하였습니다(빌 2:8).

예수님께서는 십자가 나무에 달려 몸이 찢기는 극도의 고통 중에도 구약의 예언을 가슴속에 품고 말씀하셨습니다. 시편의 여러 말씀(시 22:1-3, 31:14-16, 43:4-5, 55:17)대로, 예수님께서는 흑암 중에 '엘리 엘리 라마 사박다니'를 큰 소리로 외치시며, 하나님을 간절히 붙잡는 기도를 올리셨습니다(마 27:46, 막 15:34). 처음부터 작정된 구속 경륜대로 십자가 속죄를 통한 구속을 완성하시고, 마침내 십자가 상에서 "다 이루었다"(요 19:30)라고 선포하셨습니다. 또한 운명하시기 직전 마지막에는 시편 31:5 말씀을 가지고 "아버지여 내 영혼을 아버지 손에 부탁하나이다"라고 큰 소리로 아버지를 부르며 기도하셨습니다(눅 23:46).

3일 만에 부활하신 이후에도 여전히 구약 성경을 가르쳐 주셨습니다. 부활하신 바로 그날(눅 24:13), 예수님께서는 엠마오로 내려가는 두 제자에게 '선지자들의 말한 모든 것'을 마음에 더디 믿는 '미련한 자'라고 책망하셨습니다(눅 24:25). 그리고 '그리스도가 이런 고난을 받고 자기의 영광에 들어가야 할 것이 아니냐'라고 깨우쳐 주시며, '모세와 및 모든 선지자의 글로 시작하여 모든 성경'을 가르쳐 자기에 관한 것을 자세히 설명해 주셨습니다(눅 24:26-27).

이후에 부활하신 그날 저녁에 열 제자에게 나타나셨을 때에도 부활하신 몸을 확인시키시기 위해 구운 생선 한 토막을 잡수신 후

(눅 24:36-43), 곧바로 저희 마음을 열어 성경을 깨닫게 해 주셨습니다(눅 24:45). "내가 너희와 함께 있을 때에 너희에게 말한 바 곧 모세의 율법과 선지자의 글과 시편에 나를 가리켜 기록된 모든 것이 이루어져야 하리라 한 말이 이것이라"(눅 24:44)라고 말씀하셨습니다. 여기 "내가 너희와 함께 있을 때에 너희에게 말한 바"라고 말씀하신 것은 예수님께서 죽으시기 전에 그들과 함께 계셨던 공생애 동안 가르쳤던 말씀을 생각나게 했을 것입니다. 예수님께서는 공생애 동안 계속해서 가르치셨던 내용이 결국 "모세의 율법과 선지자의 글과 시편에 나를 가리켜 기록된 모든 것", 즉 구약 성경이었음을 선포하신 것입니다.

## 3. 예수 그리스도는 구약 성경의 중심

Jesus Christ, the center of the Old Testament

히브리서 1:1-2에서 "옛적에 선지자들로 여러 부분과 여러 모양으로 우리 조상들에게 말씀하신 하나님이 [2] 이 모든 날 마지막에 아들로 우리에게 말씀하셨으니 이 아들을 만유의 후사로 세우시고 또 저로 말미암아 모든 세계를 지으셨느니라"라고 말씀하고 있습니다. 이 말씀대로 구약 성경 전체는 예수 그리스도에게 집중되어 있는 것입니다. 예수 그리스도께서는 성경의 중심이요, 세계와 역사의 중심입니다. 예수 그리스도 없이 신·구약 성경 속에 담긴 진정한 의미를 이해할 수 없습니다.

### (1) 하나님의 구속 경륜 속에 계획된 정확한 시간표

성경 속에는 인류 구원을 작정하신 하나님의 거대한 구속 계획이 한 치의 오차 없이 완벽하게 설계되어 있습니다. 하나님의 구속 경륜 속에는, 이 우주가 창조함을 받을 때부터 그의 외아들 예수 그리스도께서 나타나 역사의 새 종을 울릴 마지막 때가 작정되어 있었습니다. 그러므로 역사는 막연하게 흘러가는 허무한 것이 아니라, 하나님께서 정하신 일정한 시간표를 따라, 종말이라는 목표 지점을 향하여 세차게 흐르고 있는 것입니다. 하나님께서는 신·구약 성경을 통해 다가올 미래 역사에 대하여 정확한 시간표를 제시하고 계십니다. 그것은 바로 '여자의 후손'(창 3:15)을 보내시기 위해 예정된 시간표입니다. '때가 차매 하나님이 그 아들을 보내셨다'(막 1:15, 갈 4:4)라고 말씀하고 있습니다. 여기 '찼다'(πλήρωμα, '플레로마')는 말은 '충만'이라는 뜻입니다. 한마디로 모든 준비가 갖추어진 때입니다. 즉, 하나님께서 전에 약속하신 것을 인류 역사에 완전히 나타내실 때가 되었다는 것입니다. 에베소서 1:9에서 "그 뜻의 비밀을 우리에게 알리셨으니 곧 그 기쁘심을 따라 그리스도 안에서 때가 찬 경륜을 위하여 예정하신 것"이라고 말씀하고 있습니다.

예수님을 통한 구원의 역사는 영세 전부터 감추었다가 이제는 나타내신 바 된 것이며(롬 16:25-26), 만세와 만대로부터 옴으로 감추었던 비밀의 경륜이었습니다(고전 2:7, 엡 3:9-11, 골 1:26-27, 딛 1:2, 유 1:25). 그것은 오직 하나님의 은혜의 계시로만 알 수 있습니다(엡 3:3-5, 벧전 1:12).

### (2) 창세 전부터 알리시고 세상 끝에 보내신 예수 그리스도

신약 성경에는 하나님의 아들 예수 그리스도가 오신 때를 가리켜 '마지막, 세상 끝, 말세'라고 기록하였습니다. 베드로전서 1:20에서는 창세 전부터 미리 알리신 바 된 자가 나타난 때를 가리켜 '말세'라고 말씀하였습니다(롬 16:25-26). 히브리서 1:1-2에서 '하나님이 이 모든 날 마지막에 그 아들 예수 그리스도를 세상에 보내셨다'라고 말씀하고 있습니다.

예수님께서도 구약이 지향하는 종말론적인 목표가 자신임을 드러내셨습니다. 누가복음 24:44에서 "내가 너희와 함께 있을 때에 너희에게 말한 바 곧 모세의 율법과 선지자의 글과 시편에 나를 가리켜 기록된 모든 것이 이루어져야 하리라 한 말이 이것이라"라고 말씀하고 있습니다. 여기 '가리켜'는 헬라어 전치사 '페리'(περί)로, '주위에, ~에 대하여, ~때문에'라는 뜻입니다. 모세의 율법과 선지자의 글과 시편의 모든 기록이 '나'(예수 그리스도)에 대하여, '나'(예수 그리스도) 때문에 기록되었다는 것입니다. 요한복음 5:39에서 이에 대한 의미를 더욱 분명히 밝혀, "너희가 성경에서 영생을 얻는 줄 생각하고 성경을 상고하거니와 이 성경이 곧 내게 대하여 증거하는 것이로다"라고 말씀하고 있습니다. 빌립이 나다나엘을 찾아 전도할 때, "모세가 율법에 기록하였고 여러 선지자가 기록한 그이를 우리가 만났으니 요셉의 아들 나사렛 예수니라"라고 하였습니다(요 1:45).

구약 성경의 말씀은 예수님 한 분을 통해 진리로 입증되었고 완벽히 실현되었습니다(마 5:17-18). 예수님의 탄생으로 모든 개인과 민족의 역사는 주전(BC)과 주후(AD)로 확연히 구분되었습니다. 말하자면 예수 그리스도의 탄생 자체가 신기원이요, 종말인 것입니다. 하나님께서 그 아들 예수를 이 땅에 보내신 때는 인류 역사상 가장 큰, 세기적인 원년이었습니다.

사도 바울은 예수 그리스도가 나타나신 이 종말에 관하여 "기약이 이르면 하나님이 그의 나타나심을 보이시리니"(딤전 6:15)라고 하였습니다. 여기 '기약이 이르면'은 헬라어 '카이로이스 이디오이스'(καιροῖς ἰδίοις)이며, '하나님 자신의 때에'라는 뜻입니다. 달리 말하면 '하나님의 좋은 시간에, 하나님께서 정하신 적당한 시간에'라는 뜻입니다. 디모데전서 2:6에서도 '기약이 이르러 주신 증거'라고 말씀하고 있습니다. 바른성경은 '정하신 때', 공동번역은 '적절한 시기에 분명히'라고 번역하고 있습니다. 예수 그리스도의 성육신이 하나님께서 정하신 가장 좋은 때에 이루어졌듯이, 주님의 재림도 하나님께서 정하신 가장 좋은 때에 반드시 성취될 것입니다.

### (3) 예수 그리스도께서 이 땅에 오신 목적과 근거

하나님의 아들이 '세상 끝'에 이 땅에 오신 목적은 십자가에서 죄를 해결해 주시기 위함입니다. 히브리서 9:26에서 "이제 자기를 단번에 제사로 드려 죄를 없게 하시려고 세상 끝에 나타나셨느니라"(참고-마 20:28, 26:28, 막 10:45, 계 5:9)라고 말씀하고 있습니다. 예수님께서는 우리 죄를 없애시려고 나타나셨고(요일 3:5), 마귀의 일을 멸하시고(요일 3:8) 죽기를 무서워하므로 일생에 매여 종노릇하는 모든 자를 놓아주려고 오셨습니다(히 2:14-15).

구약 시대에 제사를 담당한 대제사장은 근본적으로 죄를 사할 수 없는 존재입니다(히 10:1-4, 11). 왜냐하면, 구약의 대제사장은 먼저 자기의 죄를 위해서 속죄제를 드려야 하는 죄인이기 때문입니다(히 7:27, 9:7). 그들은 모두 사람이므로 부모가 있고, 태어난 날과 죽은 날이 있으며 족보에 속한 자들입니다. 저들은 죽을 수밖에 없는 인간이라는 절대적인 한계를 지닌 것입니다. 그래서 히브리서 7:23에서 "저희 제사장 된 자의 수효가 많은 것은 죽음을 인하여 항상 있지 못함이로되"라고 말씀하고 있습니다.

그러나 예수 그리스도께서는 우리 죄를 사하시기에 합당하신 대제사장으로, 죄가 없으신 분입니다(고후 5:21, 히 4:15, 요일 3:5). 히브리서 7:26에서 "이러한 대제사장은 우리에게 합당하니 거룩하고 악이 없고 더러움이 없고 죄인에게서 떠나 계시고 하늘보다 높이 되신 자라"라고 하였으며, 28절에서 "영원히 온전케 되신 아들"이라고 말씀하고 있습니다. 예수 그리스도께서는 단 한 번의 제사로 모든 죄를 종결하셨으니, 온전하고 흠 없는 자기 몸을 드려 택하신 백성의 죄를 해결해 주셨습니다(히 7:27, 9:12, 26, 28, 10:10).

예수 그리스도의 대제사장 직무는 멜기세덱의 반차를 좇아 된 것입니다. 시편 110:4의 "여호와는 맹세하고 변치 아니하시리라 이르시기를 너는 멜기세덱의 반차를 좇아 영원한 제사장이라 하셨도다"라는 예언대로, 예수 그리스도께서는 '맹세로 된 대제사장'(히 7:20-21), '큰 대제사장'(히 4:14), '멜기세덱의 반차를 좇는 별다른 대제사장'(히 6:20, 7:11, 15)이셨습니다.

예수님의 출현을 통해 구약 성경 전체의 예언이 성취되었으며, 예수님의 말씀과 그 사역을 통해 구약 성경이 살아계신 하나님의 말씀임이 확증되었습니다.

로마서 10:4에서 "그리스도는 모든 믿는 자에게 의를 이루기 위하여 율법의 마침이 되시니라"라고 말씀하고 있습니다. 여기 '마침'으로 번역된 헬라어 '텔로스'(τέλος)는 '목적'이라는 뜻도 가지고 있습니다. 영어 성경 NLT는 이 뜻을 살려 '율법을 주신 모든 목적을 그리스도께서 이루셨다'(For Christ has accomplished the whole purpose of the law)라고 번역하였습니다. 로마서 8:3-4에서도 "율법이 육신으로 말미암아 연약하여 할 수 없는 그것을 하나님은 하시나니 곧 죄를 인하여 자기 아들을 죄 있는 육신의 모양으로 보내어 육신에 죄를 정하사 [4]육신을 좇지 않고 그 영을 좇아 행하는 우리에게 율법의 요구를 이루어지게 하려 하심이니라"라고 말씀하고 있습니다.

하나님께서 약속하신 모든 것이 그리스도를 통해 성취되었습니다. 이에 사도 바울은 고린도후서 1:20에서 "하나님의 약속은 얼마든지 그리스도 안에서 예가 되니 그런즉 그로 말미암아 우리가 아멘하여 하나님께 영광을 돌리게 되느니라"라고 말씀하였습니다. 모세의 글(모세오경)과 선지자의 글(예언서)과 시편의 글(지혜서)의 모든 초점이 예수 그리스도의 오심과 구원을 예언했습니다(눅 24:27). 이 모든 날 마지막에 약속대로 예수 그리스도를 보내심으로 구약 성경의 아멘(진실)이 이루어졌으며(히 1:1-2), 천하 만민이 예수 그리스도로 말미암아 복을 받게 되었습니다(창 22:18).

예수 그리스도께서는 하나님 앞에 '예'만 되셨고, '아니'라 함이 되지 않으셨습니다(고후 1:19). 그분은 하나님의 말씀 앞에 죽기까지 순종하셨습니다. 이 예수님의 절대 순종의 삶은 바로 우리 생활의 표준이 되어야 합니다. 언제 어디서든지, 무슨 말에나, 일에나 우리는 예수님 앞에서 항상 '아멘'이 되어 긍정적인 삶의 열매와 아름다운 향기가 되어야 합니다(고후 2:15, 골 3:17). 성도는 세상과 죄와 상관없이 하나님의 말씀 앞에 오직 충성스러운 '아멘!' 진실된 응답만 있을 따름입니다(엡 1:3-14).

예수 그리스도의 삶은 오직 '성경대로'의 삶이었습니다. 사도 바울은 "내가 너희에게 전한 복음"(고전 15:1)을 증거하면서 "내가 받은 것을 먼저 너희에게 전하였노니 이는 성경대로 그리스도께서 우리 죄를 위하여 죽으시고 4 장사 지낸 바 되었다가 성경대로 사흘 만에 다시 살아나사"(고전 15:3-4)라고 선포하였습니다.

예수 그리스도께서는 오직 '성경대로' 동정녀 마리아에게 성령으로 잉태되어 나셨습니다(마 1:18-23).

예수 그리스도께서는 오직 '성경대로' 애굽으로 피난하셨습니다(마 2:13-15).

예수 그리스도께서는 오직 '성경대로' 나사렛으로 가서 사셨습니다(마 2:23).

예수 그리스도께서는 오직 '성경대로' 가버나움에 가서 사셨습니다(마 4:13- 16).

예수 그리스도께서는 오직 '성경대로' 귀신들을 쫓아내시고 병든 자를 다 고치셨습니다(마 8:16-17).

예수 그리스도께서는 오직 '성경대로' 입을 열어 비유로 말씀하시고 창세로부터 감추인 것들을 드러내셨습니다(마 13:34-35).

예수 그리스도께서는 오직 '성경대로' 나귀를 타시고 예루살렘에 입성하셨습니다(마 21:4-5).

예수 그리스도께서는 오직 '성경대로' 십자가에서 우리 죄를 위하여 죽으시고 대속 사역을 완성하셨습니다(고전 15:3).

예수 그리스도께서는 오직 '성경대로' 사흘 만에 부활하시고 다시 살아나셨습니다(고전 15:4).

예수 그리스도께서는 오직 '성경대로' 하늘로 승천하셨습니다(행 2:33-35).

예수 그리스도의 모든 삶은 성경 말씀을 성취하시는 삶이었습니다. 이제 예수 그리스도의 재림도 '성경대로' 하나님께서 정해 놓으신 때에 반드시 이루어질 것입니다. 그러므로 우리는 주님의 재림이 이루어지는, 하나님의 영광스러운 한 날을 소망하면서 날마다 오직 성경 말씀을 읽고 듣고 배우고 가르치고 지키며, 그 말씀을 보수하고 그 말씀과 동행하는 가장 멋지고 행복한 삶을 살아야 할 것입니다.

## 편집자 주(註)

아래 주(註)는 독자의 편의를 위하여 편집 과정에서 추가한 것입니다.
또한 저자의 전작에서 상세하게 설명된 주제의 경우에는, 독자의 풍성한 이해를 위해 참고문헌으로 정리하였습니다.

선별된 약어표

| | |
|---|---|
| BDB | F. Brown, S. R. Driver, and C. A. Briggs. *Hebrew and English Lexicon of the Old Testament* |
| BDAG | W. Bauer, W. F. Arndt, F. W. Gingrich and F. W. Danker. *Greek English Lexicon of the New Testament and Other Early Christian Literature* |
| HALOT | L. Köhler and W. Baumgartner, *The Hebrew and Aramaic Lexicon of the Old Testament* |
| TWOT | R. L. Harris, et al., eds., *Theological Wordbook of the Old Testament* |
| NICOT | *New International Commentary on the Old Testament* |
| WBC | *Word Biblical Commentary* |

1) Gorden J. Wenham, *The Book of Leviticus*, NICOT (Grand Rapids, MI: Eerdmans, 1983); 김귀탁 역, 「NICOT 성경주석 레위기」(서울: 부흥과개혁사, 2014), 34-35.

2) U. Cassuto, *A Commentary on the Book of Exodus* (Jerusalem: The Magnes Press, 1967), 312.

3) 레위기 1:1-2는 5대 제사 전체의 서론으로, 2절의 '예물'은 히브리어 '코르반'(קָרְבָּן)으로, 5대 제사에서 드려지는 모든 예물을 포함하는 표현입니다. 번제 규례 자체에 대한 설명은 레위기 1:3에서부터 시작됩니다.

4) HALOT, §1089.

5) 참고로, 레위기 7:8에서 '사람의 번제'에 사용된 '사람'은 히브리어 '이쉬'(אִישׁ)로, 여기에서는 '남자'만이 아니라 '언약 안에서 번제를 드리는 모든 사람'을 지칭합니다(출 11:7, 21:12, 민 23:19, 신 27:15, 참고-레 1:2).

6) 박윤식, 「신묘한 영광의 비밀 성막과 언약궤」 구속사 시리즈 제9권(서울: 휘선, 2013), 233-234.

7) 탈무드에서는 번제물을 조각낼 때 뼈의 구조를 따라서 잘랐다고 전하고 있습니다. *Mishnah*, Tamid 4:2-3; *Mishnah*, Yoma 2:3-7; BDB, §677.

8) BDB, §4614, HALOT, §4384.

9) R. K. Harrison, *Leviticus: An Introduction and Commentary*, Tyndale Old

Testament Commentaries Vol. 3 (Downers Grove, IL: InterVarsity Press, 1980), 52.

10) H. D. M. Spence-Jones, *Leviticus*, The Pulpit Commentary (London; New York: Funk & Wagnalls Company, 1910), 25.

11) 아모스 4:5에서는 이스라엘의 변질된 제사를 가리켜 '누룩 넣은 것으로 불살라 수은제(감사제)로 드리며'(암 4:5)라고 말씀하고 있습니다. 누룩 넣은 떡은 감사제로 드릴 수는 있었지만, 화제로 태워 하나님께 드려서는 안 되고, 반드시 제사장에게 돌려야 했습니다.

12) BDB, §8574.

13) BDAG, "ἱλαστήριον".

14) 구약 성경에서 대제사장을 가리키는 일반적인 히브리어는 '코헨 가돌'(כֹּהֵן גָּדוֹל, 레 21:10, 민 35:25, 28, 수 20:6), '코헨 로쉬'(כֹּהֵן רֹאשׁ, 왕하 25:18, 대하 19:11, 24:11, 26:20, 31:10, 스 7:5)입니다.

15) 한글 개역성경에서는 레위기 4:19, 26, 31에서도 '단 위'라고 번역하여 혼동을 주고 있지만, 해당 문장들은 모두 '~ 위에'라는 뜻의 전치사 '알'(עַל)이 사용되지 않았습니다. 레위기 4:35, 5:12에서는 전치사 '알'을 사용하여 '화제물 위'(עַל אִשֵּׁי, '알 이셰')라고 번역하였습니다.

16) BDB, §8528.

17) John E. Hartley, *Leviticus*, WBC (Dallas: Word Books: 1992); 김경열 역, 「WBC 성경주석 레위기」(서울: 솔로몬, 2005), 210-211.

18) *Mishnah*, Zebah 4:4

19) TWOT, §1505.

20) Spence-Jones, *Leviticus*, 80.

21) 아담과 라멕은 56년간 동시대를 살았습니다. 박윤식, 「창세기의 족보」 구속사 시리즈 제1권(서울: 휘선, 2007), 131-133.

22) 박윤식, 「창세기의 족보」, 142-143.

23) Wenham, 「NICOT 성경주석 레위기」, 155.

24) 본래 화목제의 가슴 부위는 요제로, 우편 뒷다리는 거제로 드려야 합니다(레 7:30, 32). 그런데 취임식에서는 화목제의 가슴 부위와 우편 뒷다리를 모두 요제로 드렸습니다(레 9:21). 성경 본문에 자세한 이유가 설명되지는 않았지만, 아마도 아론이 대제사장으로 위임을 받고 처음으로 드리는 제사라는 점과 관계가 있을 것으로 추정됩니다.

25) 히브리어 성경은 본래 모음 없이 기록되어 전수되다가, 맛소라 학자들이 모음을

표기하면서 사본을 필사할 때 간혹 와전되어 전해진 것으로 보이는 단어나 난해한 단어는 난외 여백에 그 단어의 다른 읽는 법을 표기하였습니다. 이 경우에 본문에 필사된 것을 '케티브'(아람어, 뜻-쓰인 것)라고 하며, 난외 여백에 표기한 것을 '케레'(아람어, 뜻-읽는 것)라고 합니다. 레위기 9:22의 '손을'은 사본에 쓰여진 대로 읽으면(케티브) '에트-야도'(אֶת־יָדוֹ)로 '그의 손을'이라는 뜻이지만, 여백에 표기한 대로 읽으면(케레) '에트-야다이브'(אֶת־יָדָיו)로, '그의 두 손을'이라는 뜻입니다. 여기서는 읽는 방법대로 '그의 두 손을'이라고 해석해야 합니다. 아론의 축복은 하나님과 백성 사이 중보자인 대제사장으로서 하나님의 축복을 공식적으로 백성에게 선포한 것이기 때문입니다. 누가복음 24:50에서도 예수님께서 승천하시며 두 손을 들어(한글 개역성경은 '손을 들어'라고 번역하였지만, 헬라어로 '에파라스 타스 케이라스'(ἐπάρας τὰς χεῖρας)로 '손'을 의미하는 '케이르'(χείρ)의 복수형이 사용됨) 남아있는 제자들에게 축복하셨다고 말씀하고 있습니다.

26) HALOT, §8268.

27) 대속죄일에 대제사장이 행해야 할 직무에 대한 자세한 설명은
박윤식, 「맹세 언약의 영원한 대제사장」 구속사 시리즈 제6권(서울: 휘선, 2011), 397-403. 참조

28) 박윤식, 「횃불 언약의 성취」 구속사 시리즈 제8권(서울: 휘선, 2013), 379-384.

29) 민수기 7:1, 10, 84에 반복되는 '단에 기름을 바르던 날에'(חֲנֻכַּת הַמִּזְבֵּחַ בְּיוֹם הִמָּשַׁח אֹתוֹ)라는 표현은 성막을 세운 1월 1일 하루만이 아니라, 1월 1일부터 제사장을 세우고 첫 제사가 완성되기까지의 기간 전체를 가리키는 것으로 해석해야 합니다(참고-출 29:35-37). 먼저 '날에'로 번역된 히브리어 '베욤'(בְּיוֹם)은 '하루'(a day)보다는 주로 '하는 때'(when)를 가리키는 히브리어 구문으로 사용되며(출 6:28, 레 14:46, 삼상 6:16, 왕하 8:6, 욥 29:2, 시 56:3, 102:3, 렘 11:4), 특정 족장 개인이 아닌 12일간 봉헌 예물을 드린 '그 족장들'(הַנְּשִׂאִם, '하나심')을 수식하기 때문입니다(민 7:10, 84).
Paul Joüon-T. Muraoka, *A Grammar of Biblical Hebrew* (Rome: Gregorian & Biblical Press, 2016), §129.

30) 민수기 7:88에서 열두 지파 족장들의 예물을 종합하여 '단에 기름 바른 후에 드린바 단의 봉헌 예물'이라고 말씀하고 있습니다. 여기 '단에 기름 바른 후'는 처음 기름이 발라진 1월 1일 후를 가리킵니다. 성막 건축에 소요되는 시간과 성막의 모든 기구와 단 등에 기름을 바르는 시간, 번제와 소제를 드리는 시간(출 40:29), 5대 제사 규례를 명령하신 것(레 1-7장) 등을 고려할 때, 정월 1일 늦은 오후에 하나님께서 열두 족장들에게 봉헌 예물을 드리라고 명령하셨고(레 7:10), 다음 날인 정월 2일부터 족장들이 번제 제물과 속죄 제물, 화목 제물을 가지고 나온 것으로 보아야 합니다.

31) 박윤식, 「신묘한 영광의 비밀 성막과 언약궤」 구속사 시리즈 제9권, 141-144.

32) 유월절 제정과 새 달력에 대한 내용은
박윤식, 「횃불 언약의 성취」 구속사 시리즈 제8권, 215-224. 참조

33) Isidore Singer, *The Jewish Encyclopedia: A Descriptive Record of the History, Religion, Literature, and Customs of the Jewish People from the Earliest Times to the Present Day,* Vol. 12. (London: Funk & Wagnalls, 1901–1906), 215-216, 553.

34) BDAG, "παρασκευή".

35) 칠칠절의 계산 근거가 되는 보리의 초실절은 무교절 기간의 '안식일 이튿날'입니다(레 23:11). 무교절의 7일 기간 중 안식을 지키는 날은 3일입니다. 먼저 무교절의 첫날을 성회로 모여 안식하며(레 23:7), 무교절 기간 중 토요일을 안식일로 지키며, 무교절 기간의 마지막 날을 성회로 모여 안식합니다(레 23:8).

바리새인들은 레위기 23:11의 '안식일'을 무교절의 첫날의 안식을 가리키는 것으로 해석하고 초실절은 항상 1월 16일이 되는 것으로 봅니다. 이 경우에 칠칠절(오순절)은 항상 3월 6일이 됩니다. 오늘날 바리새인의 후예들인 유대교와 랍비들이 이와 같은 견해를 가지고 있습니다. 반면에, 사두개인들은 레위기 23:11의 '안식일'을 일곱째 날(토요일)로 해석하고 초실절은 항상 일요일이 되는 것으로 봅니다. 이 경우에 초실절과 칠칠절의 날짜는 매번 바뀌지만, 요일은 항상 주일이 됩니다.

다른 절기들은 모두 구체적인 날짜를 주셨지만, 초실절과 칠칠절은 '안식일'이라는 계산 기준을 주신 것을 볼 때, 사두개인의 견해와 같이 안식일을 요일 개념으로 이해하는 것이 더 자연스럽습니다. 또한 칠칠절을 계산하기 위한 '칠 안식일'(레 23:15-16)을 신명기 16:9에서는 '칠 주'(직역: 일곱 번의 일곱들)라고 하는 것을 볼 때에도, 초실절과 칠칠절은 요일을 기준으로 지킨다는 것을 알 수 있습니다.

36) 모세의 시내산 8차 등정에 대한 자세한 내용은 박윤식, 「영원한 만대의 언약 십계명」 구속사 시리즈 제7권(서울: 휘선, 2012), 82-147. 참조

37) 박윤식, 「영원한 언약의 약속」 구속사 시리즈 제5권(서울: 휘선, 2010), 513-516.

38) 한글 개역성경의 "그가 끌려 예루살렘 문 밖에 던지우고 나귀 같이 매장함을 당하리라"라는 번역은 히브리어 어순을 잘못 번역한 것입니다. 표준새번역은 히브리어 어순을 살려 "사람들은 그를 끌어다가 예루살렘 성문 밖으로 멀리 내던지고, 마치 나귀처럼 묻어 버릴 것이다."로, 공동번역은 "죽은 나귀를 치우듯이 끌어내다 묻으리라. 예루살렘성 문 밖 멀리 끌어내다 던지리라."로 번역하였습니다.

39) 박윤식, 「영원한 언약의 약속」 구속사 시리즈 제5권, 263.

40) 한글 개역성경은 13명의 이름과 '레위 사람들'을 별도의 범주로 번역하였지만,

히브리어 원문은 13명의 사람들이 레위인임을 밝히고 있습니다. 이들의 일부는 느헤미야 9:4-5의 대에 올라서서 기도하고 찬양하는 자들의 명단과, 느헤미야 10:9-13의 언약에 인친 레위인들의 명단에도 기록되어 있습니다.

41) 성벽 재건 이후 초막절을 지킨 해가 안식년인 것은 예수님께서 선포하신 희년을 기준으로도 계산할 수 있습니다. 관련 내용은 체계적으로 정리하여 향후 발간될 '구속사 시리즈 제12권下「만대로부터 감추어진 비밀」'에 수록될 예정입니다.

42) 요세푸스의 기록에 따르면, 주후 70년 로마의 디도 장군은 예루살렘을 파괴한 후 로마의 개선 행사에서 예루살렘 성전에서 약탈한 성물들을 가지고 행진하였는데, 이 목록에 진설병상과 금등대, 율법책이 기록되어 있습니다(유대전쟁사 7.5.6.). 특히 율법책이 성물 목록의 마지막 가장 중요한 위치에 나오는 것을 볼 때 스룹바벨 성전 이후 언약궤는 사라졌지만 율법책은 여전히 지성소에 안치되어 있었던 것으로 추정됩니다.

43) Karen H. Jobes and Moisés Silva, *Invitation to the Septuagint* (Grand Rapids: Baker Academic, 2000); 김구원 역, 「70인경으로의 초대」(서울: CLC, 2007), 122-123, 129-132.

44) David A. deSilva, *Introducing the Apocrypha* (Grand Rapids, MI: Baker Academic, 2002), 29–30.

45) 쿰란 동굴에서 발견된 에세네파의 여러 문서에는 '의의 스승'에 대한 에세네파의 인식이 나타나 있습니다.
"하나님께서는 당신의 종들인 선지자들이 전한 말씀에 담긴 모든 비밀들을 의의 스승에게 알려주셨다"(1QpHab하박국주석, 7:3),
"나를 통하여 의와 악을 구분하시며, 하나님은 나를 의의 선택을 받은 자를 위한 표징이자 놀라운 비밀에 대한 지식을 선포하는 자로 세우셨다"(1QS공동체 규칙 7:12-13).

46) D. R. W. Wood and I. Howard Marshall, *New Bible Dictionary,* 3rd ed., (Downers Grove, IL: InterVarsity Press, 1996), 623.

47) Craig L. Blomberg and Rikk E. Watts, *Matthew · Mark*, Commentary on the New Testament Use of the Old Testament Vol. 1 (Grand Rapids, MI: Baker Academic, 2007), 김용재·우성훈 역 , 「신약의 구약 사용 주석시리즈 마태·마가복음」(서울 CLC, 2012), 259-264.

48) R. T. France, *Matthew: An Introduction and Commentary*, Tyndale New Testament Commentaries Vol. 1 (Downers Grove, IL: InterVarsity Press, 1985), 43-44.

49) Donald A. Hagner, *Matthew 1-13*, WBC Vol. 33A (Dallas: Thomas Nelson, 1998); 채천석 역, 「WBC 성경주석 33上 마태복음 1-13」(서울: 솔로몬, 1999), 232-233.

# 찾아보기

## 숫자



## 원어

### 히브리어

ㄱ



ㄴ



ㄷ



ㄹ



ㅁ



ㅂ

헬라어

## 주요 단어

ㄷ



ㅁ



ㅂ

하나님의 구속사적 경륜으로 본
# 은혜 언약의 표징 제사와 율법책

**초판 1쇄** 2024년 10월 27일
**초판 2쇄** 2025년 3월 25일

**저 자** 박윤식
**발행인** 유종훈

**발행처** 휘선(사단법인 성경보수구속사운동센터)
**주 소** 08345 서울시 구로구 오류로8라길 50
**전 화** 02-2618-1217
**팩 스** 02-2618-1218
**이메일** center@huisun.kr



저작권 등록번호: 제 C-2024-034646호

등록 제 25100-2007-000041호
책값 25,000원

Printed in Korea
ISBN 979-11-89611-58-3 04230
ISBN 979-11-964006-3-7 (세트)

※ 낙장·파본은 교환해 드립니다.

휘선은 '사단법인 성경보수구속사운동센터'의 브랜드명입니다.

휘선(暉宣)은 예수 그리스도의 복음의 참빛이 전 세계 속에 흩어져 있는 수많은 영혼에게 널리 알려지고 전파되기를 소원하는 이름입니다.